अक्सर ख़बरें आती हैं कि दबंगों द्वारा दलित युवाओं की पिटाई की गई या शादी के दौरान घोड़ी पर बैठने या दबंग जाति की लड़की से विवाह करने के कारण उनकी हत्या तक कर दी गई। दूसरी ओर, दलितों के भीतर से भी छोटे-बड़े स्तर पर ऐसी आवाजें उठती सुनाई देती हैं कि राजकीय लाभ सिर्फ कुछ बड़ी दलित जातियों तक सिमट कर रह गए हैं। राजनीतिक स्तर पर भी दलितों के भीतर एक बिखराव दिख रहा है। दलितों का एक अच्छा ख़ासा तबक़ा संघ परिवार की ओर आकृष्ट हुआ है। गुजरात की मुसलमान विरोधी हिंसा में दलितों की सक्रिय भागीदारी पर कुछ दलित चिंतकों ने उनके बीच संघ परिवार की बढ़ती स्वीकार्यता को माना था। पिछले दो संसदीय चुनावों में संघ परिवार के साथ दलितों के एक बड़े तबक़े के जुड़ाव का तथ्य सुस्थापित ही हो गया है। जहाँ कई दलित विद्वान वैश्वीकरण के समर्थन में दलीलें दे रहे हैं, वहीं बाज़ार में दलितों के साथ कई स्तरों पर भेदभाव हो रहा है। शहर भी अस्पृश्यता और जातिवाद के साये में हैं।

इस रोशनी में यह देखना ज़रूरी है कि दलित मुद्दों पर विद्वानों द्वारा किये जा रहे सैद्धांतिक अनुसंधान की दिशा क्या है? दलितों के बीच से आने वाली आवाज़ों को किस सीमा तक तरजीह दी गयी है? क्या बड़ी दलित जातियों ने इन्हें सकारात्मक मानते हुए इनका स्वागत किया है? क्या ये आवाजें दलित आंदोलन के लिए विभाजनकारी हैं या इन्हें समतावादी समाज की दिशा में एक सकारात्मक क़दम समझा जाना चाहिए? इस संदर्भ में दलित स्त्रियों की आवाज़ों और भिन्नता की दावेदारी भी महत्त्वपूर्ण है। यह भी सोचना होगा कि दलितों के बीच संघ परिवार के बढ़ते प्रभाव की किस तरह व्याख्या की जा सकती है?

दो खंडों में प्रकाशित इस संकलन में सैद्धांतिक और दार्शनिक अनुसंधानों के साथ-साथ दलित राजनीति की पेचीदगियों और हाशिये के भीतर से उठने वाली आवाज़ों की शिनाख़्त करने वाले छब्बीस विद्वानों के निबंधों को सम्मिलित किया गया है। इन ग्रंथों को भारतीय भाषा कार्यक्रम द्वारा उन्नीस वर्ष पहले प्रकाशित संकलन *आधुनिकता के आईने में दलित* का विस्तार भी माना जा सकता है। उस कृति में दलितों के जीवन और राजनीति पर आधुनिकता के प्रभावों की गहराई से पड़ताल की गयी थी। इस कृति में पिछले दो दशकों में उभरे दलित विमर्श के सैद्धांतिक पहलुओं का मंथन करने वाले आलेखों के साथ दलितों के भीतर हाशियाकृत समूहों से संबंधित अनुसंधानों और दक्षिणपंथ की ओर दलितों के एक तबक़े के बढ़ते रुझान से संबंधित आलेख भी हैं। इनमें से अधिकतर रचनाएँ *प्रतिमान समय समाज संस्कृति* में प्रकाशित हो चुकी हैं। इस लिहाज से ये रचनाएँ पिछले दो दशकों में दलित मुद्दों के इर्द-गिर्द होने वाले चिंतन के कुछ अहम आयामों का प्रतिनिधित्व करती हैं।

# दलित ज्ञान-मीमांसा 02

लोक-चिंतन ग्रंथमाला

## हाशिये के भीतर

संपादक

**कमल नयन चौबे**

वाणी प्रकाशन

CSDS
विकासशील समाज अध्ययन पीठ
(सीएसडीएस)

**वाणी प्रकाशन**

*4695, 21-ए, दरियागंज, नयी दिल्ली 110 002*

फ़ोन : +91 11 23273167 फ़ैक्स : +91 11 23275710

**शाखाएँ**

*अशोक राजपथ, पटना 800 004, बिहार*

*कॉफ़ी हाउस कैम्पस, महात्मा गांधी मार्ग, इलाहाबाद 211 001, उत्तर प्रदेश*

*महात्मा गांधी अन्तरराष्ट्रीय हिन्दी विश्वविद्यालय, वर्धा 442 001, महाराष्ट्र*

www.vaniprakashan.com
marketing@vaniprakashan.in
sales@vaniprakashan.in

Dalit Jnan-Mimansa-02
Hashiye Ke Bheetar
*Edited by* Kamal Nayan Chaube

ISBN : 978-93-5518-358-3
Dalit Literature/Social Science





पेपरबैक प्रथम संस्करण 2022
प्रकाशित प्रतियाँ 500

मूल्य : ₹ 695





*आर. टेक ऑफ़सेट प्रिंटर्स, दिल्ली-110032 में मुद्रित*

*वाणी प्रकाशन का लोगो मक़बूल फ़िदा हुसेन की कूची से*

निवेदिता मेनन और उज्ज्वल कुमार सिंह को समर्पित

जिन्होंने अकादमिक दुनिया की भूलभुलैया में

ख़ुद पर भरोसा करना सिखाया

# अनुक्रम

## भाग 2. गाँधी, नेहरू और आम्बेडकर



## भाग 3. सांस्कृतिक मिथक और आधुनिकता

# दो शब्द

उन्नीस साल पहले विकासशील समाज अध्ययन पीठ (सीएसडीएस) के भारतीय भाषा कार्यक्रम की लोक-चिंतन ग्रंथमाला के तहत मेरे संपादन में *आधुनिकता के आईने में दलित* का प्रकाशन हुआ था। वह शुरुआती दौर था। यह कार्यक्रम साहित्य, पत्रकारिता और मनोरंजन की गहमागहमी से भरपूर हिंदी की दुनिया में अपनी जगह तलाश रहा था। हमें नहीं पता था कि ऐसी कृतियों को पाठक कहाँ से मिलेंगे, उनकी समीक्षा कौन करेगा, और सार्वजनिक जीवन पर वे कैसा प्रभाव डालेंगी। लेकिन, *आधुनिकता के आईने में दलित* ने प्रकाशित होते ही हमारे सभी अंदेशों को बेबुनियाद साबित कर दिया। संकलन का अभूतपूर्व स्वागत हुआ, और देखते-देखते इसके कई पुनर्मुद्रण हो गये। अत्यंत गंभीर और सघन विमर्श से भरे हुए उन्नीस विद्वत्तापूर्ण निबंधों की इस कृति की माँग अभी तक पाठकों के बीच है। इसके बाद भारतीय भाषा कार्यक्रम ने कभी पीछे मुड़ कर नहीं देखा। एक तरह से *आधुनिकता के आईने में दलित* के ज़रिये ही हमें एहसास हुआ कि हिंदी की दुनिया में गंभीर विमर्शी लेखन की कितनी भूख है।

पाठकों को ध्यान होगा कि *आधुनिकता के आईने में दलित* के आवरण पर एक युवक का चित्र है जो सड़कों के किनारे मिलने वाले किसी एक ढाबे के भगोने में से बचा-खुचा भोजन निकालने में लगा हुआ है। उसकी पृष्ठभूमि में देवी पूजा में चढ़ाई जाने वाली गोटे वाली चमकदार ओढ़नियों के साथ-साथ गाँधी, संसद भवन और आम्बेडकर की तस्वीरें हैं। उस ज़माने में भी, और आज भी यह चित्र एक रूपक की तरह है जिसमें परंपरा और आधुनिकता के द्वंद्व से गुज़रते हुए दलित समाज के संघर्षों, आशाओं-निराशाओं और उसकी अत्यंत सीमित उपलब्धियों की झलक देखी जा सकती है। बीस साल

बाद ऐसा लगता है कि दलितों के लिए जो कुछ बदला है, वह बहुत कम है। अगर गुणवत्ता के लिहाज़ से देखा जाए तो उनके हिस्से में संसदीय लोकतंत्र की कई विकृतियाँ भी आयी हैं।

गुज़रे हुए दो दशकों में आधुनिकीकरण, लोकतांत्रिक राजनीतीकरण, सेकुलरीकरण और पूँजीवादी विकास की प्रक्रियाओं ने भारतीय राज्य और समाज को बड़े पैमाने पर बदला है। इनमें से ज़्यादातर बदलाव समाज-परिवर्तन की विचारधारात्मक संहिताओं के मुताबिक़ नहीं हुए हैं। चाहे मार्क्सवाद हो, आम्बेडकर के विचार हों या फिर उदारतावादी विमर्श के आग्रह हों, इन सभी संहिताओं को इन परिवर्तनों को निर्देशित करने के बजाय उनके साथ अपने-अपने समायोजन टटोलने पड़ रहे हैं। दलित समाज भी ऐसे ही अनपेक्षित परिवर्तनों से गुज़रा है। *आधुनिकता के आईने में दलित* के लेख यह बताते थे कि अनुसूचित जातियों को समान अवसर मुहैया कराने और सामाजिक न्याय के धरातल पर राष्ट्र-निर्माण में उनकी भागीदारी सुनिश्चित करने के रास्ते में केवल परंपरा ही नहीं, बल्कि आधुनिकता की शक्तियों की तरफ़ से भी अवरोध खड़े किये जाते रहे हैं। यह विमर्श आज भी प्रासंगिक है, लेकिन उसमें कई नये आयाम जुड़ गये हैं। दरअसल, इन नये आयामों ने इस विमर्श को मात्रात्मक और गुणात्मक रूप से एक नये मुक़ाम तक पहुँचा दिया है।

कमल नयन चौबे के सुयोग्य संपादन में प्रस्तुत लोक-चिंतन ग्रंथमाला के तहत यह द्विखंडीय संपादित रचना (*दलित ज्ञानमीमांसा : नये मानचित्र* और *दलित ज्ञानमीमांसा : हाशिये के भीतर*) दलितों की और दलितों से संबंधित ज्ञानात्मकता के नये पहलुओं को उनके समग्र जटिल विन्यास में प्रस्तुत करती है। इन अट्ठाइस लेखों में से अधिकतर भारतीय भाषा कार्यक्रम की पूर्व-समीक्षित पत्रिका *प्रतिमान समय समाज संस्कृति* में प्रकाशित हो चुके हैं। इससे पता चलता है कि यह पत्रिका पिछले सात साल में हिंदी में रचे जाने वाले समाज-विज्ञान का एक अनूठा समृद्ध अभिलेखागार बनती जा रही है। इस अभिलेखागार की कुछ और पठनीय सामग्री जल्दी ही पाठकों के सामने आने वाली है।

**अभय कुमार दुबे**

पावस, 2021

# आभार

प्रस्तुत पुस्तक पिछले दो दशकों के दौरान दलित-विमर्श में उभरे कुछ प्रमुख सवालों पर केंद्रित है। इस लिहाज़ से पुस्तक में संकलित आलेख दलित-चिंतन के अंदरूनी अंतर्द्वंद्वों का प्रतिनिधित्व करते हैं। इसके साथ ही, इन आलेखों से दलित-विमर्श की दशा-दिशा का भी पता चलता है। कुछ आलेखों के अतिरिक्त अधिकतर आलेख मूल रूप से हिंदी में लिखे गये हैं। लेखों का चयन करते समय हमने इस बात का ध्यान रखा है कि पुस्तक में अकादमिक जगत के सुस्थापित विद्वानों के साथ युवा शोधार्थियों को भी जगह मिले। पुस्तक का एक विशेष आकर्षण डॉ. भीम राव आम्बेडकर का वह ऐतिहासिक लेख है जिसमें अस्पृश्यता, मृत गाय और ब्राह्मणवाद की उलझनों पर विचार किया गया है।

दलित ज्ञानमीमांसा के दोनों खंड (*नये मानचित्र* और *हाशिये के भीतर*) विकासशील समाज अध्ययन पीठ (सीएसडीएस) के भारतीय भाषा कार्यक्रम के निदेशक और *प्रतिमान* के मुख्य संपादक प्रोफ़ेसर अभय कुमार दुबे की कल्पना का मूर्त रूप है। यह पुस्तक अपने शुरुआती ख़ाके से लेकर अंतिम रूप लेने तक उनके सक्रिय मार्गदर्शन की गवाह रही है। इससे बड़ी बात यह है कि पिछले दो दशकों में उन्होंने मुझे और मेरे जैसे कई अन्य युवा शोधार्थियों में यह भरोसा पैदा किया है कि समाज वैज्ञानिक लेखन हिंदी में भी किया जा सकता है। अभयजी के इस मार्गदर्शन के लिए मैं उनका हृदय से आभारी हूँ। मैं भारतीय भाषा कार्यक्रम, सीएसडीएस से संबंधित आदित्य निगम, रविकान्त और हिलाल अहमद जैसे वरिष्ठ विद्वानों का भी तहेदिल से

शुक्रिया अदा करता हूँ जिनसे पिछले कई वर्षों से लगातार नया सीखने और नया काम करने की प्रेरणा मिलती रही है।

दलित मुद्दों पर एक ज़्यादा साफ़ समझ बनाने में मुझे अपने वरिष्ठ सहयोगी डॉ. राजकुमार से होने वाली चर्चाओं से काफ़ी लाभ मिला। नरेश गोस्वामी और मनोज मोहन से होने वाली चर्चाओं से भी पुस्तक को एक आकार देने में मदद मिली। अभयजी, नौशाद और विवेक ने प्रस्तावना के पहले प्रारूप को पढ़कर टिप्पणियाँ दी, जिससे मुझे इसे बेहतर बनाने में मदद मिली। मैं इन सबका आभारी हूँ। मृत्युंजय चटर्जी, और चंदन शर्मा का विशेष रूप से धन्यवाद जिनकी अथक मेहनत से पुस्तक के दोनों खंड अपने अंतिम रूप में तैयार हो पाए।

मुझे अपने अध्ययन कार्य को व्यवस्थित और ईमानदारीपूर्वक करने के लिए कई लोगों से प्रेरणा मिलती रही है। मैं विशेष रूप से निवेदिता मेनन और उज्ज्वल कुमार सिंह का कृतज्ञ हूँ, जिन्होंने राजनीति विज्ञान के विद्यार्थी के रूप में मुझे ख़ुद पर विश्वास करना सिखाया। माता-पिता का आशीर्वाद और बड़े भाई का मार्गदर्शन मेरे जीवन का संबल रहा है। मैं इन सबका हृदय से आभार व्यक्त करता हूँ। निश्चित रूप से इस पुस्तक की कमियों की ज़िम्मेदारी मेरी है।

**कमल नयन चौबे**
सितंबर, 2021

# परिचय

## दलित-विमर्श और उसके अंतर्द्वंद्व

**कमल नयन चौबे**

आज़ादी के बाद के सात दशकों में दलितों[1] के जीवन और उनकी राजनीति में बड़े पैमाने पर परिवर्तन हुए हैं। इन प्रक्रियाओं का भारतीय राजनीति की दशा और दिशा पर भी महत्त्वपूर्ण प्रभाव पड़ा है। बौद्धिक दुनिया में दलित-विमर्श और सैद्धांतिकी की एक नयी ज़मीन तैयार हुई है[2] जिससे राजनीति के साथ ही साथ साहित्यिक-सांस्कृतिक क्षेत्र में भी दलित-पहचान को पुष्ट किया है।[3] शिक्षित दलितों की जमात ने सर्वोच्च न्यायालय द्वारा दिये गये प्रतिकूल निर्णयों को बदलवाने में कामयाबी हासिल करके अपनी शक्ति और जागरूकता का प्रदर्शन किया है। सर्वोच्च न्यायालय

---

[1] संविधान में वर्णित अनुसूचित जाति की श्रेणी में सम्मिलित जातियों को सामाजिक और राजनीतिक रूप से 'दलित' के रूप में वर्णित किया जाता है. दलित शब्द का प्रयोग तीस के दशक में 'डिप्रेस्ड क्लासेज़' के हिंदी और मराठी अनुवाद के तौर पर किया गया था. तीस के दशक में शीर्षक से 'डिप्रेस्ड क्लासेज़' की नुमाइंदगी करने वाला एक अख़बार *दलित बंधु* प्रकाशित होता था. आम्बेडकर ने भी अपने मराठी भाषणों में इस शब्द का प्रयोग किया है. देखें, जॉन सी.बी. वेब्स्टर (2007) : 76; आम्बेडकर ने अपने पाक्षिक *बहिष्कृत भारत* में भी दलित शब्द का प्रयोग मोटे तौर पर एक ख़ास तरह के अनुभव और जीवन-स्थिति का वर्णन करने के लिए किया था। इसके तहत यह माना गया था कि ब्राह्मणवादी हिंदू व्यवस्था के सामाजिक, आर्थिक, सांस्कृतिक और राजनीतिक प्रभुत्व के कारण अछूतों का शोषण, दमन और बहिष्करण होता है. वैसे, आम्बेडकर ने संदर्भ के अनुसार अलग-अलग श्रेणियों का उपयोग किया. औपनिवेशिक राज्य के साथ उन्होंने 'डिप्रेस्ड क्लास' की श्रेणी का उपयोग किया; सवर्ण हिंदुओं के साथ संवाद की स्थिति में उन्होंने 'बहिष्कृत' शब्द का प्रयोग किया; वहीं, राजनीति के संदर्भ में उन्होंने अनुसूचित जाति शब्द का इस्तेमाल किया. अछूतों को रैडिकल बनाने और उनकी प्रभावकारी गोलबंद करने के लिए उन्होंने 'पद दलित' शब्द का प्रयोग किया. इसके माध्यम से वे उन लोगों का उल्लेख कर रहे थे, जो हिंदू सामाजिक व्यवस्था के पैरों तले कुचले गये थे. देखें, गोपाल गुरु (1998) : 16; गोपाल गुरु यह तर्क देते हैं कि दलित श्रेणी एक मेटाफ़िज़िकल या तत्त्वमीमांसीय निर्मिति नहीं हैं. यह अपनी ज्ञानमीमांसीय (एपिस्टमिक) और राजनीतिक ताक़त समुदाय के भौतिक और सामाजिक अनुभवों से हासिल करती है. यह श्रेणी बुद्ध, मार्क्स, फुले और आम्बेडकर के दर्शनों से वैचारिक सहायता प्राप्त करती है. इस प्रक्रिया में यह ईश्वर-केंद्रित होने के बजाय मानव-केंद्रित बन जाती है; इस अर्थ में यह 'हरिजन' शब्द के गाँधीवादी निहितार्थों की परोक्ष भावना से अलग है. देखें, गोपाल गुरु (2005) : 11.

[2] दलित विषयों पर होने वाले अनुसंधानों में पिछले दो दशकों में अत्यधिक वृद्धि हुई है. विभिन्न दलित और ग़ैर-दलित शोधार्थी और विद्वान बड़े पैमाने पर इस तरह का अनुसंधान और लेखन कर रहे हैं. आम्बेडकर के व्यक्तित्व और कृतित्व को वैश्विक व्यक्तित्वों और मुद्दों के संदर्भ में रख कर कई काम हुए हैं. मसलन, सूरज येंगडे और आनंद तेलतुम्बडे (2018) और दलित नारीवाद (मसलन, शर्मिला रेगे 2013). दलितों के भीतर ग़ैर-बराबरी के प्रश्न पर भी बहुत से विद्वान अब गहराई से विचार कर रहे हैं (मसलन, बद्री नारायण 2018, चंद्रैय्या गोपानी 2018). इसी तरह, कई अन्य आयामों के संदर्भ में गहरा अध्ययन हो रहा है. विशेष रूप से, गोपाल गुरु द्वारा भारतीय संदर्भ में अवमानना की अवधारणा को आगे बढ़ाने तथा उनके और सुंदर सरुक्कई के बीच हुए वाद-विवाद में ज्ञान की वस्तुनिष्ठता से अलग अनुभव और आत्मनिष्ठता (सब्जेक्टिविटी) की गुरु द्वारा की गयी दावेदारी ने सैद्धांतिक स्तर पर एक मजबूत तर्क प्रस्तुत किया है. देखें, गोपाल गुरु (2009); गोपाल गुरु और सुंदर सरुक्कई (2012).

[3] हिंदी सहित प्रमुख भारतीय भाषाओं में दलित साहित्य की प्रमुख धारा उभर कर सामने आयी है. इसने साहित्य की दुनिया में नयी तरह की हलचल पैदा की है. इस धारा की विशिष्टताओं को अब बड़े पैमाने पर स्वीकार किया जाना लगा है. हिंदी में दलित साहित्य के विकास की प्रमुख प्रवृत्तियों को समझने के लिए देखें, लॉरा आर. ब्रुक (2017) और कमल नयन चौबे (2019क).

ने 20 मार्च, 2018 को डॉ. सुभाष काशीनाथ महाजन बनाम महाराष्ट्र राज्य मामले में आदेश जारी करते हुए *अनुसूचित जाति और अनुसूचित जनजाति (अत्याचार निरोधक) अधिनियम, 1989* के तहत शिकायत दर्ज होने पर तुरंत रपट दर्ज करके गिरफ़्तारी करने पर रोक लगा दी थी। विभिन्न दलित संगठनों ने इसका तीखा विरोध किया। दलित बुद्धिजीवी और विभिन्न दलों के नेता भी इस मसले पर एक साथ आये। नतीजा यह हुआ कि केंद्र सरकार ने अगस्त, 2018 में संसद से क़ानून पारित करवाया, और सर्वोच्च न्यायालय के निर्णय को पलट दिया। बाद में फ़रवरी, 2020 में सर्वोच्च न्यायालय ने भी संसद के क़ानून की वैधता को स्वीकार कर लिया।[4] इसके अलावा, एक राष्ट्रीय प्रतीक के रूप में डॉ. भीम राव आम्बेडकर ने न सिर्फ़ दलितों के अन्यतम प्रेरणास्रोत की भूमिका निभाई है, बल्कि वे तमाम राजनीतिक दलों के लिए अपरिहार्य भी हो गये हैं। वामपंथ से लेकर दक्षिणपंथ तक — विभिन्न धाराओं का प्रतिनिधित्व करने वाले राजनीतिक दल अब डॉ. आम्बेडकर की महत्ता स्वीकार करने लगे हैं। बौद्धिक जगत में भी आम्बेडकर तथा उनके विचारों और कृतियों को लेकर होने वाले अनुसंधानों और अन्य विद्वानों से इनके तुलनात्मक अध्ययनों में काफ़ी वृद्धि हुई है। आर्थिक क्षेत्र में दलित उद्यमियों का एक ऐसा समूह उभर कर सामने आया है, जिसने व्यवसाय की दुनिया में उपस्थिति दर्ज करके दलितों के आत्म-सम्मान को एक नया आयाम प्रदान किया है।[5]

बहरहाल, इन तमाम सकारात्मक परिवर्तनों के बावजूद ऐसा लगता है कि दलित-विमर्श और राजनीति आज एक चौराहे पर पहुँच कर या तो ठिठक गयी है, या दिशाहीनता की समस्या का शिकार है। दूसरी तरफ़ कई क्षेत्रों में अभी भी अस्पृश्यता क़ायम है।[6] शिक्षा और नौकरी की दहलीज़ पार

---

[4] देखें, मुरली कृष्णन (2020).

[5] देवेश कपूर, डी. श्याम बाबू और चंद्रभान प्रसाद (2014).

[6] 2006 में किये गये एक अध्ययन के के लिए चुने गये गाँवों में से आधे में पीने के पानी के साझा स्रोत तक दलितों की पहुँच नहीं थी. इनमें से बहुत से गाँवों में दलितों को पम्प के हैंडल को छूने की अनुमति नहीं थी. .... सार्वजनिक कोष से संचालित श्मशान घाट तक दलितों की पहुँच नहीं थी. उन्हें अपने लिए नियत किये गये एक अलग स्थान का उपयोग करना पड़ता था. 40 प्रतिशत से भी ज़्यादा स्कूलों में दोपहर के भोजन में

करने वाले शिक्षित दलित युवाओं तक को कई स्तरों पर प्रताड़ना का सामना करना पड़ता है। इसी का नतीजा था कि 2016 में हैदराबाद विश्वविद्यालय में रोहित वेमुला जैसे होनहार विद्यार्थी ने आत्महत्या कर ली, जिसने पूरे देश में दलित और ग़ैर-दलित संवेदनशील नागरिकों के भीतर गहरे दुख और आक्रोश की भावना को जन्म दिया।[7] तक़रीबन हर रोज़ समाचार पत्रों में भारत के विभिन्न भागों में दबंग जाति की लोगों द्वारा दलित युवाओं की पिटाई करने या उन्हें अपनी शादी के दौरान घोड़ी पर न बैठने देने या दबंग जाति की लड़की से विवाह करने पर हत्या तक कर देने की ख़बरें आती रहती हैं।[8] दूसरी ओर, दलितों के भीतर भी छोटे-बड़े स्तर पर कई ऐसे राजनीतिक आंदोलन शुरू हुए हैं जिनमें राज्य की वितरणकारी नीतियों के लाभ सिर्फ़ कुछ वर्चस्वशाली दलित जातियों तक सिमट कर रह जाने का मुद्दा उठाया जाने लगा है। राजनीतिक स्तर पर दलितों के भीतर एक बिखराव दिखता है। दलितों का एक ख़ासा बड़ा तबक़ा संघ परिवार[9] की ओर आकृष्ट हुआ है। हालाँकि गुजरात की

---

दलित बच्चों के साथ अस्पृश्यता का व्यवहार किया जा रहा था, और उन्हें खाने के लिए अलग पंक्ति में बिठाया जा रहा था. इसी अध्ययन में यह पाया गया कि कार्यस्थल पर भी इसी तरह का पदसोपान मौजूद है तक़रीबन एक-तिहाई ग्राम पंचायतों में चुने हुए दलित और ग़ैर-दलित सदस्यों को अलग-अलग बिठाया जा रहा था. अस्पृश्यता खान-पान के मामले में ज़्यादा खुल कर सामने आयी. हर तीसरे गाँव में रेस्टोरेंट और चाय की दुकानों पर 'अछूतों' के लिए अलग ग्लास और प्लेट की व्यवस्था थी. चार में से एक गाँव में दलितों को होटल या चाय की दुकान में आने की अनुमति नहीं थी. इन पहलुओं की विस्तृत समझ के लिए देखें, घनश्याम शाह, हर्ष मंदर, सुखदेव थोरात, सतीश देशपांडे और अमिता बाविस्कर (2006); कॉमन कॉज़, सीएसडीएस-लोकनीति, और अन्य द्वारा किये गये एक संयुक्त अध्ययन में यह बात आयी कि तक़रीबन 20 प्रतिशत पुलिसकर्मी पहले से ही यह मान कर चलते हैं कि *अनुसूचित जाति और अनुसूचित जनजाति (अत्याचार निरोधक)* क़ानून के अंतर्गत दर्ज होने वाली शिकायतें फ़र्ज़ी होती हैं. आधे से ज़्यादा पुलिसकर्मी यह मानते हैं कि पुलिस थाने के भीतर अनुसूचित जाति और अनुसूचित जनजाति के पुलिसकर्मियों के साथ समान व्यवहार नहीं होता. देखें, कॉमन कॉज़, सीएसडीएस-लोकनीति और अन्य (2019) : 111; इस रपट की समीक्षा के लिए देखें, कमल नयन चौबे (2019ख); कई अध्ययनों से यह बात भी सामने आयी है कि अनुसूचित जातियों को भोजन, पोषक तत्त्वों, स्वास्थ्य सेवाओं, शिक्षा, और सार्वजनिक रोज़गार के मामले में सरकार या सरकार से अनुमोदित एजेंसियों से भी भेदभाव का सामना करना पड़ता है. देखें, इंडियन इंस्टीट्यूट ऑफ़ दलित स्टडीज़ (2013). अस्पृश्यता से संबंधित एक अन्य अध्ययन के लिए देखें, नवसर्जन और रॉबर्ट एफ़. कैनेडी सेंटर फ़ॉर जस्टिस ऐंड ह्यूमन राइट्स (2010).

[7] रोहित वेमुला वाले मामले और उच्च अध्ययन संस्थानों में दलित छात्रों द्वारा झेले जा रहे उत्पीड़न की समझ के लिए देखें, डॉ. रतन लाल (2016); रामरतन वी. धूमल (2018).

[8] दलितों के साथ होने वाली मारपीट की ख़बरें तक़रीबन नियमित रूप से अख़बारों में छपती रहती हैं. इस संदर्भ में दो उदाहरणों के लिए देखें, बीबीसी (2017), (2018).

[9] संघ परिवार से तात्पर्य राष्ट्रीय स्वयंसेवक संघ (आरएसएस) और उससे जुड़े विभिन्न आनुषंगिक संगठनों से हैं. भारतीय जनता पार्टी (भाजपा) संघ का सक्रिय राजनीति से जुड़ा हुआ संगठन है. संघ के कुल-मिलाकर

मुसलमान विरोधी हिंसा में दलितों की सक्रिय भागीदारी सामने आने पर कुछ दलित चिंतकों ने दलितों के बीच संघ परिवार की बढ़ती स्वीकार्यता को माना था, लेकिन पिछले दो संसदीय चुनावों में (2014 और 2019) संघ परिवार के साथ दलितों के एक बड़े तबक़े के जुड़ाव का तथ्य सुस्थापित हो गया है। इसी तरह, जहाँ कई दलित विद्वान वैश्वीकरण के समर्थन में बहुत सारी दलीलें दे रहे हैं, वहीं बाज़ार में भी दलितों के साथ कई स्तरों पर भेदभाव हो रहा है। शहर भी अस्पृश्यता और जातिवाद के साये में हैं और अभी भी कई ऐसे काम सिर्फ़ दलित जातियों के लिए आरक्षित हैं, जिन्हें 'निम्न दर्जे' का काम माना जाता है (मसलन, नालियों की सफ़ाई)। विश्व

असल में, इस बात की पड़ताल किये जाने की आवश्यकता है कि दलित मुद्दों पर विद्वानों द्वारा किये जा रहे सैद्धांतिक अनुसंधान की दिशा क्या है? दलितों के बीच से उभरकर आने वाले हाशियाग्रस्त समूहों की आवाज़ों को किस सीमा तक तरजीह दी गयी है, अर्थात् क्या दलितों के बीच की वर्चस्वी जातियों ने इन आवाज़ों को सकारात्मक मानते हुए इनका स्वागत किया है? क्या ये आवाज़ें दलित आंदोलन के लिए विभाजनकारी हैं, या इन्हें वास्तविक अर्थों में लोकतांत्रिक और समतावादी समाज-निर्माण की दिशा में एक सकारात्मक क़दम माना जाना चाहिए? इस संदर्भ में दलितों के भीतर स्त्रियों की उभरती आवाज़ों और भिन्नता की दावेदारी का प्रश्न भी महत्त्वपूर्ण है। दलितों के बीच संघ परिवार के बढ़ते प्रभाव की किस तरह व्याख्या की जा सकती है? क्या इसे संघ परिवार के पारंपरिक रवैये में आये सुधार के रूप में देखा जा सकता है, या फिर यह कहना ज़्यादा सही होगा कि दलितों के भीतर एक बड़ा तबक़ा सत्ता में हिस्सेदारी की चाह के कारण संघ से जुड़ गया है?

लेखों के इस संकलन में दलित विषयों पर सैद्धांतिक और दार्शनिक बौद्धिकता से संबंधित अनुसंधानों के साथ ही साथ दलित राजनीति की उभरती पेचीदगियों, हाशियाकृत और भिन्नता की दावेदारी करने वाली

---

36 आनुषंगिक संगठन हैं. देखें, वॉल्टर के. ऐंडर्सन और श्रीधर डी. दामले (2018) : 258-59; नरेंद्र ठाकुर और विजय क्रांति (2015).

आवाज़ों की शिनाख़्त करने वाले निबंधों को सम्मिलित किया गया है। एक अर्थ में इस संपादित पुस्तक को विकासशील समाज अध्ययन पीठ (सीएसडीएस) के भारतीय भाषा कार्यक्रम द्वारा अभय कुमार दुबे के संपादन में प्रकाशित पुस्तक *आधुनिकता के आईने में दलित* का अगला भाग माना जा सकता है।[10] उस पुस्तक में दलितों के जीवन और उनकी राजनीति पर आधुनिकता के प्रभावों के विभिन्न आयामों की गहराई से पड़ताल की गयी थी। इस संपादित कृति में पिछले डेढ़ दशक में उभर कर सामने आये दलित-विमर्श के सैद्धांतिक पहलुओं पर मंथन करने वाले आलेखों के साथ ही साथ दलितों के भीतर हाशियाकृत समूहों से संबंधित अनुसंधानों और दक्षिणपंथ की ओर दलितों के एक तबक़े के बढ़ते रुझान से संबंधित कई आलेख सम्मिलित किये गये हैं। इनमें से कई आलेख *प्रतिमान* में पहले प्रकाशित हो चुके हैं और इस लिहाज़ से ये पिछले एक-डेढ़ दशक में दलित मुद्दों के इर्द-गिर्द होने वाले चिंतन के कुछ अहम आयामों का प्रतिनिधित्व करते हैं।[11] पुस्तक की इस प्रस्तावना में इन शोध-आलेखों के परिचय के साथ हाशियाकृत दलित समूहों की आवाज़, दलितों के हिंदू राजनीति की ओर बढ़ते रुझान और वैश्वीकरण के संदर्भ में दलितों के दृष्टिकोण से संबंधित वाद-विवाद में उभरने वाले विमर्श और प्रश्नों की पड़ताल की गयी है।

## I

## हाशिये के भीतर मौजूद हाशिये की आवाज़

दलित-विमर्श में समाज की जातिगत संरचना के ख़िलाफ़ तीखे सवाल उठाए जाते रहे हैं, और इन सवालों ने दलितों के भीतर नयी चेतना का समावेश किया है। लेकिन यह भी सच है कि इसमें ऐसी जातियों पर ध्यान केंद्रित करने की प्रवृत्ति है, जिनकी जनसंख्या तुलनात्मक रूप से ज़्यादा है और जो

[10] अभय कुमार दुबे (सं.) (2002).

[11] हालाँकि इस पुस्तक में सम्मिलित आम्बेडकर का आलेख 1940 के दशक में लिखा गया था, और शर्मिला रेगे का आलेख सबसे पहले 1999 में प्रकाशित हुआ था, लेकिन इनकी समकालीन प्रासंगिकता को देखते हुए इन्हें सम्मिलित किया गया है.

शैक्षणिक और सामाजिक रूप से भी गतिशील रही हैं। अमूमन दलित-विमर्श की मौजूदा संरचनाओं के तहत इन जातियों के मुद्दों और आकांक्षाओं को प्रतिनिधित्व मिलता रहा है। लेकिन, ख़ास तौर से दलित बौद्धिकों के बीच और आम तौर पर राजनीतिक विमर्श में सबसे हाशियाकृत दलितों के मुद्दों और चिंताओं की या तो उपेक्षा की जाती है या उन्हें जानबूझ कर एक तरफ़ रख दिया जाता है। बद्री नारायण ने इस संदर्भ में लिखा है कि 'वे दलित जातियाँ जो संख्या में बड़ी हैं तथा जिन्होंने राजनीतिक सशक्तीकरण की प्रक्रिया का लाभ उठा लिया है, और जो सामाजिक और सांस्कृतिक रूप से आगे बढ़ चुकी हैं, वे उन छोटी दलित जातियों की दयनीय स्थिति को लेकर चिंतित नहीं हैं, जो इस प्रक्रिया में छूट गयी हैं। ... वे इन छोटी दलित जातियों के समर्थन में सामने नहीं आतीं जबकि वे दलितों के उसी बड़े समूह से सम्बद्ध हैं।'[12] इन जातियों द्वारा अपनी माँगें उठाने के किसी भी प्रयास के बारे में यह माना जाता है कि ये माँगे आम्बेडकर-विरोधी भावना का प्रतिनिधित्व करती हैं, या फिर दलित एकता के लिए घातक हैं। कई बार यह तर्क भी दिया जाता है कि जो जातियाँ संख्यात्मक रूप से ज़्यादा हैं, उन्हें निश्चित रूप से दलितों को मिलने वाले प्रतिनिधित्व का बड़ा हिस्सा मिलेगा। लेकिन पिछले कई दशकों से दलितों के बीच के हाशियाकृत समूहों द्वारा अपने अधिकारों की माँग करने की प्रवृत्ति बढ़ी है। यद्यपि मुख्यधारा के दलित लेखन या सिद्धांतीकरण में इसे ज़्यादा तवज्जो नहीं दी गयी है, फिर भी ज़मीनी स्तर पर चलने वाले इन संघर्षों की समझ बना कर ही दलित राजनीति की उभरती प्रवृत्तियों को ज़्यादा गहराई से समझा जा सकता है।[13]

चंद्रैय्या गोपानी के अनुसार, हाशियाकृत दलित जातियों द्वारा यह तर्क दिया जाता रहा है कि एक निश्चित जाति में जन्म लेने के कारण एक व्यक्ति को कई तरह की जटिल सामाजिक असमर्थताओं का सामना करना पड़ता

[12] बद्री नारायण (2018) : 22.

[13] अनुसूचित जातियों में उप-श्रेणीकरण के संबंध में यगाती चिन्ना राव ने एक महत्त्वपूर्ण पुस्तक संपादित की है, जिसमें कुल 13 विद्वानों द्वारा अपने आलेखों के माध्यम से इस मुद्दे के विभिन्न आयामों की पड़ताल की गयी है. देखें यगाती चिन्ना राव (सं.) 2009.

है। अस्पृश्यता ऐसे भेदभाव का एक प्रमुख रूप है। इस प्रकार के व्यवहारों में भिन्न प्रकार के बहिष्करण और शोषण भी सम्मिलित हैं। दलित समुदायों के भीतर अपनायी जाने वाली अस्पृश्यता की सीमा या रूपों या उनके बीच मौजूद पृथकता को या तो सामान्य मान लिया गया है, या उन्हें विचार-विमर्श से बाहर रखा गया है।[14] दलितों के बीच मौजूद अस्पृश्यता के व्यवहारों के बारे में नवसर्जन ट्रस्ट गुजरात, और रॉबर्ट एफ. कैनेडी सेंटर फ़ॉर जस्टिस ऐंड ह्यूमन राइट्स, वाशिंगटन डी.सी. द्वारा 2010 में गुजरात के 1589 गाँवों का अध्ययन किया गया। इसमें यह दावा किया गया कि ग़ैर-दलितों द्वारा दलितों (वर्टिकल या ऊर्ध्व) तथा दलितों द्वारा दलितों के साथ (समस्तरीय या हॉरिज़ॉन्टल) भेदभाव किया जाता है। इसमें यह बात सामने आयी कि तुलनात्मक रूप से ज़्यादा जनसंख्या वाली दलित जातियाँ सामाजिक रूप से प्रभुत्वशाली हैं, और ये अन्य अस्पृश्यों को अपने से निम्नतर मानती हैं। दलितों के बीच भौतिक दूरी, अंतर्जातीय विवाह और अंतर्जातीय लोगों के साथ खान-पान का अभाव, पृथक् श्मशान या क़ब्रगाह जैसे व्यवहार स्पष्ट तौर पर मौजूद हैं। यह व्यवहार सवर्णों द्वारा दलितों के साथ किये जाने वाले व्यवहार से अलग नहीं है।[15]

दरअसल इस समस्या (दलित श्रेणी के भीतर भेदभाव) की गहनता इतनी ज़्यादा रही है कि तमिलनाडु और अविभाजित आंध्र प्रदेश में सबसे हाशियाकृत दलित समूहों के व्यक्तियों ने आत्मदाह तक करने का प्रयास

---

[14] देखें चंद्रैय्या गोपानी (2018); गोपानी यह भी स्वीकार करते हैं कि आम्बेडकर के अधिकांश लेखन और सम्बोधन में सभी अस्पृश्य जातियों को एक समूह के रूप में प्रस्तुत किया गया है. *हू आर अनटचेबल्स* ... में हमें इस बात की पर्याप्त समझ नहीं मिलती है कि अनुसूचित जाति के विभिन्न उप-समूहों के भीतर पदसोपान और अस्पृश्यता क्यों मौजूद है. लेकिन गोपानी इस बात पर भी ज़ोर देते हैं कि जब भी दलित समूहों में किसी एक जाति के ज़्यादा प्रतिनिधित्व की बात आयी, तो आम्बेडकर ने सभी जातियों के प्रतिनिधित्व पर ज़ोर दिया. आम्बेडकर ने गोलमेज़ सम्मेलनों में सभी दलित या डिप्रेस्ड जातियों के लिए संघर्ष किया. जहाँ उन्होंने अल्पसंख्यक प्रतिनिधित्व पर टिप्पणी की, वहीं उन्होंने सबसे हाशियाकृत समूहों तक न्याय पहुँचाने के बारे में अपनी दृष्टि भी प्रस्तुत की. उन्होंने कहा कि 'इसके बारे में (सार्वजनिक सेवाओं और विधायी निकायों में प्रतिनिधित्व के बारे में) किसी भी अन्याय को सहन नहीं किया जाएगा, क्योंकि ऐसा अन्य समुदायों की क़ीमत पर होगा.' इसके आगे उन्होंने यह भी कहा कि विभिन्न लाभों को 'सिर्फ़ एक समुदाय को नहीं दिया जा सकता है. इसके बजाय, इसे सभी अल्पसंख्यक समूहों में बराबर बाँटा जाना चाहिए, या फिर उनकी (1) आर्थिक स्थिति, (2) सामाजिक हैसियत, और (3) शैक्षणिक प्रगति के उल्टे अनुपात (इनवर्स प्रोपोर्शन) में बाँटा जाना चाहिए. वसंत मून : (1989) 401-402, चंद्रैय्या गोपानी पृ. 197 पर उद्धृत.

[15] देखें, नवसर्जन और रॉबर्ट एफ़. कैनेडी सेंटर फ़ॉर जस्टिस ऐंड ह्यूमन राइट्स (2010).

किया है। श्रेणीकरण आंदोलन के दौरान सबसे हाशियाकृत जातियों ने जनसंख्या में अपने अनुपात के आधार पर सब-प्लान कोष तक की माँग शुरू कर दी है। तेलुगू भाषी क्षेत्र (आंध्र प्रदेश और तेलंगाना) में माडिगा, महाराष्ट्र में मांग (मतंग), तमिलनाडु में अरुंधतिया, कर्नाटक में मतिगा और उत्तरी भारत में भंगी या वाल्मीकी जाति के लोगों और ऐसे ही अन्य समुदायों की गोलबंदी और संघर्ष चल रहा है। इन संघर्षों की कसौटी पर अनुसूचित जाति और दलित की 'स्थापित' श्रेणियों का आलोचनात्मक परीक्षण किया जा सकता है। साथ ही, इन्होंने दो भिन्न अस्मिताओं अर्थात् दृश्य दलितों और अदृश्य दलितों के बीच अंतर पर भी बल दिया है (अदृश्यता दलितों के बीच हाशियाकरण के बारे में बताती है)।[16]

ऐसा नहीं है कि यह सवाल यकायक उठ खड़ा हुआ है कि दलितों को मिलने वाली आरक्षण जैसी सुविधाओं का लाभ सिर्फ़ बड़ी और तुलनात्मक रूप से मजबूत जातियों को ही क्यों मिल रहा है। केंद्र सरकार ने 1965 में विधि सचिव बी.एन. लोकुर की अध्यक्षता में एक समिति का गठन किया गया था। इसकी रपट में यह निष्कर्ष निकाला गया कि कुछ ऐसी जनजातियाँ और जातियाँ हैं, जो तुलनात्मक रूप से ज़्यादा विकसित हैं। इसलिए इन जातियों को अनुसूचित जाति या जनजाति की श्रेणी से बाहर करने या डी-शेड्युलिंग करने से ज़्यादा निम्नतर स्थिति वाले लोगों तक वितरणकारी प्रावधानों को पहुँचाने में सहायता मिलेगी। इस समिति को बहुत से नेताओं और संगठनों से यह अनुरोध मिला कि माला समुदाय को आंध्र प्रदेश की अनुसूचित जाति की श्रेणी से बाहर किया जाए।[17] कई राज्यों में अनुसूचित को जातियों इस तरह

---

[16] चंद्रैय्या गोपानी (2018) : 181-83.

[17] समिति की रपट के अनुसार उसे बहुत से नेताओं और संगठनों से यह अनुरोध मिला कि माला समुदाय को आंध्र प्रदेश की अनुसूचित जाति की श्रेणी से बाहर किया जाए. 'कुछ समय से इस बात के प्रमाण मिले हैं कि अनुसूचित जातियों और अनुसूचित जनजातियों के लिए तय किये गये लाभों और छूटों का बड़ा हिस्सा संख्यात्मक रूप से बड़े और राजनीतिक रूप से सुसंगठित समुदायों द्वारा ले लिया जा रहा है. छोटे और ज़्यादा पिछड़े समुदाय विशेष सहायता के सबसे ज़्यादा हक़दार हैं, लेकिन ये लोकतांत्रिक प्रक्रिया में पिछड़ जा रहे हैं. ... हमारा यह सुझाव है कि इस सूची में विविध जातियों और जनजातियों को प्रशासनिक रूप से इस तरह वर्गीकृत या श्रेणीबद्ध किया जाना चाहिए, जिससे योजना और विकास के कार्यों में ज़रूरतमंदों को ज़्यादा प्राथमिकता मिले, और तुलनात्मक रूप से विकसित समुदायों को निम्न प्राथमिकता मिले.' देखें गवर्नमेंट ऑफ़

विभाजित करने के लिए क़दम उठाए गये जिससे जनसंख्यात्मक रूप से छोटे और आर्थिक रूप से ज़्यादा दुर्बल समूहों को शिक्षा और नौकरियों के मामले में लाभ मिल सके। 1975 में पंजाब सरकार ने अनुसूचित जातियों को दो श्रेणियों में बाँटा इसका मुख्य उद्देश्य दलितों के बीच उभरते आर्थिक, शैक्षणिक और रोजगार संबंधी असमानताओं को दूर करना था। लेकिन ज़्यादा व्यवस्थित रूप से इस बारे में 1990 के बाद माँगें आनी शुरू हुईं 1994 में अविभाजित आंध्र प्रदेश में माडिगा रिज़र्वेशन पोरटा समिति का गठन हुआ, जिसे डंडोरा आंदोलन के नाम से भी जाना गया। यह आंदोलन अनुसूचित जाति आरक्षण के उप-श्रेणीकरण से संबंधित था। जल्द ही इसने राष्ट्रीय स्तर पर वाद-विवाद को जन्म दिया। इस आंदोलन ने बाद के दौर में कर्नाटक, महाराष्ट्र, तमिलनाडु और देश के अन्य भागों में उप-श्रेणीकरण के संघर्षों को प्रेरित किया।[18] बिहार सरकार ने 2007 में दलितों के सबसे निम्न जातियों की स्थिति को देखते हुए महादलित श्रेणी का निर्माण किया और सरकार ने इनके लिए विशेष प्रावधान करने का फ़ैसला किया।[19] आरंभ में बिहार के कुल 22 दलित जातियों में से 21 को महादलित की श्रेणी में सम्मिलित किया गया। इस श्रेणी का निर्माण महादलितों के विकास के लिए विशेष योजनाएँ बनाने के लिए किया गया था। बाद में जीतन राम माँझी की सरकार ने पासवान जाति को भी महादलित की श्रेणी में सम्मिलित कर दिया। बाद में जब नीतीश कुमार फिर से मुख्यमंत्री बने तो उन्होंने इस निर्णय को पलट दिया। किंतु 2018 में नीतीश कुमार ने फिर से दुसाध जाति को महादलित की श्रेणी में सम्मिलित कर दिया। इस तरह अब बिहार में सभी दलित जातियाँ महादलित श्रेणी के भाग हैं।[20]

बहुत-सी समितियों और आयोगों ने भी यह स्वीकार किया है कि पूरे भारत में अनुसूचित जातियों के भीतर बहिष्करण की स्थिति है और इनके बीच असमानता बढ़ रही है। कर्नाटक में माडिगा डंडोरा होराता समिति ने

---

इंडिया (1965); साथ ही देखें, चंद्रैय्या गोपानी (2018) : 191-92 पर उद्धृत.

[18] चंद्रैय्या गोपानी (2018) : 182.

[19] जॉर्ज कुनाथ (2013).

[20] मदन कुमार (2018).

अनुसूचित जाति आरक्षण के उप-श्रेणीकरण की माँग की है। काफ़ी आंदोलन करने और सरकार को कई सारे ज्ञापन सौंपने के बाद 2005 में तत्कालीन मुख्यमंत्री एन. धरम सिंह ने न्यायमूर्ति ए.जे. सदाशिव जाँच आयोग का गठन किया। इसका काम सभी अनुसूचित जातियों के बीच आरक्षण के समान वितरण की प्रणाली पर विचार करना था। इस कमीशन ने 2012 में अपनी रिपोर्ट प्रस्तुत की। कमीशन ने राज्य में अनुसूचित जाति की श्रेणी में सूचीबद्ध 101 जातियों के बीच मौजूद विषमता का परीक्षण करते हुए यह अनुशंसा की कि अनुसूचित जाति के आरक्षण का उप-वर्गीकरण किया जाना चाहिए। कमीशन ने इन जातियों को चार समूहों में बाँटने की अनुशंसा की : 1. दक्षिण समुदाय (राइट कम्युनिटी), 2. वाम समुदाय (लेफ़्ट कम्युनिटी) 3. स्पृश्य, और 4. अन्य अनुसूचित जातियाँ। राज्य में अनुसूचित जातियों के लिए 15 प्रतिशत आरक्षण की व्यवस्था को निम्नलिखित तरीक़े से आवंटित करने की अनुशंसा की गयी : वाम जातियों के लिए छह प्रतिशत, दक्षिण जातियों के लिए पाँच प्रतिशत, स्पृश्य जातियों के लिए तीन प्रतिशत और अन्य जातियों के लिए एक प्रतिशत।[21] हालाँकि विभिन्न श्रेणियों में सम्मिलित अनुसूचित जातियों ने इस रिपोर्ट का इस आधार पर विरोध भी किया है कि इस वर्गीकरण में विभिन्न जातियों की जातिगत स्थिति को ध्यान में नहीं रखा गया। इसी कारण, 2018 के विधानसभा चुनावों के पहले जब सिद्धारमैया सरकार ने इसे लागू करने की दिशा में क़दम उठाने की पहल की तो अधिकांश अनुसूचित जातियों के नेताओं ने इसका विरोध किया।[22] महाराष्ट्र सरकार ने 2003 में लाहूजी साल्वे कमीशन की नियुक्ति की। इसका काम अनुसूचित जातियों में आरक्षण के असमान वितरण का परीक्षण करना और इस संदर्भ में उपयुक्त अनुशंसाएँ देना था। इस कमीशन ने भी अनुसूचित जातियों के बीच संसाधनों के असमान वितरण को स्वीकार किया, और समान वितरण के लिए एक नीति की अनुशंसा की। महाराष्ट्र सरकार ने

---

[21] देखें, द *हिंदू* (2012).

[22] देखें, द *न्यू इंडियन एक्सप्रेस* (2018).

इसकी कई सिफ़ारिशों को स्वीकार किया, लेकिन अनुसूचित जाति के भीतर उप-श्रेणी बनाने के विचार को स्वीकार नहीं किया।[23] तमिलनाडु सरकार ने 2008 में एम.एस. जर्नादन कमिटी की रिपोर्ट को स्वीकार कर लिया। इसमें यह कहा गया था कि राज्य की नौकरियों में अनुसूचित जातियों को दिये जाने वाले कुल 18 प्रतिशत आरक्षण में 3 प्रतिशत अरुंधतियार और चक्कीलियार समुदायों को दिया जाए। लेकिन चूँकि कुछ परयार और आदि-द्रविड़ों ने इसे अदालतों में चुनौती दी, इसलिए यह मामला अभी भी लम्बित है।[24] 2008 में केंद्र सरकार ने उषा मेहरा कमीशन का गठन किया था, जिसका काम आंध्र प्रदेश में अनुसूचित जातियों को दी जाने वाली आरक्षण की व्यवस्था पर विचार करना था। इस आयोग ने भी यह सिफ़ारिश की कि इस आरक्षण का उप-समूहों में विभाजन किया जाना चाहिए। इसने यह भी कहा कि मौजूदा व्यवस्था में सबसे निचले स्तर तक लाभ पहुँचने की कोई संभावना नहीं है।[25] 28 अगस्त, 2001 को उत्तर प्रदेश के तत्कालीन मुख्यमंत्री राजनाथ सिंह ने एक समिति के गठन की घोषणा की, जिसका काम राज्य में अनुसूचित जातियों, अनुसूचित जनजातियों और अन्य पिछड़े वर्गों के लिए सरकारी नौकरियों में आरक्षण की व्यवस्था पर पुनर्विचार करना था। अपनी रपट में इस समिति ने यह स्वीकार किया कि आरक्षण के अवसरों और राज्य नीतियों के लाभ के संदर्भ में अनुसूचित जातियों और अन्य पिछड़े वर्गों के भीतर गहरी विषमता है। इसे ध्यान में रखते हुए इसने दलितों को दो अनुसूचियों में विभाजित किया — अनुसूची 'ए' में चमार, जाटव और धुसिया जातियाँ थीं, और अनुसूची 'बी' में अनुसूचित जनजाति श्रेणी की 65 अन्य जातियाँ थीं। दलितों को मिलने वाले 21 प्रतिशत आरक्षण में से

---

[23] अनूप हिरावले (2018); साथ ही देखें, बी.एस. वाघमारे (2010).

[24] देखें चंद्रैय्या गोपानी (2018) : 193.

[25] 2016 में माडिगा रिजर्वेजन पोराटा समिति द्वारा 27 नवंबर, 2016 को हैदराबाद में आयोजित एक रैली में एम. वेंकैया नायडू ने यह कहा कि 'मोदी सरकार अनुसूचित जातियों के श्रेणीकरण के पक्ष में है, जिससे माडिगा जैसे ज़्यादा पिछड़े समूहों को भी अनुसूचित जातियों को मिलने वाले आरक्षण का लाभ मिल पाए'. हालाँकि मोदी सरकार ने इस दिशा में कोई ठोस काम नहीं किया. देखें *द हिंदू* (2016).

अनुसूची 'ए' को 10 प्रतिशत और अनुसूची 'बी' को 11 प्रतिशत आरक्षण देने की अनुशंसा की गयी। लेकिन बहुजन समाज पार्टी और समाजवादी पार्टी के विरोध के कारण इसके प्रस्तावों को लागू नहीं किया गया।[26]

इस बात में कोई संदेह नहीं है कि वास्तविक दलित-सशक्तीकरण तभी हो पाएगा, जब दलितों के भीतर हाशियाकृत समूहों का भी सशक्तीकरण हो — जब वे समूह भी महसूस करें उन्हें प्रतिनिधि निकायों या सरकारी नौकरियों में पर्याप्त प्रतिनिधित्व मिल रहा है। दुर्भाग्यवश अधिकांश राज्यों में दलितों के बीच कुछ संख्यात्मक रूप से मजबूत और थोड़ी बेहतर आर्थिक स्थिति वाले समूहों को ज़्यादा लाभ हुआ है। यद्यपि इस विषय पर बहुत कम शोध हुआ है, क्योंकि अमूमन ऐसे शोधों को दलित एकता को तोड़ने वाले शोधों के रूप में देखने की प्रवृत्ति रही है। किंतु विभिन्न राज्यों में दलितों के भीतर के कई समूहों ने ऐसी व्यवस्था बनाने के लिए संघर्ष किया है, जिससे सिर्फ़ दलितों की प्रभुत्वशाली जाति ही राज्य के पुनर्वितरण नीतियों का सारा लाभ न ले पाए। बद्री नारायण यह मानते हैं कि ज़मीनी स्तर पर मौजूद हाशियाकृत दलित जातियों की पहचानें सामाजिक-आर्थिक असमानता के विभिन्न स्तरों का प्रतिनिधित्व करती हैं। इन पहचानों की दावेदारी पदसोपान को चुनौती दे सकती है तथा विविध स्तरों पर सामाजिक संबंधों का लोकतंत्रीकरण कर सकती है।[27] कुल-मिला कर ये नयी दलित दावेदारियाँ सामाजिक न्याय, प्रतिनिधित्व, अनुभव, अस्पृश्यता और नेतृत्व के अर्थों और व्यापक निहितार्थों की आलोचनात्मक समझ बनाने का प्रयास कर रही हैं। और वे सबसे हाशियाकृत दलित समूहों के जीवन अनुभवों और प्रभुत्वशाली दलित जातियों के वर्चस्वशाली दृष्टिकोण की जाँच-पड़ताल के माध्यम से ऐसा कर रही हैं। दलितों द्वारा परिवर्तनकारी राजनीति को बढ़ावा देने का सामर्थ्य उनके द्वारा दलितों के बीच निम्नतम समूहों की मौजूदगी को मान्यता देने पर निर्भर करता है। जाति और वर्ग के दमन के ख़िलाफ़ अस्पृश्यों के एकजुट संघर्ष के लिए यह आवश्यक है कि मान्यता और पुनर्वितरण के प्रश्न को हल किया जाए।

[26] देखें चंद्रैय्या गोपानी (2018) : 192.

[27] बद्री नारायण (2015); साथ ही देखें, बद्री नारायण (2018).

# II

## राष्ट्रीय स्वयंसेवक संघ और दलित

पिछले दो लोकसभा चुनावों में मिली सफलता ने दलितों के बीच भाजपा का प्रभाव के बढ़ने के तर्क को ज़्यादा प्रभावी तरीक़े से स्थापित किया है। इन दोनों चुनावों में भाजपा को अनुसूचित जातियों के लिए आरक्षित सीटों में अच्छी-ख़ासी कामयाबी मिली।[28] एक हिंदुत्ववादी दल की दलितों के लिए आरक्षित सीटों पर कामयाबी इसलिए हैरतअंगेज़ लगती है क्योंकि डॉ. भीम राव आम्बेडकर हिंदू धर्म की बुराइयों पर लगातार प्रहार करते रहें। मृत्यु से दो महीने पहले उन्होंने बौद्ध धर्म अपना लिया था। इसमें भी कोई संदेह नहीं है कि समकालीन दौर में आम्बडेकर का अनुयायी होने का दावा करने वाले दलितों की एक बड़ी जमात खुल कर भाजपा की राजनीति का विरोध कर रही है। हिंदुत्व की राजनीति का मुखर विरोध करने वाले एक्टिविस्टों में वर्तमान में गुजरात के विधायक जिग्नेश मेवानी और भीम आर्मी के संस्थापक चंद्रशेखर आज़ाद का नाम लिया जा सकता है। वहीं, आनंद तेलतुम्बडे एक ऐसे बुद्धिजीवी और एक्टिविस्ट हैं जिन्होंने खुल कर हिंदुत्ववादी राजनीति के बारे में लिखा है, और इसके कारण उन्हें जेल तक जाना पड़ा है। उन्हें 2018 में भीमा-कोरेगाँव में हुई हिंसा का आरोपी बना कर गिरफ़्तार किया गया।[29] असल में, हिंदुत्व की राजनीति का मुखर विरोध करने वाले दलित बुद्धिजीवियों और एक्टिविस्टों की सूची काफ़ी लम्बी है। वहीं, अनुसूचित जातियों के लिए आरक्षित क्षेत्रों में भाजपा की कामयाबी और उसे दलितों के मिलने वाले ज़्यादा वोटों से यह बात भी साबित हो चुकी है कि दलितों का एक बड़ा हिस्सा भाजपा से जुड़ चुका है; साथ ही, दलित बुद्धिजीवियों में भी एक समूह खुल कर संघ और भाजपा की तरफ़दारी कर रहा है। आख़िर इस परिघटना की व्याख्या कैसे

[28] अनुसूचित जातियों के लिए लोकसभा में कुल 84 सीटें आरक्षित हैं. 2019 में भाजपा को इनमें से 46 सीटों पर जीत मिली थी, वहीं 2014 में इसे अनुसूचित जातियों के लिए आरक्षित सीटों में से 40 सीटों पर जीत मिली थी. 2014 के लोकसभा चुनावों में भाजपा को अनुसूचित जातियों का 27.62 प्रतिशत वोट मिला था, 2019 के लोकसभा चुनावों में इसे दलितों का 35.34 प्रतिशत वोट मिला. इस तरह, अनुसूचित जाति के इसके वोटों में 7.72 प्रतिशत की वृद्धि हुई. स्रोतः सीएसडीएस डेटा यूनिट (2019).

[29] आनंद तेलतुम्बडे की गिरफ़्तारी और समकालीन दलित चिंतन में उनकी भूमिका की समझ के लिए देखें, जिग्नेश मेवानी और मीना कंडास्वामी (2020).

की जा सकती है? क्या संघ परिवार, विशेषकर भाजपा को यह कामयाबी कुछ तात्कालिक कारणों से मिली या एक लम्बी और अनवरत कोशिश का नतीजा है? क्या अपनी कोशिशों में संघ परिवार ने ख़ुद को बदला? क्या इसमें एक समूह के रूप में दलितों के अंतर्विरोधों अर्थात् विभिन्न छोटी दलित जातियों के हाशियाकरण ने प्रमुख भूमिका निभायी?

अमूमन कुछ अपवादों को छोड़ दें तो मुख्यधारा के समाजशास्त्रियों ने पिछले दो लोकसभा चुनावों भाजपा की ओर दलितों के झुकाव के प्रश्न पर गहराई से विचार नहीं किया है।[30] कई बार जब इस तरह के प्रश्न उठाए गये तो उसके जवाब में दलित प्रश्नों पर चिंतन करने वाले कई बुद्धिजीवियों ने इसे नकारा, या फिर यह प्रश्न किया कि इस बात पर भी विचार करने की आवश्यकता है कि आख़िर उच्च जातियाँ पूरी तरह से संघ के ख़ेमे में क्यों चली गयीं?[31] लेकिन 2002 में गुजरात दंगों में दलितों के बढ़-चढ़कर हिस्सेदारी करने के मसले पर कई समाज-वैज्ञानिकों द्वारा गहराई से विचार किया गया। मसलन, आनंद तेलतुम्बडे ने इस बात पर बल दिया कि वैश्वीकरण की प्रक्रिया ने जीविका का संकट पैदा किया और जिसके कारण

[30] 2014 के लोकसभा चुनावों के बाद अजय गुडावर्थी ने इस बात पर ज़ोर दिया किया कि बिहार और उत्तर प्रदेश के ग्रामीण और शहरी — दोनों ही क्षेत्रों में दलितों में एक बड़ा हिस्सा नरेंद्र मोदी और भारतीय जनता पार्टी की ओर आकृष्ट हुआ है. उनके अनुसार, ऐसा लगता है कि दलितों को 'जाति उन्मूलन के अमूर्त और काफ़ी हद तक यूटोपियाई विचार की तुलना में हिंदू पहचान का दावा करके बहुमतवादी व्यवस्था में स्वीकार्यता पाना ज़्यादा आसान और हासिल करने लायक लक्ष्य लग रहा है.' गुडावर्थी इसके लिए दलितों के बीच विभिन्न तबक़ों के अलग-अलग हितों के अस्तित्व को सबसे बड़ा कारण मानते हैं. देखें, अजय गुडावर्थी (2014क); हालाँकि गुडावर्थी ने यह भी रेखांकित किया कि दक्षिणपंथ ने भले दलित-बहुजनों को ज़्यादा प्रतिनिधित्व दिया हो, लेकिन वह कोई गहन सामाजिक एजेंडा प्रस्तुत करने में नाकाम है. देखें अजय गुडावर्थी (2014ख); हालाँकि एन. सुकुमार ने गुडावर्थी के तर्कों को नकारते हुए इस बात पर ज़ोर दिया कि किसी भी आंदोलन की तरह दलित आंदोलन में भी विविधता है, और इसमें होने वाले किसी विचारधारात्मक बदलाव को सम्पूर्ण आंदोलन की नाकामी के रूप में नहीं देखा जाना चाहिए. साथ ही, दलित उन्हीं स्थानों पर संघ परिवार की ओर आकृष्ट हुए हैं जहाँ ऐतिहासिक रूप से दलितों की विचारधारात्मक गोलबंदी नहीं हुई है. उनके अनुसार, जब एक उच्च जाति का व्यक्ति भाजपा को वोट देता है, तो उसे 'प्रगति' और विकास के लिए वोट समझा जाता है, लेकिन यदि एक मध्यमवर्गीय दलित ऐसा करता है, तो उसे जाति उन्मूलन के विचार को त्यागने के रूप में देखना सही नहीं है. देखें, डॉ. एन. सुकुमार (2014); दरअसल, इस तरह के लेखन में संघ परिवार की राजनीति और दलितों के साथ उसकी अन्योन्यक्रिया को गहरे स्तर तक समझने की कोशिश नहीं की गयी है.

[31] 2019 के चुनावों के बाद दलितों के संघ परिवार और भाजपा से बढ़ते जुड़ाव संबंधी समाचार-माध्यमों के विविध विश्लेषणों को प्रश्नांकित करते हुए दिलीप मंडल ने यह प्रश्न उठाया कि दलितों के बारे में प्रश्न खड़े करने से ज़्यादा महत्त्वपूर्ण यह पूछना है कि आख़िर उच्च जाति के हिंदू भाजपा को अभूतपूर्व तरीक़े से समर्थन क्यों दे रहे हैं. देखें, दिलीप मंडल (2019).

साधनहीन लोगों को धार्मिक कट्टरपंथ और दक्षिणपंथी प्रतिक्रियावाद की ओर आकर्षण बढ़ा।[32] गुजरात दंगों के संदर्भ में ही दलितों के हिंदुत्ववादी शक्तियों की ओर बढ़ते आकर्षण पर विचार करते हुए गोपाल गुरु ने कई कारण गिनाए हैं, जिनमें से दो प्रमुख कारण हैं : पहला, वैश्वीकरण के हमले के कारण सार्वजनिक क्षेत्र का ख़त्म होना, जिसका नतीजा जातिगत टकराव के स्थान के ख़त्म होने के रूप में सामने आया; दूसरा, हिंदुत्व दलितों की सांस्कृतिक आवश्यकताओं को संतुष्ट कर रहा है।[33]

हालाँकि अभय कुमार दुबे ने दलितों के बीच भाजपा के बढ़ते पैठ के संदर्भ में इस बात पर ज़ोर दिया है कि 'मध्यमार्गी चिंतकों' (मोटे तौर पर उदारवादी-सेकुलर, जिसमें कई महत्त्वपूर्ण दलित चिंतक भी सम्मिलित हैं) ने मुख्यधारा के चुनावी राजनीति में हो रहे बदलावों की गहरी समीक्षा नहीं की। अभय दुबे का यह मानना है कि अमूमन दलित मुद्दों पर अनुसंधान करने वाले विद्वानों ने 'राजनीतिक सहीपन' की एक अवधारणा अपना ली। ऐसा करते हुए उन्होंने न तो दलित नामक श्रेणी के भीतर मौजूद विषमता और अंतर्द्वंद्व पर ध्यान दिया और न ही संघ परिवार के अपने विश्लेषण में पैनापन लाने की कोशिश की। उन्होंने दलितों के बीच संघ परिवार या (उनके हिसाब से) किसी भी नकारात्मक प्रवृत्ति के उभार के लिए 'ब्राह्मणवाद' की श्रेणी को अपना लिया। इसके कारण वे विभिन्न घटनाओं का सतही विश्लेषण ही कर पायें।[34] रजनी कोठारी ने 1984 में लिखे अपने एक लेख में तथा चुनावों के नृवंशीय गणनाशास्त्र में बदलने की परिघटना का उल्लेख किया था।[35] लेकिन 1993 के बाद उन्होंने कमज़ोर जातियों के सांप्रदायिकता विरोधी पहलुओं पर ज़ोर देना आरंभ कर दिया। दुबे के मुताबिक़ अब कोठारी 1984

---

[32] देखें, आनंद तेलतुम्बडे (20005क); (2005ख).

[33] गोपाल गुरु यह भी मानते हैं कि दलितों को जाति के प्रश्न पर वापस जाना चाहिए, और इसके आधार पर हिंदुत्ववादी शक्तियों की जाँच करनी चाहिए. वे इस बारे में मुख्यधारा की दलित राजनीति को भरोसेमंद नहीं मानते. इसलिए वे सांप्रदायिकता और वैश्वीकरण को बढ़ावा देने वाली शक्तियों का मुक़ाबला करने के लिए क्रांतिकारी राजनीति पर विचार करने पर ज़ोर देते हैं. देखें, गोपाल गुरु (2005).

[34] अभय कुमार दुबे (2019).

[35] रजनी कोठारी (1993, प्रथम प्रकाशन 1984).

के अपने लेख के तर्कों से दूर हट गये। इसी तरह, राजेन्द्र वोरा ने 2004 में प्रकाशित अपने लेख में बहुजन-बहुसंख्यकवाद और इसकी सीमाओं की ओर ध्यान दिलाया था। इसमें उन्होंने इसे प्रतीकों पर आधारित जातिगत बहुसंख्यकवाद में तब्दील होने की बात कही थी।[36]

असल में, इस संदर्भ में यह भी याद रखने की आवश्यकता है कि संघ ने भी दलितों के प्रति अपने दृष्टिकोण में लगातार बदलाव किया, और उन्हें अपने साथ जोड़ने की कोशिश की। गोलवलकर के नेतृत्व में संघ ने रूढ़िवादी-परम्परावादी दृष्टिकोण का अनुसरण किया। उस समय संघ द्वारा एक ऐसे विचार को बढ़ावा दिया गया, जिसमें चतुर्वर्ण व्यवस्था की निंदा नहीं की गयी, बल्कि इसे अच्छी व्यवस्था के रूप में देखा गया। अभय कुमार दुबे अपने अध्ययन में यह दिखाते हैं कि संघ ने अपने पुराने वैचारिक मार्गदर्शकों की बातों को पूरी तरह ख़ारिज न करते हुए भी उनके विचारों के समस्याग्रस्त पहलुओं को छोड़ दिया है।[37] उसने सत्तर के दशक में जाति व्यवस्था पर अपने विचारों में बदलाव आरंभ किया। अब संघ द्वारा खुल कर यह कहा जाने लगा है कि वह जाति में विश्वास नहीं करता है। उसने अपने दृष्टिकोण में व्याक सुधार का प्रयास किया। अस्सी के दशक के आरंभ में फुले और आम्बेडकर के नाम को दैनंदिन प्रातःकालीन प्रार्थना में सम्मिलित किया गया। 1983 से आम्बेडकर को पूरी तरह से अपने रंग में रँगने का प्रयास आरंभ हुआ। इस साल संघ ने सामाजिक समरसता मंच के नाम से एक मंच तैयार किया। इसकी स्थापना के लिए यह कारण दिया गया कि हिंदू कैलेंडर के अनुसार वर्ष 1983 में संघ के संस्थापक हेडगेवार की जयंती 14 अप्रैल को पड़ती है। इस तरह, हेडगेवार और आम्बेडकर के बीच संश्लेषण या समन्वय स्थापित करने की कोशिश की गयी। इसके बाद से ही संघ परिवार के कुछ संगठनों ने ख़ुद को आम्बेडकर और उनके अनुयायियों से जोड़ने के

[36] राजेन्द्र वोरा (2004).

[37] अभय कुमार दुबे (2019). दुबे ने अपनी पुस्तक के अध्याय 1 और 2 में संघ में सत्तर के दशक में हुए विचारधारात्मक बदलावों की विस्तार से व्याख्या की है.

लिए 14 अप्रैल और 6 दिसंबर के दिन कार्यक्रम आयोजित करना शुरू कर दिया। 1983-1990 के बीच समरसता मंच ज़्यादा सक्रिय नहीं रहा। इस दौरान ग़ैर-दलितों के मन में आम्बेडकर के प्रति नापसंदगी को दूर करने का प्रयास किया गया और यह साबित करने की कोशिश की गयी कि आम्बेडकर हिंदुत्व के शीर्षस्थ व्यक्तित्वों में से एक हैं। 'समरसता' शब्द के उपयोग के बारे में एक ख़ास बात यह है कि इसका उपयोग करते हुए 'समता' या 'समानता' शब्द को तव्वजो नहीं दी जाती। समरसता, समानता के बजाय एकता को रेखांकित करती है। गोपाल गुरु का मानना है कि संघ आम्बेडकर को अपना कर अपनी छवि को मजबूत बनाना चाहता था, लेकिन इसके साथ ही वह आम्बेडकर की रैडिकल परिवर्तनकारी विरासत से दूर भी रहना चाहता था। गोपाल गुरु ने इसे आम्बेडकर का 'हिंदूकरण' करने की रणनीति की संज्ञा दी।[38] हाल के दौर में, नरेंद्र मोदी सरकार आम्बेडकर के लिए दिल्ली में स्मारक का निर्माण करवाया। उसने सुनिश्चित किया कि आम्बेडकर के लंदन स्थित घर को भी एक स्मारक बनाया जाए।[39] इसके अलावा, संघ ने भी यह सावधानी बरती है कि उसके किसी कार्य से दलितों के बीच कोई ग़लत संदेश न जाए।[40]

इसके साथ ही, संघ परिवार ने अपने दलित कार्यकर्त्ताओं और विद्वानों की मदद से अस्पृश्यता और दलितों की दुखद स्थिति के बारे में एक वैकल्पिक इतिहास की रचना भी आरंभ कर दी। इस वैकल्पिक इतिहास में डॉ. विजय सोनकर शास्त्री जैसे संघ से जुड़े दलित लेखकों ने महत्त्वपूर्ण भूमिका अदा की। विभिन्न पुस्तकों के माध्यम से शास्त्री ने यह दावा किया कि अस्पृश्यता का उदय मुस्लिम शासन के आगमन के बाद हुआ। उनके अनुसार, 'भारत में उनके (मध्यकालीन मुस्लिम आक्रांताओं) लिए सबसे बड़ी बाधा हिंदू धर्म था। विशेष रूप से ब्राह्मण, जो धर्म और संस्कृति के रक्षक थे और क्षत्रिय, जो भौगोलिक सीमाओं

---

[38] गोपाल गुरु (1991) : 339-41.

[39] आनंद तेलतुम्बडे ने इसे आम्बडेकर का 'स्मारक बनाने, लेकिन उनके मिशन को दफ़नाने' की संज्ञा दी. देखें आनंद तेलतुम्बडे (2015).

[40] मसलन देखें, वॉल्टर ऐंडर्सन और श्रीधर डी. दामले (2018) : 89-90.

की सुरक्षा करते थे (वे उनके लिए चुनौती थे)। उन्हें इस्लाम अपनाने के लिए मजबूर किया गया। उनके साथ काफ़ी अत्याचार किया गया ... कुछ क्षत्रिय और ब्राह्मणों ने यह फ़ैसला किया कि वे किसी भी क़ीमत पर इस्लाम नहीं अपनाएँगे- भले ही जीवन क्यों न बलिदान करना पड़े। उनके धर्माभिमान, स्वाभिमान और राष्ट्राभिमान को तोड़ने के लिए उन्हें (मनुष्यों का) मल ढोने और चमड़े के काम में लगा दिया गया। और इस तरह से अनुसूचित जातियों का निर्माण हुआ।'[41] निश्चित रूप से, शास्त्री के विचार अस्पृश्यता की उत्पत्ति के बारे में आम्बेडकर के विचारों को नकारते हैं। आम्बेडकर का यह मानना था कि अस्पृश्यता 400 ईस्वी के आस-पास आरंभ हुई जब गोमांस के सेवन पर प्रतिबंध लगा दिया गया, और जो लोग गोमांस खाते रहे, उन्हें अस्पृश्य घोषित कर दिया गया। आम्बेडकर यह मानते थे कि हिंदुओं ने ही अस्पृश्यता को जन्म दिया। लेकिन सिर्फ़ शास्त्री ही इस बात को नहीं नकारते हैं, बल्कि संघ के कई प्रमुख नेता भी शास्त्री के विचारों पर ही ज़ोर देते हैं। दरअसल, संघ ने इसे अपने प्रमुख विचार के रूप में अपना लिया है। इसके पदाधिकारी कृष्ण गोपाल ने भी कई मौक़ों पर यह दावा किया कि भारत में मुस्लिमों के आने के बाद ही अस्पृश्यता की शुरुआत हुई।[42] इस तरह के विचारों को बढ़ावा देकर जहाँ एक ओर संघ ने हिंदू धर्म को अस्पृश्यता के पाप से दूर करने का प्रयास किया, वहीं इसने इसका ठीकरा मुस्लिम शासकों पर फोड़कर दलितों के मन में मुस्लिमों के ख़िलाफ़ नफ़रत की भावना भरने की कोशिश भी की।

लेकिन इसके साथ ही यह भी महत्त्वपूर्ण है कि दलित नेताओं और कार्यकर्त्ताओं का एक ऐसा बड़ा समूह उभर कर सामने आया, जिसने सत्ता हासिल करने या उससे नजदीकी क़ायम रखने को सबसे महत्त्वपूर्ण काम माना। इस संदर्भ में सुहास पल्शीकर ने यह विचार व्यक्त किया है कि चुनावी राजनीति की बाध्यताओं और बहुजन समाज पार्टी (बसपा) द्वारा दक्षतापूर्वक

---

[41] विकास पाठक (2015); डॉ. विजय सोनकर शास्त्री के इन विचारों के लिए देखें, डॉ. विजय सोनकर शास्त्री (2014); (2016).

[42] प्रज्ञा कौशिक (2019).

इनके उपयोग ने सत्ता के बारे में कार्यकर्त्ताओं के दृष्टिकोण में परिवर्तन किया है। दलित युवक मायावती और कांशीराम के प्रभामंडल से अत्यधिक प्रभावित हुए हैं। जबसे ये नेता परिदृश्य में सामने आये हैं, आम्बेडकर के लेखन के बारे में समझ में भी बदलाव हुआ है। अब यह विश्वास किया जाता है कि आम्बेडकर ने इस बात पर बल दिया कि दलितों को 'शासक' बनना चाहिए, और आम्बेडकरवाद मुख्य रूप से राज्य सत्ता से ही संबंधित है। संघ द्वारा आम्बेडकर को हथियाने से पहले ही बसपा ने आम्बेडकर की विरासत को काफ़ी नुक़सान पहुँचा दिया था। इसने दलित कार्यकर्त्ताओं को ग़ैर-विचारधारात्मक और तदर्थ गठजोड़ों के लिए तैयार किया।[43]

यही कारण है कि समय-समय पर सिर्फ़ बहुजन समाज पार्टी ने ही बेझिझक भाजपा से सहयोग नहीं किया, बल्कि रामविलास पासवान और रामदास अठावले जैसे दलित नेताओं को भी भाजपा से संबंध चुनावी गठजोड़ करने में कोई दिक़्क़त नहीं हुई। इस तरह, दलितों और दक्षिणपंथी ताक़तों के बीच आपसी अंतर्क्रिया के संबंध में कुछ बिंदुओं को रेखांकित किया जा सकता है : पहला, पिछले तीन दशकों की राजनीति ने जहाँ एक मजबूत दलित पार्टी के रूप में बसपा के उभार को रेखांकित किया है, वहीं यह बात भी साफ़ तौर पर सामने आयी है कि बसपा सभी दलित जातियों को अपने बैनर तले जोड़कर रखने में नाकाम रही है। इसका नतीजा उत्तर प्रदेश विधानसभा और लोकसभा चुनावों में बसपा के प्रदर्शन में गिरावट के रूप में सामने आया है। दूसरा, अमूमन दलितों का एक बड़ा तबक़ा राष्ट्रीय स्वयंसेवक संघ की ओर आकृष्ट हुआ है। इसका बड़ा कारण यह है कि संघ ने पिछले 40 वर्षों में दलितों को ख़ुद से जोड़ने लिए कड़ी मेहनत की है, और इसने अपने पहले के कई स्वीकृत सिद्धांतों को या तो त्याग दिया, या फिर उनमें संशोधन कर लिया। तीसरा, चूँकि अन्य सभी समूहों की तरह दलित भी एक समरूपी समूह नहीं है, इसलिए विशेष रूप से छोटे और उपेक्षित समूहों में प्रभुत्वशाली जाति के नेतृत्व वाले दल से मोहभंग की स्थिति आयी

---

[43] सुहास पल्शीकर (2005) : सुहास पल्शीकर का यह आलेख इस पुस्तक में भी सम्मिलित किया गया है.

है और चुनावी राजनीति में इसका लाभ भी भाजपा को मिला है। चौथा, जैसा कि पल्शीकर ने दिखाया है कि सत्ता की राजनीति के ज़ोर पकड़ने के कारण भी बहुत से छोटे दलों, नेताओं और युवाओं का संघ और भाजपा की ओर रुझान बढ़ा है। असल में, यह एक ऐसा क्षेत्र है जिस पर ज़्यादा विस्तार से और खुले रूप में अनुसंधान करने की आवश्यकता है। इसके लिए बने-बनाए मानकों से आगे जाने की भी ज़रूरत है।

## III

### दलित और वैश्वीकरण

आम्बेडकरवादियों के बीच समाजवाद और पूँजीवाद के संदर्भ में आम्बेडकर की व्याख्या को लेकर भी काफ़ी विवाद रहा है। सुखदेव थोरात और आनंद तेलतुम्बडे जैसे दलित चिंतकों ने इस बात पर बल दिया है कि आम्बेडकर समाजवादियों की नीतियों के निकट थे। मसलन, आनंद तेलतुम्बडे यह तर्क देते हैं कि 'उनकी (आम्बेडकर की) कम्युनिस्ट आंदोलन और दर्शन (मार्क्सवाद) में गहरी रुचि थी क्योंकि वे मानते थे कि यह शोषितों की मुक्ति पर केंद्रित है। यह उनके सार्वजनिक जीवन के आरंभ से लेकर आख़िरी दिनों की घटनाओं से स्पष्ट है। अपने जीवन के आख़िरी दिनों में उन्होंने एक व्याख्यान दिया था जिसमें उन्होंने और कार्ल मार्क्स और बुद्ध की तुलना की थी ... हालाँकि यह भी सच है कि उन्हें मार्क्सवाद के कुछ सैद्धांतिक सूत्रों को अपनाने में गहरी आपत्ति थी, इसी कारण वे मार्क्सवाद में गहरी रुचि नहीं ले पाए।'[44] तेलतुम्बडे यह भी रेखांकित करते हैं कि भारतीय मार्क्सवादियों की कई नीतिगत और कार्यात्मक ग़लतियों के कारण भी आम्बेडकर कम्युनिस्टों से दूर होते गये और उन्होंने कई मौक़ों पर उनकी तीखी आलोचना भी की। लेकिन दलितों के बीच के निहित स्वार्थी तत्त्वों ने इसका उपयोग दलित आंदोलन को रैडिकलवाद से दूर करने के लिए किया, शासक वर्गों ने भी दलितों के बीच इस प्रकार की सोच को बढ़ावा दिया।[45]

---

[44] आनंद तेलतुम्बडे (2017) : 9.

[45] वही : 77-8; दलित प्रपिरेक्ष्य से जाति और वर्ग के सवाल पर तेलतुम्बडे के एक अन्य विश्लेषण के लिए

आम्बेडकर के समाजवादी सोच को रेखांकित करने के लिए अमूमन विद्वान उनके द्वारा इंडिपेंडेंट लेबर पार्टी के निर्माण और उसे 'श्रमिक वर्ग' की पार्टी के रूप में प्रस्तुत करने की घटना का वर्णन करते हैं।[46] इसके साथ ही, इस संदर्भ में *स्टेट्स ऐंड माइनॉरिटीज* (1946) में व्यक्त किये गये विचारों को उद्धृत किया जाता है। इसमें आम्बेडकर ने इस बात पर विचार किया कि दलितों के आर्थिक शोषण को रोकने के उपाय क्या हैं। उन्होंने भूमि का राष्ट्रीयकरण करके इसे हर किसी में वितरित करने की वकालत की। उन्होंने स्वास्थ्य, शिक्षा और बीमा के राष्ट्रीयकरण पर भी ज़ोर दिया। इसके अलावा, उन्होंने सरकारी नौकरियों और शिक्षा तथा विधायिका में आरक्षण पर बल दिया। वे यह मानते थे कि आर्थिक समानता आने पर उच्च जातियों की भेदभाव करने की क्षमता ख़त्म हो जाएगी। लेकिन इससे उनकी सामाजिक सत्ता ख़त्म नहीं होगी, इसलिए उन्होंने भेदभाव के ख़िलाफ़ सुरक्षा के रूप में नौकरियों, शिक्षा और विधायिका में आरक्षण पर बल दिया।[47]

दूसरी ओर, चंद्रभान प्रसाद इस बात पर ज़ोर देते हैं कि 1951-52 में आम्बेडकर ने पहले संसदीय चुनावों के लिए अपनी पार्टी शेड्यूल्ड कास्ट्स फ़ेडरेशन का घोषणा-पत्र तैयार किया था, जो 1946 के पहले उनके विचारों में बदलाव को दिखाता है। इस घोषणा-पत्र में डॉ. आम्बेडकर साफ़ तौर पर यह कहते हैं कि 'पार्टी की नीति साम्यवाद या समाजवाद, गाँधीवाद या

---

देखें, आनंद तेलतुम्बडे (2016). गोपाल गुरु ने भी यह रेखांकित किया है कि 'वामपंथ अभी भी यह मानता है कि एक श्रेणी के रूप में वर्ग अन्य श्रेणियों से ज़्यादा महत्त्वपूर्ण है क्योंकि अभी भी इसमें एक आंतरिक सुसंगति है. वर्ग पर इसी भरोसे के कारण इसने जाति, जेंडर और पर्यावरणवाद जैसे अन्य मसलों को वर्ग के अधीन बना दिया है. .... इसे बदलने की आवश्यकता है, और असल में यह भारत के कुछ ख़ास भागों में बदल भी रहा है. तमिलनाडु में वामपंथियों के नेतृत्व वाला एंटी अनटचेबिलिटी फ़ोरम ऐसा ही एक प्रयास है'. देखें, गोपाल गुरु (2016) : 24.

[46] ग़ौरतलब है कि 1935 में भारत शासन अधिनियम की घोषणा होने के बाद 1937 में अखिल भारतीय स्तर पर चुनाव होने वाले थे. आम्बेडकर ने इन चुनावों में भागीदारी करने के लिए ही अगस्त 1937 में इंडिपेंडेंट लेबर पार्टी का गठन किया. आम्बेडकर ने इस पार्टी के गठन के दिन (15 अगस्त, 1936) *टाइम्स ऑफ़ इंडिया* को एक साक्षात्कार दिया. इसमें उन्होंने इस पार्टी को श्रमिकों के पार्टी की संज्ञा दी. उन्होंने अपने पार्टी के नाम की व्याख्या करते हुए यह कहा कि इसमें डिप्रेस्ड क्लासेज के स्थान पर 'लेबर' या श्रमिक शब्द का प्रयोग किया गया है क्योंकि श्रमिक में डिप्रेस्ड क्लास भी सम्मिलित है. वही : 24.

[47] सुखदेव थोरात (2018) : 272;

किसी अन्य वाद जैसी विचारधारा या कट्टर मत से बँधी हुई नहीं है। इसमें इस बात पर ज़ोर दिया गया गया कि 'जहाँ किसी उद्योग का राष्ट्रीयकरण मुमकिन और संभव होगा, उसे शेड्यूल्ड कास्ट्स फ़ेडरेशन अपना समर्थन देगी। जहाँ निजी उद्यम संभव है और राष्ट्रीयकरण आवश्यक नहीं है, वहाँ निजी उद्यमों को अनुमति दी जाएगी।' प्रसाद के अनुसार, '1952 का घोषणा-पत्र पढ़ने के बाद मैंने अपने विचारों में संशोधन कर लिया। लेकिन बदक़िस्मती से हमारे बुद्धिजीवी और नेता अभी भी 1940 के दशक के राज्य-समाजवाद के विचारों से जुड़े हुए हैं।'[48] प्रसाद यह मानते हैं कि वैश्वीकरण और पूँजीवाद ने दलितों के लिए एक अवसर उत्पन्न किया है कि वे गाँवों के शोषण से भरे माहौल से बाहर निकलकर अपने उद्यम के माध्यम से सफलता हासिल करें। वे इस बात पर बल देते हैं कि 'जाति और पूँजीवाद एक साथ अस्तित्व में नहीं रह सकते हैं। दलित-पूँजीवाद जल्द ही जाति को एक पुराना क़िला- एक अतीत की वस्तु में तब्दील कर देगा।'[49]

चंद्रभान प्रसाद जैसे कई विद्वानों ने यह दावा किया है कि वैश्वीकरण और पूँजीवाद दलितों के लिए फ़ायदेमंद हैं। मिलिंद काम्बले की पहल पर 2005 में पूना में दलित इंडियन चैम्बर्स ऑफ़ कॉमर्स ऐंड इंडस्ट्री की स्थापना की गयी। यह दलित उद्यमियों का संगठन है और 2020 तक भारत के 18 राज्यों के साथ-साथ अंतर्राष्ट्रीय स्तर पर भी सात स्थानों पर इसकी शाखाएँ (चैप्टर्स) स्थापित हो चुकी हैं। इसका मूल नारा यह है कि 'नौकरी माँगने वाले की बजाय, नौकरी देने वाला बनो।' और इसका मूल लक्ष्य पूँजी की मदद से जाति से लड़ना है। मिलिंद काम्बले का यह मानना है कि जिस तरह 'अश्वेत पूँजीवाद' (ब्लैक कैपिटलिज़म) ने अमेरिका में अफ़्रीकी-अमेरिकियों को प्रेरित किया था, हमारा दलित पूँजीवाद भी देश में इसी तरह की भूमिका अदा करेगा'।[50] देवेश कपूर, डी. श्याम बाबू और चंद्रभान प्रसाद ने अपने

[48] एस. आनंद (2016).

[49] वही; साथ ही देखें, चंद्रभान प्रसाद (2009).

[50] धनंजय राय (2013) : 67 से उद्धृत; हालाँकि धनंजय इस बात पर ज़ोर देते हैं कि अश्वेत पूँजीवाद (ब्लैक कैपिटलिज़म) का उदय रोज़गार और भेदभाव की समाप्ति के मामले में अफ़्रीकी-अमेरिकीयों के लिए कोई

अध्ययन में 21 दलित उद्यमियों के अद्भुत विकास की दास्तान प्रस्तुत की है। इन दलित उद्यमियों ने सामाजिक, आर्थिक और राजनीतिक बाधाओं को तोड़कर उद्योग जगत में सफलता के झंडे गाड़े हैं।[51]

गोपाल गुरु ने दलित करोड़पतियों या धनाढ्य उद्यमियों के उभार को 'कम गहनता वाले चमत्कार' (लो इंटेंसिटी स्पैक्टेकल) की संज्ञा दी है। यह परिघटना इन दलितों को 'नैतिक स्वायत्तता' उपलब्ध नहीं कराती है, जो कि सत्य कहने के लिए आवश्यक है। उनके अनुसार, 'वैश्वीकरण और मुक्त बाज़ार शहरों के अभिशासन के दायरे में जाति की मौजूदगी को कम करने में सफल नहीं हुए हैं। हक़ीक़त यह है कि इसने नये रूपों में जाति को स्थिरता दी है, और इसने दलितों को जातिवाद के स्थायीकरण में भागीदार बनाया है।'[52] कई अन्य अध्ययनों में यह रेखांकित किया गया है कि बाज़ारीकरण जातिगत भेदभावों को ख़त्म नहीं करता है, ज़्यादा से ज़्यादा उसके स्वरूप में कुछ बदलाव आ जाता है। सुखदेव थोरात ने अपने अध्ययन में यह दिखाया है कि आर्थिक क्षेत्र में पूर्व अछूतों को विभिन्न बाज़ारों में भेदभाव का सामना करना पड़ता है। इसमें मज़दूरों को भाड़े पर लेने वाले बाज़ार, निवेश और सेवाओं की आपूर्ति करने वाले बाज़ार (जो खेतिहर और ग़ैर-खेतिहर उत्पादन के लिए आवश्यक होता है) तथा पूर्व-अछूत किसानों और ग़ैर-किसान उत्पादकों की वस्तु की बिक्री में बाज़ार में होने वाला भेदभाव सम्मिलित है। ग्रामीण क्षेत्रों में एक पूर्व-अछूत को खाना बनाने, रेस्टोरेंट में काम करने, और बच्चों के लिए मिड-डे मिल कार्यक्रम में काम करने का मौक़ा नहीं दिया जाता है; साथ ही, अन्य क्षेत्रों में उन्हें उच्च जाति के लोगों की तुलना में कम दिनों के लिए काम दिया जाता है, और अन्य क्षेत्रों में उनसे बलात् श्रम भी करवाया जाता है।[53] शहरी निजी रोज़गार में कम या बराबर योग्यता रखने वाले

---

ख़ास फ़ायदेमंद नहीं साबित हुआ है. इससे सिर्फ़ यही हुआ है कि बड़े धनवान लोगों में कुछ अफ़्रीकी-अमेरीकियों का नाम भी सम्मिलित हो गया है. देखें धनंजय राय (2013) : 68.

[51] देवेश कपूर, डी. श्याम बाबू और चंद्रभान प्रसाद (2014); साथ ही देखें मिलिंद खांडेकर (2013); स्वामीनाथन एस. अंकलेसरिया अय्यर (2015).

[52] गोपाल गुरु (2012) : 45-46.

[53] सुखदेव थोरात (2018).

उच्च जातियों के उम्मीदवारों की तुलना में पूर्व-अछूतों के बहुत ही कम उम्मीदवारों को इंटरव्यू के लिए बुलाया जाता है।[54] पूर्व-अछूतों को खेतिहर ज़मीन ख़रीदने में भेदभाव का सामना करना पड़ता है।[55] उन्हें शहरों में किराये पर मकान लेने में भी भेदभाव का सामना करना पड़ता है।[56]

असीम प्रकाश ने भारत के छह राज्यों में 13 ज़िलों के 90 दलित उद्यमियों के अध्ययन के आधार पर जानकारी दी है कि दलित उद्यमियों और व्यापारियों ने अपने व्यापार के लिए लाभकारी दृष्टि से जगह ख़रीदी या किराये पर ली ज़रूर, लेकिन उन्हें अपनी दुकानों को अपनी जाति के क्षेत्रों में लाना पड़ा। उन्हें अपनी जाति से जुड़े लोगों के बीच से ही अपनी वस्तुओं के लिए उपभोक्ता मिले; उन्हें अपने व्यापार के लिए शुरुआती ऑर्डर हासिल करने में परेशानियों का सामना करना पड़ा; उच्च जाति के उद्यमियों की तुलना में अपनी वस्तुओं को कम दाम में बेचना पड़ा (ख़ास तौर पर, भोजन और अन्य खाने की वस्तुओं के संदर्भ में उन्हें ऐसा करना पड़ा); उन्हें लगातार इस ख़तरे का भी सामना करना पड़ा कि उच्च जाति के व्यापारी प्रतियोगिता में उन्हें पछाड़ने के लिए उनकी जाति की पहचान का सहारा लेकर उनके ख़िलाफ़ नकारात्मक प्रचार कर सकते हैं कि उनके द्वारा बेची जाने वाली वस्तुएँ अशुद्ध हैं; लाइसेंस और अन्य प्रकार का अनुमोदन हासिल करने में उन्हें राज्य से भी भेदभाव का सामना करना पड़ा। इस तरह, दलित पूँजी के मालिक के रूप में बाज़ार में प्रवेश करने में सफल ज़रूर हुए हैं, लेकिन उन्हें विभिन्न प्रकार के भेदभावों का अनुभव करना पड़ा, जिसके कारण उनके आर्थिक प्रदर्शन पर प्रभाव पड़ा है।[57] धनंजय राय इस बात पर ज़ोर देते हैं कि वैश्वीकरण दलितों की भागीदारी और उनके भीतर भागीदार होने की भावना को बढ़ाने में नाकाम रहा है, और इसके कारण भारत में दलितों की विपन्नता में वृद्धि ही हुई है। इस संदर्भ में वे 2002 में घोषित भोपाल घोषणा-पत्र की

---

[54] सुखदेव थोरात और पॉल अट्टेवेल (2010).

[55] सुखदेव थोरात और कैथरीन न्यूमैन (2010).

[56] सुखदेव थोरात, अनुराधा बनर्जी, विनोद मिश्रा और फ़िरदौस रिजवी (2015).

[57] असीम प्रकाश (2015).

प्रासंगिकता को रेखांकित करते हैं, जिसमें दलितों की स्थिति को सुधारने के लिए राज्य की भूमिका को सर्वप्रमुख बताते हुए आरक्षण के दायरे को बढ़ा कर इसे निजी शिक्षण संस्थानों, सेना और न्यायपालिका पर लागू करने पर ज़ोर दिया गया है।[58]

दूसरी तरफ़ वैश्वीकरण के समर्थक इसे जाति को कमज़ोर करने वाला मानते हैं, लेकिन वैश्वीकरण का विरोध करने वाले या इसे संदेह से देखने वाले दलित विद्वानों ने दलित हितों के लिहाज़ से इसकी आलोचना की है। इनके अनुसार, वैश्वीकरण और बाज़ारीकरण के दौर में कुछ दलित उद्यमी उभरकर सामने आ सकते हैं लेकिन व्यापक स्तर पर यह दलितों के हितों के ख़िलाफ़ है। इसका कारण यह है कि यह सार्वजनिक क्षेत्र की भूमिका को सीमित करता है, जिससे दलितों के लिए आरक्षित नौकरियों की संभावना घटती है।[59] साथ ही, इससे पूँजी कुछ हाथों में केंद्रित हो जाती है। यहा कहा जा सकता है कि दलितों के लिए निजी क्षेत्र में आरक्षण इस दिशा में एक सकारात्मक क़दम हो सकता है। इससे न सिर्फ़ निजी क्षेत्र में दलितों की उपस्थिति में वृद्धि होगी, बल्कि ख़ुद निजी क्षेत्र भी सामाजिक यथार्थ को प्रतिबिंबित करेगा।

मुश्किल यह है कि निजी क्षेत्र ने अपने दायरे में किसी भी तरह के आरक्षण को स्वीकार करने से इंकार कर दिया है। वह ज़्यादा से ज़्यादा स्वैच्छिक रूप से दलितों, आदिवासियों और अन्य पिछड़े समूहों को उनके जनसंख्या के हिसाब से प्रतिनिधित्व की दिशा में प्रयास करने के लिए तैयार हैं।[60] यद्यपि कई राजनीतिक दल निजी क्षेत्र में आरक्षण का खुले रूप में

[58] रोचक बात यह है कि इस घोषणा-पत्र को लिखने का काम चंद्रभान प्रसाद ने किया था, जो आगे चल कर दलित पूँजीवाद के घनघोर समर्थक बन गये. देखें, धनंजय राय (2013) : 69-71.

[59] देखें, विवेक कुमार (2001); साथ ही देखें बंकिम चंद्र मंडल (2014).

[60] दलित-पूँजीवाद के मुखर समर्थक चंद्रभान प्रसाद ने भी निजी क्षेत्र में क़ानून बनाकर आरक्षण देने की माँग नहीं की है, लेकिन वे मानते हैं कि निजी क्षेत्र को ख़ुद इस दिशा में पहल करने की आवश्यकता है. देखें चंद्रभान प्रसाद (2017); समय-समय पर विभिन्न दलों के नेता भी इसकी माँग करते रहे हैं. मुख्यधारा के किसी भी दल ने इस माँग की मुख़ालफ़त नहीं की है. किंतु उद्यमियों के द्वारा इस पर आपत्ति दर्ज कराई गयी है. मसलन,

समर्थन करते रहे हैं, लेकिन इस दिशा में कोई ठोस सकारात्मक पहल नहीं दिखती है। चूँकि मुनाफ़ा निजी क्षेत्र की पहली वरीयता है, इसलिए ऐसा लगता है कि उसके द्वारा हमेशा ही आरक्षण जैसे सामाजिक न्याय के प्रावधानों को दूर रखा जाएगा। इसीलिए कई दलित चिंतक सार्वजनिक क्षेत्र को बचाने, उसका विस्तार करने और वहाँ आरक्षण के प्रावधानों को सही तरीक़े से लागू करने पर ज़ोर देते हैं।

मैंने पिछले तीन भागों में जिन आयामों की चर्चा की है, वे दलित जीवन और राजनीति से संबंधित ऐसे मसले हैं, जिन पर और ज़्यादा गहराई से अध्ययन करने की आवश्यकता है। इन तीनों आयामों के संदर्भ में दलित आंदोलन द्वारा अपनायी जाने वाली रणनीति इसके भविष्य की दिशा तय करेगी। निश्चित रूप से, दलित राजनीति के लिए यह आवश्यक है कि वह दलित श्रेणी के भीतर हाशियाकृत समूहों की आवाज़ों, आवश्यकताओं और आकांक्षाओं को गंभीरता से ले। इसी तरह, दलितों के एक तबक़े के दक्षिणपंथी रुझान के बढ़ने के मसले के साथ ही साथ वैश्वीकरण के दलितों पर प्रभावों के बारे में भी एक सुनियोजित रणनीति के साथ काम करने की आवश्यकता है। निश्चित रूप से, राज्य की भूमिका कम होने का सबसे ज़्यादा नुक़सान दलितों को ही हो रहा है क्योंकि सरकारी नौकरियों में आरक्षण दलितों के आगे बढ़ने में एक महत्त्वपूर्ण कारक साबित हुआ है। शायद दलित समूहों के लिए एक बेहतर रणनीति यह हो सकती है कि वे निजी क्षेत्रों में भी आरक्षण और शारीरिक श्रम से जुड़े कार्यों के लिए ज़्यादा बेहतर वेतन और सुविधाओं की माँग करें।

---

नवंबर 2017 में एसोचैम ने एक बयान जारी कर कहा कि 'निजी क्षेत्र की नौकरियों में आरक्षण देने का कोई भी क़दम भारत के निवेश वातावरण पर नकारात्मक प्रभाव डालेगा, इसलिए राजनीतिक दलों को निवेशकों को ग़लत संदेश देने से बचना चाहिए' (द *हिंदू*, 2017).

## IV
## अध्यायों की रूपरेखा

यह पुस्तक दो खंडों में तैयार की गयी है। पहले खंड में दलित ज्ञान-मीमांसा और राजनीति से संबंधित विविध आयामों को व्यक्त करने वाले आलेख सम्मिलित हैं, और दूसरे खंड में हाशिये के सशक्तीकरण और दलित-विमर्श में मौजूद कुछ प्रमुख वाद-विवादों से संबंधित आलेखों को शामिल किया गया है। दोनों के आरंभ में प्रस्तावना दी गयी है, जिसमें दलित-विमर्श की मौजूदा स्थिति की पड़ताल करते हुए, विशेष रूप से दलितों के भीतर हाशियाकृत समूहों की आवाज़, दलितों की हिंदुत्व से अंतर्क्रिया और वैश्वीकरण के संबंध में दलित विद्वानों के बीच मौजूद वाद-विवाद की समीक्षा के साथ अध्यायों की रूपरेखा प्रस्तुत की गयी है।

पुस्तक के पहले खंड में शामिल किये गये आलेखों को तीन भागों में बाँटा गया है। पहले भाग में गहन सैद्धांतिक प्रश्नों से जूझते आलेख प्रस्तुत किये गये हैं।

### सैद्धांतिक प्रश्न

पहले भाग में दलित राजनीति से जुड़े सैद्धांतिक प्रश्नों पर आलेख हैं। गोपाल गुरु ने अपनी रचना में यह तर्क प्रस्तुत किया है कि अनुभव में अंतस्थ स्थान (स्पेस) की अवधारणा चिंतन के निर्माण और उसकी अभिव्यक्ति के स्रोत का काम करती है। हालाँकि वे आदर्शवाद और भौतिकवाद जैसी अन्य विचार-सरणियों में चिंतन उत्पन्न करने की ज्ञानमीमांसीय क्षमता को पूरी तरह ख़ारिज नहीं करते, लेकिन उन्हें यह लगता है कि चिंतन का सार्वभौम चरित्र किसी विशिष्ट स्थिति की जटिलताओं को पूरी तरह पकड़ने में समर्थ नहीं होता है। गोपाल गुरु के अनुसार, सार्वभौम सिद्धांत का अमूर्त रूप आम्बेडकर या गाँधी को आकर्षित नहीं कर पाया है। इन दोनों विचारकों की श्रेणियों का निर्माण महज़ किताबी ज्ञान से नहीं, बल्कि संदर्भ के अनुभवों से निर्मित हुआ था।

आम्बेडकर द्वारा दलितों की, और गाँधी द्वारा किसानों की बौद्धिक और

राजनीतिक गोलबंदी अनुभव से प्राप्त गहनता का प्रमाण पेश करती है। दोनों विचारक अपने सामाजिक क्षेत्रों में अलग-अलग श्रेणियों के साथ जाते हैं। ये अलग-अलग श्रेणियाँ उनके भिन्न-भिन्न अनुभवों से उत्पन्न हुई हैं। इनका टकराव उन स्थानों से होता है जो उनकी मुक्तिदायी योजना के विरोध में हैं। गाँधी की योजना में स्थानों को सुधारना और उनके वजूद को दुबारा हासिल करना शामिल है, वहीं आम्बेडकर इन स्थानों को रैडिकल ढंग से अपदस्थ करना चाहते हैं। बहरहाल, लेखक यह भी रेखांकित करते हैं कि आम्बेडकर ने गरिमा और आत्मसम्मान की जिस भाषा का प्रयोग किया उसे अपनाने और लागू करने के बारे भारत के सामाजिक अभिजनों और सत्ताधारी लोगों ने ईमानदारी से प्रयास नहीं किया।

अभय कुमार दुबे ने दलित आंदोलन की स्थापित वैचारिकी के तीन आयामों की समीक्षा की है — पहला, नये सामाजिक क्रांतिकारी, दूसरा बहुजन एकता की थीसिस और तीसरा ब्राह्मणवाद-विरोध के अत्यंत प्रचलित प्रत्यय के अंतर्विरोध। दुबे ने नये सामाजिक क्रांतिकारियों की श्रेणी में बुद्धिजीवियों की ऐसी जमात को सम्मिलित किया है, जो व्यावहारिक राजनीति में सक्रिय नहीं हैं, लेकिन उसे अपने बौद्धिक सूत्रीकरणों से प्रभावित करने की कोशिश करते हैं। पूरे नब्बे के दशक और इक्कीसवीं सदी के पहले दशक में इस विमर्श ने 'दलित', 'दलित आंदोलन', 'बहुजन', 'दलित-बहुजन' जैसी विचार श्रेणियों को स्थापित और पुनर्स्थापित किया है। दुबे का दावा है कि इस विमर्श ने एक ऐसे बौद्धिक फ़ैशन को जन्म दिया जिसमें उपरोक्त श्रेणियाँ 'पॉलिटिकल करेक्टनेस' का आधार बन गयीं। इसने सामाजिक-राजनीतिक स्तर पर हो रहे गहरी उथल-पुथल की सरलीकृत व्याख्या को बढ़ावा दिया।

दूसरे स्तर पर, दुबे ने बहुजन एकता की थीसिस पर विचार किया है। दुबे का ज़ोर इस बात पर है कि पिछड़ी जातियों या अनुसूचित जातियों की राजनीति को चुनावी गणनशास्त्र के रूप में देखा जा सकता है, जिसके तहत कुछ संख्यात्मक रूप से मजबूत जातियों का सबलीकरण हुआ, और वे

'प्रभुत्वशाली जातियों' के रूप में उभरकर सामने आयी हैं। इसी कारण से आगे चल कर कई जाति आधारित पार्टियाँ सामने आयीं। तीसरे स्तर पर, दुबे का यह दावा है कि ब्राह्मणवाद पर काफ़ी हवा-हवाई तरीक़े से विचार किया गया है। ब्राह्मणवाद को हर तरह की समस्याओं के कारण के रूप में प्रस्तुत कर देने की प्रवृत्ति ने किसी समस्या पर गहराई से विचार की आवश्यकता को नेपथ्य में ढकेल दिया है।

भीखू पारेख ने अपने आलेख में अवमानना या ह्यूमिलिएशन से जुड़े कुछ सैद्धांतिक पहलुओं की गहराई से पड़ताल की है। उनके अनुसार, अवमानना का अर्थ होता है, अपनी ही नज़र में नीचे गिरना, या दूसरों की नज़र में नीचे गिरना या दोनों ही। पारेख का मानना है कि व्यक्ति स्तर पर अवमानना के साथ ही साथ संगठित या संस्थाकृत अवमानना का भी अस्तित्व होता है। ऐसी अवमानना उस समय सामने आती है जब सामाजिक संस्थाएँ और व्यवहार व्यक्तियों के समूहों के प्रति निरादर की भावना रखती हैं या व्यवस्थित रूप से उनके आत्म-सम्मान का उल्लंघन करती हैं। दासता, नस्ली पृथकता, पदसोपानीय हैसियत, अस्पृश्यता और जाति व्यवस्था पर आधारित समाज — ये सभी संस्थाकृत अवमानना के उदाहरण हैं। पारेख इस बात पर बल देते हैं कि व्यक्ति न सिर्फ़ एक व्यक्ति के रूप में बल्कि किसी समूह के सदस्य के रूप में अपनी भिन्नता के कारण भी सम्मान का हक़दार है। इस अर्थ में वे कांट के विचारों की सीमाओं को दर्शाते हैं क्योंकि कांट किसी व्यक्ति के व्यक्ति (या मनुष्य) होने के आधार पर ही सम्मान देने की बात करते हैं। कांट से आगे जाते हुए पारेख यह रेखांकित करते हैं कि आत्म-सम्मान के दो आयाम हैं — सार्वभौम और विशिष्ट। सार्वभौम आयाम मनुष्य के रूप में हर व्यक्ति के साथ जुड़ा होता है, वहीं विषिष्ट आयाम प्रत्येक व्यक्ति का विशिष्ट पहलू होता है। अवमानना पर आधारित प्रत्येक समाज अपना अस्तित्व क़ायम रखने के लिए प्रभुत्वशाली विचारधारा के साथ-साथ राज्य की भौतिक शक्ति पर निर्भर करता है। पारेख अवमानना की सामूहिक स्थिति से निकलने के रास्ते की ओर इशारा करते हुए यह बताते हैं कि प्रभुत्वशाली

विचारधारा की एक व्यवस्थित और ज़ोरदार तरीक़े से अभिव्यक्त होने वाली समीक्षा इसके प्रभाव को कमज़ोर करती है, तथा व्यक्तिगत और संगठित असहमति के लिए स्थान तैयार करती है।

मणीन्द्र नाथ ठाकुर ने प्रसिद्ध दलित चिंतक तुलसीराम की आत्मकथा *मुर्दहिया* को केंद्र में रखते हुए समाजशास्त्र के अध्ययन-पद्धति और तर्कों को प्रस्तुत करने की स्थापित परिपाटी की गहन समालोचना प्रस्तुत की है। पश्चिम द्वारा आधुनिकता के उदय के साथ जो अध्ययन-पद्धति स्वीकृत की गयी, उसे ही भारतीय समाजशास्त्र ने अपनाया, और इसके अंतर्गत होने वाले अध्ययनों को ही प्रामाणिक अध्ययन के रूप में स्वीकार करने की प्रवृत्ति रही है। ठाकुर के अनुसार, इसके कारण जीवन के ऐसे बहुत से यथार्थ समाज-शास्त्रीय अध्ययन का हिस्सा नहीं बन पाए, जो लोगों के अपने भोगे गये यथार्थ से सामने आते हैं। ठाकुर का मानना है कि *मुर्दहिया* शायद इसी से निकलने का उपाय है। *मुर्दहिया* और इस जैसे भोगे गये अनुभवों से जुड़े वृत्तांतों को भी समाजशास्त्रीय विश्लेषण का हिस्सा माना जाना चाहिए। पश्चिमी परिकल्पनाओं और उपागमों के बग़ैर भी पाठक समाज की समझ बना सकता है। वे यह रेखांकित करते हैं कि भारतीय विश्वविद्यालयों में दलित समाज पर उपलब्ध ज्ञान की तुलना में *मुर्दहिया* में मौजूद समझ ज़्यादा गहन और विश्लेषणात्मक है।

सौम्यब्रत चौधरी ने अपने शोध-आलेख में राजनीति के बारे में आम्बेडकर के विचारों के अनूठेपन को रेखांकित किया है। इसके लिए उन्होंने राजनीति के बारे में अरस्तू के विचारों और आम्बेडकर के विचारों में भिन्नता को भी रेखांकित किया है। लेखक का मानना है कि अरस्तूवादी अवधारणा में राजनीति एक स्वयंसिद्ध मर्म की तरह प्रस्तुत की गयी है। इसीलिए अरस्तू ने महिलाओं और दासों सहित समाज के कुछ अन्य तबक़ों को राजनीति के क़ाबिल नहीं माना था, वहीं आम्बेडकर हर किसी को राजनीति के दायरे में सक्रिय करना चाहते हैं। इस लिहाज़ से राजनीति के बारे में उनकी अवधारणा अरस्तू से काफ़ी आगे जाती है। संविधान सभा की

बहसों के दौरान आम्बेडकर ने आरक्षित निर्वाचक मंडल जारी रखने के पक्ष में दलील देते हुए कहा था कि सवाल सिर्फ़ बहिष्कृत और हाशिये पर डाल दिये गये लोगों को गणतंत्र में प्रतिनिधित्व देने का नहीं है। असल में, आम्बेडकर मानते थे कि जब तक कमज़ोर तबक़ों को राजनीतिक बहसों में भागीदारी की आदत नहीं पड़ेगी तब तक न तो प्रतिनिधित्व के नये आयाम खुलेंगे और न ही उनका विस्तार होगा।

**हिंदुत्व से अंतर्क्रिया**

इस खंड के दूसरे भाग में चुनावी राजनीति में दलितों की भागीदारी, हाशियाकृत दलित समूहों की स्थिति और आकांक्षाओं की अभिव्यक्ति और हिंदुत्व के साथ दलितों की अंतर्क्रिया से संबंधित आलेख सम्मिलित हैं।

सुहास पल्शीकर ने अपने आलेख में विशेष रूप से महाराष्ट्र के संदर्भ में यह दिखाया है कि किस तरह हिंदुत्ववादी शक्तियों ने दलित राजनीति के कुछ महत्त्वपूर्ण घटकों को अपने साथ लाने का प्रयास किया है, और उन्हें इसमें अच्छी ख़ासी कामयाबी भी मिली है। पल्शीकर के अनुसार, दलितों के बीच जाति आधारित विभेद भी काफ़ी मुखर हैं। महाराष्ट्र में, बड़े पैमाने पर बौद्ध धर्म अपना चुके महार जाति को यहाँ के दो अन्य प्रमुख जाति समूहों चर्मकार और मतंग की तुलना में ज़्यादा विकसित और राजनीतिक रूप से ज़्यादा जागरूक माना जाता है। चर्मकार और मतंग समुदायों को हिंदू धर्म के नजदीक माना जाता है। भाजपा और शिव सेना ने 1990 के दशक में चर्मकार और मतंग समूहों को अपनी ओर खींचने का प्रयास किया, और उन्हें इसमें कामयाबी भी मिली। संघ ने अस्सी के दशक से ही आम्बेडकर को अपने पूजनीय चरित्रों में शामिल किया तथा दलितों को ख़ुद से जोड़ने के लिए लगातार प्रयास किया। डॉ. आम्बेडकर की रैडिकल विरासत को अप्रासंगिक बनाने का प्रयास किया गया है। दलित कार्यकर्त्ताओं और बुद्धिजीवियों के एक समूह ने भी बेहतर प्रतिनिधित्व के नाम पर शिव सेना से जुड़ने की तरफ़दारी की।

राजेन्द्र वोरा ने अपने आलेख में भारतीय राजनीति में जाति आधारित बहुसंख्यकवाद के क्षरण का विस्तार से विश्लेषण किया है। यह आलेख इसलिए महत्त्वपूर्ण है कि इक्कीसवीं सदी के आरम्भिक दौर में ही वोरा ने जाति की राजनीति की उन सीमाओं को रेखांकित कर दिया था, जो बाद के दशक में ज़्यादा खुल कर तथा भाजपा और नरेंद्र मोदी के पूर्ण बहुमत के साथ सत्ता प्राप्त करने के रूप में सामने आयीं। वोरा यह बताते हैं कि एक ओर मंडल राजनीति और दलित राजनीति से उभर कर आये दल और नेता कुछ प्रभुत्वशाली जातियों तक ही सीमित हो गये, और बुनियादी आर्थिक बदलाव का कार्यक्रम देने में नाकाम रहे, वहीं संघ परिवार और भाजपा ने पिछड़ों और दलितों में हाशियाकृत समूहों को ख़ुद से जोड़ने के लिए गंभीर प्रयास किया। वोरा इस बात पर बल देते हैं कि जाति-बहुसंख्यकवाद एक खोखली विचारधारा है और इसकी बुनियाद काफ़ी कमज़ोर है। यह फुले, आम्बेडकर और लोहिया के रैडिकलवाद का बहुत हल्का और विकृत संस्करण है। यदि बहुजनवाद ख़ुद को एक परिवर्तनकारी और समतावादी परियोजना से जोड़ना चाहता है, तो इसे लोहिया तथा आम्बेडकर की परिकल्पना पर आधारित समाजवाद को अपनाना होगा।

ज्योति मिश्रा और विभा अत्री ने अपने विश्लेषण में 2019 के लोकसभा चुनावों में दलितों के मत-व्यवहार का अध्ययन किया है। 2019 में दलितों के लिए आरक्षित निर्वाचन क्षेत्रों में भाजपा का प्रदर्शन अन्य दलों की तुलना में काफ़ी अच्छा रहा है। पार्टी ने दलितों के लिए आरक्षित कुल 84 निर्वाचन क्षेत्रों में से 46 सीटों पर जीत दर्ज की। इतना ही नहीं, भाजपा ने सीटों और मत-प्रतिशत, दोनों ही संदर्भों में अपने प्रदर्शन में सुधार किया है। भाजपा के सीटों की संख्या में छह और मत-प्रतिशत में 7.7 प्रतिशत की वृद्धि हुई। 2014 के चुनावों की तुलना में 2019 के चुनावों में भाजपा को दलितों का 7.72 प्रतिशत ज़्यादा वोट मिला, और उसे कुल मिलाकर दलितों के 35.34 प्रतिशत वोट मिले। असल में, देश के सभी 2014 की चुनावों की तुलना में 2019 के चुनावों में भाजपा को मिले दलितों के वोट में कमोबेश वृद्धि ही

हुई। इसका पहला कारण यह हो सकता है कि नरेंद्र मोदी के नेतृत्व वाली राजग सरकार ने ग़रीबों को ध्यान में रखते हुए कुछ सामाजिक कल्याणकारी योजनाएँ आरंभ की। भारत में दलित मोटे तौर पर ग़रीबों की श्रेणी में ही आते हैं। भाजपा ने मुख्य रूप से ग़ैर-प्रभुत्वशाली और छोटे दलित समुदायों पर ध्यान केंद्रित किया। दलितों के बीच भाजपा का समर्थन बढ़ने का दूसरा कारण दलितों के बीच हिंदुत्व राजनीति और अल्पसंख्यक विरोधी भावनाओं की वृद्धि है।

**सांस्कृतिक मिथक और आधुनिकता**

तीसरे भाग में सांस्कृतिक रूपकों से दलित विद्वानों के टकराव और वैकल्पिक व्याख्याओं की अनथक कोशिशों तथा आधुनिकता और दलित पहचान की अंतर्क्रिया के कारण दलितों के सामने उत्पन्न होने वाली विविध समस्याओं से संबंधित आलेख सम्मिलित हैं। डॉ. भीम राव आम्बेडकर का आलेख गोमांस सेवन और ब्राह्मणवादी वर्चस्व से संबंधित कई महत्त्वपूर्ण प्रश्नों पर विचार करता है। जैसे, क्या गोमांस के सेवन का प्रश्न और भारत में छूआछूत के बीच कोई संबंध है? ब्राह्मणों के बीच मांसाहार का निषेध और विशेष रूप से गोमांस का निषेध किन परिस्थितियों की देन है? इन प्रश्नों के उत्तर में डॉ. आम्बेडकर ने अपने विशद अध्ययन से निष्कर्ष निकाला है कि निरुपाय जनों को घृणा और तिरस्कार का भागी इसलिए बनाया गया कि वे बौद्ध धर्म के अनुयायी थे, और उनकी अस्पृश्यता का मूल कारण यह बना कि वे गोमांस का सेवन करते थे। आम्बेडकर ऋग्वेद और अन्य ग्रंथों का उद्धरण देते हुए यह सिद्ध करते हैं कि आर्य भोजन के उद्देश्य से गायों का वध करते थे। उनके अनुसार, यह तथ्य पर्याप्त रूप से स्पष्ट है कि मनु की दृष्टि में मांस-सेवन निषिद्ध नहीं था और *मनुस्मृति* द्वारा यह बात भी सिद्ध की जा सकती है कि मनु ने गोहत्या पर प्रतिबंध नहीं लगाया था।

असल में, कर्मकांडों की भरमार के उस युग में शायद ही कोई दिन ऐसा जाता था जब गाय की बलि न दी जाती हो। ब्राह्मण के लिए तो हर दिन गोमांस की दावत का दिन होता था। आम्बेडकर मानते हैं कि गोमांस का सेवन छोड़ना और गोपूजा की शुरुआत करना ब्राह्मणों की एक रणनीति थी। गोपूजा का सुराग़ बौद्ध धर्म और ब्राह्मणवाद के अंतर्संबंध तथा ब्राह्मणवाद द्वारा बौद्ध धर्म पर प्रभुत्व जमाने की व्यूह रचना में खोजा जाना चाहिए। ब्राह्मणों ने गोमांस के सेवन को धर्म के विषय से जोड़ दिया और गाय को एक पवित्र पशु बनाकर रख दिया जिससे उसके मांस का सेवन करना धर्म-निषिद्ध हो गया। बौद्ध धर्म को मानने वाले और अन्य निर्बल लोगों को गोमांस का सेवन न छोड़ने के कारण धर्म-द्रोह का दोषी माना गया और उन्हें समाज में हाशिये पर ढकेल दिया। आम्बेडकर यह दलील भी देते हैं कि गाय का वध करना हिंसा की श्रेणी में आता था लेकिन मृत गाय का भोजन करना हिंसा नहीं माना जाता था। इसलिए निर्बल समुदाय के लोगों को मृत गाय खाने से किसी तरह का आत्मिक क्लेश नहीं होता था। चूँकि मृत गाय का मांस उनके जीवन का मुख्य आधार था, और इसके बिना वे भूखों मर जाते, इसलिए उन्होंने ब्राह्मणों या ग़ैर-ब्राह्मणों का अनुकरण करते हुए गोमांस के सेवन का त्याग नहीं किया।

संजय जोठे ने अपने विस्तृत आलेख में हाल के वर्षों में भारत के सार्वजनिक जीवन की सांस्कृतिक राजनीति में खलबली मचाने वाले महिषासुर-विमर्श से जुड़े विभिन्न पहलुओं का विश्लेषण करने का प्रयास किया है। असल में, महिषासुर-विमर्श एक नये इतिहास की खोज या मिथकीय पुनर्पाठ के प्रयास का ही एक भाग है। कभी फुले, पेरियार और आम्बेडकर ने भी इसी प्रकार मिथकीय पुनर्पाठ का प्रयास किया था। जोठे यह मानते हैं कि महिषासुर आंदोलन या इसके साथ आरंभ हुए मिथकीय पुनर्पाठ का आंदोलन कोई छोटी-सी या अकेली पहल नहीं है। इसकी ऐतिहासिक दार्शनिक और धार्मिक सांस्कृतिक पृष्ठभूमि बहुत विराट है, और इस आंदोलन ने खो गयी कड़ियों को आपस में जोड़ा है। लेखक ने अपने अध्ययन में मुख्य रूप से तीन तरह के दावे प्रस्तुत किये हैं।

पहला, देव-असुर संग्राम के बहुत पहले ही आर्य और कोयवंशी गोंड संग्राम हो चुका था। दूसरा, गोंडों के संभुसेक, असुरों के महिषासुर और ब्राह्मणी धर्म के महादेव एक ही व्यक्ति या संस्था हैं, तथा शिव उनके विकृत या ब्राह्मणीकृत रूप हैं। तीसरा, श्रमण दर्शन और पारी कुपार लिंगों का पुनेम दर्शन आपस में जुड़े हुए हैं। बाद में, गौतम बुद्ध ने इसी पुनेम दर्शन की आरम्भिक प्रवृत्तियों और मान्यताओं पर अपना विस्तृत दर्शन निर्मित किया। संजय जोठे यह मानते हैं कि महिषासुर से संबंधित शोध बहुजन समाज की मूल संरचना और उसके ऐतिहासिक विकास और पतन की खोज है, जिसके माध्यम से ब्राह्मण या आर्य षड्यंत्र को उसकी पूर्णता में समझा जा सकता है। उनकी मान्यता हैं कि इसी के माध्यम से एक निरीश्वरवादी प्रकृतिरक्षक मातृसत्तात्मक और परलोक को नकार कर इस लोक में भरोसा करने वाले वैज्ञानिक और समतामूलक समाज का निर्माण किया जा सकता है।

सुभाष गाताडे ने स्वच्छ भारत अभियान की पृष्ठभूमि में भारत में सफ़ाई कर्मियों की अत्यंत त्रासदीपूर्ण स्थिति का वर्णन किया है। गाताडे मानते हैं कि 'स्वच्छ भारत अभियान' जैसे कई बार सरल दिखने वाले नारे आकर्षक अवश्य जान पड़ते हैं, लेकिन अमूमन उनके साथ यह संदेह जुड़ा रहता है कि ये जटिल हक़ीक़त के सभी आयामों को समझने में असमर्थ रहेंगे, और इसके चलते ऐतिहासिक विषमताओं, और अन्यायों को मजबूती प्रदान कर सकते हैं। लेखक ने मुम्बई और दिल्ली जैसे शहरों के आँकड़ों के माध्यम से इस बात पर ज़ोर दिया है कि सफ़ाई कर्मियों में से तक़रीबन सभी दलित जातियों से जुड़े होते हैं। इनके काम की स्थिति अत्यंत भयावह होती है, जिसके कारण बहुत से कर्मचारियों का काम के दौरान ही मृत्यु हो जाती है। गाताडे मानते हैं कि सफ़ाई के काम को सिर्फ़ दलित जातियों से संबंधित माना जाता है, ऐसा काम करने वाली जातियों को अलग-अलग स्थानों पर भिन्न-भिन्न नामों से जाना जाता है। सफ़ाई कर्मियों के मामले में भारत की स्थिति दक्षिण एशिया के अन्य देशों की तुलना में ज़्यादा ख़राब है क्योंकि अन्य दक्षिण एशियाई देशों में जाति या तो अनुपस्थित है या फिर उसकी मामूली उपस्थिति

है। गाताडे इस ख़तरे की ओर संकेत करते हैं कि स्वच्छ भारत अभियान जैसे कार्यक्रम सफ़ाई कर्मियों की दयनीय स्थिति को सुधारने, उन्हें बेहतर और सुरक्षित कार्य-स्थितियाँ प्रदान करने के बजाय सिर्फ़ इस काम को एक जाति विशेष से जोड़कर उसका महिमामंडन कर सकते हैं।

नवप्रीत कौर ने एक आधुनिकता के स्वप्न पर आधारित शहर के निर्माण और विस्थापन, पित्तृसत्ता और जाति के संदर्भ में इसके विभिन्न जटिल निहितार्थों का अध्ययन प्रस्तुत किया है। नवप्रीत ने अपने आलेख में अपने फ़ील्ड-वर्क के साथ-साथ विभिन्न साहित्यिक स्रोतों का इस्तेमाल करते हुए आधुनिक शहर चंडीगढ़ की स्थापना और पित्तृसत्ता और जाति से उसकी अंतर्क्रिया की कहानी बयान की है। उनके मुताबिक़ चंडीगढ़ को महज़ एक शहर न मानकर नेहरूवादी आधुनिकता का एक जीवंत नमूना, और नेहरू के मानस-पुत्र के रूप में देखा जाता है। लेकिन इस नये आधुनिक शहर के निर्माण ने बड़े पैमाने पर विस्थापन को जन्म दिया, जिसका प्रभुत्वशाली जातियों ने विरोध किया, लेकिन दलित जातियों में कई लोगों ने इसे एक उम्मीद की किरण के रूप में भी देखा, क्योंकि उन्हें यह लगता था कि शहर उन्हें एक नयी पहचान और नये तरह के अवसर उपलब्ध कराएगा। नवप्रीत इस बात पर ज़ोर देती हैं कि दलित अपनी जातिगत पहचान और आर्थिक अवस्था के कारण अमूमन शहर के हाशिये पर ही हैं, और अगर वे अपनी आर्थिक स्थिति सुधारकर शहर के केंद्र या संपन्न कॉलोनियों की तरफ़ आते भी हैं, जो या तो उन्हें अपनी जातिगत पहचान छिपानी पड़ती है, या कई स्तरों की अवमानना और बहिष्करण के साथ जीना पड़ता है।

चारु गुप्ता ने अपने शोध-आलेख में दलित चिंतक और समाज सुधारक संतराम बीए के जीवन, लेखन और जाति प्रथा और समाज सुधार के लिए किये गये कार्यों का विश्लेषणात्मक अध्ययन प्रस्तुत किया है। संतराम काफ़ी समय तक आर्य समाज के सदस्य रहें और 1922 में उन्होंने जात-पाँत तोड़क मंडल की स्थापना की थी। ग़ौरतलब है कि संतराम द्वारा ही 1936 में डॉ. आम्बेडकर को अपने इस संगठन के वार्षिक सम्मेलन में

मुख्य वक्ता के रूप में निमंत्रित किया गया था, किंतु संगठन के अन्य सदस्यों के विरोध के कारण डॉ. आम्बेडकर का व्याख्यान नहीं हो पाया। बाद में आम्बेडकर के भाषण का मजमून उनकी प्रसिद्ध कृति *ऐनिहिलेशन ऑफ़ कास्ट* के रूप में प्रकाशित हुआ। लेखिका ने संतराम के जीवन के जुड़े अंतर्विरोधों को खँगालते हुए उनके लेखन और विचारों की रैडिकल संभावनाओं को भी सामने लाने का प्रयास किया है। एक ओर वे जाति से मुक्त होने की इच्छा रखते हैं, तो दूसरी ओर हिंदू धर्म से भी उनका सरोकार बना रहता है। आर्य समाज से गहरे स्तर पर क्षुब्ध होने के बावजूद वे आर्य समाज और जाति विरोधी विचारों को एक साथ लाने की कोशिश करते हैं। फिर भी, लेखिका यह रेखांकित करती हैं कि उनका लेखन जाति पर एक वैकल्पिक अभिलेखागार निर्मित करने में योगदान देता है क्योंकि वे अपने लेखन में आर्य समाज, आम्बेडकर और अंतर्जातीय विवाह की भाषा का इस्तेमाल करते उन्होंने अंतर्जातीय विवाह को सेक्स-विज्ञान से जोड़ा और इसके माध्यम से जाति-लिंग की भौतिक और दैहिक जंजीरों को तोड़ने का प्रयास किया।

मैंने अपने आलेख में दलितों और मुस्लिमों के बीच संबंधों की जटिलताओं को सामने लाने का प्रयास किया है। इस संदर्भ में मैंने मुख्य रूप से तीन स्तरों पर अपना तर्क प्रस्तुत किया हैं : पहला, मुसलमानों के बीच दलित जातियों का अस्तित्व है, लेकिन उन्हें अनुसूचित जातियों की श्रेणी में सम्मिलित नहीं किया गया है; दूसरा, संघ परिवार आम्बेडकर के लेखन के कुछ हिस्सों का उपयोग अपनी मुस्लिम विरोधी राजनीति को दलितों के बीच वैधता दिलाने के लिए करता है; और तीसरा, दलित मुद्दों पर लेखन करने वाले कई विद्वान यह मानते हैं कि मुसलमान उनके साथ होने वाले अत्याचारों के बारे में ज़्यादा संवेदनशील नहीं हैं। मैंने रेखांकित किया है कि दलितों और मुसलमानों को साथ लाने का विचार काफ़ी आकर्षक है, लेकिन इसके लिए दीर्घकालिक योजना बनाकर सामाजिक स्तर पर काम करने की आवश्यकता है, अर्थात् दोनों समुदायों के लोगों के

बीच में अपनी हाशियाकृत स्थिति और परस्पर सहयोग की गहरी समझ बननी चाहिए। इसके बग़ैर सिर्फ़ दलों और नेताओं के चुनावी गठजोड़ से कोई लाभ नहीं होगा।

पुस्तक के दूसरे खंड दलितों में हाशियाकृत समूहों तथा गाँधी, नेहरू और आम्बेडकर के वैचारिक भिन्नताओं और साझापन की पड़ताल करने वाले आलेख सम्मिलित है। पुस्तक का यह खंड भी तीन भागों में विभक्त है।

**दलित नारीवाद**

शर्मिला रेगे ने दलित नारीवाद के विभिन्न आयामों और भारत की 'मुख्यधारा' के नारीवाद से इसकी भिन्नता को रेखांकित किया है। पश्चिमी देशों और भारत में नारीवाद से जुड़े कुछ सैद्धांतिक विमर्शों की विवेचना करते हुए उन्होंने दलित महिलाओं की भिन्न आवाज़ को मान्यता देने पर बल दिया है। हालाँकि रेगे यह तर्क भी देती हैं कि दलित महिलाओं के व्यवहारों और संघर्षों से उभरकर सामने आने वाला दलित नारीवादी दृष्टिकोण दलित नारीवादी बुद्धिजीवियों के लेखन में उत्पन्न हो सकता है; लेकिन यदि इसे अन्य समूहों के अनुभवों और विचारों से अलग-थलग कर दिया जाता है तो यह ज़्यादा समृद्ध नहीं हो सकता है। हालाँकि इन अन्य समूहों को भी ख़ुद को हाशियाकृत समूहों के इतिहासों, संबंधों के बारे में उनकी वरीयताओं और यूटोपियाओं तथा संघर्षों के बारे में शिक्षित करना होगा। रेगे कहती हैं और वे यह दलील नहीं दे रही हैं कि ग़ैर-दलित नारीवादी दलित महिलाओं के 'रूप में' या दलित महिलाओं 'के लिए' बोल सकती हैं, लेकिन वे दलित नारीवादियों के रूप में अपनी पुनर्खोज कर सकती हैं। इस तरह का दृष्टिकोण प्रत्यक्ष अनुभव आधारित 'प्रामाणिकता' और संकुचित 'पहचान की राजनीति' से बचता है।

सुनैना आर्य ने अपने शोध-आलेख में 'दलित पित्तृसत्ता' और इसके वर्णन के लिए प्रयुक्त कुछ अन्य शब्दों से जुड़ी राजनीति की पड़ताल की है। उन्होंने यह तर्क दिया है कि 'दलित' या 'अंतर्जातीय' या 'बहुल' पितृसत्ताओं का

नतीजा ब्राह्मणवादी पितृसत्ता की ग़लत समझ के रूप में सामने आया है। लेखिका बताती हैं कि समकालीन भारत के अकादमिक और राजनीतिक विमर्श में दलित पितृसत्ता श्रेणी की लोकप्रियता बढ़ी है। भारत के मुख्यधारा की नारीवादियों ने इस धुँधली अवधारणा को बढ़ावा दिया और यह तर्क दिया कि दलित पुरुषों को 'उच्च' जातियों द्वारा होने वाले शोषण के अंतर्गत अपनी मर्दानगी के बारे में भी कई प्रकार के व्यंग्य वाणों को सहन करना पड़ता है। इसका नतीजा दलित महिलाओं के ख़िलाफ़ उनके आक्रामक व्यवहार में सामने आता है। सुनैना यह तर्क देती हैं कि इस तरह की अवधारणा और इससे जुड़ा सिद्धांतीकरण जेंडर न्याय पर आधारित समाज की स्थापना के हमारे प्रयासों में कोई मदद नहीं करता, बल्कि इनसे भ्रम ही पैदा होता है। यह आवश्यक है कि नारीवादी शोध के विषय और लक्ष्य में परस्परव्यापन हो। लेकिन बहुत से सवर्ण और विशेषाधिकार प्राप्त लेखक/लेखिकाओं के लेखन में गहरी वचनबद्धता का अभाव होता है। मुक्तिकारी नारीवादी सिद्धांत के विकास के लिए यह आवश्यक है कि एक दलित नारीवादी दृष्टिकोण का विकास हो। यह दृष्टिकोण बुनियादी रूप से दलित भिन्नता और प्राथमिक रूप से दलित महिलाओं के अनुभवों पर आधारित होना चाहिए।

चारु गुप्ता ने अपने आलेख में यह बताया है कि आज़ादी के पहले के दौर में संयुक्त प्रांत (वर्तमान उत्तर प्रदेश) में औपनिवेशिक सत्ता, उच्च जाति और ख़ुद दलितों ने सामाजिक नियंत्रण और पहचान के संदर्भ में पुरुष की देह को कैसे देखा, और कैसे उसे एक नया अर्थ प्रदान करने का प्रयास किया। लेखिका बताती हैं कि वर्चस्वशाली संस्कृति द्वारा दलित पुरुषों को निम्न, कमज़ोर, मूर्ख और मंद बुद्धि, हिंसक, अपराधी, शराबी और कामलोलुप के रूप चित्रित किया गया। दलित पुरुषों ने अपनी मर्दानी छवि के सृजन और चित्रण का प्रयास किया तथा सम्मान और सामाजिक न्याय के लिए भी अपने लैंगिक दावे प्रस्तुत किये। चारु गुप्ता दलित पौरुष की विभिन्न अभिव्यक्तियों को जीवन जीने की रणनीति, एक विरोध, बेहतर अधिकारों, सम्मान और रोज़गार हासिल करने के माध्यम के रूप में प्रस्तुत करती हैं। लेकिन इसके साथ ही वे इस बात

पर भी बल देती हैं कि दलित पुरुषों ने अक्सर घरेलू क्षेत्र में पितृसत्तात्मक मूल्यों को अपनाया। कई बार इन मूल्य पर ज़ोर देने के पीछे मुख्य मंशा यह होती थी कि दलित स्त्रियों की सुरक्षा हो या उन्हें ज़्यादा सम्मान मिले। लेखिका यह रेखांकित करती हैं कि दलित पौरुष की अभिव्यक्तियाँ कभी भी पूरी तरह से एक जड़ या सुनिश्चित रूप में सामने नहीं आयी और इसमें कई कमियाँ भी थीं। लेकिन फिर भी दलित पुरुषों ने इसके माध्यम से वर्चस्वशाली संस्कृति द्वारा थोपे गये मानकों का प्रतिरोध किया।

अपने आलेख में तरुशिखा सर्वेश ने पश्चिमी उत्तर प्रदेश स्थित अलीगढ़ ज़िले के शहरी और मुज़फ़्फ़रनगर ज़िले के ग्रामीण इलाक़े की दलित स्त्रियों के अनुभवों, आकांक्षाओं और कार्यों के मूल्यांकन के माध्यम से सशक्तीकरण के बारे में उनके व्यक्तिपरक विचारों को सामने लाने का प्रयास किया है। लेखिका ने दलित स्त्रियों की उप-श्रेणियों और उनके बीच की भिन्नताओं पर ध्यान केंद्रित करते हुए घटनाप्रक्रियाशास्त्र (फेनोमेनोलॉज़ी) के गुणात्मक नज़रिये के माध्यम से जाटव और वाल्मीकि दलित महिलाओं के संदर्भ में दमन के बहुस्तरीय व्यक्तिपरक अर्थों और उनके लिए सशक्तीकरण के मायने की तस्वीर प्रस्तुत करने का प्रयास किया है। मसलन, वे यह बताती हैं कि जाटव समुदाय के अंतर्गत संस्कृतीकरण की प्रक्रिया हुई है, और इसके सदस्यों द्वारा उच्च जाति की हैसियत का दावा किया जाता है। लेकिन वाल्मीकि समुदाय के लोगों की स्थिति उनकी तुलना में ख़राब है। इसीलिए दलितों में जहाँ वाल्मीकि समुदाय की स्त्रियाँ घरों में काम करती हैं, वहीं जाटव समुदाय की स्त्रियाँ दूसरों के घरों में काम करने को अपनी तौहीन मानती हैं। इसके साथ ही, दलित स्त्रियों (और पुरुषों) को प्रभुत्वशाली जातियों के बहिष्कार और सामाजिक स्तर पर मौजूद पित्तृसत्ता (जो दलित पुरुषों में भी मौजूद है) का रोज़मर्रा के जीवन में सामना करना पड़ता है। सरकार की सारी योजनाओं में ऐसी महिलाओं की दशा में बदलाव कर सकने के सामर्थ की कमी दिखाई देती हैं। लेकिन वे यह मानती हैं कि महिलाओं को भूमि का अधिकार देना उनके सशक्तीकरण का औज़ार हो

सकता है, और दलित स्त्रियाँ अपनी मुक्ति परियोजना को तभी आगे बढ़ा सकती हैं जब वे उस भाषा और प्रतीकों का परित्याग कर दें, जिसे उन्होंने प्रभुत्वशाली वर्गों से ग्रहण किया है।

### गाँधी, नेहरू और आम्बेडकर

दूसरे भाग में गाँधी, नेहरू और आम्बेडकर के विचारों की पड़ताल करने वाले आलेखों को स्थान दिया गया है। थॉमस पैंथम ने अपने शोध-आलेख में गाँधी और आम्बेडकर के अस्पृश्यता उन्मूलन संबंधी विचारों का विश्लेषण करते हुए इनके बीच एक सेतु निर्मित करने का प्रयास किया है। पैंथम के अनुसार, कई मौक़ों पर उन्होंने एक-दूसरे के विचारों और कार्यों का विरोध किया, लेकिन कई अन्य मौक़ों पर उन्होंने खुले रूप में या परोक्ष तरीक़े से अस्पृश्यता-उन्मूलन के बारे में एक-दूसरे के चिंतन और कार्यों के मूल्य या औचित्य को भी स्वीकार किया। पैंथम मानते हैं कि कई बार ग़ैर-अछूत और रूढ़िवादी हिंदुओं को अपने से जोड़कर रखने की कोशिश के कारण गाँधी पूरी तरह से रैडिकल प्रस्तावों पर काम नहीं कर पाए। फिर भी, आम्बेडकर की कुछ आलोचनाओं की वैधता को स्वीकार करते हुए गाँधी ने जाति सुधार का ज़्यादा रैडिकल दृष्टिकोण अपनाया। पैंथम के अनुसार, भारतीय संवैधानिक नवीकरण में सामूहिक लेखनी (कलेक्टिव ऑथरशिप) को मान्यता दी जानी चाहिए। इसमें आम्बेडकर ने प्रमुख मुक्तिकारी भूमिका अदा की, लेकिन इसमें गाँधी की भी मुक्तिकारी भूमिका थी। वे मानते हैं कि गाँधी का हमेशा ही आम्बेडकर से एक तर्कमूलक या संवादी अंतर्क्रिया (डिस्कर्सिव ऑर डायलॉजिकल इंटरैक्शन) का संबंध रहा।

अपने आलेख में निशिकांत कोलगे ने सामाजिक न्याय के मौजूदा विमर्श में जाति-व्यवस्था के ख़िलाफ़ चलने वाले अभियानों में गाँधी के विचारों को पूरी तरह नकारात्मक मानने और उन्हें ख़ारिज करने की प्रवृत्ति को प्रश्नांकित किया है। लेखक का यह मानना है कि क्रांतिकारी रणनीति की मौजूदा आवश्यकताओं को पूरा करने के लिए दलित आंदोलन की बुनियादी

मान्यताओं में संशोधन की ज़रूरत है। ऐसे संशोधन के माध्यम से गाँधी और आम्बेडकर के विचारों को एक ही दायरे में लाया जा सकता है। लेखक यह भी मानते हैं कि दलित आंदोलन को कई संदर्भों में आम्बेडकर की कल्पना से आगे जाकर देखने की ज़रूरत है। उनके अनुसार, आंदोलन को ऐसी आधुनिकता से जोड़ा जाना चाहिए जो दलितों को जाति आधारित भेदभाव और शोषण से पूरी तरह मुक्त करे। इसमें गाँव जैसे पारंपरिक स्थान और शहर जैसे आधुनिक स्थान पर जाति की चुनौती का सामना करने के नये तरीक़ों को खोजा जाना चाहिए। कोलगे के अनुसार, इन दोनों के लिए गाँधी काफ़ी मददगार हो सकते है क्योंकि आम्बेडकर नहीं, बल्कि गाँधी यह समझ पाए थे कि परंपरा और आधुनिकता एक-दूसरे के उलट नहीं हैं, और न ही एक-दूसरे को ख़ारिज करते हैं, और इसलिए जीवन की परंपरा और आधुनिकता दोनों में ही दलितों का शोषण और उनकी मुक्ति, दोनों ही संभव है।

आलोक टंडन ने नेहरू और आम्बेडकर के विचारों में समानताओं और असमानताओं पर विचार करते हुए दोनों के विचारों का ऐतिहासिक दृष्टि से मूल्यांकन किया है। टंडन के अनुसार, इन दोनों ने विदेशों में रह कर शिक्षा प्राप्त की, और वहाँ के वैचारिक वातावरण के प्रभाव के कारण वे ज्ञानोदय के आदर्शों अर्थात् स्वतंत्रता, समानता, भाईचारा, वैज्ञानिक दृष्टिकोण और औद्योगिकीकरण के प्रबल समर्थक बन गये। लेकिन अलग-अलग सामाजिक पृष्ठभूमियों से आने के कारण धर्म परंपरा के प्रति उनका दृष्टिकोण एक-सा नहीं था। जाति आधारित भेदभावों का समूल नाश आम्बेडकर के जीवन का सर्वप्रमुख लक्ष्य बन गया, वहीं नेहरू के लिए यह विषय स्वतंत्रता संघर्ष के मुक़ाबले कभी महत्त्वपूर्ण नहीं रहा। नेहरू वर्ग की बात करते थे, आम्बेडकर जाति पर ज़ोर देते थे। दोनों ने हिंदू पुनरुत्थानवाद का विरोध किया। लेखक इस बात पर ज़ोर देते हैं कि आम्बेडकर ने परंपरा और आधुनिकता के द्वंद्व को नेहरू से ज़्यादा अच्छी तरह समझा था, और उनका एक हल देने का प्रयास भी किया था। नेहरू जहाँ पूर्व-आधुनिकता से कन्नी काटकर निकल गये, वहीं आम्बेडकर ने उसमें हस्तक्षेप करके उससे लोहा

लेने की ठानी। उन्होंने हिंदू परंपरा का विरोध किया तो बौद्ध परंपरा की भी आधुनिकता के मानदंडों पर समीक्षा की। पूँजीवाद से दोनों का ही विरोध था लेकिन एक न्यायपूर्ण समाज की स्थापना के लिए हिंदू धर्म परंपरा से संघर्ष की अहमियत जितनी आम्बेडकर ने समझी, उतनी नेहरू ने नहीं।

### दलितों में दलित

तीसरे भाग में दलितों में भी हाशिये पर स्थित विभिन्न समूहों के जीवन और जीविका से संबंधित कई आलेख शामिल हैं। अपने शोध-आलेख में बद्री नारायण ने यह दिखाने का प्रयास किया है कि लोकतंत्रीकरण की प्रक्रिया और व्यापक संघर्षों के बाद दलितों को प्रतिनिधित्व मिला है, लेकिन यह प्रतिनिधित्व कुछ दलित समुदायों तक ही सीमित है, और अनेक दलित समुदाय (उत्तर प्रदेश में 62 दलित जातियाँ) अभी भी लोकतंत्र में अपना प्रतिनिधित्व दर्ज कराने में सफल नहीं हो पाए हैं। बद्री नारायण इन्हें अदृश्य दलित समूह की संज्ञा देते हैं। लेखक इस बात पर बल देते हैं कि राज्य के नेतृत्व में जनतंत्र प्रसार का जो अभियान चल रहा है उसमें सशक्तीकरण के साथ-साथ असशक्तीकरण की प्रक्रिया भी चल रही है। कमज़ोर तबक़ों के भीतर मौजूदा ताक़तवर सामाजिक समूह नहीं चाहते कि उन्हें मिले संसाधनों का हिस्सा अन्य कमज़ोर जातियों तक पहुँचे। जनतंत्र का यह रूप अपने-आप में आधिपत्यशाली समूह सृजित करता है जिससे उपेक्षित समूहों की स्थिति बेहतर नहीं बन पाती है, और इनकी सशक्तीकरण की चाह पूरी नहीं होती है। इसका एक सामान्य कारण यह माना जाता है कि उत्तर प्रदेश में दलितों की एक जाति अर्थात् चमार कुल दलित जनसंख्या का 56 प्रतिशत है। छोटे दलित समुदाय वोट बैंक की राजनीति में अपना दबाव बनाने में असमर्थ होते हैं। जागरूकता और शिक्षा की कमी होने के कारण इनमें किसी बड़े नेता का उदय भी नहीं होता है। बद्री नारायण इस बात पर बल देते हैं कि दलित आंदोलन की नैतिकता यह है कि वह अपने कमज़ोर और उपेक्षित समूहों को लोकतंत्र और विकास के फ़लक में समाहित करे।

रमाशंकर सिंह ने अपने आलेख उत्तर प्रदेश की कुछ ऐसी दलित जातियों के जीवन संघर्षों का चित्रण प्रस्तुत किया है, जिनकी जनंसख्या काफ़ी कम है और जो मुख्य रूप से अपनी जीविका के लिए बाँसों पर निर्भर हैं। धरकार, बंसोड़, बंसफोर और डोम ऐसी जातियाँ हैं जिनका जीवन बाँस पर निर्भर करता है। ये बाँसों से दौरी, चटाई, डोलची, टँगना इत्यादि वस्तुएँ बनाते हैं। अत्यधिक ग़रीबी के कारण इन जातियों के बच्चे सही तरह से स्कूली शिक्षा भी हासिल नहीं कर पाते हैं। चूँकि इनकी जनसंख्या काफ़ी कम है, इसलिए चुनावी गोलबंदी में अमूमन ये हाशिये पर ही रहते हैं। रमाशंकर इस बात पर बल देते हैं कि प्रतिनिधिमूलक लोकतंत्र में ये समुदाय अपनी उपस्थिति दर्ज कराने में नाकाम रहे हैं। उनके अनुसार, 'जिसकी जितनी संख्या भारी, उतनी उसकी हिस्सेदारी' का नारा बड़े समुदायों में जोश भरता है, वहीं अमूमन छोटे समूहों की राजनीतिक और सामाजिक गतिशीलता को बाधित करता है। आज इन जातियों के सामने जीविका ही नहीं बल्कि अस्तित्व का संकट खड़ा हो गया है। लेखक के अनुसार, इन समुदायों की घोर ग़रीबी और वंचना के सूत्रों का राज्य के ढाँचे और उसकी परियोजनाओं में खोजा जाना चाहिए। राज्य इनके जीविका के मुख्य स्रोत बाँस पर माफ़िया की जकड़बंदी को तोड़ने में नाकाम रहा है, और धरकार जैसे समूह अभी भी स्थायी रूप से एक स्थान पर बस जाने के लिए संघर्ष कर रहे हैं।

संजू सरोज ने मुसहर और पासी समुदाय का तुलनात्मक अध्ययन प्रस्तुत किया है। इलाहाबाद जनपद में अपने अध्ययन के माध्यम से उन्होंने उन कारणों की पड़ताल की है, जिसके चलते मुसहर सीमांत स्थिति में हैं, और उनका जीवन, सम्मान और सबसे बढ़कर उनका प्रतिनिधित्व संकट में पड़ गया है। इस संदर्भ में उन्होंने पासी समुदाय से मुसहरों की स्थिति की तुलना भी की है। लेखिका यह तर्क देती हैं कि मुसहर समुदाय के प्रत्येक क्षेत्र में पिछड़ने का कारण उनकी आवासहीनता है। इसके चलते उन्हें सामुदायिक स्तर पर संचालित होने वाले कार्यक्रमों का लाभ नहीं मिल पाता। दूसरे शब्दों में वे आधुनिक राज्य द्वारा आरंभ किये गये विभिन्न कल्याणकारी कार्यक्रमों का लाभ उठा पाने में अक्षम

रहे हैं। पासी समुदाय की स्थिति मुसहरों से काफ़ी बेहतर रही है, इसलिए वे राज्य की विभिन्न नीतियों का लाभ उठा पाए हैं। लेकिन वे इस बात पर ज़ोर देती हैं कि नीति निर्माताओं को नीति-निर्माण करते समय सबसे वंचित समूहों की स्थिति और आवश्यकताओं पर ध्यान देना चाहिए।

शिवानी कपूर ने इत्र और चमड़े के गंध और इसके पीछे काम कर रहे सामाजिक स्तरीकरण की विवेचना करते हुए यह बताया है कि मृत जातियों से चमड़ा निकालने जैसा काम कुछ दलित जातियों पर छोड़ दिया गया है। इस संदर्भ में लेखिका ने गंध से संबंधित सत्ता, पदानुक्रम और राजनीति का गहराई से विश्लेषण किया है। वे बताती हैं कि अंग्रेज़ी शासकों ने जाति व्यवस्था को एक संगठित रूप प्रदान किया। इसके चलते जातिगत कार्यों को बढ़ावा मिला, और चमड़ा व्यापार इसका एक ख़ास उदाहरण है। शिवानी कानपुर के आस-पास के क्षेत्रों में चमड़े की वस्तुओं के निर्माण से जुड़े कारख़ानों के अपने फ़ील्ड-वर्क के माध्यम से यह रेखांकित करती हैं कि इन कारख़ानों में चमड़े निकालने या उनकी सफ़ाई करने जैसे काम अधिकांशतः दलित जातियों के लोगों के हिस्से में ही आते हैं। उनके अनुसार, मृत्यु से जुड़ी दोनों जातियाँ डोम और चमार इस दूषित व्यवस्था से निरंतर गुज़रती हैं। चमड़ा उद्योग अस्पृश्यता पर या अस्पृश्य श्रम पर ही टिका हुआ है। चमड़े के काम में लगा उच्च जाति का व्यक्ति चमड़े के गंध से परेशान रहता है, लेकिन उसे सामाजिक बहिष्करण का सामना नहीं करना पड़ता, लेकिन चमड़े को निकालने और उसके सफ़ाई के काम में लगे लोगों को काफ़ी हद तक शहर से सामाजिक बहिष्करण का सामना भी करना पड़ता है। दरअसल, यह आलेख इस बनी-बनाई धारणा को पूरी तरह नकार देता है कि शहरीकरण या उद्योगीकरण अस्पृश्यता या जाति व्यवस्था से निकलने का माध्यम हो सकते हैं।

जितेंद्र कुमार ने बंजारा समाज, ऐतिहासिक रूप से उनकी स्थिति और उनकी वर्तमान दशा पर काफ़ी गहराई से विचार किया है। बंजारा समुदाय को औपनिवेशिक दौर में *आपराधिक जनजाति अधिनियम* के अंतर्गत अपराधी जनजातियों की श्रेणी में सम्मिलित किया गया। आज़ादी के बाद ये

अनुसूचित जातियों की श्रेणी में सम्मिलित हुए और इन्हें आपराधिक जनजाति अधिनियम को ख़त्म करके 'विमुक्त' कर दिया गया। जितेंद्र ने एक घुमंतू जाति के रूप में बंजारों की स्थिति का विश्लेषण करते हुए यह दिखाया है कि बंजारा न सिर्फ़ शिक्षा, राजनीतिक प्रतिनिधित्व और राज्य की योजनाओं के स्तर पर हाशिये पर हैं, बल्कि सामाजिक स्तर पर भी इन्हें स्वीकार नहीं किया जाता है, और इन्हें अभी संदिग्ध नज़र से ही देखा जाता है। लेखक के अनुसार, भारतीय लोकतंत्र में ऐसे समुदाय 'मूक समुदाय' में तब्दील हो चुके हैं, लेकिन यह ज़रूरी है कि इनकी आवाज़ को सुना और समझा जाए।

मैंने अपने आलेख में आदिवासी क्षेत्रों में रहने वाले दलितों की स्थिति की विवेचना की है। ऐतिहासिक, संवैधानिक-क़ानूनी और फ़ील्ड-स्टडी के अनुभवों के आधार पर मैंने यह दावा किया है कि भारत में कुछ क्षेत्रों (छठी और पाँचवीं अनुसूची और पूरे देश के वन्य क्षेत्रों) की परिकल्पना अनुसूचित जनजातियों या आदिवासियों के क्षेत्र के रूप में की गयी है। संविधान में इन क्षेत्रों में आदिवासियों के अधिकारों की सुरक्षा के विशेष प्रावधान किये गये हैं। संवैधानिक प्रावधानों के साथ ही साथ, विशेष रूप से पेसा और वन अधिकार क़ानून के प्रावधानों का विश्लेषण करते हुए और एक वन-टांगिया गाँव के फ़ील्ड-स्टडी के आधार पर मैंने यह दिखाया है कि संवैधानिक और क़ानूनी रूपरेखा में इन क्षेत्रों में आदिवासियों की तुलना में दलितों की स्थिति दोयम दर्जे की है। मैंने इस बात पर बल दिया है कि आदिवासियों से संबंधित संवैधानिक श्रेणियों और क़ानूनों के संदर्भ में इन इलाक़ों में रहने वाले दलितों की स्थिति और हितों पर भी ध्यान दिया जाना चाहिए।

पुस्तक में सम्मिलित अधिकांश आलेख *प्रतिमान समय समाज संस्कृति* में पिछले सात वर्षों में प्रकाशित हुए हैं। इनमें से अधिकांश आलेख मूल रूप से हिंदी में लिखे गये हैं, और कुछ आलेखों का अनुवाद किया गया है। ये सभी आलेख दलित सैद्धांतिकी, जीवन-अनुभवों और दलितों की राजनीति, और दलित श्रेणी के भीतर होने वाले उथल-पुथल का गहन विश्लेषणात्मक

अध्ययन प्रस्तुत करते हैं। ये न सिर्फ़ दलितों विषयों पर हो रहे कुछ महत्त्वपूर्ण अनुसंधानों का प्रतिनिधित्व करते हैं, बल्कि ये ऐसे कुछ मुद्दों को भी रेखांकित करते हैं जिन पर भविष्य में ज़्यादा गहराई से अध्ययन किये जाने की आवश्यकता है।

## संदर्भ


अजय गुडावर्थी (2014क), 'अ राइटवर्ड शिफ़्ट टू दलित पॉलिटिक्स', *द हिंदू*, 12 सितंबर, https://www.thehindu.com/opinion/op-ed/comment-a-rightward-shift-in-dalit-politics/article6405607.ece, देखने की तारीख़ : 10 अप्रैल, 2020.

———— (2014ख), 'द क्राइसिस इन दलित-बहुजन पॉलिटिक्स', *द हिंदू*, 4 नवंबर, https://www.thehindu.com/opinion/lead/the-crisis-in-dalit-bahujan-politics/article29872372.ece, देखने की तारीख़ : 10 अप्रैल, 2020.

अभय कुमार दुबे (सं.) (2002), *आधुनिकता के आईने में दलित*, वाणी प्रकाशन-विकासशील समाज अध्ययन पीठ, दिल्ली.

———— (2019), *हिंदू एकता बनाम ज्ञान की राजनीति*, विकासशील समाज अध्ययन पीठ-वाणी प्रकाशन, नयी दिल्ली.

अनूप हिरावले (2018), 'द डिमांड फ़ॉर सब-क्लासिफ़िकेशन ऑफ़ रिज़र्वेशन पॉलिसी : क्रिटिकल रिफ़्लेक्शंस', आईजेडीटीएसए, 3 (4).

असीम प्रकाश (2015), *दलित कैपिटल, स्टेट, मार्केट्स ऐंड सिविल सोसायटी इन अर्बन इंडिया*, ऑक्सफ़र्ड युनिवर्सिटी प्रेस, दिल्ली.

आनंद तेलतुम्बडे (2005क), 'इंट्रोडक्शन', आनंद तेलतुम्बडे (सं.), *हिंदुत्व ऐंड दलित्स : पर्सपेक्टिव फ़ॉर अंडरस्टैंडिंग कम्युनल प्रैक्टिस*, सौम्या, कोलकाता.

———— (2005ख), 'हिंदुत्व, दलित ऐंड द नियोलिबरल ऑर्डर', आनंद तेलतुम्बडे (सं.), *हिंदुत्व ऐंड दलित्स : पर्सपेक्टिव फ़ॉर अंडरस्टैंडिंग कम्युनल प्रैक्टिस*, सौम्या, कोलकाता.

———— (2015), 'इन दाई नेम, आम्बेडकर', *इकनॉमिक ऐंड पॉलिटिकल वीकली*, खंड 50, अंक 40.

———— (2016), 'डाइकोटोमाइजेशन ऑफ़ कास्ट ऐंड क्लास', *इकनॉमिक ऐंड पॉलिटिकल वीकली*, खंड 51, अंक 41.

———— (2017), 'इंट्रोडक्शन : ब्रिजिंग द अनहोली रिफ़्ट', *बी.आर. आम्बेडकर : इंडिया ऐंड कम्युनिज़म (इंट्रोडक्शन बाइ आनंद तेलतुम्बडे)*, लेफ़्टवर्ड बुक्स, नयी दिल्ली.

आनंद तेलतुम्बडे और सूरज येंगडे (2018), 'इंट्रोडक्शन : रिक्लेमिंग द रैडिकल इन आम्बेडकर्स प्रैक्टिस', सूरज येंगडे और आनंद तेलतुम्बडे (सं.), *द रैडिकल इन आम्बेडकर : क्रिटिकल रिफ़्लेक्शंस*, पेंगुइन, गुड़गाँव.

इंडियन इंस्टीट्यूट ऑफ़ दलित स्टडीज (2013), *रोल ऑफ़ डिस्क्रिमिनेशन ऐंड जेनरल फ़ैक्टर्स इन एक्सेस टू गवर्नमेंट स्कीम्स फ़ॉर इम्पलॉयमेंट, फूड, हेल्थ, लैंड ऐंड फॉरेस्ट इन पुअरेस्ट एरियाज इन इंडिया'*, रिसर्च रिपोर्ट, इंडियन इंस्टीट्यूट ऑफ़ दलित स्टडीज, नयी दिल्ली, 2013.

एस. आनंद (2016), 'कैपिटलिज़म विल टर्न कास्ट ऑर्डर इन टू अ रेलिक' (एस. आनंद इंटरव्यूज चंद्रभान प्रसाद), 6 अप्रैल, *आउटलुक*, वेब पता : https://www.outlookindia.com/magazine/story/capitalism-will-turn-caste-order-into-a-relic/296952, देखने की तारीख़ : 8 अप्रैल, 2020.

कमल नयन चौबे (2019 क), 'क्रिएटिंग अ काउंटर पब्लिक स्फ़ियर' (बुक रिव्यू), *इकनॉमिक ऐंड पॉलिटिकल वीकली*, खंड 54, अंक 14.

——— (2019 ख), 'भारतीय पुलिस : उम्मीदों और अभावों के बीच', *प्रतिमान समय समाज संस्कृति*, वर्ष 7, अंक 14.

कॉमन कॉज, सीएसडीएस-लोकनीति और अन्य (2019), *स्टेट्स ऑफ़ पोलिसिंग इन इंडिया : पोलिस एडिक्वेसी ऐंड वर्किंग कंडीशंस 2019*, कॉमन कॉज़, सीएसडीएस-लोकनीति, टाटा ट्रस्ट, लाल फैमिली फ़ाउंडेशंस.

गवर्नमेंट ऑफ़ इंडिया (1965), *द रिपोर्ट ऑफ़ द एडवाइज़री कमेटी ऑन द रिवीज़न ऑफ़ द लिस्ट ऑफ़ शेड्युल्ड कास्ट्स ऐंड शेड्युल्ड ट्राइब्स*, डिपार्टमेंट ऑफ़ सोशल सिक्योरिटी, नयी दिल्ली

गोपाल गुरु (1991), 'हिंदुआइज़ेशन ऑफ़ आम्बेडकर इन महाराष्ट्र,' *इकनॉमिक ऐंड पॉलिटिकल वीकली*, 26 (7).

——— (1998), 'द पॉलिटिक्स ऑफ़ नेमिंग', *सेमिनार 471*, नवंबर.

——— (2005), 'दलित फ़ेस अ कल्चरल थ्रेट बोथ फ़्रॉम विदिन ऐंड विदाउट', संकलित, आनंद तेलतुम्बडे (सं.), *हिंदुत्व ऐंड दलित्स : पर्सपेक्टिव फ़ॉर अंडरस्टैंडिंग कम्युनल प्रैक्टिस*, सौम्या, कोलकाता.

——— (सं.) (2005), *अ ट्रॉफ़ी इन दलित पॉलिटिक्स*, विकास अध्ययन केंद्र, मुम्बई.

——— (2009), 'इंट्रोडक्शन : थियराइज़िंग ह्यूमिलिएशन', गोपाल गुरु (सं.), *ह्यूमिलिएशन : क्लेम्स ऐंड कांटेक्स्ट*, ऑक्सफ़र्ड युनिवर्सिटी प्रेस, नयी दिल्ली.

——— (2012), 'राइज़ ऑफ़ द दलित मिलियनेयर : अ लो इंटेंसिटी स्पैक्टेकल', *इकनॉमिक ऐंड पॉलिटिकल वीकली*, खंड 47. अंक 50.

——— (2016), 'शिफ़्टिंग कैटेगरीज़ इन द डिस्कोर्स ऑन कास्ट ऐंड क्लास', *इकनॉमिक ऐंड पॉलिटिकल वीकली*, खंड 51, अंक 47.

गोपाल गुरु और सुंदर सरुक्कई (2012), *द क्रैक्ड मिरर : ऑन इंडियन डिबेट ऑन एक्सपीरियंस ऐंड थियरी*, ऑक्सफ़र्ड युनिवर्सिटी प्रेस, नयी दिल्ली.

घनश्याम शाह, हर्ष मंदर, सुखदेव थोरात, सतीश देशपांडे और अमिता बाविस्कर (2006), *अनटचेबिलिटी इन रूरल इंडिया*, सेज, नयी दिल्ली.

चंद्रभान प्रसाद (2009), 'चेंज इन कैपिटलिज़म, *द पॉयनियर*, 11 जनवरी.

——— (2017), 'टॉक प्वाइंट : नो जॉब कोटा : बट प्राइवेट सेक्टर शुड फ़ोकस ऑन वॉलंटरी एक्शन', *द प्रिंट*, 8 नवंबर, https://theprint.in/talk-point/talk-point-no-job-quota-private-sector-focus-voluntary-action/15070/] देखने की तारीख़ : 12 अप्रैल, 2019.

चंद्रैय्या गोपानी (2018), 'न्यू दलित मूवमेंट्स : ऐन आम्बेडकराइट पर्सपेक्टिव', सूरज येंगडे और आनंद तेलतुम्बडे (सं.), *द रैडिकल इन आम्बेडकर : क्रिटिकल रिफ़्लेक्शंस*, पेंगुइन, नयी दिल्ली : 181-200.

जॉन सी. बी. वेबस्टर (2007), 'व्हू इज़ अ दलित', एस.एम. माइकल (सं.), *दलित इन मॉडर्न इंडिया*, सेज, नयी दिल्ली.

जॉर्ज कुनाथ (2013), 'कॉमप्लायंस ऑर डिफायंस? द केस ऑफ़ दलित्स ऐंड महादलित्स', *जर्नल ऑफ़ द एंथ्रोपोलॉजिकल सोसायटी ऑफ़ ऑक्सफ़र्ड,* खंड 5, अंक 1.

जिग्नेश मेवानी और मीना कुंडास्वामी (2020), 'व्हाई इज़ आनंद तेलतुम्बडे इज सो डेंजरस फ़ॉर नरेंद्र मोदी गवर्नमेंट', द *वायर*, 14 अप्रैल, https://thewire.in/rights/anand-teltumbde-arrest-narendra-modi, देखने की तारीख़ : 16 अप्रैल, 2020.

डॉ. एन. सुकुमार (2014), *दलित रिवोल्यूशन ऐंड हिंदुत्व काउंटर-रिवोल्यूशन इन इंडियन पॉलिटिक्स,* 16 सितंबर, *राउंड टेबल इंडिया : फ़ॉर ऐन इंफॉर्म्ड आम्बेडकर ऐज,*https://roundtableindia.co.in/~roundta3/index.php?option=com_content&view=article&id=7632:dalit-revolution-and-hindutva-counter-revolution-in-indian-politics&catid=119&Itemid=132, देखने की तारीख : 10 अप्रैल, 2020.

डॉ. विजय सोनकर शास्त्री (2014), *हिंदू वाल्मीकि जाति : एक गौरवशाली इतिहास के पतन का सिंहावलोकन,* प्रभात प्रकाशन, दिल्ली.

________________ (2016), *हिंदू चर्मकार जाति : एक स्वर्णिम गौरवशाली राजवंशीय इतिहास,* प्रभात प्रकाशन, दिल्ली.

डॉ. रतन लाल (2016), *और कितने रोहित? : चप्पे-चप्पे पर द्रोण, हर शाख पर मनु,* सम्यक प्रकाशन, दिल्ली.

द *हिंदू* (2012), 'सदाशिवा कमीशन रेकमेंड्स इंटरनल रिज़र्वेशन अमॉन्ग एससीज़', 15 जून, https://www.thehindu.com/news/cities/bangalore/sadashiva-commission-recommends-internal-reservation-among-scs/article3528992.ece, देखने की तारीख़ : 16 अप्रैल, 2020.

द *हिंदू* (2016), 'एससी कैटेगोराइज़ेशन इजड ऑन मोदीज़ एजेंडा टू, सेज़ वैंकय्या', 27 नवंबर, https://www.thehindu.com/news/cities/Hyderabad/SC-categorisation-is-on-Modi%E2%80%99s-agenda-too-says-Venkaiah/article16711847.ece, देखने की तारीख़ : 15 अप्रैल, 2020.

द *हिंदू* (2017), 'रिज़र्वेशन इन प्राइवेट सेक्टर टू डेंट इनवेस्टमेंट क्लाइमेट', 13 नवंबर, https://www.thehindubusinessline.com/economy/reservation-in-private-sector-to-dent-investment-climate-assocham/article9956138.ece, देखने की तारीख़ : 12 अप्रैल, 2020.

द *न्यू इंडियन एक्सप्रेस* (2018), 'कर्नाटका : इम्पलीमेंटेशन ऑफ़ सदाशिवा कमीशन में बैकफ़ायर टू कांग्रेस', 3 फ़रवरी, 2018, https://www.newindianexpress.com/states/ karnataka/2018/feb/03/karnataka-implementation-of-sadashiva-commission-report-may-backfire-on-congress-1767606.html, देखने की तारीख़ : 16 अप्रैल, 2020.

दिलीप मंडल (2019), 'फ़ारगेट अबाउट दलित वोटर्स, टेल अस वाई अपर कास्ट हिंदूज़ वोटेड फ़ॉर बीजेपी लाइक नेवर बिफोर', द *प्रिंट*, 13 जून, https://theprint.in/opinion/forget-about-dalit-voters-tell-us-why-upper-caste-hindus-voted-for-bjp-like-never-before/249420/] देखने की तारीख़ : 10 अप्रैल, 2020.

देवेश कपूर, डी. श्याम बाबू और चंद्रभान प्रसाद (2014), *डिफ़ाइंग द ऑड्स: द राइज़ ऑफ़ दलित आंत्रप्रेनर्स,* रैंडम हाउस इंडिया, गुड़गाँव.

धनंजय राय (2013), *कॉन्टेम्परारी इंडियन पॉलिटिकल थियरी : अ क्रिटिकल एनालिसिस,* आकार बुक्स, दिल्ली.

नरेंद्र ठाकुर और विजय क्रांति (सं.) (2015), *अबाउट आरएसएस (राष्ट्रीय स्वयंसेवक संघ)*, विचार विनिमय प्रकाशन, दिल्ली.

नवसर्जन और रॉबर्ट एफ़ कैनेडी सेंटर फ़ॉर जस्टिस ऐंड ह्यूमन राइट्स (2010). *अंडरस्टैंडिंग अनटचेबिलिटी : अ कॉम्पेरेटिव स्टडी ऑफ़ प्रैक्टिसेज़ ऐंड कंडीशंस इन 1589 विलेजिज़*, वाशिंगटन डी.सी.

प्रज्ञा कौशिक (2019), 'अनटचेबिलिटी केम ऑफ़्टर एडवेंट ऑफ़ इस्लाम : आरएसएस लीडर कृष्ण गोपाल', *एएनआई : साउथ इंडियन लीडिंग मल्टीपल न्यूज़ एजेंसी*, 26 अगस्त, 2019, https://www.aninews.in/news/national/general-news/untouchability-came-after-advent-of-islam-rss-leader-krishna-gopal20190826230139/, देखने की तारीख़ : 7 अप्रैल, 2020.

बद्री नारायण (2015), 'डेमॉक्रैसी ऐंड आइडेंटिटी पॉलिटिक्स इन इंडिया : इज़ इट अ स्नेक ऑर अ रोप', *इकनॉमिक ऐंड पॉलिटिकल वीकली*, खंड 50, अंक 16.

बद्री नारायण (2018), *खंडित आख्यान : भारतीय जनतंत्र के अदृश्य लोग, अनु. रमाशंकर सिंह*, ऑक्सफ़र्ड युनिवर्सिटी प्रेस, दिल्ली.

बंकिम चंद्र मंडल (2014), 'ग्लोबलाइज़ेशन ऐंड इट्स इम्पैक्ट', *दलित वॉयस*, खंड 7, अंक 2.

बी. एस. वाघमारे (2010), 'रिज़र्वेशन पॉलिसी ऐंड द प्लाइट ऑफ़ मतांग्स इन महाराष्ट्र', *इंडियन जर्नल ऑफ़ पॉलिटिकल साइंस*, खंड 71, अंक 3.

*बीबीसी* (2017), 'इंडिया दलित मैन किल्ड 'फ़ॉर वाचिंग हिंदू सेलिब्रेशन', 2 अक्टूबर, https://www.bbc.com/news/world-asia-india-41466291, देखने की तारीख़ : 20 अप्रैल, 2020.

*बीबीसी* (2018), 'इंडियन लोएस्ट कास्ट दलित मैन किल्ड फ़ॉर ऑनिंग हॉर्स', 31 मार्च, https://www.bbc.com/news/world-asia-india-43605550, देखने की तारीख़ : 20 अप्रैल, 2020.

मदन कुमार (2018), ''पासवांस टू कम अंडर द कैटेगरी ऑफ़ 'महादलित' इन बिहार'', *द टाइम्स ऑफ़ इंडिया*, 14 अप्रैल 2018, https://timesofindia.indiatimes.com/india/paswans-too-come-under-category-of-mahadalit-in-bihar/articleshow/63764416.cms देखने की तारीख़ : 16 अप्रैल, 2020.

मिलिंद खांडेकर (2013), *दलित मिलियनिरीज़ : 15 इंसपायरिंग स्टोरीज*, पेंगुइन, नयी दिल्ली.

मुरली कृष्णन (2020), 'सुप्रीम कोर्ट अपहोल्ड्स एससी/एसटी ऐक्ट अमेंडमेंट दैट बैंस प्री अरेस्ट बेल', *हिंदुस्तान टाइम्स*, 10 फ़रवरी, https://www.hindustantimes.com/india-news/supreme-court-upholds-amendment-to-2018-sc-st-act-that-reversed-verdict-that-banned-arrests-without-inquiry/story-IVnOEJFSZheWuC5amgBCHN.html, देखने की तारीख़ : 13 अप्रैल, 2020.

रजनी कोठारी (1993), 'चुनाव के खेल से निकली सांप्रदायिकता : बहुसंख्यकवाद की विकृति पर टिप्पणी' (अंग्रेज़ी में प्रथम प्रकाशन 1984), (अनु.) ध्रुव नारायण, अभय कुमार दुबे (सं.), *सांप्रदायिकता के स्रोत, विनय प्रकाशन*, दिल्ली.

राजेन्द्र वोरा (2004), 'डिक्लाइन ऑफ़ कास्ट मेजोरिटेरियनिजम इन इंडियन पॉलिटिक्स', राजेन्द्र वोरा और सुहास पल्शीकर (सं.), *इंडियन डेमॉक्रैसी : मीनिंग्ज़ ऐंड प्रैक्टिसेज़*, सेज पब्लिकेशंस, नयी दिल्ली.

रामरतन वी. धूमल (2018), *कास्ट डिस्क्रिमिनेशन इन हायर एजुकेजन, इकनॉमिक ऐंड*

*पॉलिटिकल वीकली,* खंड 53, अंक 29.

स्वामीनाथ एस. अंकलेसरिया अय्यर (2015), *कैपिटलिज़म असॉल्ट ऑन द इंडियन कास्ट सिस्टम : हाउ इकनॉमिक लिबरलाइज़ेशन रिस्पॉन्ड लो कॉस्ट दलित मिलियनरीज़,* पॉलिसी एनालिसिस, सीएटीओ इंस्टीट्यूट, वाशिंगटन, 21 जुलाई, https://www.cato.org/sites/cato.org /files/pubs/pdf/pa776.pdf, देखने की तारीख़ : 10 अप्रैल, 2020.

सुखदेव थोरात, 'पॉलिटिकल इकॉनॉमी ऑफ़ कास्ट डिस्क्रिमिनेशन ऐंड एट्रोसिटीज़ : व्हाई डज़ कास्ट डिस्क्रिमिनेशन परसिस्ट डिस्पाइट लॉ?', सूरज येंगडे और आनंद तेलतुम्बडे (सं.) *द रैडिकल इन आम्बेडकरः क्रिटिकल रिफ़्लेक्शंस,* पेंगुइन, नयी दिल्ली, 2018 : 255-277.

सुखदेव थोरात और पॉल अट्टेवेल (2010), 'द लीगेसी ऑफ़ सोशल एक्सक्लूज़न : अ कॉरेस-पॉन्डेंस स्टडी ऑफ़ जॉब डिस्क्रिमिनेशन इन इंडियाज अरबन प्राइवेट सेक्टर', सुखदेव थोरात और कैथरीन एस. न्यूमैन (सं.), *ब्लॉक्ड बाई कास्ट : इकनॉमिक डिस्क्रिमिनेशन इन मॉडर्न इंडिया,* ऑक्सफ़र्ड युनिवर्सिटी प्रेस, नयी दिल्ली.

सुखदेव थोरात और कैथरीन न्यूमैन (2010), 'कास्ट डिस्क्रिमिनेशन इन रूरल मार्केट्स', सुखदेव थोरात और कैथरीन एस. न्यूमैन, (सं.) *ब्लॉक्ड बाई कास्ट : इकनॉमिक डिस्क्रिमिनेशन इन मॉडर्न इंडिया,* ऑक्सफ़र्ड युनिवर्सिटी प्रेस, नयी दिल्ली.

सुहास पल्शीकर (2005), 'महाराष्ट्र : दलित पॉलिटिक्स इन द हिंदुत्व ट्रैप', आनंद तेलतुम्बडे (सं.), *हिंदुत्व ऐंड दलित्स : पर्सपेक्टिव फ़ॉर अंडरस्टैंडिंग कम्युनल प्रैक्टिस,* समय, कोलकात्ता.

सुखदेव थोरात, अनुराधा बनर्जी, विनोद मिश्रा और फ़िरदौस रिजवी (2015) 'अर्बन रेंटल हाउसिंग मार्केट : कास्ट ऐंड रिलिजन मैटर्स इन एक्सेस', *इकनॉमिक ऐंड पॉलिटिकल वीकली,* खंड 50, अंक 26-27.

सूरज येंगडे और आनंद तेलतुम्बडे (सं.) (2018), *द रैडिकल इन आम्बेडकर : क्रिटिकल रिफ़्लेक्शंस,* पेंगुइन, नयी दिल्ली, .

*सीएसडीएस डेटा यूनिट* (2019*),* लोकनीति-विकासशील समाज अध्ययन पीठ (सीएसडीएस), नयी दिल्ली.

शर्मिला रेगे (2013), *अगेंस्ट द मैडनेस ऑफ़ मनु : बी. आर. आम्बेडकर्स राइटिंग्स ऑन ब्राह्मनिकल पैट्रियार्की,* नवयाना, नयी दिल्ली.

यगाती चिन्ना राव (सं.) (2009), *डिवाइडिंग दलित्स : राइटिंग्स ऑफ़ सब-कैटेगराइजेशन ऑफ़ शेड्युल्ड कास्ट्स,* रावत पब्लिकेशंस, जयपुर.

लॉरा आर. ब्रुएक (2017), *राइटिंग रेजिस्टेंस : द रेटॉरिकल इमैजिनेजन ऑफ़ हिंदी दलित लिटरेचर,* प्राइमस बुक्स, नयी दिल्ली.

वसंत मून (1989), *डॉ. बाबासाहेब आम्बेडकर : राइटिंग्स ऐंड स्पीचेज, वोल्यूम 1,* गवर्नमेंट ऑफ़ महाराष्ट्र, मुम्बई,

वॉल्टर के. ऐंडर्सन और श्रीधर डी. दामले (2018), *द आरएसएस : अ व्यू टू द इनसाइड,* पेंगुइन-वाइकिंग, गुड़गाँव.

विकास पाठक (2015), 'दलित्स वर अपर कास्ट्स : बीजेपी लीडर', *द हिंदू,* 29 अक्टूबर, 2015, https://www.thehindu.com/news/national/dalits-were-upper-castes-bjp-leader/article7815509.ece देखने की तारीख़ : 7 अप्रैल, 2020.

विवेक कुमार (2001), 'ग्लोबलाइज़ेशन ऐंड इंपावरमेंट ऑफ़ दलित्स इन इंडिया', *इंडियन एंथ्रोपोलोजिस्ट,* खंड 31, अंक 2.

# दलित नारीवाद

# अलग तरीक़े से बात करती हैं दलित महिलाएँ

## 'भिन्नता' की एक समीक्षा और दलित नारीवादी दृष्टिकोण की दिशा में पहल

**शर्मिला रेगे**

अनुवाद : कमल नयन चौबे

शर्मिला रेगे का यह आलेख सबसे पहले *इकनॉमिक ऐंड पॉलिटिकल वीकली* के खंड 63, अंक 44, 31 अक्टूबर, 1998 (पृष्ठ : डब्ल्यूएस 39- डब्ल्यूएस 46) में प्रकाशित हुआ था.

1980 और 1990 के दशक में नारीवादी चिंतन में एक महत्त्वपूर्ण बदलाव आया। यह बदलाव अश्वेत और तीसरी दुनिया के नारीवादी काम के ज़्यादा सामने आने से संबंधित था। इसके बावजूद श्वेत नारीवादी अश्वेत और तीसरी दुनिया की नारीवादियों द्वारा प्रस्तुत की गयी चुनौतियों का सामना करने में झिझकती रही हैं। अमूमन इस झिझक को यह कह कर सही साबित किया जाता रहा है कि श्वेत या गोरी नारीवादी अश्वेत और तीसरी दुनिया की महिलाओं की आवाज़ों पर क़ब्ज़ा नहीं करना चाहती है।[1] श्वेत नारीवादियों की यह झिझक और तुलनात्मक रूप से ख़ामोश रहने की प्रवृत्ति से यह अनुमान भी निकलता है कि नस्लवाद का सामना करना या उससे संघर्ष करना सिर्फ़ अश्वेत नारीवाद की ज़िम्मेदारी है; या इससे यह पुरानी मान्यता फिर से सामने आती है कि लैंगिकवाद-विरोधी (ऐंटी-सेक्सिस्ट) होने की राजनीतिक-प्रक्रिया की परिभाषा में ही नस्लवाद-विरोधी होने की प्रक्रिया शामिल है। पश्चिमी नारीवाद के भीतर मौजूद इस जड़ता का काफ़ी हद तक वर्णन नारीवाद और उत्तर-संरचनावाद/उत्तर-आधुनिकतावाद के बीच गठजोड़ के संदर्भ में किया जा सकता है; ज़्यादा विशिष्ट रूप से इसका वर्णन नारीवादी सैद्धांतीकरण के केंद्र में 'भिन्नता' (डिफ़रेंस) की श्रेणी के संदर्भ में किया जा सकता है। नारीवादी राजनीति के प्रति वचनबद्धता यह माँग करती है कि 'भिन्नता' की इस श्रेणी के सीमित राजनीतिक और विश्लेषणात्मक उपयोग को रेखांकित किया जाए।

भारतीय संदर्भ में उत्तर-आधुनिकतावादी और उत्तर-संरचनावादी दृष्टिकोणों के लगातार बढ़ते प्रभाव का राजनीतिक नतीजा 'संस्कृति-केंद्रित'(कल्चरोलॉजिकल) और समुदायवादी दृष्टिकोणों का उदय[2] तथा 'उत्तर-सबॉल्टर्न विषय'[3] और उत्तर-औपनिवेशिक विषय[4] के उदय के रूप में सामने आया है। उत्तर-प्राच्यवाद (पोस्ट-ओरियंटलिज़म) अध्ययनों की

[1] आई. वेहलचुन (1995).

[2] एस. जोसेफ (1991) (1997).

[3] सुमित सरकार (1997).

[4] ए. अहमद (1997).

रूपरेखा में सिर्फ़ औपनिवेशिक प्रभुत्व पर ही ध्यान दिया जाता है। इसके कारण इसमें जाति, जेंडर और वर्ग प्रभुत्व के पूर्व-औपनिवेशिक जड़ों की उपेक्षा होती है। इसलिए इदवादी रूपरेखा (एडवर्ड सैद द्वारा प्रस्तुत रूपरेखा) को लागू करने से एक समस्या सामने आती है। ख़ास तौर पर यह समस्या उस समय सामने आती है जब इस रूपरेखा को ग़ैर-ब्राह्मण आंदोलनों और महिलाओं द्वारा चलाए जा रहे आंदोलनों पर लागू किया जाता है। इसका कारण यह है कि इन दोनों तरह के आंदोलनों ने औपनिवेशिक क़ानून, न्याय और प्रशासन का एक प्रमुख संसाधन के रूप में प्रयोग किया है।[5] हाल के समय में बहुत से विद्वतापूर्ण नारीवादी लेखनों में इदवादी रूपरेखा को अपनाया गया है। दरअसल, इस तरह की नारीवादी लेखिकाएँ उपरोक्त वर्णित जाल में फँस जाती हैं। वे एक ऐसी रूपरेखा को अपना लेती हैं जो ग़ैर-ब्राह्मण आंदोलन में महिलाओं के योगदानों और हस्तक्षेपों की पूरी तरह उपेक्षा करती हैं। ग़ैर-ब्राह्मण आंदोलनों की पूरी परंपरा को अदृश्य कर देने के कारण ही कई विद्वानों द्वारा हाल के समय में दलित महिलाओं द्वारा की जाने वाली स्वायत्त दावेदारी को 'एक भिन्न आवाज़' के रूप में देखा जाता है।

1980 के दशक में बड़े पैमाने पर जाति अस्मिता और चेतना का उभार हुआ। इसी दौर में जाति और सामाजिक परिवर्तन में इसकी भूमिका से संबंधित सैद्धांतिक और राजनीतिक मुद्दों पर गहराई से वाद-विवाद होने लगा।[6] 1990 के दशक के आरंभ में स्वायत्त दलित महिला संगठनों ने क्षेत्रीय और राष्ट्रीय स्तर पर अपनी दावेदारी पेश करनी शुरू कर दी। इस तरह की दावेदारी ने बहुत ही गंभीर राजनीतिक और सैद्धांतिक चुनौतियाँ प्रस्तुत की। इसने नारीवादी आंदोलन के ब्राह्मणवाद और दलित राजनीति के पितृसत्तात्मक व्यवहारों को भी रेखांकित किया। शुरुआती दौर में, स्वायत्त दलित महिला संगठनों के गठन ने एक गंभीर वाद-विवाद पैदा किया। इसमें वाम दलों से जुड़ी

---

[5] सुमित सरकार (1997).

[6] रजनी कोठारी (1994).

महिला संगठनों और स्वायत्त महिला संगठनों- दोनों ने ही भागीदारी की और अपने विचार व्यक्त किये। बहरहाल, अब ऐसा लगता है कि यह वाद-विवाद ठंडा पड़ चुका है, और एक तरह की ख़ामोशी छाई हुई है। उसके बाद से नारीवादी राजनीति पर नये सिरे से गहन विचार करने की कोई कोशिश नहीं दिख रही है। इससे यही पता चलता है कि एक ऐसी विचारधारात्मक स्थिति को स्वीकार कर लिया गया है, जिसमें बहुल नारीवादी दृष्टिकोण मौजूद है। इसका अर्थ यह है कि दलित महिला संगठनों द्वारा प्रस्तुत की जाने वाली अलग दावेदारी को एक अन्य दृष्टिकोण के रूप में स्वीकार कर लिया गया है; और 'भिन्नता' की इस रूपरेखा के भीतर यह मान लिया गया है कि जाति से संबंधित मुद्दे सिर्फ़ दलित महिला संगठनों की ज़िम्मेदारी है। एक-दूसरे के दृष्टिकोण की जाँच-पड़ताल न करने के कारण द्वंद्वात्मकता बाधित हुई है। अर्थात् न तो समकालीन नारीवादी राजनीति अपने दृष्टिकोण पर नये सिरे से विचार कर पायी है और न ही स्वायत्त दलित महिला संगठन अपने दृष्टिकोण को धारदार बना पायी हैं। इस शोध-आलेख का उद्देश्य ऐसे ही कुछ मुद्दों को वाद-विवाद के लिए सामने लाना है।

यह शोध-आलेख चार भागों में बँटा हुआ है। पहले भाग में नारीवादी विश्लेषण की बदलती श्रेणियों की समीक्षा की गयी है। इसमें उन प्रक्रियाओं की जाँच-पड़ताल की गयी है, जिसके कारण नारीवादी विश्लेषण में 'भिन्नता' की श्रेणी को मुख्य स्थान प्राप्त हो गया। इस भाग में यह तर्क दिया गया है कि इसका अर्थ नारीवाद की कुछ प्रमुख श्रेणियों से पीछे हटना है। नारीवादी राजनीति के लिए यह अनिवार्य है कि 'भिन्नता' को ऐतिहासिक रूप से हाशिये पर पड़ी महिलाओं के वास्तविक संघर्षों में अवस्थित किया जाए। दूसरे भाग में दलित महिलाओं के 'भिन्न या अलग आवाज़' को ऐतिहासिक रूप से उनके संघर्षों में अवस्थित करने का काम किया गया है। सत्यशोधक और आम्बेडकरवादी आंदोलनों के माध्यम से इसके विकास को सामने लाया गया है। इस भाग में यह तर्क भी दिया गया है कि हमारे ऐतिहासिक वर्णनों में इन संघर्षों की नये सिरे से व्याख्या (पार्थ) चटर्जी द्वारा

प्रस्तुत 'नैशनलिस्ट रेज़ोल्यूशन ऑफ़ द वीमेन क्वेशचन' के सामने चुनौती खड़ी करती है। ग़ौरतलब है कि चटर्जी द्वारा प्रस्तुत इस विश्लेषण का जेंडर और राष्ट्र से संबंधित अधिकांश विश्लेषणों पर गहरा प्रभाव रहा है। तीसरे भाग में 1970 के दशक में उभरकर सामने आये दो महत्त्वपूर्ण नये सामाजिक आंदोलनों अर्थात् दलित आंदोलन और महिला आंदोलन में दलित महिलाओं की आवाज़ों के बहिष्करण की जाँच-पड़ताल की गयी है। इस संदर्भ में महिला आंदोलन पर ज़्यादा विस्तार से विचार किया गया है। मंडल-मस्जिद के बाद के दौर में महिला आंदोलन के मुद्दों का विश्लेषण करते हुए यह तर्क दिया गया है कि 1990 के दशक में दलित महिलाओं की आवाज़ों की दावेदारी के कारण 1990 के दशक में नारीवादी राजनीति की नये सिरे से परिकल्पना करने के लिए बहुत सारे मुद्दे सामने आये। अंत में, चौथे भाग में यह दलील दी गयी है कि दलित महिलाओं की आवाज़ों की दावेदारी सिर्फ़ उनकी 'भिन्नता' को एक नाम देने का मसला नहीं है। 'भिन्नता को नाम देना' एक संकुचित अस्मितावादी राजनीति की ओर ले जाता है। असल में, भिन्नता दावेदारी जाति और जेंडर के विमर्श को केंद्र में लाती है, और इसे एक दलित नारीवादी दृष्टिकोण की प्रस्तुति के रूप में देखा जाता है। इस शोध-आलेख का एक बड़ा हिस्सा महाराष्ट्र में समकालीन नारी आंदोलन की हमारी समझ और उससे निरंतर जुड़ाव पर आधारित है।

## I

## नारीवादी सिद्धांतीकरण : 'भिन्नता' से 'ज़्यादा भिन्नता' की ओर

1970 के दशक में नारीवाद वामपंथ से भिन्नता या विभेद के आधार पर विकसित हुआ। इस भिन्नता में तीन श्रेणियाँ प्रमुख थीं : महिला, अनुभव और व्यक्तिगत राजनीति। इन तीनों श्रेणियों ने नारीवादी सैद्धांतीकरण में केंद्रीय भूमिका निभायी।[7] यद्यपि ये श्रेणियाँ राजनीतिक शब्दावली के रूप में काफ़ी शक्तिशाली थीं, लेकिन इन्होंने सैद्धांतिक समस्याएँ पैदा कीं। 'महिला'

[7] जे. ग्रांट (1993).

श्रेणी की परिकल्पना सामूहिक स्तर पर की गयी। इसके मूल में यह तथ्य था कि महिलाएँ अपने नारीत्व के कारण दमन का सामना करती हैं। इन तीनों श्रेणियों का एक-दूसरे से जोड़कर प्रयोग किया गया, और अमूमन इसके कारण नस्ल, वर्ग और जातीयता के आधार पर बहिष्करण हुआ। चूँकि 1970 के दशक की अधिकांश मुखर नारीवादी गोरी (श्वेत), मध्यवर्गीय और विश्वविद्यालयों से शिक्षित थीं, इसलिए उनके अनुभव ही सार्वभौमिक रूप से 'महिला अनुभव' के रूप में सामने आये। इस दौर में बहुत सारे अति-सरलीकृत कथन भी सामने आये, मसलन 'सभी महिलाएँ निग्गर हैं'।[8] इसलिए महिला मुद्दों की अवधारणा के प्रति वामपंथ के द्वैध रवैये का विरोध करते हुए इस बात पर बल दिया गया कि महिलाएँ बुनियादी रूप से अन्य महिलाओं से जुड़ी हुई हैं, और 'ज्ञान का व्यक्तिनिष्ठ (सब्जेक्टिव) अनुभव' नारीत्व के सार्वभौमिक अनुभव का आधार है। इस तरह, 'अनुभव' व्यक्तिगत राजनीति का आधार बन गया, और इसे शोषण को परिभाषित करने के लिए सबसे विश्वसनीय और ऐतिहासिक स्रोत माना जाने लगा। इस तरह के ज्ञानमीमांसीय दृष्टिकोण से कम-से-कम तीन प्रमुख तत्त्व उभरकर सामने आये : पहला, पुरुष प्रभुत्व की एक व्यवस्था है; दूसरा, यह व्यवस्था राजनीतिक है; और तीसरा, राजनीति में हर प्रकार का शक्ति संबंध शामिल है, भले ही शक्ति का प्रयोग सार्वजनिक दायरे में हो रहा हो या न हो रहा हो (इसका अर्थ यह है कि व्यक्तिगत को राजनीतिक घोषित किया गया, और बहुत ही निजी संबंधों में भी शक्ति की भूमिका को देखा जाने लगा तथा राज्य और पूँजीवाद की समीक्षाओं को कम महत्त्व दिया जाने लगा)। इस तरह के सैद्धांतिक दृष्टिकोण में 'महिला' और 'व्यक्तिनिष्ठ अनुभव' की श्रेणियों का प्रयोग किये जाने का संरचनात्मक नतीजा यह हुआ कि इस विमर्श से अश्वेत महिलाओं का बहिष्करण हो गया।[9]

---

[8] जी. रूबिन (1969).

[9] एम. बैरेट और ए. फिलिप्स (1992).

सैद्धांतिक वाद-विवाद के केंद्र में पितृसत्ता, इसके भौतिक आधार, विभिन्न उत्पादन प्रणालियों में इसकी निरंतरता जैसे विषयों पर ध्यान केंद्रित किया जाने लगा। समाजवादी नारीवादियों और रैडिकल नारीवादियों ने मुद्दों को पूँजी की आवश्यकता/पुरुष नियंत्रण के संदर्भ में प्रस्तुत किया। इनके बीच की भिन्नताओं का मुख्य आधार यह था कि ये महिलाओं के शोषण के कारणों के बारे में अलग-अलग अवधारणा रखती थीं। लेकिन फिर भी उनमें इस बात पर आम-सहमति थी कि ये दोनों धाराएँ सामाजिक कारणात्मकता के बुनियादी तत्वों की खोज करने में विश्वास करती थीं। अर्थात् इन दोनों के द्वारा यह प्रश्न पूछा गया कि 'महिलाओं के शोषण का मूल कारण क्या है?' लेकिन 1980 के दशक तक यह आम-सहमति टूट गयी और नारीवादी विश्लेषण के केंद्र में 'भिन्नता' का आयाम आ गया।

'भिन्नता' की श्रेणी को नारीवादी विश्लेषण के केंद्र में लाने में बहुत से कारकों ने अत्यंत महत्त्वपूर्ण भूमिका अदा की : भाषा, संस्कृति, राजनीतिक अर्थव्यवस्था के बहिष्करण पर विमर्श, सार्वभौमवाद को नकारते हुए भिन्नता पर ज़ोर देना, सामूहिकताओं के स्थान पर तरल और खंडित मानव कर्त्ता पर ज़ोर देना, तथा सभी कारणात्मक विश्लेषण को हाशिये पर डालने और नकारने को पूरी तरह सही मानना।[10] दृष्टिकोण में हुए इस बदलाव को निम्नलिखित प्रमुख कारकों से अलग-अलग तरीक़े से सहायता मिली।

वास्तविक रूप से अस्तित्वमान समाजवादी व्यवस्थाओं का विघटन हुआ। इसके कारण आंग्ल-अमेरिकी अकादमिक जगत में मार्क्सवाद के सम्मान में काफ़ी कमी आयी। अश्वेत और तीसरी दुनिया की नारीवादियों द्वारा श्वेत और मध्यवर्गीय नारीवाद का लगातार गहराई से परीक्षण किया जाता रहा। इसका स्वागत किया गया, और इसने ज़मीनी स्तर पर असमानता के विभिन्न ध्रुवों के बीच जटिल अंतर्क्रिया के विश्लेषण को बढ़ावा दिया। मिसाल के तौर पर, अश्वेत नारीवादियों ने 1970 के दशक के लिंग/वर्ग (सेक्स/क्लास) वाद-विवाद पर सवाल खड़े किये। उन्होंने यह दलील दी कि

[10] ई. एम. वुड (1996).

सेक्स, वर्ग और नस्ल के बीच जटिल अंतर्क्रिया पर ध्यान देने की आवश्यकता है। लेकिन एक अन्य स्तर पर इस तरह की जाँच-पड़ताल ने ज़्यादा सांस्कृतिक पथ को अपनाया, मसलन, अश्वेत, अफ्रीकी-अमरिकी, एशियाई महिलाओं आदि की 'भिन्न आवाज़ों' को काफ़ी सकारात्मक रूप से प्रस्तुत किया जाने लगा।

मनोविश्लेषक विश्लेषण में बढ़ती रुचि के कारण लैंगिक या सेक्शुअल भिन्नताओं को सैद्धांतिक और सकारात्मक माना जाने लगा। इसलिए, मिसाल के तौर पर, नारीवादी लेखन में मातृत्व को नारी होने के एक सकारात्मक और भिन्न अनुभव के रूप में प्रस्तुत किया गया। यहाँ मैं यह भी रेखांकित करना चाहती हूँ कि यह नव-दक्षिणपंथ (न्यू राइट) के एजेंडा के अनुरूप था। ग़ौरतलब है कि नव-दक्षिणपंथ ने अपनी विचारधारा के भीतर मुक्त बाज़ार, नव-राष्ट्रवाद और रूढ़िवाद के मिले-जुले रूप को अपनाया। इस दौर में उत्तर-संरचनावाद और उत्तर-आधुनिकतावाद का उदय हुआ और नारीवाद के साथ उनके गठजोड़ में लगातार वृद्धि हुई। इसका अर्थ यह था कि मोटे तौर पर, निम्नलिखित दो में से किसी एक दृष्टिकोण को अपनाया गया।

(1) सांस्कृतिक नारीवाद का दृष्टिकोण — यह मानता है कि नारीवादियों को ही यह विशिष्ट अधिकार है कि वे महिलाओं का वर्णन और मूल्यांकन करें। इसलिए इस दृष्टिकोण के अनुसार 'निष्क्रियता' का अर्थ शांतिपूर्ण होता है, संवेदनशीलता का अर्थ पोषण करना होता है आदि। इसका अर्थ यह है कि इसमें प्रभुत्वशाली पुरुष द्वारा दी गयी महिलाओं की परिभाषा को ही चुनौती दी जाती है।

(2) नामरूपवाद या नॉमिनॉलिज़्म का दृष्टिकोण — यह तर्क देता है कि महिला नाम की एक श्रेणी का अस्तित्व नहीं हो सकता है। यह एक काल्पनिक श्रेणी है क्योंकि ऐसी बहुत-सी भिन्नताएँ (नस्ल, वर्ग आदि) हैं जो महिलाओं को काल्पनिक और अलग-अलग तरीक़े से निर्मित करती हैं। ये एजेंडा की राजनीति के स्थान पर भिन्नता की बहुलता पर बल देती हैं।

इसलिए, इसके अनुसार, नारीवादी राजनीति पूरी तरह खो चुकी है क्योंकि इसका एक मुख्य काम महिलाओं के बीच की भिन्नताओं को ख़त्म और विखंडित करना है। अब नारीवादी नारीगत गुणों के उन आयामों को अत्यधिक सकारात्मक तरीक़े से देख रही हैं, जिन्हें पहले कमतर माना जाता था, या विभिन्न राष्ट्रीयताओं, नस्लों, वर्गों आदि से जुड़ी महिलाओं की आवाज़ों को काफ़ी महत्त्व दिया जा रहा है। लेकिन नस्लवाद, पितृसत्ताओं, श्रम के अंतर्राष्ट्रीय विभाजन और पूँजीवाद की संरचनाओं के विश्लेषण के बग़ैर ही 'भिन्नता' की श्रेणी का उपयोग करते हुए बहुलता पर ज़ोर दिया जा रहा है। इसीलिए सभी विश्लेषणों में अस्मिताओं, व्यक्तिनिष्ठताओं और प्रस्तुतियों पर ध्यान केंद्रित किया जा रहा है।

इस बिंदु पर, इस तथ्य पर ध्यान देना महत्त्वपूर्ण है कि अस्मिताओं का उभार हुआ है। इस बात से भी इंकार नहीं किया जा सकता है कि नस्ल, लिंग (सेक्स) आदि के आधार पर उभरकर सामने आने वाली भिन्नताओं को महत्त्व दिया जा रहा है। लेकिन इस तथ्य को रेखांकित करना भी महत्त्वपूर्ण है कि हमें इन भिन्नताओं पर ध्यान देने के लिए 'बहुलता' या 'भिन्नता' की उत्तर-आधुनिकतावादी अवधारणाओं को स्वीकार करने की आवश्यकता नहीं है। अर्थात् इसमें कोई संदेह नहीं है कि भिन्नता की अवधारणा ने अश्वेत और तीसरी दुनिया की महिलाओं द्वारा अपने शोषण को सामने लाने में महत्त्वपूर्ण भूमिका अदा की है। लेकिन एक विश्लेषणात्मक या राजनीतिक यंत्र या साधन के रूप में इसकी भूमिका सीमित है। नारीवादी राजनीति के लिए यह अनिवार्य है कि 'भिन्नता को बताने' या 'भिन्न आवाज़' की बात करने से आगे बढ़कर उन सामाजिक संबंधों पर ध्यान केंद्रित करे जो भिन्नता को शोषण में बदल देते हैं। यहाँ अश्वेत नारीवाद की स्थिति को याद किया जा सकता है। अश्वत नारीवादी साहित्य के बाज़ार का लगातार विकास हो रहा है, इसके बावजूद अश्वेत नारीवादी ख़ुद को एक गतिरोध की स्थिति में पा रही हैं। ऐसी परिस्थिति में बहुत सी मुखर अश्वेत नारीवादियों (मसलन पी. एच. कॉलिंस) ने अपने हाल के लेखन में सापेक्षवाद (रिलेटिविज़म) को

अपना लिया है। मसलन, निम्नलिखित कथन पर विचार कीजिए : 'अश्वेत नारीवादी चिंतन सिर्फ़ आंशिक दृष्टिकोण का ही प्रतिनिधित्व करता है...बहुत से अन्य समूहों के नज़रिये को समझने से सामाजिक हक़ीक़त का ज्ञान ज़्यादा पूर्ण हो सकता है'।[11] यह कथन किसी एक दृष्टिकोण को विशेष महत्त्व न देने पर ज़ोर देता है; और ऐसा लगता है कि कॉलिंस शोषित के अनुभव से ज्ञान उत्पन्न करने और शोषितों की व्यक्तिनिष्ठताओं (सब्जेक्टिविटीज) से ज्ञान उत्पन्न करने के बीच अपने दृष्टिकोण को बदलती हैं या एक भ्रम पैदा करती हैं।[12]

हम यह तर्क देंगे कि हमें 'भिन्नता' और बहुल आवाज़ों से उन सामाजिक संबंधों की ओर बदलाव करने की आवश्यकता है जो भिन्नता के स्थान पर शोषण को चिंतन का केंद्र बना दे। इसके लिए यह आवश्यक है कि वर्ग, जेंडर और नस्ल आदि के विभिन्न पदसोपानों (हायरार्कीज) के बीच अंतर्क्रिया और अंतरावस्था (इंटरफेज़) के सांस्कृतिक और भौतिक आयामों पर ध्यान देते हुए काम किया जाए। इस पहलू पर हम शोध-आलेख के आख़िरी भाग में विचार करेंगे। हमें समकालीन अश्वेत नारीवाद से इस तरह के 'सबक' सीखने की आवश्यकता है। अगले भाग में हम दलित महिलाओं के वास्तविक संघर्षों में उनकी आवाज़ की 'भिन्नता' को ऐतिहासिक रूप से अवस्थित करने का प्रयास करेंगे। आधुनिक भारत के इतिहास में दलित महिलाओं के संघर्षों के ऐतिहासिक पुनर्लेखन राष्ट्रवाद और उन्नीसवीं सदी के भारत में महिला प्रश्न के बारे में की हमारी बनी-बनायी समझ को गंभीर चुनौती मिलती है।

## II

## भिन्नता का ऐतिहासिकीकरण : ग़ैर-ब्राह्मण आंदोलन में महिलाएँ

भारत में औपनिवेशिक शासन के आख़िरी दौर के इतिहास में हमेशा ही भारतीय राष्ट्रवाद को प्राथमिकता दी गयी है। इसके कारण यह माना जाने लगा

[11] पी. एच. कॉलिंस (1990) : 234.

[12] एस. मान और एल. केली (1997).

है कि राजनीतिक कार्रवाई और विमर्श की दुनिया को सिर्फ़ राष्ट्रवाद, साम्राज्यवाद और सांप्रदायिकता की श्रेणियों के माध्यम से समझा जा सकता है। हालाँकि औपनिवेशिक भारत के रैडिकल इतिहास लेखन में किसान, श्रम और अन्य सबॉल्टर्न समूहों की स्वायत्त भूमिका पर बल दिया गया है, लेकिन इसमें भी औपनिवेशिक भारत के इतिहास लेखन को राष्ट्रवाद के बराबर मान लिया गया है।[13] गेल ऑम्वेट, एस. पाटिल और जी. एलोसियस द्वारा आधुनिक भारत के इतिहास लेखन का ग़ैर-ब्राह्मणवादी पुनर्निर्माण किया गया है।[14] इसमें निम्न जातियों के लोगों के ऐसे इतिहास को प्रस्तुत किया गया है जो उनके पदसोपान-विरोधी (ऐंटी हायरार्कीकल), लोकतंत्र समर्थक आकांक्षाओं को अभिव्यक्त करता है। इन आकांक्षाओं को उपनिवेश-विरोधी राष्ट्रवाद के भीतर आसानी से नहीं समझा जा सकता है। असल में, अमूमन इन इतिहासों को सहयोगी होने का ठप्पा लगने की क़ीमत अदा करनी पड़ी है। इसलिए राष्ट्रवाद के वृतांतों से भरे इतिहास लेखन में इनकी उपेक्षा की गयी है।

नारीवादी इतिहास लेखन द्वारा जेंडर और पितृसत्ताओं की पुनर्परिभाषा प्रस्तुत की गयी, जो इनकी बड़ी सफलता थी, अर्थात् 'वे सुधारों की उदारवादी कालीन के नीचे छिपे गुप्त इतिहास' को सामने लाने में सफल रहीं'।[15] उसके बाद से इतिहास के नारीवादी लेखन में यह समझने पर ज़ोर दिया गया है कि सुधारों और जाति, वर्ग तथा जातीयता आदि की पदसोपानों के साथ पितृसत्ताओं के पुनर्संयोजन के बीच क्या संबंध है। सुदेश वैद और कुमकुम संगारी[16] घर और कार्य-स्थल, दोनों ही स्थानों पर 'महिलाओं के नियंत्रण के पितृसत्तात्मक प्रणाली के आधुनिकीकरण' और 'जेंडर संबंधों के लोकतंत्रीकरण' के बीच महत्त्वपूर्ण अंतर करती हैं। वे किसानों और श्रमिक वर्ग की महिलाओं के लिए काम करने वाले लोकतंत्रीकरण के आंदोलनों की क्रांतिकारी संभावना और अंतर्निहित अंतर्विरोधों को

[13] सुमित सरकार (1997).

[14] गेल ऑम्वेट (1976) (1993) (1994); एस. पाटिल (1982) और जी. एलोसियस (1997).

[15] सुदेश वैद और कुमकुम संगारी 1989).

[16] सुदेश वैद और कुमकुम संगारी (1989).

रेखांकित करती हैं। यह माना जाता है कि लोकतंत्रीकरण के ये आंदोलन सिर्फ़ परिवार या जाति आधारित अस्मिताओं के आधार पर महिलाओं को अधिकार दिलाने के बजाय उन्हें 'महिलाओं के लिए वर्ग अधिकार' दिलाने पर ज़ोर देते है। इस संदर्भ में ग़ैर-ब्राह्मण लोकतांत्रिक आंदोलनों ने जाति और जेंडर के मुक्तिकारी विमर्श में काफ़ी महत्त्वपूर्ण भूमिका अदा की है। लेकिन इनकी भूमिका की उपेक्षा की जाती है। आधुनिक भारत के अधिकांश नारीवादी इतिहास लेखन के संदर्भ में यह बात सच है; हालाँकि इसके कुछ उल्लेखनीय अपवाद भी हैं।[17]

हाल के समय के नारीवादी अध्ययनों में उत्तर-संरचनावादी और उत्तर-आधुनिकतावादी दृष्टिकोणों को अपनाया गया है। इसका नतीजा यह हुआ कि 'पश्चिम से प्रेरित सुधार की पहल की सीमाओं पर जुनून के साथ ध्यान दिया गया'[18] औपनिवेशिक दौर के आख़िरी चरण से संबंधित नारीवादी अध्ययन पार्थ चटर्जी[19] के 'घर/बाहर' की रूपरेखा और महिला प्रश्न के राष्ट्रवादी समाधान से पूर्व-निर्धारित हुए हैं। चटर्जी की आत्म/अन्य की सैद्धांतिक रूपरेखा में एक नया विरोधी द्विभाजन सामने आता है — यह घर/विश्व, सार्वजनिक और निजी क्षेत्रों के बीच सामने आता है। चटर्जी यह तर्क देते हैं कि राष्ट्रवादी प्रति-विचारधारा ने संस्कृति के क्षेत्र को भौतिक और आध्यात्मिक — दो भागों में बाँटा। उपनिवेशित लोगों को भौतिक क्षेत्र में पश्चिमी सभ्यता की तकनीकों को सीखना था, लेकिन इसके साथ ही उन्हें भौतिक के विशिष्ट आध्यात्मिक सत्त्व को भी क़ायम रखना था। उनके अनुसार, ये नयी द्वैधताएँ जेंडर की सामाजिक भूमिकाओं के पहचान से मेल खाती थीं; इस दौर में 'नयी महिला' को इस रूपरेखा के भीतर परिभाषित किया जाने लगा, और इसलिए इसे सामान्य/निम्न वर्ग की महिला से भिन्न माना जाने लगा। इसके अलावा, वे यह तर्क देते हैं कि उन्नीसवीं सदी में

[17] गेल ऑम्वेट (1976); एस. पाटील (1982), आर. ओहेनलॉन (1984); वी. भागवत (1990); वी. गीता (1992) और उमा चक्रवर्ती 1988).

[18] सुमित सरकार (1997).

[19] पार्थ चटर्जी (1989).

महिला का प्रश्न एक मुख्य मुद्दा था, लेकिन बीसवीं सदी के आरंभिक दौर में यह मुद्दा सार्वजनिक क्षेत्र से ग़ायब हो गया। इसका कारण यह नहीं था कि इसका स्थान राजनीतिक मुद्दों ने ले लिया, बल्कि राष्ट्रवाद ने महिला प्रश्न को एक ऐसा मसला मानने से इंकार कर दिया, जिस पर वह औपनिवेशिक राज्य से समझौता-वार्त्ता कर सकता था। चटर्जी का यह मानना है कि मध्य वर्ग की महिलाओं के जीवन में बदलाव राजनीतिक आंदोलन के दायरे से बाहर हुआ, और घर संघर्ष का एक ऐसा मुख्य क्षेत्र बन गया, जिसके द्वारा राष्ट्रवादी पितृसत्ता का सामान्यीकरण हुआ। चटर्जी यह निष्कर्ष निकालते हैं कि बीसवीं सदी के आरंभिक दशकों में ही राष्ट्रवादियों ने महिला प्रश्न को 'हल' कर दिया, और इस तरह, इसके बाद दलित और श्रमिक वर्ग की महिलाओं द्वारा महिला प्रश्न पर बाद में किये गये सभी कार्यों को रोक दिया गया। आगे हम यह देखेंगे कि चटर्जी ने जिस दौर को 'महिला प्रश्न के समाधान' के दौर के रूप में प्रस्तुत किया है, उसी दौर में आम्बेडकरवादी आंदोलनों में महिलाओं की भागीदारी सबसे ज़्यादा थी। लेकिन चटर्जी की रूपरेखा में इस प्रकार के आंदोलनों को पश्चिम-प्रेरित और प्राच्यवादी (ओरियंटलिस्ट) कहकर ख़ारिज कर दिया जाएगा क्योंकि उन्होंने औपनिवेशिक नीतियों और पश्चिमी विचारधारा के आयामों का संसाधनों के रूप में इस्तेमाल किया।[20] यदि दलित महिलाओं के विरोध की 'भिन्नता' को ऐतिहासिक रूप से प्रस्तुत करना है, तो इन विरोधों और संघर्षों को फिर से दर्ज करना होगा; जिस चीज़ का बहिष्करण किया गया है, उसका फिर से वर्णन करते हुए उसे नया नाम देना होगा।

ज्योतिबा फूले की ब्राह्मणवाद की दासता से शूद्रों, अति-शूद्रों और महिलाओं की मुक्ति की परियोजना इस संदर्भ में सबसे महत्त्वपूर्ण प्रति-वृतांत (काउंटर-नैरेटिव) है। उन्होंने वर्णाश्रम धर्म पर आधारित रामराज्य के विपरीत मनुष्यों के बीच समानता पर आधारित बाली राज्य की परिकल्पना प्रस्तुत की। इस तरह, उन्होंने आर्य सिद्धांत को विपरीत दिशा में मोड़ा और इतिहास

[20] सुमित सरकार (1997).

का एक मुक्तिकारी विजन प्रस्तुत किया। ब्राह्मणवादी पितृसत्ता का उनका विरोध उच्च जाति के ब्राह्मणवादी पुरुष सुधारकों द्वारा पितृसत्ताओं को नये रूप में प्रस्तुत करने के विरोध के रूप में सामने आता है। उनके द्वारा किये गये सुधार कार्यों से यह स्पष्ट है कि वे थोपे गये विधवा जीवन के भौतिक और सेक्शुअल नतीजों के बारे में जागरूक थे, और उन्हें मान्यता देते थे।

मुक्ताबाई (फूले के स्कूल की एक विद्यार्थी) ने 'माँग और महार लड़कियों के संबंध में' शीर्षक से एक निबंध लिखा था। इसमें उन्होंने निम्न जातियों के लोगों से उनकी ज़मीन छीने जाने, और उन्हें शिक्षा से दूर रखने के लिए कई प्रतिबंधों को थोपे जाने का वर्णन किया। साथ ही, उन्होंने उस जटिल पदसोपान (हायरार्की) के बारे में भी बताया जिसमें निम्न जातियाँ कम या ज़्यादा अस्पृश्य के रूप में स्तरीकृत थीं। इसके बाद, उन्होंने अपने निबंध में निम्न जाति और ब्राह्मण जाति में महिला के रूप में जन्म लेने के अनुभवों की तुलना की। उन्होंने यह बताया कि निम्न जाति की महिलाओं को किस तरह के विशिष्ट अनुभवों से गुज़रना पड़ता है।[21] सावित्री बाई फूले के पत्रों से यह बात सामने आती है कि वे इस बारे में पूरी तरह जागरूक थीं कि ज्ञान और सत्ता के बीच संबंध होता है। इसीलिए वे चाहती थीं कि शूद्रों और महिलाओं की भी लोकतांत्रिक रूप में शिक्षा तक पहुँच हो।

ताराबाई शिंदे की 'स्त्री पुरुष तुलना' (1882) सत्यशोधक परम्परा के भीतर लिखी गयी थी, और इसमें लेखिका ने महिलाओं की अधीनता के ख़िलाफ़ विचार व्यक्त किये थे। इसमें सिर्फ़ ब्राह्मणवादी पितृसत्ता ही नहीं बल्कि कुनबी और अन्य ग़ैर-ब्राह्मण जातियों की पितृसत्ता पर भी हमला किया गया। ताराबाई ने पुरुषों और महिलाओं के बीच की तुलना से आगे जाते हुए वि-औद्योगीकरण, उपनिवेशवाद और महिला शरीर के पण्यीकरण (कॉमोडिफ़ेकेशन) जैसे मुद्दों के बीच जुड़ाव की ओर ध्यान दिलाया।[22]

---

[21] उमा चक्रवर्ती (1998).

[22] वी. भागवत (1997).

बीसवीं सदी के आरंभिक दशकों में शिवराम जनोबा काम्बले द्वारा आरंभ किये गये अभियानों में 'मुरलियों' ने जाति आधारित वेश्यावृत्ति का विरोध किया। 1930 के दशक में आम्बेडकरवादी आंदोलन की दलित महिलाओं ने स्वतंत्र रूप से बैठकों और सम्मेलनों का आयोजन किया। यह आम्बेडकर के उस व्यवहार का नतीजा था, जिसमें वे अपनी हर आम सभा के साथ महिला सम्मेलनों का भी आयोजन करते थे। 1930 के दशक में आयोजित इन 'परिषदों' में दलित महिला प्रतिनिधियों ने बाल विवाह, आरोपित विधवा जीवन और दहेज प्रथा के ख़िलाफ़ प्रस्ताव पारित किया। उन्होंने इन सभी प्रथाओं को ब्राह्मणवादी प्रथा की संज्ञा देते हुए इनकी आलोचना की। कई स्थानों पर यह बात विस्तार से दर्ज है कि महिलाओं ने महाड़ सत्याग्रह में भागीदारी की थी तथा उन्होंने इंडिपेंडेंट लेबर पार्टी और शेड्यूल्ड कास्ट फ़ेडरेशन का समर्थन किया था।[23] बड़ी संख्या में महिलाओं ने धर्मांतरण का समर्थन किया, उन्होंने इसे एक ऐसे धर्म की आवश्यकता के रूप में देखा जो उनकी समान स्थिति और हैसियत को मान्यता दे। आम्बेडकरवादी आंदोलन में महिलाओं की भागीदारी को इस तथ्य के संदर्भ में देखा जाना चाहिए कि आम्बेडकर के जाति के सिद्धांत में महिलाओं की अधीनता की उत्पत्ति का एक सिद्धांत भी सम्मिलित है। आम्बेडकर यह मानते थे कि ये दोनों ही मुद्दे तात्विक रूप से एक-दूसरे से जुड़े हुए हैं।[24]

नेसफ़ील्ड, रीस्ले, केतकर और अन्य विद्वानों द्वारा दी गयी जाति की परिभाषा का विश्लेषण करते हुए आम्बेडकर ने इस बात पर बल दिया कि जाति को सिर्फ़ 'दूषण' (पॉल्यूशन) के विचार के आधार पर पूरी तरह नहीं समझा जा सकता है। वे तर्क देते हैं कि जातियों के बीच विवाह के अभाव या एंडोगेमी एक ऐसी विशेषता है जिसे जातियों का सत्त्व माना जा सकता है'।[25] एक्सोगेमी (जाति के बाहर विवाह) के ऊपर एंडोगेमी के हावी होने

[23] मीनाक्षी मून और उर्मिला पवार 1989).

[24] पी. परदेशी (1997).

[25] बी. आर. आम्बेडकर (1992).

और इसे क़ायम रखने के लिए उपयोग में लाए जाने वाले साधनों के माध्यम से जाति व्यवस्था को समझा जा सकता है। इसके बाद आम्बेडकर विस्तार से इस बात का विश्लेषण करते हैं कि एक समूह के भीतर विवाह योग्य लड़के और लड़कियों की इकाई को कैसे क़ायम रखा जाता है। वे यह तर्क देते हैं कि ब्राह्मणवाद द्वारा सती, आरोपित विधवा जीवन और बाल विवाह के माध्यम से जाति की सीमाओं के अतिक्रमण का नियमन और नियंत्रण किया गया। कहने का अर्थ यह है कि वे इस तथ्य को रेखांकित करते हैं कि सिर्फ़ महिलाओं की सेक्शुअलिटी को नियंत्रित करके ही जाति व्यवस्था को क़ायम रखा जा सकता है, और इस लिहाज़ से महिलाएँ जाति व्यवस्था का द्वार हैं।[26] महाड़ सत्याग्रह में शामिल हुई महिलाओं को संबोधित करते हुए उन्होंने इस बात पर बल दिया कि जाति के शोषण और महिलाओं की अधीनता के बीच जुड़ाव है। उन्होंने महिलाओं का आह्वान करते हुए कहा कि उच्च जाति की महिलाओं की संतानों की शुद्धता के दावों और उनके द्वारा निम्नतर जातियों को अशुद्ध क़रार देने की निंदा करें। उन्होंने जाति के आधार पर महिलाओं की अधीनता की विशिष्टताओं और उसकी गहनता पर ज़ोर दिया। इस तरह, उन्होंने उन महिलाओं से यह कहा कि उन्हें 'दलित' और 'महिला'– दोनों के ही कारणों से अधीनता का सामना करना पड़ रहा है।[27]

बहरहाल, महिलाओं की अस्मिताओं से संबंधित इन विवादास्पद ग़ैर-ब्राह्मण छवियों को 1931 में भारतीय राष्ट्रीय कांग्रेस के मौलिक अधिकारों के प्रस्ताव द्वारा ख़ामोश कर दिया गया। इस प्रस्ताव में यह कहा गया कि राष्ट्र-निर्माण के लिए यह आवश्यक है कि सभी महिलाओं को स्वतंत्रता, न्याय, गरिमा और समानता प्राप्त हो। इस तरह, विभिन्न राष्ट्रीय समूहों के एक-दूसरे से संबंध के बारे में मौजूद अलग-अलग राजनीतिक दृष्टिकोणों को समायोजित किया गया। दलित आंदोलन के उत्तर-आम्बेडकरवादी चरण में महिलाओं की भागीदारी में गिरावट आयी। सिर्फ़ दादासाहेब

---

[26] वही.

[27] पी. परदेशी (1997).

गायकवाड़ द्वारा चलाए गये भूमि अधिकारों के संघर्ष और नामांतर आंदोलन में बड़ी संख्या में महिलाओं ने भागीदारी की। बहरहाल, यह भी याद रखने की आवश्यकता है कि अलग-अलग क्षेत्रों में होने वाले संघर्षों में महिलाओं की भागीदारी के स्तर पर अंतर रहा है। गोपाल गुरु[28] द्वारा हाल ही में किये गये एक अध्ययन में यह बात सामने आयी है कि अकोला क्षेत्र में दलित महिलाओं ने ख़ुद को महिला मंडलों के द्वारा लगातार संगठित रखा है। आरंभिक रूप से इन मंडलों को त्रिसरण और पंचशील के सिद्धांत के अनुसार संगठित किया गया था, लेकिन बाद में इसके सदस्यों को आम्बेडकरवादी विचारधारा की जानकारी भी मिली। इस क्षेत्र की महिलाएँ उत्तर-आम्बेडकरवादी चरण में सांस्कृतिक लैंडस्केप में काफ़ी मुखर रही हैं। उनके गीत-संगीत ('ओवी' और 'पालना') की राजनीतिक अंतर्वस्तु काफ़ी समृद्ध रही है। मसलन, एक ओवी इस प्रकार है :

माया डारी नीब! निबाले फुलेरा
बास अहिबंचे कोटाले सोनायची जलाई

इस ओवी का अर्थ यह है कि आम्बेडकर के सूट का सुनहरा किनारा नेहरू के सूट के गुलाब से ज़्यादा मूल्यवान है। नेहरू के सामने आम्बेडकर को रखना कांग्रेस की राजनीति और दलित राजनीति के बीच के राजनीतिक अंतर्विरोध को ही बयान करता है।

इन सभी प्रति-वृतान्तों (काउंटर-नैरेटिव्स) की समीक्षा से यह तथ्य सामने आता है कि दलित महिलाओं की 'भिन्नता' या 'भिन्न आवाज़' अस्मितावादी राजनीति का मुद्दा नहीं है। यह जीवंत संघर्षों के लम्बे जीवित इतिहास के कुछ हद तक 'प्रामाणिक प्रत्यक्ष अनुभव' से संबंधित है। दलित महिलाओं ने बाबासाहेब और दलित आंदोलन के अन्य नेताओं के साथ अपने परिवार के अंतर्क्रिया के विवरणों को मौखिक रूप से अपने आगे की विभिन्न पीढ़ियों तक पहुँचाने में महत्त्वपूर्ण भूमिका अदा की है। यह अंतर्क्रिया परिवार के लिए काफ़ी हद तक व्यक्तिगत होने के साथ-साथ

[28] गोपाल गुरु (1998).

सामूहिक भी थी। इसलिए यह प्रश्न सामने आता है कि 'दलित महिलाओं की यह भिन्न आवाज़' 1970 के दशक में उभरकर सामने आये दो प्रमुख नये सामाजिक आंदोलनों अर्थात् दलित आंदोलन और महिला आंदोलन में क्यों नहीं सुनी गयी। अगले भाग में मुख्य रूप से महिला आंदोलन में उभरकर सामने आये मुद्दों पर ध्यान दिया गया है, लेकिन साथ ही दलित आंदोलन का भी संक्षेप में उल्लेख किया गया है।

## III

## दलितत्व का पौरुषीकरण और नारीत्व का सवर्णीकरण

1970 के दशक और 1980 के दशक के नये सामाजिक आंदोलनों के कारण कई संगठनों और मोर्चों का उभार हुआ। इसमें श्रमिक मुक्ति संगठन, सत्यशोधक कम्युनिस्ट पार्टी, श्रमिक मुक्ति दल और युवा क्रांति दल जैसे संगठन प्रमुख थे। इनमें से कोई भी संगठन ऐसा नहीं था, जिसने दलित महिलाओं को टोकन या नाममात्र का प्रतिनिधित्व दिया हो। असल में, इन सब में अलग-अलग तरीक़े से दलित महिलाओं को केंद्रीय भूमिका मिली। लेकिन इस दौर में उभरकर सामने आये दो अन्य आंदोलनों अर्थात् दलित पैंथर और महिला आंदोलनों में ऐसा नहीं हुआ। महिला आंदोलन में मुख्य रूप से वाम दलों पर आधारित महिला मोर्चा और उभरती हुई स्वायत्त महिला समूहों की प्रमुख भूमिका थी। दलित पैंथर्स ने 1970 के दशक के सांस्कृतिक विद्रोह में महत्त्वपूर्ण योगदान दिया। लेकिन उनके लेखन और उनके कार्यक्रमों- दोनों में ही दलित महिलाओं को 'माताओं' या 'सेक्शुअल रूप से उत्पीड़ित महिलाओं' के रूप में ही देखा गया।

वाम दलों पर आधारित महिला संगठनों ने आर्थिक और कार्य-संबंधी मुद्दों के संदर्भ में महत्त्वपूर्ण योगदान दिया। स्वायत्त महिला समूहों ने महिलाओं के ख़िलाफ़ होने वाली हिंसा के मुद्दे के बारे में राजनीतिक और सार्वजनिक चेतना बढ़ायी। वर्ग बनाम पितृसत्ता के बारे में गंभीर वाद-विवाद

सामने आये, लेकिन दोनों तरह के समूहों ने ब्राह्मणवाद से संबंधित मुद्दे को सम्बोधित नहीं किया। जहाँ वाम दलों पर आधारित नारीवादी संगठन यह मानते थे कि 'जाति' वर्ग में शामिल है, वहीं स्वायत्त नारीवादी आंदोलनों ने बहनापा या सिस्टरहुड की अवधारणा को सबसे ज़्यादा महत्त्व दिया। सभी महिलाओं को 'पीड़ित' माना गया, और इस अर्थ में दलितों को भी पीड़ित के रूप में देखा गया; इसका नतीजा एक क्लासिकल बहिष्करण के रूप में सामने आया। सभी 'दलितों' को पुरुष मान लिया गया है और सभी महिलाओं को 'सवर्ण' मान लिया गया। यह तर्क दिया जा सकता है कि दलित पैंथर के आंदोलन और महिला आंदोलन की ज्ञान-मीमांसा (एपिस्टोमोलॉजी) और राजनीति के केंद्र में अनुभव और व्यक्तिगत राजनीति की श्रेणियों को रखा गया। इस तरह के दृष्टिकोण का नतीजा यह हुआ कि मध्यवर्ग और उच्च जाति की महिलाओं के अनुभव और दलित पुरुष के अनुभव का सार्वभौमीकरण कर दिया गया। अर्थात् इन्हें सभी महिलाओं और सभी दलितों का अनुभव मान लिया गया।

1980 के दशक के आरंभ में उभरकर सामने आये स्वायत्त महिला समूहों ने वामपंथी रूपरेखा को चुनौती दी थी, लेकिन इसके बावजूद वे मोटे तौर पर वामपंथी रूपरेखा पर ही निर्भर रहें।[29] नारीवादी आंदोलन के ज़ोर पकड़ने के साथ ही कार्य, विकास, क़ानूनी प्रक्रिया और राज्य की मुख्यधारा की संकल्पनाओं की समीक्षाएँ सामने आने लगीं। इसके कारण सैद्धांतिक और प्रैक्सिस संबंधी सूत्रीकरण सामने आये। वर्ग बनाम पितृसत्ता के बीच के वाद-विवाद से इसमें भागीदारी करने वाले दोनों ही पक्षों को राजनीतिक लाभ हुआ। यह भी रेखांकित करने की आवश्यकता है कि अधिकांश नारीवादी समूह मोटे तौर पर इस बात पर सहमत थीं कि भारतीय संदर्भ में महिलाओं के शोषण का विश्लेषण करने के लिए एक भौतिकवादी रूपरेखा अनिवार्य है। ये नारीवादी मुख्य रूप से वर्ग की रूपरेखा के भीतर ही विचार करती रहीं। उन्होंने वर्ग के आधार पर ही

---

[29] गेल ऑम्वेट (1993).

महिलाओं के विभिन्न समूहों के बीच साझापन खोजने का प्रयास किया, और उन्होंने जातियों या समुदायों पर कम ध्यान दिया।[30] इस दौर में महिला आंदोलन द्वारा आरंभ किये गये प्रमुख अभियानों से यह बात स्पष्ट रूप से सामने आती है। महिला आंदोलन के दहेज-विरोधी, बलात्कार-विरोधी और हिंसा-विरोधी अभियानों में स्पष्ट रूप से एक विश्लेषणात्मक रूपरेखा की कमी सामने आती है। फुले और आम्बेडकर की परंपरा में एक रूपरेखा मौजूद थी, जो जाति की पद-सोपानों और पितृसत्ताओं को तात्त्विक रूप से एक-दूसरे से जुड़ा हुआ मानती है।

महिलाओं के ख़िलाफ़ जाति के आधार पर होने वाली हिंसा का विश्लेषण करने पर यह बात सामने आती है कि अमूमन प्रभुत्वशाली उच्च जातियों में दहेज के कारण लड़कियों की मौत होती है, या फिर उनके आने-जाने पर रोक लगाने या उनकी सेक्शुअलिटी को नियंत्रित करने के लिए हिंसक साधनों का प्रयोग किया जाता है। वहीं, दलित महिलाओं द्वारा कार्यस्थल या सार्वजनिक स्थानों पर बलात्कार, सेक्शुअल हिंसा और शारीरिक हिंसा के सामूहिक और सार्वजनिक ख़तरे का सामना किया जाता है।[31] मिसाल के तौर पर, मथुरा बलात्कार मामले में महिला संगठनों द्वारा दिये गये बयान पर विचार करते हैं। एनएफ़आईडब्ल्यू ने इसे 'वर्ग' के संदर्भ में देखा, समाजवादी महिलाओं ने इसे 'सीसे के बर्तन के टूटने' के रूप में देखा, और इसे इज़्ज़त के कम होने के रूप में प्रस्तुत किया; एआईडब्ल्यूसी ने स्वायत्त महिला समूहों द्वारा पितृसत्ता के उपयोग पर बल देने की मनोवैज्ञानिक व्याख्या देने की कोशिश की।[32] आंदोलन पर फिर से विचार करने पर यह बात सामने आती है कि 'नामांतर' आंदोलन के दौरान दलित महिलाओं पर हुई यौन हिंसा के ख़िलाफ़ महिला संगठनों का इस प्रकार का आंदोलन आरंभ नहीं हुआ था। असल में, दलित महिलाओं के

---

[30] वही.

[31] शर्मिला रेगे (1994).

[32] एस. अकेरकर (1995); आर. कुमार (1993).

मसले को छोड़ दिया गया। इसलिए, अभियान मोटे तौर पर एक मुद्दे पर केंद्रित अभियान बन गया। इस संदर्भ में दहेज के ख़िलाफ़ चलने वाले आंदोलन पर भी विचार किया जा सकता है। वाम आधारित महिला संगठनों ने दहेज को भारत में पूँजीवाद के विकास के विभिन्न तरीक़ों के संदर्भ में देखा। वहीं, स्वायत्त महिला समूहों ने परिवार के भीतर पितृसत्तात्मक सत्ता/हिंसा पर ध्यान केंद्रित किया।[33] दहेज की वर्तमान प्रथा को ब्राह्मणीकरण की प्रक्रियाओं और विवाह पर उनके प्रभाव से अलग नहीं रखा जा सकता है। कई अध्ययनों में यह रेखांकित किया गया है कि ब्राह्मणवादी आदर्श दहेज विवाह को वरीयता देते हैं। असल में, औपनिवेशिक शासन द्वारा विवाह के ब्रह्मा रूप को क़ानूनी मान्यता देने से ही दहेज प्रथा संस्थाकृत हुई और इसका विस्तार हुआ। ब्राह्मणीकरण का अनुसरण करने वाली जातियों ने विवाह के अन्य रूपों की तुलना में ब्रह्मा विवाह को अपनाया, और इस तरह उन्होंने 'दहेज' को एक अनिवार्य कर्मकांड के रूप में स्थापित किया।[34] इसके अलावा, एंडोगेमी के सिद्धांत को सामूहिक हिंसा के माध्यम से बलपूर्वक स्थापित किया गया, और अंतर्जातीय विवाहों को नकारा गया। असल में, दहेज के प्रश्न का विश्लेषण करने के लिए ये सभी पहलू महत्त्वपूर्ण हैं।

हिंसा से संबंधित नारीवादी विमर्श में जाति की श्रेणी तुलनात्मक रूप से अनुपस्थित रही है। इसके कारण भी मुस्लिम और ईसाई महिलाओं को 'तलाक़' के मुद्दे तक ही सीमित कर दिया गया है। हाल ही में रजिया पटेल ने टाइम्स फ़ाउंडेशन के लिए तथा विलास सोनवाने ने मुस्लिम ओबीसी संगठन के लिए अध्ययन किया। इन अध्ययनों में मुस्लिम महिलाओं के बहुमत ने जाति आधारित पेशागत व्यवहारों में कमी लाने और शिक्षा तथा रोजगार के मुद्दों को महत्त्वपूर्ण मुद्दों के रूप में सूचीबद्ध किया।

इस तरह, अतीत की बातों की जाँच करने पर यह बात साफ़ तौर पर सामने आती है कि वामपंथी दलों पर आधारित महिला संगठनों ने जाति को

---

[33] आर. कुमार (1993).

[34] आर. शील (1997).

वर्ग में मिला दिया, और स्वायत्त महिला संगठनों ने जाति को बहनापे या सिस्टरहुड में मिला दिया। इन दोनों ने ही ब्राह्मणवाद को चुनौती नहीं दी। इस आंदोलन ने दलित, आदिवासी और अल्पसंख्यक समुदायों की महिलाओं से संबंधित मुद्दों पर ध्यान दिया, और इससे काफ़ी लाभ भी हुआ। लेकिन इससे एक ऐसी नारीवादी राजनीति का उभार नहीं हो सकता जिसके केंद्र में सबसे हाशियाकृत समुदाय की महिलाएँ हों। महिला आंदोलन की दूसरी धारा के आंदोलनों और संघर्षों में विभिन्न मुद्दों पर बहुत मजबूत तरीक़े से पितृसत्ता विरोधी दृष्टिकोण को अभिव्यक्त किया। सेक्शुअलिटी और सेक्शुअल राजनीति के मुद्दे नारीवादी राजनीति के लिए बहुत महत्त्वपूर्ण हैं, लेकिन ये मुद्दे मोटे तौर पर व्यक्तिवादी और जीवनशैली से संबंधित रूपरेखा तक ही सीमित रहें। सेक्शुअलिटी के मुद्दे काफ़ी मज़बूती से जाति से जुड़े हुए हैं, और ब्राह्मणवाद को चुनौती दिये बग़ैर सेक्शुअल राजनीति के मुद्दे पर ध्यान देने का नतीजा जीवनशैली से संबंधित नारीवाद के रूप में सामने आता है।

मसलन, मंडल आयोग की सिफ़ारिशों को लागू करने के बाद चला आंदोलन और चुंद्रु और पिम्परी देशमुख की जाति हिंसा में उच्च जातियों की महिलाएँ एक मजबूत और अपनी बात कहने वाली नारीवादी कर्त्ताओं के रूप में सामने आयीं। उन्होंने महिला (चुंद्रु या पिम्परी देशमुख में) और नागरिक (मंडल के विरोध में) के रूप में अपने ख़िलाफ़ हुए अन्याय का विरोध किया। मंडल-विरोधी आंदोलन के समय मध्य वर्ग की युवा महिलाओं ने यह घोषणा की कि वे हर प्रकार के आरक्षण के ख़िलाफ़ हैं (उन्होंने महिलाओं को दिये जाने वाले आरक्षण का भी विरोध किया)। उन्होंने यह भी कहा कि देश में प्रतिभा या मेरिट की मौत हो चुकी है, और वे देश को बचाने के लिए बाहर निकली हैं। उनकी तख़्तियों पर यह लिखा हुआ था कि 'हम नौकरीशुदा पति चाहते हैं'— जब उन्होंने नागरिकों के रूप में विरोध किया तो सेक्शुअलिटी और जाति अदृश्य मुद्दे बन गये।[35] महाराष्ट्र के पिम्परी देशमुख में उच्च जाति के पुरुषों द्वारा एक दलित क़ोतवाल (वह

[35] एस. थारु और टी. निरंजना (1994).

स्थानीय बुद्ध विहार के लिए एक सक्रिय संगठनकर्त्ता था) की हत्या करने के बाद उच्च जाति की महिलाएँ सड़कों पर आ गयीं। उन्होंने यह शिकायत की कि मारे गये दलित पुरुष ने उनका यौन उत्पीड़न किया था, और वह सेक्शुअल रूप से एक विकृत व्यक्ति था। इन महिलाओं ने यह दावा किया कि उन्होंने अपनी इज़्ज़त बचाने के लिए अपने आदमियों को भड़काया, और इस तरह इस घटना में भी उच्च जाति के महिलाओं की एजेंसी का सहारा लिया गया। यह मुद्दा सिर्फ़ महिलाओं के यौन उत्पीड़न या सिर्फ़ दलितों के ख़िलाफ़ हिंसा से संबंधित नहीं था; असल में, यह सामूहिक दलित प्रतिरोध का सामना करने के लिए ब्राह्मणवादी पितृसत्ता द्वारा अपने भीतर किये गये जटिल पुनर्सूत्रीकरण को रेखांकित करता है।

सत्ता संरचनाओं में दलित महिलाओं की उपस्थिति बढ़ी है। वे सरपंच या पंचायत की सदस्य बनी हैं या ज्ञान-निर्माण की नयी प्रक्रियाओं के साथ जुड़ी हैं (मसलन, साथिन कार्यक्रम द्वारा भँवरी देवी का हस्तक्षेप) इससे दलित महिलाओं के ख़िलाफ़ हिंसा में बढ़ोतरी हुई है। यह हिंसा कई तरह की अवमानना के व्यवहारों के रूप में सामने आयी है। बहुत बार दलित महिलाओं को बलात्कार या अपने परिजनों की हत्या जैसी भयंकर परिस्थितियों का भी सामना करना पड़ा है। इस तरह की घटनाएँ दलित और नारीवादी एक्टिविस्टों के बीच संवाद की आवश्यकता को रेखांकित करती हैं क्योंकि स्थानीय स्तर पर अंतर्जातीय संबंध जेंडर-संबंधी स्थानों (जेंडर्ड स्पेसेज) की एक पुनर्परिभाषा द्वारा निर्मित होते हैं। कन्नाबीरन और कन्नाबीरन[36] ने यह बताया है कि दलित खेतिहर मज़दूर महिलाओं द्वारा 'अच्छे कपड़े' पहनने के कारण क्षत्रिय और दलित पुरुषों के बीच भी तनाव और संघर्ष की स्थिति पैदा हो गयी। आख़िरकार, दोनों समुदायों के सदस्यों ने एक फ़ैसला लेकर इस विवाद को सुलझाया। यह फ़ैसला किया गया कि दोनों समुदायों की महिलाओं को एक-दूसरे के स्थान या मोहल्ले में आने की अनुमति नहीं होगी। अमूमन दलित जाति के पुरुषत्व पर हमला करने या

---

[36] वी. कन्नाबीरन और के. कन्नाबीरन (1991).

दुर्बल बनाने के लिए दलित महिलाओं के ख़िलाफ़ यौन हिंसा का सहारा लिया जाता रहा है। कुछ दलित पुरुष कार्यकर्त्ताओं ने यह तर्क दिया कि कुछ दलित पुरुष उच्च जाति की लड़कियों के ख़िलाफ़ भद्दी बातें बोलकर अपने स्वाभिमान को हासिल करने की कोशिश करते हैं (इसमें चुंद्रु जैसी घटनाएँ भी शामिल हैं)। दलित और महिला आंदोलन के मुक्तिदाई एजेंडा को इन मुद्दों के बारे में संवेदनशील होना होगा, और उन्हें जाति और जेंडर के संरचनात्मक पदसोपानों के जटिल अंतर्संबंधों की समझ बनानी होगी।

बाबरी मस्जिद को गिराने और उसके बाद हिंदू दक्षिणपंथ की गतिविधियों में महिलाओं ने सक्रिय रूप से भागीदारी की। इसके कारण महिला आंदोलन समान नागरिक संहिता की माँग से पीछे हट गया। महाराष्ट्र की दक्षिणपंथी सरकार ने महिलाओं के अनुचित या अश्लील प्रस्तुतीकरण के मुद्दे को हथिया लिया। अग्निशिखा मंच के माध्यम से इसने नैतिकता के नियमन के एजेंडा को थोपा, और इसमें 'कामकाजी माताओं' पर विशेष रूप से ध्यान दिया। दक्षिणपंथी सरकार ने पश्चिम के नकारात्मक प्रभावों से बचाने के नाम पर सौंदर्य-प्रसाधन की वस्तुओं के विज्ञापन के ख़िलाफ़ अभियान चलाया। इसके अलावा, इसने मुम्बई में एक अभियान चलाया जिसमें वेश्यावृत्ति में लगी महिलाओं की जाँच की गयी, और जो महिलाएँ एचआईवी पॉजिटिव पायी गयीं, उन्हें अलग-थलग किया गया। जेंडर के मुद्दों को सांस्कृतिक मुद्दों में बदल दिया गया, और इनके आधार पर महिलाओं का नैतिक नियमन या नियंत्रण किया जाने लगा। इससे यह स्पष्ट है कि हमें हमारे नारीवादी एजेंडा का पुनर्सूत्रीकरण करने की आवश्यकता है। यह आवश्यक है कि हम अपने मुद्दों पर फिर से अपनी दावेदारी करें, और उनकी इस तरह से संकल्पना तैयार करें कि नारीवादी राजनीति ब्राह्मणवादी हिंदुत्व के जाति/वर्ग की उपेक्षा करके किये गये सूत्रीकरण को चुनौती मिले।

इस प्रकार, नये सिरे से अवधारणा तैयार करने के लिए यह ज़रूरी है कि जेंडर के नज़रिये से ब्राह्मणवादी पदसोपानों की समीक्षा की जाए। ऐसी समीक्षाओं के माध्यम से व्यक्तिगत वृतांतों में सामने आने वाली सेक्शुअल

राजनीति को पदसोपानों के सामूहिक विरोध में बदला जा सकता है। ब्राह्मणवादी सामाजिक व्यवस्था में श्रम का जाति आधारित विभाजन और श्रम का सेक्शुअल (लैंगिक) विभाजन आपस में गूँथे होते हैं। इसलिए जैसे ही जाति की हैसियत ऊपर उठती है, वैसे ही उस जाति की महिलाएँ निजी दायरे के बाहर उत्पादक प्रक्रियाओं से हट जाती हैं। इस तरह का जुड़ाव सामने आने का कारण यह समझ है कि निम्न जाति की महिलाएँ सामाजिक श्रम में अपनी भागीदारी के कारण सेक्शुअल संबंधों के लिए उपलब्ध रहती हैं। ब्राह्मणवाद इसे निम्न जाति के पुरुषों द्वारा अपनी स्त्रियों की सेक्शुअलिटी को नियंत्रित रखने में नाकामी के तौर पर देखता है, और वह इसे उनकी अशुद्धता के औचित्य के रूप में रेखांकित करता है। इस प्रकार, जेंडर की विचारधारा सिर्फ़ पितृसत्ता की संरचनाओं को ही नहीं, बल्कि जाति के संगठन को भी वैधता प्रदान करती है।[37] इसी तरह, जाति के बारे में आम्बेडकर के विश्लेषण का सहारा लेते हुए यह कहा जा सकता है कि जाति विचारधारा (एंडोगेमी) भी महिलाओं की सेक्शुअलिटी के नियमन और संगठन का आधार है। इसलिए जाति श्रम का विभाजन, श्रम का सेक्शुअल विभाजन और सेक्शुअल श्रम का विभाजन तय करती है।[38] इसी कारण, बहुत सारी पितृसत्ताओं का अस्तित्व होता है, और उनके बहुत सारे परस्परव्यापन (ओवरलैप) और भिन्नताओं की संरचना होती है। ब्राह्मणीकरण संस्कृतीकरण (अकल्चरेशन) और अपने में मिला लेने (ऐसिमिलेशन) की दोहरी प्रक्रिया है, और ऐतिहासिक रूप से ब्राह्मणवाद ने एक पितृसत्तात्मक प्रणाली को सार्वभौमिक नहीं माना है। इस तरह, बहुल पितृसत्ताओं का अस्तित्व ब्राह्मणवादी षड्यंत्र और उत्पादन के साधनों के एक जाति समूह से संबंध — दोनों का ही नतीजा होता है। कुमकुम संगारी[39] का मानना है कि अलग (विशेष जाति से संबंधित) और परस्परव्यापी पितृसत्तात्मक व्यवस्थाएँ —

---

[37] जे. लिडले और आर. जोशी (1986).

[38] शर्मिला रेगे (1995).

[39] कुमकुम संगारी (1997).

दोनों ही होती हैं। इसलिए वे यह तर्क देती हैं कि जो महिलाएँ व्यवस्थित परस्परव्यापी पितृसत्ताओं के आधार पर एकजुट होना चाहती हैं, वे भी जाति, वर्ग और पितृसत्ताओं और उनकी समकालीन संरचनाओं के बारे में अपनी सहमति के आधार पर विभाजित होती हैं। यदि नारीवादी इन विभाजनों को चुनौती देना चाहती हैं तो संगठन और संघर्ष की प्रणाली में 'पितृसत्ताओं से संबंधित, उनमें सन्निहित और उनके द्वारा बनाए गये सभी विभाजनों को सम्मिलित करना होगा'। क्या दलित महिलाओं की भिन्न आवाज़ इन विभाजनों को चुनौती देती है? अगले भाग में हम महाराष्ट्र में महिला मुक्ति के ग़ैर-ब्राह्मण प्रस्तुतियों पर विचार करेंगे।

## IV
## महिला मुक्ति की ग़ैर-ब्राह्मण प्रस्तुतियाँ

1990 के दशक में दलित महिलाओं की पहचान या अस्मिता से संबंधित बहुत सारी स्वतंत्र और स्वायत्त दावेदारियाँ सामने आयीं। इस संदर्भ में नैशनल फ़ेडरेशन ऑफ़ दलित वीमेन और ऑल इंडिया दलित वीमेंस फोरम का विशेष रूप से उल्लेख किया जा सकता है। राज्य स्तर पर 1995 में महाराष्ट्र दलित महिला संगठन का गठन किया गया। एक साल पहले भारतीय रिपब्लिकन पार्टी और बहुजन महिला संघ ने बहुजन महिला परिषद का आयोजन किया था। दिसंबर 1996 में चंद्रपुर में एक 'विकास वंचित दलित महिला परिषद' का गठन हुआ। इसमें यह ऐतिहासिक प्रस्ताव पेश किया गया कि 25 दिसंबर (आम्बेडकर ने इसी दिन *मनुस्मृति* को आग लगाई थी) को भारतीय स्त्री मुक्ति दिवस के रूप में मनाया जाएगा। 1997 में क्रिस्टी महिला संघर्ष संगठन का गठन हुआ, जो दलित आदिवासी महिलाओं का संगठन था। इन विभिन्न संगठनों ने अलग-अलग तरीक़े से ग़ैर-ब्राह्मण विचारधारात्मक दृष्टिकोणों को प्रस्तुत किया। लेकिन ये कई मुद्दों पर एक साथ भी आयें। मसलन इन्होंने भारतीय स्त्री मुक्ति दिवस मनाने और संसदीय निकायों में ओबीसी (अदर बैकवर्ड क्लास या अन्य पिछड़ा वर्ग) की महिलाओं को आरक्षण देने के मुद्दे पर सहमति बनायी।

स्वायत्त दलित महिला संगठनों के उभार के कारण एक प्रमुख वाद-विवाद उभरकर सामने आया। यह वाद-विवाद गोपाल गुरु द्वारा लिखे गये निबंध 'दलित वीमेन टॉक डिफरेंटली' के कारण पैदा हुआ। बहुत सी नारीवादी समूहों ने पुणे में इस निबंध के संबंध में कई परिचर्चाओं का आयोजन किया। जून 1996 में आलोचना — सेंटर फ़ॉर रिसर्च ऐंड डाक्यूमेंनटेशन ऑन वीमेन द्वारा इस पर दो दिवसीय परिचर्चा का आयोजन किया गया। बाद में, स्वायत्त दलित महिला संगठनों के उभार पर दो महत्त्वपूर्ण प्रतिक्रियाएँ सामने आयीं। एक जनवादी महिला संगठन की किरण मोघे द्वारा दी गयी, और दूसरी विद्युत भागवत के द्वारा। दोनों ने ही अलग-अलग मुद्दों को प्रस्तुत किया।

गोपाल गुरु ने यह दलील प्रस्तुत की कि दलित महिलाओं द्वारा अलग तरीक़े से बात करने की आवश्यकता को समझने के लिए इस परिघटना से संबंधित आंतरिक और बाहरी कारकों को स्पष्ट करना आवश्यक है। वे इस आवश्यकता को दलित पुरुषों के मध्यवर्गीय महिला आंदोलन के ख़िलाफ़ असंतोष और खेतिहर आंदोलन की नैतिक अर्थव्यवस्थाओं में अवस्थित करते हैं। गुरु के अनुसार, यह असंतोष राजनीति और सांस्कृतिक क्षेत्र से उनके बहिष्करण के ख़िलाफ़ है। वे यह भी रेखांकित करते हैं कि सामाजिक स्थिति यथार्थ के बारे में धारणा को तय करती है, इसलिए ग़ैर-दलित महिलाओं द्वारा दलित महिलाओं के मुद्दों की प्रस्तुति की वैधता और प्रामाणिकता कम है।[40] यद्यपि गुरु का तर्क सही है, और हम इस बात से सहमत हैं कि दलित महिलाओं को अपनी भिन्नता का नाम देना चाहिए। लेकिन प्रत्यक्ष अनुभव के आधार पर विशेष ज्ञान का दावा और फिर इसके आधार पर प्रामाणिकता का दावा संकुचित पहचान की राजनीति की ओर ले जा सकता है। इस तरह की संकुचित रूपरेखा दलित महिला संगठनों की मुक्तिकारी संभावना और ज्ञानमीमांसीय दृष्टिकोणों को सीमित कर सकती है।

---

[40] गोपाल गुरु (1995) : 2549.

वाम दलों पर आधारित महिला संगठनों ने स्वायत्त महिला संगठनों के उभार को 'अलग धारा के निर्माण' के रूप में देखा। के. मोघे[41] का यह तर्क है कि स्वायत्त महिला समूहों द्वारा वाम-दल आधारित समूहों की पहले भी समीक्षाएँ की गयीं। इसके बावजूद, हिंदुत्व और नयी आर्थिक नीति के कारण दोनों पक्ष एक साथ आये, और स्वायत्त महिला समूहों ने एक बार फिर से वामपंथ के साथ एक साझा प्लेटफ़ॉर्म का विकास किया। मोघे के तर्कों का परोक्ष अर्थ यह है कि स्वायत्तता सीमित करने वाली है, और यदि दलित महिलाओं के स्वायत्त संगठन रिपब्लिकन पार्टी के साथ अपने गर्भनाल के संबंध को क़ायम नहीं रखते हैं, तो वे 'आम जनता से स्वायत्त होने' के ख़तरे का सामना कर रहे हैं। उनके अनुसार, यदि ऐसे समय में अनुभवों और फंड की जटिलताओं पर विचार किया जाएगा, तो प्रयास और सीमित हो जाएँगे। मोघे के नज़रिये की आलोचना करते हुए भागवत ने यह तर्क दिया है कि उनके विचारों में आत्म-चिंतन का अभाव है, और वे कहानी के एक पक्ष पर ध्यान देते हुए इस बात की उपेक्षा करती हैं कि वाम दलों और स्वायत्त महिला आंदोलन के बीच के द्वंद्वात्मकता या डायलेक्टिक्स ने दोनों को समृद्ध किया है। वे इस बात पर ज़ोर देती हैं कि किसी भी नयी दावेदारी को पहचानवादी और अनुभव तक सीमित मानकर हाशियाकृत करना ग़लत है। यह उन समूहों द्वारा अपने आप को और अपनी राजनीति को सामने लाने के ऐतिहासिक संघर्षों की उपेक्षा करना है।

दलित महिला संगठन के प्रमुख नव-बौद्ध महिला संगठन बनने की संभावना के बारे में बहुत सारी शंकाएँ जताई गयीं। परदेशी[42] ने सही ही यह तर्क दिया है कि इस तरह की शंकाएँ ऐतिहासिक रूप से असंवेदनशील हैं, और ये महाराष्ट्र में दलित आंदोलन के वृद्धि की ऐतिहासिक यात्रा की उपेक्षा करती हैं। फिर भी, वे यह चेतावनी भी देती हैं कि प्रमुख रूप से नव-बौद्ध मध्यवर्गीय नेतृत्व का नतीजा राजनीतिक प्रभावक नज़रिये से सीमित होने के

[41] के. मोघे (1996).

[42] पी. परदेशी (1996).

रूप में भी आ सकता है। मसलन, परिषद की कई बैठकों की कार्यवाही में यह बात सामने आयी। ब्राह्मणीकरण को बहुत ही संकुचित रूप से समझा गया और इसे त्रिसरण और पंचशील का व्यवहार न करने के रूप में पेश किया गया। इस तरह की रूपरेखा मध्यवर्ती जातियों की भागीदारी को सीमित कर सकती है।

वर्तमान में, दलित महिलाओं के संघर्षों और राजनीति से कम-से-कम तीन प्रमुख विरोधी और परस्परव्यापी दृष्टिकोण उभरकर सामने आते हैं। सबसे आरंभिक दृष्टिकोणों में से एक दृष्टिकोण को सत्यशोधक महिला सभा के मार्क्सवादी/फूले-आम्बेडकरवादी दृष्टिकोण के रूप में अच्छी तरह परिभाषित किया गया है।[43]

दलित-बहुजन गठजोड़ के रूप में बहुजन महिला महासंघ (बीएमएम) का दृष्टिकोण सामने आया। इसने वैदिक ब्राह्मणवादी परंपरा की आलोचना की है, और यह 'आदिमाया' की बहुजन परंपरा का फिर से उभार करना चाहती है। सेकुलर दृष्टिकोण को ब्राह्मणवादी और व्यक्तिवादी घोषित करते हुए इसकी आलोचना की गयी है; और आम्बेडकर द्वारा सामुदायिक जीवन के रूप में धम्म की संकल्पना को सकारात्मक मानते हुए इस पर ज़ोर दिया गया है। समान नागरिक संहिता का विरोध किया गया है, तथा प्रथागत क़ानून और समुदाय आधारित न्याय का समर्थन किया गया है। ख़ास बात यह है कि बीएमएस बहुजनों की संस्कृति का उभार करने और उसका विस्तार करने हेतु राजनीतिक सत्ता के लिए संघर्ष और सांस्कृतिक क्रांति का संयोजन करना चाहता है।[44] इस तरह का दृष्टिकोण प्रभुत्वशाली ब्राह्मणवादी संस्कृति की कमियों और इस संस्कृति की भौतिकता को सामने लाने के लिए आवश्यक है। फिर भी, इसके साथ यह ख़तरा जुड़ा हुआ है कि यह बहुजन समाज के पारिवारिक और सामुदायिक व्यवहारों का गौरवगान कर सकती है। साथ ही, यहाँ मौजूद पितृसत्तात्मक सत्ता के सूत्रों को यह कहते हुए दोष-मुक्त क़रार दिया जा सकता है कि ये ब्राह्मणीकरण की प्रक्रिया का नतीजा है।

[43] विस्तार के लिए देखें एस. पाटील (1994) और सत्यशोधक कम्युनिस्ट पार्टी का घोषणा-पत्र.

[44] आर. ठाकुर (1996).

दलित महिला संगठन ने इस बात पर बल दिया कि दलित पुरुष ख़ुद को फूले और आम्बेडकर की विचारधारा से जोड़ते हैं, लेकिन इसके बावजूद उनके भीतर मनुवादी संस्कृति क़ायम है। संगठन ने अपने घोषणा-पत्र में यह प्रस्ताव डालने का निर्णय किया है, जिसके केंद्र में सबसे पिछड़ी हुई दलित महिलाएँ होंगी।[45] क्रिस्टी महिला संघर्ष संगठन एक दलित ईसाई महिला संगठन है। इसकी आरंभिक बैठकों में धर्मांतरण करने वाले लोगों के परंपरागत काम के खो जाने, सेवा क्षेत्र में उनके स्थानांतरण, जाति और क्षेत्र के आधार पर ईसाइयों के बीच मौजूद पदसोपान (हायरार्की) तथा चर्च और राज्य स्तरीय ईसाई संगठनों की विरोधियों के प्रतिरोध जैसे मुद्दों पर विचार विमर्श किया गया।[46]

नारीवादी राजनीति की इन ग़ैर-ब्राह्मण प्रस्तुतियों ने स्वायत्त महिला संगठनों के बीच कुछ हद तक आत्म-चिंतन को बढ़ावा दिया, और उनकी प्रतिक्रियाओं को निम्नलिखित भागों में बाँटा जा सकता है : (क) ऐसे लोगों का एक ग़ैर-द्वंद्वात्मक दृष्टिकोण जो यह मानते हैं कि ऐतिहासिक रूप से यह महत्त्वपूर्ण है कि दलित महिलाएँ नेतृत्व सँभालें, लेकिन वे ख़ुद के लिए एक ग़ैर-ब्राह्मणवादी नारीवादी राजनीति को स्वीकार नहीं करते हैं। (ख) वामपंथी दृष्टिकोण जो जाति को वर्ग में मिला देता है, और जो अभी भी जाति के विशिष्ट महत्त्व को प्रश्नांकित करता है, और जिसने 25 दिसंबर को भारतीय स्त्री मुक्ति दिवस मनाने के प्रस्ताव पर अपनी लिखित असहमति दर्ज कराई थी। (ग) उन स्वायत्त महिला समूहों का आत्म-चिंतन करने वाला दृष्टिकोण, जो यह मानती हैं कि नारीवादी राजनीति के पुनर्सूत्रीकरण और संशोधन की आवश्यकता है क्योंकि ग़ैर ब्राह्मण प्रस्तुतियों को ज़्यादा मुक्तिदायी माना जा रहा है।

एक बार हम फिर भिन्नता के मुद्दे पर वापस जाते हैं, जिससे हमने इस शोध-आलेख का आरंभ किया था। यह बात स्पष्ट है कि नयी दलित महिला

[45] के. पवाडे (1996).

[46] एन. भखरे (1997).

आंदोलन ने जिन मुद्दों पर ज़ोर दिया है, वे दलित महिलाओं की 'भिन्नता' पर ज़ोर देने से आगे जाते हैं, और वे दलित नारीवाद दृष्टिकोण में एक क्रांतिकारी ज्ञानमीमांसीय बदलाव लाकर आह्वान करती हैं।[47]

नारीवादी दृष्टिकोण के बौद्धिक इतिहास के सूत्र को मार्क्स, एंगेल्स और लुकाच द्वारा प्रस्तुत सर्वहारा दृष्टिकोण की अंतर्दृष्टियों में पाया जा सकता है। दृष्टिकोण सिद्धांत (स्टैंडप्वाइंडट थियरी) का सामाजिक इतिहास इस बात पर ध्यान केंद्रित करता है कि उस समय क्या हुआ जब हाशियाकृत लोगों ने सार्वजनिक आवाज़ हासिल की। प्रभुत्वशाली समूहों द्वारा आलोचनात्मक रूप से और व्यवस्थित तरीक़े से अपनी लाभप्रद स्थिति की जाँच-पड़ताल करने में नाकाम रहें। इसके कारण उनकी सामाजिक स्थिति ज्ञान उत्पन्न करने के लिए वैज्ञानिक रूप से और ज्ञानमीमांसीय रूप से नुक़सान की स्थिति बन गयी।[48] इस तरह के विवरण अच्छी मंशा होने के बावजूद आख़िरकार शोषणकारी 'व्यावहारिक राजनीति' को वैधता प्रदान कर सकते हैं। एक दलित नारीवादी दृष्टिकोण को मुक्तिकारी दृष्टिकोण के रूप में देखा जाता है, क्योंकि इसके ज्ञान का विषय सामने होता है, और इसे स्पष्ट रूप से देखा जा सकता है (अर्थात् यह चिंतन दलित महिलाओं के जीवन से आरंभ होता है, और यह जीवन-चिंतन के नतीजों में भी मौजूद रहता है और इन्हें देखा जा सकता है)। यह दृष्टिकोण यह तर्क देता है कि यह अन्य मौजूदा दृष्टिकोणों की तुलना में ज़्यादा मुक्तिकारी है, और यह उस बहुलवाद और सापेक्षवाद का प्रतिरोध करता है जिस पर हर ज्ञान आधारित है, और राजनीतिक दावों को अपने तरीक़े से वैध मान जाता है। यह सामाजिक रूप से निर्मित समूहों के भीतर व्यक्तिगत अनुभवों पर ज़ोर देता है। साथ ही, ऐसे एक समूह को निर्मित करने वाले जाति, वर्ग, जातीयता के पदसोपानीय, बहुल और बदलते संरचनात्मक सत्ता संबंधों पर ध्यान केंद्रित करता है। यह बात स्पष्ट है कि दलित महिलाओं के दृष्टिकोण का कर्त्ता/एजेंट बहुल, विविध और यहाँ तक

---

[47] एस. हार्डिंग (1991).

[48] जे. ग्रांट (1993).

कि अंतर्विरोधी भी होता है। इसका अर्थ यह है कि दलित महिला की श्रेणी समरूपी नहीं है। इस बात को मान्यता देने से यह तथ्य रेखांकित होता है कि दलित नारीवादी मुक्तिकारी ज्ञान अन्य सभी मुक्तिकारी परियोजनाओं से भी जुड़ा होना चाहिए। इसलिए यह आवश्यक है कि उन प्रक्रियाओं पर ध्यान दिया जाए जिससे जेंडर, नस्ल, वर्ग, सेक्शुअलिटी — सभी एक-दूसरे को निर्मित करते हैं। इसलिए हम इस बात से सहमत हैं कि ख़ुद दलित नारीवादी दृष्टिकोण मुक्तिकारी जाँच-पड़ताल और संशोधनों के लिए खुला हुआ है।

हम यह स्वीकार करते हैं कि दलित महिलाओं के व्यवहारों और संघर्षों से उभरकर सामने आने वाला दलित नारीवादी दृष्टिकोण दलित नारीवादी बुद्धिजीवियों के लेखन में उत्पन्न हो सकता है; लेकिन यदि इसे अन्य समूहों के अनुभवों और विचारों से अलग-थलग कर दिया जाता है तो यह ज़्यादा समृद्ध नहीं हो सकता है। बहरहाल, इन अन्य समूहों को भी ख़ुद को हाशियाकृत समूहों के इतिहासों, उनके लिए वरीयतापूर्ण संबंधों और यूटोपियाओं तथा संघर्षों के बारे में शिक्षित करना होगा। 'उनके उद्देश्य' से 'हमारे उद्देश्य' में परिवर्तन संभव है क्योंकि व्यक्तिनिष्ठताओं (सब्जेक्टि-विटीज) में परिवर्तन करना मुमकिन है। ऐसा कहते हुए हम यह दलील नहीं दे रहे हैं कि ग़ैर-दलित नारीवादी दलित महिलाओं के 'रूप में' या दलित महिलाओं 'के लिए' बोल सकती हैं, लेकिन वे दलित नारीवादियों के रूप में अपनी पुनर्खोज कर सकती हैं। इसलिए इस तरह का दृष्टिकोण प्रत्यक्ष अनुभव आधारित 'प्रामाणिकता' और संकुचित 'पहचान की राजनीति' से बचता है। हममें से बहुत सी ग़ैर-दलित नारीवादियों के लिए इस तरह का दृष्टिकोण ज़्यादा मुक्तिकारी है क्योंकि यह ज़्यादा पूर्ण रूप से नियमों के उन संबंधों को ख़ारिज करता है जिसमें हमने भागीदारी की है (अर्थात् इसने पहले की नारीवादी दृष्टिकोणों की ब्राह्मणवादी, मध्यवर्ग के पूर्वग्रहों की जाँच की है)। इसलिए एक दलित नारीवादी दृष्टिकोण को अपनाने का अर्थ यह है कि हमने नारीवादियों के रूप 1980 के दशक में जिस 'आवाज़' को पाया, उसे हम कई बार खो दें, और कई बार उसकी नये सिरे से परिकल्पना करें। हम

यह मानते हैं कि यह प्रक्रिया हमें व्यक्तिगत नारीवादियों से विपरीत और सामूहिक कर्त्ताओं में बदल देगी।

(यह शोध आलेख सबसे पहले मार्च 1998 में पुणे में विकास अध्ययन केंद्र द्वारा दलित विजन्स पर आधारित सेमिनार में प्रस्तुत किया गया था)

## संदर्भ


आर. ओहेनलॉन (1994), *अ कॉम्पेरीजन बिटविन वीमेन ऐंड मेन : ताराबाई शिंदे ऐंड क्रिटीक ऑफ़ जेंडर रिलेशंस इन कोलोनियल इंडिया,* ऑक्सफ़र्ड युनिवर्सिटी प्रेस, मद्रास.

आर. ठाकुर (1996), *अदिमायाचे मुक्ति,* प्रबुद्ध भारत, मुम्बई.

आर. शील, (1997), 'इंस्टीट्रयुशनलाइजेशन ऐंड एक्सपैंशन ऑफ़ डॉरी सिस्टम इन कोलोनियल नॉर्थ इंडिया, *इकनॉमिक ऐंड पॉलिटिकल वीकली,* 32(28).

आई. वेहलचुन (1995), *मॉडर्न फ़ेमिनिस्ट थॉट,* एडिनबर्ग युनिवर्सिटी प्रेस, एडिनबर्ग.

ई. एम. वुड (1996), 'मॉडर्निटी, पोस्टमॉडर्निटी ऑर कैपिटलिज़म', *मंथली रिव्यू,* 48(3).

ए. अहमद (1996), 'द पॉलिटिक्स ऑफ़ लिटररी पोस्टकोलोनियलिटी', पी. मुंगिया (सं.), *कंटेम्परारी पोस्टकोलोनियल थियरी*, ऑक्सफ़र्ड युनिवर्सिटी प्रेस, नयी दिल्ली.

एच. एस. मोजब बनर्छी और जे. व्हाइटहेड (सं.), (सद्य प्रकाशित), *प्रोपर्टी ऐंड प्रॉपराइटी : जेंडर ऐंड क्लास इन इम्पीरियलिज़म ऐंड नैशनलिजम्स.*

एम. बैरेट और ए. फिलिप्स (सं.), *डिस्टेबलाइजिंग थियरी,* पॉलिटी प्रेस, केम्ब्रिज.

एन. भाकरे (1997), 'पुनयातिल क्राइस्ट सामाजिक संगथना अनि चर्च हयांचे लिंगाभव विषयक दृष्टिकोण', वीमेन स्टडीज सेंटर, पुणे युनिवर्सिटी (माइमो).

एस. अकेरकर (1995), 'थियरी ऐंड पॉलिटिक्स ऑफ़ वीमेंस मूवमेंट इन इंडिया', *इकनॉमिक ऐंड पॉलिटिकल वीकली,* 30 (90).

एस. काम्बले और परदेसी (1997), *मनुस्मृति अनि डॉ. आम्बेडकर,* क्रांतिस्रुह नाना पाटील एकेडेमी, पुणे.

एस. जोसेफ़ (1991), 'कल्चर ऐंड पॉलिटिकल एनालिसिस इन इंडिया', *सोशल साइंटिस्ट,* 9(9).

एस. थारू और टी. निरंजना (1994), 'प्रॉब्लेम्स फ़ॉर अ कंटेम्परारी थियरी जेंडर इन इंडिया', *सोशल साइंटिस्ट*, 22.

एस. हार्डिंग (1991), 'सब्जेक्टिविटी एक्सपीरियंस ऐंड नॉलेज : ऐन एपिस्टोमोलॉजी फ्रॉम/फ़ॉर रेनबो कोएलिशन पॉलिटिक्स', जे. पेटर्स (सं.), *इमैनसिपेशन : मॉडर्न ऐंड पोस्टमॉडर्न,* सेज, लंदन.

एस. पाटील (1982), *दास-शूद्रा सेलेवरी,* अलाइड पब्लिशर्स, मुम्बई.

———— (1994), *मार्क्सवाद, फुले आम्बेडकरवाद,* सुगवा, पुणे.

उमा चक्रवर्ती (1998), *रिराइटिंग हिस्ट्री : द लाइफ़ ऐंड टाइम ऑफ़ पंडिता रमाबाई, काली फ़ॉर*

*वीमेन*, नयी दिल्ली.

कुमकुम संगारी (1995), 'पॉलिटिक्स ऑफ़ डायवर्सिटी : रिलिजियस कम्युनिटीज ऐंड मल्टीपल पैट्रीयार्कीज', *इकनॉमिक ऐंड पॉलिटिकल वीकली,* 30 (51).

कुमकुम संगारी और सुदेश वैद (सं.) (1989), *रिकास्टिंग वीमेन*, काली फ़ॉर वीमेन, नयी दिल्ली.

के. मोघे (1996), 'दलित स्त्रीयाचेः वेगाले चुल', *महाराष्ट्र टाइम्स*, मुम्बई, सितंबर 7.

के. पवाडे (1996), *पितृप्रधानता आनि दलित स्त्रीयांचा संघर्षा*, आलोचना, सेंटर फ़ॉर डाक्यूमेंटेशन ऐंड रिसर्च ऑन वीमेन द्वारा आयोजित सम्मेलन में प्रस्तुत शोध-आलेख.

गोपाल गुरु (1995), 'दलित वीमेन टॉक डिफरेंटली', *इकनॉमिक ऐंड पॉलिटिकल वीकली,* 30(43).

—— (1998), *दलित कल्चरल मूवमेंट ऐंड डायलेक्टिक्स ऑफ़ दलित पॉलिटिक्स इन महाराष्ट्र,* विकास अभिज्ञान केंद्र, मुम्बई.

गेल ऑम्वेट (1976), 'कल्चरल रिवोल्ट इन कोलोनियल सोसायटी, द नॉन ब्राह्मण मूवमेंट इन वेस्टर्न इंडिया 1873-1930', *इंडियन सोशल साइंस सोसायटी,* मुम्बई

——— (1993), *रिइनवेंटिंग रिवोल्यूशन : इंडियाज न्यू सोशल मूवमेंट्स,* शॉर्प, न्यू यॉर्क.

——— (1994), *दलित्स ऐंड डेमोक्रेटिक रिवोल्यूशन : डॉ. आम्बेडकर ऐंड द दलित मूवमेंट इन कोलोनियल इंडिया,* ऑक्सफ़र्ड युनिवर्सिटी प्रेस, नयी दिल्ली.

जी. एलोसियस (1997), *नैशनलिज़्म विदाउट अ नेशन इन इंडिया,* ऑक्सफ़र्ड युनिवर्सिटी प्रेस, नयी दिल्ली.

जी. रूबिन (1969), 'वुमेन ऐज निग्गर', बी. रोसाजक और टी. रोसाजक (सं.), *मेसकुलीन फेमिनाइन : रिडिंग्स इन सेक्शुअल माइथोलॉजी ऐंड द लिबरेशन ऑफ़ वीमेन,* हार्पर ऐंड रॉ, नयी दिल्ली.

जे. ग्रांट (1993), *फंडामेंटल फ़ेमिनिज़म,* रौटलेज, न्यू यॉर्क.

जे. लिडिल और आर. जोशी (1986), *डॉटर्स ऑफ़ इंडिपेंडेंस जेंडर : कास्ट ऐंड क्लास इन इंडिया,* काली फ़ॉर वीमेन, नयी दिल्ली.

पार्थ चटर्जी (1989), 'नैशनलिस्ट रिजोल्यूशन ऑफ़ द वीमेन क्वेश्चन', सुदेश वैद और कुमकुम संगारी (सं.), *रिकास्टिंग वीमेन : ऐसेज इन कोलोनियल हिस्ट्री,* काली, नयी दिल्ली.

——— (1993), द *नेशन ऐंड इट्स फ्रैगमेंट्स : कोलोनियल ऐंड पोस्टकोलोनियल हिस्ट्रीज,* ऑक्सफ़र्ड युनिवर्सिटी प्रेस, मुम्बई.

पी. एच. कॉलिन्स (1986), 'लर्निंग फ्रॉम द क्वेश्चन विदीन', *सोशल प्रॉब्लम्स,* 33.

———— (1990), *ब्लैक फ़ेमिनिस्ट थॉट : नॉलेज कॉनशियसनेस ऐंड द पॉलिटिक्स ऑफ़ इमपॉवरमेंट,* उर्विन, बॉस्टन.

पी. परदेशी (1997), *डॉ. आम्बेडकर अनी स्त्रीमुक्ति वाद,* क्रांति सिंह नाना पाटील एकेडेमी, पुणे.

——— (1996), *समाज प्रबोधन पत्रिका*, 9, अप्रैल-मई.

बी. आर. आम्बेडकर (1982-90), *कास्ट्स इन इंडिया. स्पीचेस ऐंड राइटिंग्स ऑफ़ डॉ. बाबासाहेब*

*आम्बेडकर*, वॉल्यूम 1, गवर्नमेंट ऑफ़ महाराष्ट्र, मुम्बई.

मीनाक्षी मून और उर्मिला पवार (1989), आम्हीही *इतिहास घडवाला : आम्बेडकारी चालवा-लीतिल स्त्रीयांचा सहभाग*, स्त्री, मुम्बई.

नैंसी सी. एम. हार्टशॉक (1984), *मनी, सेक्स ऐंड पॉवर : टुवर्ड्स अ फ़ेमिनिस्ट हिस्टॉरिकल मैटेरि-यलिज़्म*, लॉगमन, न्यू यॉर्क.

रजनी कोठारी (1994), 'राइज ऑफ़ दलित्स ऐंड द रिन्यूड डिबेट ऑन कास्ट', *इकनॉमिक ऐंड पॉलिटिकल वीकली*, 29 (26).

राधिका कुमार (1993), *हिस्ट्री ऑफ़ डूईंग*, काली फ़ॉर वीमेन, नयी दिल्ली.

वी. कन्नाबीरन और के. कन्नाबीरन (1991), 'कास्ट ऐंड जेंडर : अंटरस्टैंडिंग डायनेमिक्स ऑफ़ पॉवर ऐंड वायलेंस', *इकनॉमिक ऐंड पॉलिटिकल वीकली*, 26(37).

वी. गीता (1992), 'जेंडर ऐंड लॉजिक ऑफ़ ब्राहमिनिज़्म : ई. वी. रामास्वामी पेरियार ऐंड द पॉलिटिक्स ऑफ़ फिमेल बॉडी', *वीमेंस स्टडीज*, आईआईएएस, शिमला में प्रस्तुत शोध-आलेख.

वी. भागवत (1990), *कनिस्था जथाउची कोलावलानी ज्योतिराव फुले*, जून.

——— (1996), *महाराष्ट्र टाइम्स*, मुम्बई, सितंबर 15.

——— (1997), *महाराष्ट्राच्या सामाजिक इतिहासचया दिसेनी वीमेंस स्टडी सेंटर*, पुणे युनिवर्सिटी.

सुमित सरकार (1997), *राइटिंग सोशल हिस्ट्री*, ऑक्सफ़र्ड युनिवर्सिटी प्रेस, नयी दिल्ली.

——— (1997), इंडियन *नैशनलिज़्म ऐंड पॉलिटिक्स ऑफ़ हिंदुत्व*, डी. लुडेन (सं.), *मेकिंग इंडिया हिंदू*, ऑक्सफ़र्ड युनिवर्सिटी प्रेस, नयी दिल्ली.

शर्मिला रेगे (1994), 'कास्ट ऐंड जेंडर : द वायलेंस अगेंस्ट वीमेन इन इंडिया', पी. जोगडांड (सं.) *दलित वीमेन*, ज्ञान, नयी दिल्ली.

——— (1995), 'हेजेमॉनिक एप्रोप्रिएशन ऑफ़ सेक्शुअलिटी : द केस ऑफ़ द इरॉटिक इवानी ऑफ़ महाराष्ट्र', *कंट्रीब्यूशन टू इंडियन सोशियोलॅजी*, 29 (1 और 2).

**विशेष खंड**

*मैत्रिणी : फुले आम्बेडकर शताब्दी स्त्री विशेषांक* (1992).

*रिपोर्ट्स ऑफ़ द फ़र्स्ट मीटिंग ऑफ़ द दलित महिला संगठना, महाराष्ट्र ऐंड द क्रिस्टी महिला संगठना*. सुगवा, पुणे.

*सत्यशोधक मार्क्सवादी* (1985) : *आम्बेडकर शताब्दी*, स्त्री विशेषांक.

*येवाले तालुका* स्त्री विशेषांक (1995).

# दलित या ब्राह्मणवादी पितृसत्ता?

## भारतीय नारीवाद पर पुनर्विचार

सुनैना आर्य

प्रस्तुत शोध-पत्र मूल रूप से अंग्रेज़ी में 'दलित ऑर ब्राह्मैनिकल पैट्रियार्की? : रिथिंकिंग इंडियन फ़ेमिनिज़म' शीर्षक से *कास्ट : अ ग्लोबल जर्नल ऑफ़ सोशल एक्सक्लूजन*, खंड 1, 1 नवंबर, 2020 (पृ. 217-228) में प्रकाशित हो चुका है. अनुवाद में सहायता के लिए मैं दिल्ली विश्वविद्यालय में राजनीति विज्ञान की शोधार्थी अलका निमेश और डॉ. कमल नयन चौबे की आभारी हूँ.

## प्रस्तावना

भारतीय नारीवाद के समकालीन लेखन में जेंडर के सैद्धांतीकरण के संदर्भ में कई समस्याएँ सामने आयी हैं। इस शोध-आलेख में यह तर्क दिया गया है कि 'दलित पितृसत्ता' या जाति के भीतर (इंट्राकास्ट) या 'बहुल' पितृसत्ताओं की संकल्पना ब्राह्मणवादी पितृसत्ता की सतही समझ का नतीजा है। इन दोनों विचारों की गहराई से पड़ताल करने पर यह निष्कर्ष सामने आता है कि 'जेंडर न्याय' के बारे में मुख्यधारा की भारतीय नारीवादियों का दृष्टिकोण संकुचित रहा है। साथ ही यह दृष्टिकोण जेंडर न्याय के प्रति पूरी तरह वचनबद्ध भी नहीं रहा है। इसलिए इस शोध-आलेख में यह प्रस्ताव किया गया है कि भारतीय नारीवाद पर पुनर्विचार करने की आवश्यकता है, और इस संदर्भ में ख़ास तौर पर शेष विश्व से सामाजिक-सांस्कृतिक भिन्नता पर ध्यान दिया जाना चाहिए। इसका अर्थ यह है कि सिर्फ़ एक दलित-नारीवादी दृष्टिकोण से सैद्धांतीकरण करके ही सामान्य तौर पर एक वैश्विक स्तर पर एक समग्र नारीवदी दर्शन को तैयार किया जा सकता है। विशेष रूप से भारतीय उपमहाद्वीप के संदर्भ में एक समग्र नारीवादी दर्शन का निर्माण करने के लिए ऐसा करना ज़रूरी है। आगे हम यह देखेंगे कि ऐसा कैसे हो सकता है।

राजनीतिक सिद्धांतकार गोपाल गुरु ने दलित जीवन की हक़ीक़त के विविध आयामों पर विचार किया है, और इस कड़ी में वे दलित जाति समूहों के भीतर दलित महिलाओं पर पितृसत्तात्मक नियंत्रण का भी विश्लेषण करते हैं। वे इस पूरी परिघटना की व्याख्या करने के लिए मोटे तौर पर 'दलित पितृसत्ता' शब्द का प्रयोग करते हैं।[1] गुरु ने दलित समुदायों में मौजूद पितृसत्तात्मक मानकों और व्यवहारों की आलोचना की। हालाँकि उनकी यह मंशा क़तई नहीं थी कि वे आज की दलित नारीवादियों के लिए किसी प्रकार की परेशानी या बाधा पैदा करें। हाल के समय में, मुख्यधारा की भारतीय नारीवाद ने इस अवधारणा को एक अलग तरह की पितृसत्ता

[1] गोपाल गुरु (1995) :2549.

के रूप में आगे बढ़ाने का साज़िशन प्रयास किया है। भारतीय नारीवाद द्वारा इसे ब्राह्मणवादी पितृसत्ता की व्यापक अवधारणा से अलग माना जाता है। मुख्यधारा की भारतीय नारीवादियों ने यह तर्क दिया है कि दलित पुरुषों को 'उच्च'[2] जातियों के लोगों से लगातार शोषण का सामना करना पड़ता है। उच्च जातियों द्वारा इनके पौरुषता पर लगातार व्यंग्य भी किया जाता है। इसी कारण वे अपने घरों में दलित महिलाओं के साथ आक्रामक व्यवहार करते हैं।[3] आलेख के पहले भाग में इसकी विस्तार से चर्चा की गयी है।

समकालीन नारीवादी लेखन में 'दलित पितृसत्ता' की अवधारणा की लोकप्रियता में लगातार वृद्धि हुई है। मसलन, ल्यूसिंडा रैमबर्ग ने अंजली अरोंदर, चारु गुप्ता, गेल ऑम्वेट, शैलजा पाइक, शर्मिला रेगे और अनुपमा राव के जाति-विरोधी नारीवादी लेखन के आधार पर अपने दृष्टिकोण को तैयार किया है। इन सभी लेखिकाओं ने 'अस्पृश्य' नारीत्व का वर्णन दो तरह की पितृसत्ताओं अर्थात् ब्राह्मणवादी पितृसत्ता और *दलित* पितृसत्ता के भीतर किया है।[4] कुमकुम संगारी ने धार्मिक विविधता से संबंधित अपने शोध-आलेख के शीर्षक में 'बहुल पितृसत्ता' शब्द का प्रयोग किया है, लेकिन उन्होंने इसके अर्थ के संबंध में कोई विवेचना प्रस्तुत नहीं की है।[5] सिर्फ़ मुख्यधारा की भारतीय और पश्चिमी विद्वानों ने ही नहीं, बल्कि दलित नारीवादियों ने भी इस श्रेणी पर गहनता से विचार नहीं किया है। शैलजा एस. पाइक आम्बेडकर के नारीवादी आंदोलन का अध्ययन करते हुए लिखती हैं कि 'दलित महिलाओं ने विशेष रूप से वस्त्र धारण करने की जाति से संबंधित कलंकित शैलियों के साथ ही साथ भारी-भरकम गहनों का भी त्याग किया और इस तरह उन्होंने ब्राह्मणवादी पितृसत्ता के साथ जाति के भीतर की (इंट्राकास्ट) पितृसत्ताओं के ख़िलाफ़ भी अपनी दावेदारी

---

[2] 'उच्च' या 'निम्न' जैसे पदसोपानीय शब्दों का प्रयोग जाति के आधार पर स्तरीकृत समाज के संदर्भ में किया गया है, और लेखिका का इरादा यह नहीं है कि इन्हें प्रोत्साहन मिले.

[3] उमा चक्रवर्ती (2013) (प्रथम प्रकाशन 2003) 86; वी. गीता (2009) : 109.

[4] देखें ल्यूसिंडा रैमबर्ग के विचारों के लिए देखें अनुपमा राव (2018).

[5] कुमकुम संगारी (1995) :3295.

प्रस्तुत की।'[6] क्रिस्टीना थॉमस धनराज ने यशिका दत्त के *संस्मरण कमिंग आउट ऐज दलित : अ मेमॉयर* की समीक्षा करते हुए 'अतर्जातीय और जाति के भीतर की पितृसत्ताओं' (इंटरकास्ट ऐंड इंट्राकास्ट पैट्रियार्कीज) का उल्लेख किया है।[7] आम तौर पर इस तरह के शब्दों के प्रयोग को सत्य मानकर चला जाता है, किंतु इनका नारीवादी मुक्तिकारी लक्ष्यों पर नकारात्मक प्रभाव पड़ता है। आवश्यकता इस बात की है कि हम पितृसत्ता की प्रणाली की भूमिका की एक समग्र तस्वीर के लिए इस प्रकार के वर्णनों पर सावधानीपूर्वक विचार करें।

सामान्यतः हम दलित पितृसत्ता की अवधारणा के साथ दो तरह की परिघटनाओं को जुड़ा हुआ पाते हैं। पहला, यह ब्राह्मणवादी पितृसत्ता से अलग है, और दूसरा, बहुल पितृसत्ताओं का अस्तित्व है। उमा चक्रवर्ती यह लिखती हैं कि 'आम्बेडकर ने जाति को एक श्रेणीबद्ध असमानता की व्यवस्था के रूप में देखा था। इसी के अनुरूप, हमें यह भी याद रखना चाहिए कि उपमहाद्वीप में पितृसत्ताएँ एक ऐसी व्यापक व्यवस्था में अवस्थित हैं जो जाति के आधार पर श्रेणीबद्ध है।'[8] आगे हम दलित पितृसत्ता की उत्पत्ति और परिभाषा पर विचार करेंगे तथा यह समझने का प्रयास करेंगे कि क्या यह वास्तव में 'जाति के अनुसार श्रेणीबद्ध है।'

## दलित पितृसत्ता क्या है?

### पहला सूत्रीकरण

गोपाल गुरु ने अपने प्रसिद्ध निबंध 'दलित वीमेन टॉक डिफरेंटली' में दलित पितृसत्ता को निम्नलिखित संदर्भ में प्रस्तुत किया है :

> बाहरी कारकों के साथ-साथ कुछ ऐसे निश्चित आंतरिक कारक हैं, जिन्होंने दलित महिलाओं को दलित पुरुषों से अलग होकर संगठित होने के लिए प्रेरित किया है। उत्तर-आम्बेडकर दौर में दलित नेताओं ने हमेशा ही दलित महिलाओं की स्वतंत्र राजनीतिक अभिव्यक्ति को

---

[6] शैलजा पाइक (2016); रजनी तिलक (2018).

[7] यशिका दत्त (2019); क्रिस्टीना थॉमस धनराज (2019).

[8] उमा चक्रवर्ती (2013) (प्रथम प्रकाशन 2003): 83.

अधीनता की स्थिति में रखा है, और कई बार उनका दमन भी किया है....दलित महिलाओं द्वारा यह प्रश्न उठाना लाज़िमी है कि उन्हें दलित साहित्य सम्मेलनों और संस्थाओं के उच्च पद क्यों नहीं दिये जाते हैं। इस असंतोष से तीन मुख्य बातें सामने आती हैं :

(1) किसी घटना की वैधता का निर्णय करने में सिर्फ़ जाति और वर्ग के पहचान की ही भूमिका नहीं होती है, बल्कि इसमें जेंडर की भूमिका भी महत्त्वपूर्ण होती है;

(2) दलित पुरुष अपनी महिलाओं के ख़िलाफ़ उन्हीं संयंत्रों का पुनरुत्पादन कर रहे हैं, जिनका उपयोग उनके उच्च जाति के शत्रु उन पर अपना प्रभुत्व क़ायम करने के लिए करते रहे हैं;

(3) दलित महिलाओं का अनुभव यह दिखाता है कि दलितों के भीतर स्थानीय (या आंतरिक) प्रतिरोध महत्त्वपूर्ण है। यह पूरी स्थिति हमें इस दावे की तरफ़दारी करने के लिए मजबूर करती है कि दलित महिलाएँ भिन्न तरीक़े से बात करती हैं।[9]

दूसरे शब्दों में दलित पितृसत्ता का सैद्धांतीकरण करने के लिए गुरु तीन पहलुओं को सामने लाते हैं- एक न्यायपूर्ण समाज के लिए संघर्ष में जेंडर जाति और वर्ग की तरह ही महत्त्वपूर्ण है; दलित पुरुषों में उसी तरह पितृसत्ता मौजूद है, जैसे कि 'उच्च' जाति के लोगों में जातिवाद; और यह बात अनुभवसिद्ध रूप से प्रमाणित है कि दलितों के भीतर 'स्थानीय' (या आंतरिक) प्रतिरोध आवश्यक है। यह बात स्पष्ट है कि गुरु अपनी श्रेणी की परिकल्पना उस पितृसत्तात्मक प्रभुत्व के ख़िलाफ़ करते हैं जिसका सामना दलित महिलाएँ करती हैं। इसके साथ ही, वे भीतर से नारीवादी प्रतिरोध को प्रोत्साहित करते हैं। लेकिन वे कहीं भी यह रेखांकित नहीं करते हैं कि दलित पुरुषों की पितृसत्ता सवर्ण पुरुषों की पितृसत्ता से ज़्यादा दमनकारी या अनूठी क़िस्म की है। यद्यपि उनका यह दावा महत्त्वपूर्ण है कि दलित महिलाएँ भिन्न तरीक़े से बातें कहती हैं, लेकिन पितृसत्ता को दलित पितृसत्ता कहने से समतावादी समाज के हमारे

[9] गोपाल गुरु (1995) :2549.

लक्ष्य की दिशा में आगे बढ़ने में कोई मदद नहीं मिलती है। अगले सूत्रीकरण के माध्यम से गुरु के 'आंतरिक' और 'बाह्य' चिह्न साफ़ स्पष्ट हो जाते हैं।

### दूसरा सूत्रीकरण

एक प्रसिद्ध नारीवादी इतिहासकार उमा चक्रवर्ती ने 'श्रेणीबद्ध पितृसत्ताएँ' और 'दलित पितृसत्ता' शब्दों का प्रयोग करते हुए दलित पितृसत्ता को बहुल बनाने का प्रयास किया है। उन्होंने यह तर्क दिया कि 'दलित महिलाएँ' पितृसत्ता का एक अनूठे तरीक़े से अनुभव करती हैं। इस संदर्भ में एक दलित कवयित्री को उद्धृत करते हुए चक्रवर्ती यह लिखती हैं कि 'ऐसा नहीं है कि दलित जातियों में पितृसत्ता का अस्तित्व नहीं होता है, या दलित महिलाएँ अपने समुदायों के भीतर पितृसत्ताओं के ख़िलाफ़ संघर्ष नहीं करती हैं। स्वरूपा रानी के शब्दों में,

> मेरी ज़िंदगी पूरी तरह से मेरी कब रही है?
> घर में पुरुष का अहंकार
> मेरे गाल में चुभन पैदा करता है जबकि
> सड़क पर जाति का अहंकार दूसरे गाल को चीर डालता है।

दलित महिला के पितृसत्ता के अनुभव और उच्च जाति की महिलाओं के अनुभवों के बीच में चाहे जो भी भिन्नता रही हो, लेकिन संस्कृतीकरण या जातीकरण की प्रक्रिया ने उच्च जाति के मानकों और उच्च जाति के पितृसत्तात्मक व्यवहारों को निम्न जातियों में भी स्थापित कर दिया है।'[10]

हालाँकि तमाम सर्वेक्षणों, रपटों और साहित्यिक और शोधपरक अध्ययनों से यह बात स्थापित हो चुकी है कि दलित महिलाओं द्वारा ज़्यादा पेचीदा तरह से पितृसत्ता का अनुभव करने का दावा सही है।[11] लेकिन स्वरूपा

---

[10] उमा चक्रवर्ती, 2013 (2003) :87-88.

[11] शर्मिला रेगे (2013): 20-21; देखें एस. जे. एलोसियस, जय श्री पी. मंगूभाई और जॉयल जी. ली (2006); श्यामला गोगू (2012); पी. जी. जोगडांड (2013); वसंत मून (2001); उर्मिला पवार और मीनाक्षी मून (2014); शर्मिला रेगे (2000), (2913); सिंथिया स्टीफेन (2011); यशिका दत्त (2019).

रानी की जिस मार्मिक कविता का वर्णन किया गया है, उसे गहराई से समझना आवश्यक है। कविता की पहली पंक्ति दलित महिला के जीवन से जुड़े विशेष संघर्षों को बताती है; अगली दो पंक्तियाँ हिंसात्मक रूप से पितृसत्ता को स्पष्ट करती हैं; और आख़िरी पंक्ति ब्राह्मणवादी दमन का वर्णन करती है।

चक्रवर्ती यह तर्क देती हैं कि दलितों का जीवन सवर्णों के पितृसत्तात्मक मानकों से पूरी तरह अप्रभावित नहीं होता है। लेकिन वे सवर्ण और दलित महिला के अनुभवों की भिन्नता के बारे में 'चाहे जो भी हो' शब्दावली का प्रयोग करती है, इससे हम यह सोचने के लिए मजबूर हो जाते हैं कि दलित पितृसत्ता को स्पष्ट करने के लिए उनके तर्क क्या हैं। यह तर्क दिया गया है कि दलित पुरुष भी सवर्ण पुरुषों की तरह ही पितृसत्तात्मक तरीक़े से व्यवहार करते हैं, तो फिर दलित पितृसत्ता सवर्ण पितृसत्ता से भिन्न कैसे है? हमें एक ही परिघटना का वर्णन करने के लिए अलग-अलग शब्दों की आवश्यकता क्यों पड़ रही है? इन सभी के बारे में सुस्पष्ट व्याख्या न होने के कारण यह नारीवादी प्रयास निरर्थक जान पड़ता है।

## तीसरा सूत्रीकरण

दूसरे सूत्रीकरण की तरह ही, दलित पितृसत्ता की तीसरी समझ मुख्यधारा की एक अन्य नारीवादी वी. गीता द्वारा प्रस्तुत की गयी है। वे लिखती हैं :

> जाति और जेंडर को एक साथ रखकर विचार करने की कई कोशिशें हुई हैं। इस संदर्भ में 'दलित' पितृसत्ता का विचार विशेष रूप से उल्लेखनीय है। यहाँ दो अलग-अलग तर्क हैं: एक तर्क इस बात पर बल देता है कि अन्य पुरुषों की तरह दलित पुरुष भी 'पौरुषता' (मैस्कुलैनिटी) चाहते हैं। दलितों के शोषण की एक प्रमुख विशेषता दलित पुरुषों की अवमानना रही है : जब उच्च जाति के पुरुष अपने मज़दूर पर अपनी शक्ति का ज़ोर दिखाते हैं तो वे उनकी पौरुषता पर भी व्यंग्य करते हैं। वे यह दावा करते हैं कि दलित पुरुष कभी भी अपनी महिलाओं की सुरक्षा नहीं कर सकते हैं। दलित महिलाओं को उच्च जाति के पुरुषों के लिए 'आसान शिकार' माना जाता है। दलित पुरुषों की यह प्रतीकात्मक निर्बलता उनके लिए गहरी परेशानी का कारण बन जाती है। ख़ास तौर पर, जेंडर संबंधों के मामले में वे ख़ुद को घुटा हुआ

महसूस करते है, और इसी कारण वे अपने परिवार के भीतर शक्ति का प्रयोग करते हैं। दूसरा तर्क यह है कि दलित पुरुषों के भीतर अपनी अवमानना के कारण गहरा क्षोभ रहता है, और इसके कारण उनके भीतर उच्च जाति की महिलाओं के साथ छेड़खानी की मंशा दबी रहती है। दूसरा तर्क पहले तर्क के आधार-वाक्य को स्वीकार करता है, लेकिन यह रेखांकित करता है कि दलित पुरुष भीतर से 'पुरुषवादी' ही होते हैं।[12]

गीता (2009) की संकल्पना एक अलग ही तस्वीर प्रस्तुत करती है। इसमें यह बात सामने आती है कि दलित पुरुषों की जाति-आधारित अवमानना उन्हें अन्य पुरुषों की तुलना में ज़्यादा पितृसत्तात्मक बना देती है। वे दलित युवाओं के बीच पौरुषवादी मानकों के एक अध्ययन का हवाला देती हैं, लेकिन वे ग़लती से इनकी पौरुषता को अपने-आप में अनूठा मान लेती हैं। उनके दूसरे तर्क के अनुसार दलित पुरुषों के द्वारा उच्च जाति की महिलाओं के साथ छेड़खानी करने की इच्छा होती है। लेकिन यह पूरी तरह से एक अनुभवसिद्ध दावे के रूप में है। अब सवाल उठता है कि क्या औचित्य साबित करने के लिए क्या तर्क दिया जा सकता है। गीता जिस दलित पितृसत्ता की विशिष्टता के रूप में पेश करती हैं, उसके पक्ष में कोई ठोस सबूत न होने के कारण 'दलित पितृसत्ता' की यह संकल्पना पूरी तरह भ्रामक नज़र आती है।

इस वर्णन में 'ब्राह्मणवादी दमन', जो कि सवर्णों द्वारा किया जाने वाला दमन है, एक ऐसे बुनियादी कारण के रूप में सामने आता है (जैसा कि दोनों विद्वानों द्वारा तर्क दिया गया है) जिसके कारण दलित पुरुष पितृसत्तात्मक तरीक़े से व्यवहार करते हैं। यह साफ़ है कि महिलाएँ ब्राह्मणवादी पितृसत्ता का सामना कर रही हैं। और 'जाति और जेंडर' को एक साथ रखकर विचार करने पर यह बात सामने आती है कि किसी दलित पितृसत्ता का अस्तित्व नहीं है, बल्कि एक पितृसत्ता मौजूद है, जिसे डॉ. बी. आर. आम्बेडकर ने 'ब्राह्मणवादी पितृसत्ता' कहा है।[13]

---

[12] वी. गीथा (2009).

[13] बी. आर. आम्बेडकर (2003): 150-51.

ये तीनों ही सूत्रीकरण 'दलित पितृसत्ता' की अवधारणा के बारे में एक ख़ास तरह की समझ तैयार करने और उसे आगे बढ़ाने के प्रमुख उदाहरण हैं। सबसे आरम्भिक स्तर पर गुरु इसे आंतरिक मसले के रूप में पेश करते हैं, जिसे दलित समूहों को स्थानीय स्तर पर सुलझाना चाहिए। दूसरी ओर, उमा चक्रवर्ती ने ऐतिहासिक रूप से ब्राह्मणवादी भारतीय समाज में दलित महिलाओं के संघर्ष को अवस्थित करते हुए 'बहुल पितृसत्ता' की संकल्पना प्रस्तुत की है। वहीं, वी. गीता दलित पुरुषों की आक्रामक पौरुषता को आगे बढ़ाते हुए इसे उच्च जाति की महिलाओं के साथ छेड़खानी करने की इच्छा के रूप में प्रस्तुत करती हैं। अगले भाग में इन दावों का आलोचनात्मक मूल्यांकन किया गया है।

## दलित या ब्राह्मणवादी पितृसत्ता?

दलित पितृसत्ता के उपरोक्त सूत्रीकरणों से निम्नलिखित दावे किये जा सकते हैं: (1) दलित महिलाओं का पितृसत्ता का अनुभव अनूठा है, और यह 'उच्च' जाति या सवर्ण महिलाओं से ज़्यादा गहरा है; (2) दलित पुरुषों को अपने समुदाय की महिलाओं की इज़्ज़त (कौमार्य) की सुरक्षा करने के संबंध में अपनी पौरुषता पर लगातार व्यंग्य सहन करना पड़ता है; (3) उच्च जाति के लोगों के हाथों ब्राह्मणवादी शोषण के कारण दलित पुरुष आक्रामक रूप से व्यवहार करते हैं, और 'अपनी' महिलाओं का दमन करते हैं, जो जाति आधारित सामाजिक संरचना में सबसे दुर्बल स्थिति में होती हैं; (4) दलित पुरुषों द्वारा पितृसत्ता का प्रयोग ब्राह्मण या अन्य सवर्णों द्वारा पितृसत्ता के प्रयोग से कमतर नहीं होता है; (5) ब्राह्मणवादी अवमानना के ख़िलाफ़ क्षोभ और आक्रोश के कारण दलित पुरुष सवर्ण महिलाओं के साथ छेड़खानी करना चाहते हैं; (6) ब्राह्मणवादी और दलित या जाति के भीतर (इंट्राकास्ट) पितृसत्ताओं का अस्तित्व होता है।

ये सभी दावे अनुभवसिद्ध प्रकार के हैं, और सिर्फ़ पहले दावे के बारे में यह कहा जा सकता है कि यह वस्तुनिष्ठ रूप से स्थापित दावा है। इसलिए दलित पितृसत्ता की संकल्पना के सामने मज़बूत चुनौतियाँ खड़ी हैं। आगे हम इस सतही अवधारणा से जुड़ी कुछ सामान्य भ्रांतियों पर विचार करेंगे।

## आत्माश्रय भ्रांति

आत्माश्रय भ्रांति तब होती है जब अनुमान पर आधारित आधार-वाक्य को सही मानते हुए निष्कर्ष को भी सत्य माना जाने लगता है। वर्तमान संदर्भ में इसका अर्थ यह है कि :

> सभी दलितों का उच्च जातियों द्वारा ब्राह्मणवादी तरीक़े से शोषण होता है।
> उनके शोषण का एक उदाहरण उनकी प्रतीकात्मक 'निर्बलता' का उपहास उड़ाना है।
> इसलिए दलित पुरुष ज़्यादा पितृसत्तात्मक हैं।

इस तर्क का दूसरा आधार-वाक्य अनुभव सिद्ध प्रमाण के अभाव में स्थापित या सिद्ध नहीं है। लेकिन निष्कर्ष के बारे में यह दावा किया जाता है कि यह सत्य है। दलित पितृसत्ता की ग़लत अवधारणा 'दलित समतावाद' के विचार की तरह ही संदिग्ध है। 'दलित समतावाद' के विचार में यह माना जाता है कि दलित पुरुष उच्च जातियों के पुरुषों की तरह दमनकारी नहीं हैं क्योंकि जाति-आधारित शोषण के अनुभव के कारण उन्हें दमन के दर्द की समझ होती है, और यह उन्हें ज़्यादा विनम्र बना देती है।[14] ये दोनों ही अवधारणाएँ पूरी तरह से अनुमान पर आधारित हैं, और इसलिए हमारे नारीवादी प्रयासों के संदर्भ में इनका नकारात्मक प्रभाव सामने आता है।

आम्बेडकरवादी नारीवाद की एक प्रमुख चिंतक के रूप में शर्मिला रेगे यह तर्क देती हैं कि यह ग़लत विचार इस पूर्व-मान्यता पर आधारित है कि चूँकि दलित महिलाएँ घर से बाहर मज़दूरी करने के लिए जाती हैं, इसलिए वे सेक्शुअल या यौनिक शोषण के लिए आसानी से उपलब्ध होती हैं। असल में, ब्राह्मणवाद इसे 'निम्न जाति के पुरुषों की नाकामी के रूप में पेश करता है कि वे अपनी महिलाओं की सेक्शुअलिटी या यौनिकता को नियंत्रित करने में असमर्थ हैं, और वे इसे उनकी अशुद्धता (या शोषण) के औचित्य के रूप में प्रस्तुत करते हैं।[15] साफ़ तौर पर, ब्राह्मणवाद की सामाजिक अभिव्यक्ति 'दलित पितृसत्ता' की ग़लत अवधारणा के केंद्र में है।

---

[14] शर्मिला रेगे (2013)

[15] शर्मिला रेगे (1998).

## अनंत प्रतिगामी की भ्रांति

भारतीय इतिहास के बारे में आम्बेडकर के लेखन से यह बात सामने आती है कि हर जाति ब्राह्मणवाद के पितृसत्तात्मक तत्त्वों से प्रभावित हुई, और इसे विस्तारित रूप से समझते हुए यह कहा जा सकता है कि प्रत्येक जाति के पुरुष ने अपने से उच्च जाति के द्वारा इस तरह की 'निर्बलता' आधारित उपहास का सामना करते हैं। यदि हम एक ख़ास समुदाय के पुरुषों के पितृसत्तात्मक व्यवहारों को उस जाति के नाम से जानने लगेंगे तो अनंत संख्या में पितृसत्ताएँ सामने आ जाएँगी, मसलन, शूद्र पितृसत्ता, कायस्थ पितृसत्ता, महार पितृसत्ता, कुम्हार पितृसत्ता इत्यादि। इसलिए पितृसत्ताओं को बढ़ाने का यह काम हमारे नारीवादी लक्ष्यों को ग़लत दिशा में मोड़ देता है, और इसमें अनंत प्रतिगामी भ्रांति या अनंत काल तक पीछे जाने की प्रवृत्ति सामने आ जाती है।

## फिसलन, ढलान और भ्रांति

अस्थापित कारणात्मक अनुमानों का अनुसरण करते हुए वी. गीता यह निष्कर्ष निकालती हैं कि दलित पुरुष उच्च जाति की महिलाओं के साथ छेड़खानी करना चाहते हैं। जैसा कि हमने इस भाग के आरंभ में देखा था कि सुस्पष्ट सबूत के अभाव में इसे सिर्फ़ एक अनुमान ही माना जा सकता है। इस तर्क की सत्यता सभी पूर्व आधार-वाक्यों की वैधता पर निर्भर करती है। इस बात पर विश्वास किया जा सकता है कि दलित समुदाय भी सवर्ण समुदाय की तरह ही पितृसत्तात्मक नियंत्रणों का सामना कर रहा है। जैसा कि हम जानते हैं कि भारतीय सामाजिक संरचना श्रेणीबद्ध असमानता पर आधारित है। यह पहले जाति और फिर जेंडर के आधार पर अपने सदस्यों के बीच पदसोपानीय (हायरार्किकल) मूल्यों को सुनिश्चित करता है। यह बात ब्राह्मणवादी व्यवस्था में सन्निहित है कि प्रत्येक का एक अन्य उच्च जाति द्वारा शोषण होता है, एक ब्राह्मण महिला का ब्राह्मण पुरुष द्वारा; एक क्षत्रिय पुरुष का ब्राह्मण महिला और ब्राह्मण पुरुष — दोनों के द्वारा; एक क्षत्रिय

महिला का उसके ऊपर मौजूद तीनों अर्थात् ब्राह्मण पुरुष, ब्राह्मण महिला और क्षत्रिय पुरुष द्वारा शोषण होता है। अन्य जातियों के संदर्भ में भी इस तर्क को विस्तारित किया जा सकता है। यदि दलित पुरुषों की सवर्ण महिलाओं के साथ छेड़खानी करने की इच्छा को अनुभवसिद्ध तरीक़े से स्थापित कर भी दिया जाता है, तो भी उनकी पितृसत्तात्मक व्यवहार का स्रोत सिर्फ़ ब्राह्मणवाद ही रहता है। इनके व्यवहार में कुछ भी ऐसा नहीं होता है, जो ख़ुद दलित समुदाय में उत्पन्न होता है। इसे 'ब्राह्मणवादी पितृसत्ता की दलित अभिव्यक्ति' की संज्ञा दी जा सकती है। इसी तरह, ख़ुद महिलाएँ भी पितृसत्तात्मक मानकों से प्रभावित होती हैं परंतु क्या उनके पितृसत्तात्मक व्यवहार को 'नारी पितृसत्ता' की संज्ञा देने को सही माना जा सकता है?

भारतीय उपमहाद्वीप में पितृसत्ता के ऐतिहासिक मूल्यांकन में यह रेखांकित किया गया है कि यहाँ की पितृसत्ता में यह प्रावधान था कि उच्च जाति के पुरुष कई मौक़ों पर या नियमित रूप से निम्न जाति की महिलाओं से संबंध रखते थे; लेकिन जाति की संरचना में इसके विपरीत स्थिति की परिकल्पना भी नहीं की गयी।'[16] दलित महिलाओं के साथ सेक्शुअल या यौनिक हिंसा को 'जाति के पुरुषत्व को कमज़ोर करने के एक सामान्य तरीक़े' के रूप में इस्तेमाल किया गया'।[17] ब्राह्मणवादी सामाजिक संरचना जाति के माध्यम से नियंत्रित और संचालित होती हैं। इसमें दलित महिलाएँ सवर्ण पुरुषों के लिए शोषण का 'आसान शिकार' मानी जाती हैं, और कभी भी इसके विपरीत स्थिति नहीं होती है। अगले उदाहरण में यह बात ज़्यादा स्पष्ट रूप से सामने आती है।

## ग़लत सादृश्यता की भ्रांति

ब्राह्मणवादी पितृसत्ता की सतही समझ से ही ब्राह्मणवादी और दलित पितृसत्ताओं के अस्तित्व का दावा सामने आता है। दोनों के बीच अंतर स्पष्ट करते हुए ये दलील दी जाती है कि इनकी अपनी अलग-अलग विशेषताएँ

---

[16] उमा चक्रवर्ती 2013; प्रथम प्रकाशन 2003.

[17] शर्मिला रेगे (1998) : डब्ल्यूएस 43.

हैं। यह भारत की सामाजिक व्यवस्था की ग़लत समझ के कारण ही ऐसे दावों को सत्य मान लिया जाता है। जैसा कि इस शोध-पत्र में पहले तर्क दिया गया है कि दलित समुदाय के भीतर पितृसत्तात्मक प्रभुत्व की ग़लत व्याख्या के आधार पर 'दलित पितृसत्ता' की परिकल्पना की गयी है, परंतु ब्राह्मणवादी पितृसत्ता को कभी भी इस रूप में प्रस्तुत नहीं किया गया। आम तौर पर, ब्राह्मणवादी पितृसत्ता को ब्राह्मण जाति में उपस्थिति पितृसत्ता के साथ जोड़ा जाता है, लेकिन उसके ब्राह्मणवादी स्वरूप पर कभी भी बातचीत नहीं की जाती है। ब्राह्मणवादी पितृसत्ता का तात्पर्य ब्राह्मण जाति में मौजूद पितृसत्ता से नहीं है बल्कि ब्राह्मणवादी पितृसत्ता वह पितृसत्ता है जिसका स्वरूप ब्राह्मणवादी है। आरम्भिक समय में ब्राह्मणों द्वारा पितृसत्ता के स्वरूप में ब्राह्मणवादी बनाए रखने के लिए कई अमानवीय कुप्रथाओं को स्थापित किया गया था, जैसे सती प्रथा (एक ऐसा धार्मिक कर्मकांड जिसमें विधवा स्त्री अपने पति की चिता पर जल जाती थी, जिसे बाद में प्रतिबंधित कर दिया गया), बलात् विधवा आदि।[18] ऐसा स्त्री और पुरुषों के बीच संख्यात्मक संतुलन क़ायम रखने के लिए किया गया, और आज भी महिलाओं की सेक्शुअलिटी को नियंत्रित रखना अभी भी जाति व्यवस्था को क़ायम रखने का एक साधन है।[19] इसलिए आम्बेडकर द्वारा पितृसत्ता को ब्राह्मणवाद की जुड़वाँ बहन कहना हमेशा ही प्रासंगिक है।[20] ब्राह्मणवादी पितृसत्ता ब्राह्मणों की या ब्राह्मणों द्वारा पितृसत्ता नहीं है।

ब्राह्मणवादी पितृसत्ता की अवधारणा में ही यह बात बुनियादी रूप से सम्मिलित है कि सभी व्यक्तियों को विशेषाधिकार और वंचना की एक ख़ास स्थिति प्रदान की गयी है, और इसी के कारण 'निम्न' जाति समूहों को हिंसा और भेदभाव का सामना करना पड़ता है। इस प्रकार की पितृसत्ता जाति-आधारित व्यवस्था में सबसे निम्नतम स्तर पर मौजूद समूह की दासता और शोषण को

---

[18] सुनैना आर्य (2020).

[19] सुनैना आर्य और आकाश सिंह राठौर (2020).

[20] बी. आर. आम्बेडकर (2003) :14.

सुनिश्चित करती है। सबसे निम्नतम माने जाने वाली जाति के भीतर दासता या शोषण की किसी अनूठी व्यवस्था की उत्पत्ति नहीं होती है। जाति और जेंडर के माध्यम से पुनर्विचार करने पर केवल यही बात स्थापित होती है कि दलित महिलाएँ समाज की ऊर्ध्व या लम्बवत् (वर्टिकल) संरचना में जाति-आधारित भेदभाव का सामना करती है, और समाज की क्षैतिज या समस्तरीय (हॉरिज़ॉन्टल) संरचना में उन्हें जेंडर-आधारित भेदभाव का सामना करना पड़ता है। इस तरह, दलित पितृसत्ता की अवधारणा में तार्किक, अनुभवसिद्ध और सैद्धांतिक कमियाँ हैं।

असल में, ब्राह्मणवादी पितृसत्ता को ब्राह्मण पितृसत्ता के रूप में देखने के कारण ही 'दलित पितृसत्ता' शब्द को ईजाद किया गया है। न्याय, आज़ादी और समानता के मूल्यों पर आधारित एक बेहतर समाज की स्थापना के लिए हमें ब्राह्मणवादी पितृसत्ता को ख़त्म करने पर पूरा ध्यान लगाना चाहिए। ब्राह्मणवादी पितृसत्ता एक अनूठे तरह से काम करती है। यह जाति, बलात्कार, सेक्शुअल या यौनिक हिंसा, कार्यस्थल और सार्वजनिक स्थानों पर शारीरिक हिंसा के सामूहिक और सार्वजनिक ख़तरे को तय करने में सबसे निर्णायक भूमिका निभाती है।'[21] दलित महिलाएँ ब्राह्मणवादी पितृसत्ता में सबसे निचले स्तर पर हैं, और इन्हें सबसे ज़्यादा शोषण का सामना करना पड़ता है। जाति और वर्ग के आधार पर विशेषाधिकार प्राप्त विचारक या लेखक दलित महिलाओं के मुद्दों को 'उनकी समस्या' के रूप में छोड़ देते हैं। जेंडर, वर्ग और मुख्य रूप से जाति के इस अनूठे संयोजन में दुर्बल या कमज़ोर स्थिति सबसे प्रमुख भूमिका निभाती है।

उपरोक्त चार भ्रांतियाँ भारत के मुख्यधारा और सवर्ण नारीवादियों द्वारा तैयार किये गये दुर्भाग्यपूर्ण भटकाव का प्रमाण हैं। इस प्रकार के भटकाव के कारण एक समरस और मानवीय समाज की स्थापना का लक्ष्य कुछ हद तक पीछे छूट गया है। मुख्यधारा की सवर्ण नारीवादियों ने दलित महिलाओं के मुद्दों

[21] शर्मिला रेगे (1998) : डब्ल्यूएस 43.

को नारीवाद का अभिन्न भाग नहीं माना है। इससे यह पता चलता है कि वास्तविक जेंडर न्याय के प्रति उनकी वचनबद्धता नहीं है। इसलिए यह आवश्यक है कि भारतीय संदर्भ में नारीवाद पर नये सिरे से विचार किया जाए।

## भारतीय नारीवाद पर पुनर्विचार

हम यह पाते हैं कि भारतीय संदर्भ में पितृसत्ता के बारे में मुख्यधारा की नारीवाद का सैद्धांतिक विमर्श नाकाम रहा है। इनके द्वारा पितृसत्ता को बहुल बनाने का प्रयास किया गया है, लेकिन विडंबना यह है कि इन नारीवादियों के लेखन में जिस दृष्टिकोण को अपनाया गया है, वह सिर्फ़ एकध्रुवीय दृष्टिकोण को अभिव्यक्त करता है। चूँकि एक श्रेणी के रूप में महिलाएँ अपने सामाजिक-राजनीतिक और सांस्कृतिक स्थितियों से पृथक् नहीं होती हैं, इसलिए हमें इनके संबंधों को तथ्यात्मक आधार पर देखना चाहिए। इसीलिए हमें नारीवाद पर पुनर्विचार करना चाहिए।

भारतीय नारीवादी विमर्श पर सवर्ण स्त्रियों का प्रभुत्व रहा है, जिन्होंने ग़ैर-ब्राह्मणवादी और आम्बेडकरवादी नारीवादी दृष्टिकोणों की उपेक्षा तो की ही, इसी के साथ उन्होंने जाति के सवाल को सामने नहीं ही आने दिया इससे यह बात साफ़ तौर पर सामने आती है कि सिर्फ़ एक दलित नारीवादी चिंतन ही भारत में महिलाओं की पितृसत्तात्मक दासता को दूर करने में सहायता कर सकती है। इस भाग के दूसरे हिस्से में दलित नारीवादी दृष्टिकोण की विवेचना की जाएगी। अभी हम इस बात पर विचार करते हैं कि यह आवश्यक क्यों है।

## पितृसत्तात्मक प्रभुत्व के उत्प्रेरक के रूप में जाति

2006 में खैरलांजी में एक दलित परिवार का नरसंहार किया गया था। महिलाओं को मारने से पहले उन्हें नग्न करके घुमाया गया था। इस घृणित मामले का उदाहरण देते हुए शर्मिला रेगे यह तर्क देती हैं कि 'जाति-जेंडर की साँठ-गाँठ पर पर्याप्त ध्यान न देने के कारण दलित महिलाओं के ख़िलाफ़ होने वाली

हिंसा को या तो जातिगत अत्याचार के रूप में प्रस्तुत किया जाता है या फिर यौन अत्याचार के रूप में।’[22] महिलाओं के ख़िलाफ़ हिंसा और शोषण की ब्राह्मणवादी प्रकृति होती है। इसलिए जेंडर के मुद्दे को इससे अलग रखकर नहीं देखा जा सकता है, बल्कि इसे हम अपनी सामाजिक हक़ीक़त से जोड़कर ही समझना होगा क्योंकि भारतीय समाज का मूल आधार ‘जाति’ ही है। ऑनर किलिंग (या इज़्ज़त के नाम होने वाली हत्याओं) से यह बात पूरी तरह स्पष्ट है।[23] प्रेमी-प्रेमिकाओं (या नवविवाहित जोड़ों) की उनके माता-पिता, अभिभावकों या स्थानीय अधिकारियों द्वारा हत्या के लिए आम तौर पर दो प्रमुख कारण ज़िम्मेदार होते हैं: पहला, वे परम्परा को तोड़कर अपनी मर्ज़ी से विवाह करने की हिम्मत दिखाते हैं; या दूसरा, साहस दिखाते हुए वे अपनी जाति से अलग हटकर अपना जीवन साथी चुनने का फ़ैसला करते हैं। भारत जैसे जातिवादी समाज में जाति के मानकों की अवहेलना करने का अर्थ है हत्या, बलात्कार या जीवन के लिए ख़तरे को बुलावा देना।

जाति के भीतर विवाह (एंडोगेमी) महिलाओं की सेक्शुअलिटी या यौनिकता को नियंत्रित और संगठित करने का आधार है। इसके संदर्भ में शर्मिला रेगे आम्बेडकर के सैद्धांतिक सूत्रीकरण का सहारा लेते हुए तर्क देती हैं कि ‘जाति श्रम के विभाजन, श्रम के सेक्शुअल या लैंगिक विभाजन, और सेक्शुअल श्रम के विभाजन को तय करती है’।[24] हम जाति को पितृसत्ता से अलग नहीं कर सकते हैं। पितृसत्ता को समाप्त करने के लिए हमें निश्चित रूप से यह समझना होगा कि‘ब्राह्मणीकरण संस्कृति-संक्रमण और सम्मिलन की दोहरी प्रक्रिया रही है।...इसलिए बहुल पितृसत्ताओं का अस्तित्व ब्राह्मणवादी षड्यंत्र तथा उत्पादन के साधनों से जाति समूह के संबंध, दोनों का नतीजा रहा है।[25]

---

[22] शर्मिला रेगे (2003) :26.

[23] ‘ऑनर किलिंग’ शब्द का प्रयोग ऐसी हत्याओं के लिए किया जाता है, जब हत्या करने वाले लोग यह मानते हैं कि वे ब्राह्मणवादी व्यवस्था द्वारा बताए गये मानकों की अवहेलना करने वाले लोगों की हत्या करके ‘इज़्ज़त’ की सुरक्षा कर रहे हैं.

[24] शर्मिला रेगे (1995).

[25] शर्मिला रेगे (1998) : डब्ल्यूएस 44.

रेगे के विश्लेषण से यह बात साफ़ तौर पर सामने आती है कि ब्राह्मणवादी पितृसत्ता इस तरह से काम करती है कि श्रेणीबद्ध असमानता के अस्तित्व के कारण विभिन्न जातियों के लोग अलग-अलग तरीक़े से इसका अनुभव करते हैं। जाति-आधारित समाज के उन्मूलन से जुड़ी कोई भी राजनीति सेक्शुअल राजनीति की उपेक्षा नहीं कर सकती है। मात्र एक ध्रुवीय या एक आयाम की रूपरेखा पर ध्यान देने से कोई सार्थक नतीजा सामने नहीं आता है। इसलिए दलित और नारीवादी, दोनों ही विमर्शों पर पुनर्विचार करने की आवश्यकता है।

रेगे भारत के हाल के इतिहास से भँवरी देवी, चंद्रू, बाबरी मस्जिद और ऐसे ही अन्य मामलों का उल्लेख करते हुए इस बात की वक़ालत करती हैं कि वर्ग-आधारित हेट्रो-पितृसत्ताओं (हेट्रो-पैट्रिआर्कीज) की दलित समीक्षा के अभाव में सेक्शुअल राजनीति का राजनीतिक लाभ खो जाएगा।[26] मुख्यधारा की नारीवादियों द्वारा हमेशा ही दलित प्रश्न को नकारा गया जो कि हमें सावधानीपूर्वक तथा आलोचनात्मक तरीक़े से विचार करने पर मजबूर करता है।[27] यह साफ़ तौर पर कहा जा सकता है कि मुख्यधारा की नारीवादी 'पितृसत्ता के साथ जाति के गहन जुड़ावों' को समझने में नाकाम रही हैं।

## एक दलित नारीवादी समाधान

अगर जेंडर न्याय के विचार में सबके लिए न्याय की बात सम्मिलित नहीं है, तो वह निरर्थक है। इसलिए ब्लैक फ़ेमिनिज़म (अश्वेत नारीवाद) के विचार को आगे बढ़ाने वाली नारीवादी विद्वानों ने प्रथम विश्व के नारीवाद के केंद्र में 'इंटरसेक्शनैलिटी' (विभिन्न समूहों को साझा गुणों के आधार पर जोड़ना) के माध्यम से 'भिन्नता' को जोड़ा है।[28]

---

[26] शर्मिला रेगे (2000) : 493.

[27] देखें, सिंथिया स्टेफन (2011).

[28] किम्बर्ले क्रेनशॉ (1989); पैट्रिशिया हिल कॉलिन्स (1989).

मूल रूप से, भिन्नता को एक अनूठे प्रकार के भेदभाव करने वाले आयाम के रूप में देखा गया। यह माना गया कि अश्वेत या काली महिलाओं को अपने नस्ल-जेंडर-वर्ग की वंचनाओं के कारण इस प्रकार के भेदभाव का सामना करना पड़ता है। हालाँकि भारत की मुख्यधारा की नारीवादियों ने 'भिन्नता' या 'विभेद' (डिफरेंस) और इंटरसेक्शनैलिटी की महत्त्वपूर्ण अवधारणा को अपनाया है। वे तीसरी दुनिया और नस्ल को 'भिन्नता' का मुख्य आधार मानती हैं, लेकिन वे उपमहाद्वीप के संदर्भ में इसी तरह की आंतरिक भिन्नता को नकारती हुई नज़र आती हैं।[29] रेगे ने दलित नारीवादी दृष्टिकोण से इस भिन्नता की आलोचना प्रस्तुत की है। उनके अनुसार, जाति के आयाम को जोड़े बग़ैर यह भिन्नता अधूरी है।[30] इसलिए यह बात पूरी तरह स्पष्ट हो जाती है कि भारतीय नारीवाद का लोकतंत्रीकरण करने के लिए यह आवश्यक है कि दलित दृष्टिकोण से सैद्धांतीकरण किया जाए।

इस दृष्टिकोण से भिन्नता के सूत्रीकरण में यह बात सामने आती है कि दलित महिलाएँ अपने जाति-वर्ग-जेंडर वंचनाओं के इंटरसेक्शन में एक अनूठे भेदभाव के रूप में भिन्नता का सामना करती हैं। मैंने इसे 'दलित भिन्नता' की संज्ञा दी है। दलित-भिन्नता को नारीवादी चिंतन के केंद्र में रखने से हमें नारीवादी दर्शन को मुकम्मल करने में सहायता मिलती है, क्योंकि इसका अन्य ब्राह्मणवादी विशेषाधिकार प्राप्त लोगों के अधिकारों और हितों से कोई अंतर्विरोध नहीं है। दलित नारीवाद दलितों का नारीवाद या दलितों के लिए नारीवाद नहीं है। यह सिर्फ़ एक ऐसा नारीवाद है जो नारीवाद के केंद्र में जाति के प्रश्न को रखता है, और यह भारतीय पितृसत्ता के विशिष्ट रूप अर्थात् इसकी ब्राह्मणवादी प्रकृति को दूर करने के लिए प्रतिबद्ध है। दलित नारीवाद के विकास के लिए हमारे

[29] निवेदिता मेनन (2015).

[30] शर्मिला रेगे (1998) : डब्ल्यूएस 39- डब्ल्यूएस 46).

पास प्रचुर मात्रा में विद्वतापूर्ण लेखन उपलब्ध हैं।[31] ज़्यादा महत्त्वपूर्ण बात यह है कि कुछ चुनौतियों को पहचान कर उनसे उबरने का प्रयास किया जाए।

**जेंडर के सिद्धांत की चुनौतियाँ**

भारतीय नारीवादी की सुस्थापित समीक्षाओं ने हमारा ध्यान प्रामाणिकता और प्रतिनिधित्व के सवालों की और दिलाया है। सवर्ण महिलाएँ आतुरता के साथ यह चाहती हैं कि दलित महिलाओं का साक्षात्कार लेकर या उनके जीवन की कहानियों का अध्ययन करके या उनका अनुवाद करके ख़ुद को प्रतिनिधि के रूप में प्रस्तुत करें।[32] मुख्यधारा की तमाम भारतीय नारीवादी चिंतक दलित महिलाओं की कमज़ोर स्थिति का शोषण करके अपनी विशिष्ट स्थिति को और ज़्यादा मज़बूत बना रही हैं। जेंडर के एक सिद्धांत के विकास में इस तरह के जोखिम अनिवार्य रूप से सामने आते हैं।

इस संदर्भ में जूली स्टीफेंस यह दलील देती हैं कि 'सिर्फ़ साक्षात्कार या इंटरव्यू लेने वाला/वाली द्वारा ही वास्तव में बोला जा रहा होता है, फिर भी नारीवादी विमर्श में बार-बार यह दोहराया जाता है कि वे 'उनकी ओर से नहीं बोल रही हैं।'[33] रेगे किसी भी विषय के पाठ्यक्रम में दलित महिलाओं को 'शामिल करने' के लिए दो मॉडलों का उल्लेख करती — (1) 'पर्यटक के रूप में नारीवादी', ये 'दलित महिलाओं और उनसे जुड़ी हलचल को जोड़ने' का सुझाव देती हैं; और, (2) 'जाँचकर्त्ताओं के रूप

[31] गोपाल गुरु (1995); शर्मिला रेगे (1998), (2000), (2013), प्रथम प्रकाशन (2013); बी. आर. आम्बेडकर (2003); राजेश्वरी सुंदर राजन (1999); एस. जे. एलोसियस, जयश्री मंगूभाई और जॉयल जी. ली (2006); पी. जी. जोगडांड (2013); स्मिता एम. पाटिल (2013); शर्मिला रेगे और अन्य (2013); उर्मिला पवार और मीनाक्षी मून (2014); मीना गोपाल (2015); मेरी ई. जॉन (2015); कंचना महादेवन (2015); शैलजा पाइक (2016).

[32] शर्मिला रेगे (2013, प्रथम प्रकाशन 2006) : 11-21.

[33] जूली स्टीफेंस (1994): 97.

में नारीवादी', ये 'दलित महिलाओं को पृथक् और समान' मानते हुए जोड़ती हैं।[34] इसका अर्थ यह है कि पर्यटक मॉडल 'जानकार रक्षक नारीवादी' की भूमिका अदा करता है, और यह 'असहाय दलित महिलाओं' को ज्ञान प्रदान करता है। जाँचकर्त्ता मॉडल उन्हें 'समान' मानकर व्यवहार करने का दिखावा करता है, और यह सांस्कृतिक भिन्नता के नाम पर उनकी पृथक्ता को सही साबित करते हैं। भारत के समकालीन नारीवादी लेखन में हम इस शक्ति के खेल को देख सकते हैं, और हमारी यह कोशिश होनी चाहिए कि इन दोनों ही मॉडलों को बढ़ावा न मिले। लेकिन भारतीय नारीवादी साहित्य में हमें लगातार दलित महिलाओं की एजेंसी को नकारने और दलित नारीवादियों की विद्वता की उपेक्षा करने का प्रयास दिख सकता है। अमूमन उन्हें 'देशज वृत्तांतकारों' (नैटिव नैरेटर्स) की संज्ञा दे दी जाती है, जो नारीवादी एजेंडा का विषय होने के बजाय अध्ययन का विषय हैं। 'हम/वे' के द्विभाजन के माध्यम से उनका अलगाव किया जाता है; दलित नारीवादी विमर्श को 'कविता, लघु कहानी और लेखन के अन्य रूपों तक सीमित कर दिया जाता है', और उन्हें सैद्धांतिक, बौद्धिक या अकादमिक लेखन और विद्वता से अलग माना जाता है। दलित नारीवादी एक्टिविज़म को अलग-थलग करने के लिए 'नारीवादी और अन्य प्रकार की राजनीति', 'नारीवादियों और अन्य सबॉल्टर्न शक्तियों' जैसी शब्दावली का प्रयोग किया जाता है। इस तरह कई अन्य उदाहरण दिये जा सकते हैं।[35] नारीवादी सिद्धांत की अवधारणा तैयार करने में दलित नारीवादियों को अलग करना और 'ब्राह्मणवादी सर्वोच्चता का भ्रम' मुख्य चुनौतियाँ हैं।

---

[34] आर. पी. मोहंती (2003) :244)

[35] सूसी थारू (2014): 155; उमा चक्रवर्ती (2012-13) :137, 147; सूसी थारू और तेजस्विनी निरंजना (1996 : 232-60; 232).

## निष्कर्ष

उपरोक्त तीन भागों की चर्चा से यह स्पष्ट है कि मुख्यधारा की भारतीय नारीवादी सबसे दुर्बल स्थिति वाली महिलाओं के लिए जेंडर न्याय की सुनिश्चितता के प्रति वचनबद्ध नहीं हैं। ज़रूरी है कि सबसे दुर्बल स्थिति वाली महिलाओं को इस बात के लिए प्रोत्साहित किया जाए कि वे जेंडर का प्रामाणिक सिद्धांत तैयार करने में नेतृत्वकारी भूमिका निभाएँ। यह आवश्यक है कि सिद्धांत-अनुभव के पदसोपान (हायरार्की) को तोड़ते हुए दलित महिलाएँ सक्रिय भागीदारी करें; और साथ ही, जाति, वर्ग, क्षेत्र, भाषा, संस्कृति इत्यादि की भिन्नताओं के रूप में आने वाली बाधाओं की उपेक्षा करें। यह आवश्यक है कि नारीवादी शोध के विषय और लक्ष्य में परस्पर-व्यापन (ओवरलैप) हो। जीवन के अनुभवों की सैद्धांतिक अभिव्यक्ति में समर्थ होने के लिए यह आवश्यक है कि दलित महिलाओं का सशक्तीकरण हो। इसके साथ ही शिक्षा और शोध की स्थिति में सुधार होना भी आवश्यक है। ऐसा होने पर ही दलित महिलाओं तक इस प्रकार की सैद्धांतिक अभिव्यक्ति आसानी से पहुँच सकती है। हालाँकि एक ग़ैर-दलित और ग़ैर-महिला द्वारा अपनाए गये ईमानदार और समतावादी दृष्टिकोण को भी प्रोत्साहित किया जाना चाहिए। एक मुक्तिकारी एजेंडा में पदसोपानीय विशेषाधिकार प्राप्त लोगों की भागीदारी एक महत्त्वपूर्ण भूमिका निभा सकती है, बशर्ते वे एक ख़ास संदर्भ में वे अपने लक्ष्य के प्रति गहरी वचनबद्धता रखते हों। एक ग़ैर-दलित महिला शर्मिला रेगे और एक दलित पुरुष गोपाल गुरु द्वारा दलित नारीवादी सैद्धांतीकरण से समतावादी समाज की ओर सामूहिक प्रगति की संभावना सामने आती है। बहुत से सवर्ण और विशेषाधिकार प्राप्त लेखक/लेखिकाओं द्वारा किसी गहरी वचनबद्धता के बग़ैर होने वाली अभिव्यक्ति, और ब्राह्मणवादी आधार पर अन्य लोगों को अलग-थलग करने की प्रवृत्ति से समतावादी लक्ष्य के लिए

जोखिम ही पैदा होता है। इसलिए प्रत्येक की मुक्ति के प्रति वचनबद्धता और अन्य सभी पहलुओं की गहरी जाँच-पड़ताल करना अत्यंत आवश्यक है।

नारीवादियों ने सबसे वंचित लोगों के अधिकारों की सुरक्षा और उन्हें बढ़ावा देने के लिए महत्त्वपूर्ण काम किया है। लेकिन यह आवश्यक है कि उन दृष्टिकोणों को छोड़ दिया जाए जिनके चलते 'दलित पितृसत्ता' जैसी भ्रामक और अस्थायी क़िस्म की अवधारणाएँ सामने आती हैं। इन अवधारणाओं के कारण मुख्य लक्ष्य पीछे छूट जाता है। ब्राह्मणवादी विशेषाधिकार का आनंद उठाने वाली अधिकांश 'प्रतिनिधियों' द्वारा अभिव्यक्त किये जाने वाले पूर्वग्रहों या ग़ैर-ज़िम्मेदार विचारों के आधार पर नारीवाद में ऐसे सिद्धांत के निर्माण की कल्पना नहीं की जा सकती है जो जेंडर न्याय सुनिश्चित करे। मुक्तिकारी नारीवादी सिद्धांत के विकास के लिए यह ज़रूरी हो जाता है कि एक दलित नारीवादी दृष्टिकोण का विकास किया जाए, तथा यह दृष्टिकोण बुनियादी रूप से 'दलित भिन्नता' और प्राथमिक रूप से दलित महिलाओं के अनुभवों पर आधारित होना चाहिए।

## संदर्भ

आर. पी. मोहंती (2003), *दलित डिवेलपमेंट ऐंड चेंज : एन इम्पीरिकल स्टडी,* डिस्कवरी पब्लिशिंग हाउस, नयी दिल्ली.

उमा चक्रवर्ती (1993), 'कॉनसेप्चुअलाइजिंग ब्राह्मेनिकल पैट्रियार्की इन अर्ली इंडिया: जेंडर, कास्ट, क्लास ऐंड स्टेट', *इकनॉमिक ऐंड पॉलिटिकल वीकली*, 28(14), अप्रैल 3, 579-585.

———- (2012-13), 'इन हर ऑन राइट: राइटिंग फ्रॉम अ दलित फ़ेमिनिस्ट स्टैंडप्वाइंट', *इंडिया इंटरनैशनल सेंटर क्वार्टली*, 39 (3/4), विंटर-स्प्रिंग, 134-145.

उर्मिला पवार और मीनाक्षी मून (2014), *वी आल्सो मेक हिस्ट्री: वीमेन इन द आम्बेडकराइट मूवमेंट* (अनुवाद और प्रस्तावना: वंदना सोनालकर), जुबान एकेडेमिक, नयी दिल्ली.

एस. जे. एलोसियस, जयश्री पी. मंगूभाई और जोयल जी. ली (सं.), *दलित वीमेन स्पीक आउट : वायलेंस अगेंस्ट दलित वीमेन इन इंडिया,* जुबान, नयी दिल्ली.

कंचना महादेवन (2015), 'एक्सपीरियन्स ऐंड रिप्रेजेंटेशन: बियोंड हायरार्की', लेब्रेस, इट्युड्स फेमिनिस्ट्स इस्ट्युडोस फेमिनिस्टास, नवंबर 27, जनवरी-जून, पृ. 1-20, http:www.labrys.net.br.

कांचा इलैया (1996), *व्हाई आई एम नॉट अ हिंदू : अशूद्रा क्रिटीक ऑफ़ हिंदुत्व फ़िलॉसफ़ी,कल्चर ऐंड पॉलिटिकल इकॉनॉमी*, समय, कलकत्ता.

किंबर्ले क्रेनशॉ (1989), 'डिमार्जिनलाइजिंग द इंटरसेक्शन ऑफ़ रेस ऐंड सेक्स : अ ब्लैक फ़ेमिनिस्ट क्रिटिक ऑफ़ ऐंटी डिस्क्रिमिनेशन डॉक्ट्रिन, फ़ेमिनिस्ट थियरी ऐंड एनार्किस्ट डॉक्ट्रिन', *युनिवर्सिटी ऑफ़ शिकागो लीगल फ़ोरम*, 1(8) : 140-67.

क्रिस्टीना थॉमस धनराज (2019), 'बुक रिव्यू ऑफ़ यशिका दत्त'स कमिंग आउट ऐज दलित', स्क्रॉल.इन, मार्च 23, वेब पता: tttps://scroll.in/article/917384/this-poignant-memoir-2019. देखने की तारीख़ : 11 अप्रैल, 2019.

कुमकुम संगारी (1995), 'पॉलिटिक्स ऑफ़ डायवर्सिटी: रीलिजियस कम्युनिटीज ऐंड मल्टीपल पैट्रियार्कीज', *इकनॉमिक ऐंड पॉलिटिकल वीकली,* 30(51) : 3287-33.10.

गोपाल गुरु (1995), 'दलित वीमेन टॉक डिफरेंटली', *इकनॉमिक ऐंड पॉलिटिकल वीकली, 30(41/42),*अक्टूबर, 14-15, 2548-2550.

गोपाल गुरु और सुंदर सरुक्कई (2012), द *क्रैक्ड मिरर : ऑन इंडियन डिबेट ऑन एकसपीरियन्स* ऐंड *थियरी,* ऑक्सफ़र्ड युनिवर्सिटी प्रेस, नयी दिल्ली.

चल्लापल्ली स्वरूपा रानी (1998), 'दलित वीमेंस राइटिंग इन तेलुगू : रिव्यू ऑफ़ वीमेंस स्टडीज', *इकनॉमिक ऐंड पॉलिटिकल वीकली,*अप्रैल 25, 37(17).

जूली स्टीफेंस (1994), 'फ़ेमिनिस्ट फिक्शंस : अ क्रिटीक ऑफ़ द कैटेगरी 'नान वेस्टर्न वीमेन' इन फ़ेमिनिस्ट राइटिंग्स ऑफ़ इंडिया', संकलित रणजीत गुहा (सं.), *सबॉल्टर्न स्टडीज VI : राइटिंग्स ऑन साउथ एशियन हिस्ट्री ऐंड सोसायटी*, ऑक्सफ़र्ड युनिवर्सिटी प्रेस, दिल्ली : 92-125.

पी. जी. जोगडांड (2013), *दलित वीमेन इसुज ऐंड पर्सपेक्टिव्स,* ज्ञान पब्लिशिंग हाउस, नयी दिल्ली.

पैट्रिशिया हिल कॉलिंस (1989), 'द सोशल कंस्ट्रक्शन ऑफ़ ब्लैक फ़ेमिनिस्ट थॉट', *साइंस जर्नल ऑफ़ वीमेन इन कल्चर ऐंड सोसायटी,* 14(4) : 745-773.

प्रदीप गोखले (2008), द *फ़िलॉसफ़ी ऑफ़ डॉ. बी. आर. आम्बेडकर,* सुगवा प्रकाशन ऑन बिहाफ ऑफ़ इंडियन फिलॉसोफिकल क्वार्टली,पूणे.

बी. आर. आम्बेडकर (2003), *बाबासाहेब आम्बेडकर्स राइटिंग्स ऐंड स्पीचेस (संकलन और संपादन वसंत मून).*

मीना गोपाल (2015), *स्ट्रगल्स अराउंड जेंडर : सम क्लैरिफिकेशंस, इकनॉमिक ऐंड पॉलिटिकल वीकली,* 50 (33), 76-77.

मैरी ई. जॉन (2015), 'इंटरसेक्शनैलिटी : रिजेक्शन ऑर क्रिटिकल डायलॉग', *इकनॉमिक ऐंड पॉलिटिकल वीकली,* 50 (33) : 72-76.

निवेदिता मेनन (2015) 'इज फ़ेमिनिज़म अबाउट 'वीमेन'? अ क्रिटिकल व्यू ऑन इंटरसेक्शनैलिटी फ्रॉम इंडिया, *इकनॉमिक ऐंड पॉलिटिकल वीकली*, 50 (17) :37-55.

यशिका दत्त (2019), *कमिंग आउट ऐज दलित: अ मेमॉयर,* अल्फा बुक कंपनी, दिल्ली.

रजनी तिलक (2018), 'नीड टू रिडिफाइन दलित मूवमेंट', इंडियन कल्चरल फोरम, अप्रैल 2, वेब पता: http://indianculturalforum.in/2018/04/02/need-to-redefine-dalit-movement-rajni-tilak/ and https://roundtableindia.co.in/index.php?option=com_content &view=article&id=6155:need-to-redefine-dalit-movement-rajni-tilak&catid= 119 : feature&Itemid=132, देखने की तारीख़ : 17 जुलाई, 2019.

राजेश्वरी सुंदर राजन (सं.) (1999). *साइनपोस्ट्स : जेंडर इसुज इन पोस्ट इंडिपेंडेंस इंडिया. काली फ़ॉर वीमेन,* नयी दिल्ली.

रैमबर्ग ल्यूसिंडा (2018), 'कास्टिंग रीलिजन ऐंड सेक्सिंग जेंडर इन साउथ एशिया', संकलित, अनुपमा राव (सं.), *जेंडर, कास्ट ऐंड इमैजिनेशन ऑफ़ इक्वालिटी*, वीमेन अनलिमिटेड, नयी दिल्ली : 37-57.

वसंत कन्नाबीरन और कल्पना कन्नाबीरन (1991), 'कास्ट ऐंड जेंडर : अंडरस्टैंडिंग ऑफ़ पॉवर ऐंड वायलेंस', *इकनॉमिक ऐंड पॉलिटिकल वीकली*, 26(37): 2130-2134.

वसंत मून (2001). *ग्रोईंग अप अनटचेबल इन इंडिया : अ दलित ऑटोबायोग्राफ़ी* (अनुवाद : गेल ऑम्वेट, प्रस्तावना, एलीनॅर ज़ेलियट), मराठी में वास्ती शीर्षक से पहला प्रकाशन 1995, विस्तार पब्लिकेशंस, नयी दिल्ली.

वी. गीता (2009), *पैट्रियार्की*, स्त्री, कोलकाता.

शर्मिला रेगे (1998), 'दलित वीमेन टॉक डिफरेंटली : अ क्रिटिक ऑफ़ 'डिफरेंस' ऐंड टुवर्ड्स अ दलित फ़ेमिनिस्ट स्टैंड प्वाइंट पोजिशन', *इकनॉमिक ऐंड पॉलिटिकल वीकली*, 33(4), अक्टूबर 31-नवंबर 6, डब्ल्यूएस39-डब्ल्यूएस46.

———(2000), 'रियल फ़ेमिनिज़म ऐंड दलित वीमेन', *इकनॉमिक ऐंड पॉलिटिकल वीकली*, 35(6), फ़रवरी 5, 492-495.

———(सं.) (2013), *राइटिंग कास्ट/राइटिंग जेंडर : नैरेटिंग दलित वीमेंस टेस्टीमोनीज,* जुबान, नयी दिल्ली (पहला प्रकाशन काली फ़ॉर वीमेन से 2006 में).

———(2013), 'कास्ट ऐंड जेंडर: द वायलेंस अगेंस्ट वीमेन इन इंडिया. संकलित, पी. जी. जोगडान्ड (सं.), *दलित वीमेन: इसुज ऐंड पर्सपेक्टिव्स*, ज्ञान पब्लिशिंग हाउस, नयी दिल्ली : 18-31.

———(2013), *अगेंस्ट द मैडनेस ऑफ़ मनु : बी. आर. आम्बेडकर्स राइटिंग्स ऑन ब्राह्मिनिकल पैट्रियार्की,* नवयाना, नयी दिल्ली.

शर्मिला रेगे, जे. देविका, कल्पना कन्नाबीरन, मैरी ई. जॉन, पद्मिनी स्वामीनाथन और समिता सेन (2013), 'इंटरसेक्शंसऑफ़जेंडर ऐंड कास्ट', *इकनॉमिक ऐंड पॉलिटिकल वीकली,* 48(18) :35-36.

श्यामला गोगू (2012), *फादर मे बी ऐन एलीफैंट ऐंड मदर ओनली अ स्मॉल बासकेट,* बट...तेलुगू से अनूदित, नवयान, हैदराबाद.

शैलजा पाइक (2016), 'फोर्जिंग अ न्यू दलित वुमनहुड इन कोलोनियल इंडिया : डिस्कोर्स ऑन मॉडर्निटी, राइट्स, एजुकेशन ऐंड इमैनिशेपशन', *जर्नल ऑफ़ वीमेंस हिस्ट्री*, जॉन हॉपकिन्स प्रेस, 28(4), विंटर 14-40.

स्मिता एम. पाटिल (2013), रिविटलाइजिंग दलित फ़ेमिनिज़म : टुवर्ड्स रिफ़्लेक्सिव ऐंटी कास्ट

एजेंसी ऑफ़ मांग ऐंड महार वीमेन इन महाराष्ट्र, रिव्यू ऑफ़ वीमेंस स्टडीज, *इकनॉमिक ऐंड पॉलिटिकल वीकली*, 48(8), मई 4, 37-43.

स्वाति काम्बले (2018), व्हेल लव इज ब्रूटल : पर्सनल नैरेटिव ऑफ़ सर्वाइविंग डॉमेस्टिक अब्यूज', *सावरी*, दलित वेब, 8 मई, वेब पता : https://www.dalitweb.org/?p+3222, देखने की तारीख़ : 18 जुलाई, 2019.

सिंथिया स्टीफेन (2011),*अ नेम ऑफ़ ऑवर ऑन, जर्नल ऑफ़ धर्मा,* 36(4) : 419-439.

सुनैना आर्य (2017), *ऐन इंक्वायरी इन टू आम्बेडकर ऐज फ़ेमिनिस्ट फ़िलॉसफ़र, सब्मिटेड टू सेंटर फ़ॉर फ़िलॉसफ़ी, जवाहरलाल नेहरू युनिवर्सिटी*, 25 जुलाई, नयी दिल्ली.

———(2020), 'थ्योराइजिंग जेंडर इन साउथ एशिया: टुवर्ड अ दलित फ़ेमिनिस्ट फ़िलॉसफ़ी', एडिटोरियल आर्टिकल, स्पेशन जेंडर इश्यु, *कॉस्ट : अ ग्लोबल जर्नल ऑफ़ सोशल एक्सक्लूजन*, 1(2).

——— (2020), 'आम्बेडकर ऐज अ फ़ेमिनिस्ट फिलॉसफ़ी', आकाश सिंह राठौर (सं.), *बी. आर. आम्बेडकर : क्वेस्ट फ़ॉर जस्टिस*, ऑक्सफ़र्ड युनिवर्सिटी प्रेस, नयी दिल्ली.

सुनैना आर्य और आकाश सिंह राठौर (2019), *दलित फ़ेमिनिस्ट थियरी : अ रीडर*, रौटलेज, लंदन.

सूज़ी थारू और तेजस्विनी निरंजना (1996), 'प्रॉब्लेम्स फ़ॉर अ कंटेम्परारी थियरी ऑफ़ जेंडर', संकलित शाहिद अमीन और दीपेश चक्रवर्ती (सं.), *सबॉल्टर्न स्टडीज IX : राइटिंग्स ऑन साउथ एशियन हिस्ट्री ऐंड सोसायटी,* ऑक्सफ़र्ड युनिवर्सिटी प्रेस, नयी दिल्ली, पृ. 232-260.

सूज़ी थारू और शर्मिला रेगे (1994), 'रिस्पांस टू जूली स्टीफेंस', संकलित, रणजीत गुहा (सं.), *सबॉल्टर्न स्टडीज IV: राइटिंग्स ऑफ़ साउथ एशियन हिस्ट्री ऐंड सोसायटी,*ऑक्सफ़र्ड युनिवर्सिटी प्रेस, नयी दिल्ली, पृ. 126-131.

अछूतों का फुटबॉल

पण्डित जी अछूतों के बहिष्कार का फ़तवा देकर उसे ठुकरा रहे हैं और मौलवी तथा पादरी साहब अछूत-रूपी गेंद को लोक रहे हैं !!

# रूप-अरूप, सीमा और असीम

## औपनिवेशिक काल में दलित-पौरुष

चारु गुप्ता

*प्रतिमान*, जनवरी-जून, 2013, वर्ष 1, अंक 1 में पूर्व-प्रकाशित : पृ.सं. 99-125.

पिछले दशक में पौरुष पर हमारे देश में कई अच्छे अध्ययन हुए हैं।[1] जिस तरह वर्ग-विश्लेषण के लिए शासक वर्ग का अध्ययन ज़रूरी है, उसी तरह लैंगिक विश्लेषण के लिए पुरुष का अध्ययन आवश्यक है।[2] पितृसत्तात्मक निर्मिति के केंद्र में रहने के कारण आम-तौर पर पुरुष की पहचान ख़ासी धुँधली रहती है। संपत्तिशाली, उच्चवर्णी, विषमलिंगी हिंदू पुरुष धार्मिक और जातिगत पदानुक्रम के शीर्ष पर विराजमान है। दूसरी तरफ़, कई महत्त्वपूर्ण अध्ययनों ने बताया है कि किस प्रकार औपनिवेशिक विमर्श में पौरुषपूर्ण ब्रिटिश पुरुष को स्त्रैण भारतीय पुरुष के बरअक्स देखा-दिखलाया गया है।[3] ये अध्ययन आज के भारत में हिंदू संकीर्णता, दक्षिणपंथ, हिंसा और पौरुष के उभार के बीच के संबंधों की विवेचना करते हैं।[4]

बहरहाल, ज़्यादातर ऐतिहासिक अध्ययनों में औपनिवेशिक या उच्चवर्णी हिंदू पौरुष पर ही मुख्य तौर पर ध्यान दिया गया है। दलित-पहचान में पौरुष की भूमिका पर कोई विशेष चिंतन नहीं मिलता। पौरुष के अध्ययन में धार्मिक पहचान के पहलू पर तो ध्यान दिया गया है, पर जाति की भूमिका के बारे में हम उतने सचेत नहीं हैं। दरअसल, औपनिवेशिक भारत के ख़ास संदर्भ में जाति, दलित-पहचान, लैंगिक विचारधारा और पौरुष के आपसी अंतर्संबंधों की आम विवेचना नहीं हुई है। दलित-पौरुष की समीक्षा से पौरुष, आधिपत्य और सत्ता के आपसी संबंध डगमगा जाते हैं। औपनिवेशिक भारत में दलित-पौरुष का चित्रण हिंदू उच्चवर्णी पराक्रमी पौरुष की तुलना में असमंजस भरा और अस्थिर नज़र आता है। मसलन, पौरुष का दावा कई बार दलित के सम्मान, सामाजिक औक़ात और अधिकार से जुड़ जाता था। ऐसे दावे पौरुष की एक अलग पहचान बना या बिगाड़ रहे थे। दलित मर्दों ने पौरुष के प्रभुत्वशाली विचारों और सामाजिक व्यवहारों को स्वीकारा, नकारा और विरोधाभासी रूपों में परिभाषित किया। इस लेख में दलित-पौरुष को हाशिये की बजाय केंद्र में रखा

[1] राधिका चोपड़ा, कैरोलीन ओसेला और फ़िलिपो ओसेला (सं.) (2004).

[2] आर.डब्ल्यू. कॉनेल (1995).

[3] आशिस नंदी (1983).

[4] थॉमस ब्लूम हैनसेन (2006).;ज्ञानेंद्र पांडेय (2006).

गया है, जिससे हमारे पौरुष-अध्ययन की वर्तमान सीमाओं को चुनौती मिलती है। लेख में यह खोजने की कोशिश है कि किस प्रकार औपनिवेशिक संयुक्त प्रांत (आज का उत्तर प्रदेश) में औपनिवेशिक सत्ता, उच्च जाति और ख़ुद दलितों ने सामाजिक नियंत्रण और पहचान के लिए दलित पुरुष की देह को नयी तरह से पढ़ा, तोड़ा, बनाया और बिगाड़ा।

**औपनिवेशिक उत्तर प्रदेश में 'अछूत'**

कई अध्ययन औपनिवेशिक दौर में दो परस्पर विरोधी प्रक्रियाओं की ओर हमारा ध्यान आकर्षित करते हैं। एक ओर जाति का नकार हुआ तो दूसरी ओर शहरीकरण, नगर-क़ानून, कोर्ट, मिशनरी गतिविधियों और जनगणना प्रक्रियाओं के ज़रिये जाति हिंदू धर्म के साथ जुड़कर, और मज़बूत हुई।[5] औपनिवेशिक अर्थतंत्र में दलितों को कुछ हद तक रोज़गार तो मिला, पर साथ ही छुआछूत की दीवार भी मज़बूत हुई। इसके कारण शुद्ध और अशुद्ध जातियों के बीच का विभाजन नये सिरे से रचा गया। उत्तर प्रदेश के दलितों के लिए औपनिवेशिक शासन एक मिला-जुला तजुर्बा था, जिसमें उन्हें तरह-तरह के जटिल तरीक़ों से फ़ायदा-नुक़सान हो रहा था।[6]

ईसाई मिशनरियों की धार्मिक गतिविधियों के कारण उत्तर प्रदेश में धर्मांतरण को लेकर व्यापक पैमाने पर भाषायी प्रकाशनों का वितरण हुआ। नॉर्थ इंडियन क्रिश्चियन ट्रैक्ट ऐंड बुक सोसाइटी ने, जिसका मुख्यालय इलाहाबाद में था, शोषित अवर्णों के लिए कई किताबें, पर्चे और पुस्तिकाएँ प्रकाशित कीं।[7] बदायूँ, मथुरा, मेरठ, रुड़की, कानपुर, मुरादाबाद, पीलीभीत, बिजनौर और बरेली में कई चमार और भंगी ईसाई बन गये।[8] साथ-ही-साथ, ग्रामीण पूर्वी उत्तर प्रदेश में उन्नीसवीं सदी में भूस्वामियों के एक ऐसे वर्ग का उदय हुआ जिसका हित कई प्रकार की विषमताओं को बरक़रार रखने और

[5] निकोलस बी. डर्क्स (1987).; इशिता-बनर्जी दुबे (सं.)(2008).; सूज़न बेली (1999) : 25-96, 144-86.

[6] ओवेन एम. लिंच (1969).; नंदिनी गुप्तू (2001) : 27-65.; रामनारायण एस. रावत (2012).

[7] ए.सी. क्लेटॅन (1911).; जे. जे. लुकास, (प्रकाशन दर्ष उपलब्ध नहीं है).

[8] जॉन सी. बी. वेबस्टर (1994).

मज़बूत करने में था। जजमानी और बेगार प्रथा को एक नया जीवन मिला।[9] कई क्षेत्रों में गन्ने की खेती में वृद्धि हुई जिससे ज़मींदारों को ख़ासा फ़ायदा हुआ, पर दलितों की बहबूदी नहीं हुई।[10] अस्सी प्रतिशत खेत मज़दूर और खेती-किसानी करने वाले दलित थे। कई दलित पुश्तों से बँधुआ थे। हलवाहे के रूप में उनकी मज़दूरी बेहद कम थी। ज़मीन पर बढ़ते दबाव, कृषि-मंदी, प्राकृतिक विपदा, जोत के बँटवारे और घरेलू उद्योगों में ह्रास के कारण आर्थिक जीवन में उतार-चढ़ाव हुआ। दलितों के रोज़गार के साधन संकट के घेरे में आ गये।[11]

ऐसे कई मिले-जुले कारणों से दलितों का शहर की तरफ़ पलायन शुरू हुआ जहाँ उन्हें रोज़गार के बेहतर अवसर दिखे।

1857 के बाद उत्तर प्रदेश के शहरों में संचार-साधनों, बाज़ार, कचहरी, शिक्षा संस्थानों, पुस्तकालयों और प्रेस का तेज़ी से प्रचार-प्रसार हुआ।[12] 1922 और 1927 के बीच उत्तर प्रदेश में पंजीकृत कारख़ानों और कारख़ानों के मज़दूरों की संख्या में क्रमशः 40 और 25 प्रतिशत का इज़ाफ़ा हुआ।[13] पर शहर भी जाति के आधार पर विभाजित थे। दलित पुरुषों को सबसे गंदे काम करने को दिये गये। उन्हें सबसे गंदे इलाक़ों में रिहाइश मिली। शहरों में प्रायः जातिगत हिंदू समाज और ब्राह्मणवादी तौर तरीक़ों की पुनर्स्थापना हुई जिसके तहत दलितों को सवर्ण हिंदुओं के लिए प्रदूषित माने जाने वाले रोज़गारों में ही जगह मिली। लेकिन इसके साथ ही, शहरीकरण और सीमित पूँजीवादी विकास से दलितों को कुछ लाभ भी हुआ। उन्हें एक गुमनामी मिली, जिससे जाति के परंपरागत बंधन ढीले हुए। नये गठबंधन बने और पेशागत जड़ता टूटी। नये रोज़गार क़ायम हुए और दलित रेलवे मज़दूर,

---

[9] वॉल्टर निएल (1962).

[10] शाहिद अमीन (1984).

[11] ई. व्हाइटकॉम्ब (1972).

[12] सी.ए. बेली (1983) : 427-30.

[13] रॉयल (व्हीटले) *कमीशन ऑफ़ लेबर इन इंडिया,* इविडेंस, खंड III, लंदन, 1931 : 133; रिपोर्ट ऑफ़ द डिपार्टमेंट ऑफ़ इंडस्ट्रीज इन यूपी, 1935-36, इलाहाबाद (1937).

अंग्रेज़ों के घरेलू नौकर और सहायक, ऑफ़िसों के क्लर्क और चपरासी, और नगर निगम के सफ़ाई कर्मचारियों के रूप में भी सामने आये।[14] कुछ इस तरह के व्यापारों में भी दलितों को तरक़्क़ी करने का मौक़ा मिला, जिन्हें सवर्ण नापसंद करते थे। चमड़ा, तिलहन, शराब और धातु व्यवसाय के ज़रिये कुछ चमार, डोम, तेली और कलवार परिवारों को संपत्ति अर्जित करने का मौक़ा मिला। कई चमारों ने जूते, घोड़े की जीनसाज़ी और चमड़े के काम करके रुपये कमाए। उन्होंने कानपुर और अलीगढ़ के आस-पास चमड़े के कुछ बड़े कारख़ाने लगाए। आगरा में चमार जाति के कुछ परिवारों को विश्वसनीय व्यवसायियों के रूप में भी स्वीकारा गया।

दलितों के एक हिस्से को स्कूल और कॉलेज, प्रिंट और प्रकाशन , सार्वजनिक और राजनीतिक संस्थानों, कोर्ट और रेलवे जैसी आधुनिक संस्थाओं में अपनी सामाजिक, राजनीति और आर्थिक अग्रगति की संभावनाएँ नज़र आयीं।[15] शिक्षा के अवसरों में सीमित विकास के कारण उत्तर प्रदेश में दलितों का एक छोटा शिक्षित अभिजात तबक़ा उभरा। 1890 के बाद उत्तर प्रदेश में दलितों की जाति संस्थाओं और सभाओं में काफ़ी बढ़ोतरी हुई, जिनके अपने आंदोलन, प्रकाशन , पत्रिकाएँ और मंदिर थे। उन्होंने अपने समुदायों की एक अलग पहचान बनाने के लिए अलग धार्मिक और सामाजिक प्रथाएँ शुरू कीं। शहरीकरण के कारण पहले की दबी-छिपी दलित उप-आबादियों को उभरने, और लिंग, वर्ग और जाति की विविध अभिव्यक्तियों को आवाज़ देने का मौक़ा मिला। भाषायी जीवन में रचे-बसे दलित जातियों के पैरवीकार और नुमाइंदे सामने आये और उन्होंने दलितों की हैसियत और अधिकारों के लिए सशक्त आवाज़ उठायी।[16] प्रिंट पत्रकारिता के विकास से दलितों को एक पृथक् सार्वजनिक क्षेत्र मिला, जिसके ज़रिये दलित समाज-सुधारकों ने एक नयी दलित-पहचान बनाने का

[14] नंदिनी गुप्ता (2001).

[15] अनुपमा राव (2009).

[16] *सेंसस ऑफ़ इंडिया*, 1931, यूपी, खंड XVIII पार्ट I रिपोर्ट, इलाहाबाद (1933) : 554-56.

काम किया। इन दलित-प्रचारकों ने जाति-उत्पत्ति और उसके इतिहास का नया मूल्यांकन किया और ब्राह्मणवादी वर्चस्व और जातिवादी ऊँच-नीच की व्यापक आलोचना की।[17] अछूतानंद जैसे दलित नेताओं ने आदि हिंदू आंदोलन-जैसी उल्लेखनीय मुहिम छेड़ी, जिसने सामाजिक और राजनीतिक अधिकारों के अलावा दलितों को भारत का मूल निवासी बताने का अभियान चलाया।[18] उन्होंने सरकार को कई माँग-पत्र दिये जिनमें दलितों के लिए सार्वजनिक बहालियों और राजनीतिक प्रतिनिधित्व में विशेष प्रावधान की बात की गयी।[19] इस प्रकार कुछ दलितों ने औपनिवेशिक आधुनिकता को अपनी मुक्ति के एक सीमित अवसर के रूप में देखा-समझा।

इसी समय उत्तर प्रदेश में सुधारवादी और सांप्रदायिक तेवर भी परवान चढ़ रहे थे। आर्य समाज जैसे आंदोलन जाति की जकड़बंदी की सीमित आलोचना करते हुए उसे आधुनिकता, सभ्यता और राष्ट्र-निर्माण से जोड़ रहे थे। आर्य समाज के अनुसार वैदिक अतीत में पिछड़ों का एक निश्चित स्थान था और अपनी आर्य पहचान भुलाने के कारण ही उन्होंने गंदी और पिछड़ी जीवन-पद्धति को अपनाया। इसलिए शुद्धि के ज़रिये उन्हें वापस लाने का कार्यभार नियत किया गया। आर्य समाजियों ने कम-से-कम सिद्धांततः पिछड़ों को कुछ आज़ादी देना स्वीकार किया।[20] इन बदलावों और दलितों के अपने बढ़ते हुए उद्यम के कारण कई सवर्ण जातियों को अपनी जाति-श्रेष्ठता पर संकट के बादल घिरते दिखे। उनके कई प्रकाशनों में तत्कालीन समय को कलियुग क़रार दिया गया, अर्थात् एक ऐसा समय जिसमें कोई भी जाति अपने परंपरागत तौर-तरीक़ों के अनुसार काम नहीं कर रही थी। ब्राह्मण पूजा करने के बजाय सुस्त हो रहे थे, क्षत्रिय वीर होने के बजाय सेक्स के शिकार हो रहे थे, और निम्न जातियाँ सेवा का धर्म

---

[17] रामनारायण एस. रावत (2012).

[18] मंगल सिंह जाटव (1997).; राजपाल सिंह 'राज' (2003).; चन्द्रिका प्रसाद जिज्ञासु (1968).

[19] नंदिनी गुप्ता (2001) : 154-75; रामनारायण एस. रावत (2012) : 120-84.

[20] सूज़न बेली (1999); जे. टी. एफ. जॉर्डन्स (1981) : 137.

स्वीकारने के बजाय उद्दंड होकर अधिकार माँगते हुए जाति-क्रम और समाज में अपनी जगह भूल रही थीं।[21] ब्राह्मण सुधार नामक एक सुधार-संहिता में कलियुग का चित्रण इस प्रकार किया गया :

आगे बढ़ गये तुम से जो छोटे थे कई दर्जे ...

कइयों की हालत यहाँ तक बिगड़ी, शूद्रों की करते हैं ख़िदमतगारी।[22]

इस लेख की पृष्ठभूमि यही है। एक ख़ास ऐतिहासिक मुक़ाम पर उच्च जातियों ने दलित-पौरुष का निर्माण और विखंडन किया, और उसके हाड़-मांस के शरीर को सामाजिक संबंधों के तहत उतार-चढ़ाव का निशाना बनाया। लेख में पहले औपनिवेशिक उत्तर प्रदेश में प्रभुत्वशाली ताक़तों, जैसे मिशनरी, अंग्रेज़, हिंदू सुधारवादी और आर्य समाज द्वारा दलित-पौरुष के निरूपण की विवेचना की गयी है। इसके बाद ख़ुद दलितों द्वारा दलित-पौरुष पर ज़ोर-आज़माइश को समझने का प्रयास किया गया है। लेख में लिंग के ज़रिये दलित-इतिहास और दलित पुरुष के संकट को जानने का प्रयास भी है।

## औपनिवेशिक और उच्च जातीय वर्णनों के अंतर्विरोध

औपनिवेशिक भारत में पौरुष एक राष्ट्रीय सरोकार बनता हुआ दिखता है। उपनिवेशवाद और ब्रिटिश शासन ने अपना औचित्य स्थापित करने के लिए स्वयं की छवि पौरुषपूर्ण दिखाई और उसके मुक़ाबले भारतीय पुरुष, विशेषकर बंगाल के भद्रलोक पुरुष को ज़नाना कहा। इसके विरोध में राष्ट्रवाद ने पौरुष के अपने संस्करण तलाश किये। उन्होंने मर्दाना और ज़नाना की व्यक्तिगत दुश्चिंताओं को एक सामूहिक अर्थ दिया। विवेकानंद से गाँधी तक, सनातन धर्म से आर्य समाज तक, ब्रह्मचर्य से योद्धा कृष्ण तक — पौरुष अलग-अलग प्रकार से व्यक्त हो रहा था।[23] ऐसी अधिकतर सांस्कृतिक

---

[21] 'समाज सुधार', *सुधा* (अप्रैल, 1929) : 318; ज्योतिस्वरूप शर्मा (1923) : 1-11.; बद्री नारायण (1917) : 23.; गोदीन शर्मा (1928) : 12.

[22] मंगतूराम लाटा (1922) : 5, 7.

[23] आशिस नंदी (1983); मृणालिनी सिन्हा (1995); जोसेफ़ एस. अल्टर (1993).; भीखू पारेख (1989) : 172-206.

निर्मितियों में राष्ट्रीय पौरुष को मुख्यतः हिंदू उच्च जातीय छवि में ढाला गया। दलित पुरुष का शरीर पौरुष की इस राष्ट्रीय परिकल्पना के परे था, लेकिन इससे पूरी तरह अछूता भी नहीं। हिंदू उच्च जाति और औपनिवेशिक ताक़तों द्वारा दलितों की देह को तत्कालीन सत्ता संबंधों के साँचे में कसा जाने लगा। दलित पुरुष और उसके पौरुष को विभिन्न संदर्भों में अलग-अलग, और कभी-कभी अंतर्विरोधी तरीक़ों से परखा और दर्शाया गया। एक तरफ़ तो दलित कमतर और कमज़ोर हैसियत में मज़बूत, पर मूर्ख होते हुए अपने मालिक की सेवा करने में तत्पर थे; तो दूसरी तरफ़ उन्हें उतना ही भयंकर अपराधी, हिंसक और ख़तरनाक बताया जाता था। ये दोनों ही छवियाँ एक संकीर्ण समझदारी के खाँचे में क़ैद थीं और अपनी वैचारिक ज़रूरतों के अनुसार एक-दूसरे का पक्ष-पोषण भी करती थीं।

शोधकर्ताओं ने बताया है कि कैसे अंग्रेज़ों ने भारतीय पुरुषों को कमज़ोर और मर्दानगी में कमतर दिखाने की कोशिश की। ऐसे प्रयास दलित पुरुषों की निर्मिति में और भी ज़्यादा नज़र आते हैं। दलित पुरुष का शरीर श्रम का एक उपादान भर था। उसकी छवि बार-बार एक बुद्धू और कमज़ोर व्यक्ति के रूप में दिखाई जाती थी। इसका एक ख़ास मक़सद था। दलित पुरुष कठोर शारीरिक श्रम करते थे, इसलिए उनके शरीर को 'टिकाऊ' पर 'मंद' क़रार देकर उन पर कड़ी पाबंदी लगाई जा सकती थी। दलित पुरुषों की इस टकसाली छवि में उन्हें बार-बार बच्चे जैसा, हीन और पराधीन दिखाया जाता था। मसलन, औपनिवेशिक और उच्च जातीय साहित्य में चमार पुरुष को विनीत और कठोर परिश्रम हेतु तत्पर बताया गया है। दलित पुरुष के शरीर को शिशुवत्, पालतू और व्यावहारिक उद्देश्यों के लिए प्रशिक्षित माना गया। दलित गोया खेती करने के लिए ज़रूरी मशीन थे, जिनकी महत्ता उनके परिश्रम, उत्पादक गतिविधियों और टिकाऊपन में थी। वे काम के मामले में पशुवत थे। उनके शरीर का सुबह से शाम तक अनथक इस्तेमाल किया जा सकता था। ऐसे अनगिनत वर्णन हैं जिनमें उन्हें ख़ामोश ग़ुलामों की तरह खटते

हुए दिखाया गया है। उत्तर प्रदेश के गज़टों में यह बार-बार बताया गया कि किस प्रकार चमार अच्छे और उद्यमी किसान हैं, पर वे आदतन मामूली-से कारणों के पीछे अपनी खेती-किसानी छोड़ने के लिए तैयार रहते हैं।[24] कई सेट्लमेंट रपटों में कहा गया कि चमार परिश्रमी और दब्बू होते हैं।

कई भूस्वामियों के घरों में दलित घरेलू काम करते थे। ऐसे दलित पुरुषों को 'अनियंत्रित' काम वासनाओं और हिंसा से पूरी तरह अप्रभावित दिखा कर उन्हें एक प्रकार से पुंसत्वहीन बना दिया गया। शक्ति के मापदंडों से अलग करके उनकी एक कमज़ोर छवि पुष्ट की गयी। वे ग़ुलाम और नौकर थे, जिनका बात-व्यवहार उच्च जाति के सेवायोग्य था।[25] वे विरोध या कोर्ट जाने की जुर्रत नहीं कर सकते थे। इस प्रकार अपने शोषण के समर्थन में ऊँची जाति के पुरुषों और औपनिवेशिक अधिकारियों ने दलित पुरुष की एक चालू कमज़ोर छवि को और पुख़्ता किया। इस विमर्श में दलित पुरुष को ऐसे सेक्सहीन, सुरक्षित, समन्वयी और नरम क़िस्म के मर्द के तौर पर पेश किया गया जिससे कठोर काम लिया जा सकता था। इसके तहत गाँव के स्वामियों और भूस्वामियों द्वारा दलित पुरुषों के प्रति उदार सुलूक भी शहरों में आज़ादी के कारण आयी अराजकता के बरअक्स उचित ठहराया गया। गाँव को एक ऐसी सुंदर और अच्छी जगह की तरह चित्रित किया गया जहाँ समन्वय और शांति है, जहाँ ऊँची जाति के लोग निम्न जाति से मर्यादा के अनुसार व्यवहार करते हैं, और चमार या पासी पुरुष को भी सम्मान से बुलाया जाता है। बात कुछ इस तरह रखी गयी कि नौकरी से कहीं ज़्यादा ऊँचा दर्जा है सेवा का! प्रसिद्ध हिंदी पत्रिका *चाँद* में प्रकाशित एक लेख 'हिंदू भंगी' में कहा गया :

> भंगी का मतलब है सेवा करना। यह सेवक समाज का नाम है। ... यदि भंगी जाति सफ़ाई का कार्य छोड़ दे तो पर्दानशीन स्त्रियों के पर्दे और अमीरों की शान की रक्षा कौन करेगा?... नाई और धोबी के समान

[24] एच. आर. नेवील (1907) : 72.; एच. आर. नेवील (1911) : 89.; एच. आर. नेवील (1910) : 19.; ई. आर. नीव (1911) : 69, 85.

[25] 'गृह विज्ञान', *चाँद* (नवंबर, 1927) : 147-148; 'अछूतोद्धार का प्रयत्न', *चाँद* (जून, 1926) : 214.

> भंगी भी हमारे नौकर नहीं बल्कि हमारे सेवक हैं ... वे भंगी जो वेतन के लिए म्युनिस्पेलटी में काम करते हैं वे वेतनभोगी हैं लेकिन असली भंगी वह है जो बिना लालच के सेवा करता है।[26]

दलित पुरुष की बौद्धिक क्षमताओं को भी निम्न और शिशुवत् बता कर उनके शरीर को मस्तिष्क पर हावी क़रार दिया गया।[27] दलित पुरुषों को सोचने-समझने में निम्न, मंद और मूर्ख दिखा कर साबित किया गया कि उनका मस्तिष्क किसी काम का नहीं है, केवल उनका शरीर काम का है। इस प्रकार ऊँची जाति और दलित पुरुष के बीच एक विपरीत द्वित्व थी : मस्तिष्क/शरीर, सक्रिय/निष्क्रिय, तर्क/भावना और सुराज /अराजकता। यहाँ तक कि आर्य समाज भी इस धारा में बह गया। *सुधा* के एक लेख में आर्य समाज के एक अग्रणी व्यक्तित्व गंगाप्रसाद उपाध्याय ने लिखा :

> शूद्र स्वयं कोई काम नहीं कर सकते। हाँ, दूसरों की आज्ञा का पालन कर सकते हैं। यदि वे किसी विद्यार्थी के पास हैं, तो उसकी पुस्तकों को सँभाल सकते हैं; यदि किसी सिपाही के साथ हैं, तो उसकी तलवार झाड़ू-पोंछ सकते हैं; यदि किसी व्यापारी के पास हैं, तो उसकी दुकान में झाड़ू दे सकते हैं। ऐसे पुरुषों को वेदों ने पैरों के समान अर्थात् शूद्र कहा है। याद रखना चाहिए, शूद्र अनावश्यक नहीं हैं। परंतु इनसे कोई मौलिक कार्य नहीं हो सकता। ये केवल दूसरों का अनुसरण कर सकते हैं।[28]

सनातनी दृष्टिकोण से लिखे एक अन्य लेख में कहा गया :

> छुआछूत पवित्रता का द्योतक है, घृणा का नहीं। ... हमें अछूतों को उठाना है, किंतु इसका मतलब यह कदापि नहीं होना चाहिए दलितोद्धार का ढोल पीटकर उनके साथ सहभोज किया जाए, उन्हें जनेऊ पहनाया जाए, उनसे रोटी-बेटी का संबंध किया जाए। अंत्यजों से उन्हीं का पेशा कराने में हमारा कल्याण है।[29]

---

[26] गौरीशंकर सिंह चंदेल (1940).

[27] 'दलित समुदाय की आर्थिक समस्या', चाँद (1940), जनवरी.

[28] गंगाप्रसाद उपाध्याय (1929) : 665.

[29] लज्जाराम (1928).

यहाँ तक कहा गया कि दलित मज़दूर और भूस्वामियों के बीच पति-पत्नी जैसा प्यार भरा रिश्ता है। दलित और उसके स्वामी के बीच असमान संबंध और प्रतियोगिता के अभाव को प्रेम संबंधों का आदर्श क़रार किया गया।[30] दलित पुरुषों के साथ सहानुभूति रखने वाले वर्णन भी इसी भाषा में रचे-बसे थे। यहाँ एक रूमानी जातिवाद था जिसमें दलित पुरुष की स्नेहपूर्ण प्रकृति पर ज़ोर था।[31] इन विचारों का कइयों ने समर्थन किया। ऐनी बेसेंट का सार देखिए :

> वे (शोषित वर्ग) सरल, कमज़ोर, नियमपूर्वक मेहनती और पूर्णतः आज्ञाकारी होते हैं। जब किसी ज़रूरत में न हों, तो मधुर पर सीमित बुद्धिवाले होते हैं। सच्चाई और नागरिक मूल्यों से पूरी तरह वंचित, पर स्नेहिल और ज़रा सी कृपा से उपकृत हो जाते हैं।[32]

एक ओर मिशनरियों और दूसरी ओर हिंदू सुधारकों द्वारा धर्मांतरण के पक्ष और विपक्ष में लिखे गये साहित्य में भी इसी छवि का पक्षपोषण किया गया। मिशनरी रिकॉर्डों में शोषित वर्ग के निश्छल हृदय की बार-बार चर्चा की गयी। एक में कहा गया :

> वे बेहद अच्छे ईसाई बनते हैं। उनकी आस्था गहन है और कइयों की प्रार्थना में एक शिशुवत् विश्वास और सादगी है।[33]

दूसरी ओर हिंदू सुधारकों की रचनाओं में दलितों को धर्मांतरण का निर्णय ख़ुद लेने में अक्षम बताया गया और कहा गया कि वे केवल मौलवियों और मिशनरियों द्वारा बहकाए जाते हैं। उत्तर प्रदेश की नामी-गिरामी पत्रिकाओं में इस विषय पर प्रकाशित कार्टूनों में दलित पुरुष के शरीर को दबा-झुका, छोटा, काला और बग़ैर दिमाग़ का दिखलाया गया। एक कार्टून में उन्हें फ़ुटबॉल बनाया गया जिसे एक हिंदू पंडित बहिष्कार का फ़तवा देकर

---

[30] कृष्णानन्द शर्मा (1923).

[31] भगवानदीन प्रसाद (1915).; शिवनारायण मिश्रा (1922).

[32] *द डिप्रेस्ड क्लासेज ऑफ़ इंडिया : ऐन इंक्वायरी इनटू देयर कंडीशन ऐंड सजेशंस फ़ॉर देयर अपलिफ़्ट*, दिल्ली, 1977 [1912] : 31.

[33] *ऐनुअल रिपोर्ट ऑफ़ द प्रेसाइडिंग एल्डर*, नॉर्थ वेस्ट इंडिया कांफ़्रेंस, लखनऊ (1895).

ठोकर मार रहा है और मौलवी और पादरी उस अछूत रूपी गेंद को लपक रहे हैं।[34] एक अन्य कार्टून में उन्हें लावारिस माल के रूप में दिखाया गया।[35] यहाँ दलितों की अपनी कोई आवाज़ नहीं थी। कई तस्वीरों और कार्टूनों में दलित के कमज़ोर, छोटे और काले शरीर की छवि को पुख़्ता किया गया। एक सफ़ेद पृष्ठभूमि में दलित के काले-कलूटे, छोटे, कमज़ोर शरीर को सवर्ण, श्वेत, सुगठित शरीर के बरअक्स चित्रित किया गया। ये तस्वीरें और कार्टून दलित शरीर के सांस्कृतिक अर्थ गढ़ती थीं। साथ ही ये सुधारकों के सौंदर्यशास्त्रीय, सांस्कृतिक और सामाजिक मूल्य की अभिव्यक्ति भी थीं। ये बार-बार ज़ाहिर करती थीं कि प्रिंट माध्यम में सामाजिक स्वीकृति से क्या कुछ अभिव्यक्त किया जा सकता है। यहाँ तक कि दलितों की संवेदनशील छवियों में भी उन्हें विनम्रता और दब्बूपन का प्रतीक दिखाया गया, जिनमें दलित अर्द्ध-नग्न, घुटनों के बल झुके और डरे-सहमे नज़र आते हैं। इस प्रकार सार्वजनिक जगहों में दलित पुरुषों के दृश्य-निरूपण में, बेहद सीमित संदर्भों में, उन्हें उन पर आरोपित औक़ात के मुताबिक़ चित्रित किया गया।

औपनिवेशिक नज़रियों से ऐसे साँचे और मज़बूत हुए। दलित पुरुषों को अकसर गंदा, छोटा और कुरूप दिखाया गया। इसीलिए क्रुक ने लिखा : भंगी गहरे रंग के होते हैं, उनकी क़द-काठी ठिगनी होती है और उनकी ख़ास गहरी चमकती आँखें होती हैं।[36] शेरिंग का कहना था कि डोम गहरे रंग के, क़द-काठी में छोटे और देखने में विकृत होते हैं और इसीलिए उन्हें बेहतर जातियों से तत्काल अलग पहचाना जा सकता है। यहाँ तक कि मिशनरी साहित्य भी इससे अछूता न रहा। एक पुस्तिका में कहा गया :

> आर्य जाति के लोग लम्बे, चौड़े, सुंदर, सुडौल और सभ्य होते हैं। नीच जाति के लोग कुरूप, कुडौल, नाटे क़द के और असभ्य होते हैं।[37]

---

[34] चाँद (जनवरी, 1929) : 455.

[35] चाँद (मई, 1929) : 187.

[36] डब्ल्यू. क्रुक 1974 (1896) : 261.

[37] जाति-पाँति का वर्णन (1924) : 3.

यहाँ जिस भाषा का इस्तेमाल किया गया, वह केवल मानव-व्यवहार या रीति-रिवाज की द्योतक नहीं थी। इन अभिव्यक्तियों में यह समझदारी निहित थी कि दलितों के ख़ास शारीरिक लक्षण होते हैं, जो उनके नैतिक गुणों से जुड़े हुए हैं। इस समझदारी के तहत ये लेखक सामाजिक रूप से स्वीकृत रीति-रिवाजों पर अपनी मुहर लगा रहे थे।

लेकिन दूसरी तरफ़ ऐसा साहित्य भी था जिसमें दलित पुरुष के शरीर की एक निश्चित रूढ़ पहचान के बजाय एकाधिक पहचानें उभर रही थीं। इस साहित्य में उन्हें आमतौर पर कामुक, अपराधी, हिंसक, ख़तरनाक और अनियंत्रित क़रार किया जा रहा था। इस तरह की समाज द्वारा स्वीकृत और पूर्वग्रहग्रस्त समझदारी को जातिगत और नस्ली भेदभाव की भाषा और बोल-चाल में अभिव्यक्त किया जा रहा था। और जैसे-जैसे दलित-अधिकारों की आवाज़ तेज़ हुई, ऐसी भाषायी अभिव्यक्ति बढ़ती गयी। इस प्रकार कुछ निम्न जातियों को उनकी अपनी पहचान से वंचित करके उन्हें एकरूप हिंदू मुख्यधारा का एक निम्नतर और बिगड़ा हुआ रूप बताया गया। शोधकर्ताओं ने बताया है कि अंग्रेज़ों ने किस प्रकार निम्न जातियों को अपराधी प्रवृत्ति वाला, और जन्म/वंश से ही हिंदू शृंखला की निचली सीढ़ी में अवस्थित बताया।[38] इस प्रकार औपनिवेशिक काम-काज में ब्राह्मणवादी चौखट्टे को स्वीकारते हुए उसके आधिपत्य का मान बढ़ाया गया। अंग्रेज़ों के कई आधिकारिक दस्तावेज़ों और उच्च जातीय वर्णनों में दलित पुरुषों, ख़ासकर चमारों को मवेशियों और गायों की चोरी से जोड़ा गया। हालाँकि उत्तर प्रदेश के अधिकतर चमार खेती से जुड़े हुए थे, फिर भी उनकी व्यापक छवि में उन्हें चमड़े के रोज़गार से जोड़कर देखा गया। यह माना गया कि चमारों की रोज़ी-रोटी जूता बनाने और चमड़े के काम से जुड़ी है और इसीलिए अपने आर्थिक लाभ के कारण वे मवेशियों को ज़हर देते हैं। इस प्रकार औपनिवेशिक उत्तर प्रदेश में उनकी एक अपराधी छवि विशेष रूप

---

[38] सैंड्रिया बी. फ्रीटैग (1991) : 227-61.; आनंद अ येंग (सं.) (1985).; संजय निगम (1990) : 131-164.; मुकुल कुमार (2004).

से गढ़ी और मज़बूत की गयी। क्रुक के अनुसार ऐसे कई मामले सामने आये थे जिनमें चमारों ने चमड़े और मांस के लिए मवेशियों को ज़हर दिया।[39] गोरखपुर के कमिश्नर विलियम होई मवेशियों को ज़हर देने में चमारों की अपराधी प्रवृत्ति के प्रति पूरी तरह आश्वस्त थे। इतिहासकारों ने दिखाया है कि किस प्रकार उन्नीसवीं सदी के उत्तरार्ध में औपनिवेशिक शासन ने सबसे पहले मवेशियों को ज़हर देने की छिट-पुट वारदात को एक संगठित और पेशेवर अपराध के रूप में स्थापित किया और इसके लिए मुख्य रूप से चमारों को दोषी ठहराया।[40] एक अन्य दस्तावेज़ में कहा गया कि भंगी समुदाय हर प्रकार के अपराध में सबसे ज़्यादा संलग्न है।[41] क्रिमिनल ट्राइब ऐक्ट 1851 के तहत अवध के पासियों को अपराधी जाति के रूप में दर्ज किया गया और कहा गया कि वे वंशानुगत डाकू और चोर होते हैं।[42] दुसाधों को पियक्कड़ घोषित किया गया। गोरखपुर के डोमों को अपराधी प्रवृत्ति वाला और हमेशा जेल जाने के लिए तैयार माना गया।[43] अपराधी और निम्न जाति के बीच की विभाजन रेखा सँकरी कर दी गयी और दोनों को प्रायः एकरूप देखा जाने लगा। अंग्रेज़ों ने कुछ ख़ास तरह के अनिवार्य तत्त्व ईजाद किये जिन्हें दलित पुरुषों के सामाजिक अस्तित्व और अनुभव का अभिन्न अंग बना दिया गया।

और जब उत्तर प्रदेश के कुछ दलित 1920 के ज़मींदार विरोधी और 1940 के बेगार विरोधी आंदोलनों में सक्रिय हुए तो उन्हें हिंसा के आग्रही के रूप में एक ख़तरा माना गया। दंगों के दौरान भी दलितों को एक सामाजिक बुराई के रूप में चित्रित किया गया। कानपुर के एक अधिकारी ने 1920 में कहा :

> कानपुर की आबादी में काफ़ी चमार हैं जो चमड़ों के कारखानों में काम करते हैं। वे हिंसा और मारा-मारी के लिए कुख्यात हैं और हाल के दंगों में सबसे सक्रिय हिस्सेदार रहे हैं।[44]

---

[39] डब्ल्यू. क्रुक 1974 [1896] : 190.

[40] रामनारायण एस. रावत (2012) : 55-84.

[41] एच. आर. नेवील (1911) : 131.

[42] एस. टी. होलिंस (1914) : 92-94.

[43] 42-48/नवंबर 1916, जेल्स, ए, होम डिपार्टमेंट, नेशनल आर्काइव्स ऑफ़ इंडिया (आगे ऐनएआई).

[44] 291-302/जून 1900, पब्लिक, ए, होम डिपार्टमेंट, ऐनएआई.

वैसे तो मुसलमान मर्दों को ऊँची जाति की हिंदू महिलाओं के लिए सबसे गंभीर ख़तरे के रूप में चित्रित किया गया,[45] पर कभी-कभी दलित पुरुषों को भी इसी नज़र से देखा जाता था। ख़ासकर सार्वजनिक स्थानों को ख़तरनाक कहा गया, जहाँ नीच जाति के और मुस्लिम मर्द ऊँची जाति की स्त्रियों पर डोरे डालते थे। दलित पुरुषों की सम्भावित काम-लोलुपता के कारण ऊँची जाति की स्त्रियों को संरक्षण के नाम पर नियंत्रित किया जा सकता था। कई लोकप्रिय संहिताओं में सवर्ण स्त्रियों को दलित पुरुषों से दूर रहने के निर्देश दिये गये।[46] इसके साथ यह डर भी समाया हुआ था कि कहीं ऊँची जाति की कुछ विधवाएँ मुसलमान और नीची जाति के पुरुषों के साथ प्रेम और शादी न रचा लें। एक रपट में उल्लेख किया गया कि ऊँची जाति की दो विधवाएँ एक धोबी और भंगी के साथ भाग गयीं, और दोनों पुरुष अपनी पत्नियों के साथ ईसाई बन गये।[47] उच्च जाति के पुरुषों में अपनी स्त्रियों को मुस्लिम, ईसाई या निम्न जाति के पुरुषों के हाथों खोने का ख़ौफ़ समा गया था। कामलोलुप दलित पुरुष की रुटीन छवि के साथ दलित स्त्री की भी एक ओछी और वासनालिप्त तस्वीर जुड़ी हुई थी। सोच यह था कि गर्म, कामुक दलित स्त्री को संतुष्ट करने के लिए दलित पुरुष को ख़ासा मज़बूत और सक्रिय होना पड़ता है।[48] साथ ही दलित पुरुषों को शराबी और हिंसक भी चित्रित करके यह बताया गया कि वे अपनी स्त्रियों पर नियमित हिंसा करते थे।[49] ऊँची जाति के पुरुषों ने अपनी पितृसत्तात्मक प्रवृत्तियों से ध्यान हटाने के लिए भी दलित पुरुषों की छवि ख़राब की। दलितपन को ख़तरनाक, जंगली और पाशविक क़रार दिया गया।

---

[45] चारु गुप्ता (2001).

[46] तीर्थराम (1924) : 285.

[47] 'समाज की चिंगारियाँ', चाँद (नवंबर, 1927) : 151-52.

[48] 'अछूत', चाँद (अगस्त, 1934) : 352-59.

[49] 'बाल पत्नियों के आँसू', चाँद (मार्च, 1927) : 461.

इस प्रकार दलित पुरुषों के शरीर की वैचारिक निर्मिति में हमें दो मुख्य परस्पर विरोधी धाराएँ दिखती हैं : एक, स्वीकृत और इच्छित शरीर, जो अपनी उपयोगिता के अनुसार परिभाषित और परिचालित किया जा सकता था। इस शरीर को मेहनती, विनम्र और आज्ञाकारी नौकर के गुणों से सजाया गया। दूसरा, बेकार और ख़तरनाक शरीर, जो सेवा से इंकार करता था, अपराधी था और ऊँची जातियों के वर्चस्व को चुनौती देने की जुर्रत करता था।

## हम भी पुरुष : दलित पुरुष की पहचान और पौरुष पर ज़ोर

लेकिन, दलित पुरुष कोई फ़िल्म का परदा नहीं थे जिस पर उच्च जाति के पुरुष और औपनिवेशिक शासक अपनी जाति, नस्ल और लिंग की दुश्चिंताओं का प्रदर्शन करते रहते। दलित पुरुष भी अपनी पहचान क़ायम करने की प्रक्रिया में एक ऐतिहासिक किरदार थे। उन्होंने कई तरह से अपने पौरुष को उभार कर, बनी-बनायी छवियों को चुनौती देने की कोशिश की। ये प्रयास कई बार परोक्ष, परस्पर विरोधी और अस्पष्ट थे, और राजनीतिक गतिविधियों, सांस्कृतिक क्रिया-कलापों और सामाजिक-सार्वजनिक क्षेत्र में पहचान के साथ जुड़े हुए थे। काम, मनोरंजन, संस्कृति, युद्ध और राजनीतिक क्षेत्रों में अपनी रोज़मर्रा की ज़िंदगी को दलित पुरुषों ने अपने को जाति की अलगाववादी मार से बचाने और अपना पौरुष रचने के लिए इस्तेमाल किया। शहरों में भी भेदभाव के कारण दलितों के लिए प्रभावशाली सामाजिक मानकों के तहत अपना अलहदा पौरुष प्रदर्शित करना मुश्किल था। फिर भी, शहर-पलायन के कारण दलितों को अपनी पौरुष-पहचान बनाने में कुछ मदद मिली, और उनके होने और दीखने के नये रास्ते सामने आये। यहाँ मैं संक्षेप में ऐसे कुछ क्षेत्रों की चर्चा करूँगी जिनमें दलितों ने, कुछ ख़ास संदर्भों में, अपने आधारों पर पौरुष को पुनर्परिभाषित करने की कोशिश की। इन प्रयासों से कई बार दलितों की सामाजिक हैसियत और अधिकारों पर सकारात्मक असर हुआ और कई अन्य मुक़ामों पर पितृसत्तात्मक संरचनाओं और पौरुष की स्थापित प्रवृत्तियों को और मज़बूती मिली।

उदाहरण के लिए, सांस्कृतिक क्षेत्र में दलितों के मिथक और गाथाओं ने यथार्थ के नये मॉडल बनाए। औपनिवेशिक उत्तर प्रदेश में कुछ दलित गाने-बजाने वालों ने आल्हाखंड को अपना लिया और इसे राजपूताने के बजाय दलित वीरता की कहानी बना दिया।[50] उन्होंने आल्हा और ऊदल, दो भाइयों को अपना लिया, जिनके पराक्रम से राजा परमल को पृथ्वीराज के ख़िलाफ़ युद्ध में मदद मिली थी। कई अन्य संस्करणों में इस महागाथा के दलित किरदारों, जैसे बिरिया मालिन जो फूल चुनने के बहाने आल्हा को संदेश देती थी, या कन्नौजियों के नेता धुनवा तेली, या एक मल्लाह, या एक कोरी को दलित वीरों में जोड़ा गया। ग्रामीण दलितों ने अपने महाकाव्यों में इनका गुणगान किया और आगरा के जाटवों ने तो आल्हा और ऊदल को भी अछूत बताया। उन्हें न्याय के लिए संघर्ष करने वाले प्रतीकों के रूप में देखा गया। दुसाधों द्वारा गाये जाने वाले आल्हा और पचरा और दलितों के बटोहिया गाने ऐसी कहानियों के प्रतीक बन गये। 1940 के दशक में आम्बेडकर उत्तर प्रदेश के दलितों की कविताओं और लोक काव्यों के अभिन्न अंग बन गये। उन्हें एक महान नेता और हीरो के रूप में चित्रित किया गया, जो देश के अन्य नेताओं के साथ गर्व से खड़े हो सकते थे।[51] इन कहानियों और गीतों के ज़रिये दलितों ने अछूतों को मनसा-वाचा-कर्मणा महान योद्धा बनाने की कोशिश की। मिथक और यथार्थ के सामंजस्य से वीरता और योद्धा निर्मित हुए, जिनसे सामाजिक अधिकारों को एक नयी भाषा मिली। सार्वजनिक हलक़ों में दलित-पौरुष की एक जटिल विचारधारा को आकार मिल रहा था जो दलितों के अपने ख़ास अनुभवों से विकसित हो रही थी। इन सबसे मिलकर दलित-पौरुष की एक अलग भाषा और शब्दावली अभिव्यक्त हुई।

---

[50] बिपिनबिहारी त्रिवेदी (1950) : 193-96.

[51] ओवेन एम. लिंच (1972) : 107.

इस दौर में सैन्य आधुनिकीकरण के कारण उत्तर प्रदेश की जातियों को अपना पौरुष दिखाने का मौक़ा मिला। कई जातियों, जैसे शहरी ग़रीब शूद्र और यादवों ने वीर योद्धा के मुहावरों और भाषा को अपनाया, जिससे उनकी सामाजिक गतिशीलता को मदद मिली।[52] दलितों ने भी इस मौक़े का इस्तेमाल करते हुए अपनी सैन्य परम्पराओं और पौरुष की परिकल्पनाओं पर ज़ोर देना शुरू किया। ब्रिटिश सेना और पुलिस में दलितों की भूमिका और भागीदारी को लेकर ख़ासा विवाद है। दलित शोधकर्ताओं और कुछ इतिहासकारों के अनुसार सेना के औपनिवेशिक काल के इतिहास से पता चलता है कि चमार, दुसाध, डोम, धानुक और पासी ने अंग्रेज़ी सेना के सिपाही के रूप में, ख़ासकर पलासी के युद्ध और 1857 में, महत्त्वपूर्ण भूमिका अदा की।[53] ऐसा लगता है कि जब अंग्रेज़ों ने अपनी अर्थव्यवस्था को सैनिक सत्ता में रूपांतरित करना शुरू किया, तो निम्न जातियों ने पहले सिपाही मुहैया कराए। पर अंग्रेज़ों द्वारा दलितों की बहाली अस्थिर साबित हुई और धीरे-धीरे सेना का ब्राह्मणीकरण और क्षत्रियकरण होने लगा।[54] 1800 से ही अंग्रेज़ी कमांडर सेना से उन जवानों की बर्ख़ास्तगी की सिफ़ारिश करने लगे जिन्हें आपत्तिजनक निम्न जाति का माना जाता था।[55] लेकिन साथ ही कुछ लोगों ने उनकी बहाली के पक्ष में भी तर्क दिये। अवध पुलिस के मुख्य लेफ़्टिनेंट ब्रूस ने 1860 में अपनी एक रिपोर्ट में इसका पुरज़ोर समर्थन किया। उनके पुलिस महक़मे में तब 462 भंगी, 252 चमार और 764 पासी थे।[56] ब्रूस ने भंगियों के बारे में कहा :

> सफ़ाई करने वालों में अनगिनत भेद हैं, पर वो सबसे अच्छे सिपाही होते हैं। उनके पुरुषों का क़द अच्छा होता है, उनका शारीरिक गठन बेहतर है, वो कुछ भी और किसी के साथ भी खा-पी सकते हैं। वे बहादुर हैं, वे सेना

---

[52] नत्थूप्रसाद यादव (1938) : 21-28.

[53] विक्टर लौंगर (1981).; आरडीथे बॉशम (1980).; स्टीफेन पी. कोहेन (1969) : 453-68.; डिर्क कोल्फ (1990).

[54] फिलिप कांस्टेबल (2001) : 439-78.

[55] एफ/260/5780/ बोईस कॉलेक्शंस : 1808-09, ओरियंटल ऐंड इंडियन ऑफ़िस कलेक्शन, ब्रिटिश लाइब्रेरी (आगे से ओआईओसी).

[56] एल/एमआईएल/7/7236, ओआईओसी.

> में शामिल होने के लिए आतुर रहते हैं और तलवारबाज़ी के शौक़ीन और माहिर भी हैं। उनमें काफ़ी चतुराई भरी हुई है — पुलिस में उनकी संख्या 500 है और उन्होंने सिपाही और सैनिक के रूप में अच्छी भूमिका अदा की है।

ब्रूस ने पासियों की ख़ासकर तारीफ़ की :

> पासी... बेहद मेहनती और साहसी होते हैं। वे अवध और उससे लगते इलाक़ों में काफ़ी संख्या में गाँवों के चौकीदार हैं। वो तीर-कमान के विशेषज्ञ हैं और काफ़ी दूर से किसी को भी मार सकते हैं।... सैनिकों के रूप में पासी किसी भी मामले में शेख़ों से कम नहीं हैं।

लेकिन ऐसी तारीफ़ों के स्वर धीरे-धीरे हाशिये पर चले गये और 1857 के बाद सेना में इन जातियों की संख्या बहुत कम हो गयी। ज़्यादातर अंग्रेज़ अधिकारी उनकी भर्ती के ख़िलाफ़ थे। जॉन लारेंस ने अपने 5 जनवरी, 1857 के एक पत्र में कहा कि चमार और भंगी को ब्राह्मण और क्षत्रिय के साथ सिपाही के रूप में भरती करना वैसा ही है जैसे यूरोप में किसी स्वस्थ व्यक्ति को कोढ़ी के संपर्क में रखना। बनारस के ब्रिगेडियर पी. गॉर्डन ने चमारों और मेहतरों के बारे में लिखा कि वो शराब पीकर बहकने वाले, दिखने में ठिगने, छोटे सीने और हाथ वाले होते हैं। पासी, चमार और भंगी को बार-बार शराबी, गंदा और बाज़ार में उत्पात मचानेवाला बताया गया।[57] उनका पौरुष निम्न, भौंडा और अपरिष्कृत माना गया।

पर दो महायुद्धों के दौर में सैनिकों की बढ़ती माँग के कारण बहाली की नीतियों के पुनर्मूल्यांकन की ज़रूरत महसूस की गयी। शोधकर्ताओं ने बताया है कि विशेषकर उत्तर प्रदेश के सज़ायाफ़्ता भंगियों को ब्रिटिश सरकार ने पहले विश्व युद्ध के दौरान भारत से बाहर की सैन्य सेवाओं के लिए इस्तेमाल किया।[58] ये बहालियाँ मुख्यतः निम्नस्तरीय सेवाओं के लिए की गयीं। गोरखपुर में डोमों को भंगियों के रूप में पंजीकृत करके सैन्य सेवाओं के लिए

---

[57] एल/एमआईएल/14/216, ओआईओसी; एल/एमआईएल/7/12141, ओआईओसी.

[58] राधिका सिंघा (2007) : 412-45.; ये भी देखें, 42-48/नवंबर 1916, जेल्स, ए, होम डिपार्टमेंट, एनएआई, 'रिक्रूटमेंट ऑफ़ कन्विक्ट स्वीपर्स फ़ॉर सर्विस इन मेसोपोटैमिया'; 5/मई 1916, पोलिस, होम डिपार्टमेंट, एनएआई.

विदेश भेजा गया।[59] कुछ रमदसियों को भी बहाल किया गया। द्वितीय विश्व युद्ध के दौरान एक चमार रेजिमेंट बनाया गया। दलित सैनिकों की ज़रूरत मुख्यतः ग़ैर-योद्धा गतिविधियों के लिए थी। इस संदर्भ में दलित प्रवक्ताओं ने अपनी आवाज़ बुलंद की। उन्होंने ब्रिटिश शासन के दौरान अपनी सैन्य उपलब्धियों का गुणगान करते हुए एक लड़ाकू नज़रिया रखने की कोशिश की।[60] अखिल भारतीय हरिजन सभा के प्रधान रायबहादुर एस.पी. राजा ने अपने एक लेख 'हरिजन और सैनिक सेवा' में दलितों की वीरता और युद्ध क्षमता की तुलना कृष्ण से की।[61] लखनऊ में आदि हिंदू सभा के एक सम्मलेन में कहा गया कि दलितों को सेना और पुलिस में तुरंत बहाल किया जाए।[62] निम्न जातियों के लिए सेना में प्रवेश, चाहे ग़ैर-योद्धा गतिविधियों में ही क्यों न हो, बेहद सम्मान की बात थी। सैन्य सेवा सरकार से रियायत हासिल करने और अपनी सामाजिक हैसियत बढ़ाने के लिए एक महत्त्वपूर्ण क़दम समझी जाती थी। दलित वंशावलियों में सेना में बहाली को सामाजिक और आर्थिक उद्धार, सम्मान और पौरुष के लिए एक अप्रतिम घड़ी माना गया। यह भी ग़ौरतलब है कि उत्तर प्रदेश में आदि हिंदू आंदोलन के संस्थापक और दलितों के प्रमुख नेता अछूतानंद की शिक्षा-दीक्षा सेना की एक छावनी में हुई थी, जहाँ उनके पिता काम करते थे।

कुमाऊँ शिल्पकार सभा और आदि हिंदू आंदोलन के एक और प्रमुख नेता हरी प्रसाद तमता ने ब्रिटिश सेना में दलितों की सक्रिय भूमिका पर ख़ासा ज़ोर दिया। तमता ने अतीत में कुमाऊँ के शिल्पकारों की वीरतापूर्ण भूमिका की चर्चा करते हुए दलितों की क्षत्रिय नौकरी की परम्परा का उल्लेख किया।[63] कुमाऊँ के कई शिल्पकार, जो डोम की श्रेणी में भी आते थे, द्वितीय

---

[59] 6/7 जून 1913, पुलिस, ए, होम डिपार्टमेंट, एनएआई; 42-48/नवंबर 1916, जेल्स, ए, होम डिपार्टमेंट, एनएआई.

[60] 'अस्पृश्यों में जागृति', चाँद (फ़रवरी, 1930) : 775.

[61] एस. सी. राजा (1939) : 200.

[62] (सीक्रेट) पुलिस एबस्ट्रैक्ट्स ऑफ़ इंटेलिजेंस ऑफ़ यूपी गवर्नमेंट, 1922-40 (आगे से पीएआई), 24 फ़रवरी, 1940 : 42.

[63] एल/पीजे/10/14, ओआईओसी.

विश्व युद्ध के दौरान सेना में भर्ती हुए। अछूत होने के कारण ये शिल्पकार अधिकतर युद्ध में लड़ने वाली इकाई में नहीं बल्कि लेबर यूनिट में जाते थे। फिर भी, सेना का कोई भी तमगा उनके लिए सामाजिक हैसियत की एक बड़ी पहचान होता था। कई बार वे अपनी सैन्य सेवाओं को, चाहे वह कुली के रूप में ही हो, आधिकारिक अनुग्रह हासिल करने की माँग के लिए प्रयोग करते थे।[64] उत्तर प्रदेश के इस समय के राज्यपाल मॉरिस हैलेट ने युद्ध प्रयासों में इन शिल्पकारों का बहुमूल्य योगदान स्वीकार किया।[65] मार्च, 1942 में तमता ने अपने एक लेख में शिल्पकारों की सैन्य नौकरियों को उनके पौरुष और संस्कृति के साथ जोड़कर देखा। उनका कहना था :

> ब्रिटिश सरकार ने हम लोगों के लिए जो संघर्ष चलाया है, मैं उसका बिना शर्त समर्थन करता हूँ... आपको यह सुनकर ख़ुशी होगी के अकेले अल्मोड़ा ज़िले में मुझे 10,000 शिल्पकारों को सेना में भर्ती कराने में सफलता मिली है। ये शिल्पकार कई बटालियन, लेबर यूनिट आदि में तकनीशियनों के रूप में काम कर रहे हैं। इन प्रांतों के पिछड़े वर्गों ने इस कटु सच्चाई को पहचान लिया है कि ब्रिटिश शासन से पहले की कई सदियों में वे भयंकर उपेक्षा और ग़रीबी के शिकार रहे। सामाजिक व्यवस्था और राजनैतिक सत्ता ने उन्हें अपने पौरुष से वंचित करने की साज़िश रची हुई थी। यदि ब्रिटिश सरकार एक दयालु भगवान के रूप में हमारे उद्धार के लिए सामने नहीं आती, तो शिल्पकारों की उन्नति और सुसंस्कृत समाज में हिस्सेदारी के रास्ते नहीं खुलते।[66]

तमता ने चन्द्रिका प्रसाद जिज्ञासु के साथ अपने एक ओजस्वी भाषण में शिल्पकार सिपाहियों को हथियारबंद किसानी एकता का सीधा-सच्चा प्रतीक बताया। उनके अनुसार शिल्पकार सिपाही सीधे, सरल और सहज होते थे, और कई ऐसे काम करने के लिए तैयार रहते थे जिन्हें सवर्ण सिपाही छूते भी नहीं थे। सवर्णों के आराम-भरे जीवन के विपरीत शिल्पकार सिपाही निश्छलता और सैन्य मर्दानगी के मॉडल थे। उन्होंने कहा :

---

[64] बंशीधर (1939) : 59.

[65] एल/पीजे/10/14, ओआईओसी.

[66] एल/पीजे/10/14, ओआईओसी.

> हम अमर आत्मा हैं और हमारा शरीर हमारा आभूषण है।... जैसे हम पुराने कपड़ों की जगह नये कपड़े पहनने में ख़ुशी महसूस करते हैं, उसी तरह हममें से वे जो वीर और साहसी हैं, अपने कर्त्तव्य निर्वाह में पुराने शरीर का बलिदान करने के बाद नये शरीर में प्रवेश करने में आनंदित होते हैं।... एक डरपोक मृत्यु से भयभीत होता है, पर एक मज़बूत आदमी मृत्यु को नियंत्रित करता है। वो निडर होकर युद्ध भूमि में प्रवेश करता है। यह पृथ्वी ऐसे ही वीरों के आनंद के लिए है।[67]

इस दौर में दलित पुरुषों का सेना के लिए गहरा लगाव बार-बार सामने आया। उत्तर प्रदेश आदि हिंदू सभा ने अपने कई सम्मेलनों में पिछड़े वर्गों को सेना और पुलिस में भर्ती करने के समर्थन में प्रस्ताव पारित किये। सरकार से लगातार यह अनुरोध किया गया कि वह कुमाऊँ शाखा की तरह सेना और पुलिस बल में अनुसूचित जातियों की रेजिमेंट का गठन करे।[68] जनवरी 1942 में इलाहाबाद में आदि हिंदू आंदोलन के एक सम्मलेन में भाषण देते हुए नंदलाल जायसवार वियोगी ने कहा कि 1857 के दौरान दलितों का युद्ध कौशल सशक्त रूप से स्थापित हो गया।[69] दलितों ने कृतज्ञता और अनुग्रह की अपनी एक भाषा विकसित की, जिसमें सेना में सरकार की निष्ठापूर्वक सेवा के लिए अंग्रेज़ों के साथ एक ख़ास जुड़ाव दिखाने की कोशिश की गयी। उत्तर प्रदेश के कुछ चमारों को सेना में सेवा के लिए बतौर पुरस्कार (250 रुपये के ज़ुर्माने का भुगतान करके) ज़मीन आवंटित की गयी।[70] शेड्यूल्ड कास्ट्स फ़ेडरेशन ने अपनी उत्तर प्रदेश शाखा समेत यह चिंता व्यक्त की कि शांति के दौर में सेना के पुनर्गठन में उनकी संख्या कम हो रही है, जिस पर ध्यान दिया जाना चाहिए। उन्होंने यह माँग की कि सेना में अनुसूचित जाति की वर्तमान संख्या न केवल बरक़रार रखनी चाहिए बल्कि उसका विस्तार

---

[67] 'शिल्पकाल सोल्जर्स', *पायनियर*, 1 अगस्त, 1942.

[68] एल/पीजे/10/14, ओआईओसी; एल/पीजे/8/685, ओआईओसी; 'डिप्रेस्ड क्लासेज अर्ज्ड टू ऐनलिस्ट', 18 जनवरी 1942; *पायनियर*, लखनऊ, 25 फ़रवरी, 1942; समता, 25 फ़रवरी, 1942; हिंदी में पोस्टर, 'संयुक्त प्रांत की आदि हिंदू सभा के कुछ प्रमुख पदाधिकारी', एल/पीजे/10/14, ओआईओसी में उपलब्ध.

[69] *रिपोर्ट ऑफ़ द आदि हिंदू डीसी कुम्भ मेला कांफ्रेंस*, इलाहाबाद, 1942 : 3-4.

[70] 105-105/जनवरी 1860, फ़ॉरेन कंस्लटेशन, फ़ॉरेन डिपार्टमेंट, एनएआई.

होना चाहिए, जिससे वे सेना के शीर्ष पदों पर पहुँच सकें।[71] ब्रिटिश सेना में भर्ती दलितों के लिए एक ऐसा सशक्त केंद्रीय तर्क था जिसके इर्द-गिर्द वो अपनी राजनैतिक कुशलता, सामाजिक नागरिकता और पौरुष के पक्ष में विचार रख सकते थे। दलित पुरुषों की मर्दानगी और पौरुषेय ताक़त और क्षमता के लिए पुलिस या सेना की पोशाक, मेडल या सेना के प्रमाण-पत्र एक महत्त्वपूर्ण मानक बन गये थे।

उत्तर प्रदेश की पासी और भंगी जाति ने भी अपनी एक पूर्व औपनिवेशिक, ग़ैर-आर्य, लड़ाकू जाति की वंश परम्परा खोजने और गढ़ने का प्रयास किया। अब यह वंशावली एक नये मक़सद ब्रिटिश-सेना में भर्ती — से जुड़ गयी। पासियों का लगातार यह कहना था कि वे सबसे मज़बूत और पराक्रमी रहे हैं। उनकी एक पुस्तक में कहा गया :

> यह (पासी) जाति भारत की प्राचीन उपजातियों में से है, क्योंकि लोगों का अनुमान है कि राजपूताने में एक जाति पहरी के नाम से प्रसिद्ध है जिसका काम पहरा देना अर्थात् रक्षा व रखवाली करना है। संयुक्त प्रांत में भी उनका मुख्य काम पहरा देना है।... वास्तव में यह वर्ग अर्वाचीन में भी वीर, तथा साहस से परिपूर्ण पाया जाता है।[72]

यह भी कहा गया कि विभिन्न राजाओं की सेनाओं ने पासियों को पीढ़ियों से सैन्य सेवा, और लोगों ने चौकीदार के रूप में अपने संरक्षण के लिए स्वीकार किया है। वे तलवार और युद्ध के औज़ारों की पूजा करते थे, वे पराजित होने के बजाय मरना पसंद करते थे और इन सब कारणों से सर्वोत्तम योद्धा रहे थे। उनके ऊपर जिन अपराधों के आरोप थे, उन्हें भी कई बार सर के बल खड़ा कर दिया गया। तर्क था कि पासी समुदाय के कुछ लोग अन्य किसी उपयुक्त अवसर के अभाव में अपना साहस और वीरत्व प्रदर्शित करने के लिए अपराध करने पर मजबूर हुए।[73] इसलिए उनकी क्षमताओं का सकारात्मक इस्तेमाल करने और उन्हें निम्न तथा अपराधी गतिविधियों से

---

[71] एल/पीजे/8/685, ओआईओसी.

[72] चौधरी रिसालसिंह (1928) : 1-2.

[73] वही : 2-3.

बचाने के लिए भी उनको सेना में भर्ती करना ज़रूरी था।[74] एक शिक्षित भंगी ने एक तोप की ओर इशारा करते हुए उसे भंगियों वाली तोप बताकर भंगियों का सैन्य इतिहास दर्ज किया। यह कहा गया कि 1762 में एक हरीसिंह भंगी ने ख़्वाजा उबैद पर हमला किया और हथियारों के ज़ख़ीरे पर क़ब्ज़ा कर लिया। एक तोप पर भी क़ब्ज़ा जमाया गया और इसीलिए उसका नाम भंगियों वाली तोप पड़ गया। बाद में यह तोप गूजर सिंह और लोहना सिंह भंगी को दे दी गयी।[75] एक अन्य जगह पर एक दलित लेखक ने सेना में सेवा करने के गौरव पर ज़ोर देते हुए कहा कि इससे दलित अपने लिए एक अलग तरह की देह, वेश-भूषा और कपड़े अख़्तियार कर सकते हैं। उत्तर प्रदेश में दलित प्रचारकों की पहली पीढ़ी सेना में नौकरी से काफ़ी प्रभावित थी और अपनी सैन्य सेवा को पौरुष, सामाजिक गतिशीलता, बेहतर रोज़गार और सम्मान के साथ जोड़ती थी। यहाँ दलित दूसरी अन्य जातियों के साथ सामाजिक गतिशीलता के साझे सहयोगी थे, पर उनके तर्क कुछ अलग और अपने थे।

शोधकर्ताओं ने बताया है कि उत्तर प्रदेश की कई जाति सभाओं और शहरी शूद्र ग़रीबों ने अपनी असुरक्षा से उबरने, और साथ ही अपनी आवाज़ बुलंद करने के लिए हिंदू पौरुष और क्षत्रियता का दावा करना शुरू किया।[76] बीसवीं सदी की शुरुआत में शिक्षित दलितों के एक तबक़े ने भी अपनी जाति वंशावलियाँ लिखकर शौर्य परम्परा का दावा किया। इन वंशावलियाँ में अपने सम्मान के इज़ाफ़े का आग्रह तो था ही, साथ-ही-साथ उच्च जातियों के विचारों का खंडन भी था। ऐसे दावे अलग-अलग प्रकार के थे, फिर भी इनमें कुछ सामान्य तत्त्व थे। कुछ पिछड़ी जातियों में आमतौर पर आक्रामक हिंदूवाद का आग्रह था, तो अस्पृश्यों ने भक्ति परम्परा को जीवित किया। इसी समय दलित जाति वंशावलियों ने इतिहास के क्षेत्र में क़दम बढ़ाया। *चँवर पुराण*, *क्षत्रिय शिल्पकार दर्पण*, *निषाद*

---

[74] 'पासियों में जागृति', *अभ्युदय*, 25 दिसंबर, 1926 : 8.

[75] 'भंगियों वाली तोप', *माधुरी*, नवंबर 1923 : 419.

[76] नंदिनी गुप्त (2001) : 185-243.

*वंशावली*, *कलवार संहिता*, *पासी समाज*, *धरूका क्षत्रिय वंशावली*, *यादव जीवन* और *यदुवंश का इतिहास* जैसी वंशावलियाँ लिखी गयीं, जो अपने इतिहास को मुख़्तलिफ़ अंदाज़ में देखती थीं।[77] इनका मुख्य मुद्दा आर्थिक न्याय उतना नहीं था जितना कि दलितों की उत्पत्ति के ब्राह्मणवादी सिद्धांतों को चुनौती देकर अपने लिए सम्मान की जगह बनाना।[78] इन वंशावलियों के लेखकों ने हिंदू पौराणिकता और परम्परा से कई चीज़ें समाहित कीं। कुछ ने अपना एक शुद्ध इतिहास स्थापित करने के लिए या तो क्षत्रिय होने का दावा किया या अपने को सीधे कृष्ण से जोड़ा। चँवर पुराण के लेखक रघुवंशी ने दावा किया :

> चँवर पुराण से पूरे तौर से सिद्ध होता है कि यह [चमार] शब्द चँवर था जो सूर्यवंश के द्विज कुल में सृष्टि के आदि में एक बड़ा प्रभावशाली वंश हुआ है।... इस महावंश को लोग आज कल चमार नाम से पुकारते हैं परंतु वास्तव में यह सूर्य कुल का चँवरवंश ही है।... इस संपूर्ण वंश को चँवरवंश कहना उचित है। चमार कहना पाप है।[79]

उनका कहना था कि हम मानव जीवन की शुरुआत के पहले पुरोधा थे। दलित प्रचारक यों तो जाति वंशावली लिखने के लिए परंपरागत स्रोतों पर निर्भर थे, फिर भी उन्होंने ऐसे इतिहास को चुनौती दी जो उन्हें कमतर क़रार देता था।

इसके साथ ही, ख़ासकर आदि हिंदू आंदोलन के विकास के बाद, कई दलित जातियों ने अपने आपको भारत का मूल निवासी मानना शुरू किया, जिन्हें उच्च जाति के हिंदुओं ने ऐतिहासिक तौर पर छल और कपट के ज़रिये अधीन और पुंसत्वहीन बना रखा था।[80] अवध में पासियों ने दावा किया कि वे अपने क्षेत्र के राजा थे और उनकी राजशाही खेरी, हरदोई और उन्नाव जिले के संडीला, धरुहरा, मितौली और रामकोट में क़ायम थी। ख़ासकर

---

[77] यू.बी.एस. रघुवंशी (1916).; देवी प्रसाद साधू (1907).; प्रेमनाथ योगीश्वर (1912).; ज्वालाप्रसाद मिश्र (1911).; सुंदरलाल सागर (1929).; रामनारायण यादवेंदु (1942).

[78] बंशीधर (1939) : 65-7.

[79] यू.बी. एस. रघुवंशी (1916) : 1-2.

[80] चन्द्रिका प्रसाद जिज्ञासु 1965 [1937].

रामकोट को उनका एक प्रमुख गढ़ कहा गया।[81] दलित वंशावलियों में यह तर्क दिया गया कि आर्य और ब्राह्मणों की नस्ली विजय के दलित शिकार रहे हैं, जिन्होंने अपनी जीत के साथ हिंदूवाद और जाति व्यवस्था की शुरुआत की। इन वंशावलियों में आर्य-ब्राह्मण के ख़िलाफ़ वीरतापूर्ण लड़ाई लड़ने में पिछड़ों की महान भूमिका का ज़िक्र किया गया, हालाँकि धूर्तता और बदमाशी से आख़िरकार वे पराजित हो गये। दलितों को उनके विरोध की सज़ा देने के लिए उन्हें अस्पृश्य और समाज से बहिष्कृत करके ग़रीबी और मृत पशुओं के भोजन पर आश्रित बना दिया गया।[82] यों तो दलितों का पूर्व-औपनिवेशिक या आर्य स्वर्ण युग के समय का कोई महिमागान नहीं था, पर उन्होंने अतीत का एक अपना वर्णन विकसित किया। यह अतीत आर्य हमले से आये ब्राह्मणवादी हिंदूवाद से पहले अस्तित्व में था, जिसमें हर प्रकार की समानता थी। ये जाति वंशावलियाँ दलित प्रिंट पत्रकारिता के साथ एक अलग सार्वजनिक क्षेत्र के विकास से भी जुड़ी थीं, जिनमें एक वैकल्पिक पौरुष का विमर्श नज़र आता था। ऐसे कई प्रकाशनों में एक नयी दलित पहचान गढ़ने के क्रम में जाति की अक्षमताओं पर भी ध्यान दिया गया। इस प्रकार उच्च जाति द्वारा अस्पृश्यता की गढ़ी हुई अवधारणाओं और व्यवहारों को एक दलित विचार-प्रक्रिया द्वारा चुनौती दी जा रही थी, जिसके तहत उनके वास्तविक अतीत में एक प्रागैतिहासिक भारतीय समुदाय के रूप में एक सच्चा दलित-पौरुष वास करता था। यहाँ कलियुग का उल्लेख महत्त्वपूर्ण था क्योंकि औपनिवेशिक उत्तर प्रदेश में दलितों ने इसके द्वारा अपनी मर्दानगी पर ज़ोर दिया। कई उच्च जातियाँ कलियुग को विनाश का प्रतीक मानती थीं, पर दलित लेखकों के कई प्रकाशनों में कलियुग को अपनी खोयी हुई हैसियत की वापसी का समय कहा गया। चँवर पुराण में दावा किया गया कि कलियुग में उनके कुल को फिर अवसर होगा कि वह फिर अपने पूर्वजों के तेज़ से प्रेरणा लेकर जाति से उच्च बने।[83]

---

[81] *अवध गज़ेटियर*, II : 207.

[82] *रिपोर्ट ऑफ़ द स्पेशल सेशन ऑफ़ आल इंडिया आदि-हिंदू (डिप्रेस्ड क्लासेज़) कांफ्रेंस*, लखनऊ, 1931 : 3.

[83] यू. बी. एस. रघुवंशी, (1916) : 47.

आधुनिक सार्वजनिक-राजनीतिक क्षेत्र पौरुष की स्वाभाविक जन्मभूमि रहे हैं। दलितों की पौरुषेय भरी पहचान भी राजनीति से नाभि-नाल जुड़ी थीं। शोधकर्ताओं का दावा है कि महाराष्ट्र से अलग, औपनिवेशिक उत्तर प्रदेश में राजनीति शोषित वर्गों की गतिविधियों का सक्रिय कार्यस्थल नहीं थी। यह आंशिक रूप से सही हो सकता है, यदि हम केवल हरिजनों के बीच गाँधीवादी कार्यक्रमों पर नज़र डालें। पर हम यदि 1920 और 30 के दशक में प्रभावशाली आदि हिंदू आंदोलन की ओर देखें तो पाते हैं कि दलितों ने जाति शोषण, पौरुष दमन और राजनैतिक अधिकारों के मुद्दों को एक साथ जोड़कर अपनी पुरुष पहचान को एक नयी राजनीतिक अभिव्यक्ति दी। पश्चिमी उत्तर प्रदेश में, जहाँ दलितों की स्थिति अपेक्षतया बेहतर थी, दलित पुरुषों के राजनीतिक उभार के कई उदाहरण मिलते हैं। यहाँ ऐतिहासिक तौर पर चमारों के पास ज़्यादा बड़ी जोत थी और बेगार प्रथा भी कम थी। बाद के औपनिवेशिक दौर में मेरठ, मुज़फ़्फ़रनगर और आगरा जैसे क्षेत्रों में कई दलित परिवार अपनी कमज़ोरी और बेबसी की स्थितियों से बाहर निकल चुके थे और यह उनकी जीवन-शैली, खान-पान, रहन-सहन व पहनावे-ओढ़ावे से भी झलकता था।[84] इन अवसरों का फ़ायदा उठाते हुए उन्होंने लगातार माँग-पत्र देकर संपत्ति के बजाय समानता के आधार पर वोट देने के अधिकार, समान रोज़गार, सरकारी महकमों में प्रतिनिधित्व जैसे मुद्दे उठाए। आदि हिंदू आंदोलन का कहना था कि दलित एक उभरते हुए राष्ट्र में पूर्ण सदस्यता के हक़दार हैं। उन्होंने 1931 में लखनऊ में अपने एक सम्मलेन में पहला प्रस्ताव यह पारित किया : समान नागरिकता का अधिकार, समान अधिकारों की मुकम्मल बहाली और विधान सभा और सरकारी सेवाओं में पर्याप्त प्रतिनिधित्व।[85] यह भी महत्त्वपूर्ण है कि इस समय उनके सभी नेता पुरुष थे। उत्तर प्रदेश आदि हिंदू डिप्रेस्ड क्लासेज़ एसोसिएशन और बाद में उत्तर प्रदेश शेड्यूल कास्ट फ़ेडरेशन ने इस प्रकार के कई प्रस्ताव पारित किये जिनमें

---

[84] मोहिंदर सिंह (1947) : 47, 109-24.

[85] *रिपोर्ट ऑफ़ द स्पेशल सेशन ऑफ़ ऑल इंडिया आदि-हिंदू (डिप्रेस्ड क्लासेज) कांफ्रेंस,* (1931) : 2.

नौकरशाही में ज़्यादा पदों और राजनैतिक सत्ता में बेहतर भागीदारी की माँग की गयी। उन्होंने अनुसूचित जातियों के लिए पृथक् निर्वाचन क्षेत्र के ज़रिये 30 प्रतिशत आरक्षण, या कम-से-कम सीटों में ज़्यादा समान बँटवारे की माँग की।[86] मैं इस प्रकार की माँगों को दलित पौरुष के साथ जोड़ती हूँ। यह प्रतिरोध और नागरिक अधिकारों का पुरुष-केंद्रित इज़हार था। दलितों के कुंठित पौरुष ने इन तरीक़ों से राजनैतिक जीवन में अपना वजूद दिखाने की कोशिश की, जिसमें दलित नागरिकों और नागरिकता की परिकल्पना एक पुरुष परिप्रेक्ष्य में की गयी। नये प्रकार के जाति द्वंद्व सामने आये, जिनमें लिंग के आधुनिकीकरण का मतलब मुख्यतः जाति पौरुष की नयी संरचना करना था। जाति के बरअक्स दलित पुरुषों का राजनैतिक उभार औपनिवेशिक आधुनिकता और उभरते राजनैतिक राष्ट्रवाद के अंतर्संबंधों से शक्ल ले रहा था।[87] कई अर्थों में एक पुरुष वर्चस्व वाले दलित सार्वजनिक-राजनैतिक उभार के लिए माकूल मंच तैयार हो गया था।

अब मैं संक्षेप में उन कुछ और हलक़ों की ओर इशारा करूँगी, जिनमें दलितों ने अपना पौरुष उभारने की कोशिश की। कुछ दलितों ने सार्वजनिक क्षेत्रों में मर्दानगी के आक्रामक प्रदर्शन किये। जैसे बीसवीं सदी के शुरू में उत्तर प्रदेश में व्याप्त हिंदू-मुस्लिम दंगों में कुछ दलितों की भागीदारी थी। इलाहाबाद के कुछ दलितों ने रामलीला कमिटी में हिस्सेदारी की बात की। दलितों का तर्क था कि वे लाठी भाँजने वाले पुरुषों के दल को खड़ा कर सकते हैं, जिससे मुस्लिम ख़ौफ़ खाएँ।[88] शारीरिक शक्ति को वीरता और हीरोगिरी से जोड़कर, भले वे दंगाई गतिविधियाँ ही क्यों न हों, दलितों को अपनी शारीरिक शक्ति और ताक़त में एक गौरव और विश्वास का भान हुआ, वैसे जिसे उच्च वर्ग के लोग कोई भाव नहीं देते थे। सांप्रदायिक दंगों में उनकी भागीदारी के विरोधाभासी मंतव्य थे। ताक़त का प्रदर्शन और सड़कछाप-चतुराई उनके पौरुष

[86] एल/पीजे/8/685, ओआईओसी.

[87] 'स्वाधीनता दिवस', *अछूत* (अगस्त, 1947) : 2.

[88] पीएआई, 27 अक्टूबर, 1953 : 532.

पर मुहर लगाती थी। उनका शरीर एक हथियार के रूप में पेश किया जा सकता था। इस छवि का इस्तेमाल करके वो निम्न रोज़गार के अवसरों के लिए मुसलमानों के साथ प्रतियोगिता कर सकते थे।[89] इसी प्रकार चमड़े के काम को लेकर एक चमार ने दावा किया कि चर्मशोधन में मर्दानगी निहित है। उनका कहना था कि चमार यह काम करने के लिए अभिशप्त नहीं हैं, बल्कि वे अपनी शारीरिक ताक़त और कठोर श्रम के कारण इस काम के क़ाबिल हैं।[90] पासियों का दावा था कि वे सर्वश्रेष्ठ चौकीदार हैं क्योंकि उनके पास शारीरिक ताक़त और अपराध नियंत्रित करने का कौशल है।

लखनऊ में सबसे पहला दलित प्रेस स्थापित करनेवाले चन्द्रिका प्रसाद जिज्ञासु ने दलितों के ख़ुद के पेशे करने के तौर-तरीक़े को चुनौती देते हुए कहा कि दलित बुद्धिजीवियों को अपनी वेश-भूषा पर ख़ासा ध्यान देना चाहिए और दुनिया के सामने अपनी आधुनिक और सक्षम तस्वीर प्रस्तुत करनी चाहिए। पोशाक पहचान, वेश-भूषा और पुरुष हैसियत ऊँचा करने का विमर्श ईसाई धर्मग्रहण करने के साथ भी जुड़ा था। मिशनरी साहित्य में दावा किया गया कि धर्मांतरण से दलितों को पुरुष का सही दर्जा और सम्मान मिला है। गॉडफ़्रे फ़िलिप्स ने कहा :

> इन आंदोलनों ने अछूतों को आदमी बनाया है और दुनिया में उन्हें पुरुष का दर्जा दिया है, ऐसा दर्जा जो उन्हें कभी हासिल नहीं था।[91]

विडंबना देखिए कि धर्मांतरण की आलोचना करने वाले सुधारकों ने भी स्वीकार किया कि इससे दलितों को एक बेहतर पुरुष का दर्जा मिला है।[92] *चाँद* पत्रिका और *आर्य समाज* के कई प्रकाशनों में दो अछूतों को एक साथ चित्रित किया गया : एक मूल और दूसरा धर्मांतरित। दलित पुरुष में धर्मांतरण से आये बदलाव; उनका पहनावा, चाल-ढाल, काया और हैसियत, सब देखने लायक़ थी। एक कार्टून में धर्मांतरित दलित को सूट-बूट और साहब

---

89 नंदिनी गुप्ता, (2001).

90 चाँद करण शारदा (1925), *दलितोद्धार*, अजमेर : 14.

91 गॉडफ़्रे ई. फ़िलिप्स (1912) : 83.

92 'हिंदुओं का भयंकर हवास', *चाँद* (जनवरी, 1929) : 451-60.

की चाल-ढाल में चित्रित किया गया। ग़ैर-धर्मांतरित दलित उसके पीछे नंगे पैर, सर पर बोझा लिए चल रहा था। कार्टून का वर्णन कहता है :

चलता है आगे बन साहब, ईसाई जो हुआ अछूत!
जो हिंदू, वह मुर्गी ढोता पीछे, यह कैसी करतूत?[93]

एक अन्य कार्टून में धर्मांतरित दलित पुरुष अपना धन दिखा रहा है और धर्मांतरण नहीं करने वाले दलित को मज़दूरी दे रहा है :

एक ठाट से गाली देकर दान कर रहा मज़दूरी,
एक जाति अछूत ईसाई में रहती कितनी दूरी?[94]

कई अन्य कार्टूनों में ईसाई धर्मांतरित दलित पुरुषों को खेल-कूद का आनंद लेते हुए, राज करते हुए, अपना जूता पॉलिश कराते हुए और अन्य सुखद स्थितियों में दिखाया गया :

एक रंग है, एक रक्त है, एक जाति थे फिर भी आज,
चपरासी है एक दूसरा बन साहब करता है राज![95]
जो ईसाई बन जाता है, उस अछूत का देखो रंग!
जो हिंदू है उसके जूता सीने का भी देखो ढंग!![96]

चाहे वास्तविकता इससे अलग रही हो, लेकिन ईसाई बनने के बाद दलितों की हैसियत में इज़ाफ़े का प्रदर्शन और चित्रण काफ़ी मार्के का था। मेरठ के आस-पास के कुछ भंगी और चमारों ने दावा किया कि ईसाई बनने से उन्हें शिक्षा, सम्मान और हैसियत-भरा नया जीवन हासिल हुआ है। कई ईसाई दलितों ने बेगार करने से इंकार कर दिया। हिंदू सुधारकों और मिशनरियों ने अलग-अलग प्रकार के विरोधी तर्क देते हुए भी दलितों के ईसाई धर्मांतरण को सम्मान और पौरुष पाने का एक रास्ता बताया। दलित अपने को औपनिवेशिक आधुनिकता की भाषा में व्यक्त कर रहे थे और ईसाई धर्म में अपने लिए सामाजिक शोषण से कुछ हद तक मुक्ति देख रहे थे।

---

93 *चाँद* (मई, 1929) : 85; *व्यंग्य चित्रावली*, इलाहाबाद, 1930.

94 *चाँद* (मई, 1929) : 85.

95 वही : 133.

96 वही : 166.

दलित स्त्री के शरीर और यौनिकता पर नियंत्रण भी दलितों के पौरुष स्थापित करने के एक बिंदु के रूप में सामने आया। उच्च जातियों में इसकी एक लम्बी परम्परा रही है। लेकिन इस दौर में दलित जातियों ने भी अलग-अलग कारणों से दलित स्त्री के शरीर पर अंकुश लगाने का प्रयास किया। उदाहरण के लिए, मुरादाबाद के चमारों ने घोषणा की कि वे अपनी स्त्रियों को आवाजाही की कम आज़ादी देंगे। देहरादून और सहारनपुर के चमारों ने कहा कि उनकी स्त्रियों को खाना पकाते समय अंगिया और धोती ठीक तरह पहननी चाहिए और घास बेचने के लिए बाज़ार नहीं जाना चाहिए। मेरठ में जातीय चमार सभा ने, जिसमें 4,000 चमारों ने हिस्सा लिया, प्रस्ताव पारित किया कि स्त्रियों को परदा करना चाहिए। ख़ासकर शहरी धनी चमारों ने अपनी पत्नियों को अलग-थलग रखने और समुदाय में उनकी एक नयी भूमिका पर ज़ोर दिया। मथुरा में भंगियों की एक सभा ने यह फ़ैसला किया कि उनकी स्त्रियों को रोज़ बाज़ार नहीं जाना चाहिए। बुलंदशहर के भंगियों ने अपनी पंचायत में प्रस्ताव पारित करके अपनी स्त्रियों के मेला जाने पर रोक लगा दी। लखनऊ के खटीकों ने प्रस्ताव पारित किया कि उनकी स्त्रियाँ गली-मुहल्लों में फल नहीं बेचेंगी और केवल दुकानों में बिक्री करेंगी।[97] कुछ विचारकों के अनुसार इस प्रकार के क़दम संस्कृतीकरण की ओर संकेत करते हैं और ये अग्रगामी गतिशीलता का दावा करने के लिए किये गये। ऐसा भी कहा जा सकता है कि यहाँ दलित पुरुष प्रभुत्वशाली उच्च वर्ग के पौरुष के तौर-तरीक़ों से प्रभावित हो रहे थे। यहाँ दलित-पौरुष का आग्रह नवाचारी नहीं, बल्कि नक़लची था। इन सबके साथ ही मेरा मानना है कि इस प्रकार के क़दम संस्कृतीकरण, पितृसत्तात्मक नियंत्रण या दलित-पौरुष की पहचान के द्योतक तो थे ही, लेकिन साथ ही इनमें कहीं-कहीं दलित स्त्रियों को सम्मान दिलाने और सार्वजनिक क्षेत्र में उनके शरीर पर सवर्णों द्वारा हो रहे यौन शोषण से मुक्ति की कोशिशें भी निहित थीं। दलित स्त्री के शरीर पर नियंत्रण इन सभी का मिश्रण था। जाति

[97] पीएआई, 1 अप्रैल, 1922 : 642; पीएआई, 13 मई, 1922 : 845; पीएआई 30 सितंबर, 1922 : 1466; पीएआई, 4 नवंबर, 1922 : 1577; पीएआई, 24 मार्च, 1933 : 186; पीएआई 29 सितंबर, 1923 : 503.

की पहचान के राजनीतीकरण की प्रक्रिया में यौनिकता और लैंगिकता पर नियंत्रण एक महत्त्वपूर्ण खूँटी था। दलित सुधारकों का पौरुष अपने समुदाय के अंदर लिंग सुधार के उपायों और बाहरी जातियों के ख़िलाफ़ अपने समुदाय की इज़्ज़त की रक्षा के दोराहे पर निर्मित हो रहा था।

## निष्कर्ष

वर्चस्वशाली संस्कृति ने दलितों की एक निश्चित, टकसाली प्रस्तुति के कई मानक बनाए। कई दलित जातियों के पुरुषों को निम्न, कमज़ोर, मूर्ख और मंद बुद्धि में चित्रित किया गया। इसके विपरीत और विरोधाभासी रूप में कई बार दलित पुरुषों को हिंसक, अपराधी, शराबी और कामलोलुप भी चित्रित किया गया। ये दोनों तस्वीरें एक ही सिक्के के पहलू थे। उच्च वर्गों द्वारा मर्दाना और ज़नाना की टकसाली छवियों को बार-बार दलितों की पहचान स्थापित करने के लिए इस्तेमाल किया गया।

पर दलित पुरुष कोई अकर्मक प्राणी नहीं थे। दलित पुरुषों ने ख़ुद भी कई प्रकार से अपनी मर्दानी छवि का सृजन और चित्रण करने का प्रयास किया। हाशिये पर धकेली दलित पुरुष की सामाजिक स्थिति में पौरुष एक ऐसा वैचारिक बिंदु बन गया जिससे जातीय दमन और पुरुष पराक्रम के बीच एक संतुलन बनाया जा सकता था। दलित पुरुषों ने सम्मान और सामाजिक न्याय के लिए भी लैंगिक दावे प्रस्तुत किये। एक पौरुषपूर्ण अतीत, सेना में भर्ती, राजनैतिक भागीदारी के दावे, वेश-भूषा और संस्कृति, प्रचार और प्रकाशन के ज़रिये दलितों ने आधुनिक शहरी सार्वजनिक क्षेत्र में अपनी एक — बाज़ दफ़ा उथली ही सही — जगह बनाने की कोशिश की, उन्होंने औपनिवेशिक व्यवस्था से विकसित होनेवाले सीमित साधनों, जैसे रोज़गार, प्रिंट, शिक्षा, धर्मांतरण, आदि के ज़रिये भी दलित पौरुष का परोक्ष पराक्रम स्थापित करने का प्रयास किया। यद्यपि दलितों की समस्याएँ और संकट सचेतन रूप से पौरुष के ज़रिये परिभाषित या अभिव्यक्त नहीं हो रहे थे, फिर भी उनके विभिन्न प्रयासों, विमर्शों और गतिविधियों में दलित पुंसत्व और मर्दानगी को स्थापित

करने की झलक मिलती है। दलितों ने अपनी बेबसी, अलगाव और सामाजिक नपुंसकता से उबरने के लिए पुंसत्व को एक मौक़ाई हथियार बनाया। इस प्रकार कई बार दलित पौरुष जीवन जीने की रणनीति, एक विरोध, एक शारीरिक विचार और बिम्ब था, जिससे बेहतर अधिकारों, सम्मान और रोज़गार के अवसरों को आगे बढ़ाया जा सकता था। कभी-कभी पौरुष के दावों में मानव अधिकार अभिव्यक्त हो रहे थे।

लेकिन पौरुष का मक़सद नियंत्रण क़ायम करना भी है। अपनी अलग पृष्ठभूमि और परिप्रेक्ष्य के बावजूद कई बार दलित पुरुष पौरुष के वर्चस्ववादी प्रभाव के नज़दीक दिखाई पड़े और उन्होंने भी एक बनी-बनायी लैंगिक शब्दावली और गतिविधि को ही पुष्ट किया। एक प्रकार से पौरुष की परिभाषा में भी उथल-पुथल हो रही थी — उत्पादन से उपभोग, शरीर के सम्मान से शरीर के पराक्रम, पुरुषता से पौरुष की ओर। दलितों ने अकसर घरेलू क्षेत्र में पितृसत्तात्मक मूल्यों को अंगीकार किया, भले ही यहाँ नियंत्रण का तर्क दलित स्त्रियों को ज़्यादा सम्मान दिलाने के साथ जुड़ा था। दलितों ने कई बार सांप्रदायिक दंगों में एक मुख्य किरदार की भूमिका अदा करके भी पौरुष की प्रभावी अवधारणा को ठोस किया। लेकिन साथ ही दलितों के परिप्रेक्ष्य और प्रभाव ने वर्चस्ववादी अवधारणाओं में दरार भी डाली, क्योंकि वे अपनी शर्तों पर नवीन और कारगर हस्तक्षेप भी कर रहे थे।

यह कहना पर्याप्त नहीं है कि औपनिवेशिक भारत में दलित-पौरुष की अभिव्यक्तियाँ विद्रोही थीं। इन अभिव्यक्तियों के स्थानों, बिम्बों और रूपों को अन्य समुदायों के पौरुष के दावों के संदर्भ और संबंध में देखा जाना चाहिए। दलित-पौरुष कोई स्थिर, ठोस अवधारणा नहीं थी बल्कि तात्कालिक सांस्कृतिक, ऐतिहासिक, सामाजिक और राजनीतिक ज़मीनी हक़ीक़त से भी मुख़ातिब हो रही थी। अंततः दलित-पौरुष का निर्माण न तो पूरी तरह रूढ़ और आबद्ध था, और न ही यह निर्दोष और बेदाग़ था, क्योंकि लैंगिक पहचान अपने आप में निश्चित और शाश्वत नहीं थी बल्कि कई अनिश्चितताओं और असमंजस से गुज़र रही थी।

## संदर्भ


'अछूत', चाँद, अगस्त 1934.

'अछूतोद्धार का प्रयत्न', चाँद, जून 1926.

अनुपमा राव (2009), द *कास्ट क्वेश्चन : दलित्स ऐंड द पॉलिटिक्स ऑफ़ मॉडर्न इंडिया*, परमानेंट ब्लैक, दिल्ली.

'अस्पृश्यों में जागृति', चाँद, फ़रवरी 1930.

आनंद ए. येंग (सं.) (1985), *क्राइम ऐंड क्रिमिनैलिटी इन ब्रिटिश इंडिया, युनिवर्सिटी ऑफ़ एरिज़ोना प्रेस*, एरिज़ोना.

आरडीथे बॉशम (1980), *अनटचेबल सोल्जर्स : द महार्स ऐंड द माज़बिस*, आम्बेडकर साहित्य प्रकाशन , बेंगलुरु.

आशिस नंदी (1983), *द इंटीमेट ऐनेमी : लॉस ऐंड रिकवरी ऑफ़ सेल्फ अंडर कोलोनियलिज़म*, ऑक्सफ़र्ड युनिवर्सिटी प्रेस, दिल्ली.

आर.डब्ल्यू. कॉनेल (1995), *मैसकुलिनिटीज़, युनिवर्सिटी ऑफ़ कैलिफ़ोर्निया प्रेस*, बर्कले.

ई.आर. नीव (1911), *फ़र्रुख़ाबाद : अ गज़ेटियर बीईंग खंड* IX *ऑफ़ द डिस्ट्रिक्ट गजेटियर्स ऑफ़ यूपी*, इलाहाबाद.

ई. व्हाइटकॉम्ब (1972), *एग्रेरियन कंडीशन इन नॉर्थन इंडिया, खंड I : यूपी अंडर ब्रिटिश रूल, 1860-1900*, युनिवर्सिटी ऑफ़ कैलिफोर्निया प्रेस, बर्कले.

ओवेन एम. लिंच (1969), द *पॉलिटिक्स ऑफ़ अनटचेबिलिटी : सोशल मोबिलिटी ऐंड सोशल चेंज इन अ सिटी ऑफ़ इंडिया, कोलम्बिया युनिवर्सिटी प्रेस*, न्यू यॉर्क.

——(1972), 'डॉ. बी.आर. आम्बेडकर : मिथ ऐंड करिश्मा', जे. माइकल महार (सं.), द *अनटचेबल्स इन कंटेम्पररी इंडिया*, युनिवर्सिटी ऑफ़ एरिज़ोना प्रेस, एरिज़ोना.

इशिता-बनर्जी दुबे (सम्पा.) (2008), *कास्ट इन हिस्ट्री*, ऑक्सफ़र्ड युनिवर्सिटी प्रेस, दिल्ली.

*ऐनुअल रिपोर्ट ऑफ़ द प्रेसाइडिंग एल्डर*, नॉर्थ वेस्ट इंडिया कांफ़्रेंस, लखनऊ, 1895.

एच.आर. नेवील (1907), *बदायूँ : अ गज़ेटियर, बीईंग वॉल्यूम* XV *ऑफ़ द डिस्ट्रिक्ट गजेटियर्स ऑफ़ यूपी*, इलाहाबाद.

— (1911), *पीलीभीत : अ गज़ेटियर, बीईंग वॉल्यूम* XVIII *ऑफ़ द डिस्ट्रिक्ट गजेटियर्स ऑफ़ यूपी*, इलाहाबाद.

——— (1910), शाहजहाँपुर : अ गज़ेटियर, बीईंग वॉल्यूम XVII *ऑफ़ द डिस्ट्रिक्ट गजेटियर्स ऑफ़ यूपी*, इलाहाबाद.

एफ/260/5780/ बोईस कलेक्शंस : 1808-09, ओरिएंटल ऐंड इंडियन ऑफ़िस कलेक्शन, ब्रिटिश

लाइब्रेरी (आगे से ओआईओसी).
एल/एमआईएल/7/7236, ओआईओसी.
एल/एमआईएल/14/216, ओआईओसी; एल/एमआईएल/7/12141, ओआईओसी.
एल/पीजे/10/14, ओआईओसी.
एल/पीजे/10/14, ओआईओसी.
एल/पीजे/10/14, ओआईओसी.
एल/पीजे/10/14, ओआईओसी; एल/पीजे/8/685, ओआईओसी; 'डिप्रेस्ड क्लासेज़ अर्ज्ड टू ऐनलिस्ट', 18 जनवरी 1942.
एल/पीजे/8/685, ओआईओसी.
एल/पीजे/8/685, ओआईओसी.
एस.टी. होलिंस (1914), *द क्रिमिनल ट्राइब्स ऑफ़ द यूनाइटेड प्राविंसेज़*, इलाहाबाद.
एस. डर्ने (2000), *मूवीज़, मैसकुलेनिटी ऐंड मॉडर्निटी : ऐन एथ्नोग्राफ़ी ऑफ़ मेंस फ़िल्म गोइंग इन इंडिया*, ग्रीनवुड प्रेस, वेस्टपोर्ट.
एस.सी. राजा (1939), 'हरिजन और सैनिक सेवा', चाँद, जुलाई.
ए.सी. क्लेटॅन (1911), *प्रीचर्स इन प्रिंट : ऐन आउटलाइन ऑफ़ द वर्क ऑफ़ द क्रिश्चियन लिटेररी सोसायटी फ़ॉर इंडिया*, लंदन.
कृष्णानंद शर्मा (1923), *हिंदुओं की उन्नति और अछूत*, बनारस.
गॉडफ्रे ई. फिलिप्स (1912), *द आउटकास्ट्स होप ऑर वर्क अमंग द डिप्रेस्ड क्लासेज इन इंडिया*, लंदन.
गंगाप्रसाद उपाध्याय (1929) 'समाज सुधार', सुधा, जुलाई.
गोदीन शर्मा (1928), *कलियुग में सतयुग*, बाँदा.
गौरीशंकर सिंह चंदेल (1940), 'हिंदू भंगी' चाँद, जनवरी.
'गृह विज्ञान', चाँद, नवंबर 1927.
चन्द्रिका प्रसाद जिज्ञासु (1965) [1937], *भारत के आदि निवासियों की सभ्यता*, लखनऊ.
———(1968), श्री श्री 108 स्वामी अछूतानंद जी 'हरिहर', लखनऊ.
चाँद करण शारदा (1925), *दलितोद्धार*, अजमेर.
चाँद, जनवरी 1929.
चाँद, मई 1929.
चारु गुप्ता (2001), *सेक्शुअलिटी, ऑब्सिनिटी, कम्युनिटी : वुमॅन, मुस्लिम्स ऐंड द हिंदू पब्लिक इन कोलोनियल इंडिया*, परमानेंट ब्लैक, दिल्ली.
चिमनलाल वैश्य (1924), *नारायणी शिक्षा अर्थात् गृहस्थाश्रम*, इलाहाबाद.
चौधरी रिसालसिंह (1928), *पासी पंचायत प्रणाली की हिंदी पुस्तक*, प्रथम भाग, प्रयाग.
*जाति-पाँति का वर्णन*, नॉर्थ इंडियन क्रिश्चियन ट्रैक्ट ऐंड बुक सोसायटी, इलाहाबाद, 1924.

जे.जे. लुकास, *हिस्ट्री ऑफ़ द नार्थ इंडियन क्रिश्चियन ट्रैक्ट ऐंड बुक सोसायटी (1848-1934),* मिशन प्रेस, इलाहाबाद, ऐन. डी. (प्रकाशन वर्ष उपलब्ध नहीं है).

जॉन सी.बी. वेबस्टर (1994), *द दलित क्रिश्चियंस : अ हिस्ट्री*, आईएसपीसीके, दिल्ली.

जे.टी.एफ. जॉर्डंस (1981), *स्वामी श्रद्धानंद : हिज़ लाइफ़ ऐंड कॉलेज़, ऑक्सफ़र्ड युनिवर्सिटी प्रेस,* दिल्ली.

जोसेफ़ एस. अल्टर (1993), द *रेस्टलरर्स, बॉडी : आइडेंटिटी ऐंड आइडियोलॉजी इन नॉर्थ इंडिया,* ऑक्सफ़र्ड युनिवर्सिटी प्रेस, दिल्ली.

ज्योतिस्वरूप शर्मा (1923), *अछूत मीमांसा,* अलीगढ़.

ज्वालाप्रसाद मिश्र (1911), *धरूका क्षत्रिय वंशावली,* मुरादाबाद.

डब्ल्यू. क्रुक (1974) [1896], द *ट्राइब्स ऐंड कॉस्ट्स ऑफ़ द नार्थ वेस्टर्न इंडिया,* वॉल्यूम I, कॉस्मो पब्लिकेशंस, दिल्ली.

डिर्क कोल्फ़ (1990), *नौकर, राजपूत ऐंड सिपोय : द एथ्रोहिस्ट्री ऑफ़ द मिलिट्री लेबर मार्केट इन हिंदुस्तान 1450-1950,* केम्ब्रिज युनिवर्सिटी प्रेस, केम्ब्रिज.

तीर्थराम (1924), *स्त्रियों को चेतावनी*, इलाहाबाद.

थॉमस ब्लूम हैनसेन (2006), 'रिकपरेटिंग मैसकुलैनिटी, हिंदू नेशनलिज़म, वायलेंस ऐंड द एक्सोरिज़म ऑफ़ द मुस्लिम 'अदर', *क्रिटीक ऑफ़ एंथ्रोपॉलिजी,* खंड 16 (2).

'दलित समुदाय की आर्थिक समस्या', चाँद, जनवरी 1940.

*द डिप्रेस्ड क्लासेज ऑफ़ इंडिया : ऐन इंक्वायरी इनटू देयर कंडीशन ऐंड सजेशंस फ़ॉर देयर अपलिफ़्टमेंट*, दिल्ली, 1977 [1912].

देवी प्रसाद साधू (1907), *निषाद वंशावली,* लखनऊ.

नंदिनी गुप्तू (2001), द *पॉलिटिक्स ऑफ़ द अरबन पुअर इन अर्ली ट्वेंटिएथ सेंचुरी इंडिया*, केम्ब्रिज युनिवर्सिटी प्रेस, केम्ब्रिज.

नत्थूप्रसाद यादव (1938), 'ब्रिटिश शासन काल में यादवों की फ़ौजी उन्नति का इतिहास', *यादवेश,* खंड 1, अंक 2.

निकोलस बी. डर्क्स (1987), द हॉलो क्राउन : एथ्नोहिस्ट्री ऑफ़ द इंडियन किंगडम, केम्ब्रिज युनिवर्सिटी प्रेस, केम्ब्रिज.

'पासियों में जागृति', अभ्युदय, 25 दिसंबर, 1926.

पायनियर, लखनऊ, 25 फ़रवरी, 1942.

पीएआई, 27 अक्टूबर, 1953.

पीएआई, 1 अप्रैल, 1922.

पीएआई, 13 मई, 1922.

पीएआई, 30 सितंबर, 1922.

पीएआई, 4 नवंबर, 1922.

पीएआई, 24 मार्च, 1933.
पीएआई, 29 सितंबर, 1923.
प्रेमनाथ योगीश्वर (1912), *कलवार संहिता*, इलाहाबाद.
फ़िलिप कांस्टेबल (2001), 'द मार्जिनलाइजेशन ऑफ़ दलित मार्शल रेस इन लेट एट्टींथ ऐंड अर्ली ट्वेंटिएथ सेंचुरी वेस्टर्न इंडिया', *जर्नल ऑफ़ एशियन स्टडीज*, खंड 60, अंक 2.
बद्री नारायण (1917), *भजन गौरक्षा गोपाल दर्शन*, हरदोई.
'बाल पत्नियों के आँसू', चाँद, मार्च 1927.
बिपिनबिहारी त्रिवेदी (1950), 'लोक कथा के नायक आल्हा ऊदल', *विशाल भारत*, मार्च.
बंशीधर (1939), *क्षत्रिय शिल्पकार दर्पण*, अलीगढ़.
भगवानदीन प्रसाद (1915), *भाईचारा*, इलाहाबाद.
भीखू पारेख (1989), *कोलोनियलिज़्म, ट्रेडिशन ऐंड रिफ़ॉर्म : ऐन ऐनालिसिस ऑफ़ गाँधीज़ पॉलिटिकल डिस्कोर्स*, सेज, नयी दिल्ली.
'भंगियों वाली तोप', *माधुरी*, नवंबर 1923.
मंगल सिंह जाटव (1997), *स्वर्गीय श्री श्री 108 स्वामी अछूतानंद जी का जीवन परिचय*, ग्वालियर.
मंगतूराम लाटा (1922), *ब्राह्मण सुधार*, रामगढ़.
मुकुल कुमार (2004) 'रिलेशनशिप ऑफ़ कास्ट ऐंड क्राइम इन कोलोनियल इंडिया : अ डिस्कोर्स ऐनालिसिस', *इकनॉमिक ऐंड पॉलिटिकल वीकली*, खंड 39, अंक 10
मोहिंदर सिंह (1947), *द डिप्रेस्ड क्लासेज : देयर इकनॉमिक ऐंड सोशल कंडीशंस*, हिंदी किताब, बॉम्बे.
मृणालिनी सिन्हा (1995), *कोलोनियल मैसकुलिनिटी : द 'मैनली' इंग्लिशमैन ऐंड द 'एफ़िमिनेट' बंगाली इन द लेट नाइनटींथ सेंचुरी*, मैनचेस्टर युनिवर्सिटी प्रेस, मैनचेस्टर.
यू.बी.एस. रघुवंशी (1916), *चँवर पुराण*, अलीगढ़.
राजपाल सिंह 'राज' (2003), स्वामी अछूतानंद हरिहर, दिल्ली;
राधिका चोपड़ा, कैरोलीन ओसेला और फ़िलिपो ओसेला (सम्पा.) (2004), *साउथ एशियन मैस-कुलेनिटीज़ : कांटेक्स्ट ऑफ़ चेंज साइट्स ऑफ़ कांटिन्युटी*, वूमेन अनलिमिटेड, नयी दिल्ली.
राधिका सिंघा (2007), 'फाइंडिंग लेबर फ्रॉम इंडिया फ़ॉर द वार इन इराक : द जेल पॉर्टर ऐंड लेबर कॉर्प्स, 1916-1920', *कॉम्पेरेटिव स्टडीज़ इन सोसायटी ऐंड हिस्ट्री*, खंड 49, अंक 2.
रामनारायण एस. रावत (2012), *रिकंसीडरिंग अनटचेबिलिटी : चमार्स ऐंड दलित हिस्ट्री इन नॉर्थ इंडिया*, परमानेंट ब्लैक, दिल्ली.
रामनारायण यादवेंदु (1942), *यदुवंश का इतिहास*, आगरा.
*रिपोर्ट ऑफ़ द डिपार्टमेंट ऑफ़ इंडस्ट्रीज इन यूपी, 1935-36*, इलाहाबाद, 1937.
*रिपोर्ट ऑफ़ द स्पेशल सेशन ऑफ़ आल इंडिया आदि-हिंदू (डिप्रेस्ड क्लासेज) कांफ्रेंस*, लखनऊ, 1931.
रॉयल (व्हीटले) *कमीशन ऑफ़ लेबर इन इंडिया*, इविडेंस, वॉल्यूम III, लंदन, 1931.
*रिपोर्ट ऑफ़ द आदि हिंदू डीसी कुम्भ मेला कान्फ्रेंस*, इलाहाबाद, 1942.

लज्जाराम (1928), 'समाज सुधार', *सुधा*, जनवरी.
वॉल्टर नियेल (1962), *इकनॉमिक चेंज़ इन रूरल इंडिया लैंड टेन्योर ऐंड रिफ़ॉर्म इन यूपी 1800-1955,* येल युनिवर्सिटी प्रेस, न्यू हैवेन.
व्यंग्य चित्रावली, इलाहाबाद, 1930.
विक्टर लौंगर (1981), *फोरफ्रंट फॉरेवर : द हिस्ट्री ऑफ़ द महारा रेज़ीमेंट,* महार रेजीमेंट सेंटर, सागर.
*समता*, 25 फ़रवरी, 1942.
'समाज सुधार' *सुधा*, अप्रैल 1929.
'समाज की चिंगारियाँ', चाँद, नवंबर, 1927.
शाहिद अमीन (1984), *सुगरकेन ऐंड सुगर इन गोरखपुर : ऐन इंक्वायरी इनटू पीज़ेंट प्रोडक्शन फ़ॉर कैपिटलिस्ट इंटरप्राइज़ इन कोलोनियल इंडिया,* ऑक्सफ़र्ड युनिवर्सिटी प्रेस, दिल्ली.
शिवनारायण मिश्रा (1922) *बहिष्कृत भारत,* कानपुर.
'शिल्पकाल सोल्जर्स', *पायनियर*, 1 अगस्त, 1942.
*सेंसस ऑफ़ इंडिया,* 1931, यूपी, खंड XVIII पार्ट I रिपोर्ट, इलाहाबाद, 1933.
स्टीफेन पी. कोहेन (1969), 'द अनटचेबल सोल्जर : कास्ट, पॉलिटिक्स ऐंड इंडियन आर्मी', जरनल ऑफ़ एशियन स्टडीज़, खंड 28, अंक 3 : 453-68.
सैंड्रिया बी. फ्रीटैग (1991), 'क्राइम इन द सोशल ऑर्डर ऑफ़ कोलोनियल नॉर्थ इंडिया', *मॉडर्न एशियन स्टडीज*, खंड 25, अंक 2 : 227-61.
(सीक्रेट) *पुलिस एबस्ट्रैक्ट्स ऑफ़ इंटेलिजेंस ऑफ़ यूपी गवर्नमेंट, 1922-40,* 24 फ़रवरी, 1940.
सूज़न बेली (1999), *कास्ट, सोसायटी ऐंड पॉलिटिक्स इन इंडिया फ्रॉम एट्टींथ सेंचुरी टू द मॉडर्न ऐज़,* केम्ब्रिज युनिवर्सिटी प्रेस, केम्ब्रिज.
सुंदरलाल सागर (1929), *यादव जीवन*, आगरा.
सी. ए. बेली (1983), *रूलर्स, टाउंसमेन ऐंड बाज़ार्स : नार्थ इंडियन सोसायटी इन द ऐज़ ऑफ़ ब्रिटिश एक्सपेंशन, 1770-1870,* केम्ब्रिज युनिवर्सिटी प्रेस, केम्ब्रिज.
संजय निगम (1990), 'डिसिप्लिंग ऐंड पोलिसिंग द 'क्रिमिनल्स बाई बर्थ' पार्ट I : द मेकिंग ऑफ़ कोलोनियल स्टीरियोटाइप — द क्रिमिनल ट्राइब्स ऐंड कास्ट्स इन नॉर्थ इंडिया', *इंडियन इकनॉमिक ऐंड सोशल हिस्ट्री रिव्यू*, खंड 27, अंक 2.
'स्वाधीनता दिवस' *अछूत*, अगस्त 1947 : 2.
हिंदी में पोस्टर, 'संयुक्त प्रांत की आदि हिंदू सभा के कुछ प्रमुख पदाधिकारी', एल/पीजे/10/14, ओआईओसी में उपलब्ध.
'हिंदुओं का भयंकर हवास', चाँद, जनवरी 1929.
ज्ञानेंद्र पांडेय (2006), *रूटीन वायलेंस,* परमानेंट ब्लैक, दिल्ली.
42-48/नवंबर 1916, *जेल्स, ए, होम डिपार्टमेंट,* नैशनल आर्काइव्स ऑफ़ इंडिया (एनएआई).
291-302/जून 1900, *पब्लिक, ए, होम डिपार्टमेंट*, एनएआई.

42-48/नवंबर 1916, *जेल्स, ए, होम डिपार्टमेंट, एनएआई,* 'रिक्रूटमेंट ऑफ़ कंविक्ट स्वीपर्स फ़ॉर सर्विस इन मेसोपोटामिया'

5/मई 1916, *पोलिस*, होम डिपार्टमेंट, एनएआई.

6/7 जून 1913, *पुलिस*, ए, होम डिपार्टमेंट, एनएआई.

42-48/नवंबर 1916, जेल्स, ए, होम डिपार्टमेंट, एनएआई.

105-105/जनवरी 1860, *फ़ॉरेन कंस्लटेशन,* फ़ॉरेन डिपार्टमेंट, एनएआई.

# हाशिये का सशक्तीकरण

## दलित स्त्रियाँ हसरतें और अनुभव

तरुशिखा सर्वेश

*प्रतिमान*, जनवरी-जून, 2017, वर्ष 5, अंक 9 में पूर्व-प्रकाशित : पृ.सं. 298-315.

सार्वभौम कसौटी पर आधारित स्त्री-एजेंसी के विकास के लिए 'स्त्री-सशक्तीकरण' एक समरूप पदबंध की तरह समझा जाता रहा है। सशक्तीकरण का यह सार्वभौम एजेंडा स्त्रियों को एकाश्मिक श्रेणी की तरह ग्रहण करता है। दिक़्क़त यह है कि एक व्यापक श्रेणी के भीतर विभिन्नताओं पर विचार न करने के कारण यह रवैया हमें स्त्री-अनुभव के बारे में विपरीत समाधानों और दृष्टिकोणों की तरफ़ ले जाता है। इस तरह का सशक्तीकरण संबंधी विचार समाज के अब तक उपेक्षित वर्गों की स्त्रियों की हसरतों पर ध्यान दे पाने में नाकाम है। यही है वह कारण जिसके तहत मुझे समाज की विभिन्न उपश्रेणियों के बीच सशक्तीकरण की व्यक्तिपरक भावनाओं की समावेशी समझ पर चर्चा करने की प्रेरणा मिली है। मेरे इस अनुसंधान का मक़सद पश्चिमी उत्तर प्रदेश स्थित अलीगढ़ ज़िले के शहरी और मुज़फ़्फ़रनगर ज़िले के ग्रामीण इलाक़े की दलित स्त्रियों के अनुभवों, आकांक्षाओं और कार्यों के आईने में सशक्तीकरण संबंधी उनकी व्यक्तिपरक भावना को उजागर करना है।

## उद्देश्य, कार्यक्षेत्र और प्रविधि

इस अध्ययन का उद्देश्य दलित स्त्रियों के सशक्तीकरण के बोध की पड़ताल करना है। दरअसल, शहरी क्षेत्रों के साथ ही ग्रामीण क्षेत्रों में इस मुद्दे पर पूरी जाँच और चर्चा अभी तक नहीं की गयी है। दलित स्त्रियों के सामाजिक संदर्भ अकसर जाति-वर्ग-जेंडर के तनाव से भरे होते हैं। इसे ध्यान में रखते हुए उनके लिए एक अलग पद्धति तैयार करने की ज़रूरत है ताकि उसके ज़रिये दलित स्त्रियों के सशक्तीकरण की भावना के इस निजी पहलू पर संवेदनशीलता से सोचा-समझा जा सके। मैंने अलीगढ़ के शहरी और मुज़फ़्फ़रनगर की ग्रामीण दलित स्त्रियों के जीवन-अनुभवों को दर्ज करने के लिए घटनाक्रियाशास्त्र (फ़ेनोमेनोलॉज़ी)[1] के गुणात्मक नज़रिये को अपनाया है। इस अध्ययन में

[1] फ़ेनोमेनोलॉजी या घटनाक्रियाशास्त्र की अवधारणा को हुस्सर्ल ने प्रस्तुत किया जिसे हाइडेगर ने आगे बढ़ाया. फ़ेनोमेनोलॉजी बताती है कि दुनिया में चीज़ें किस प्रकार हमारे समक्ष आती हैं और वे अपने आपको कैसे प्रस्तुत करती हैं. यह हमारे जीवन में चीज़ों के मायने को भी बताती हैं. इसी क्रम में लोगों का एक 'इंटेंशन' होता है. उनकी 'इंटेंशनैलिटी' को इस आधार पर व्याख्यायित किया जाता है कि वे इस दुनिया के रोज़मर्रापन

फ़ील्ड नोट्स, सघन संवाद, फ़ील्ड से लिए गये नोटों का अध्ययन एवं खुली और बंद प्रश्नावलियों के साथ स्त्रियों के वृत्तांतों को शोध के औज़ार के रूप में प्रयुक्त किया गया है। मैं पहले ही कह चुकी हूँ कि इस अध्ययन का मुख्य उद्देश्य दलित स्त्रियों के सशक्तीकरण की व्यक्तिपरक समझ को बाहर लाने की कोशिश है। साथ ही यह उनके अनुभवों, उम्मीदों और अपने वातावरण से उनके सामंजस्य बिठाने के प्रयासों पर भी निगाह डालता है। मुझे उम्मीद है कि मेरे इस प्रयास से ख़ास तौर पर अनुसूचित जाति की स्त्रियों के साथ-साथ इस श्रेणी से बाहर की स्त्रियों पर अकादमिक एवं सामाजिक कार्यकर्ताओं के अनुसंधान में और प्रगति होगी। यह अध्ययन इस प्रकार से डिज़ाइन किया गया है जिससे दलित स्त्रियों के उत्तरों से ही उनकी बेहतरी के उपाय खोजे जा सकें।

### अध्ययन और प्रतिचयन के लिए भौगोलिक क्षेत्र

मेरे शोध का एक बड़ा हिस्सा राज्य, संस्कृति और स्त्रियों के आपसी संबंधों की व्यापक पड़ताल करता है। इस अध्ययन में मैंने राज्य और संस्कृति की शक्ति-संरचनाओं के भीतर स्त्रियों की फ़ितनागरी या सबवर्जन को दर्ज करने का प्रयास किया है। वे राज्य की संस्था से विभिन्न प्रकार के मोलभाव के ज़रिये अपने लिए एक गुंज़ाइश की रचना करती हैं। यह गुंज़ाइश उन्हें आज़ादी का अहसास दिलाती है। इन अहसासों को समकालीन जनतांत्रिक विमर्शों के परिप्रेक्ष्य में देखा जा सकता है कि किस प्रकार विभिन्न तबक़ों की स्त्रियाँ अपनी बात कह देने की जुगत निकाल ही लेती हैं।

मुज़फ़्फ़रनगर में मैंने खाप पंचायतों वाले इलाक़ों की एथ्नोग्राफ़ी की है और अलीगढ़ ज़िले में शहरी ग़रीब स्त्रियों के जीवन को आर्थिक संकेतकों के बाहर उनके रोज़मर्रापन में देखने का प्रयास किया है जहाँ वे निर्भरतापरक और शोषणमूलक व्यवस्था में अपनी बेहतरी के उपायों के लिए संघर्ष कर रही हैं। जब मैं अलीगढ़ और मुज़फ़्फ़रनगर की फ़ील्ड डायरी देख रही थी तो

---

में कैसे रहते हैं. यह उनके साथ दुनिया के संबंधों की व्याख्या भी करती है. मास्क्स डी वागले (2010).

उनके पृष्ठों में दलित स्त्रियों के जीवन के बारे में एक साझा पैटर्न उभरता हुआ दिख रहा था। उनकी हसरतों, अनुभवों, प्रभुत्वशाली वर्गों एवं राज्य से मोलभाव की प्रक्रिया में मुख्यधारा से एक दुराव प्रगट हो रहा था। अलीगढ़ शहर में निर्भर और शोषणपरक आर्थिक संबंधों में दृश्यमानता ने केवल अपेक्षाकृत कम थी बल्कि वह नामहीन भी थी, जबकि मुज़फ़्फ़रनगर के गाँवों में स्त्रियों पर ऊँची जाति और सांस्कृतिक प्रभुत्व के असर के साथ-साथ अपनी ही जाति के पुरुषों का बहुस्तरीय और बहुपरतीय शोषण क़ब्ज़ा जमाता हुआ दिख रहा था। इन्हीं कारणों से इन दो जगहों की दलित स्त्रियों के लिए ख़ुद अपनी मर्ज़ी से अपने बारे में बात करना बहुत मुश्किल है। इसलिए उनकी दुनिया में दाख़िल होने के लिए मैंने दो प्रकार की सैंपलिंग या प्रतिचयन की प्रक्रिया को आधार बनाया। पहले तो स्नोबाल सैंपलिंग/प्रतिचयन के सहारे शोध को आगे बढ़ाया गया है।[2]

इस शोध के लिए मई, 2015 से मई, 2016 के बीच अलीगढ़ ज़िले में क्षेत्र-कार्य किया गया। अध्ययन के लिए अलीगढ़ शहर में चार क्षेत्रों को दलित आबादी के आधार पर और साथ ही शहर के भीतर उनकी स्थिति के आधार पर चयनित किया गया। अलीगढ़ शहर में इन चार क्षेत्रों को चुना गया — चुहरपुर, क्वारसी (मुख्य), होली चौक (बाईपास रोड, क्वारसी) और दोधपुर। क्वारसी (मुख्य) और होली चौक कोइल तहसील में और चुहरपुर चण्डौस तहसील, (डाकख़ाना गभाना) में आता है। दलित समुदाय की उपश्रेणियों जाटव और वाल्मीकि की बसावट वाला चुहरपुर अलीगढ़ के ताला कारख़ाना क्षेत्र के क़रीब है। क्वारसी और होली चौक इलाक़ों में मुख्य रूप से वाल्मीकि समुदाय के लोग रहते हैं। दोधपुर क्षेत्र अलीगढ़ मुस्लिम विश्वविद्यालय के नज़दीक सिविल लाइंस के मुख्य इलाक़े में है।

[2] स्नोबाल सैंपलिंग/प्रतिचयन का प्रयोग समाजशास्त्र के विद्यार्थी उन क्षेत्रों में करते हैं जहाँ पर उन्हें अपने उत्तरदाताओं की भौगोलिक स्थिति के बारे में पूरी तरह पता नहीं होता. इसमें पहले वे किसी एक व्यक्ति/उत्तरदाता से बातचीत करते हैं फिर वह व्यक्ति अपने समुदाय के अन्य लोगों के बारे में शोधकर्ता को बताता है. इस प्रकार शोधकर्ता एक समुदाय विशेष तक पहुँच बनाता है और उन लोगों पर ध्यान केंद्रित करता है जिनसे उन सवालों के जवाब खोजने होते हैं जो उसके मन में कौंध रहे होते हैं. इसके बाद वह उन्हीं लोगों से बार-बार मिलता/मिलती है. इसे फ़िक्स्ड सैंपलिंग कहते हैं.

मुज़फ़्फ़रनगर ज़िले में किये गये क्षेत्र-कार्य को मैंने 2012 से 2015 के बीच अपनी पीएचडी थीसिस के कार्य-क्षेत्र के रूप में किया था। अध्ययन की प्रकृति के हिसाब से बालियान खाप के अंतर्गत मुज़फ़्फ़रनगर ज़िले के पूरे इलाक़े को लिया गया है। 84 गाँवों के साथ बालियान खाप सबसे बड़ी खाप है जिसमें से 72 गाँव उत्तर प्रदेश की सीमा में और बाक़ी 12 हरियाणा और राजस्थान की सीमा में हैं। बेहतर समझ के लिए, जो गाँव जो इस क्षेत्र का सबसे अधिक प्रतिनिधित्व करते हैं, उन पर ध्यान केंद्रित किया गया है। इस प्रक्रिया में मैं चौदह गाँवों में गयी जो इस काम में मेरी मदद कर सके। ये गाँव थे — शोरों, सिसौली, बुढ़ाना, भोंरा कलाँ, पुरबालियान, भनेरा, ताउली, नरोत्तमपुर मज़रा, जागाहेड़ी, पिन्ना, बघड़ा, हैदर नगर, चरथावल और फुगाना।

उपर्युक्त सभी गाँवों में आठ गाँव बालियान खाप और बाक़ी के गाँव अन्य खापों में हैं। उन गाँवों से बालियान खाप के चार गाँवों का मैंने अध्ययन किया है। मुज़फ़्फ़रनगर के चार गाँवों में शोरों, सिसौली, नरोत्तमपुर मज़रा और ताउली को चुना गया है। शोरों और सिसौली जाट बहुल गाँव हैं, नरोत्तमपुर मज़रा में मुख्यतः दलित आबादी है और ताउली एक मुस्लिम जाट (मूले जाट) बहुल गाँव है। सिसौली गाँव अध्ययन के लिए महत्त्वपूर्ण है क्योंकि यहाँ बालियान खाप के चौधरी की गद्दी है। सिसौली में 38 फ़ीसदी जाट, 30 फ़ीसदी मुसलमान, 15 फ़ीसदी अनुसूचित जाति, 15 फ़ीसदी वैश्य और 2 फ़ीसदी अन्य समुदायों की आबादी है। नरोत्तमपुर मज़रा की आबादी में 30 फ़ीसदी जाट, 24 फ़ीसदी चमार, 18 फ़ीसदी मुस्लिम, 21 फ़ीसदी झींवर, 6 फ़ीसदी गोस्वामी, और वाल्मीकि के 1 फ़ीसदी के साथ नाई और बढ़ई हैं। ताउली में 65 फ़ीसदी के आसपास मुस्लिम जाट, 10 फ़ीसदी मुसलमान (मुस्लिम जाट नहीं), 10 फ़ीसदी चमार, और 15 फ़ीसदी में ब्राह्मण, बनिया, गड़ेरिया, झींवर, कुम्हार और वाल्मीकि हैं। शोरों बुढ़ाना तहसील के शाहपुर विकासखंड के अंतर्गत आता है। बुढ़ाना तहसील के विकासखंड शाहपुर में सिसौली पड़ता है। ताउली और नरोत्तमपुर मज़रा सदर तहसील के बघड़ा विकासखंड के अंतर्गत आते हैं।

## प्राथमिक आँकड़ा संचयन के औज़ार

विषय की आवश्यकता और प्रकृति को देखते हुए यह अध्ययन मुख्य रूप से प्राथमिक आँकड़ों पर आधारित है। पहले जो अध्ययन किये गये थे, उनमें दलित स्त्रियों के सशक्तीकरण के बोध, उनके अनुभवों और उम्मीदों पर विशेष जानकारी का अभाव था। यही वजह थी कि इस अध्ययन को गुणात्मक प्रविधियों के आधार पर अंजाम दिया गया। इस तरह के अध्ययन में अपेक्षित विवरण और पैटर्न मात्रात्मक आँकड़ों के संग्रहण में नहीं आ पाते हैं। इसलिए सशक्तीकरण और अ-सशक्तीकरण के भोगे हुए अनुभवों के बीच अंतर करना मुश्किल हो जाता है।[3] दलित स्त्रियों में सशक्तीकरण और असशक्तीकरण के भोगे हुए अनुभवों को इस अध्ययन में समाहित करने के लिए उसे सिचुएशनिस्ट थियरी[4] के आलोक में देखा गया है। फ़ील्ड-नोट्स, अर्ध-प्रतिभागी अवलोकन, गहन साक्षात्कार, लिखित साक्षात्कार की व्याख्या, खुली और बंद प्रश्नावली के साथ ही महिलाओं के आख्यानों के विश्लेषण को शोध उपकरण के रूप में प्रयोग किया गया है।

## अवधारणात्मक ढाँचा

दलित स्त्रियों के अनुभवों पर व्यापक शोध कार्य हुए हैं, लेकिन वे आधारीय सशक्तीकरण की तार्किक समझ के अभाव का शिकार हैं। इस तरह के ज़्यादातर अध्ययन स्त्रियों द्वारा झेले गये हिंसक कृत्यों को संरचनात्मक समस्या के तौर पर हमारे सामने प्रस्तुत करते हैं।[5] कुछ ऐसे भी अध्ययन हैं

---

[3] सुंदर सरुक्कई (2007).

[4] सिचुएशनिस्ट थियरी का प्रयोग हम दलित स्त्रियों की दैनंदिन हसरतों की व्याख्या में कर रहे हैं. इस सिद्धांत में माना जाता है कि बाज़ार का हर जगह राज है. लोग न केवल उत्पादक और उपभोक्ता हैं बल्कि उनका प्रतिदिन का जीवन ही वस्तुओं के आपसी संबंधों पर टिका है. इसने लोगों को उनके जीवन से अलग कर दिया है. इसमें व्यक्ति अपने जीवन का क्रियाहीन दर्शक बन कर रह जाता है. वास्तव में सिचुएशनिस्ट थियरी चले आ रहे प्रतिमानों को एक झटका देती है. आरंभ में हमें लग सकता है कि दलित स्त्रियाँ अन्य महिलाओं की तरह हैं लेकिन उन्हें जो उत्पीड़न और बहिष्करण का सामना करना पड़ता है, उसे किसी दी गयी श्रेणी से समझना मुश्किल है. इसे समाजवाद या ऐसे ही अन्य समतामूलक स्थापनाओं के आलोक में नहीं देखा जा सकता है बल्कि इसमें जाति और उत्पीड़न के भी आयाम समाहित हैं. कैरोल एलरिच (1977).

[5] ए.एस.जे. इरादुयम आदि (2011).

जो दलित स्त्रियों द्वारा किये गये प्रतिरोध को प्रतिबिम्बित करते हैं या उनके द्वारा सृजित प्रति-आख्यानों को ऐतिहासिक परिप्रेक्ष्य में दर्ज करते हैं।[6] कुछ अध्ययनों ने दलित स्त्री नायिकाओं के चित्रण के माध्यम से भी दलित जनता और उनकी हक़दारी की एक सांस्कृतिक पहचान को समग्र रूप से देखने का प्रयास किया है।[7] इसके अतिरिक्त हाल ही में भूगोल से जेंडर-अध्ययन की ओर जाने वाले विद्वानों ने शहरी कामगार महिलाओं के बारे में सोचने का प्रयास किया है।[8] ये अध्ययन दलित स्त्रियों द्वारा सशक्तीकरण के बोध को उसकी संपूर्णता में पकड़ने में सक्षम नहीं हो पाए हैं। जहाँ तक सशक्तीकरण के बोध का संबंध है, यह सामान्य रूप में स्त्रियों की एक बड़ी श्रेणी के भीतर हाशिये की महिलाओं की उप-श्रेणियों को छोड़ता हुआ मालूम पड़ता है। यह विकास के मामलों में ऊपर से नीचे की ओर के नज़रिये का पालन करता दिखता है। यहाँ तक कि दलित स्त्रियों के अनुभवों और उसके व्यवहार के मामले में लिखा गया साहित्य विकास और सशक्तीकरण की भावनाओं के बारे में उनकी अपेक्षाओं को बाहर लाने का इच्छुक रहा है जिसके परिणाम-स्वरूप उनके ज़्यादातर अनुभव शोधकर्ता और पाठक द्वारा व्याख्या के लिए खुल जाते हैं। इस पृष्ठभूमि में किये गये अध्ययनों के विपरीत यह अध्ययन दलित स्त्रियों की अपेक्षाओं के साथ ही उनके सबवर्जन या फ़ितनाग़र रणनीतियों पर ध्यान केंद्रित करता है।

## दलित स्त्रियों के जीवन-अनुभव : अलीगढ़ शहर में सशक्तीकरण के मायने

अलीगढ़ शहर में दलित स्त्रियों के बीच क्षेत्र-सर्वेक्षण करने के दौरान जिस एक चीज़ ने शोधकर्ता का ध्यान खींचा, वह थी सरकारी सहायता के माध्यम से खाद्य-सुरक्षा, घर, पेंशन-योजना, स्वास्थ्य-योजना और अन्य योजनाओं

---

[6] गेल ऑम्वेट (2006); विजया रामास्वामी (1996); शर्मिला रेगे (1998), उर्मिला पवार और मीनाक्षी मून (2008); रंगराव (2013).

[7] बद्री नारायण (2006).

[8] सरस्वती राजू और संतोष जतराणा (2016).

से दलित स्त्रियों में पनप रही आज़ादी की भावना। हालाँकि मुक्ति की यह भावना मानव विकास के मामले में महत्त्वपूर्ण है मगर दलित स्त्रियाँ हमारा ध्यान उन संरचनात्मक समस्याओं की ओर खींचना चाहती हैं जो उनके अ-सशक्तीकरण के लिए ज़िम्मेदार हैं। अलीगढ़ के चुहरपुर इलाक़े की पचहत्तर वर्षीय चमेली और पैंसठ वर्षीय शांति देवी बताती हैं कि हमारे पास तो बस राशनकार्ड है, पर राशन नहीं। हमें तो राशन मिल जाए, वही बहुत होगा और इसके अलावा हमें क्या चाहिए? ये स्त्रियाँ दलितों के जाटव समुदाय से हैं।

अपनी मूल जगह से विस्थापित अ-सशक्तीकरण की धारणा को लेकोव रेबेका आदि ने बोत्सवाना के शहरी ग़रीबों के बारे में अपने अध्ययन के ज़रिये हमारे सामने पेश किया है।[9] इन विद्वानों का मानना है कि हाशियाग्रस्त समुदायों का अगर ऊपर से नीचे की ओर सशक्तीकरण किया जाए तो इससे संबंधित दृष्टिकोण उन्हें अपनी स्थितियों को समझने में ज़रूरी मदद नहीं दे पाता और न ही यह दमनकारी परिस्थितियों की चुनौतियों का सामना करने के लिए उन्हें तैयार कर पाता है।[10] दलित स्त्रियों के मामले में तो स्थिति और बुरी हो जाती है। उन्हें न तो सरकारी योजनाओं के तहत हक़दारी लाभ समय से मिल पाते हैं और न ही वे अपनी निर्मम सामाजिक वास्तविकताओं को ही अच्छी तरह समझ पाती हैं।

अलीगढ़ शहर का चुहरपुर इलाक़ा मुख्यतः जाटव बहुल इलाक़ा है। यहाँ पर वाल्मीकि समुदाय की भी कुछ बसावट है। इस इलाक़े का जाटव समुदाय पिछले कई सालों से अपेक्षाकृत ऊँची जाति की हैसियत का दावा करता रहा है।[11] और संस्कृतीकरण की प्रक्रिया के मुताबिक़[12] उसकी अनुभूति ऊर्ध्वगामिता की है।[13] दलितों में वाल्मीकि समुदाय की स्त्रियों की तरह जाटव समुदाय की स्त्रियों से घरेलू काम करने की उम्मीद नहीं की जाती

---

[9] रेबेका न्थोगो लेकोको और वॉन डर मेर्वे (2006).

[10] वही.

[11] जी.डब्ल्यू. ब्रिग्स (1920).

[12] एम.एन. श्रीनिवास (1952); क्रिस्टॉफ़ जैफ्रलो (2005).

[13] आवेन एम. लिंच (1974).

है। जाटव स्त्रियाँ ग़रीबी में फँसी हैं फिर भी वे इस तरह के काम करने को अपनी तौहीन समझती हैं। इसीलिए वे सार्वजनिक या निजी क्षेत्र में ग़ैर-लांछित रोज़गार के अवसरों को तरजीह देती हुई दिखती हैं।

जाटव समुदाय की बीए अंतिम वर्ष की छात्रा अलका में प्रतिष्ठित और हीन एवं लांक्षित कार्यों की साफ़ समझ है। उसके लिए और उसकी तरह और अन्य लड़कियों के लिए कारख़ानों अथवा हैंड प्रेस में काम करने और छोटे-मोटे घरेलू कामों की अपेक्षा किसी कार्यालय में चपरासी बनना ज़्यादा वांछनीय है। मेरे शोध के दौरान ये लड़कियाँ हैंड प्रेस में काम कर रही थीं। इसमें तालों के कवर और लीवर की तरह चीज़ों को ढालने के लिए गाढ़ी स्याही के साथ हाथ से संचालित होने वाली एक छोटी सी मशीन पर काम करना पड़ता है। इसे वे अप्रतिष्ठित काम की तरह देखती-समझती हैं। बीस वर्षीय रत्नामती काम से लौट कर हैंड प्रेस की काली स्याही की छाप हथेलियों पर लिए खड़ी थीं। उसने गर्व से बीए में अपने विषयों के बारे में बताया — इतिहास, अर्थशास्त्र और हिंदी। इन विषयों से उसकी एक अच्छा घर और अच्छी नौकरी पाने की हसरत पूरी हो सकती थी। अभी वह हैंड प्रेस पर काम करने के लिए प्रतिदिन पचास से साठ रुपये कमा पाती है।

जब मैं अलीगढ़ के जोधपुर इलाक़े में अनुसंधान कर रही थी, उसी दौरान एक घरेलू कामगार की हत्या हो गयी। इलाक़े के वाल्मीकि समुदाय के लोगों से बातचीत करते हुए यह पता चला कि क़ानून-व्यवस्था और प्रावधानों के बारे में उनकी जानकारी का स्तर काफ़ी नीचा था। यह बात वे स्त्रियाँ महसूस करती हैं। इसलिए वे पुलिस, ऊँची जातियों या उच्च वर्ग के किसी भी व्यक्ति से असुरक्षा महसूस कर रही थीं। बहुत स्पष्टता से बात करते समय भी ये स्त्रियाँ अपना नाम और अपने बारे में अन्य महत्त्वपूर्ण जानकारियाँ छिपा रही थीं। वे डर रही थीं कि यदि उनका नाम-पता लोग जान जाएँगे तो उनकी शिनाख़्त हो जाएगी और वे अकारण प्रताड़ित की जा सकती हैं। उनके पास उस तरह के तंत्र और संसाधन नहीं थे जैसा ऊँची जाति के लोगों के पास होता है। सशक्तीकरण की भावना उनके अंदर उस दिन आएगी जब वे किसी

भी एजेंसी द्वारा प्रताड़ना से डर के बिना अपनी पहचान साफ़ करने में सक्षम हो जाएँगी। एक स्त्री ने कहा कि आज़ादी तो केवल पुलिस और पैसे वालों के पास है। इन स्त्रियों के लिए सशक्तीकरण का मतलब है राज्य मशीनरी के प्रतिकूल रवैये से आज़ादी पाना। वे राज्य और उसके अमले द्वारा समान नागरिक के रूप में स्वीकार किये जाने की इच्छा रखती हैं और यह भी चाहती हैं कि राज्य उनकी आवाज़ और सरोकारों को सम्मान दे।

दोधपुर इलाक़े में कुछ जाटव परिवारों के साथ मुख्यतः वाल्मीकि समुदाय निवास करता है। इस इलाक़े के दोनों समुदायों की स्त्रियाँ घरेलू कामगार के रूप में काम करती हैं। अपनी सामाजिक स्थिति के साथ ही जानकारी की कमी के कारण दोधपुर इलाक़े के जाटव समुदाय की स्त्रियाँ चुहरपुर इलाक़े के जाटव समुदाय की स्त्रियों के विपरीत ग़रीबी और रोज़गार की संभावनाओं की कमी के कारण घरेलू कामकाज़ करने के लिए विवश हैं। चुहरपुर इलाक़े की स्त्रियाँ घरेलू कामकाज नहीं कर रही थीं। इसका कारण यह कि इनके इलाक़े के नज़दीक अलीगढ़ी ताला बनाने के कारख़ाने हैं। वे घरेलू कामकाज करने से कारख़ाने में जाने को तरजीह देती थीं।

अलीगढ़ के क्वारसी इलाक़े की दलित स्त्रियाँ महसूस करती थीं कि स्थायित्व और स्थिरता अच्छे जीवन और सुरक्षा के लिए ज़रूरी है। वे महसूस करती थीं कि घरेलू कामगार अथवा सफ़ाई कर्मचारी की तरह काम करना उन्हें शोषण और वित्तीय असुरक्षा की दृष्टि से मज़बूत नहीं बनाता। तीस वर्षीय शाही, पच्चीस वर्षीय अलका और पैंतीस वर्षीय अर्चना महसूस करती थीं कि यदि वे कम से कम बारहवीं कक्षा तक पढ़ी होतीं तो वे नर्स या शिक्षिका बनने की कोशिश कर सकती थीं। इन स्त्रियों और इनकी तरह अन्य महिलाओं से बातचीत से यह स्पष्ट हो गया कि वे उन कारकों की थोड़ी बहुत समझ रखती हैं जो स्त्रियों की उच्च सामाजिक गतिशीलता के लिए ज़िम्मेदार हैं। इस ख़ास मामले में उनके द्वारा शिक्षा को उन्नति के रास्ते की ओर ले जाने वाला एक औज़ार समझा जा रहा था। उन्होंने माँग की कि कम से कम बारहवीं कक्षा तक की शिक्षा महिलाओं के लिए ज़रूरी तथा मुफ़्त होनी चाहिए। मैंने भी ग़ौर किया

कि ये महिलाएँ अपनी उस सामाजिक संरचनात्मक स्थिति की समझ रखती हैं जो उनकी ज़िंदगी में सुनहरे मौक़ों में बाधा बनती हैं। रोज़गार की इन संभावनाओं को बाधित करने वाली इस दशा को रोंकी राम ने भी पंजाब के दलित समुदाय पर अपने अध्ययन में रेखांकित किया है।[14]

क्वारसी की ही निवासी तैंतीस वर्षीय नीलम ने अपने काम की प्रकृति के बारे में अपने गुस्से का इज़हार किया। उसने कहा कि घरेलू नौकर के रूप में काम करने के कारण उसके पास कोई बचत नहीं है। वह स्वयं एक सहायता समूह की सदस्य है जिससे वह अपने पति के लिए ई-रिक्शा ख़रीदने के लिए पचास हज़ार रुपये कर्ज़ की उम्मीद कर रही है। उसका पैंतीस वर्षीय पति राजपाल एक ग़ैर-सरकारी समारोह हाल में मेहतर का काम कर रहा था। हाल ही में उसकी नौकरी चली गयी जिससे वह निर्माण कार्यों में मज़दूरी और घरेलू कामकाज करने के लिए मजबूर हो गया। एक बच्चा पैदा होने के साथ ही इस दम्पती की वित्तीय अनिश्चितता उनके रोज़मर्रा के संघर्ष से जुड़ गयी। वे जवाहरलाल नेहरू मेडिकल हॉस्पिटल, अलीगढ़ में सफ़ाई कर्मचारी के पद के लिए आवेदन करना चाहते थे लेकिन दसवीं तक की न्यूनतम शिक्षा की माँग के चलते अयोग्य हो गये। उनके इस वृत्तांत से हम देख सकते हैं कि उनके सशक्तीकरण का बोध और ज़रूरतों की उनकी भावना उनके लिए स्थायी रोज़गार के अवसर के रूप में सामने आता है। नीलम ने आगे बताया कि मथुरा में उसके नैहर में वाल्मीकि समुदाय के बच्चे जब एक दुकान पर कुछ ख़रीदने जाते थे तो दुकानदार उनसे कहता था कि वे अपने सिक्के और नोट दूसरे डिब्बे में रखें। उसने अपने बच्चों के अनुभव साझा करते हुए बताया कि उन्हें राधाकृष्ण मंदिर में प्रवेश करने की अनुमति नहीं थी जबकि उनके मामा-मामी रोज़ सुबह उठ कर उसी मंदिर की साफ़-सफ़ाई करने जाते थे। उसने कुछ गर्व के भाव से कहा कि ईश्वर के सबसे नज़दीक तो वही लोग हैं जो उसके पूजा-स्थलों की सफ़ाई करते हैं, इसलिए उसके रिश्तेदार ईश्वर के सबसे नज़दीक के लोग हैं।

---

[14] रोंकी राम (2007) : 34-35.

## प्रति-आख्यान रचती दलित स्त्रियाँ

जब मैं क्वारसी के होली चौक़ इलाक़े में गयी तो देखा कि वाल्मीकि समुदाय की बस्ती की गलियाँ बिल्कुल अँधेरी हैं। उनकी माँग के बावजूद बिजली के खम्भे उस क्षेत्र में नहीं लगाए गये थे। इस समुदाय की स्त्रियों के मुताबिक़ इस तरह की लापरवाही उनकी सुरक्षा और निश्चिंचतता को दाँव पर लगा रही थी। क्वारसी बाइपास रोड इलाक़े के होली चौक की दलित स्त्रियों की अपने अस्तित्वबोध और हसरतों की समझ की यह भाषा अधिक अभिव्यक्तिपूर्ण थी। उनमें से कुछ स्त्रियों ने बड़े गर्व से अपने प्रतिरोध का क़िस्सा अच्छी तरह से सुनाया।

क्वारसी के होली चौक इलाक़े की रहने वाली छब्बीस वर्षीय नीतू ने व्यावसायिक गतिविधियों को शुरू करने की इच्छा व्यक्त की। वह मेंहँदी डिज़ाइन और सिलाई जैसे कौशल सीख रही थी। इसी के साथ वह इस तरह के स्व-रोज़गार की संभावनाओं के लिए जागरूकता और संसाधनों की कमी के कारण अपने प्रयासों में बाधा भी महसूस कर रही थी। नीतू के पति अलीगढ़ मुस्लिम युनिवर्सिटी में सफ़ाई कर्मचारी के रूप में काम करते थे। इंटरव्यू के दौरान एक दूसरी स्त्री ने भी ख़ुद के रोज़गार की अपनी इच्छा व्यक्त की। पैंतालीस वर्षीय गीता ने बताया, 'बिज़नेस से बढ़िया क्या होगा अगर अपना काम करके पैसा आने लगे तो। कोठियों के काम में बहुत डर भी हो गया है। अंदर क्या कर दे, कोई कुछ पता नहीं।' गीता अपने समुदाय की एक स्त्री की हाल ही में हुई हत्या का हवाला दे रही थी जो अलीगढ़ के विभिन्न इलाक़ों में घरेलू कामगार की तरह काम कर रही थी। दस वर्ष की उम्र में घरेलू कामगार की तरह काम करना शुरू करने वाली चालीस वर्षीय रजनी ने अपनी मालकिन की निरंकुश मानसिकता की वजह से नौकरी छोड़ दी थी। उसने अपनी नौकरी में जबरन काम कराने के एक अनुभव को साझा किया जिसको आख़िरकार उसने करने से इंकार कर दिया। यह उसकी मालकिन के लिए अस्वीकार्य था और उसने ज़बरदस्ती काम करवाने के लिए उसका हाथ पकड़ लिया। रजनी ने मालकिन को क़ानूनी नतीजों से डराया। रजनी के

धमकी भरे शब्दों के कारण उसे राहत मिल सकी। रजनी ने मुझसे अपनी और अपने जैसी अन्य स्त्री-श्रमिकों की लाचारी के वास्तविक निवारण की भावनाओं को साझा किया।

अस्पताल में सफ़ाई कर्मचारी और घरेलू कामगार दोनों काम कर रही पैंतालीस वर्षीय उमा ने गर्व से अपने काम के बारे में बताया कि उसको अस्पताल की ज़रूरत रहती है। उसने बताया कि सर्जरी वार्ड-तीन में ड्यूटी लगती है तो उसकी माँग बहुत बढ़ जाती है। 'अच्छा लगता है जब लोग बुलाते रहते हैं'। उमा को यह नौकरी अपने उस मालिक की मदद से मिली जिसके घर में वह काम करती थी। वह उनका आभार मानती थी लेकिन ठीक इसी समय वह इस बात को लेकर सचेत भी थी कि पैरवी करने के बदले में उसका मालिक उसका शोषक हो गया था। उसने कहा कि जब से उन्होंने अस्पताल में मौजूदा नौकरी के लिए उसकी मदद की है तब से उन्हें लगता है कि वे उनके जीवन के मालिक हैं। वे कभी-कभी उसके साथ अभद्र व्यवहार भी करते हैं। उमा ने कहा, 'लोगों को बस काम चाहिए हमसे हर समय। हमको इंसान नहीं समझते। घर पर काम करो तो चैन नहीं, अस्पताल में थोड़ी देर पानी पीने बैठ जाओ तो भी चैन नहीं।' काम के अनुकूल माहौल न होने के बावजूद उमा को अस्पताल में काम करने से अपनी थोड़ी-सी हैसियत और परिवार के लिए कुछ करने का अहसास मिलता है। उमा का पति पियक्कड़ है इसलिए उसे ज़्यादातर पारिवारिक ज़िम्मेदारियों को भी निभाना पड़ता है।

उमा के जीवन-अनुभव के माध्यम से कोई देख सकता है कि दलित स्त्रियाँ कैसे निर्भरता के शोषणकारी संबंधों में फँसी रहती हैं। दलित स्त्रियों के लिए यह निर्भरता दोहरी है — पहली तो उन्हें उन लोगों का हुक़्म बजाना पड़ता है जो नौकरी पाने में उनकी मदद करते हैं और दूसरी उस कार्यस्थल की मेहरबानी माननी पड़ती है जो उन्हें नौकरी देता है। यह उन्हें यौन शोषण सहित शोषण के चरम रूपों के अंदेशों का शिकार बना कर निर्भरता का एक दुष्चक्र तैयार करता है। चूँकि ये स्त्रियाँ उन रोज़गारों में हैं जिसमें विशेष

कौशल की आवश्यकता नहीं होती है इसलिए वे समझती हैं उन्हें कोई भी आसानी से हटा देगा। यह भावना उन्हें शोषण के प्रति अधिक संवेदनशील बना देती है। इन महिलाओं के लिए सशक्तीकरण का बोध शोषक और आर्थिक संबंधों से मुक्ति में निहित है[15] और साथ ही वे अपने जीवन में एक ऐसे बोध की हसरत रखती हैं जिसमें उन्हें किसी पर आश्रित न होना पड़े।

घरेलू कामगार के रूप में काम कर रही कुछ स्त्रियों ने अपने वृत्तांतों के ज़रिये उत्पीड़न और बहिष्करण को धता बताने के प्रयासों का उल्लेख किया। उन्हें काम दिलाने वाले कुछ ठेकेदारों ने कहा कि उन्हें अपनी जाति छिपा लेनी चाहिए। कुछ लोगों ने उनके लिए अपमानजनक शब्द 'भंगन' का प्रयोग किया। उन्होंने जाति छिपाने से मना कर दिया। उन्होंने कहा, 'इज़्ज़त हमारा हीरा है। डायमंड समझते हैं न आप? पहले तो हम जात छिपा कर काम करें, बाद में पता चल जाए तो कोई हमें भंगन-भंगन कह कर बेइज़्ज़त करे और निकाल दे। यह हमें बर्दाश्त नहीं। जो करना है सही बात बोल कर करना है। जिसको काम कराना है कराए।' इस प्रकार हम देख सकते हैं जो जाति उनके बहिष्करण का आधार तय करती है, उसी को सार्वजनिक हलक़े में लाकर वाल्मीकि महिलाएँ अपनी सबलता का प्रमाण देती हैं।

क्वारसी की चालीस वर्षीय पुष्पा ने अपने साथ अपमानजनक व्यवहार की जानकारी साझा की। एक बार ईद के अवसर पर उसकी मालकिन ने उसे कुछ सामान दिया और जब उसने सामान हाथ में लिया तो वह बोली कि यह तो तुमने हमसे छीन कर लिया है। 'मुझे बहुत बेइज़्ज़ती महसूस हुई और मैंने कहा कि ऐसी बात है तो न मुझे आपका सामान चाहिए और न काम।' यह संवाद विवेक कुमार के उस तर्क को आगे बढ़ाता है कि काम करने से इंकार करने पर दलित स्त्रियों को उत्पीड़न से गुज़रना पड़ता है।[16] बाद में पुष्पा के प्रतिरोध और अपनी हैसियत पर दावा करने पर उसकी मालकिन ने उससे माफ़ी माँगी और उससे काम जारी रखने के लिए अनुरोध किया। पुष्पा और

---

[15] राधा सरकार और अमर सरकार (2016).

[16] विवेक कुमार (2005).

उनके साथ की अन्य महिलाओं ने कहा कि हमारे समुदाय को बहुत संघर्ष करना है। पूरे समुदाय की ओर से बात करने के इस प्रामाणिक तरीक़े को अधिकांश दलित लेखिकाओं की आत्मकथाओं और कथा वृत्तांतों में एक बुनियादी विशेषता के रूप में देखा जा सकता है।[17]

असंगठित क्षेत्र की महिलाओं को कार्यस्थल पर यौन उत्पीड़न से बचाने के लिए 9 दिसंबर, 2013 को यौन उत्पीड़न (रोकथाम, निषेध और निवारण), नियम और अधिनियम, 2013 लाया गया। जब इसके प्रावधानों और शिकायतों के निवारण के प्रावधान की उन्हें जानकारी दी गयी तो वे इस तरह की सुविधा के बारे में नकारात्मक और निराश दिखीं।[18] इस अधिनियम में घरेलू स्त्री-कामगारों को भी यौन उत्पीड़न से सुरक्षा प्रदान की गयी है। इसमें सरकारी कार्यालयों से लेकर अस्पतालों और नर्सिंग होम की बात की गयी है। कार्यस्थल की परिभाषा देते समय अस्पतालों और नर्सिंग होम को एक अलग उपखंड में वर्णित किया गया है। इस अधिनियम को बनाते समय अस्पतालों और नर्सिंग होम को एक अंदेशे वाले स्थल के रूप में चिह्नित किया गया है। यह अनायास नहीं है कि अलीगढ़ की शहरी दलित स्त्रियाँ अस्पतालों और नर्सिंग होम में अपनी जीविका तलाशती हैं जहाँ उन्हें उत्पीड़न का सामना करना पड़ सकता है। इस अधिनियम के तहत जिन एजेंसियों तक इन महिलाओं को अपनी शिकायत लेकर जाना है, वहाँ तक पहुँचना आसान नहीं है और यदि वे पहुँच गयीं तो उन्हें अपनी नौकरी जाने का ख़तरा महसूस होता है। शहरी दलित स्त्रियों ने कहा कि यह सुविधाएँ पूरे समुदाय की समस्या को दूर करने में सक्षम नहीं हैं भले ही वे एक या दो मामलों का निपटारा कर दें। पैंतालीस वर्षीय गीता ने बताया, 'हमको नहीं जाना कहीं अपनी बात लेकर। हम इसको अपनी क़िस्मत मान कर चल रहे हैं अब तो। अगर हम कोई शिकायत कर भी दें किसी कोठी वाले की तो हमारा ही नुक़सान है क्योंकि यह सब करने के बाद न तो हमें कोई काम देगा

---

17 बामा (2005).

18 भारत का राजपत्र-असाधारण (1935).

और न हमारी बिरादरी में किसी और को आसानी से काम मिलेगा।' यहाँ हम देख सकते हैं कि ये स्त्रियाँ इस तरह के क़ानूनी प्रावधानों से अपने ठीक होने की आत्मपरक कल्पना भी नहीं कर सकती हैं। ज़ाहिर है कि ये प्रावधान इस तरह की हाशिये की स्त्रियों के बीच दीर्घकालिक समाधान के रूप में न्याय-वितरण में ज़्यादा आस्था और विश्वास पैदा करने में सक्षम नहीं हैं। यह सब उपलब्धि और उम्मीद की भावना के बीच एक खाई पैदा करता है।[19] कुछ ऐसी ही स्थिति हम आज़ादी के आंदोलन के दौरान दलित मानस में देख सकते हैं। डी.आर. नागराज़ एक आख्यान में बताते हैं कि गाँधी जब 1932 में उपवास कर रहे थे तो एक दलित बालक से कहा गया कि वह उन्हें संतरा खिलाकर उनका उपवास तुड़वा दे। वह बालक उनका उपवास समाप्त करवाने नहीं गया क्योंकि उसे भय था कि ऐसा करने से उसका और नुक़सान हो जाएगा। जो कुछ उसके पास है, वह भी चला जाएगा।[20]

## ग्रामीण मुज़फ़्फ़रनगर में दलित महिलाओं के जीवन-अनुभव

ग्रामीण क्षेत्रों में प्रभुत्वशाली समुदायों की हर जगह मौजूदगी और चौकसी के कारण दलित समुदायों से बात करना आसान नहीं था। इसमें दलित स्त्रियों से संपर्क स्थापित करने की दिक़्क़तें और भी ज़्यादा थीं। मैंने दलित स्त्रियों से बातचीत और उनके बयान को दर्ज करने के दौरान इन अवरोधों को महसूस किया। अनुसंधान हेतु प्राप्त आँकड़ों को सुरक्षित रखने के लिए ऑडियो और वीडियो रिकॉर्डर जैसे मीडिया उपकरणों की आवश्यकता थी। इसलिए प्राप्त आँकड़ों के विश्लेषण के बाद कमियों को दूर करने के लिए संबंधित क्षेत्र का दोबारा मुआयना किया गया। इन उपकरणों के सामने उत्तरदाताओं की अतिरिक्त सजगता और दबावपूर्ण बाहरी वातावरण इसे कठिन बनाता था। वस्तुनिष्ठता बनाए रखने के लिए लोगों के बयान दर्ज करने के प्रयास किये गये। प्रतिकूल परिस्थितियों के कारण कई बार लोगों की बात दर्ज करना

---

[19] ल्यूक वॉन कैंपेन (2009).

[20] डी.आर. नागराज (2010).

कठिन रहा। यहाँ तक कि अनौपचारिक बातचीत भी कई बार प्रभुत्वशाली समुदायों की मौजूदगी के कारण मुश्किल हो जाती थी। उदाहरण के लिए, मुझे एक बार प्रतिकूल परिस्थितियों का सामना करना पड़ा जब मैं हैदरनगर में ओमी नामक दलित स्त्री के घर गयी थी। हैदरनगर 'देशखाप' के अंतर्गत आता है जो कि तोमरों की खाप है। तोमर एक जाट गोत्र है। ओमी का बेटा अपने ही समुदाय की पड़ोस की लड़की के साथ भाग गया था।

यह दर्ज करना आवश्यक है कि किस प्रकार लोग सर्वाधिक प्रतिकूल परिस्थितियों में अपने लिए जगह बनाने का प्रयास कर रहे हैं। यही वे तरीक़े हैं जिनसे वे सफलता मिलने पर बिना कोई विद्रोह किये भविष्य में परिवर्तन का मार्ग प्रशस्त करेंगे। खाप के आदेशों का विरोध करने वाले लोगों का प्रतिरोध और संघर्ष खाप-समाजों की थोपी हुई सत्ता के मिथ्याभिमान और औचित्य पर चोट करता रहता है। जब इन छोटे प्रयासों को अंततः निष्पक्ष अथवा उदारतावादी दलों का वांछित समर्थन मिलता है तो उनका मनोबल बढ़ता है। यदि इन प्रयासों को महत्त्वपूर्ण समझा जाए, तो आने वाले समय में ये संस्थागत परिवर्तन के अग्रदूत साबित हो सकते हैं। यही वे लोग हैं जिनके संघर्ष को संस्थागत और सामाजिक प्रोत्साहन की ज़रूरत है, और यह तभी हो सकता है जब समय पर परिवर्तन लाया जाए।

अपने क्षेत्र-कार्य के दौरान मैं ऐसे कई लोगों से मिली जिनके प्रयासों में स्थापित धारणाओं को बदलने या कम से कम अंदर से हिला देने की क्षमता है। ओमी के मामले का यहाँ विशेष उल्लेख आवश्यक है। ओमी एक सत्तर वर्षीय विधवा है जिसका बेटा उसी गाँव की एक लड़की के साथ भाग गया था। भागने के बाद उसका बेटा कभी उस इलाक़े में नहीं दिखा। गाँव के लोगों का मानना है कि उसका बेटा पंचायत द्वारा भागे हुए जोड़ों पर जारी किये जाने वाले फ़रमानों के डर से वापस नहीं आया। ओमी को विभिन्न प्रकार के सामाजिक बहिष्कारों का सामना करना पड़ा। किसी को उसके घर में घुसने की इजाज़त नहीं थी और न ही उसे अपने घर से बाहर निकलने की अनुमति थी। यहाँ तक कि उसके घर में जाने या उसके साथ

खेतों में काम करने या उसके लिए पानी लाने पर भी पाँच हज़ार रुपये का ज़ुर्माना लगा दिया गया था। जब लोगों को यह एहसास हुआ कि वह इतनी बूढ़ी हो चुकी है कि अब और ज़्यादा बहिष्कार की यातनाएँ नहीं झेल सकती तो उन्होंने बहिष्कार की शर्तों को ढीला कर दिया। उन्होंने सख़्त आदेश दिया कि वह अपने बेटे को दोबारा कभी नहीं देखेगी और यदि उसका बेटा उसके घर के आस-पास या गाँव में नज़र आया तो उसे गोली मार दी जाएगी।

जब मैं ओमी से मिलने गयी तो उसने भी वही कहानी सुनाई। उसने आगे यह भी जोड़ा कि किसान समुदाय, जैसे कि जाट, ने उसके जीवन-संघर्ष में उसकी मदद भी की। अगर वे न होते तो वह जीवित भी न रह पाती। अपनी दबी-ढँकी बातों में थोड़ी सी मिश्री घोलते हुए उसने कहा कि उसे इस गाँव में किसी समस्या का सामना नहीं करना पड़ा। बल्कि ओमी तो लगातार अपने बेटे की करतूत को लेकर गुस्सा दिखा रही थी। जाटों के प्रति इस किस्म की कृतज्ञता का प्रदर्शन देखकर मैं पूरी तरह स्तब्ध थी। आख़िरकार इसी जाट समुदाय ने उसके ऊपर भीषण सामाजिक बहिष्कार थोपे थे। उसके सामाजिक व्यवहार के मानक निर्धारित किये गये थे। ये मानक उस क्षेत्र में प्रभावशाली गुटों के लिए सांस्कृतिक मूल्य बन गये हैं। पहले इस क्षेत्र के जाट अपने दबदबे के क्षेत्र में सिर्फ़ अपने समुदाय के लोगों को रखते थे, लेकिन बाद में उन्होंने अन्य कमज़ोर तबक़ों को इस क्षेत्र में लाने का प्रयास किया। इस प्रक्रिया में जाटों ने कमज़ोर जातियों और अन्य कमज़ोर तबक़ों के मुखियाओं को सम्मान दिया और उन्हें खाप पंचायत की न्यायाधिकारिक व्यवस्था के हिस्से के रूप में शामिल कर लिया।

समस्या यह है कि जब भी कोई निर्णय किसी विशेष जाति के चौधरी द्वारा लिया जाता है तो वास्तव में वह हमेशा ही प्रभुत्वशाली समूह की सुविधा के अनुसार होता है। कठोर निर्णय, जैसे कि 'नैतिक मूल्यों' की हिफ़ाज़त के लिए सामाजिक बहिष्कार, अधिकतर समाज के प्रभुत्वशाली तबक़े द्वारा ही लिए जाते हैं — यहाँ यह तबक़ा जाट समुदाय का है जिसकी

जातिगत परिषद पूरे इलाक़े में सर्वोच्च मानी जाती है। इस इलाक़े का सांस्कृतिक विन्यास अधिकतर प्रभुत्वशाली समूहों और संस्थाओं की कथाओं और गाथाओं द्वारा निर्मित हुआ है। इन विन्यासों की रूपरेखा प्रभुत्वशाली वर्ग को लाभ पहुँचाने के लिए तैयार की गयी है। इसी के द्वारा वे पूरे इलाक़े में अपनी वैधानिकता और अपने पारंपरिक प्राधिकार को चुस्त-दुरुस्त बनाए रखने में सक्षम हो पाते हैं। किसी व्यक्ति या समुदाय की आदतों के स्वरूप में थोड़ा भी बदलाव उस इलाक़े में उनके प्राधिकार के लिए हानिकारक हो सकता है। अपने क्षेत्र में उनका आचरण औपनिवेशिक हुक़्मरानों जैसा ही दिखाई पड़ता है।[21] उनकी पूरी व्यवस्था का स्वरूप उपनिवेशों जैसा है और वे अपने न्यायाधिकार का दायरा हमेशा बढ़ाते रहने का प्रयास करते रहते हैं।

ओमी के मामले से मुझे यह भी मालूम हुआ कि कैसे हाशिये के समुदायों की स्त्रियाँ सामाजिक बहिष्कार से जूझ रही हैं। इस सामाजिक बहिष्कार को सामाजिक दंड न समझ कर दलित समुदाय और प्रभुत्वशाली समुदायों में पितृसत्ता और सत्ता की अवधारणा के मेल के रूप में देखा जाना चाहिए। ख़ुद के साथ हुए बहिष्कार के बावजूद ओमी द्वारा जाटों की प्रशंसा ने मुझे हैरान तो कर दिया, पर जैसे ही बातचीत ख़त्म हुई और मैं ओमी के घर के बाहर निकली, उसने एक छोटा बच्चा भेज कर मुझे वापस बुलाया। उसके इस रहस्यमय व्यवहार ने मुझे और उलझन में डाल दिया। जब मैं ओमी के घर में दोबारा गयी तो उसने पास खड़े बच्चों से दरवाज़ा कस कर बंद करने के लिए कहा जिससे हमारी बातों के बीच कोई भी घर न आ सके। मैंने तब पूरी परिस्थिति अच्छी तरह समझ ली जब ओमी ने मुझे यह बताना शुरू किया कि मुझसे बात करते समय वह अपनी भावनाओं को खुल कर नहीं रख पा रही थी क्योंकि गाँव के कुछ जाट और अन्य गाँव वाले वहीं पास में खड़े थे। वह उन्हें नहीं बताना चाहती कि अपने बेटे के चाल-चलन के बारे में वह ख़ुद क्या सोचती है।

---

[21] एम.सी. प्रधान (1996) : 95.

जब वह मेरे साथ अकेली थी तो उसने मेरे सामने अपना दिल निकाल कर रख दिया और कहा कि ज़िंदा रहने का उसके पास बस यही एक रास्ता है। उसने कहा, 'किसे अपना बेटा अच्छा नहीं लगता?' लेकिन उसे लोगों को, और ख़ासकर जाटों को, यह दिखाना पड़ता था कि उसने अपने बेटे के साथ सारे संबंध ख़त्म कर लिए हैं और उसके पास उसका कोई अता-पता नहीं है। लेकिन सच्चाई यह थी कि ओमी को पता था कि वह कहाँ रह रहा है और उसकी बातों से मुझे यह लगा कि वो फ़ोन के माध्यम से अपने बेटे से संपर्क में थी। उसने क़बूल किया कि जाट किसानों ने दरअसल उसकी ज़िंदगी को नरक बना कर रख दिया है और बहिष्कार के आदेश पारित करवाने में लड़की के घरवालों का साथ दिया। उसने यह भी जोड़ा कि वे उसे अपने खेतों में काम नहीं देते थे जिससे उसका जीवनयापन और मुश्किल हो गया था। उस इलाक़े में सामान्यतः कमज़ोर जाति की स्त्रियाँ अधिक संपन्न जाट किसानों के खेतों में काम करती हैं। ओमी को अपने बेटे के कृत्य के कारण जीविकोपार्जन के कई मौक़ों से हाथ धोना पड़ा। ओमी के लिए नियमों में अब ढिलाई दे दी गयी है और उसने किसानों के खेतों में जाना शुरू कर दिया है। गाँव वाले भी अब उसके घर आते-जाते हैं। यह सब तब हुआ जब लोगों को यह विश्वास हो गया कि ओमी ने अपने बेटे के साथ संबंध तोड़ लिए हैं। इस प्रकार ओमी ने आदेशों के प्रति आज्ञाकारिता दिखाकर अपने जीवन के लिए समझौता किया। औरतों के सीखने के तरीक़ों पर एक प्रेक्षण के अनुसार, 'औरतें सत्ताधारियों के प्रति अंधी आज्ञाकारिता को मुसीबतों से दूर रहने और अपनी उत्तरजीविता सुनिश्चित करने के लिए सबसे अधिक महत्त्वपूर्ण मानती हैं।'[22]

हालाँकि जाट समुदाय ने ओमी के बहिष्कार में अपना हाथ होने से इंकार कर दिया, लेकिन इस समुदाय की यह भूमिका पूरे इलाक़े को अच्छी तरह मालूम है। साथ ही, जैसा कि ओमी ने क़बूल किया कि जाटों ने ख़ुद इस बहिष्कार को उकसाया और इसका समर्थन किया। इससे पता चलता है कि

[22] मेरी फ़ील्ड बेलेंकी (1986) : 28.

प्रभुत्वशाली समूहों के निर्णयों से कितनी जटिलताएँ उत्पन्न हो सकती हैं। खाप जैसे प्रभुत्वशाली समूह सामाजिक, व्यावहारिक और सांस्कृतिक अंकुश को अपने सदस्यों के विवाह और उनकी यौनिकता को नियंत्रित करने के लिए प्रयोग करते हैं — विशेषतः स्त्रियों और उनके सामाजिक, भौगोलिक अथवा प्रभाव क्षेत्र में आने वाले हाशिये के तबक़ों के ऊपर। एक घटना का उल्लेख ज़रूरी है जिसे एक पत्रकार ने मुझसे साझा किया था। दलित नौजवानों की तथाकथित अकड़ के विरोध में एक पंचायत बुलाई गयी। पंचों ने दलित चौधरी से अपने नौजवानों को बरजने को कहा तो दलित चौधरी ने सिर नीचा करके कहा कि हुजूर यह आपके ही ख़ून हैं, अन्यथा दलितों में ऐसी अकड़ कहाँ होती? फिर उस पंचायत को वहीं समाप्त कर दिया गया कि कहीं उच्च वर्ग की ही बदनामी न हो जाए। यह बताता है कि प्रभुत्वशाली सामाजिक स्पेस में दलित स्त्रियाँ बलात्कार और दैहिक ताबेदारी के अंदेशों की शिकार होती हैं।

सिसौली की साठ साल की ओमकली ज़मादार समुदाय से संबंधित थी। वह बोलना नहीं चाहती थी क्योंकि जाट लोग सारा समय मोटर साइकिल पर उसके आसपास घूम रहे थे। जब वह मुझसे बात कर रही तो वे उसे घूर रहे थे। वे हम तक आये और उन्होंने पूछा कि क्या मामला है। मुझे उनसे माफ़ी माँगनी पड़ी और हमें अकेले में बात करने देने के लिए यह कह कर अनुरोध करना पड़ा कि हमारी बातचीत जाट मर्दों से संबंधित नहीं है। वे लोग वहाँ से तो चले गये लेकिन कुछ दूरी पर जाकर खड़े हो गये जिससे ओमकली असुविधा महसूस करती रही। फिर उसने बहुत धीमी आवाज़ में कुछ फ़ुसफ़ुसाया। मैंने सुना कि वह कह रही है 'मुखिया के यहाँ ले चलूँ, वो हमारा आदमी हैं।' मैं भी सिसौली नगर पंचायत के मुखिया से बात करना चाहती थी तो उसने संकेत दिया कि वह मुझे मिलवाएगी।

ओमी और ओमकली की स्थिति उन अधिकतर दलित स्त्रियों का प्रतिनिधित्व करती हैं जिन्हें पहचान, प्रतिनिधित्व और पुनर्वितरण की ज़रूरत है। सरकार की सारी योजनाओं में ऐसी महिलाओं की दशा में बदलाव कर सकने के सामर्थ्य की कमी साफ़ दिखाई पड़ती है। सुखदेव

थोरात दलितों के लिए परिसंपत्तियों के सृजन की वकालत करते हैं।[23] लेकिन इसे दलित स्त्रियों को ध्यान में रख कर किया जाना ज़रूरी है। इसमें भूमि सशक्तीकरण का प्रमुख औज़ार हो सकता है। दक्षिण अफ्रीका में महिलाओं के सशक्तीकरण में भूमि के पुनर्वितरण की भूमिका को रेखांकित किया गया है। वहाँ ग़रीब ग्रामीण महिलाओं को भूमि पर मालिकाना हक़ देकर उन्हें सक्षम बनाने की कोशिश की जा रही है।[24] इसी प्रकार से भारत के राष्ट्रीय मानवाधिकार आयोग ने अनुसूचित जातियों और अनुसूचित जनजातियों के ऊपर अत्याचार रोकने से संबंधित अपनी एक रिपोर्ट में इस बात पर ज़ोर दिया कि दलितों को भूमि पर अधिकार दिया जाना चाहिए।[25] माना जा रहा है कि महिलाओं की दशा उत्तराधिकार नियमों में बदलाव से सुधर जाएगी। लेकिन सामाजिक-आर्थिक जाति आधारित जनगणना-2011 बताती है कि भारत में 54 प्रतिशत दलितों के पास जब ज़मीन नहीं है और वे दिहाड़ी मज़दूरी पर निर्भर हैं।[26] ऐसी सूरत में यह क़ानून बहुत सीमित हो जाएगा।

जहाँ अधिक संख्या में दलित समुदाय के लोग थे वहाँ पर भी बातचीत आगे बढ़ाने में समस्याएँ आयीं। वहाँ लोग बातचीत के उद्देश्य को लेकर संदेह कर रहे थे। उन्हें यह लगता था कि मुझे उनसे कुछ मसालेदार सूचना चाहिए, जिससे मैं शक्तिशाली प्रभुत्वशाली जाट समुदाय के ख़िलाफ़ कुछ कह सकूँ। उन्हें लगता था कि उन्हें मुझसे व्यक्तिगत रूप से संवाद करने के बजाय समूह में बात करनी चाहिए, जिससे कि सबसे मुखर व्यक्ति उन्हें रोक सके जो बहुत ज़्यादा जानकारी देने की कोशिश कर रही हो। ज़्यादातर जवान स्त्रियाँ जब किसी चीज़ को विस्तार से बताने का प्रयास करती थीं तो उन्हें पुरुषों और बुजुर्ग सदस्यों द्वारा ऐसा करने से बरज दिया जाता था। दलित समुदाय में यह एक सामान्य समझ प्रचलित थी कि बाहर से आये लोग उनके बारे में उनके

---

[23] http://www.epw.in/journal/2002/06/special-articles/oppression-and-denial.html 09-05-2014 को देखा गया.

[24] http://www.gov.za/sites/www.gov.za/files/landgender_0.pdf 11 मार्च, 2014को देखा गया.

[25] http://nhrc.nic.in/Documents/Publications/reportKBSaxena.pdf 6 अगस्त, 2014 को देखा गया.

[26] http://secc.gov.in/stateSummaryReport 6 अगस्त, 2014 को देखा गया.

फ़ायदे के लिए नहीं लिखते बल्कि उन पर लिख कर ख़ुद लाभान्वित होना चाहते हैं। ज़ाहिर है कि उन्हें पता था कि उनके बारे में व्यर्थ लिखा जा रहा है।

जब मैंने खाप क्षेत्र के दलित समुदायों की कुछ औरतों से बात की तो मैंने पारंपरिक आदर्शों से हट कर उनके अंदर कुछ छुपी हुई हसरतों को महसूस किया। एक दलित लड़की ने मुझे जो कुछ बताया वह मैं किसी जाट स्त्री से कभी नहीं सुन सकती थी। लोगों के साथ प्रेम विवाह पर एक अनौपचारिक बातचीत के दौरान अचानक पीछे से एक अप्रत्याशित आवाज़ आयी, 'हाँ, क्यों नहीं, अगर हमारा मन करेगा तो हम प्रेम विवाह कर सकते हैं।' यहाँ यह भी बताते चलें कि उस लड़की ने इसे बहुत आत्मविश्वास के साथ नहीं कहा और न ही वह इस विषय पर बहुत खुल कर बात कर सकती थी। उसने यह सिर्फ़ इसलिए कहा क्योंकि उसे लगा कि वह पहचानी नहीं जाएगी और अज्ञात रह पाएगी। लेकिन फिर भी बातचीत में मैंने ब्रायन एटबेरी के कल्पना के सिद्धांत की एक झलक महसूस की जिसमें वे 'स्वयं के एक अधिक रुचिकर और महत्त्वपूर्ण संस्करण के लिए अपनी पहचान के आदान-प्रदान की इच्छा' के बारे में बात करते हैं।[27] लेकिन जब मैंने उसे आगे आकर अपना चेहरा दिखाने को कहा तो वह तैयार नहीं हुई। वहाँ पर उपस्थित दूसरे लोगों ने उसके कहे गये पर नाराज़गी और ताज्जुब प्रकट किया। बाद में जब वह मेरे पास आयी तो उसने कहा कि उसका मतलब कुछ और था। इस प्रकरण को कम से कम सूक्ष्म स्तर पर ही सही, पर एक हल्के प्रति-आख्यान के तौर पर देखा जा सकता है जो उस सामूहिक कल्पना के लिए एक ख़तरा बन सकता है जो किसी सांस्कृतिक समूह के लिए आधार का काम करता है।

दलित भी उसी प्रकार भाषा की खोज करते हैं जिसका प्रयोग प्रभुत्वशाली तबक़े पहले से करते आ रहे हैं। वे अपनी अस्मिता मज़बूत करने और आत्मविश्वास का एक छद्म स्तर प्राप्त करने के लिए प्रभुत्वशाली तबक़ों के स्त्री-प्रतीकों का मखौल भी उड़ाते हैं। इसमें शुद्धता और यौन शुचिता का

---

[27] ब्रायन एटबेरी (2013) : 82.

आग्रह बरक़रार रहता है। वाल्मीकि लोग जाट लोगों को चिढ़ाने के लिए संस्कृत महाकाव्य *रामायण* की कहानियों का इस्तेमाल यह कहते हुए करते हैं कि जाट लोग ख़ुद को बड़ा भारी योद्धा और श्रेष्ठ बताते हैं लेकिन अपनी औरतों तक को नियंत्रित नहीं कर सकते। वे सीता पर, अपने दो पुत्रों में से एक को संत वाल्मीकि से प्राप्त करने का आरोप लगाते हैं जब वे उनके आश्रम में शरण लिए हुए थीं। यहाँ ऊँची जाति की स्त्री का मज़ाक उड़ाने से कमज़ोर जाति के लोग ऊँची जाति के पुरुषों और उनके प्रतीकों को गाली देकर संतुष्ट हो जाते हैं। लेकिन ऐसा करने में औरत को दोनों तरफ़ से ज़िल्लत उठानी पड़ती है। कमज़ोर जातियों के लोग दलित स्त्रियों की ऊँची जाति की स्त्रियों के साथ तुलना करते हैं और उन्हें उच्च जातीय स्त्रियों पर तरजीह देते हुए अधिक शुद्ध व पवित्र बताने का प्रयास करते हैं।

यह जाटव जैसे हाशिये के समूहों का प्रभुत्वशाली समूहों के ख़िलाफ़ प्रतिरोध और उनको चोट पहुँचाने का तरीक़ा है। मेरी बातचीत के दौरान इस समुदाय के लोगों ने दावे के साथ कहा कि उनकी औरतें असली सती यानी पवित्रता का प्रतिमान हैं। उन्होंने कहा कि उनकी सतियाँ निस्संदेह अविवाहित हैं और अक्षतयोनि हैं, जो कि उन्हें सबसे शुद्ध बनाता है। नरोत्तमपुर मज़रा गाँव के एक युवक राजू ने कहा, 'हमारी वाली सती असली सती हैं। जो शादी करके पति के साथ मर जाए वो कैसे हो गयी सती? हमारी सती गंगाजल जैसी होती थीं और समाज के लिए काम भी करती थीं।' हाशिये के समूहों ने सती की समानांतर परंतु भिन्न प्रतीकात्मक रचना करके न सिर्फ़ प्रभुत्वशाली विचारधारा की थोपी हुई सामाजिक-सांस्कृतिक धारणाओं का प्रतिरोध किया है बल्कि अपने लिए एक वैचारिक सह-सामाजिक स्थान भी हासिल किया है। इस प्रक्रिया में उन्होंने सती के बारे में स्थापित दृष्टिकोण को भी तोड़ा-मरोड़ा है। क्षेत्र के प्रभुत्वशाली और हाशिये के समुदायों की 'सती' के साथ जुड़ी शुद्धता की धारणा भी एक-दूसरे से भिन्न है। सती की अवधारणा में इसी भिन्नता के माध्यम से कमज़ोर तबक़े द्वारा एक प्रति-आख्यान रचा जाता है। दलित 'सती' अविवाहित है और इसलिए 'इंद्रियनिग्रह' का प्रतीक है।

प्रति-आख्यान का उपर्युक्त तरीक़ा प्रति-आख्यान के औज़ारों और उसके रूप को लेकर एक जटिल समस्या खड़ा करता है। ऊपर के प्रसंग में यह इंगित करना आवश्यक है कि हाशिये के समूहों ने सती के आख्यान की रचना की। सती के आख्यान की यह रचना प्रभुत्वशाली जातियों के सती-आख्यान से बिल्कुल भिन्न है। लेकिन उन्होंने सती, इंद्रिय-निग्रह और शुद्धता की रूढ़िवादी अवधारणा को अनजाने में और प्रसारित कर दिया। दूसरे शब्दों में प्रभुत्वशाली जातियों की समझ को बदलने के लिए अपनाए गये हथियार वही हैं जो उन जातियों के द्वारा सालों तक इस्तेमाल किये गये थे।

यहाँ *आपस्तम्ब धर्मसूत्र* से इन मुद्दों का मिलान किया जा सकता है। ब्राह्मणों द्वारा थोपी गयी कट्टरता के अधीन भारतीय समाज के एकरूप माहौल में आपस्तम्ब ने धर्म की परम्परा में एक पूर्णतः भिन्न रुख अपनाया गया।[28] आपस्तम्ब के धर्मसूत्र को स्त्रियों का पक्षधर कहा गया है क्योंकि यह पुत्रियों के संपत्ति पर अधिकारों को मान्यता देता है।[29] और विवाह के पश्चात् स्त्री और पुरुष द्वारा संपत्ति की साझी अभिरक्षा की बात करता है।[30] फिर भी आपस्तम्ब स्त्रियों को परम्परा-रक्षक मानने पर ज़ोर देते हैं और अपने श्रोताओं से कहते हैं कि जब वे धर्मशास्त्रों से सब कुछ सीख लें तो उन्हें स्त्रियों से कुछ रीति-रिवाज सीखने चाहिए।[31] इस प्रकार स्त्रियाँ यहाँ सांस्कृतिक और सामुदायिक मूल्यों की अभिरक्षक मानी गयी हैं। लेकिन दलित स्त्रियों के मामले में उन्हें दोहरा भार उठाना पड़ता है — ऊँची जाति के पितृसत्तात्मक पूर्वाग्रहों का और अपने समुदाय की अपेक्षाओं को पूरा करने के लिए उनके मूल्यों का।

आत्मरक्षा के उपर्युक्त तरीक़े औरतों की स्थिति को और ख़राब करते हैं। वे उनकी स्वच्छंदता पर अवरोध लगाते हैं और व्यापक स्तर पर समाज की मानसिकता पर प्रभाव डालते हैं। यहाँ तक कि प्रति-आख्यान रचने वाले पाठों

---

[28] आपस्तम्ब आरंभिक भारत के प्राचीनतम धर्मशास्त्रियों में से से एक हैं. उनका समय तीसरी शताब्दी ईसा पूर्व माना जाता है. पैट्रिक ओलिवेल (2017) : 51.

[29] पैट्रिक ओलिवेल (1999) : 57. *आपस्तम्ब धर्मसूत्र*, 2.14.4.

[30] वही : 72; *आपस्तम्ब धर्मसूत्र*, 2.29.3 .

[31] वही : 72; *आपस्तम्ब धर्मसूत्र*, 2.15.9; 2.29.11-15.

में भी या तो महिलाओं की गरिमा की सुरक्षा के लिए या उन्हें सामने लाने के लिए पितृसत्तात्मक साधनों और उपायों का ही प्रयोग किया गया है। प्रति-आख्यानात्मक लेखन को, परिप्रेक्ष्य और काल की पृष्ठभूमि के साथ देखने पर सराहा ही जाना चाहिए, लेकिन यह भी ज्ञात होना चाहिए कि स्त्रियों के अधिकारों और गरिमा की इस प्रकार की जाने वाली रक्षा के विपरीत दूरगामी प्रभाव होते हैं। हम इसे विशेषतः खाप समाज के परिप्रेक्ष्य में और साधारणतः समस्त भारतीय समाज में देख सकते हैं। उपर्युक्त उद्धरणों में सती की परिभाषाएँ इस तथ्य से निकलती हैं कि स्त्रियाँ सामान्यतया और कमज़ोर जाति की महिलाएँ विशेषकर स्वयं दूषित और दूसरों को दूषित करने वाली समझी जाती हैं। ऐसी स्त्रियाँ ऊँची जातियों द्वारा शोषण का शिकार रही हैं। ग्रंथों से प्राप्त विवरणों और कथाओं के माध्यम से ऐसे शोषण के तरीक़ों के बारे में जाना-समझा गया है।[32] इसलिए इन जातियों और पहले से अछूत रहे लोगों द्वारा अपनी सती को सबसे विशुद्ध और पवित्र व्यक्तित्व के रूप में दर्शाना ऊँची जातियों के मौजूदा यथार्थ में एक चोट मारने जैसा है। यहाँ हम उन दावों को देखते हैं जो प्रभुत्वशाली लोगों के यथार्थ-वर्णन की काट बन सकते हैं।

इन दावों के साथ समस्या यह है कि, यद्यपि वे महिलाओं के लिए रचनात्मक और हितकारी प्रतीत होते हैं, लेकिन वास्तव में वे स्त्री को विशुद्धता और अपवित्रता की उन्हीं ब्राह्मणवादी धारणाओं और दावों में ही और क़ैद कर देते हैं जिनसे मुक्ति की वे कामना करती रही हैं। बिना इनकी भाषा और व्याख्या में परिवर्तन लाए ऐसे विद्रोह उस पूरे समूह के लिए आगे और समस्या खड़ी कर सकते हैं जो सभी समुदायों में हमेशा ही हाशिये पर रहा है। वह समूह है स्त्रियों का। स्थिति और गंभीर हो जाती है जब दलित समुदाय की स्त्रियाँ सामाजिक संरचना में अपने निम्नतम स्तर पर होने का कारण समझने में असमर्थ रहती हैं। दलित स्त्रियों के वास्तविक सशक्तीकरण के लिए प्रभुत्वशाली जातियों के ख़िलाफ़ विरोध दर्ज करने के प्रयुक्त साधनों, वर्गों और भाषा को बदलना होगा। जब विरोध और समझौते उसी

---

[32] डेविड एन. लोरेंजन (1991) : 49.

प्रकार होने लगते हैं जैसे वे खाप क्षेत्रों में हो रहे हैं तब आपस में चर्चा करने और बाँटने पर ये 'निजी और व्यक्तिगत अनुभव तेज़ी से साझा उम्मीदों और लक्ष्यों के रूप में' प्रस्फुटित होते हैं।[33] नैंसी वाकर द्वारा केरोलिन गोल्ड हीलब्रन की 'अस्वीकार्य कल्पनाओं'[34] के बारे में की गयी टिप्पणी के बारे में व्यक्त किये गये विचार अन्य प्रसंगों में भी सच साबित होता है। वाकर के मुताबिक़ मूल्यों और परम्पराओं पर पुनर्विचार की माँगें कथित यथार्थों और बदले में यथास्थितियों को चुनौती देने वाली होती हैं।

## निष्कर्ष

चूँकि स्त्रियों का वर्ग कोई एकाश्मिक वर्ग नहीं है अतः यह समझने की ज़रूरत है कि विभिन्न वर्गों की महिलाओं के सशक्तीकरण के लिए उपाय और प्रावधान काफ़ी अलग-अलग करने पड़ेंगे। सबके लिए एक जैसे उपाय या समाधान ढूँढ़ना उलटे नतीजों वाला हो सकता है। सशक्तीकरण के लिए ऊपर से नीचे की ओर का एकमुश्त दृष्टिकोण वांछित परिणाम देता हुआ नहीं दिखाई देता। हाशिये की स्त्रियों के जीवन में परिणामदायी बदलाव लाने के लिए राज्य प्रायोजित योजनाओं में दलित स्त्रियों के लिए गुंजाइश निकाली जानी चाहिए और यह ध्यान रखा जाना चाहिए कि उन्हें परिसंपत्ति निर्माण में भागीदारी दे कर ही सक्षम बनाया जा सकता है। इससे वे उस दुष्चक्र से निकल पाएँगी जो शोषणकारी और निर्भरतामूलक व्यवस्थाएँ उनके ऊपर लाद देती हैं। जैसा कि मेरे फ़ील्ड-वर्क का अनुभव दिखाता है कि यदि दलित स्त्रियों को अपनी मुक्ति-परियोजना को आगे बढ़ाना है तो उन्हें उस भाषा और प्रतीकों का परित्याग करना होगा जिसे उन्होंने प्रभुत्वशाली वर्गों से ग्रहण कर लिया है। दलित स्त्रियों को 'अन्य' मानने की प्रवृत्तियों पर तब तक रोक नहीं लग पाएगी जब तक उनके अनुभवों की विशिष्टता को पहचान कर उसे महत्त्व नहीं दिया जाता है, और ऐसे विधिक प्रावधान नहीं किये जाते जो उनकी विशेष

---

[33] नैंसी ए. वाकर (1990) : 5.

[34] वही : 4.

सामाजिक दशा से उपजे हाशियाकरण को सम्बोधित करते हों। अकादमिक स्तर पर अभी दलित स्त्रियों के भोगे हुए यथार्थ को समझने के लिए एक सतत और बृहद नृजातीय व फ़ेनोमेनोलॉजिकल अध्ययन की आवश्यकता है।

## संदर्भ :


ओवेन एम. लिंच (1974), द *पॉलिटिक्स ऑफ़ अनटचेबिलिटी : जाटव्ज़ ऑफ़ आगरा,* नेशनल पब्लिशिंग हाउस, दिल्ली.

उर्मिला पवार और मीनाक्षी मून (2008), *वी आल्सो मेड हिस्ट्री : वुमॅन इन द आम्बेडकर मूवमेंट,* मराठी से अनुवाद वंदना सोनाल्कर, ज़ुबान, नयी दिल्ली.

एम.एन. श्रीनिवास (1952), *रिलीजन ऐंड सोसाइटी अमंग द कुर्ग्स ऑफ़ साउथ इंडिया,* क्लैरेंडन प्रेस, ऑक्सफ़र्ड.

एस. जे. इरूदायम एलोयसिस आदि (2014), *दलित वुमॅन स्पीक्स आउट : कास्ट, क्लास ऐंड जेंडर वायलेंस इन इंडिया,* ज़ुबान, नयी दिल्ली.

एम.सी. प्रधान (1996), द *पॉलिटिकल सिस्टम ऑफ़ द जाट्स इन नार्दर्न इंडिया,* ऑक्सफ़र्ड युनिवर्सिटी प्रेस, लंदन.

एम. स्मिता पाटिल (2013), 'रिवाइटलाइज़िंग दलित फ़ेमिनिज़म : टुवर्ईस रिफ़्लेक्सिव, एंटी-कास्ट एजेंसी ऑफ़ अमांग ऐंड महार वुमॅन इन महाराष्ट्र', *इकनॉमिक ऐंड पॉलिटिकल वीकली,* खंड 47, अंक 18.

क्रिस्तॉफ़ जैफ्रलो (2005), *डॉ. आम्बेडकर ऐंड अनटचेबिलिटीः एनालिसिस ऐंड फाइटिंग कास्ट,* सी. हर्स्ट ऐंड कम्पनी पब्लिशर्स, लंदन.

कैरोल एलरिच (1977), 'सोशलिज़्म, एनार्किज़्म ऐंड फ़ेमिनिज़्म', अमेरिकन फ़ेमिनिस्ट, खंड 5, अंक 1.

गेल ऑम्वेट (2006), *दलित विज़ंस,* ओरियंट ब्लैकस्वान, हैदराबाद.

जी.डब्ल्यू. ब्रिग्स (1920), द *चमार्स,* एसोसिएशन प्रेस, कलकत्ता.

डी.आर. नागराज (2010), द *फ़्लेमिंग फीट ऐंड अदर एसेज़ : द दलित मूवमेंट इन इंडिया,* परमानेंट ब्लैक, रानीखेत.

डेविड एन. लारेंजन (1991), *कबीर लीजेंड्स ऐंड अनंतदासज़ कबीर परचई,* स्टेट युनिवर्सिटी ऑफ़ न्यू यॉर्क प्रेस, अल्बानी.

द *सेक्सुअल हैरैसमेंट एट द वर्कप्लेस (प्रिवेंशन, प्रोहिबिशन ऐंड रिड्रेसल) ऐक्ट ऐंड रूल्स (2013), मिनिस्ट्री ऑफ़ लॉ ऐंड जस्टिस,* गवर्नमेंट ऑफ़ इंडिया, नयी दिल्ली.

द *डाउनसाइड ऑफ़ वुमॅन एंपॉवरमेंट इन इंडिया : एन एक्सपेरीमेंटल इन्क्वायरी इनटू द रोल ऑफ़ एक्पेक्टेशंस,* सोशल इंडीकेटर्स रिसर्च, खंड 94, अंक 3.

नैंसी ए. वाकर (1990), *फ़ेमिनिस्ट आल्टर्नेटिव्स, आइरनी ऐंड फैंटेसी इन द कंटेम्पररी नॉवेल बाइ वुमॅन,* युनिवर्सिटी प्रेस ऑफ़ मिसीसिपी, लंदन.
पैट्रिक ओलिवेल (1999), *धर्मसूत्राज़ : द लॉ कोड ऑफ़ आपस्तम्ब, गौतम, बौधायन ऐंड वशिष्ठ,* ऑक्सफ़र्ड युनिवर्सिटी प्रेस, ऑक्सफ़र्ड.
.................. (2017), *अ धर्मा रीडर : क्लासिकल इंडियन लॉ, परमानेंट ब्लैक,* नयी दिल्ली.
बद्री नारायण (2006), *वुमॅन हीरोज़ ऐंड दलित असर्सन इन नार्थ इंडिया : कल्चर,* आइडेंटिटी ऐंड पॉलिटिक्स, सेज पब्लिकेशंस, नयी दिल्ली.
बामा (2005), *संगति (इवेंट्स), अनु. एल. होल्मस्ट्रॉम*, ऑक्सफ़र्ड युनिवर्सिटी प्रेस, नयी दिल्ली.
ब्रायन एटबेरी (2013), *स्ट्रैट्जीज़ ऑफ़ फ़ेंटेसीज़,* इंडियाना युनिवर्सिटी प्रेस, ब्लूमिंगटन.
बी. रंगराव (2013), *डैस्परेट मेन ऐंड वुमॅन : टेन दलित शार्ट स्टोरीज़ फ़्रॉम इंडिया,* कृपाज़ पब्लिकेशंस, दिल्ली.
मास्क्स डी. वागले (2010), 'रिफ्रेमिंग शॉन्स कॉल फ़ॉर अ फ़िनेमिनोलॅजी ऑफ़ प्रैक्टिस : अ पोस्ट इंटरनैशनल एप्रोच', *रिफ़्लैक्टिव प्रैक्टिस* 11, अंक 3.
मेरी फ़ील्ड बेलेंकी (1986), *वुमंज़ वेज ऑफ़ नोइंग : डिवेलपमेंट ऑफ़ सेल्फ़,* वॉयस ऐंड माइंड, बेसिक बुक्स, न्यू यॉर्क.
राधा सरकार और अमर सरकार (2016), 'दलित पॉलिटिक्स इन इंडिया : रिकगनिशन विदाउट रिडिस्ट्रीब्यूशन', *इकनॉमिक ऐंड पॉलिटिकल वीकली,* खंड 2, संख्या 20.
रेबेका न्थोगो लेकोको और मैरीतजी वान डर मेर्वे (2006), 'बियांड द रेटरिक ऑफ़ एम्पॉवरमेंटः स्पीक द लैंग्वेज, लिव द एक्सपीरिएंस ऑफ़ द रूरल पुअर', *इंटरनैशनल रिव्यू ऑफ़ द एजुकेशन,* खंड 52, अंक 3/4, मई.
रोंकी राम (2016), 'सैक्रालाइजिंग दलित पेरिफ़रीज़ : रविदास डेराज़ ऐंड दलित असर्सन इन पंजाब', *इकनॉमिक ऐंड पॉलिटिकल वीकली,* खंड 2, संख्या 1.
ल्यूक वॉन केंपेन (2009), द डाउनसाइड ऑफ़ वुमन इम्पावरमेंट इन इंडिया : एन एक्सपेरिमेंटल इन्क्वायरी इन टू द रोल ऑफ़ एक्सपेकटेशन, *सोशल इंडिकेटर्स रिसर्च*, दिसंबर
विजया रामास्वामी (1996), *डिवीनिटी ऐंड डेवियंस,* ऑक्सफ़र्ड युनिवर्सिटी प्रेस, नयी दिल्ली .
विवेक कुमार (2005), 'सिचुएटिंग दलित्ज़ इन इंडियन सोसियोलॅजी', *सोसियोलॅजिकल बुलेटिन,* खंड 54, संख्या 3, सितंबर-दिसंबर.
वेद व्यास (1940), *श्रीमद्भागवत-महापुराण,* अनुवाद : स्वामी सनातन देव, खंड 1, गीता प्रेस, नयी दिल्ली.
शर्मिला रेगे (1998), *राइटिंग कास्ट/राइटिंग जेंडर : रीडिंग दलित वुमंज़ टेस्टमनीज़,* ज़ुबान, नयी दिल्ली.
सरस्वती राजू और संतोष जतराणा (2016) (सं.), *वुमॅन वर्कर्स इन अर्बन इंडिया,* केम्ब्रिज युनिवर्सिटी प्रेस, दिल्ली.
सुंदर सरुक्कई (2007), 'दलित एक्सपीरियंस ऐंड थियरी', *इकनॉमिक ऐंड पॉलिटिकल वीकली,* खंड 42, अंक 40.

**वेब पेज**

http://www.epw.in/journal/2002/06/special-articles/oppression-and-denial.htmlhttp://www.govza/sites/www.gov.za/files/landgender_0.pdfhttp://nhrc.nic.in/Documents/Publications/reportKBSaxena.pdf .
http://secc.gov.in/stateSummaryReport.

# गाँधी, नेहरू और आम्बेडकर

**अस्पृश्यता के विरुद्ध गाँधी और आम्बेडकर का विमर्श**
*थॉमस पैंथम*

**दलित आंदोलन के लिए गाँधी-आम्बेडकर बहस के सबक़**
*निशिकांत कोलगे*

**नेहरू और आम्बेडकर : भारतीय आधुनिकता के दो चेहरे**
*आलोक टंडन*

# अस्पृश्यता के विरुद्ध गाँधी और आम्बेडकर का विमर्श

**थॉमस पैंथम**

अनुवाद : कमल नयन चौबे

थॉमस पैंथम का यह अध्याय गोपाल गुरु (सं.). *ह्यूमिलियेशन : क्लेम्स ऐंड कॉन्टेक्स्टस* (दिल्ली, ऑक्सफ़र्ड युनिवर्सिटी प्रेस, 2009), (पृष्ठ: 179-208) से लिया गया है.

## प्रस्तावना

भारत के संविधान के अनुच्छेद 17 द्वारा अस्पृश्यता का उन्मूलन कर दिया गया है, और किसी भी रूप में इसके व्यवहार पर प्रतिबंध लगा दिया गया है।[1] *अनुसूचित जाति और अनुसूचित जनजाति (उत्पीड़न निरोधक) अधिनियम*, 1989 द्वारा काफ़ी मज़बूत और मुक्तिदायी संवैधानिक प्रावधानों के लागू किया गया है। असल में, यह क़ानून इस विषय में पहले से चले आ रहे क़ानूनों का संशोधित संस्करण है।[2] इन संवैधानिक और क़ानूनी प्रावधानों के माध्यम से सदियों से चली आ रही अस्पृश्यता की प्रथा को दंडनीय अपराध घोषित किया गया। इसके पीछे महात्मा मोहनदास करमचंद गाँधी (1869-1948) और भीम राव रामजी आम्बेडकर (1891-1956) के वास्तविक रूप से मुक्तिदायी अस्पृश्यता-विरोधी आंदोलनों ने अहम भूमिका निभायी। यह सच है कि इन दोनों के राजनीतिक, सामाजिक और धार्मिक दर्शनों तथा व्यावहारिक-राजनीतिक रणनीतियों में बुनियादी भिन्नता है, और गंभीर टकराव है। इसके बावजूद, दोनों ही अस्पृश्यता के उन्मूलन के प्रति प्रामाणिक रूप से और गहनता से वचनबद्ध थे। जैसा कि दलित आंदोलन की प्रमुख विद्वान एलीनॉर ज़ेलियट ने बताया है कि संविधान के अनुच्छेद 17 द्वारा 'भले ही संपूर्ण समानता और न्याय के विचार को अपूर्ण तरीक़े से लागू किया गया हो, लेकिन यह कांग्रेस के लिए, गाँधी के लिए और भारत के लिए विजय का प्रतीक है।'[3]

इससे इंकार नहीं किया जा सकता है कि हमारे संवैधानिक और क़ानूनी उपायों ने अस्पृश्यता की सदियों पुरानी विचारधारा या आस्था को अमान्य बनाने और इसके व्यवहार में अत्यधिक कमी लाने में महत्त्वपूर्ण भूमिका अदा की है। फिर भी, अस्पृश्यता हमारे समाज से पूरी तरह विलुप्त नहीं हुई है; इसके

---

[1] इसी तरह, संविधान का अनुच्छेद 15 राज्य द्वारा किसी भी नागरिक के ख़िलाफ़ जाति, धर्म, नस्ल, लिंग, जन्म स्थान या इनमें से किसी के स्थान भेदभाव करने का निषेध करता है. इस तरह, अनुच्छेद 23 द्वारा मनुष्यों के ख़रीद-फ़रोख़्त और बेगार तथा इसी तरह के अन्य बलात् श्रम पर प्रतिबंध लगाया गया है.

[2] इस लेख में 'अनुसूचित जाति', 'दमित वर्ग', 'अस्पृश्य', 'अछूत', 'अवर्ण', 'हरिजन', 'दलित', और 'पंचम' शब्द का अदल-बदल कर प्रयोग किया गया है.

[3] एलीनॉर ज़ेलियट (1986); (1988) : 194.

कुछ प्रथागत व्यवहार आज भी क़ायम हैं। 1994 में ओलिवर मेंडलसॉन और मारिका विकजियनी ने यह विचार व्यक्त किया कि अनुसूचित जातियाँ अपनी ग़रीबी, और अपने ख़िलाफ़ होने वाले भेदभाव और कई मौक़ों पर होने वाली हिंसा और ख़ुद के बारे में अपनी धारणाओं के संदर्भ में 'अभी भी गहरी अधीनता का शिकार हैं।'[4] हाल ही में प्रमुख समाज वैज्ञानिकों के एक अन्य दल ने भी इसी तरह के निष्कर्ष की पुष्टि की। इस दल ने 2001-02 में ग्यारह राज्यों के 560 गाँवों में अस्पृश्यता से जुड़ी घटनाओं और इसकी सीमा के बारे में अध्ययन किया था। इस दल ने अपनी रपट में यह लिखा कि :

> बहुत से दलित अभी भी पारंपरिक रूप से अति-शुद्रों के लिए तय किये गये पेशे से जुड़े हुए हैं...पेशे के संबंध में सीमित गतिशीलता का अर्थ यह है कि ग्रामीण भारत के तक़रीबन सभी भागों में दलित अभी भी मृत जानवरों से चमड़ा निकालने, मनुष्यों की गंदगी को इकट्ठा करने तथा शौचालयों और सड़कों को साफ़ करने के काम से जुड़े हुए हैं।
>
> ...तक़रीबन 80 प्रतिशत गाँवों में किसी न किसी रूप में अस्पृश्यता का व्यवहार किया जा रहा है। यह निजी और धार्मिक दायरे में सबसे ज़्यादा तथा सार्वजनिक और राजनीतिक दायरे में सबसे कम मौजूद है। हालाँकि अब सबसे भद्दे और घृणित क़िस्म के व्यवहार में काफ़ी गिरावट आयी है, लेकिन अभी भी ये पूरी तरह से इतिहास के पन्नों में दफ़न नहीं हुई हैं। हर दिन मीडिया में अस्पृश्यता से जुड़ी कोई न कोई ख़बर छपती रहती है।[5]

स्पष्टतः आज भी अस्पृश्यता का क़ायम रहना इस बात की ओर संकेत करता है कि अस्पृश्यता-उन्मूलन के हमारे सिद्धांत और व्यवहार में कई सीमाएँ हैं। इनमें से कुछ सीमाएँ अस्पृश्यता-उन्मूलन के गाँधीवादी और आम्बेडकरवादी प्रक्षेप-पथों के बीच विकसित हुई दुर्बल विचलन में निहित है।[6] जैसा कि सुहास पल्शीकर ने बताया है कि इनके पक्षपाती उत्तराधिकारियों के बीच 'दोनों (गाँधी और आम्बेडकर) को मानक तरीक़े से एक-दूसरे के शत्रु

---

[4] ओलिवर मेंडलसॉन और मारिका विकजियनी (1996) : 64.

[5] जी. शाह और अन्य (2006) : 145-6.

[6] वेलेरियन रॉड्रिग्ज (1994 : 137) लिखते हैं : 'हमारे राजनीतिक और बौद्धिक जगत पर अभी भी (गाँधी और आम्बेडकर की) इन विरासतों की छाप है' साथ ही देखें, वेलेरियन रॉड्रिग्ज (2002).

के रूप में रखा गया है।' इसके परिणामस्वरूप, सामाजिक परिवर्तन के हमारे आंदोलन 'कमज़ोर और स्थानीय' तथा विचारधारात्मक रूप से 'खंडित या जड़' हो गये हैं। यह अस्पृश्यता-उन्मूलन के हमारे आंदोलन की, जो अभी भी अधूरा है, कमज़ोर स्थिति को दर्शाता है। हमारे लिए यह आवश्यक है कि हम इस स्थिति से बाहर निकलें और जैसा कि पल्शीकर ने सुझाव दिया है 'हमारे समय के दो समृद्ध विमर्शों (अर्थात् गाँधी और आम्बेडकर के मुक्तिकारी विमर्शों) के बीच सेतु निर्मित करें।'[7] इस प्रकार के सेतु निर्माण के लिए आवश्यक है कि हम गाँधी, आम्बेडकर और हमारी आज़ादी के आंदोलन के अन्य विचारक-नेताओं के पारस्परिक रूप से तैयार और अनुपूरक या सुसंगत माने जाने वाले हस्तक्षेपों की व्याख्यात्मक समझ तैयार करें।

इसी के अनुरूप, मैं आगे गाँधी और आम्बेडकर के बीच राजनीतिक और बौद्धिक अंतर्क्रिया या विनिमय के कुछ चुनिंदा दृष्टांतों की समीक्षा करने का प्रयास करूँगा। इन दोनों के द्वारा अस्पृश्यता के उन्मूलन के प्रश्न पर सहयोगात्मक रूप से (ऐसा कभी-कभार ही हुआ) या एक-दूसरे के विरोध में (अमूमन ऐसा हुआ) आपस में गुँथे हुए और अनुपूरक/सुसंगत माने जाने वाले विमर्शी दृष्टिकोणों की खोज में इस प्रकार का वैचारिक आदान-प्रदान किया गया। गाँधी और आम्बेडकर के बीच पहली मुलाक़ात 1931 में दूसरे गोलमेज़ सम्मेलन के लिए लंदन जाते वक़्त मुम्बई में हुई थी। इसके बाद से ही इन दोनों ने जाति और अस्पृश्यता से संबंध में सामाजिक परिवर्तन के अपने-अपने दृष्टिकोणों के बारे में एक-दूसरे की आलोचनाओं पर प्रतिक्रिया दी। इन दोनों के बीच निरंतर राजनीतिक वाद-विवाद चलता रहा। उन्होंने एक-दूसरे से बहुत कुछ सीखा और अपने विचारों में सुधार भी किया। सामाजिक और राजनीतिक सिद्धांतकारों ने इस पर पर्याप्त ध्यान नहीं दिया है।[8] मैं यह

---

[7] सुहास पल्शीकर (1996)

[8] अकादमिक जगत द्वारा आम्बेडकर के चिंतन और काम की 'संगठित उपेक्षा को रेखांकित करते हुए उपेंद्र बख़्शी ने 1995 में यह लिखा कि यदि हम '...गाँधी या नेहरू जैसे प्रमुख ऐतिहासिक चरित्रों की आम्बेडकर के साथ संबंधों को नहीं समझते हैं, तो जीवनी और इतिहास दोनों ही अर्थों में उनके बारे में हमारी समझ अधूरी रहेगी.' देखें, उपेंद्र बख़्शी (1995) : 123-4.

महसूस करता हूँ कि गाँधी और आम्बेडकर द्वारा एक-दूसरे की आलोचनाओं और आपत्तियों पर लगातार तर्कमूलक अनुक्रिया में हम उनके मुक्तिकारी दृष्टिकोणों के बीच अनुपूरकता और सामंजस्य का आधार पा सकते हैं। दरअसल, कई मौक़ों पर उन्होंने एक-दूसरे के विचारों और कार्यों का विरोध भी किया, लेकिन इसके बावजूद कई अन्य मौक़ों पर उन्होंने खुले रूप में या परोक्ष तरीक़े से अस्पृश्यता-उन्मूलन के बारे में एक-दूसरे के चिंतन और कार्यों के मूल्य या औचित्य को भी स्वीकार किया।

## अस्पृश्यता के ख़िलाफ़ गाँधी

गाँधी का जन्म गुजरात के पोरबंदर के एक वैष्णव परिवार में हुआ था, जब उनकी उम्र बारह वर्ष की थी तो उन्होंने अपनी अस्पृश्यता विरोधी गतिविधियाँ आरंभ की, तथा एक 'रूढ़िवादी हत्यारे' के हाथों अपनी मौत तक उन्होंने अपनी ये गतिविधियाँ जारी रखीं।[9] बारह वर्ष की उम्र में उनका अपनी माँ से इसलिए संघर्ष हुआ कि उन्होंने अपने परिवार का शौचालय साफ़ करने वाली 'अस्पृश्य' सफ़ाईकर्मी उका को स्पर्श कर दिया था। यद्यपि उन्होंने नहाने-धोने के बारे में अपनी माँ के आदेशों को मान लिया, लेकिन उन्होंने उनसे यह कहा कि उनकी यह सोच पूरी तरह ग़लत है कि उका के शरीर को छूना पाप है। 1898 में दक्षिण अफ़्रीका के डरबन शहर में गाँधी ने अपनी पत्नी को तक़रीबन घर से बाहर निकाल दिया था क्योंकि उन्होंने उस ईसाई अतिथि के पेशाब करने के बर्तन को साफ़ करने से इंकार कर दिया था, जिनके माता-पिता अस्पृश्य थे। 1915 में गाँधी को अपने अहमदाबाद के आश्रम में एक अछूत परिवार को सम्मिलित करने के फ़ैसले के कारण अपनी पत्नी, और आश्रम के कुछ अंतर्वासियों तथा आश्रम के कुछ उच्च जाति के संरक्षकों के गहन विरोध का सामना करना पड़ा।

---

[9] इस संदर्भ में देखें आशिस नंदी (1980) : 71.

आरंभ में, गाँधी का अस्पृश्यता विरोधी काम मुख्य रूप से उनके सुधारवादी सामाजिक-धार्मिक नैतिकता से प्रेरित था। वे अस्पृश्यता या जाति को हिंदुओं द्वारा एक ऐतिहासिक रूप से संस्थाबद्ध पाप या अधर्म के रूप में देखते थे, और वे यह मानते थे कि इन्हें अस्पृश्यता को ख़त्म करने के प्राथमिक दायित्व को स्वीकार करना चाहिए। उन्हें हिंदू धर्म के सच्चे उपदेशों में अस्पृश्यता का कोई प्रमाण नहीं मिला। 1921 में अहमदाबाद में हुए सप्रेस्ड क्लासेज़ कॉन्फ्रेंस (दमित वर्ग सम्मेलन) में उन्होंने यह कहा कि 'रामायण जिसमें में एक 'अछूत' अपनी नौका पर बिठाकर राम को गंगा के पार ले जाता है, वह किसी मनुष्य के अछूत होने का समर्थन कैसे कर सकता है?'[10] तीन वर्ष पूर्व इसी शहर में गुजरात पॉलिटिकल कॉन्फ्रेंस (गुजरात राजनीतिक सम्मेलन) के अपने अध्यक्षीय सम्बोधन में उन्होंने यह कहा था कि 'इस रूढ़िवाद (अस्पृश्यता) के पक्ष में *मनुस्मृति* और अन्य ग्रंथों के श्लोकों का उद्धृत करने का कोई अर्थ नहीं है। इनमें से कई श्लोक 'शंकायुक्त' हैं, और उनमें से कई तो बेमतलब हैं।'[11]

अगस्त 1917 में अंग्रेज़ों की औपनिवेशिक सरकार ने 1919 के संवैधानिक अधिनियम की संभावना के बारे में यह घोषणा की कि वे भारत में स्वशासन निकायों की स्थापना करना चाहते हैं। इससे अस्पृश्य राजनीतिक रूप से महत्त्वपूर्ण समूह बन गये क्योंकि वे जनसंख्या का सातवाँ हिस्सा थे। उन्होंने भविष्य में स्थापित होने वाले स्थानीय निकायों में अपनी संख्यात्मक शक्ति के अनुपात में अपने प्रतिनिधित्व की माँग करनी शुरू कर दी। इसी वर्ष (1917 में) कांग्रेस ने अपने इतिहास में पहली बार एक प्रस्ताव पारित करते हुए लोगों से यह आह्वान किया कि वे 'दमित वर्गों (डिप्रेस्ड क्लासेज़) पर प्रथाओं द्वारा थोपी गयी असमर्थताओं को दूर करें, क्योंकि ये असमर्थताएँ

---

[10] सीडब्ल्यू 19 : 33; *मैं गाँधीज कलेक्टेड वर्क्स* के मुद्रित संस्करण और सीडी रॉम संस्करण के लिए क्रमशः सीडब्ल्यू और सीडब्ल्यूसीडी का उपयोग करूँगा. इन दोनों ही संस्करणों को भारत सरकार के प्रकाशन विभाग ने जारी किया है. लेकिन ये सभी आयामों में एक-दूसरे से मेल नहीं खाते हैं, विशेष रूप से इनकी खंड संख्या और पृष्ठ संख्या के विवरण में भिन्नता है.

[11] सीडब्ल्यू 14 : 77.

सबसे अफ़सोसनाक और दमनकारी चरित्र की हैं।' फिर भी, कांग्रेस के नेतृत्व में गाँधी के उदय से पहले, एक संगठन के रूप में कांग्रेस ने प्रस्ताव पारित करने के अलावा अस्पृश्यता के उन्मूलन के लिए कोई उल्लेखनीय प्रयास नहीं किया।

औपनिवेशिक सरकार के दमनकारी रॉलैट ऐक्ट और जलियाँवाला बाग नरसंहार के बाद 1920 में कांग्रेस ने गाँधी के नेतृत्व में पहला अखिल भारतीय असहयोग आंदोलन (अंग्रेज़ों के औपनिवेशिक सरकार के ख़िलाफ़) आरंभ किया। हिंदू-मुस्लिम एकता को बढ़ावा देने, ब्राह्मणों और ग़ैर-ब्राह्मणों के बीच विवादों को सुलझाने के साथ ही साथ अस्पृश्यता के ख़िलाफ़ संघर्ष को भी आंदोलन का अभिन्न भाग बनाया गया। 1920 में आंदोलन को आरंभ करने के लिए कांग्रेस द्वारा पारित प्रस्ताव का आंशिक भाग इस प्रकार था :

> यद्यपि (औपनिवेशिक सरकार के ख़िलाफ़) असहयोग आंदोलन ख़ुद लोगों के बीच पूर्ण असहयोग होने पर ही सफल हो सकता है, यह कांग्रेस सार्वजनिक संगठनों से यह आह्वान करती है कि वे हिंदू-मुस्लिम एकता को बढ़ावा दें, और इस कांग्रेस के हिंदू प्रतिनिधि प्रमुख हिंदुओं से यह आह्वान करते हैं कि जहाँ भी ब्राह्मणों और ग़ैर-ब्राह्मणों के बीच विवाद हों, वे उन्हें सुलझाएँ तथा हिंदू धर्म को अस्पृश्यता की कुरीति से मुक्त करने का विशेष प्रयास करें, और यह सम्मानपूर्वक सभी धर्म प्रमुखों से यह आग्रह करती है कि वह दमित वर्गों के साथ होने वाले व्यवहार के मसले पर हिंदू धर्म में सुधार की भावना बढ़ाएँ।[12]

रूढ़िवादी हिंदुओं ने गाँधी के अस्पृश्यता-विरोधी कार्यक्रम के प्रति अपना गहरा असंतोष जताया और इसका ज़बर्दस्त विरोध किया। मसलन, 1920 में गाँधी द्वारा स्थापित राष्ट्रीय विश्वविद्यालय गुजरात विद्यापीठ ने यह फ़ैसला किया कि वह उन विद्यालयों को मान्यता नहीं देगी, जिसमें अछूतों का दाख़िला नहीं मिलेगा। रूढ़िवादी हिंदुओं ने इस फ़ैसले का विरोध किया

---

[12] एलीनॅर ज़ेलियट (1988 : 184-5) में उद्धृत.

और उन्होंने गाँधी के नेतृत्व वाले आज़ादी के आंदोलन से अपनी भागीदारी ख़त्म करने की धमकी दी। इसका उत्तर देते हुए गाँधी ने *नवजीवन* (5 दिसंबर, 1920) में यह लिखा कि :

> मुझे सभी लोगों से यह सुझाव मिला है कि यदि मैं अंत्यजों को राष्ट्रीय विद्यालयों से बाहर नहीं करता हूँ तो स्वराज के लिए आंदोलन पूरी तरह ख़त्म हो जाएगा। यदि मेरे भीतर वैष्णव का थोड़ा भी अंश है, तो ईश्वर मुझे यह शक्ति देंगे कि मैं ऐसे स्वराज को ख़ारिज कर दूँ जिसे अंत्यजों को त्यागकर जीता जा सकता है।[13]

कुछ आलोचकों ने यह दावा किया कि गाँधी का अस्पृश्यता-विरोधी काम उनके लिए सिर्फ़ यांत्रिक महत्त्व का था क्योंकि वे जन-आधारित आज़ादी के आंदोलन के लिए अछूतों को भी गोलबंद करना चाहते थे। आलोचकों ने आगे यह दावा भी किया कि आज़ादी के आंदोलन का लक्ष्य औपनिवेशिक शासकों से सत्ता लेकर *जाति हिंदुओं* (कास्ट हिंदुज) (या ग़ैर-दलित हिंदुओं) को स्थानांतरित करना था। ऐसा लगता है कि गाँधी के मित्र सी. एफ. एंड्रयूज भी यह सोचते थे कि औपनिवेशिक सरकार के ख़िलाफ़ असहयोग आंदोलन के कार्यक्रम में अस्पृश्यता विरोधी काम को कमतर स्थिति प्रदान की गयी है। गाँधी ने जनवरी 1921 में इस मुद्दे के बारे में एंड्रयूज को यह लिखा कि :

> आप यह सोचकर मेरे साथ अन्याय कर रहे हैं कि मैं इस (अस्पृश्यता) प्रश्न को किसी अन्य की तुलना में कम महत्त्व दे रहा हूँ... यह (अस्पृश्यता) भारत को आज़ादी मिलने की तुलना में ज़्यादा गंभीर प्रश्न है, लेकिन यदि भारत को आज़ादी मिल जाती है तो मैं इसका ज़्यादा बेहतर तरीक़े से सामना कर सकता हूँ। यह असंभव नहीं है कि भारत अस्पृश्यता की बुराई से मुक्त होने से पहले ख़ुद को अंग्रेज़ों के प्रभुत्व से मुक्त कर ले...क्या आप यह जानते हैं कि गुजरात में मेरा विरोध करने वाले लोग (रूढ़िवादी) दरअसल सरकार का समर्थन कर रहे हैं और सरकार इन्हें मेरे ख़िलाफ़ इस्तेमाल कर रही है?[14]

---

[13] सीडब्ल्यू 19 : 73.

[14] सीडब्ल्यू 19 : 288-90.

वास्तव में, गाँधी का अस्पृश्यता-विरोधी काम पहले आता था, और उन्होंने इसे राजनीतिक स्वतंत्रता के राष्ट्रीय जन आंदोलन के किसी अन्य काम या कार्यक्रम की तुलना में कम महत्त्व नहीं दिया। वे यह मानते थे कि जिन उच्च जाति के हिंदुओं ने अस्पृश्यों की स्वतंत्रता को नकारा है, वे ख़ुद नैतिक रूप से दोषी हैं, और इसलिए वे बाहरी औपनिवेशिक शासन के दमन और शोषण से आज़ादी के लिए कोई सत्याग्रह आंदोलन चलाने या उसका समर्थन करने के लिए नैतिक रूप से अनुपयुक्त हैं। उन्होंने यह कहा कि 'हम साम्राज्य के अछूत बन गये हैं क्योंकि हमने अपने बीच 'अछूतों' का निर्माण किया है। दास का मालिक हमेशा ही दास से ज़्यादा कष्ट पाता है। हम तब तक स्वराज पाने के लायक़ नहीं बनेंगे, जब तक हम हिंदू धर्म की जनसंख्या के पाँचवें हिस्से को दासता में रखेंगे।'[15] उन्होंने यह भी कहा कि :

> यदि हमारे लिए स्वराज की एक शर्त यह है कि हम मुसलमानों के साथ शांति क़ायम करें, तो यह भी उतना ही आवश्यक है कि हम पंचम (अछूतों) को भी शांति प्रदान करें, इसके बाद ही हम स्वराज के न्याय का प्रदर्शन कर सकते हैं या आत्म-सम्मान की बात कर सकते हैं...इसलिए मेरे लिए स्वराज का आंदोलन आत्म-शुद्धीकरण का आंदोलन है।[16]

और,

> जब मैं आपको अपने हृदय से अस्पृश्यता को हटाकर उसे शुद्ध करने के लिए कहता हूँ, तो मैं आपसे इससे कम कुछ भी नहीं कहता हूँ कि आपको मनुष्य की बुनियादी एकता और समानता में विश्वास करना चाहिए। मैं आप सब लोगों को यह भूलने के लिए आमंत्रित करता हूँ कि एक ही ईश्वर के संतानों में उच्च और निम्न का कोई भेद है।[17]

फ़रवरी 1922 में बारदोली में कांग्रेस कार्यसमिति की बैठक हुई जिसमें यह प्रस्ताव पारित हुआ कि दलित वर्गों (डिप्रेस्ड क्लासेज़) को सामान्य नागरिकों को उपलब्ध सभी सामान्य सुविधाएँ मिलनी चाहिए। बहुत से स्थानों

[15] वही : 20.

[16] सीडब्ल्यू 24 : 227.

[17] सीडब्ल्यू 57 : 147.

पर *जाति-हिंदुओं* के अछूतों के ख़िलाफ़ गहरे पूर्वग्रह को ध्यान में रखते हुए कांग्रेस कार्यसमिति ने यह फ़ैसला किया कि ऐसे स्थानों पर कांग्रेस के कोष से अछूतों के लिए पृथक् विद्यालयों और पृथक् कुओं का निर्माण किया जाएगा। अगले साल कांग्रेस कार्यसमिति ने अछूतों के ख़िलाफ़ *जाति-हिंदुओं* के लगातार पूर्वग्रह से निपटने के लिए एक अन्य क़दम उठाया। इस वर्ष कांग्रेस कार्यसमिति द्वारा पारित प्रस्ताव में यह उल्लेख किया गया कि अस्पृश्यता हिंदू समुदाय के लिए ख़ास चिंता का विषय है कि इसलिए इसने (कांग्रेस कार्यसमिति) हिंदू महासभा से यह आह्वान किया कि वह भी अस्पृश्यता उन्मूलन के कार्यक्रम में भाग ले।

1925 में गाँधी ने केरल में वायकोम में अछूतों के सत्याग्रह अभियान में प्रमुख भूमिका अदा की।[18] स्थानीय अछूत समुदायों ने यह सत्याग्रह आरंभ किया, जिसमें अन्य समुदायों के सुधारकों ने इन्हें सक्रिय समर्थन प्रदान किया। इस आंदोलन का लक्ष्य अछूतों को शिव मंदिर के पास की सड़क से गुज़रने का अधिकार दिलाना था। सत्याग्रहियों में तमिलनाडु के पेरियार ई. वी. रामास्वामी नायकर भी सम्मिलित थे, और उन्हें श्री नारायण गुरु ने भी सम्बोधित किया। गाँधी ने वायकोम की यात्रा की और उन्होंने 10 मार्च 1925 को इंदानथुरुथिल नम्बूदरी के आवास पर मंदिर के न्यासियों और पुरोहितों से लम्बी चर्चा की।

गाँधी ने पूरी चर्चा को एक प्रश्न के साथ आरंभ किया : 'क्या हिंदुओं के पूरे तबक़े को उनके तथाकथित निम्नतर जन्म के कारण सार्वजनिक सड़कों से बाहर रखना न्यायोचित है, जिसका उपयोग ग़ैर-हिंदू, अपराधी और बुरे चरित्र वाले लोग, यहाँ तक कि कुत्ते और जानवर भी करते हैं?' नम्बूदरी ने यह जवाब दिया कि अछूत अपने कर्मों का फल भोग रहे हैं, और ईश्वर रूढ़िवादी हिंदुओं का प्रयोग 'अपने साधन के रूप में कर रहे हैं, ताकि उन्हें (अछूतों को) उनके कर्म की सज़ा दी जा सके।' उन्होंने गाँधी से यह प्रार्थना की कि वे 'अवर्णों को उनके युगों पुराने विशेषाधिकारों से वंचित करने से

[18] इस सत्याग्रह में गाँधी की भूमिका के एक बहुमूल्य संदर्भयुक्त विश्लेषण के लिए देखें, भीखू पारेख (1999).

रोकें।' गाँधी ने (नम्बूदरी से) यह अनुरोध कि 'कम से कम कुछ तार्किक बात करें।' इस पर नम्बूदरी ने यह कहा कि 'धार्मिक मामलों में तर्क का कोई स्थान नहीं होता है।' उन्होंने अछूतों पर लगे प्रतिबंधों के पक्ष में शंकराचार्य की पुस्तकों का हवाला दिया। गाँधी ने मसले को सुलझाने के लिए जनमत-संग्रह या प्रतिष्ठित पंडितों की मध्यस्थता का सुझाव दिया, जिसे नम्बूदरी ने स्वीकार नहीं किया। गाँधी ने यह पूछाः '...जैसा कि आप बता रहे हैं कि प्रतिबंध के पक्ष में शंकराचार्य की स्मृति मौजूद है, यदि महाराजा (त्रावणकोर) ऐसी ही एक स्मृति जारी करके सड़कों को खोल दें, तो आप क्या करेंगे?' नम्बूदरी ने यह उत्तर दिया कि राज्य को इस प्रकार की स्मृति जारी करने का अधिकार है और उन्हें इसका पालन करना पड़ेगा।[19]

गाँधी वायकोम से तिरुवनंतपुरम गये, वे महारानी, जल्द ही राजगद्दी सँभालने वाले राजकुमार और दीवान से मिलें, तथा उन्होंने उन्हें वायकोम के घटनाओं की जानकारी दी। गाँधी श्रीनारायण गुरु के मठ में जाकर उनसे भी मिले। कुछ समय बाद ही त्रावणकोर के महाराज ने यह आदेश दिया कि वायकोम की तीन दिशाओं के मंदिर को सभी के लिए खोल दिया जाए।

वायकोम सत्याग्रह और इसमें गाँधी के नेतृत्व से रूढ़िवादी हिंदू अत्यंत असंतुष्ट और नाराज़ हो गये। लेकिन जैसा कि हम देखेंगे इस आंदोलन के दौरान आम्बेडकर ने इसे गाँधी के मुक्तिकारी क़दम के रूप में देखा।

## अस्पृश्यता के ख़िलाफ़ आम्बेडकर

आम्बेडकर का जन्म मध्य प्रदेश के मऊ के एक अछूत महार परिवार में हुआ था, जहाँ उनके पिता अंग्रेज़ों की भारतीय सेना (ब्रिटिश इंडियन आर्मी ) में सूबेदार थे। उनका परिवार महाराष्ट्र के रत्नागिरी ज़िले के अम्बावडे गाँव से संबंधित था। आम्बेडकर के पिता ने उन्हें हिंदू धर्म के महाकाव्यों, तुलाराम के गीतों और कबीर के समतावादी विचारों की शिक्षा दी। आम्बेडकर ने एलफिंस्टन कॉलेज, मुम्बई से स्नातक किया। इसके बाद, उन्हें बड़ौदा और

[19] सीडब्ल्यू 26 : 261-3.

कोल्हापुर के महाराज से विदेश में शिक्षा प्राप्त करने के लिए वित्तीय सहायता मिली। उन्होंने कोलंबिया विश्वविद्यालय और लंदन विश्वविद्यालय से क्रमशः अर्थशास्त्र में पीएचडी और डीएससी की डिग्री प्राप्त की। उन्होंने क़ानून की शिक्षा भी ग्रहण की और उन्हें लंदन के 'बार फ़्रॉम ग्रेज इन' में सम्मिलित किया गया। इन सभी उपलब्धियों के बावजूद उन्हें उच्च पद धारण करने के दौरान भी *जाति हिंदुओं* द्वारा अस्पृश्यों के साथ किये जाने वाले कुछ अपमानजनक भेदभावों का सामना करना पड़ा।[20]

आम्बेडकर भारत के सामाजिक, आर्थिक और राजनीतिक समस्याओं के काफ़ी गहरी समझ रखने वाले विद्वान थे। जाति व्यवस्था पर उनके द्वारा लिखित पुस्तकों ने यह दिखाया कि शूद्र क्षत्रिय वंशावली से संबंधित हैं और अछूत पराजित लोगों के वंशज हैं, ये प्राचीन भारत की 'खंडित' जनजातियाँ हैं, जिन्हें आंशिक रूप से बौद्ध धर्म के प्रति अपनी निष्ठा, और आंशिक रूप से गो-मांस खाने के कारण दमन का सामना करना पड़ा।

गाँधी यह मानते थे कि ऐतिहासिक हिंदू धर्म को इस प्रकार सुधारा जा सकता है जिससे यह अस्पृश्यता, जाति व्यवस्था की उच्च या निम्न के सख़्त स्तरीकरण से मुक्त हो जाए। वहीं, आम्बेडकर अपने ऐतिहासिक विश्लेषण और अनुभवों के आधार पर इस निष्कर्ष पर पहुँचे कि अस्पृश्यता जाति व्यवस्था और हिंदू धर्म से अभिन्न रूप से जुड़ी हुई है। उनके अनुसार, अस्पृश्य और शूद्र जाति व्यवस्था की 'श्रेणीबद्ध असमानता' को क़ायम रखने वाला आधार उपलब्ध कराते हैं। मानव असमानता के कट्टर विचार द्वारा इसे वैधता उपलब्ध कराई गयी है, जो कि ब्राह्मणवादी हिंदू धर्म के केंद्र में है।

---

[20] आम्बेडकर ने गवर्नमेंट लॉ कॉलेज, बम्बई में प्रोफ़ेसर और प्रधानाचार्य, बम्बई विधायी परिषद के सदस्य, वायसराय की कार्यकारी परिषद के श्रम सदस्य, नेहरू के मंत्रिमंडल में क़ानून मंत्री, और संविधान सभा के संविधान प्रारूप समिति के अध्यक्ष के रूप में काम किया. उन्होंने इंडिपेंडेंट लेबर पार्टी और शेड्यूल्ड कास्ट फ़ेडरेशन की स्थापना की तथा रिपब्किन पार्टी ऑफ़ इंडिया की परिकल्पना की, जिसे उनकी मृत्यु के बाद संगठित किया गया.

आम्बेडकर द्वारा अछूतों को उनकी दमनकारी और अवमाननापूर्ण स्थिति से मुक्त करने के लिए जो रणनीति और तरीक़ा अपनाया गया, उसे मोटे तौर पर दो चरणों में बाँटा जा सकता है। पहले चरण में (मोटे तौर पर 1934 के आख़िर तक) उन्होंने दलित वर्गों (डिप्रेस्ड क्लासेज़) के लिए हिंदू धर्म के भीतर समानता प्राप्त करने का प्रयास किया। जहाँ गाँधी इस संदर्भ में उच्च जाति के हिंदुओं के प्रायश्चित या सम्भावित कार्रवाईयों पर बल देते थे, वहीं आम्बेडकर ने ख़ुद अछूतों की सीधी अहिंसक कार्रवाई द्वारा हिंदू धर्म को सुधारने का प्रयास किया।[21] दूसरे चरण (1935 के बाद) में आम्बेडकर ने सरकार से मुक्तिकारी और कल्याणकारी उपायों की माँग जारी रखी, लेकिन इसके साथ ही उन्होंने दलित वर्गों के आंदोलन के लक्ष्यों को सामाजिक समानता की प्राप्ति के रूप में पुनर्परिभाषित किया। उन्होंने इसके लिए 'हिंदू धर्म में सुधार के बजाय हिंदू धर्म से मुक्ति' का आह्वान किया।

ख़ुद आम्बेडकर ने निम्नलिखित शब्दों में इन दो चरणों के बीच के अंतर की व्याख्या की है :

> मैं लम्बे समय तक यह मानता रहा कि हिंदू धर्म को इसकी बुराइयों से मुक्त किया जा सकता है, तथा समानता के आधार पर दलित वर्गों को इसमें सम्मिलित किया जा सकता है। इसी लक्ष्य से प्रेरित होकर मैंने महाड़ चौदार (पानी) तालाब सत्याग्रह और नासिक मंदिर प्रवेश सत्याग्रह किया। मस्तिष्क में यही लक्ष्य रखकर हमने *मनुस्मृति* को जलाया, और बड़े पैमाने पर जनेऊ समारोह आयोजित किया। लेकिन अनुभवों से मुझे अच्छा सबक़ मिला। आज मुझे इस बात का पक्का यक़ीन है कि दलित वर्गों को कभी भी हिंदू धर्म में समानता नहीं मिल सकती है, क्योंकि हिंदू धर्म असमानता की बुनियाद पर टिका हुआ है। अब हम हिंदू समाज का भाग नहीं रहना चाहते हैं।[22]

---

[21] दलितों के लिए अपनी पहली राजनीतिक कार्रवाई में आम्बेडकर ने साउथब्रा समिति (1919) के सामने अपनी गवाही में यह कहा किन दलित वर्गों के मताधिकार के लिए टैक्स की दर को कम किया जाना चाहिए और उनके लिए आरक्षित निर्वाचन क्षेत्रों या पृथक् निर्वाचक मंडल की व्यवस्था की जानी चाहिए. इसके अगले साल उन्होंने एक जर्नल *मूक नायक* का प्रकाशन आरंभ किया.

[22] अप्रैल 1942 में आम्बेडकर के सम्बोधन से; देखें जीओएम (1982 : 250).

जब वायकोम सत्याग्रह चल रहा था तो इस पर टिप्पणी करते हुए आम्बेडकर ने यह कहा था कि 'यह अछूतों के लिए आज देश में सबसे महत्त्वपूर्ण घटना है।' 1925 में बेलगाम में दलित वर्गों के सम्मेलन को सम्बोधित करते हुए उन्होंने गाँधी अस्पृश्यता-विरोधी काम की निम्नलिखित शब्दों में प्रशंसा की :

> महात्मा गाँधी से पहले इस देश के किसी भी राजनेता ने यह नहीं माना कि तनाव और टकराव को ख़त्म करने के लिए सामाजिक अन्याय को ख़त्म करना आवश्यक है, और प्रत्येक भारतीय को इस काम को अपना पवित्र कर्त्तव्य मानना चाहिए...लेकिन यदि हम गहराई से विचार करें तो यह पाएँगे कि इसमें थोड़ी विसंगति है... क्योंकि वे जिस सीमा तक खद्दर और हिंदू-मुस्लिम एकता के प्रसार पर बल देते हैं, उस सीमा तक अस्पृश्यता को ख़त्म करने पर बल नहीं देते हैं। यदि वे ऐसा करते तो वे अस्पृश्यता के उन्मूलन को पार्टी में मतदान के लिए आवश्यक पूर्व शर्त बना देते। फिर भी, जब हम हर तरफ़ से उपेक्षित हों, तो महात्मा गाँधी द्वारा दिखाई हमदर्दी भी कम महत्त्वपूर्ण नहीं है।[23]

पीछे आम्बेडकर का उद्धरण दिया गया है, जिसमें उन्होंने महाड़ सत्याग्रह का उल्लेख किया है। यह सत्याग्रह महाड़ के चौदार पानी तालाब से दलितों के पीने का पानी लेने के अधिकार को स्थापित करने के लिए किया गया था। ग़ौरतलब है कि महाड़ म्युनिसिपैलिटी ने 1924 में एक प्रस्ताव पारित कर इस अधिकार को मान्यता दी थी, किंतु उच्च जाति के हिंदुओं के शत्रुतापूर्ण विरोध के कारण अछूत इस अधिकार का प्रयोग नहीं कर पा रहे थे। ऐसा प्रतीत होता है कि इस सत्याग्रह को संगठित करते समय आम्बेडकर कुछ हद तक गाँधी से प्रभावित थे। 19 मार्च, 1927 को दलित वर्गों के महाड़ सम्मेलन में अपने अध्यक्षीय सम्बोधन में आम्बेडकर ने मोटे तौर पर गाँधी से सहमति जताते हुए यह कहा कि सत्याग्रही में कुछ निश्चित गुणों का विकास करना चाहिए, उन्होंने यह कहा :

---

[23] क्रिस्तॉफ़ जैफ्रलो (2004) : 63) में उद्धृत.

> जब तक हम ख़ुद को शुद्धीकरण की तीन स्तरीय प्रक्रिया से नहीं गुज़ारते हैं, तब तक कोई स्थायी प्रगति हासिल नहीं होगी। हमें अपने आचरण के सामान्य लहज़े में सुधार करना चाहिए, अपने बोलने के ढंग को नया लहज़ा प्रदान करना चाहिए और अपने चिंतन में नया प्राण भरना चाहिए। इसलिए मैं अभी आपसे यह प्रतिज्ञा लेने के लिए कहता हूँ कि आप मृत जानवर को नहीं खाएँगे...आप यह दृढ़-निश्चय कीजिए कि आप फेंका हुआ खाना नहीं खाएँगे। हम केवल तभी आत्म-उद्धार कर सकते हैं जब हम ख़ुद अपनी मदद करना सीख लें, अपने आत्म-सम्मान को फिर से हासिल करें, और आत्म-ज्ञान प्राप्त करें।[24]

महाड़ सम्मेलन में पारित प्रस्तावों में से एक प्रस्ताव में उच्च जाति के हिंदुओं से यह आह्वान किया गया कि वे अपने मृत जानवरों को ख़ुद ही दफ़नाएँ और अछूतों को उनके नागरिक अधिकार प्राप्त करने में सहायता करें। सम्मेलन के दूसरे दिन आम्बेडकर और उनके अनुयायियों ने पानी के तालाब की ओर मार्च किया और वहाँ पर उन्होंने पानी पिया। लेकिन जल्द ही उन पर रूढ़िवादी हिंदुओं ने हमला कर दिया। इन हिंदुओं ने अछूतों के स्पर्श से 'अपवित्र' हो चुके पानी के शुद्धीकरण के लिए कर्मकांड भी किया। कुछ महीनों के बाद हमलावरों को गिरफ़्तार कर लिया गया और उन्हें कुछ समय के लिए कठिन कारावास की सज़ा दी गयी। 4 अगस्त, 1927 को महाड़ म्युनिसिपैलिटी ने अपने 1924 में लिए गये अपने पहले के निर्णय को वापस ले लिया, जिसमें अछूतों को भी तालाब से पानी लेने की अनुमति दी गयी थी।

संघर्ष के अगले दौर की तैयारी करते हुए आम्बेडकर ने मुम्बई में कई सार्वजनिक बैठकों का आयोजन किया और प्रेस में भी इस मुद्दे का प्रचार किया। इस बीच महाड़ के रूढ़िवादी हिंदुओं ने अदालत में एक दीवानी मुक़दमा दायर किया और यह दावा किया कि तालाब उनकी निजी संपत्ति है। 14 दिसंबर, 1927 को अदालत ने एक अस्थायी आदेश जारी किया जिसमें अछूतों को तालाब के पास जाने से रोक दिया गया। आम्बेडकर और

[24] धनंजय कीर (1991) : 71.

उनके अनुयायी अपने लक्ष्य पर अडिग रहें और उन्होंने एक सत्याग्रह का आरंभ करने के लिए 25 दिसंबर, 1927 को महाड़ में एक सम्मेलन का आयोजन किया। उद्घाटन सत्र (पेवेलियन में गाँधी का एक चित्र भी लगा हुआ था) बहुत से प्रमुख हिंदू समाज सुधारकों के साथ ही साथ ज़िला कलेक्टर, और ज़िला पुलिस अधीक्षक भी मौजूद थे। इस उद्घाटन सत्र में आम्बेडकर ने यह कहा कि :

> हिंदू समाज जाति व्यवस्था के स्टील फ्रेम (इस्पातीय चौखट) में स्थिति है, जिसमें सामाजिक श्रेणी में एक जाति दूसरी जाति से निम्नतर है और प्रत्येक जाति के संदर्भ में विशिष्ट विशेषाधिकार, अधिकार, प्रतिबंध और असमर्थताएँ हैं। इस व्यवस्था ने निहित स्वार्थों का निर्माण किया है, जो इस व्यवस्था से सामने आने वाली असमानताओं को क़ायम रखने पर निर्भर हैं...
>
> ...यह बात पूरी तरह स्पष्ट है कि यदि हिंदू समाज को समानता के आधार पर पुनर्निमित करना है तो जाति व्यवस्था को ख़त्म करना ही होगा...
>
> ...यदि हम अपने आंदोलन में सफल होकर सभी हिंदुओं को एक जाति के सूत्र में बाँधने में सफल होते हैं तो हम सामान्य रूप से भारतीय राष्ट्र की और विशेष रूप से हिंदू समुदाय के सबसे महान सेवा करने में कामयाब होंगे।[25]

आम्बेडकर के बाद बोलने वाले बहुत से वक्ताओं ने *मनुस्मृति* को *ख़ारिज* किया। उसके बाद इस सम्मलेन द्वारा एक प्रस्ताव पारित किया गया, और ज़िला कलेक्टर मिस्टर हुड और ज़िला पुलिस अधीक्षक की उपस्थिति में *मनुस्मृति* को जलाने का कार्यक्रम किया गया। लेकिन इसके अगले दिन आम्बेडकर ने हुड की सलाह के बाद दीवानी मुक़दमें का निर्णय आने तक सत्याग्रह को स्थगित कर दिया। स्थानीय अदालत ने दलित वर्गों के पक्ष में फ़ैसला दिया, और जब इस फ़ैसले उच्चतर अदालतों में चुनौती दी गयी तो वहाँ भी इस फ़ैसले को क़ायम रखा गया।

मार्च 1930 में आम्बेडकर ने नासिक के कलाराम मंदिर से अछूतों को बाहर रखने के ख़िलाफ़ सत्याग्रह आंदोलन की शुरुआत करने में महत्त्वपूर्ण भूमिका अदा की। लेकिन अभियान आरंभ करने के बाद वे इसमें व्यक्तिगत रूप से सक्रिय नहीं रह पायें क्योंकि उन्होंने यह महसूस किया कि

---

[25] जीओएम (1982) : 14-16.

मंदिर प्रवेश आंदोलन का सीमित लक्ष्य अर्थात् दलितों में चेतना और ऊर्जा के संचार करने को पहले ही हासिल कर लिया गया है, इसलिए उन्हें 'अपनी ऊर्जा और संसाधनों को राजनीति और शिक्षा पर केंद्रित करना चाहिए।' आम्बेडकर का यह विश्वास था कि मंदिर प्रवेश की तुलना में सामाजिक समानता एक ज़्यादा बड़ा लक्ष्य है, और सामाजिक समानता के लिए यह आवश्यक है कि हिंदू धर्म चतुर्वर्ण के सिद्धांत का त्याग दे।

## पूना पैक्ट

1928 में साइमन कमीशन (चूँकि इसमें कोई भारतीय सदस्य नहीं था, इसलिए कांग्रेस ने इसका बहिष्कार किया था) के पूना अधिवेशन के सामने अपने विचार रखते हुए आम्बेडकर ने एक ओर दलित वर्गों के लिए 'पृथक् निर्वाचक मंडल', और दूसरी ओर उन्होंने 'वयस्क मताधिकार पर आधारित संयुक्त निर्वाचक मंडल' के तुलनात्मक फ़ायदों के बारे में बताया :

> किसी भी क़ीमत पर यह बात सुनिश्चित रूप से कही जानी चाहिए कि एक अल्पसंख्यक समूह को पृथक् निर्वाचक मंडल की व्यवस्था की तुलना में संयुक्त निर्वाचक मंडल में ज़्यादा लाभ होता है। पृथक् निर्वाचक मंडल में अल्पसंख्यक को सिर्फ़ अपने हिस्से का प्रतिनिधित्व मिलता है, और कुछ नहीं मिलता है। शेष सदन उसके प्रति कोई निष्ठा नहीं रखता है, और इसलिए वह अल्पसंख्यक की इच्छाओं को पूरा करने की आवश्यकता से प्रभावित नहीं होता है। इस तरह, अल्पसंख्यक को सिर्फ़ अपने संसाधनों के भरोसे छोड़ दिया जाता है, और चूँकि प्रतिनिधित्व की कोई भी व्यवस्था बहुसंख्यक को अल्पसंख्यक में तब्दील नहीं कर सकती है, इसलिए यह आवश्यक रूप से पराजित हो जाता है। दूसरी ओर, संयुक्त निर्वाचक मंडल और आरक्षित सीटों की व्यवस्था के अंतर्गत अल्पसंख्यकों को न सिर्फ़ अपने प्रतिनिधित्व का सुनिश्चित हिस्सा मिलता है, बल्कि कुछ और भी मिलता है। चूँकि बहुसंख्यक समूह का प्रत्येक सदस्य आंशिक रूप से अल्पसंख्यक समूहों के मतों की ताक़त से सफल होता है, इसलिए भले ही वह अल्पसंख्यक समूह का सदस्य न हो, वह अल्पसंख्यक समूह के लिए एक सदस्य अवश्य होता है।[26]

[26] क्रिस्टॉफ़ जैफ़्रलो (2004) : 55 में उद्धृत.

गाँधी भी संयुक्त या साझा निर्वाचक मंडल के गुणों के बारे में आम्बेडकर के दृष्टिकोण से सहमत थे। लेकिन यह बात याद रखने की आवश्यकता है कि आम्बेडकर की यह दृढ़-मान्यता थी कि दलित वर्गों पर उस समय तक संयुक्त निर्वाचक मंडल नहीं थोपा जाना चाहिए, जब तक यह (निर्वाचक मंडल) वयस्क मतधिकार से न जुड़ा हो। आम्बेडकर की यह मान्यता थी कि जब तक अस्पृश्य अल्पसंख्यकों को वयस्क मताधिकार प्रदान नहीं किया जाता है, तब तक उनके लिए पृथक् निर्वाचक मंडल की व्यवस्था की जानी चाहिए। जैसा कि हम आगे देखेंगे, गाँधी यह मानते थे कि अस्पृश्यता या छूआछूत एक सामाजिक-धार्मिक बुराई या कलंक है, जिसे वे और बहुत से हिंदू समाज सुधारक और स्वतंत्रता सेनानी ख़त्म करना चाहते हैं, लेकिन इसे (अस्पृश्यता) पृथक् निर्वाचक मंडल का एक आधार बनाना हानिकारक क़दम होगा।

यह उल्लेखनीय है कि ब्रिटेन की सरकार ने 1935 में औपनिवेशिक भारत की सरकार के लिए संवैधानिक अधिनियम लागू किया। इसको तैयार करने के दौरान भारतीय नेताओं से परामर्श करने के लिए तीन गोलमेज़ सम्मलेनों का आयोजन किया। इस प्रकार का पहला सम्मेलन 30 नवंबर, 1930 को आयोजित किया गया था। कांग्रेस ने इस सम्मेलन का बहिष्कार किया था। आम्बेडकर ने इसमें भाग लिया और अपने आरम्भिक सम्बोधन में उन्होंने यह कहा कि 'दलित वर्गों का यह मानना है' कि औपनिवेशिक सरकार ने उस बुराई को छूने की हिम्मत नहीं दिखाई है, जिससे दलित पीड़ित हैं, और निश्चित रूप से इसके स्थान पर 'लोगों की, लोगों द्वारा और लोगों के लिए सरकार' स्थापित की जानी चाहिए। उन्होंने आगे यह कहा कि 'एक स्वराज संविधान में ही हमें अपने हाथों में सत्ता लेने का मौक़ा मिल सकता है, इसके बग़ैर हम अपने लोगों को मुक्ति प्रदान नहीं कर सकते हैं।' सम्मेलन में सौंपे गये ऐतिहासिक ज्ञापन में आम्बेडकर और राव बहादुर श्रीनिवासन ने यह कहा कि दलित वर्गों को या तो (वयस्क मताधिकार के अभाव में) पृथक् निर्वाचक मंडल द्वारा या 'वयस्क मताधिकार के साथ संयुक्त निर्वाचक मंडल' द्वारा पर्याप्त विशेष प्रतिनिधित्व दिया जाना चाहिए।

दूसरे गोलमेज़ सम्मलेन में आम्बेडकर और श्रीनिवासन ने एक अनुपूरक ज्ञापन सौंपते हुए दलित वर्गों के लिए पृथक् निर्वाचक मंडल की अपनी माँग दोहराई। इसमें उन्होंने विस्तार से यह बताया कि केंद्रीय और प्रांतीय विधायिकाओं में दलित वर्गों को कितना आनुपातिक विशेष प्रतिनिधित्व मिलना चाहिए। उन्होंने यह भी कहा कि 'डिप्रेस्ड क्लासेज़' शब्द 'अपमान और अवमानना करने वाला है' और उन्होंने इसके स्थान पर 'ग़ैर-जाति हिंदू', 'प्रोटेस्टेंट हिंदू' या 'ग़ैर-अनुवर्ती हिंदू' (नॉन कंफर्मिस्ट हिंदू) जैसे शब्दों के प्रयोग पर बल दिया।

द्वितीय गोलमेज़ सम्मेलन में गाँधी ने कांग्रेस के एकमात्र प्रतिनिधि के रूप में भाग लिया। अन्य अल्पसंख्यक समूहों के नेताओं की तरह ही आम्बेडकर ने भी दलित वर्गों के लिए पृथक् निर्वाचक मंडल और आरक्षित सीटों की माँग की। गाँधी ने इस माँग का सख़्ती से विरोध किया। अपने सम्बोधन में उन्होंने यह कहा कि कांग्रेस भारत के सभी हितों और वर्गों का प्रतिनिधित्व करती है, और 'पूर्ण स्वराज' की इसकी माँग भारत की सभी बुनियादी समस्याओं का वैध समाधान है। आम्बेडकर के भागीदारी को मान्यता देते हुए गाँधी ने यह स्पष्ट किया कि 'कांग्रेस डॉ. आम्बेडकर के साथ अस्पृश्यों के हितों का प्रतिनिधित्व करने में सम्मानित महसूस करेगी।' गाँधी ने यह कहा कि :

> मैं अन्य अल्पसंख्यकों द्वारा प्रस्तुत दावों को समझ सकता हूँ किंतु अस्पृश्यों की ओर से प्रस्तुत दावा मेरे लिए सबसे ज़्यादा दुखद है। इसका अर्थ कलंक का स्थायीकरण है। मैं भारत की आज़ादी हासिल करने के लिए भी अछूतों के महत्त्वपूर्ण हितों को नहीं बेचूँगा। मैं यह दावा करता हूँ कि मैं अछूतों के बड़े जनसमूह का प्रतिनिधित्व करता हूँ...और मैं भारत के एक भाग से दूसरे भाग तक अछूतों को यह बताने के लिए काम करूँगा कि पृथक् आरक्षण उस कलंक को ख़त्म करने का तरीक़ा नहीं है, जो उनके लिए नहीं बल्कि रूढ़िवादी हिंदुओं के लिए शर्म का विषय है।

इस समिति और पूरी दुनिया को यह जान लेना चाहिए कि आज ऐसे बहुत से समाज सुधारक हैं जिन्होंने यह शपथ ली है कि वे अस्पृश्यता के कलंक को ख़त्म करेंगे। हम यह नहीं चाहते हैं कि हमारे रजिस्टर और हमारी जनगणना में अछूतों को एक अलग वर्ग के रूप में वर्गीकृत किया जाए। सिख हमेशा ही इस तरह से रह सकते हैं, और यही बात मुसलमानों और यूरोपीय लोगों बारे में भी कही जा सकती है। लेकिन क्या अछूत हमेशा ही अछूत रहेंगे? मैं अस्पृश्यता के जीवित रहने के बजाय हिंदू धर्म को ख़त्म करने देने को वरीयता दूँगा...मुझे यह कहते हुए कष्ट होता है, लेकिन यदि मैं ऐसा नहीं कहूँगा तो मैं अस्पृश्यता को ख़त्म करने के उद्देश्य के प्रति सच्चा नहीं रहूँगा, जो मुझे अपने जीवन जितना ही प्यारा है। मैं पूरी दुनिया का राजपाट मिलने पर भी उनके अधिकारों के बदले में सौदेबाज़ी नहीं करूँगा। मैं पूरी ज़िम्मेदारी से यह कह रहा हूँ, और मेरा यह कहना है कि जब डॉ. आम्बेडकर पूरे भारत के अछूतों की ओर से बोलना चाहते हैं, तो उनके द्वारा दर्ज कराया गया यह दावा (पृथक् निर्वाचक मंडल) उचित नहीं है। यह हिंदू धर्म में विभाजन पैदा करेगा, जो मेरे लिए पूरी तरह से अकल्पनीय है। *मुझे इस बात से कोई दिक़्क़त नहीं है कि यदि अछूत लोग चाहें तो वे धर्म परिवर्तन करके इस्लाम या ईसाई धर्म अपना लें। मुझे इसे सहन करना चाहिए, लेकिन मैं शायद गाँवों में हिंदू धर्म को दो भागों में बाँट देने को सहन नहीं कर सकता हूँ।* जो लोग अछूतों के राजनीतिक अधिकारों की बात कर रहे हैं वे अपने भारत को नहीं जानते हैं, वे यह नहीं जानते हैं कि आज भारतीय समाज किस तरह निर्मित है, इसलिए मैं अपनी पूरी शक्ति से इस बात पर बल देना चाहता हूँ कि यदि मैं इसका प्रतिरोध करने वाला अकेला व्यक्ति भी रहूँगा, तो भी मैं अपने जान की बाज़ी लगाकर इसका प्रतिरोध करूँगा।[27]

सम्मेलन की समाप्ति पर ब्रिटेन के प्रधानमंत्री ने यह कहा कि विधायिकाओं में सामुदायिक प्रतिनिधित्व का मसला 'सबसे महत्त्वपूर्ण' है, तथा गाँधी और आम्बेडकर के बीच गहरी असहमति को देखते हुए वे ख़ुद इसके बारे में फ़ैसला करेंगे। बाद में, 17 अगस्त, 1932 को उन्होंने 'कम्युनल

[27] सीडब्ल्यूसीडी 54 : 158-9, शब्दों पर ज़ोर दिया गया है.

अवार्ड' की घोषणा की, जिसमें दलित वर्गों के लिए पृथक् निर्वाचक मंडल और आरक्षित सीटों की व्यवस्था की गयी थी। उन्होंने यह कहा कि इस अवार्ड में केवल उसी स्थिति में संशोधन किया जाएगा जब उच्च जाति के हिंदू और दलित वर्ग आपसी सहमति से कोई अन्य विकल्प प्रस्तुत करेंगे।

इस बीच, गोलमेज़ सम्मेलन से वापसी के बाद ही गाँधी को सविनय अवज्ञा आंदोलन को फिर से आरंभ करने से रोकने के लिए पूना के निकट यरवदा जेल में क़ैद कर लिया गया था। जेल से ही उन्होंने भारत सचिव को यह लिखा कि यदि सरकार ने दलित वर्गों को पृथक् निर्वाचक मंडल देने का फ़ैसला करेगी तो लंदन सम्मेलन में लिए गये प्रतिज्ञा के अनुरूप वे आमरण उपवास पर बैठेंगे। कम्युनल अवार्ड की घोषणा हो जाने के बाद उन्होंने फिर से पत्र लिखकर इस बात की पुष्टि की कि वे 'अपनी मृत्यु तक या उस समय तक आमरण उपवास पर चले जाएँगे जब तक अंग्रेज़ सरकार अपनी तरफ़ से या जनमत के दबाव के कारण दलित वर्गों को सामुदायिक निर्वाचक मंडल देने के अपने फ़ैसले में संशोधन नहीं करती है और इसे वापस नहीं लेती है।' 9 सितंबर, 1932 को ब्रिटेन के प्रधानमंत्री के एक पत्र का जवाब देते हुए गाँधी ने अछूतों को पृथक् निर्वाचक मंडल के अपने विरोध के कारणों को स्पष्ट करते हुए यह लिखा :

> ...मुझे ऐसा लगता है कि दलित वर्गों के लिए पृथक् निर्वाचक मंडल की स्थापना के माध्यम से हिंदू धर्म को नष्ट करने के लिए सोच-विचारकर ज़हर दिया जा रहा है, और इससे दलित वर्गों का कोई भला नहीं होगा...
>
> मैं दलित वर्गों के अति-प्रतिनिधित्व के ख़िलाफ़ भी नहीं हूँ। जब तक वे हिंदू धर्म रूप से जुड़े रहना चाहते हैं, तब तक मैं उन्हें क़ानूनी तरीक़े से सीमित रूप से भी हिंदू धर्म से बाहर करने के ख़िलाफ़ हूँ। क्या आपको यह अहसास है कि यदि आपका फ़ैसला क़ायम रहता है और संविधान अस्तित्व में आ जाता है, तो आप हिंदू सुधारकों के बढ़ते काम को रोक देंगे, जो जीवन के हर क्षेत्र में अपने दमित बंधुओं को ऊपर उठाने के लिए समर्पित रहे हैं। इसलिए मैं झिझक के साथ इस बात के लिए मजबूर हुआ हूँ कि मैंने आपको जिस फ़ैसले की सूचना दी है, उस पर टिका रहूँ।[28]

[28] सीडब्ल्यूसीडी 57 : 8-9.

गाँधी द्वारा 'कम्युनयल अवार्ड' का विरोध करने के लिए अपने जीवन को दाँव पर लगा देने के निश्चय पर प्रतिक्रिया देते हुए आम्बेडकर ने यह कहा कि यह आश्चर्यजनक और उनकी 'समझ से परे' है कि दलित वर्गों का शुभचिंतक होने का दावा करने वाले गाँधी दलित वर्गों को कम्युनल अवार्ड द्वारा मिलने वाली थोड़ी बहुत राजनीतिक शक्ति से वंचित करने के लिए अपना जीवन दाँव पर लगा रहे हैं। गाँधी के उपवास के अवसर पर उन्होंने यह कहा कि :

> मुझे यह उम्मीद है कि महात्मा ने जिस चरम क़दम उठाने का फ़ैसला किया है, वे वैसा नहीं करेंगे। जब हम पृथक् निर्वाचक मंडल की माँग कर रहे हैं तो हम हिंदू समाज को कोई नुक़सान नहीं पहुँचाना चाह रहे हैं। हम इसलिए पृथक् निर्वाचक मंडल चाहते हैं ताकि हम अपनी नियति को प्रभावित करने वाले मामलों में उच्च जाति के हिंदुओं की सद्-इच्छा पर पूरी तरह निर्भर न रहें...
>
> ...महात्मा इस पद्धति को अपनाकर हिंदू समुदाय और दलित वर्गों के बीच नफ़रत की भावना को बढ़ावा दे रहे हैं, और इस तरह वे दोनों के बीच मौजूद खाई को और ज़्यादा चौड़ा कर रहे हैं।[29]

दलित वर्ग से संबंधित अधिकांश नेताओं ने आम्बेडकर का समर्थन किया। मद्रास प्रांत के दलित वर्ग के नेता और केंद्रीय विधायिका के सदस्य एम. सी. राजा ऐसे प्रमुख दलित नेता थे, जिन्होंने आम्बेडकर का विरोध किया। उन्होंने (कम्युनल अवार्ड की घोषणा होने से पहले हिंदू महासभा के बी. एस. मुंजे के साथ संयुक्त निर्वाचक मंडल के पक्ष में समझौता कर लिया था। वे यह महसूस करते थे कि दलित वर्ग जो पहले से ही 'सामाजिक रूप से अछूत' है, वह पृथक् निर्वाचक मंडल की कम्युनल अवार्ड की घोषणा लागू होने के बाद 'राजनीतिक रूप से भी अछूत' हो जाएगा।

जैसे-जैसे गाँधी ने 20 सितंबर, 1980 से पूना के यरवदा जेल से अपने 'बड़े उपवास' की तैयारी आरंभ कर दी, वैसे-वैसे गाँधी और दलित वर्ग के नेताओं के बीच अछूतों के लिए पृथक् निर्वाचक मंडल के

---

[29] बी. आर. आम्बेडकर (1990ख) : 316-17.

विकल्प पर सहमति बनाने के लिए विचार-विमर्श तेज़ हो गया, ताकि गाँधी की ज़िंदगी बचाई जा सके। उनके सामने यह भी स्पष्ट था कि गाँधी यह चाहते हैं कि ज़्यादा से ज़्यादा दलितों को मताधिकार और प्रतिनिधित्व मिले।

किसी भी समझौता-वार्त्ताकार की तुलना में आम्बेडकर ने ख़ुद को 'ज़्यादा बड़ी और गंभीर दुविधा' में पाया। पूना के जेल में गाँधी का उपवास आरंभ होने के दिन ही आम्बेडकर ने उच्च जाति के हिंदू नेताओं और दलित वर्ग के अन्य नेताओं (मसलन एम. सी. राजा) के साथ मुम्बई में बैठक की। वे पृथक् निर्वाचक मंडल की योजना के स्थान पर दलित वर्गों के मतदाताओं द्वारा दलित वर्गों के एक पैनल के चयन और साझा या संयुक्त मतदाता मंडल द्वारा एक द्वितीय चुनाव को जोड़ने की योजना पर सहमत हो गये। जब गाँधी को इसके बारे में बताया गया तो उन्होंने आम्बेडकर से संवाद करने की इच्छा जाहिर की। वे 22-23 सितंबर को जेल में मिलें। उनकी बातचीत के दौरान गहरा पारस्परिक सम्मान और चिंता की भावना सामने आयीं। समझौते में सख़्त सौदेबाज़ी के साथ ही साथ इस भावना ने भी अहम भूमिका अदा की। आम्बेडकर ने यह कहते हुए शुरुआत किया कि 'महात्मा जी आपको हमारी रक्षा के लिए आगे आना चाहिए।' उनकी बातचीत के दौरान एक बिंदु पर गाँधी ने यह कहा कि :

> आपको यह पूरा अधिकार है कि आप क़ानूनी प्रावधानों के माध्यम से शत-प्रतिशत सुरक्षा की माँग करें, लेकिन मैं अपने बिस्तर से आप से यह अनुरोध करता हूँ आप यह माँग न करें। आज मैं यहाँ अपने हिंदू भाइयों के लिए क्षमा माँगता हूँ... ईश्वर का शुक्र है कि उनकी चेतना जगी है, मैं आपसे प्रार्थना करता हूँ...कि आप हिंदू धर्म को उसके पाप से भरे अतीत से स्वैच्छिक रूप से मुक्त होने के एक आख़िरी मौक़े से वंचित न करें। मुझे ग़ैर-अछूत हिंदुओं के बीच काम करने का मौक़ा दीजिए।[30]

[30] प्यारेलाल (1932) : 70-1.

गाँधी और आम्बेडकर की सहमति से, प्राथमिक और द्वितीयक चुनाव की योजना को औपचारिक रूप से 'पूना पैक्ट' के रूप तैयार किया गया, तथा इस पर ग़ैर-अछूत हिंदुओं और दलित वर्गों के नेताओं ने 24 सितंबर, 1932 को हस्ताक्षर किया। इस समझौते को ब्रिटेन की सरकार को भेज दिया गया, जिसने इसे अपना अनुमोदन प्रदान कर दिया। इस बीच 25 सितंबर को मुम्बई में ग़ैर-दलित हिंदुओं और दलित वर्गों के नेताओं की एक सार्वजनिक बैठक हुई, जिसकी अध्यक्षता पंडित मदन मोहन मालवीय ने की। इस बैठक में पूना पैक्ट का अनुमोदन किया गया, और इसमें अस्पृश्यता का उन्मूलन करने के लिए चुनावों से परे कार्यक्रम के प्रस्ताव को भी स्वीकार किया गया। इस प्रस्ताव को गाँधी ने पहले ही अनुमोदन दे दिया था (यरवदा में अपने जेल से) और आम्बेडकर, राजा इत्यादि के मौजूदगी में मुम्बई सम्मेलन में पारित किया गया था। इसका कुछ अंश इस प्रकार था :

> यह सम्मेलन यह संकल्प लेता है कि अब से हिंदुओं में कोई भी अपने जन्म के कारण अस्पृश्य नहीं माना जाएगा, और जिसे अब अस्पृश्य माना जाता रहा है, उसे अन्य हिंदुओं की तरह ही सार्वजनिक कुओं, सार्वजनिक सड़कें और अन्य सार्वजनिक संस्थानों के उपयोग का अधिकार होगा। पहला अवसर सामने आते ही इस आधिकार को क़ानूनी मान्यता दी जाएगी, और यदि इसे स्वराज मिलने तक मान्यता नहीं मिलती है, तो स्वराज संसद द्वारा निर्मित क़ानूनों में इस अधिकार से संबंधित क़ानून भी शामिल होगा।[31]

गाँधी यह मानते थे कि यह प्रस्ताव औपनिवेशिक सरकार द्वार अछूतों के लिए 'कम्युनल अवार्ड' द्वारा पृथक् निर्वाचक मंडल देने से पैदा हुए संघर्ष को शांत करने के लिए हुए औपचारिक पूना पैक्ट (1932) को लागू करने हेतु एक महत्त्वपूर्ण और आवश्यक शर्त हैं। जाति-हिंदुओं और दलित वर्ग के नेताओं द्वारा पारित इस प्रस्ताव में निहित प्रतिज्ञा की ताक़त के चलते और

[31] सीडब्ल्यूसीडी 57 : 118, शब्दों पर ज़ोर दिया गया है.

ब्रिटेन की सरकार द्वारा पूना पैक्ट को अनुमोदन देने के बाद ही गाँधी ने 26 सितंबर, 1932 को अपना उपवास तोड़ा। इस समय अन्य व्यक्तियों के अलावा रबीन्द्रनाथ टैगोर भी मौजूद थे।

उपवास तोड़ने के तुरंत बाद गाँधी ने आम्बेडकर और अछूतों के अन्य नेताओं को धन्यवाद दिया, और यह वायदा किया वे ग़ैर-अस्पृश्य हिंदुओं द्वारा उनके अस्पृश्यता-उन्मूलन के प्रस्ताव को पूरा करवाने के लिए ख़ुद को समर्पित कर देंगे। उन्होंने यह भी कहा कि यदि ग़ैर-अछूत हिंदू अस्पृश्यता उन्मूलन के अपने प्रस्ताव को लगातार लागू करने में नाकाम रहेंगे तो वे फिर से उपवास करेंगे। प्रेस में उनके द्वारा दिये गये बयान का एक अंश निम्नलिखित है :

> मैं यह मानता हूँ कि जो समझौता हुआ है, उसमें सभी पक्षों ने उदारता दिखाई है। यह दिलों का मिलन है, और *मैं एक ओर, डॉ. आम्बेडकर, राव बहादुर श्रीनिवासन और उनकी पार्टी तथा दूसरी ओर, राव बहादुर एम. राजा के प्रति अपनी हिंदू कृतज्ञता व्यक्त करता हूँ।* वे तथाकथित ग़ैर-अछूत हिंदुओं के पीढ़ियों के अत्याचार के दंड-स्वरूप असमझौताकारी और विद्रोही रुख़ अपना सकते थे। यदि वे ऐसा करते तो कम से कम मैं उनके इस रुख़ के प्रति असंतोष नहीं जताता, और मेरी मौत अज्ञात पीढ़ियों से हिंदू धर्म की बहिष्कृत जातियों के ख़िलाफ़ असंख्य पीढ़ियों से हो रही प्रताड़ना की एक क्षुद्र क़ीमत होती। लेकिन उन्होंने एक ज़्यादा उदार रास्ता चुना, और इस तरह उन्होंने यह दिखाया कि वे सभी धर्मों में सम्मिलित क्षमा करने के सूत्र का अनुसरण करते हैं। मैं यह उम्मीद करता हूँ कि ग़ैर-अछूत हिंदू ख़ुद को इस क्षमा के योग्य साबित करेंगे, और समझौते के सभी प्रावधानों और इनके निहितार्थों को पूरी तरह से लागू करेंगे।[32]

आम्बेडकर ने पूना पैक्ट का अनुमोदन करने वाले मुम्बई सम्मेलन में अपने सम्बोधन में गाँधी के प्रति अपनी कृतज्ञता व्यक्त की। अपने विवाद के शांतिपूर्ण समाधान के लिए गाँधी को 'काफ़ी हद तक श्रेय' देते हुए उन्होंने यह कहा कि 'मुझे यह स्वीकार करना चाहिए कि जब मैं उनसे मिला तो मुझे

---

[32] सीडब्ल्यूसीडी 57 : 123-5, शब्दों पर ज़ोर दिया गया है.

इस पर आश्चर्य, बहुत गहरा आश्चर्य हुआ कि उनके और मेरे बीच कितनी सारी समानताएँ हैं।'[33] बहरहाल, आम्बेडकर ने यह भी कहा कि 'अभी भी उन्हें यह पक्का यक़ीन नहीं हुआ है कि अल्पसंख्यक प्रतिनिधित्व के लिए पृथक् निर्वाचक मंडल एक बुराई है।' उन्होंने यह भी कहा कि संयुक्त निर्वाचक मंडल या कोई अन्य चुनावी व्यवस्था 'एक बड़ी सामाजिक समस्या का हल नहीं हो सकती है।' उन्होंने यह उम्मीद जताई कि ऐसे उपाय और साधन तैयार किये जाएँगे, जिससे दलित वर्ग को न सिर्फ़ हिंदू समाज का अभिन्न अंग बन पाएगा, बल्कि उसे एक सम्मानजनक स्थान, समुदाय में समानता की हैसियत का स्थान मिल जाएगा।'[34]

### हरिजन सेवक संघ

गाँधी ने पूना पैक्ट के बाद ग़ैर-अछूत हिंदुओं पर अस्पृश्यता को ख़त्म करने का दबाव डालने हेतु सुसंगठित कार्यक्रम चलाया। इस कार्यक्रम में हरिजन सेवक संघ की स्थापना (इसका मूल नाम ऑल-इंडिया ऐंटी-अनटचेबिलिटी लीग था), एक नयी साप्ताहिक पत्रिका *हरिजन* का प्रकाशन , *हरिजन* मुद्दे के लिए उपवास और नवंबर 1933 से अगस्त 1934 तक- नौ महीनों की 'हरिजन यात्रा' सम्मिलित थी। इन सभी में गाँधी को रूढ़िवादी हिंदुओं के तीखे विरोध और आम्बेडकर की कटु आलोचना का सामना करना पड़ा। आम्बेडकर ने गाँधी पर यह आरोप लगाया कि वे यह स्वीकार करने में नाकाम रहे हैं कि अस्पृश्यता या असमानता की हैसियत जाति व्यवस्था या वर्णाश्रम धर्म से बुनियादी रूप से जुड़ी हुई है, और जाति व्यवस्था के उन्मूलन के बग़ैर अस्पृश्यता को ख़त्म नहीं किया जा सकता है। रूढ़िवादी हिंदुओं ने गाँधी के अस्पृश्यता विरोधी आंदोलन का विरोध किया। वे यह मानते थे कि यह आंदोलन हिंदू समुदाय और उसके वर्ण धर्म को कमज़ोर बनाता है। उन्होंने गाँधी की हरिजन यात्रा के दौरान उनके ख़िलाफ़ विरोध प्रदर्शनों का

[33] प्यारेलाल (1932) : 188.

[34] वही : 190.

आयोजन किया। इनमें से कुछ प्रदर्शन हिंसक भी हो गये। जुलाई 1934 में बम फेंकने की एक घटना भी हुई, जिसमें एक ऐसे कार पर बम फेंका गया, जिसके बारे में यह माना जा रहा था कि गाँधी उसमें यात्रा कर रहे हैं।

रूढ़िवादी/सनातनी हिंदुओं के विरोध के बावजूद गाँधी हिंदू धर्म को अस्पृश्यता की बुराई से मुक्त कराने के अपनी वचनबद्धता पर अटल रहें, लेकिन इसने जाति और वर्ण के बारे में उनकी सुधारवादी रणनीति के संदर्भ में उन्हें अत्यधिक सचेत कर दिया। वे यह मानते थे कि औपनिवेशिक शासन से आज़ादी के लिए चलने वाले राजनीतिक जन आंदोलन को प्रभावी बनाने तथा अस्पृश्यता के ख़िलाफ़ आंदोलन को सफल बनाने के लिए ग़ैर-अछूत हिंदुओं की भागीदारी आवश्यक थी।

वायकोम सत्याग्रह के बाद गाँधी ने यह महसूस किया कि अस्पृश्यता के ख़िलाफ़ अपने संघर्ष के बावजूद उन्हें ग़ैर-अछूत हिंदुओं का संरक्षक भी दिखना चाहिए। 1935 तक वे आम्बेडकर के इस विचार से सहमत नहीं थे कि अस्पृश्यता-विरोधी कार्यक्रम को एक ज़्यादा व्यापक सामाजिक-राजनीतिक कार्यक्रम के रूप में विस्तार देने की आवश्यकता है, जिसमें साथ खाना न खाने, आपस में विवाह न करने आदि जैसे जाति आधारित भेदभावों के ख़िलाफ़ अभियान चलाया जाए। जैसा कि भीखू पारेख मानते हैं, गाँधी 'बहुत सारे संघर्षों में शामिल थे, अस्पृश्यता के ख़िलाफ़ संघर्ष ऐसे संघर्षों में एक संघर्ष था, राजनीतिक मजबूरियों ने अनिवार्य रूप से इन संघर्षों के महत्त्व का क्रम तय किया।'[35] इसी तरह, राजमोहन गाँधी लिखते हैं कि 'यदि वे (गाँधी) जाति पर हमला करते तो रूढ़िवाद-समर्थक सभी शक्तियाँ उनके विरोध में एकजुट हो जातीं। उन्होंने एक ऐसी बुराई पर ध्यान केंद्रित किया, जिसका कोई भी समर्थन नहीं कर सकता था।'[36]

ग़ैर अछूत-हिंदू और दलित वर्ग- दोनों ही औपनिवेशिक शासन से आज़ादी के लिए गाँधी के नेतृत्व में चलने वाले सभी भारतीय लोगों के अहिंसक जन-आंदोलन का भाग थे। उनकी मुक्तिदायी प्रतिभा इस तथ्य में

[35] भीखू पारेख (1999) : 270.
[36] राजमोहन गाँधी (1995) : 241.

निहित थी कि 'नैतिकता के सार्वभौमिक रूप से स्वीकृत प्रथम सिद्धांतों' के अनुरूप उन्होंने यह महसूस किया कि विचारधारात्मक सीमाओं और साम्राज्यवादी शासन के 'बाँटो और राज करो' से उबरने के लिए यह आवश्यक है कि जन आंदोलन की एकता को निर्मित किया जाए और उसे क़ायम रखा जाए। गाँधी ने जीवन को जोखिम में डालने वाले कई राजनीतिक उपवास किये, जिन्हें अमूमन उनके विरोधी और निकट सहयोगी- दोनों ही नहीं समझ पाए। दरअसल, ये उपवास स्वराज के सत्याग्रही जन आंदोलन का हिस्सा थे। उन्होंने ग़ैर-अछूत हिंदुओं को यह संदेश दिया कि अस्पृश्यता एक पाप या अधर्म है, और जब तक वे 'अछूतों' को आज़ादी से वंचित रखते हैं, तब तक उनके पास साम्राज्यवादी दमन से आज़ादी के लिए राजनीतिक संघर्ष की नैतिक निष्ठा या राजनीतिक क्षमता नहीं होगी। उन्होंने दलित वर्गों को यह संदेश दिया कि वे स्वच्छता और आत्म-सशक्तीकरण के नियमों का अनुसरण करें। उन्होंने उनसे यह भी अनुरोध किया कि वे समाज सुधारकों द्वारा ग़ैर-अछूत हिंदुओं को इस तथ्य के प्रति संवेदनशील बनाने के प्रयास का समर्थन करें कि अस्पृश्यता मुख्य रूप से उनके द्वारा किया जाने वाला पाप या अपराध है, और उन्हें अपने धर्म को शुद्ध करने के लिए इसे ख़त्म करना चाहिए, और इस तरह हिंदू समाज को सत्य और न्याय के सिद्धांतों के अनुरूप बनाना चाहिए।

गाँधी अपने अस्पृश्यता-विरोधी कार्यक्रम को स्वराज आंदोलन के अधीन एक घटक के रूप में नहीं देखते थे। असल में, मई 1933 में यरवदा जेल से बाहर निकलने के बाद उन्होंने अस्पृश्यता-विरोधी काम पर ध्यान केंद्रित करने के लिए सविनय अवज्ञा आंदोलन को अस्थायी रूप से स्थगित कर दिया।

हालाँकि जाति व्यवस्था के वर्ण-धर्म के बारे में गाँधी ने 1930 के दशक के मध्य तक एक रूढ़िवादी रवैया अपनाया।[37] हिंदू धर्म ग्रंथों ने उन्हें प्राचीन भारत में वर्णाश्रम धर्म के बारे में एक सुखद काल्पनिक तस्वीर दी थी। उन्होंने

[37] बहरहाल, यहाँ यह याद रखने की आवश्यकता है कि गाँधी ने यदि 1897 से पहले न सही, तो 1897 से अवश्य ही अपने घर और आश्रमों में जाति विरोधी व्यवहार के रूप में सह-भोजन आरंभ कर दिया था. यहाँ तक कि उनके द्वारा पढ़ाई के लिए समुद्र पार लंदन जाना भी उनकी जाति के प्रथागत नियम का उल्लंघन था!

बिना किसी आलोचना के इसे स्वीकार करते हुए यह कल्पना किया कि इसमें विभिन्न कामों या कर्त्तव्यों का समरसतापूर्ण विभाजन होता है। वे यह मानते थे कि इस तरह का विभाजन वर्तमान समय की जाति व्यवस्था में मौजूद अस्पृश्यता या उच्च/निम्न हैसियत के भेदभावों से मुक्त होता है। उन्होंने यह लिखा कि :

> वर्णाश्रम धर्म मुझे हिंदू, मुस्लिम, ईसाई, पारसी या किसी भी ऐसे व्यक्ति के साथ भोजन करने की अनुमति देता है, जो मुझे साफ़ भोजन उपलब्ध कराए। मेरा वर्णाश्रम धर्म एक परिहा लड़की को अपने घर में बेटी के रूप में रखने की इजाज़त देता है। मेरा वर्णाश्रम धर्म यह स्वीकार करता है कि मैं बहुत से पंचम परिवारों के साथ ख़ुशी-ख़ुशी भोजन करूँ, जिनके साथ भोजन करना एक सम्मान की बात है।[38]

सितंबर 1927 में उन्होंने यह स्वीकार किया कि 'वर्तमान समय में वर्णाश्रम धर्म को जिस तरह समझा जाता है और जिस तरह इसका व्यवहार किया जाता है, वह मूल (वर्णाश्रमधर्म) का राक्षसी नक़ल है' और इसे नष्ट किया जाना चाहिए।'[39] 1935 से ही जाति और वर्ण के सुधार के संदर्भ में गाँधी के दृष्टिकोण में रैडिकल बदलाव आया। इस बदलाव में आम्बेडकर द्वारा की गयी तीखी आलोचना ने महत्त्वपूर्ण भूमिका अदा की। ये आलोचनाएँ और इनमें से कुछ पर गाँधी की प्रतिक्रिया हरिजन सेवक संघ और इसके साप्ताहिक *हरिजन* के काम से जुड़ी हुई थीं।

गाँधी ने 26 अक्टूबर, 1932 को स्थापित ऑल इंडिया ऐंटी अनटचेबिलिटी लीग का नाम बदलकर (नवंबर 1932 में) हरिजन सेवक संघ कर दिया, जी. डी. बिड़ला को इसका अध्यक्ष और अमृतलाल ठक्कर को इसका महासचिव बनाया गया।[40] लीग के केंद्रीय बोर्ड में आम्बेडकर और दलित वर्गों के दो नेता सम्मिलित थे। इस लीग का लक्ष्य अस्पृश्यता के ख़िलाफ़ प्रचार चलाना था, और सार्वजनिक कुओं, सड़कों, विद्यालयों, मंदिरों आदि को दलित वर्गों के लिए खुलवाने हेतु क़दम उठाना था।

---

[38] सीडब्ल्यू 34 : 511-12.

[39] सीडब्ल्यू 35 : 2.

[40] इस समय तक गाँधी ने अछूतों को 'हरिजन' (ईश्वर के लोग) कहना आरंभ कर दिया था.

3 नवंबर, 1932 को बिड़ला ने प्रेस में एक बयान जारी करके यह संकेत दिया कि लीग का काम 'दलित वर्गों को शैक्षणिक, आर्थिक और सामाजिक रूप से ऊपर उठाने के काम तक सीमित रहेगा, जो ख़ुद अस्पृश्यता उन्मूलन की दिशा में एक बड़ा क़दम होगा।' उन्होंने यह भी कहा कि सनातनियों के बीच में ऐसे तार्किक लोग हैं जो अस्पृश्यता को ख़त्म करने के ख़िलाफ़ नहीं हैं, लेकिन वे जातियों के बीच खान-पान और विवाह का संबंध होने के ख़िलाफ़ हैं। इसलिए उन्होंने इस बात पर बल दिया कि : 'जाति व्यवस्था का उन्मूलन करने और जातियों के बीच सहभोज जैसे समाज सुधारों को लीग के दायरे से बाहर रखा गया है।'[41]

बिड़ला-ठक्कर के बयान से सहमति जताते हुए गाँधी ने यह लिखा कि :

> संवाददाताओं ने यह पूछा है कि क्या (जातियों का) साथ भोजन करना और आपस में विवाह करना भी अस्पृश्यता के ख़िलाफ़ आंदोलन का भाग है। मेरा यह मानना है कि ऐसा नहीं है। यह जाति-व्यक्तियों के साथ ही साथ जाति-बहिष्कृत- दोनों ही व्यक्तियों से संबंधित है। इसलिए अस्पृश्यता विरोधी कार्यकर्त्ता के लिए यह आवश्यक नहीं है कि वह ख़ुद को साथ भोजन करने या आपस में विवाह करने जैसे सुधारों के काम में लगाए। व्यक्तिगत रूप से मेरा यह मानना है कि जल्द ही यह सुधार होने वाला है। जातियों के बीच खान-पान और अंतर्जातीय विवाह पर प्रतिबंध हिंदू धर्म का भाग नहीं है...यदि...लोग स्वैच्छिक रूप से ऐसे कार्यक्रमों में भाग लेते हैं, जिसमें 'स्पृश्य' और 'अस्पृश्य', हिंदू और ग़ैर-हिंदू को रात्रि-भोज में शामिल होने के लिए आमंत्रित किये जाते हैं, तो मैं इसे स्वस्थ संकेत मानते हुए इसका स्वागत करता हूँ। लेकिन भले ही यह सुधार कितना भी वांछित क्यों न हो, मैं इस सुधार को लम्बे समय से लम्बित पड़े अखिल भारतीय सुधार का भाग नहीं बनाना चाहता हूँ।[42]
>
> अपनी युवावस्था से ही मैंने हमेशा ही हर किसी के साथ भोजन किया है, बशर्ते स्वच्छता के नियमों का पालन किया गया हो। लेकिन वर्तमान

---

[41] सीडब्लयूसीडी 62 : 291.

[42] सीडब्ल्यूसीडी 57 : 328-9.

आंदोलन से इसका कुछ भी लेना-देना नहीं है। साथ भोजन करना और ऐसे ही अन्य प्रश्नों के बारे में प्रत्येक व्यक्ति को ख़ुद ही निर्णय लेना है। सर्वेंट्स ऑफ़ अनटचेबल सोसायटी द्वारा आरंभ किया गया आंदोलन अस्पृश्यता को हर तरीक़े से ख़त्म करने के प्रति वचनबद्ध है, ख़ास तौर पर, जहाँ यह विशेष रूप से अछूतों से संबंधित हो। उनके पास भी वे सभी सार्वजनिक अधिकार और सुविधाएँ होंगी, जिनका उपभोग अन्य हिंदू कर रहे हैं, अर्थात् उनकी कुओं, स्कूलों, सड़कों, मंदिरों आदि जैसी सार्वजनिक संस्थाओं तक पहुँच होनी चाहिए।[43]

आम्बेडकर ने लीग/संघ के केंद्रीय बोर्ड में शामिल होने पर अपनी सहमति दी थी। तीसरे गोलमेज़ सम्मेलन में भाग लेने के लिए लंदन जाते समय उन्होंने समुद्री जहाज़ से ठक्कर को 14 नवंबर, 1932 को पत्र लिखकर यह सुझाव दिया कि संघ को क्या करना चाहिए। उन्होंने यह लिखा कि 'संयम, व्यायामशाला, सहयोग, पुस्तकालय, विद्यालय आदि द्वारा कुछ (अस्पृश्य) व्यक्तियों की मदद करने के बजाय लीग/संघ को अछूतों के लिए गाँव के कुओं, गाँव के स्कूल, सार्वजनिक यात्रा सुविधा आदि जैसे नागरिक अधिकार और सामाजिक न्याय हासिल करने का प्रयास करना चाहिए। उन्होंने यह भी कहा कि संघ के पास ऐसे कार्यकर्त्ताओं की एक सेना होनी चाहिए जो दलित वर्गों को नागरिक अधिकार देने की प्रत्यक्ष कार्रवाई करे, और ग़ैर-अछूत हिंदू घरों में अतिथियों या नौकरों के रूप में उनके प्रवेश में मदद करे। उन्होंने अपने पत्र के आख़िर में यह लिखा कि संयुक्त या पृथक् निर्वाचक मंडल जैसे चुनावी संयंत्रों के बजाय सामाजिक न्याय के ये उपाय स्पृश्यों और अस्पृश्यों के बीच प्यार और एकता की स्थापना करेंगे।

बहरहाल, आम्बेडकर को संघ से कोई प्रतिक्रिया नहीं मिली। आम्बेडकर और दलित वर्ग के दो अन्य नेताओं ने ख़ुद को संघ से अलग कर लिया। इसके बाद, संघ के केंद्रीय बोर्ड में दलित वर्ग का कोई भी नेता नहीं बचा। गाँधी ने इसे निम्नलिखित शब्दों में सही ठहराया :

---

[43] सीडब्ल्यूसीडी 62 : 138.

> हिंदुओं को अस्पृश्यता के पाप के बदले में अछूतों के कल्याण की तपस्या करनी है। जो पैसा एकत्रित किया गया है, उसमें हिंदुओं ने योगदान दिया है। इन दोनों ही दृष्टिकोणों से हिंदुओं को संघ का संचालन करना चाहिए। नैतिकता या अधिकार के आधार पर अछूतों द्वारा संघ के बोर्ड में एक सीट के दावों को सही साबित नहीं किया जा सकता है।[44]

निश्चित रूप से, आम्बेडकर गाँधी के निर्णय को ग़लत मानते थे और इस मुद्दे पर उनके संबंध काफ़ी ख़राब हो गये।

## जाति और हिंदू धर्म पर विचार

गाँधी ने अपने साप्ताहिक अख़बार *हरिजन* के प्रकाशन की शुरुआत करने के दौरान आम्बेडकर से यह अनुरोध किया कि वे इसके 11 फ़रवरी, 1933 को प्रकाशित होने वाले पहले अंक के लिए एक संदेश दें। आम्बेडकर यह महसूस करते थे कि उनके द्वारा दिये गये किसी भी संदेश को सवर्ण हिंदू सम्मान से स्वीकार नहीं करेंगे। इसलिए आम्बेडकर ने इसके बदले में 'हिंदू सामाजिक संगठन के बड़े मुद्दे' विषय पर अपना बयान प्रकाशित करने के लिए भेजा : 'जाति-बहिष्कृत (अस्पृश्य) जाति व्यवस्था का एक उप-उत्पाद है। जाति व्यवस्था को नष्ट करने के अतिरिक्त किसी भी अन्य क़दम से जाति-बहिष्कृत लोगों को मुक्ति नहीं मिलेगी। जब तक जाति व्यवस्था रहेगी, तब तक जाति बहिष्कृत लोग रहेंगे। आने वाले संघर्ष में हिंदू तभी अपना अस्तित्व बचा पाएँगे, जब वे हिंदू धर्म को इस घिनौनी और पतित कट्टरता से मुक्त कर दें।'[45]

इसी उद्घाटन अंक में गाँधी ने आम्बेडकर के इस बयान के साथ अपना जवाब भी प्रकाशित किया। उन्होंने यह लिखा कि स्पृश्य हिंदू उनके साथ दमित वर्ग के सदस्य के रूप में जो कुछ करते आये है, उसके कारण आम्बेडकर को यह पूरा हक़ है कि वे उनके प्रति कटुता रखें। गाँधी ने यह

[44] बी. आर. आम्बेडकर (1990ख) : 142.

[45] सीडब्ल्यूसीडी 59 : 227.

लिखा कि यह आम्बेडकर के लिए नहीं बल्कि सवर्ण हिंदुओं के लिए शर्मनाक है। गाँधी ने आम्बेडकर को यह आश्वासन दिया कि आज ऐसे हज़ारों सवर्ण हिंदू हैं, जो उनके संदेश को किसी भी अन्य नेता के संदेश जितना ही सम्मान देंगे और उस पर गंभीरता से विचार करेंगे।' बहरहाल, जाति व्यवस्था के बारे में आम्बेडकर के दृष्टिकोण से असहमति व्यक्त करते हुए गाँधी ने यह लिखा कि :

> मैं यह नहीं मानता हूँ कि वर्णाश्रम से भिन्न होने के बाद भी जाति व्यवस्था एक 'घिनौनी और पतित कट्टरता' है। इसकी अपनी सीमाएँ और कमियाँ हैं। लेकिन जिस तरह अस्पृश्यता में पाप है, उस तरह इसमें कोई पाप नहीं है...।
>
> अस्पृश्यता जाति व्यवस्था का उत्पाद नहीं है, बल्कि यह हिंदू धर्म में प्रवेश कर चुके उच्च और निम्न के भेद के कारण पैदा हुआ है और यह इसका क्षरण कर रहा है। इसलिए अस्पृश्यता पर हमला 'उच्च और निम्न' की भावना पर हमला करना है। जैसे ही अस्पृश्यता ख़त्म होगी जाति व्यवस्था अपने आप शुद्ध हो जाएगी, यानी मेरे सपनों के अनुसार यह वास्तविक वर्ण धर्म में तब्दील हो जाएगी...
>
> ...अपने इस विश्वास के साथ, मैं पूरे सम्मान से अपने उन देशवासियों से असहमत रहा हूँ, जो यह मानते हैं कि वर्णाश्रमधर्म को नष्ट किये बग़ैर अस्पृश्यता ख़त्म नहीं होगी, डॉ. आम्बेडकर भी उन्हीं में से एक हैं...। वर्तमान समय में सभी हिंदू धर्म सुधारक, चाहे वे वर्ण धर्म में विश्वास करते हों या न करते हों, 'अस्पृश्य' या जाति-बहिष्कृत की समस्या का समाधान करना चाहते हैं। दोनों ही तरह के सुधारक अस्पृश्यता का विरोध करते हैं। इसलिए वर्तमान संयुक्त संघर्ष अस्पृश्यता को ख़त्म करने तक सीमित है। इसलिए मैं डॉ. आम्बेडकर, और उनकी तरह सोच रखने वाले व्यक्तियों को अस्पृश्यता की दैत्याकार बुराई को ख़त्म करने के अभियान में पूरे दिल और आत्मा से जुड़ने के लिए आमंत्रित करता हूँ। इस बात की पूरी संभावना है कि इसके आख़िर में हम सब यह पाएँगे कि वर्णाश्रम के ख़िलाफ़ संघर्ष करने के लिए कुछ भी नहीं है। लेकिन यदि इसके बाद भी वर्णाश्रम एक बुरी चीज़ लगती है, तो संपूर्ण हिंदू समाज इसके ख़िलाफ़ संघर्ष करेगा।[46]

---

[46] सीडब्ल्यूसीडी 59 : 228-90.

बॉम्बे उच्च न्यायालय के एक पूर्व न्यायाधीश सर गोविंदराव मदगाँवकर की एक खुली चिट्ठी की प्रतिक्रिया में गाँधी ने 16 नवंबर, 1935 को *हरिजन* में यह लिखा :

> आज व्यवहार में शास्त्रों के वर्णाश्रम का अस्तित्व नहीं है। वर्तमान जाति व्यवस्था वर्णाश्रम से बिल्कुल अलग है। जनमत इसे जितनी जल्द नष्ट कर देगा, वह उतना ही अच्छा होगा।
>
> वर्णाश्रम में जातियों के बीच विवाह और सह-भोजन पर कोई पाबंदी नहीं थी, और कोई पाबंदी नहीं होनी चाहिए...यद्यपि वर्णाश्रम में जातियों के बीच विवाह और खान-पान पर कोई निषेध नहीं है, किंतु इसके लिए किसी को मजबूर भी नहीं किया जा सकता है। लोगों को चुनाव करने की पूरी आज़ादी होनी चाहिए कि किससे विवाह करना चाहते हैं या किससे खान-पान का संबंध रखना चाहते हैं।[47]

स्पष्टतः गाँधी द्वारा जाति व्यवस्था और वर्ण धर्म में अंतर किया गया तथा वर्ण धर्म पर फिर से बल दिया गया। गाँधी द्वारा आम्बेडकर पुस्तिका द *ऐनिहिलेशन ऑफ़ कास्ट* (1936)[48] की समीक्षा में भी इन्हीं बिंदुओं पर फिर से बल दिया गया। अपनी इस पुस्तक में आम्बेडकर ने इस बात पर बल दिया है कि हिंदू समाज अपनी जाति और चतुर्वर्ण के कारण बर्बाद हो गया है। इन दोनों ने ही आम लोगों को ज्ञान से वंचित रखा है। इसके अतिरिक्त, ये स्वतंत्रता, समानता और बंधुत्व के सिद्धांतों के विरुद्ध हैं। इसलिए, वे यह तर्क देते हैं कि जाति और चतुर्वर्ण को क़ायम रखने वाले हिंदू शास्त्रों के दैवीय प्राधिकार को ख़ारिज किया जाना चाहिए। गौतम बुद्ध और गुरु नानक ने इनके प्राधिकार को नकारने का ही काम किया।

---

47 सीडब्ल्यूसीडी 59 : 151-2.

48 इसे मूल रूप से आर्य समाज द्वारा लाहौर में स्थापित जात-पात तोड़क मंडल के 1936 के वार्षिक अधिवेशन के सम्बोधन के लिए लिखा गया था. लेकिन मंडल के वरिष्ठ सदस्यों ने आम्बेडकर द्वारा पहले से भेजे गये सम्बोधन में चतुर्वर्ण पर हमले पर आपत्ति दर्ज की, और उन्हें सम्मेलन को रद्द कराने में कामयाबी मिली. इसके बाद, आम्बेडकर ने अपनी इस सम्बोधन को अलग पुस्तिका के रूप में प्रकाशित किया. देखें, बी. आर. आम्बेडकर (1979 : 22-96), वॉल्यूम 1, इसका एक अंश वेलेरियन रॉड्रिग्ज (2002 : 306-19) में सम्मिलित किया गया है.

आम्बेडकर ने यह कहा कि चतुर्वर्ण का सिद्धांत थोड़े अलग रूप में आर्य समाजियों और गाँधी द्वारा क़ायम रखा गया है, और यह उन्हें (आम्बेडकर को) पूरी तरह अस्वीकार्य है।

आम्बेडकर की पुस्तिका[49] पर दो भागों में लिखे गये समीक्षा लेख में गाँधी ने यह लिखा कि सवर्ण हिंदुओं को आम्बेडकर की आलोचना के आलोक में 'अपनी आस्था और आचरण' में सुधार करने की आवश्यकता है। गाँधी ने यह स्वीकार किया कि सुधारक और रूढ़िवादी- दोनों ही तरह के हिंदुओं को आम्बेडकर को पढ़ने से फ़ायदा होगा। गाँधी ने यह भी स्वीकार किया कि जाति व्यवस्था 'आध्यात्मिक और राष्ट्रीय विकास' के लिए घातक है। लेकिन उन्होंने यह भी कहा कि वर्ण धर्म हमें यह सिखाता है कि 'हम में से प्रत्येक पैतृक पेशे का अनुसरण करते हुए अपनी जीविका अर्जित करते हैं' और 'न तो इसमें कोई अस्पृश्यता है, और न ही निम्न और उच्च स्तरीकरण' और इसलिए 'यह मानवता के कल्याण के अनुकूल है।' गाँधी ने आम्बेडकर की इस आधार पर आलोचना की कि वे हिंदू धर्म द्वारा प्रस्तुत सर्वोत्तम उदाहरणों के बजाय इसके बुरे पहलुओं के आधार पर इसके बारे में निर्णय कर रहे हैं। गाँधी ने हिंदू धर्म के सर्वोत्तम उदाहरणों में चैतन्य, ज्ञानदेव, तुकाराम, तिनीवल्लुर, रामकृष्ण परमहंस और विवेकानंद का उल्लेख किया।

गाँधी की आलोचना के संबंध में अपनी प्रतिक्रिया में आम्बेडकर ने गाँधी की इस स्वीकारोक्ति की प्रशंसा की कि जाति आध्यात्मिक और राष्ट्रीय विकास के लिए नुक़सानदेह है। लेकिन फिर भी आम्बेडकर ने वर्ण में उनके लगातार विश्वास की आलोचना की क्योंकि वे वर्ण को 'बुनियादी रूप से लोकतंत्र का विरोधी मानते थे।' उन्होंने यह कहा कि बौद्ध धर्म के अनुयायियों ने काफ़ी पहले यह दिखा दिया है कि इसकी तार्किक तरीक़े से हिमायत नहीं की जा सकती है। आम्बेडकर ने यह भी जोड़ा कि गाँधी स्वराज के आंदोलन के लिए रूढ़िवादी और ग़ैर-रूढ़िवादी हिंदुओं का समर्थन जारी रखने के लिए

---

[49] *हरिजन* 11 और 18 जुलाई, 1936; सीडब्ल्यूसीडी 69 : 205-7, और 226-7.

'वर्ण के नाम पर जाति का प्रचार' कर रहे हैं। आम्बेडकर के अनुसार, हिंदू धर्म और इसकी जाति/वर्ण व्यवस्था में उच्च जाति और निम्न जाति के व्यक्तियों के बीच 'बुनियादी रूप से ग़लत संबंध' हैं। आम्बेडकर ने आगे यह कहा कि गाँधी इस ग़लत संबंध में बुनियादी परिवर्तन लाए बग़ैर हिंदू समाज को एक सहिष्णु और अच्छे धार्मिक समुदाय के रूप में प्रस्तुत कर रहे हैं। उनके मुताबिक़, गाँधी सवर्ण हिंदुओं के व्यक्तिगत चरित्र को सुधारने पर ध्यान केंद्रित करके 'अपनी ऊर्जा बर्बाद कर रहे हैं, और वे एक विभ्रम को अपनाए हुए हैं।' वे इस बात पर बल देते हैं कि हिंदुओं की सामाजिक व्यवस्था अर्थात् जाति/वर्ण व्यवस्था को बदलने की आवश्यकता है। दूसरे शब्दों में उनके अनुसार, हिंदू समाज को एक जातिविहीन समाज में बदलना होगा।[50]

आम्बेडकर न इन आलोचनाओं को अपनी दो कृतियों में फिर से दोहराया और विस्तार दिया : *मिस्टर गाँधी ऐंड द इमैनशिपेशेन ऑफ़ द अन-टचेबल्स* (1942/1943)[51]; और *व्हाट कांग्रेस ऐंड गाँधी हैव डन टू द अन-टचेबल्स* (1945)।[52] पहली रचना में आम्बेडकर ने यह लिखा कि गाँधी का भारत छोड़ो कार्यक्रम आज़ादी, समानता, न्याय या लोकतंत्र के लिए संघर्ष नहीं था, बल्कि यह हिंदू मध्य वर्ग और पूँजीपतियों के लिए 'सत्ता का संघर्ष' था। आम्बेडकर के लिए अन्य सभी हिंदुओं की तरह गाँधी भी 'एक सामाजिक रूढ़िवादी और राजनीतिक रैडिकल' थे।[53] उन्होंने यह भी कहा कि 'गाँधी का उदारवाद बहुत ही हल्का है, यह उनके साथ उसी तरह जुड़ा हुआ है, जैसे किसी के जूते पर धूल जम गयी हो।' आम्बेडकर ने यह लिखा

---

[50] आम्बेडकर्स *रिप्लाई टू द महात्मा* बी. आर. आम्बेडकर (1979), खंड 1 में संकलित है. इसका चुनिंदा भाग वेलेरियन रॉड्रिग्ज (2002 : 306-19) में संकलित है.

[51] इसे दिसंबर 1942 मे कनाडा के क्यूबेक शहर में इंस्टीट्युड ऑफ़ पैसेफ़िक रिलेशंस के एक सम्मेलन के लिए लिखा गया था. इसे उस कॉन्फ्रेंस के विवरणिका में प्रकाशित किया गया, तथा 1943 थैकर ऐंड कम्पनी, बम्बई द्वारा एक पुस्तिका के रूप में प्रकाशित किया गया. यह बी. आर. आम्बेडकर (1990ख) में भी फिर से प्रकाशित हुआ.

[52] बी. आर. आम्बेडकर (1990ख : 274-97). इसे डी. सी. अहीर (1995 : 79-106) में परिशिष्ट के रूप में सम्मिलित किया गया है.

[53] बी. आर. आम्बेडकर (1990ख) : 430.

कि हिंदू बहुमत और अस्पृश्य अल्पसंख्यक दो 'स्थायी समुदाय' हैं। इसलिए आम्बेडकर के अनुसार अछूतों द्वारा पृथक् निर्वाचक मंडल और अलग बंदोबस्त जैसी संवैधानिक सुरक्षाओं की माँग करना पूरी तरह सही है।

ऊपर वर्णित दो पुस्तकों में से दूसरे में आम्बेडकर ने गाँधी और कांगेस की इसलिए आलोचना की कि उन्होंने अछूतों के लिए पृथक् कुओं और पृथक् स्कूलों की व्यवस्था निर्मित की। इस नीति से आम्बेडकर के सामने यह बात उजागर हुई कि 'कांग्रेस अस्पृश्यता के उन्मूलन के पक्ष में नहीं थीं', बल्कि 'वह सिर्फ़ अछूतों की स्थिति में सुधार करना चाहती थी।' उन्होंने यह भी लिखा कि 'कांग्रेस ने अस्पृश्यता उन्मूलन के कार्यक्रम में शामिल होने के लिए हिंदू महासभा को आमंत्रित करके 'अस्पृश्यता की समस्या से अपना हाथ पीछे खींच लिया।' 1932 के पूना पैक्ट को 'क्षुद्र सौदेबाज़ी' की संज्ञा देते हुए उन्होंने यह लिखा कि कांग्रेस इस समझौते का उपयोग करके अनुसूचित जातियों के विनम्र या दब्बू उम्मीदवारों को चुनाव जिताने की चालाकी कर रही है। उनके अनुसार, यहाँ तक कि मंदिर प्रवेश आंदोलन का भी कांग्रेस की राजनीतिक सत्ता के लिए इस्तेमाल किया गया। उन्होंने यह जोड़ा कि 'गाँधीवाद के अंतर्गत अछूत हमेशा ही सफ़ाईकर्मी बने रहेंगे', या उन्हें ज़्यादा से ज़्यादा 'अति-शूद्र के बजाय शूद्र का दर्जा दे दिया जाएगा।' आम्बेडकर ने लिखा कि 'अस्पृश्यता के ख़िलाफ़ इस भ्रामक अभियान के अलावा गाँधीवाद सनातनवाद का एक अन्य रूप है, जो कि उग्र रूढ़िवादी हिंदू धर्म का प्राचीन नाम है'[54]

गाँधी के सहयोगी सी. राजगोपालाचारी ने *आम्बेडकर रिफ्यूटेड* में इनमें से कुछ आलोचनाओं का जवाब दिया।[55] उन्होंने यह दिखाने का प्रयास किया कि गाँधी और कांग्रेस के अस्पृश्यता-उन्मूलन कार्यक्रम से स्पष्ट रूप से अनुसूचित जातियों की स्थिति में काफ़ी सुधार हुआ है, तथा अमेरिका, दक्षिण अफ़्रीका आदि देशों के ऐसे ही तबक़ों की तुलना में भारत के अनुसूचित जातियों की स्थिति बेहतर है।

---

[54] वेलेरियन रॉड्रिग्ज (2002) : 170.

[55] सी. राजगोपालाचारी (1946).

गाँधी अभी तक इस तथ्य पर ज़ोर देते रहे थे कि आम्बेडकर की सवर्ण हिंदुओं और ख़ुद उनके प्रति कटुता का कारण यह है कि आम्बेडकर को जाति आधारित दमन के अपमानजनक अनुभवों से गुज़रना पड़ा है। आम्बेडकर की कुछ आलोचनाओं की वैधता को स्वीकार करते हुए गाँधी ने जाति सुधार का ज़्यादा रैडिकल दृष्टिकोण अपनाया। आम्बेडकर ने यह आलोचना की थी कि गाँधीवाद अनुसूचित जातियों के संदर्भ में वंशानुगत पेशे के लौह नियम (आयरन लॉ ऑफ़ हेरिडेटरी प्रोफ़ेशंस) का समर्थन करता है। एक तरह से, इसका जवाब देते हुए दिसंबर 1947 में गाँधी ने यह कहा कि 'भंगियों को शौचालय साफ़ करने के लिए मजबूर नहीं किया जाना चाहिए', और यदि वे बैरिस्टर बन सकते हैं, तो उन्हें ऐसा बनने से रोकना नहीं चाहिए। जैसा कि हमने ऊपर देखा है, गाँधी एक दशक पहले से ही स्वैच्छिक रूप से जातियों के बीच विवाह और सह-भोज के प्रतिबंधों को ख़त्म करने की वकालत करने लगे थे। उन्होंने ख़ुद अपने घर और आश्रम में सभी जातियों के लोगों के साथ भोजन करने के व्यवहार को अपनाया। अपने जीवन के आख़िरी कुछ वर्षों में वे सिर्फ़ उन्हीं विवाहों में आशीर्वाद देने जाते थे, जिसमें कम से कम एक पक्ष हरिजन हो।

ऐसा प्रतीत होता है कि गाँधी को यह विश्वास हो गया था कि अस्पृश्यता का उन्मूलन करके वे असल में जाति व्यवस्था को दुर्बल बना रहे हैं। इसके बारे में नेहरू ने हंगरी के पत्रकार टिबोर मेंडे से निम्नलिखित बातें कहीं :

> मैंने गाँधी से बार-बार यह कहा : आप जाति-व्यवस्था पर सीधे तौर पर हमला क्यों नहीं करते हैं? उन्होंने यह कहा कि कुछ आदर्श प्रकार के पेशे इत्यादि को छोड़ दिया जाए तो उनका जाति व्यवस्था में कोई विश्वास नहीं है; लेकिन वर्तमान व्यवस्था पूरी तरह से ग़लत है और इसके ख़त्म होना ही चाहिए। उन्होंने यह कहा कि 'मैं अस्पृश्यता के ख़िलाफ़ संघर्ष करके इसे दुर्बल बना रहा हूँ'....उन्होंने यह भी कहा कि 'यदि अस्पृश्यता ख़त्म हो जाती है, तो जाति व्यवस्था ख़त्म हो जाएगी।'[56]

[56] टिबोर मेंडे 1958 : 24-7.

जब गाँधी और आम्बेडकर 4 फ़रवरी, 1933 को यरवदा जेल में मिले तो आम्बेडकर और गाँधी ने दो विचाराधीन मंदिर प्रवेश विधेयकों के मुद्दे पर चर्चा की। गाँधी ने इस मुद्दे पर आम्बेडकर से समर्थन माँगा। आम्बेडकर ने यह जवाब दिया कि दमित वर्गों की तात्कालिक चिंता का विषय मंदिर प्रवेश नहीं, बल्कि राजनीतिक सत्ता हासिल करना है। उन्होंने यह भी कहा कि :

> इस प्रयास का लक्ष्य यह हो सकता है कि आप यह चाहते हैं कि दमित वर्ग हिंदू धर्म के भीतर ही बने रहें। ऐसी स्थिति में, मेरा यह मानना है कि दमित वर्गों की वर्तमान जागरूक अवस्था में यह पर्याप्त नहीं है..। यदि मैं ख़ुद को हिंदू कहता हूँ तो मैं यह मानने के लिए मजबूर हूँ कि मैं एक निम्न जाति से जुड़ा हुआ हूँ। इसलिए मैं यह मानता हूँ कि मुझे हिंदुओं से यह पूछना चाहिए कि मुझे कोई ऐसा पवित्र स्रोत दिखाएँ, जिससे निम्नता की यह भावना ख़त्म हो सके। यदि ऐसा नहीं हो सकता है, तो मुझे हिंदू धर्म को अलविदा कह देना चाहिए।[57]

13 अगस्त, 1935 को महाराष्ट्र के योला में दमित वर्गों के सम्मेलन में आम्बेडकर ने हिंदू धर्म का त्याग करके किसी अन्य धर्म को अपनाने की अपनी मंशा दोहराई। यहाँ उन्होंने यह घोषणा की कि : 'मेरा यह दुर्भाग्य है कि मेरा जन्म एक हिंदू अछूत के रूप में हुआ...मैं पूरी सत्यनिष्ठा से आपको आश्वासन देता हूँ कि मैं एक हिंदू के रूप में नहीं मरूँगा।'[58] 6 दिसंबर, 1956 को अपनी मृत्यु से दो महीने से भी कम समय पहले उन्होंने बौद्ध धर्म अपना लिया, जिसे वे समानता और करुणा का धर्म मानते थे।

बौद्ध धर्म में आम्बेडकर के धर्मांतरण के प्रभावों का विश्लेषण करना इस आलेख के सीमित दायरे में शामिल नहीं है। यहाँ मैं बहुत ही संक्षेप में आम्बेडकर द्वारा 1933 और 1935 में हिंदू धर्म छोड़ने की मंशा की घोषणाओं के बारे में गाँधी की प्रतिक्रिया का वर्णन करूँगा।

आम्बेडकर द्वारा हिंदू धर्म छोड़ने की धमकी (फ़रवरी 1933) पर प्रतिक्रिया देते हुए गाँधी ने उनसे यह कहा कि : 'यदि आप हमारा परित्याग

---

57 सीडब्ल्यू 53 : 499.

58 क्रिस्टॉफ़ जैफ़्रलो (2004 : 120) में उद्धृत.

करते हैं और चले जाते हैं, तो मैं यह सोचूँगा कि हम इसी के लायक़ हैं।'[59] गाँधी ने यह भी कहा कि सवर्ण हिंदुओं को अपने पापों का प्रायश्चित करते हुए हरिजनों को सिर्फ़ स्कूल, रेलवे इत्यादि में ही नहीं बल्कि ईश्वर के सामने भी बराबर हैसियत देना चाहिए, और इसलिए उन्हें अपने कर्त्तव्य के रूप में 'मंदिरों का दरवाज़ा हरिजनों के लिए खोल देना चाहिए, भले ही वे वहाँ आना चाहें या न आना चाहें।'

गाँधी ने यह स्वीकार किया कि 'डॉ. आम्बेडकर जैसे दिग्गजों के अलग होने से हरिजनों की तरफ़दारी कमज़ोर हो सकती है'।[60] उन्होंने सवर्ण हिंदुओं को निम्नलिखित सुझाव दिया :

> यदि...कोई भी हरिजन हिंदू धर्म छोड़ना चाहता है तो वह ऐसा करने के लिए पूरी तरह स्वतंत्र है...। सवर्णों के सामने रास्ता यह है कि वे एक ओर, हिंदू धर्म छोड़ने की इच्छा रखने वाले हरिजनों के मामलों में कोई हस्तक्षेप न करें, और दूसरी ओर इस बात पर बल दें कि जीवन के हर क्षेत्र में हरिजनों के साथ न्याय होना चाहिए...। हज़ारों हरिजनों की सबसे बड़ी समस्याएँ निम्नलिखित हैं : पीने और घरेलू उपयोग के लिए शुद्ध पानी का अभाव, सार्वजनिक स्कूलों और अन्य संस्थानों तक उनके पहुँच को नकारना, गाँवों में लगातार उत्पीड़न, तथा अंत में सबसे महत्त्वपूर्ण मंदिर में प्रवेश न मिलना...। यदि वे एक समूह के रूप में हिंदू धर्म छोड़ देते हैं, तो वे इन्हीं कमियों के कारण ऐसा करेंगे, जिसने उन्हें हिंदू धर्म में कुष्ठ रोगी की तरह कलंकित कर दिया है।[61]

## अस्पृश्यता के ख़िलाफ़ अनुपूरक क़दम

1946 में आम्बेडकर को बंगाल से संविधान सभा के लिए चुना गया। इसके अगले साल बंगाल का विभाजन हो गया, जिसके कारण आम्बेडकर को संविधान सभा की अपनी सीट खोनी पड़ी। इसके बाद, मुम्बई लेजिस्लेटिव कांग्रेस पार्टी से नामित होने के बाद वे संविधान सभा में पुनर्निर्वाचित हुए।

---

[59] सीडब्ल्यू 53 : 499.

[60] सीडब्ल्यूसीडी 68 : 93-4.

[61] सीडब्ल्यूसीडी 68 : 315-16.

अगस्त 1947 में ये संविधान सभा के संविधान प्रारूप समिति के अध्यक्ष बने। गाँधी ने सार्वजनिक रूप से संविधान सभा में आम्बेडकर की भूमिका की प्रशंसा की, और यह कई ख़बरों में यह बात सामने आयी कि उन्होंने जवाहरलाल नेहरू और सरदार वल्लभभाई पटेल को यह सुझाव दिया कि आम्बेडकर को स्वतंत्र भारत के पहले मंत्रिमंडल में सम्मिलित होने के लिए आमंत्रित करें।[62]

दलितों की मुक्ति में आम्बेडकर के सर्वप्रमुख योगदान का बहुमूल्य न्यायशास्त्रीय अध्ययन करते हुए उपेंद्र बख़्शी उन्हें 'प्रथम, और अब तक का एकमात्र प्रमुख चिंतक' मानते हैं जिन्होंने 'कई सहस्राब्दी से भारतीय सभ्यता के 'पवित्र' नियमों द्वारा तैयार की गयी अराजक स्थिति का गहनता से परीक्षण किया।'[63] बख़्शी यह बताते हैं कि आम्बेडकर 'अधिकार और न्याय के उदारवादी प्रतिमान' से अलग हटते हैं, और वे दो अंतर्संबंधित तरीक़ों से अछूतों के अधिकारों की मुक्तिदायी संकल्पना प्रस्तुत करते हैं। पहला, उन्होंने उनकी बुनियादी मानव आवश्यकताओं को चिह्नित किया, और उन्हें मानव अधिकारों में परिवर्तित कर दिया। दूसरा, उनके सिद्धांत में अधिकार 'ऐसी क़ानूनी हक़दारियों के रूप में सामने आये, जिन्होंने नागरिक समाज के सदस्यों के इसके समतुल्य दायित्वों को स्पष्ट किया'; साथ ही यह माना गया कि राज्य के पास ऐसी शक्ति है और इसका यह कर्त्तव्य है कि वह नागरिक समाज के जड़ जमा चुके भेदभावों को ख़त्म करें।' संविधान के अनुच्छेद 17 और 23 के संदर्भ में बख़्शी ने अंतर्दृष्टि से परिपूर्ण यह विचार व्यक्त किया है : 'संवैधानिक अभिव्यक्ति इस मायने में उल्लेखनीय है कि मूल अधिकारों के अध्याय में विशेष अपराधों को निर्मित किया गया है, और ख़ुद अधिकार राज्य की शक्ति पर सीमा आरोपित करने के बजाय नागरिक समाज की शक्तियों पर सीमा आरोपित करते हैं।'[64]

---

[62] देखें राजमोहन गाँधी (1995 : 260-1) और क्रिस्तॉफ़ जैफ़्रलो (2004 : 100). आम्बेडकर सितंबर 1951 तक नेहरू के मंत्रिमंडल में विधि मंत्री थे. उनके इस्तीफ़ा का आंशिक कारण यह था कि नेहरू ने हिंदू कोड बिल में सुधार करने के उनके प्रस्तावों को प्रभावकारी तरीक़े से समर्थन नहीं दिया.

[63] उपेंद्र बख़्शी (1995) : 143.

[64] वही : 130.

गाँधी पर विचार करते हुए बख़्शी 'अस्पृश्यता के उन्मूलन के प्रति उनकी संपूर्ण वचनबद्धता और नैतिक अखंडता को स्वीकार करते हैं।' किंतु ऐसा प्रतीत होता है कि ई.एम.एस. नम्बूदरीपाद की तरह वे भी यह मानते हैं कि हरिजनों के लिए गाँधी का 'सृजनात्मक कार्य हिंदू धर्म की सामाजिक संरचना को बुनियादी रूप से परिवर्तित करने के अंतर्करणीय संघर्ष के एक आयाम के बजाय बूर्ज़्वा वर्ग के वर्ग हितों को पूरा करने की एक राजनीतिक रणनीति का एक आयाम मात्र था।'[65] बख़्शी के अनुसार, गाँधी की राजनीतिक रणनीति के परिणामस्वरूप अछूत 'तात्कालिक और शायद दीर्घकालिक रूप से पराजित हो सकते हैं।' इसलिए बख़्शी का यह मानना है कि एक मूर्तिभंजक या विद्रोही (जिसने, मिसाल के तौर पर, 1927 में *मनुस्मृति* को जलाया, और अपनी मृत्यु से तुरंत पहले बौद्ध धर्म अपना लिया) के रूप में आम्बेडकर की पहचान, एक ऐसे आम्बेडकर की पहचान से ज़्यादा वरीयता देने लायक़ है, जिनकी 'चेतना तमाम व्यावहारिक कारणों के चलते महात्मा द्वारा अनुकूल बना ली गयी है, और जिनकी राष्ट्रीय उपस्थिति को उनके राजनीति वारिस द्वारा हाशिये पर ढकेल दिया गया है।'

मैं यह मानता हूँ कि आम्बेडकर के मुक्तिदायी चिंतन और काम के बारे में प्रेरक विश्लेषण में बहुत कुछ प्रशंसा करने लायक़ है, और मैं इसे स्वीकार करता हूँ, लेकिन मैं यह मानता हूँ कि गाँधी के अस्पृश्यता-उन्मूलन कार्यक्रम के साथ इसके संबंध के बारे में बख़्शी का विश्लेषण कुछ हद तक समस्याग्रस्त है। मुझे ऐसा लगता है कि बख़्शी का अध्ययन इसलिए अधूरा है क्योंकि वे अधिकार और न्याय के पारंपरिक उदारवादी सिद्धांत में भारतीय संवैधानिक नवीकरण के सामूहिक लेखनी (कलेक्टिव ऑथरशीप) को मान्यता नहीं देते हैं। मैं जिसे सामूहिक लेखनी कह रहा हूँ उसमें, जैसा कि बख़्शी के अग्रणी न्यायशास्त्रीय काम से सामने आता है, आम्बेडकर ने प्रमुख मुक्तिकारी भूमिका अदा की। लेकिन मैं यह मानता हूँ कि इसमें गाँधी की भी मुक्तिकारी भूमिका थी। जैसा कि मैंने पिछले पृष्ठों में दिखाने का प्रयास किया

[65] उपेंद्र बख़्शी (1995) : 37.

है, गाँधी का हमेशा ही आम्बेडकर से एक तर्कमूलक या संवादी अंतर्क्रिया का संबंध था।[66] मुझे ऐसा लगता है कि तर्कमूलक अंतर्क्रिया की यह प्रक्रिया सुचिंतित थी, और शायद इसने एक निश्चित अनुपूरकता या कम से कम अस्पृश्यों और स्पृश्यों के अधिकार और कर्त्तव्यों के विभिन्न दृष्टिकोणों के बीच एक निश्चित अनुपूरकता, या कम से कम सामंजस्य स्थापित करने का प्रयास किया।

भारतीय संविधान द्वारा अधिकार और न्याय की पारंपरिक उदारवादी अवधारणाओं के नवीकरण के संबंध में मैं यह महसूस करता हूँ कि हमें संविधान सभा के गठित होने से पूर्व इन नवीकरणों के पहले से तैयार मसौदे की सामूहिक लेखनी को मान्यता देने की आवश्यकता है। पूर्व-मसौदा तैयार करने के उदाहरणों में निम्नलिखित को सम्मिलित किया जा सकता है : (1) नागरिकों के मूल अधिकारों के बारे में कांग्रेस के 1931 के कराँची प्रस्ताव, जिसे नेहरू ने गाँधी के परामर्श से तैयार किया था, जिन्होंने असल में कांग्रेस के अधिवेशन में इस प्रस्ताव को पेश किया था; (2) आम्बेडकर और श्रीनिवासन द्वारा दमित वर्गों के दावों के बारे में सौंपे गये दो ज्ञापन; (3) गोलमेज़ सम्मेलन के पहले और बाद में अस्पृश्यता-उन्मूलन के बारे में गाँधी के बयान; और (4) 1932 में पूना पैक्ट और इसके बाद मुम्बई कॉन्फ्रेंस द्वारा अपनाया गया अस्पृश्यता-उन्मूलन का प्रस्ताव, जिसमें सवर्ण हिंदुओं और दमित वर्गों के नेताओं ने भाग लिया, जिसमें ख़ुद आम्बेडकर भी सम्मिलित थे।

असल में, जब संविधान सभा द्वारा 29 नवंबर, 1948 को संविधान का अनुच्छेद 17 (जिसने अस्पृश्यता का उन्मूलन किया) पारित किया गया, तो संविधान सभा के सदस्यों ने महात्मा गाँधी को याद किया। दस महीने पहले एक हत्यारे द्वारा गाँधी हत्या कर दी गयी थी। संविधान सभा के सदस्यों ने 'महात्मा गाँधी की जय' का नारा लगाया। बख़्शी इस नारे को आम्बेडकर की मुक्तिकारी भूमिका के लिए अपमानजनक मानते हैं।[67] इस अध्ययन से

---

[66] गाँधी के सत्याग्रह के विशिष्ट तर्कमूलक गुणों के लिए देखें थॉमस पैंथम (1987).

[67] उपेंद्र बख़्शी (1995) : 129.

अलग हटकर मेरा यह मानना है कि संविधान सभा द्वारा एक ऐसे महात्मा का स्मरण किया गया, जिन्होंने 1932 के पूना पैक्ट पर हस्ताक्षर होने के तुरंत बाद आम्बेडकर, श्रीनिवासन और राजा के प्रति अपनी 'हिंदू कृतज्ञता' व्यक्त की थी। उन्होंने उनकी उदारता और क्षमा-भावना के प्रति अपनी कृतज्ञता व्यक्त की थी। असल में, यह कृतज्ञता सहस्राब्दियों से मौजूद अस्पृश्यता के सामाजिक-धार्मिक बुराई को दूर करने के लिए अस्पृश्यों और स्पृश्यों के एक संयुक्त या साझा दृष्टिकोण के पूर्व-संवैधानिक सूत्रीकरण की सामूहिक लेखनी से भी संबंधित थी। जैसा कि रवींद्र कुमार ने लिखा है, 'महात्मा और आम्बेडकर के बीच समझौते (पूना पैक्ट) ने एक समाज को अंतर्मुखी होने और सामूहिक आत्महत्या करने से रोक लिया।' इस संदर्भ में यह भी ग़ौरतलब है कि आम्बेडकर द्वारा आगे चलकर बौद्ध धर्म को अपना लेना पूना पैक्ट से आरंभ हुए संयुक्त दृष्टिकोण के काम करने की वास्तविक सीमाओं के प्रति एक वैध और सम्मानजनक प्रतिक्रिया थी।[68]

अपनी हत्या के दिन गाँधी ने कांग्रेस के विचार के लिए एक प्रस्ताव का मसौदा तैयार किया था, जिसे 'आख़िरी वसीयत' (लास्ट वील) के रूप में जाना जाता है। इसमें उन्होंने कांग्रेस को भंग करने और लोक सेवक संघ के नाम से एक नया संगठन गठित करने की बात कही थी, जिससे हरिजन सेवक संघ भी सम्बद्ध होता। उन्होंने यह शर्त रखी कि लोक सेवक संघ के प्रत्येक हिंदू सदस्य को 'व्यक्तिगत रूप से और अपने परिवार के भीतर किसी भी प्रकार की अस्पृश्यता का त्याग करना होगा।' मेरा यह मानना है कि कांग्रेस के लिए प्रस्ताव का प्रारूप तैयार करते समय गाँधी के दिमाग़ में अन्य बातों के अलावा आम्बेडकर द्वारा की जाने वाली उनकी (गाँधी की) और कांग्रेस की कुछ दीर्घकालिक आलोचनाएँ भी थीं। मुझे ऐसा लगता है कि गाँधी के मन में आम्बेडकर के मुक्तिकारी दृष्टिकोण के लिए काफ़ी प्रशंसा भाव था,

[68] रविंदर कुमार (1987). आम्बेडकर के धर्म-परिवर्तन के बारे में महत्त्वपूर्ण विश्लेषण के लिए देखें, वेलेरियन रॉड्रिग्ज (1993 : 299-338); और गौरी विश्वनाथन (1998).

जो दलितों के मानवाधिकारों पर बल देता था।[69] एक व्यापक अर्थ में यह दृष्टिकोण गाँधी के दृष्टिकोण का अनुपूरक भले न हो, किंतु उससे सामंजस्य अवश्य रखता था। गाँधी के दृष्टिकोण में प्राथमिक रूप से, या सह-प्राथमिक रूप से सवर्ण हिंदुओं की इस ज़िम्मेदारी या मानवीय कर्त्तव्य पर बल दिया जाता है, जिसके अनुसार, उन्हें तथाकथित अछूतों के मानव अधिकारों के नकारने या उसे बाधित करने की हर स्थिति को ख़त्म करना है।

जैसा कि हमने ऊपर देखा है कि आम्बेडकर ने अपने सार्वजनिक-राजनीतिक करियर के आख़िरी चरण में 'गाँधीवाद' को ख़ारिज कर दिया, लेकिन उन्होंने पहले गाँधी द्वारा अस्पृश्यता को हटाने में सवर्ण हिंदुओं के कर्त्तव्य पर विशेष रूप से बल देने की प्रशंसा की थी। मसलन, जब वे 1932 के पूना पैक्ट की शर्तों पर बातचीत करने के लिए मिलें तो आम्बेडकर ने गाँधी से यह कहा (वह उनके उपवास का तीसरा दिन था) किः 'हम यह मानते हैं कि आप हमारे (दमित वर्गों) लिए काफ़ी मददगार हैं।' जैसा कि हमने देखा है कि कुछ वर्ष पूर्व आम्बेडकर ने दमित वर्गों के एक सम्मलेन में यह स्वीकार किया था कि गाँधी का यह दृष्टिकोण 'कम महत्त्वपूर्ण नहीं है' कि सामाजिक अन्याय को दूर करना 'हर भारतीय का पवित्र कर्त्तव्य' है।

इसलिए, हम यह निष्कर्ष निकाल सकते हैं कि गाँधी और आम्बेडकर ने अस्पृश्यता, साम्राज्यवाद आदि से मानव की आज़ादी के एक अधूरे किंतु बहुआयामीय कार्यक्रम के लिए चले एक जन राजनीतिक आंदोलन में, कई बार एक साथ और कई बार अलग-अलग अग्रणी योगदान दिया।[70] धार्मिक और राजनीतिक दायरों में इनके मुक्तिकारी विरासतों के बीच, पारस्परिक अनुपूरकता न सही, किंतु सामंजस्य को मान्यता देना आवश्यक है। ऐसा करने से अस्पृश्यता के ख़िलाफ़ हमारे अधूरे नैतिक-राजनीतिक आंदोलन को एक सहयोगी पुनर्जीवन मिल सकता है।

---

[69] देखें, एस. एन. बुसी (1997); गोपाल गुरु (2001); क्रिस्तॉफ़ जैफ्रलो (2004); गेल ऑम्वेट (1994); विधु वर्मा (1999).

[70] गाँधी के अपने राजनीतिक साथियों या प्रतिद्वंद्वियों से विचारधारात्मक जुड़ाव या विलगाव की सीमा को समझने के इस लेखक के प्रयास के लिए देखें, थॉमस पैंथम (1995क, 1995ख, 2006).

## संदर्भ

आशिस नंदी (1980), *एट द ऐज ऑफ़ साइकोलॉजी*, ऑक्सफ़र्ड युनिवर्सिटी प्रेस, नयी दिल्ली.

ओलिवर मेंडलसॉन और मारिका विकजियनी (1996), 'द अनटचेबल्स', संकलित, ओलिवर मेंडलसॉन और उपेंद्र बख़्शी (सं.), *द राइट्स ऑफ़ सबॉर्डिनेटेड पीपल्स*, ऑक्सफ़र्ड युनिवर्सिटी प्रेस, नयी दिल्ली.

एलीनॅर ज़ेलियट (1986), 'द सोशल ऐंड पॉलिटिकल थॉट ऑफ़ बी. आर. आम्बेडकर', संकलित थॉमस पैंथम और केनेथ एल. ड्यूश (सं.), *पॉलिटिकल थॉट इन मॉडर्न इंडिया*, सेज़ पब्लिकेशंस, नयी दिल्ली.

———— (1986), 'कांग्रेस ऐंड द अनटचेबल्स, 1917-1950', संकलित आर. सिसन और एस. वोल्पर्ट (सं.), *कांग्रेस ऐंड इंडियन नैशनलिज़म*, ऑक्सफ़र्ड युनिवर्सिटी प्रेस, नयी दिल्ली.

एस. एन. बुसी (1997), *महात्मा गाँधी ऐंड बाबासाहेब आम्बेडकर*, सरोजा पब्लिकेशंस, हैदराबाद.

उपेंद्र बख़्शी (1995), 'जस्टिस एज इमैनशिपेशन : बाबासाहेब आम्बेडकर्स लीगेसी ऐंड विज़न', उपेंद्र बख़्शी और भीखू पारेख (सं.) *क्राइसिस ऐंड चेंज इन कंटेम्पररी इंडिया*, सेज पब्लिकेशंस, नयी दिल्ली.

क्रिस्टॉफ़ जैफ़्रलो (2004), *डॉ. आम्बेडकर ऐंड अनटचेबिलिटी*, परमानेंट ब्लैक, नयी दिल्ली.

गवर्नमेंट ऑफ़ महाराष्ट्र (जीओएम) (1982), *सोर्स मैटेरियल ऑन डॉ. आम्बेडकर ऐंड द मूवमेंट ऑफ़ अनटचेबल्स*, वॉल्यूम I, गवर्नमेंट ऑफ़ महाराष्ट्र, बम्बई.

गेल ऑम्वेट (1994), *दलित ऐंड द डेमोक्रेटिक रिवोल्यूशन*, सेज़ पब्लिकेशंस, नयी दिल्ली.

गोपाल गुरू (2001), 'आम्बेडकर्स आइडिया ऑफ़ सोशल जस्टिस', संकलित, घनश्याम शाह (सं.), *दलित्स ऐंड स्टेट*, कॉनसेप्ट, नयी दिल्ली, पृ. 40-50.

गौरी विश्वनाथन (1998), *आउटसाइट द फोल्ड : कंवर्जन, मॉडर्निटी ऐंड बिलीफ़*, ऑक्सफ़र्ड युनिवर्सिटी प्रेस, नयी दिल्ली.

जी. शाह, एच. मंदर, एस. थोरात, एस. देशपांडे और एस. बाविस्कर (2006), *अनटचेबिलिटी इन रूरल इंडिया*, सेज़ पब्लिकेशंस, नयी दिल्ली.

थॉमस पैंथम (1987), 'हैबरमासेज़ प्रैक्टिकल डिस्कोर्स ऑन गाँधीज सत्याग्रह', संकलित, भीखू पारेख और थॉमस पैंथम (सं.), *पॉलिटिकल डिस्कोर्स एक्सप्लोरेशंस इन इंडियन ऐंड वेस्टर्न पॉलिटिकल थॉट*, सेज़ पब्लिकेशंस, नयी दिल्ली : 292-310.

———- (1995क), *पॉलिटिकल थियरीज ऐंड सोशल रिकंस्ट्रक्शन अ क्रिटिकल सर्वे ऑन द लिटरेचर ऑन इंडिया*, सेज़ पब्लिकेशंस, नयी दिल्ली.

———- (1995ख), 'गाँधी, नेहरू ऐंड मॉडर्निटी', संकलित, उपेंद्र बख़्शी और भीखू पारेख (सं.), *क्राइसिस ऐंड चेंज इन कंटेम्पररी इंडिया*, सेज़ पब्लिकेशंस, नयी दिल्ली.

———- (2006), 'रीलिजियस डायवर्सिटी ऐंड नैशनल यूनिटीः द गाँधीयन ऐंड हिंदुत्व विजन', संकलित वी. आर. मेहता और थॉमस पैंथम (सं.), *पॉलिटिकल आइडियाज इन मॉडर्न इंडिया*, सेज़ पब्लिकेशंस, दिल्ली.

बी. आर. आम्बेडकर (1979), *राइटिंग्स ऐंड स्पीचेज*, वॉल्यूम I डिपार्टमेंट ऑफ़ ऐजुकेशन, गवर्नमेंट ऑफ़ महाराष्ट्र, बम्बई.

——————- (1990क), *राइटिंग्स ऐंड स्पीचेज,* वॉल्यूम III, डिपार्टमेंट ऑफ़ ऐजुकेशन, गवर्नमेंट ऑफ़ महाराष्ट्र, बम्बई.

——————- (1990ख), *सोर्स मैटेरियल ऑन डॉ. बाबा साहेब आम्बेडकर, राइटिंग्स ऐंड स्पीचेज,* वॉल्यूम, गवर्नमेंट ऑफ़ महाराष्ट्र, बम्बई.

टिबोर मेंडे (1958), *कंवरशेसन्स विद नेहरू,* विल्को, बॉम्बे.

डी. सी. अहीर (1995), *गाँधी ऐंड आम्बेडकर : अ काम्पेरेटिव स्टडी,* ब्लूमून बुक्स, नयी दिल्ली.

धनंजय कीर (1991), *डॉ. आम्बेडकरः लाइफ़ ऐंड मिशन,* पॉपुलर प्रकाशन , बॉम्बे.

प्यारेलाल (1932), *द एपीक फास्ट,* नवजीवन, अहमदाबाद.

रविंदर कुमार (1987), 'गाँधी, आम्बेडकर ऐंड द पूना पैक्ट, 1932', संकलित जिम मासफलोस (सं.), *स्ट्रगलिंग ऐंड रूलिंग : द इंडियन नैशनल कांग्रेस 1885-1985,* स्टर्लिंग, नयी दिल्ली : 87-101.

राजमोहन गाँधी (1995), *द गुड बोटमैन : अ पोर्ट्रेट ऑफ़ गाँधी,* पेंगुइन बुक्स, नयी दिल्ली.

वेलेरियन रॉड्रिग्ज (1993), 'मेकिंग अ ट्रेडिशन क्रिटिकल : आम्बेडकर्स रीडिंग ऑफ़ बुद्धिजम', संकलित पीटर रॉब (सं.), *दलित मूवमेंट ऐंड मीटिंग्स ऑफ़ लेबर इन इंडिया,* ऑक्सफ़र्ड युनिवर्सिटी प्रेस, नयी दिल्ली.

वेलेरियन रॉड्रिग्ज (1994), 'बिटविन ट्रेडिशन ऐंड मॉडर्निटी : द गाँधी आम्बेडकर डिबेट', संकलित ए. के. नारायण और डी. सी. अहीर (सं.), *डॉ. आम्बेडकर, बुद्धिजम ऐंड सोशल चेंज,* बी. आर, पब्लिशिंग कॉरपोरशन, नयी दिल्ली, पृ. 137-61.

———— (सं.) (2002), *द इसेंसियल राइटिंग्स ऑफ़ बी. आर. आम्बेडकर,* ऑक्सफ़र्ड युनिवर्सिटी प्रेस, नयी दिल्ली.

विधु वर्मा (1999), 'कोलोनियलिज़म ऐंड लिबरशन : आम्बेडकर्स क्वेस्ट फ़ॉर डिस्ट्रिब्यूटिव जस्टिस', *इकनॉमिक ऐंड पॉलिटिकल वीकली,* खंड 34, अंक 39.

सी. राजगोपालाचारी (1946), *आम्बेडकर रिफ्यूटेड,* हिंद किताब, बॉम्बे.

# दलित आंदोलन के लिए गाँधी-आम्बेडकर बहस के सबक़

**निशिकांत कोलगे**

अनुवाद : तुषार कांत

*प्रतिमान*, जनवरी-जून, 2019, वर्ष 7, अंक 13 में पूर्व-प्रकाशित : पृ.सं. 26-38.

सामाजिक न्याय के कुछ पैरोकारों ने हमें बताया है कि जाति-व्यवस्था के ख़िलाफ़ अभियान में ज़रूरी लक्ष्य तक पहुँचने के लिए गाँधी और आम्बेडकर में से किसी एक के ही सिद्धांत पर चलना आवश्यक होगा। लेकिन, इस लेख में बताया गया है कि वर्तमान परिस्थितियाँ जाति-व्यवस्था ख़त्म करने से जुड़े दलित आंदोलन की बुनियादी मान्यताओं में संशोधन की माँग करती हैं। आंदोलन में क्रांतिकारी रणनीति की मौजूदा ज़रूरतों को पूरा करने के लिए यह संशोधन किया जाना चाहिए। इस संशोधन के तहत गाँधी और आम्बेडकर के विचारों को एक ही दायरे में समाहित किया जा सकता है।

गाँधी और आम्बेडकर के विचारों का संयुक्त अध्ययन मौजूदा वक़्त की ज़रूरत है। साथ ही, इस लेख में यह तर्क भी पेश किया गया है कि दलित आंदोलन में समकालीन भारत की ठोस हक़ीक़त को छिपा कर गाँधी को स्वीकार करने की आवश्यकता नहीं है। इसके बजाय गाँधी-आम्बेडकर के विचारों से प्रेरणा लेकर जाति-व्यवस्था को ख़त्म करने से जुड़े लम्बे संघर्ष की दिशा में कुछ ठोस पहल करने की ज़रूरत है।

लेख के मुताबिक़, दलित आंदोलन अब तक ऐसा करने में विफल रहा है और यह इस आंदोलन की कमी है। यह लेख इस दिशा में बहस की शुरुआत करते हुए इस कमी को दूर करने का प्रयास करता है।

## भूमिका

गाँधी-आम्बेडकर बहस की पड़ताल का प्रयास उतना ही पुराना है जितना गाँधी और आम्बेडकर का जीवन। इस सिलसिले में धनंजय कीर से लेकर अरुंधति रॉय तक लम्बी और समृद्ध परम्परा रही है। ज़ाहिरा तौर पर इन प्रयासों से इस विषय पर हमारी समझ लगातार बेहतर हुई है। गाँधी और आम्बेडकर के बीच संबंधों के बारे में हमारी समझ विकसित करने में इन विद्वानों का बड़ा योगदान है। हालाँकि, इस बारे में हमारी समझ सीमित करने के लिए भी इन विद्वानों को दोषी ठहराया जा सकता है। जहाँ तक गाँधी-आम्बेडकर विवाद का सवाल है, तो इन विद्वानों में से बमुश्किल से एकाध ऐसे होंगे, जिन्होंने दलित आंदोलन के

भविष्य की रूपरेखा तैयार करने या इस आंदोलन के आंतरिक विरोधाभासों को दूर करने में इस आंदोलन के दृष्टिकोण से इस पूरी बहस को समझने की पहल की हो। दरअसल, यह न सिर्फ़ अकादमिक विफलता है, बल्कि दलित आंदोलन के दृष्टिकोण से बड़ी भूल भी है।

बहरहाल, डी.आर. नागराज का अपने बहुचर्चित लेख 'सेल्फ प्यूरिफ़िकेशन वर्सेज सेल्फ रेस्पेक्ट : ऑन द रूट्स ऑफ़ दलित मूवमेंट' में यह कहना बिल्कुल सही है कि '... दलित आंदोलन जिस विचार से पैदा हुआ, वह अछूतों की समस्याओं से निपटने में गाँधीवादी मॉडल को सिरे से ख़ारिज करने में यक़ीन रखता था और इसी मान्यता के आधार पर इस आंदोलन का पूरा ख़ाका तैयार हुआ। हालाँकि, आज ऐतिहासिक परिस्थितियाँ बदल चुकी हैं। ऐसे में हमें आंदोलन की बुनियाद तैयार करने वाली शक्तियों और ढाँचे की फिर से पड़ताल करने को मजबूर होना पड़ा है।'[1] साथ ही, हमें ऐसा नहीं मानना चाहिए कि जाति और उसे ख़त्म करने की शर्तों को लेकर आम्बेडकर की राय अंतिम है, जैसा कि कुछ दलित विद्वान मानते हैं। दरअसल, इस तरह की राय कुछ उसी तरह से अनुचित है, जिस तरह से यह मान लेना कि स्वतंत्रता आंदोलन में सिर्फ़ गाँधी ने महत्त्वपूर्ण भूमिका निभायी। इस तरह की धारणा आलोचनात्मक सोच के बारे में आम्बेडकर द्वारा की गयी अपील का भी अपमान होगी। आम्बेडकर की इस अपील पर अमल करने का सबसे बेहतर तरीक़ा यह हो सकता है कि आम्बेडकर के गहन विचारों और अंतर्दृष्टि को गाँधी जैसे अन्य नेताओं और विचारकों के ज़रिये और समृद्ध किया जाए। हमें दलित आंदोलन के दृष्टिकोण से गाँधी-आम्बेडकर बहस की फिर से पड़ताल करनी होगी, ताकि इससे आंदोलन के लिए कुशल और रणनीतिक सूत्र मिल सके। यह न सिर्फ़ आलोचनात्मक सोच के बारे में आम्बेडकर की अपील पर अमल करने के लिहाज़ से ज़रूरी है, बल्कि इसलिए भी ज़रूरी है कि अलग-अलग ताक़तों द्वारा गाँधी की ग़लत व्याख्या न की जाए।

---

[1] डी.आर. नागराज(1993) : 1.

दलित आंदोलन गाँधी-आम्बेडकर बहस को आंदोलन के लिए कुशल और रणनीतिक सूत्र प्राप्त करने के माध्यम के तौर पर नहीं देखता। अलग-अलग ताक़तों द्वारा जाति-व्यवस्था का बचाव करने वाले शख़्स के तौर पर गाँधी की ग़लत छवि पेश करने की एक महत्त्वपूर्ण वजह यह भी है। अतः, मौजूदा लेख दलित आंदोलन के दृष्टिकोण से गाँधी-आम्बेडकर बहस की फिर से पड़ताल करने की कोशिश करता है। इसका मक़सद यह पता लगाना है कि क्या इस बहस से दलित आंदोलन से जुड़ी कुछ समस्याओं से निपटने की दिशा में किसी तरह का सुझाव हासिल किया जा सकता है। इस लेख का मक़सद उपयोगितावादी है। इसका मतलब है कि लेख में सिर्फ़ ज़रूरी सिद्धांतों या गाँधीवाद और आम्बेडकरवाद के उन पहलुओं के बारे में बात की जाएगी जो जाति-व्यवस्था को ख़त्म करने की प्रक्रिया के लिए आवश्यक हैं। हमारा इरादा दोनों विचारों की पूरी तरह से तुलना नहीं बल्कि सिर्फ़ उन पहलुओं पर ग़ौर करना है जो जाति-व्यवस्था ख़त्म करने की प्रक्रिया से संबंधित हैं।

## वर्तमान व्याख्या

जाति-व्यवस्था से निपटने के आम्बेडकर के तौर-तरीक़ों की प्रासंगिकता पर बहस हो सकती है। हालाँकि, जाति-व्यवस्था को ख़त्म करने की उनकी नीयत और ईमानदारी पर सवाल नहीं उठाया जा सकता। ज़्यादातर विद्वानों का मानना है कि आम्बेडकर की राय में जाति-व्यवस्था में सत्ता, प्रभुत्व और जातिगत पदानुक्रम (श्रेष्ठता-हीनता की अवधारणा) जैसे पहलू हैं। उनका मानना है कि आम्बेडकर की नज़र में जाति-व्यवस्था में सुधार नहीं किया जा सकता, बल्कि इसे सिर्फ़ जड़ से ख़त्म किया जा सकता है। इन विद्वानों का तर्क है कि आम्बेडकर की मान्यता के अनुसार जाति-व्यवस्था ख़त्म करने के लिए सिर्फ़ सामाजिक, सांस्कृतिक और संगठित धर्म से जाति के संबंध को अलग करना पर्याप्त नहीं है। दलितों के उद्धार के लिए इसके साथ-साथ जाति-व्यवस्था की आर्थिक और राजनीतिक संरचना को समाप्त करना भी ज़रूरी होगा। दूसरी तरफ़, कई विद्वान जाति-व्यवस्था

ख़त्म करने के अभियान में गाँधी की निष्ठा और नीयत पर सवाल उठाते हैं। साथ ही, जाति-व्यवस्था ख़त्म करने के गाँधी के तौर-तरीक़ों के बारे में समझने का बिल्कुल प्रयास नहीं किया जाता है। अतः, संबंधित लिखित सामग्री और साहित्य में जाति-व्यवस्था को ख़त्म करने के गाँधी के तौर-तरीक़ों की प्रासंगिकता को लेकर किसी तरह की चर्चा नहीं है। हालाँकि, कुछ विद्वानों की राय है कि गाँधी का इरादा छुआछूत के चलन को ख़त्म करना था। उनका मानना है कि गाँधी के लिए जाति-व्यवस्था का मामला शुद्धता और अशुद्धता, जातिगत विषमता और जातिगत पदानुक्रम की धारणा से जुड़ा है। उनका यह भी मानना है कि गाँधी की राय में सिर्फ़ जाति-व्यवस्था और हिंदू धर्म में सुधार के ज़रिये जाति-व्यवस्था से संबंधित ज़्यादातर समस्याओं को समाप्त किया जा सकता है।

इस तरह के अध्ययन पर ग़ौर करने से संकेत मिलते हैं कि उपरोक्त वैचारिक दायरे में दलित आंदोलन गाँधी-आम्बेडकर बहस से कुछ सीखने की संभावना पर ग़ौर करना मुश्किल ही है। इस तरह का नज़रिया दलित आंदोलन के लिए गाँधी-आम्बेडकर बहस की प्रासंगिकता को समझने और इसके मूल्यांकन को असंभव बना देता है। अतः, गाँधी और आम्बेडकर से संबंधित रचनात्मक और व्यावहारिक बहस की संभावना को साकार करने के लिए सबसे पहले हमें इस तरह के नज़रिये से बाहर निकलकर सोचने की ज़रूरत है।

कुछ ताज़ा प्रमाण पेश कर और मौजूदा प्रमाणों की पुनर्व्याख्या के ज़रिये हमें यह समझने में मदद मिलती है कि बेशक गाँधी का तरीक़ा अलग था, लेकिन जाति-व्यवस्था को ख़त्म करने को लेकर उनकी प्रतिबद्धता किसी से कम नहीं थी। इस लेख में कहा गया है कि इस तरह के वैचारिक दायरे में (जहाँ गाँधी को भी जाति-व्यवस्था को ख़त्म करने के लिए प्रतिबद्ध माना जाए) हम गाँधी और आम्बेडकर के बीच रचनात्मक और व्यावहारिक बहस की संभावना पर ग़ौर कर सकते हैं। यह बहस दलित आंदोलन की कुछ समस्याओं के समाधान बता सकती है।

## कुछ सुझाव

जाति-व्यवस्था को ख़त्म करने के अभियान में गाँधी की निष्ठा और नीयत संबंधी धारणा ही एकमात्र बाधा नहीं है, जो हमें गाँधी और आम्बेडकर के सिद्धांतों के बीच रचनात्मक और व्यावहारिक बहस की दिशा में आगे बढ़ने से रोकती है। कुछ अन्य समस्याएँ भी हैं। ये समस्याएँ गाँधी-आम्बेडकर विमर्श को ऐसे मोड़ पर ला सकती हैं, जहाँ से इसके आगे बढ़ने का रास्ता बंद हो सकता है। बहरहाल, अगर हम दोनों के बीच रचनात्मक और टिकाऊ बहस की संभावना की तलाश करना चाहते हैं या यह जानना चाहते हैं कि क्या इसके ज़रिये दलित आंदोलन से संबंधित कुछ समस्याओं से निपटने के लिए कुछ सुझाव प्राप्त किये जा सकते हैं, तो हमें निम्न बिंदुओं को ध्यान में रखने की ज़रूरत है। पहला, चाहे गाँधी हों या आम्बेडकर, हमें अपने नायकों के प्रति ग़ैर-आलोचनात्मक लगाव से बचना चाहिए। आम्बेडकर या गाँधी से यह ग़ैर-आलोचनात्मक लगाव हमें उनके विचारों का आलोचनात्मक विश्लेषण करने नहीं देता है। इस तरह का रवैया इन महापुरुषों को ऐतिहासिकता से वंचित कर उन्हें शाश्वत शख़्सियत में बदल देता है, जिनके विचारों को संदर्भ के हिसाब से नहीं देखा जाता है। साथ ही, इसमें बदली हुई ऐतिहासिक परिस्थितियों के लिहाज़ से फेरबदल की गुंजाइश भी नहीं होती है। दूसरा, हमें किसी एक शख़्स की क़ीमत पर दूसरे शख़्स का आकलन नहीं करना चाहिए। मौजूदा लिखित सामग्रियों में इस तरह की प्रवृत्ति देखने को मिलती है, मानो हमें ज़रूरी तौर पर एक का पक्ष लेना चाहिए और दूसरे की प्रशंसा के लिए पहले की निंदा करनी चाहिए। हमें यह तरीक़ा नहीं अपनाना चाहिए। यह लेख दोनों का मूल्यांकन और विश्लेषण करना चाहता तो है, लेकिन एक-दूसरे की क़ीमत पर नहीं। इसमें यह बात स्वीकार की गयी है कि अगर किसी का अधिकांश प्रयास गाँधी या आम्बेडकर को ग़लत साबित करने की दिशा में है तो आम्बेडकर या गाँधी, दोनों में से किसी एक की अच्छी छवि तैयार करने से कोई फ़ायदा नहीं होगा।

तीसरा, किसी को उनके बीच के मतभेदों को भी भुलाने की कोशिश नहीं करनी चाहिए। थॉमस पैंथम, रामचंद्र गुहा, पार्थ चटर्जी और सुहास पल्शीकर जैसे कई प्रमुख विद्वान गाँधी और आम्बेडकर धड़े के बीच सामंजस्य और मेल-मिलाप के उपाय ढूँढ़ने की कोशिश करते रहे हैं। साथ ही, ये विद्वान दोनों को उनके जीवन-भर के संघर्षों और एक ही लक्ष्य के लिए काम करने की ख़ातिर अलग-अलग तरीक़े ढूँढ़ने के लिए प्रयासरत रहने के कारण उचित श्रेय और सम्मान भी देते रहे हैं। यह लेख उनके मतभेदों को भुलाने की ऐसी कोशिशों के ख़िलाफ़ है, क्योंकि सामंजस्य स्थापित करने का यह प्रयास दोनों व्यक्तित्वों में एकरूपता के लिए गुंजाइश बनाएगा। ऐसे में इन दोनों में से किसी एक शख़्स के लिए दूसरे की क़ीमत पर ग़ैर-ज़रूरी समावेशन या तारीफ़ की स्थिति बनती है। चौथा, हमें उनके मतभेदों पर ध्यान देना चाहिए। जो लिखित सामग्री उपलब्ध है, उनमें कई विद्वान इस बात को स्वीकार करते हैं कि गाँधी और आम्बेडकर का रिश्ता संवाद के बजाय पूरी तरह से टकराव की अवस्था में ख़त्म हुआ। हम यह भी जानते हैं कि गाँधी और आम्बेडकर के बीच प्रतिद्वंद्विता को लेकर बहस गली-चौराहे से लेकर अख़बारों के कॉलम, ब्लॉग, किताब, डॉक्युमेंट्री फ़िल्मों आदि तक में देखने को मिलती है। इस तरह की बहसों में अकसर आम्बेडकर समर्थक, गाँधी विरोधी समूह और गाँधी समर्थक, आम्बेडकर विरोधी समूह के बीच आक्रामक अंदाज़ में अपमानजनक संवाद भी होता है। हालाँकि, यह लेख इस तरह के विमर्श या बहस में कुछ और नहीं जोड़ना चाहता।

इस लेख में उनके मतभेदों पर ग़ौर करने का मतलब यह स्वीकार करना है कि जाति-व्यवस्था से निपटने के दोनों के तरीक़े अलग-अलग थे। साथ ही, अगर हम उनके मतभेदों पर प्रकाश डालें तो हमें दलित आंदोलन के आंतरिक विरोधाभास को दूर करने या इस आंदोलन के भविष्य की रूपरेखा तैयार करने में मदद मिल सकती है। अतः आगे के उपखंडों में जाति-प्रथा को ख़त्म करने से संबंधित गाँधी और आम्बेडकर के तौर-तरीक़ों के बीच अंतर पर प्रमुखता से बात की गयी है। यह भी बताया गया है कि उन दोनों

की बहस से दलित आंदोलन क्या सबक़ सीख सकता है। इसका मतलब यह है कि मौजूदा लेख में इस तथ्य का पूरी तरह ध्यान रखा गया है कि दलितों से जुड़े अभियान को लेकर एक नहीं बल्कि दो अलग-अलग वैचारिक आधार हैं। एक विचार कथित ऊँची जाति के और सवर्ण हिंदुओं के आत्म-शुद्धीकरण से जुड़ा है, जबकि दूसरा दलित पहचान की आज़ादी के संघर्ष पर आधारित है। लेख में यह जानने की कोशिश की गयी है कि ये दोनों पद्धतियाँ किस तरह से एक-दूसरे से जुड़ी हैं और क़रीबी स्तर पर पारस्परिक संवाद से किस तरह दो स्वतंत्र विचारों को जोड़ा जा सकता है। इसके अलावा, इस लेख में यह प्रयास किया जाएगा कि दलित आंदोलन के लिए एक साथ रणनीतिक और व्यावहारिक सूत्र मुहैया कराया जा सके।

**मिथ्या भाव बनाम सामाजिक, आर्थिक और राजनीतिक मतभेद**

आम्बेडकर की तरह गाँधी के लिए भी व्यक्ति सबसे अहम है। दोनों की राय में वैसी सामाजिक व्यवस्था सबसे अच्छी है, जिसमें हर व्यक्ति के लिए अपनी क्षमता के हिसाब से ख़ुद को सबसे अच्छी तरह से विकसित करने की गुंजाइश हो। दोनों ने आख़िरकार इस बात को लेकर सहमति जताई थी कि मौजूदा जाति-प्रथा को ऐसी सामाजिक व्यवस्था नहीं माना जा सकता। हालाँकि, इस सिलसिले में दोनों के अलग-अलग तर्क थे। गाँधी का मानना था कि जाति-व्यवस्था ने जातिगत भेदभाव और जाति पर आधारित श्रेष्ठता-हीनता का मिथ्या भाव पैदा कर दिया और इसी वजह से न सिर्फ़ दलितों के साथ निर्ममता हुई, बल्कि इसने सवर्ण जाति के हिंदुओं के व्यवहार को अमानवीय बना दिया। उनकी राय में सवर्ण हिंदू भी जाति-व्यवस्था से उतने ही पीड़ित थे, जितने दलित; और जाति-व्यवस्था को ख़त्म करने के लिए हर व्यक्ति के लिए (चाहे वह किसी जाति का हो) इस तरह के जातिगत पूर्वग्रहों से निकलना ज़रूरी था।[2] गाँधी के मुताबिक़ हर किसी के लिए

[2] आशिस नंदी का यह मानना है कि गाँधी ने भारतीयों से ज़्यादा अंग्रेज़ों को साम्राज्यवाद के पंजे से मुक्त कराने की कोशिश की. इसी तरह, उन्होंने अछूतों से ज़्यादा दलितों को जाति व्यवस्था की जकड़न से मुक्त करने का

जातिगत भेदभाव और जाति से संबंधित श्रेष्ठता-हीनता की धारणा को त्यागना ज़रूरी था। लिहाज़ा, यह समझना अहम था कि किस तरह से हिंदू समाज में यह मिथ्या भाव पैदा हुआ और इसे उचित बताया गया। उनके अनुसार यह मिथ्या भाव शुद्धता और अशुद्धता की धारणा व शारीरिक श्रम की अप्रतिष्ठा के कारण पैदा हुआ और इसका पोषण भी हुआ। उनका पक्के तौर पर मानना था कि शारीरिक श्रम की गरिमा को वापस लाकर और लोगों के दिमाग़ से शुद्धता-अशुद्धता की धारणा को धीरे-धीरे हटाकर जातिगत भेदभाव और जाति आधारित श्रेष्ठता-हीनता का भाव समाप्त किया जा सकता है। आम्बेडकर इस बात से सहमत थे कि बेहतर इंसान बनने के लिए सवर्ण हिंदुओं को ज़रूरी तौर पर अपना जातिगत पूर्वग्रह छोड़ना होगा। हालाँकि, गाँधी के विचारों को स्वीकार करने को लेकर उन्हें गंभीर आपत्ति थी। उन्होंने यह स्वीकार नहीं किया कि सवर्ण जाति के हिंदू भी जाति-व्यवस्था से उतने ही पीड़ित हैं, जितने दलित। दूसरा, उन्होंने यह भी नहीं माना कि सिर्फ़ शारीरिक श्रम की गरिमा को वापस लाकर और लोगों के दिमाग़ से शुद्धता-अशुद्धता की धारणा को हटाकर जातिगत भेदभाव और जाति आधारित श्रेष्ठता-हीनता की धारणा को ख़त्म किया जा सकता है।

आम्बेडकर के मुताबिक़, जाति-व्यवस्था की समस्या को लेकर गाँधी का विश्लेषण सतही था। उनकी राय में जातिगत भेदभाव और जाति आधारित श्रेष्ठता-हीनता का भाव सिर्फ़ किसी व्यक्ति के मन का ख़याल या मिथ्या भाव नहीं है, जिसे हिंदुओं के दिमाग़ से जातिगत पूर्वग्रहों को हटाकर ख़त्म किया जा सकता है। आम्बेडकर के अनुसार, जातिगत भेदभाव और जाति के आधार पर श्रेष्ठता-हीनता का भाव एक बड़ी सच्चाई थी। उनका कहना था कि हिंदू समाज में धन-संपत्ति, राजनीतिक सत्ता, ज्ञान, अन्य चीज़ें और ऊँची हैसियत का प्रदर्शन करने वाले साधनों का बँटवारा जाति आधारित पदानुक्रम के हिसाब से ही है। उन्हें पता था कि ये विषमताएँ और जाति आधारित पदानुक्रम महज़ सांकेतिक नहीं हैं बल्कि राजनीतिक सत्ता,

---

प्रयास किया. आशिस नंदी (1978) : 72.

ज्ञान और आर्थिक संसाधनों का बँटवारा भी जातिगत पदानुक्रमों के हिसाब से ही हुआ है। इसका परिणाम यह हुआ कि व्यवस्था में हाशिये पर मौजूद लोगों का समूह न सिर्फ़ अपनी क्षमता के हिसाब से अच्छा करने के अवसर से वंचित रह गया, बल्कि उसे अपनी आजीविका और अस्तित्व के लिए बुनियादी ज़रूरतों के अभाव का सामना करना पड़ा। दूसरे शब्दों में कहें तो आम्बेडकर के मुताबिक़, जाति-व्यवस्था दलितों के लिए सामाजिक न्याय और समानता का अवसर प्राप्त करने की राह में बाधा थी।

आम्बेडकर की इस सलाह के बाद अब तक दलित आंदोलन का ज़ोर दलित समुदाय की आर्थिक स्थिति बेहतर करने पर रहा है। लिहाज़ा, दलित आंदोलन की एक समस्या यह है कि इसमें दलितों को लेकर पूरे हिंदू समुदाय की धारणा में बदलाव के महत्त्व को नहीं समझा गया है। इसके बजाय इस आंदोलन का पूरा ध्यान दलित समुदाय की आर्थिक स्थिति बदलने पर है। हालाँकि, गाँधी-आम्बेडकर बहस का यह पहलू बताता है कि वास्तविक दुनिया में जाति का मामला आर्थिक-भौतिक हालात से आगे भी है और जाति ख़त्म करने के लिए आर्थिक स्थिति से परे जाकर पहल करनी होगी। जाति न सिर्फ़ आर्थिक हैसियत का मामला है, बल्कि लोगों की धारणा से भी जुड़ा है। इस धारणा में बदलाव किये बिना सिर्फ़ आर्थिक बदलाव से जाति-व्यवस्था ख़त्म नहीं की जा सकेगी। गाँधी-आम्बेडकर बहस के इस पहलू से दलित आंदोलन को यह सीख मिल सकती है कि जाति को ख़त्म करने में लोगों की धारणा में बदलाव भी महत्त्वपूर्ण है। साथ ही, यह आंदोलन अब दलित समेत पूरे हिंदू समुदाय की धारणा में बदलाव पर ध्यान केंद्रित कर सकता है, जिसका अब तक मुख्य तौर पर ज़ोर आर्थिक स्थिति बदलने पर रहा है।

## सामुदायिक ज़िम्मेदारियाँ बनाम राज्य संरक्षण

गाँधी ने यह कहते हुए जनता को शिक्षित करने का फ़ैसला किया कि जातिगत भेदभाव, जाति आधारित पदानुक्रम और शुद्धता-अशुद्धता की धारणा पर आधारित परम्पराएँ उनके धर्म का अभिन्न हिस्सा नहीं हैं और

अगर ये चीज़ें तार्किकता और नैतिकता के प्रतिकूल हैं तो इन्हें ख़त्म किया जाना चाहिए। इस सिलसिले में उन्होंने तर्क, अनुनय-अनुरोध और व्यक्तिगत उदाहरण का सहारा लिया। उन्होंने समर्पित कार्यकर्ताओं की फ़ौज तैयार की, जो गाँव-गाँव जाकर अपने कार्यों से उदाहरण पेश करते थे। ये कार्यकर्ता लोगों को यह अहसास कराते थे कि शुद्धता-अशुद्धता की अवधारणा पर आधारित जातिगत पाबंदियाँ उनके धर्म का अनिवार्य हिस्सा नहीं हैं। उन्होंने कई संस्थाओं का गठन किया और इस उद्देश्य को ध्यान में रखते हुए पूरे देश की यात्रा की। गाँधी की नज़र में व्यक्ति या संबंधित समुदाय ही उनके इस आंदोलन की वास्तविक ताक़त थे। वह न सिर्फ़ जातिगत भेदभाव और जाति आधारित श्रेष्ठता-हीनता की धारणा को ख़त्म करने बल्कि समाज सुधार से जुड़े अन्य आंदोलनों में भी राज्य की अहमियत को लेकर हमेशा असहज रहे। राज्य की तरफ़ से शुरू किये गये सुधारों के ख़िलाफ़ गाँधी के तर्कों के बारे में पारेख लिखते हैं :

> ये (राज्य की तरफ़ से शुरू किये प्रयोग) आदमी से अपनी इच्छा के विरुद्ध 'भार ढोने के लिए मजबूर गधे' की तरह बर्ताव करते हैं और उन्हें इंसान नहीं समझते। इससे नैतिक जड़ता और निर्भरता की संस्कृति को बढ़ावा मिलता है। किसी भी सामाजिक परम्परा को लेकर असहज महसूस करने की स्थिति में जनता को अपनी और अन्य लोगों की नैतिक ऊर्जा को सक्रिय करने के लिए तरीक़े ढूँढ़ने के बजाय राज्य के पास दौड़ने की 'आलस्यपूर्ण' आदत पड़ जाती है।[3]

अतः, गाँधी के विचारों के मुताबिक़ सामाजिक सुधार के कार्य संबंधित समुदाय की ज़िम्मेदारी होनी चाहिए और राज्य को इस सिलसिले में अधिकार नहीं जताना चाहिए।

दूसरी तरफ़, आम्बेडकर को पता था कि वह जिन लोगों के लिए संघर्ष कर रहे हैं, वे सामाजिक और शैक्षणिक रूप से पिछड़े, आर्थिक रूप से अधीन और सांस्कृतिक तौर पर दबे-कुचले हैं। इस वजह से उन्हें समाज में

---

[3] भीखू पारेख (1989) : 230.

ऊपर की तरफ़ सुगमतापूर्वक बढ़ाने और ऊँचे दर्जे के वास्तविक साधनों की समान उपलब्धता सुनिश्चित करने के लिए संवैधानिक सुरक्षा की दरकार होगी। इस वैचारिक आधार के हिसाब से देखा जाए तो जातिगत भेदभाव और जाति आधारित श्रेष्ठता-हीनता का भाव ख़त्म करने और दलितों के हितों की सुरक्षा में राज्य को अहम भूमिका निभानी थी। आम्बेडकर के जीवन और संघर्ष से स्पष्ट है कि उन्होंने दलितों के सामाजिक, आर्थिक और राजनीतिक उत्थान के लिए सरकार के साथ काम करने का मौक़ा कभी भी नहीं गँवाया। चाहे वह ब्रिटिश सरकार हो या फिर कांग्रेस की सरकार, आम्बेडकर ने इस तरह के अवसरों का उपयोग किया। उनके मुताबिक़, इसी तरीक़े से जातिगत भेदभाव और जाति आधारित पदानुक्रम को ख़त्म किया जा सकता था।

क्रिस्तॉफ़ जैफ़्रलो लिखते हैं : 'चाहे ब्रिटिश हुकूमत हो या कांग्रेस की सरकार, उन्होंने (आम्बेडकर) अस्पृश्यों की समस्याओं के बेहतर समाधान के लिए अपनी निजी क्षमता में सरकार को प्रभावित करने की भरपूर कोशिश की।'[4]

गाँधी ने व्यक्ति की स्वतंत्रता को ख़त्म करने में सरकार की भूमिका को भी जाति-व्यवस्था जितना ख़तरनाक माना। उनका मानना था कि 'राज्य निजता ख़त्म कर मानव जाति का सबसे बड़ा नुक़सान करता है।'[5] उनकी राय में राज्य जैसी किसी बाहरी एजेंसी पर निर्भर रहने के बजाय सबसे अच्छा विकल्प वह है, जो व्यक्ति और समुदाय के अंतःकरण को प्रभावित करने का प्रयास करे। उनकी नज़र में राज्य एकत्रित और संगठित हिंसा से ज़्यादा कुछ नहीं था। गाँधी बेहद हिचकिचाहट के साथ राज्य को क़ानून और व्यवस्था बनाए रखने के माध्यम के रूप में स्वीकार करने को तैयार थे। हालाँकि, उन्होंने इसे लोगों की ज़िंदगी और समाज में क्रांतिकारी बदलाव लाने के माध्यम के रूप में स्वीकार नहीं किया।

---

[4] देखें क्रिस्तॉफ़ जैफ़्रलो (2008); गेल ऑम्वेट के अनुसार, दलितों के लिए राज्य की सुरक्षा हमेशा ही आवश्यक थी; इनके (आम्बेडकर के) बहुमत पर ज़्यादा विश्वास के दौर में भी यह बात सही थी; और जब भारत ने नेहरू के नेतृत्व में नियोजन और 'समाज के समाजवादी स्वरूप' को स्वीकार किया, तब भी आम्बेडकर ने राज्य द्वारा नियोजित विकास को एक समाधान के रूप में देखा. गेल ऑम्वेट (1994) : 239.

[5] एम. के. गाँधी (1958) से प्रकाशन आरंभ : 319.

आम्बेडकर की सलाह को ध्यान में रखते हुए दलित आंदोलन की निर्भरता काफ़ी हद तक राज्य पर रही। इसने दलितों के हितों को बढ़ावा देने और इसकी सुरक्षा के लिए संस्थागत तंत्र और उपकरणों की जटिल व्यवस्था तैयार की, जबकि संबंधित समुदाय की मदद से विस्तृत समाज की बदलती नैतिक संस्कृति के महत्त्व को नहीं समझा। इसका मतलब यह भी है कि दलित आंदोलन ने स्पष्ट रूप से राज्य और समाज के बीच विरोधाभास तैयार किया। इस तरह से उसने राज्य को तर्कसंगत प्रगतिशील माध्यम और समाज को प्रतिक्रियावादी इकाई के तौर पर देखा। साथ ही, दलित आंदोलन समाज को बदलने के लिए राज्य की दमनकारी शक्ति पर निर्भर रहा। हालाँकि, आरक्षण और क्षतिपूर्ति संबंधी भेदभाव जैसे राज्य आधारित सुधारों ने देश में जाति-व्यवस्था ख़त्म करने के बजाय अलग-अलग जाति समूहों के बीच वैमनस्य पैदा किया है। भीखू पारेख लिखते हैं कि आरक्षण और क्षतिपूर्ति संबंधी भेदभाव के कारण सवर्ण हिंदुओं और अस्पृश्यों के बीच वैमनस्य काफ़ी बढ़ा है।[6] यह दलित आंदोलन की बड़ी विफलता है। इसके अलावा यह कथित सवर्ण जाति के हिंदुओं और दलित समुदाय के बीच विश्वास और सौहार्द तैयार करने में भी असफल रहा है। जाति-व्यवस्था ख़त्म करने के लिए कथित सवर्ण जाति के हिंदुओं और दलित समुदाय के बीच विश्वास और सौहार्द बनाना ज़रूरी है।

ऐसी परिस्थितियों में गाँधी के समाज केंद्रित उपायों पर तवज्जो देना दलित आंदोलन के लिए उपयोगी हो सकता है। इससे कटुता कम करने में मदद मिलती है और संघर्षरत पक्षों में कर्तव्य और ज़िम्मेदारी का भाव पैदा होगा। कथित सवर्ण जातियों और दलितों के बीच सौहार्द और विश्वास के अभाव में न सिर्फ़ समाज में सौहार्द और शांति बनाए रखने में बाधा पहुँचेगी, बल्कि जातिगत भेदभाव और जाति आधारित पदानुक्रम भी ख़त्म करना मुश्किल होगा। ऐसे में दलित आंदोलन राज्य आधारित और समाज आधारित कार्यक्रम पारस्परिक रूप से संसाधनों को मजबूत बनाएँगे। इसके परिणामस्वरूप जाति-व्यवस्था ख़त्म करने का मार्ग प्रशस्त होगा।

---

[6] भीखू पारेख (1989 : 241.

## आत्म-शुद्धीकरण बनाम आत्म-सम्मान

गाँधी का मानना था कि संपत्ति इकट्ठा करना और राजनीतिक सत्ता हासिल करना किसी व्यक्ति के नैतिक विकास के लिए नुक़सानदेह है। इसलिए उन्होंने उन उपायों का सहारा लिया, जो आम लोगों को भौतिक संसाधनों और राजनीतिक सत्ता हासिल करने के लिए जी-तोड़ कोशिश करने के बजाय स्वैच्छिक रूप से सादगी, ग़रीबी और बिना भाग-दौड़ वाली ज़िंदगी की ख़ूबसूरती के बारे में जागरूक और शिक्षित करे। अतः, उन्होंने संपत्ति और राजनीतिक सत्ता हासिल करने के लिए संघर्ष करने की ख़ातिर दलितों को संगठित करने के बजाय सवर्ण हिंदुओं को अपने जातिगत पूर्वग्रह छोड़ने के लिए उन्हें शिक्षित और जागरूक करने को प्राथमिकता दी।

गाँधी ने बुनियादी तौर पर दो दिशाओं में काम किया। पहला, उन्होंने सवर्ण जाति के हिंदुओं को बताया कि शारीरिक कार्य भी बौद्धिक कार्यों के बराबर ही महत्त्वपूर्ण है। उनका इस बात पर ज़ोर था कि प्रत्येक व्यक्ति को, चाहे वह किसी भी धर्म, जाति का हो और उसकी आर्थिक स्थिति कितनी भी अच्छी क्यों न हो, रोज़ शारीरिक कार्य करना चाहिए। उन्होंने शारीरिक श्रम की व्याख्या पारंपरिक यज्ञ के रूप में की और उनके आश्रमों में सूत कातना रोज़ाना महायज्ञ की तरह था। दूसरा, दलितों को बराबरी का दर्जा देने में नाकाम रहने को लेकर उनका इरादा सवर्ण जाति के हिंदुओं में शर्म और अपराधबोध की भावना पैदा करना था। गाँधी ने यह भी कहा कि छुआछूत की प्रथा सवर्ण हिंदुओं का पाप या नैतिक असफलता है और उन्हें इस प्रथा के हर स्वरूप का त्याग कर ख़ुद का शुद्धीकरण करना चाहिए।

वे लिखते हैं : 'यहाँ तक कि क़ानून के ज़ोर से भी छुआछूत नहीं ख़त्म होगा। इसे तभी ख़त्म किया जा सकता है, जब बहुसंख्यक हिंदू यह महसूस करें कि यह ईश्वर और इंसान के विरुद्ध अपराध है और उन्हें इसको लेकर ग्लानि है। दूसरे शब्दों में कहें तो यह मन के परिवर्तन की एक प्रक्रिया है, हिंदू मन का शुद्धीकरण।[7] इस तरह से गाँधी ने छुआछूत और जाति-व्यवस्था के

[7] एम. के. गाँधी (1958) से प्रकाशन आरंभ : 335.

ख़िलाफ़ अपनी लड़ाई को आत्म-शुद्धीकरण का आंदोलन बनाया, जिसमें सवर्ण हिंदुओं को शारीरिक श्रम की गरिमा स्वीकार करने, छुआछूत का चलन छोड़ने और अपने पापों के प्रायश्चित के रूप में दलितों के सामाजिक, आर्थिक और राजनीतिक उत्थान में उनकी मदद करने के लिए कहा गया।

आम्बेडकर ने इन सुझावों को अपमानजनक पाया। उनका कहना था कि सवर्ण हिंदुओं के आत्म-शुद्धीकरण के इस अभियान में वे (सवर्ण हिंदू) दलितों को महज़ वस्तु मानते हैं। जाति के मुद्दे से निपटने में गाँधी के तरीक़ों से आम्बेडकर की असहमति के बारे में डी. नागराज लिखते हैं :

> बाबासाहेब (आम्बेडकर) के पास गाँधी के मॉडल को ख़ारिज करने के अलावा कोई और विकल्प नहीं था। वे महसूस कर चुके थे कि इस मॉडल ने आत्म-शुद्धीकरण के 'कर्मकांड' में हरिजनों को सफलतापूर्वक वस्तु के रूप में बदल दिया है।
>
> इस कर्मकांड का पालन वे लोग कर रहे हैं, जिन्हें ख़ुद को लेकर बड़े पैमाने पर नायकत्व की धारणा थी। इतिहास के रंगमंच में, इस तरह की कहानी के नाटक में अस्पृश्य अपने हिसाब से कभी नायक नहीं बने, वे किसी नायक के लिए अपनी अस्तित्ववादी चिंता व निराशा और शायद ग़ौरव को देखने में सिर्फ़ आईने की तरह हैं।[8]

आम्बेडकर का मानना था कि अपनी सहायता करना सबसे अच्छी मदद है। इतिहास के ज़रिये वह जानते थे कि अन्याय तब तक ख़त्म नहीं होता, जब तक पीड़ित ख़ुद अपने प्रयासों और कार्यों से उसे नहीं समाप्त करता। उन्होंने शायद सही तरीक़े से इस बात को समझा कि जब तक दलित अपनी तकलीफ़ों को दूर करने के लिए ख़ुद को संगठित नहीं करेंगे, तब उनके जीवन में किसी तरह का बदलाव नहीं आएगा। एक भाषण में आम्बेडकर कहते हैं :

> उधार या किराये पर लिया गया यानी आपकी बिरादरी से ताल्लुक़ नहीं रखने वाला कोई भी शख़्स आपका थोड़ा भी कल्याण नहीं कर सकता है। आप अपने आप को आंतरिक विभाजन से मुक्त करते हुए मज़बूती से संगठित कर सकते हैं...।[9]

---

[8] डी.आर. नागराज (1993).

[9] क्रिस्टॉफ़ जैफ़्रलो (2005) : 52.

आम्बेडकर की राय में जाति की समस्या सिर्फ़ दलितों को बराबरी का दर्जा देने में सवर्ण हिंदुओं की नैतिक असफलता नहीं है। जाति-व्यवस्था दलितों के बीच आत्म-संशय, आत्म-परित्याग, आत्म-उपेक्षा की मानसिक अवस्था भी तैयार करती है। अतः, आम्बेडकर के लिए सबसे अच्छा तरीक़ा वह था, जो दलितों के बीच आत्म-विश्वास और आत्म-सम्मान पैदा कर सके। ऐसे में उन्होंने दलितों को अपने अधिकारों के लिए संगठित करने पर ज़ोर दिया, ताकि उन्हें न सिर्फ़ जातिगत भेदभाव और जाति आधारित श्रेष्ठता-हीनता के भाव को समाप्त करने में मदद मिले बल्कि उनमें आत्म-सम्मान और गरिमा का भाव भी पैदा हो सके और वे अपनी सामाजिक-आर्थिक दिक़्क़तों को दूर कर सकें। लिहाज़ा, आम्बेडकर ने जातिगत भेदभाव और जाति आधारित श्रेष्ठता-हीनता की धारणा को समाप्त करने के लिए सवर्ण हिंदुओं के आत्म-शुद्धीकरण संबंधी गाँधी के विचार को ख़ारिज कर दिया।

हालाँकि, परिस्थितियाँ बदल चुकी हैं और ऐसे में हमें यह सोचने के लिए मजबूर होना पड़ता है कि हम किस तरह से 'आत्म-शुद्धीकरण' बनाम 'आत्म-सम्मान' से 'आत्म-शुद्धीकरण' और 'आत्म-सम्मान' की तरफ़ बढ़ सकते हैं या हम कैसे दो अलग-अलग लेकिन एक-दूसरे से क़रीबी तौर पर जुड़ी अवधारणा तैयार कर सकते हैं, ताकि दोनों को मिलाकर जाति-व्यवस्था को ख़त्म करने के लिए लचीला लेकिन ताक़तवर हथियार बनाया जा सके। इस संबंध में गाँधी और आम्बेडकर के तरीक़ों में अंतर दो चीज़ों की तरफ़ इशारा करता है। पहला, यह बताता है कि जाति-व्यवस्था की समाप्ति और जातियों के बीच समानता की स्थापना का अभियान सिर्फ़ दलितों पर नहीं छोड़ा जा सकता और न ही इसे सिर्फ़ इस समुदाय पर छोड़ा जाना चाहिए। इससे पता चलता है कि कथित सवर्ण जाति के हिंदू या ग़ैर-दलित जाति-व्यवस्था को ख़त्म करने में अहम भूमिका निभा सकते हैं और उन्हें ऐसा करना भी चाहिए। दलित आंदोलन ने अब तक अपने संघर्ष में ग़ैर-दलितों विशेष रूप से कथित सवर्ण जाति के हिंदुओं से जुड़े प्रगतिशील तबक़े को न तो स्वीकार किया है और न ही उन्हें इस सिलसिले में आमंत्रित

किया है। इसलिए गाँधी-आम्बेडकर बहस से प्रेरणा लेते हुए दलित आंदोलन को ज़रूर इस बारे में भी सोचना चाहिए कि वह किस तरह से ग़ैर-दलितों, विशेष रूप से कथित सवर्ण हिंदुओं के प्रगतिशील तबक़े को जाति-व्यवस्था ख़त्म करने और समानता स्थापित करने के अभियान में शामिल कर सकता है। गाँधी-आम्बेडकर विमर्श के मुताबिक़, जाति-व्यवस्था को ख़त्म करने में ग़ैर-दलितों, विशेष रूप से कथित सवर्ण हिंदुओं के प्रगतिशील तबक़े की प्रमुख भूमिका है।

दूसरा, दलित आंदोलन की एक और समस्या दलितों के बीच छुआछूत के चलन को ख़त्म कर दलितों में एकता क़ायम करने को लेकर है। गाँधी और आम्बेडकर के तरीक़ों के बीच के अंतर से कुछ सूत्र हासिल कर इस समस्या से निपटा जा सकता है। एक हक़ीक़त यह है कि दलित जातियाँ भी एक-दूसरे के प्रति छुआछूत और भेदभाव का बर्ताव करती हैं। उनके बीच अंतरजातिगत विवाह नहीं के बराबर होते हैं और अगर वे ऐसा करते भी हैं तो विवाद की स्थिति पैदा हो जाती है। दलित आंदोलन अब तक इस महत्त्वपूर्ण समस्या से निपटने का कोई तरीक़ा विकसित नहीं कर पाया है। ऐसे में आत्म-शुद्धीकरण की गाँधी की धारणा को अपनाने से दलित आंदोलन को फ़ायदा मिल सकता है। अगर दलित आंदोलन इसे अपने एक कार्यक्रम की तरह अपनाता है और इस अवधारणा के इर्द-गिर्द ज़ोरदार जागरूकता अभियान चलाता है, तो इससे न सिर्फ़ कथित सवर्ण जाति के हिंदुओं बल्कि दलितों के बीच भी छुआछूत के चलन को ख़त्म करने में मदद मिलेगी।

### परम्परा बनाम पश्चिमीकरण/आधुनिकीकरण

पश्चिमीकरण/आधुनिकीकरण में अन्य चीज़ों के अलावा पारंपरिक जीवन-शैली में बदलाव का मामला भी शामिल है। इसमें परम्पराओं और अंधविश्वासों के आधार पर बने इंसानी समाज के ढाँचे के बदले आधुनिक जीवन-शैली अपनाने की बात है। इसमें आधुनिक संस्थानों, आधुनिक ज्ञान

और तार्किकता के आधार पर सामाजिक व्यवस्था तैयार होती है। एम.एन. श्रीनिवास ने इसे ऐसे बदलाव के तौर पर परिभाषित किया है, जो किसी पश्चिमी देश के साथ प्रत्यक्ष या परोक्ष संपर्क के कारण किसी ग़ैर-पश्चिमी देश में देखने को मिलता है।[10] कार्ल मार्क्स और जवाहर लाल नेहरू जैसों की तरह आम्बेडकर का भी मानना था कि इस तरह के बदलाव से भारत में जाति-व्यवस्था के अंत का मार्ग प्रशस्त हो सकेगा। भारत में रेलवे की शुरुआत के समय कार्ल मार्क्स ने कहा था कि इससे पूँजीवादी उद्योग की स्थापना की राह बनेगी और आख़िरकार जाति जैसी ख़राब सामाजिक व्यवस्था के ख़त्म होने की शुरुआत होगी।

वे लिखते हैं : 'रेलवे प्रणाली के परिणामस्वरूप आधुनिक उद्योग श्रम के परंपरागत बँटवारे को ख़त्म करेंगे। भारत में श्रम का परंपरागत बँटवारा जाति-व्यवस्था पर आधारित है।'[11] मार्क्स के बाद नेहरू और आम्बेडकर जैसे पश्चिमी नज़रिया रखने वाले कई बड़े भारतीय नेताओं ने पश्चिमीकरण की प्रक्रिया में इसी तरह की आस्था जतायी। उनका मानना था कि किसी भी समाज में विज्ञान और तकनीक को लाने से वहाँ के लोगों के रवैये/दुनिया देखने के नज़रिये में ज़रूर बदलाव होगा। देबजानी गांगुली लिखती हैं : 'आम्बेडकर ने जातिगत भेदभाव के ख़िलाफ़ अपने संघर्ष में उन सभी मूल्यों को अपनाया, जो उन्होंने अपनी उदारवादी अंग्रेज़ी शिक्षा से हासिल की थी। साथ ही, उन्होंने ऐलान किया कि पश्चिमी लोकतंत्र (अपने धर्मनिरपेक्ष मूल्यों के साथ) का रास्ता ही जाति संबंधी तमाम बुराइयों के उन्मूलन का एकमात्र विकल्प है।'[12]

यह एक तथ्य है कि पश्चिमीकरण ने काफ़ी हद तक जाति-व्यवस्था के पारंपरिक स्वरूप को चोट पहुँचाई है। इससे कोई इंकार नहीं कर सकता। ज़्यादातर लोग यह स्वीकार करेंगे कि महानगरों और बड़े शहरों में शिक्षित

---

[10] एम.एन.श्रीनिवास (2009) : 53.

[11] कार्ल मार्क्स (1853).

[12] डी. गांगुली (2002); गेल ऑम्वेट यह तर्क देती हैं कि आम्बेडकर ने गाँधी की तुलना में काफ़ी अलग तरीक़े से आधुनिकता को देखा. आम्बेडकर ने स्वतंत्रता, समानता और समुदाय की क्रांतिकारी आकांक्षाओं में अंतर्निहित मूल्य पर ध्यान दिया। वे आधुनिकीकरण से डरते नहीं थे, बल्कि आधुनिकीकरण चाहते थे. गेल ऑम्वेट (1977).

लोगों का बर्ताव काफ़ी हद तक जाति-व्यवस्था से संचालित नहीं होता है। कुछ विद्वानों का मानना है कि पश्चिमीकरण ने बेशक जाति-व्यवस्था के असर को कम करने में बड़ी भूमिका निभायी, लेकिन इसने कुछ समस्याएँ भी पैदा कीं। नागराज के मुताबिक़, ऐसी ही एक समस्या 'अपने ही अतीत को जानबूझकर भूलने संबंधी परिघटना' है। वे कहते हैं : 'जाति-व्यवस्था की परम्परा ने (आधुनिक संदर्भ में) निचली जाति के लोगों में हमेशा आत्म-संशय, आत्म-नकार और आत्म-घृणा जैसी मानसिक अवस्था तैयार करने की कोशिश की। आमतौर पर इस तरह की धारणा सामूहिक स्तर पर होती है। तिरस्कार का दंश झेल रहे समुदायों में किसी आधुनिक शख़्स के जन्म के साथ न सिर्फ़ उसके अपने समुदाय से संबंध ख़त्म होने की तकलीफ़ जुड़ी होती है, बल्कि अपने अतीत को बदलने का सचेत प्रयास भी इस प्रक्रिया का अभिन्न हिस्सा है।'[13]

गाँधी पश्चिमीकरण से प्रभावित भारत में 'निचली जातियों में जानबूझ कर भूलने की परिघटना, और शिक्षित 'अस्पृश्य' युवाओं के बारे में भविष्यवाणी करने में शायद सक्षम रहे होंगे या हो सकता है कि ऐसा करने में सक्षम नहीं रहे हों। हालाँकि, उन्होंने न सिर्फ़ जाति-व्यवस्था को ख़त्म करने के लिए पश्चिमीकरण के अंधाधुंध अनुसरण का विरोध किया, बल्कि पश्चिमीकरण को देश की हर समस्या के समाधान के तौर पर पेश करने को लेकर भी असहमति जतायी। कई अन्य शिक्षित भारतीयों के उलट उन्होंने इस धारणा को इसलिए ख़ारिज किया, क्योंकि वह इस विचार से सहमत नहीं थे कि पश्चिमीकरण अंततः पारंपरिक या आधुनिक दौर से पहले के सामाजिक ढाँचे को बदल कर इंसान की मुक्ति के लिए उम्मीद जगाता है। गाँधी इस बात को मानने के लिए ख़ुद को तैयार नहीं कर सके कि पश्चिमी या आधुनिक दुनिया ने तर्क, समानता, स्वतंत्रता और न्याय के दौर का आगमन सुनिश्चित किया है। उन्हें पता था कि पश्चिमीकरण किसी भी समाज में इस तरह की धारणाओं को प्रमुखता से पेश करता है, लेकिन वह यह भी जानते थे

---

[13] डी.आर. नागराज (1993) : 16.

कि पश्चिमीकरण का हमेशा मतलब समानता, स्वतंत्रता और न्याय नहीं होता, बल्कि इस व्यवस्था से जुड़ी असमानता, प्रभुत्व, शोषण और सरलीकरण का अपना ही स्वरूप है। इसलिए गाँधी के लिए परम्परा और आधुनिकता या पश्चिमीकरण के बीच चुनने का मतलब शोषण और मुक्ति के बीच चुनाव नहीं है, बल्कि यह शोषण की अलग-अलग परम्पराओं के बीच चुनने जैसा मामला है। उनकी राय में पश्चिमीकरण की प्रक्रिया मुक्ति का विकल्प नहीं बल्कि शोषण का बदला हुआ स्वरूप है। इसलिए आम्बेडकर और नेहरू के उलट गाँधी इस बात में यक़ीन नहीं रखते थे कि किसी भी प्राधिकार द्वारा विज्ञान और तकनीक लाने से किसी व्यक्ति या समाज में बुनियादी बदलाव होगा या यहाँ तक कि उनकी ज़िंदगी में धारणा या विचार के स्तर पर बदलाव होगा।[14] उनका मानना था कि पश्चिमी विज्ञान और तकनीक को लाने से लोगों के बुनियादी विचारों में बदलाव नहीं होगा। वह मैसूर के रामपुर गाँव के सरकारी बुलडोज़र के ड्राइवर के बारे में श्रीनिवास की लेखनी से ज़रूर सहमत होते। श्रीनिवास लिखते हैं :

> 'पश्चिमी तकनीक को अपनाने का मतलब यह नहीं है कि इसका उपयोग करने वाले ने तर्कवादी और वैज्ञानिक दृष्टिकोण अपना लिया है। ऐसे ही एक मामले में रामपुर में बुलडोज़र ड्राइवर ने इसे चलाने की कला में विशेषज्ञता हासिल कर ली थी और यहाँ तक कि वह इससे जुड़े छोटे-मोटे मरम्मत का काम भी कर लेता था। हालाँकि, वह अपनी धार्मिक मान्यताओं में न सिर्फ़ पूरी तरह से पारंपरिक था, बल्कि उसने कुछ काला जादू भी सीख रखा था, ऐसी चीज़ जो आमतौर पर छोटे समूहों तक सीमित रहती है। इस शख़्स को बुलडोज़र चलाने और काला जादू से जुड़ा काम करने के बीच किसी तरह की असंगति का अहसास नहीं हुआ।'[15]

[14] गाँधी की तरह सुदीप्त कविराज ने भी यह रेखांकित किया कि नेहरू और आम्बेडकर द्वारा परम्पराओं को पूरी तरह नकारना ग़लत था. परम्पराओं से जुड़े विचारों और व्यवहारों को ग़लत मानकर उन्होंने पूरी तरह से प्रबोधन या एनलाइटमेंट के दृष्टिकोण को अपनाया. कविराज के अनुसार, 'उनका यह मानना भी ग़लत था कि लोगों का परम्परा और उनकी बौद्धिक और व्यावहारिक आदतों से बचाने के लिए उनके सामने सिर्फ़ एक आधुनिक विकल्प रखने की आवश्यकता है, उसके बाद लोगों में मौजूद तार्किकता सारा काम कर लेगी'. सुदीप्त कविराज (2000) : 137-62.

[15] एम.एन. श्रीनिवास (2009) : 57.

श्रीनिवास की तरह गाँधी भी इन व्यावहारिक दिक़्क़तों से वाक़िफ़ रहे होंगे। इस वजह से वह समझ सके कि विज्ञान और तकनीक के व्यापक इस्तेमाल के रूप में पश्चिमीकरण शायद जाति-व्यवस्था की परम्परा का अपने असली स्वरूप में पालन मुश्किल कर दे, लेकिन मुमकिन है कि इससे जनता के बीच जाति के नियमों को पूरी तरह से कमज़ोर करना या जातिगत भावना को बदलना संभव नहीं हो। यह सच न सिर्फ़ भारत के दूर-दराज़ के एक गाँव के कम पढ़े-लिखे बुलडोज़र के बारे में प्रासंगिक है, बल्कि बड़े शहरों और महानगरों के उच्च शिक्षित नागरिकों के मामले में भी लागू होती है। बेशक यह प्रतीत हो सकता है कि लोग जातिगत पूर्वग्रहों से मुक्त हैं, लेकिन शादी और आरक्षण जैसे महत्त्वपूर्ण विषयों को लेकर उनका व्यवहार अब भी जाति संबंधी नियमों से तय होता है।

यह कहना अतिशयोक्ति नहीं हो सकती कि कुछ मामलों में जाति-व्यवस्था ख़त्म होने के बजाय और मज़बूत होती नज़र आ रही है। जैसा कि ऊपर बताया गया, गाँधी पश्चिमीकरण की थोपी हुई प्रक्रिया की सीमाओं का अनुमान लगा सके और उन्होंने आम्बेडकर और कई अन्य शिक्षित भारतीयों की उस मान्यता को ख़ारिज कर दिया कि पश्चिमीकरण की प्रक्रिया जाति-व्यवस्था को ख़त्म कर सकती है। दूसरे शब्दों में कहें तो गाँधी ने पश्चिमीकरण को इसलिए ख़ारिज कर दिया, क्योंकि कई अन्य साधनों/माध्यमों की तरह यह भी सवर्ण जाति के हिंदुओं के दिमाग़ से जातिगत भेदभाव और जाति आधारित श्रेष्ठता-हीनता के भाव को हटाने में विफल है।

आठ दशकों के बाद भी आम्बेडकर का यह विश्लेषण आंशिक रूप से ही सच साबित हुआ है कि एक विचार के रूप में आधुनिक व्यवस्था में सामाजिक, आर्थिक और शैक्षणिक रूप से पिछड़े लोगों का उद्धार करने की संभावना है। दरअसल, यह बात सच हो सकती है कि शहरों जैसी आधुनिक जगहों पर जाति आधारित भेदभाव और शोषण का मामला थोड़ा कम हो, लेकिन कई अध्ययनों ने दिखाया है कि एक आधुनिक भारतीय की रोज़मर्रा की ज़िंदगी में किस तरह से अकसर छद्म और अन्य

स्वरूपों में जाति की सक्रियता बनी रहती है। यहाँ तक कि शिक्षा और रोज़गार के आधुनिक संस्थानों में भी यह सक्रियता देखने को मिलती है।

जाति आधारित शोषण के मामले में परम्परा और आधुनिकता की व्याख्या को लेकर आम्बेडकर की तुलना में गाँधी ज़्यादा सही जान पड़ते हैं। गाँधी परम्परा व आधुनिकता और दोनों के बीच संबंध और संवाद की प्रकृति को लेकर हमारी कुछ धारणाओं को चुनौती देते हैं। गाँधी उस वक़्त सही प्रतीत होते हैं, जब वे कहते हैं कि परम्परा और आधुनिकता अलग व विपरीत श्रेणी में नहीं हैं, बल्कि एक साथ जुड़े हुए हैं। साथ ही, दलितों का शोषण और मुक्ति, दोनों पारंपरिक समाज के साथ-साथ आधुनिक समाजों में भी संभव है। इसलिए दलित आंदोलन गाँधी-आम्बेडकर बहस के इस पहलू के ज़रिये आधुनिकता के असर को लेकर ज़्यादा यथार्थवादी होने के बारे में सीख सकता है। लिहाज़ा, उसे जाति ख़त्म करने के लिए आधुनिकता के प्रसार पर ज़्यादा निर्भर नहीं रहना चाहिए। उसे जाति समाप्त करने के वैसे नये तरीक़ों की तरफ़ देखना चाहिए, जो भारतीय आधुनिकता की उचित समझ पर आधारित हो। ऐसी आधुनिकता, जिसका काफ़ी हद तक जुड़ाव परम्परा से भी बना रहता हो। इसका मतलब यह है कि दलित आंदोलन को आम्बेडकर की कल्पना से परे जाकर देखने की ज़रूरत है। आंदोलन को ऐसी आधुनिकता से जोड़ना होगा जो दलितों को जाति आधारित भेदभाव और शोषण से पूरी तरह मुक्त कर सकती है। साथ ही, इसके तहत गाँव जैसी पारंपरिक जगहों और शहर जैसे आधुनिक ठिकानों पर भी जाति संबंधी चुनौतियों से निपटने के लिए नये तरीक़े ढूँढ़े जा सकते हैं ... और दोनों के लिए गाँधी को फिर से पढ़ना काफ़ी मददगार हो सकता है। दरअसल, आम्बेडकर नहीं बल्कि गाँधी ही यह समझ सके थे कि परम्परा और आधुनिकता एक-दूसरे के उलट नहीं हैं और न ही एक-दूसरे को ख़ारिज करते हैं और इस तरह से जीवन की दोनों शैलियों में दलितों का शोषण और उनकी मुक्ति, दोनों मुमकिन है।

## संदर्भ


आशिस नंदी (1978), 'ऑपरेशन ऐंड ह्यूमन लिबरेशन : टुवर्ड्स अ थर्ड वर्ल्ड यूटोपिया' अल्टरनेटिव्ज़, 4 : 172.

एम.के. गाँधी (1958 के बाद से), द *कलेक्टेड वर्क्स ऑफ़ महात्मा गाँधी,* पब्लिकेशन डिविजन, गवर्नमेंट ऑफ़ इंडिया, नयी दिल्ली.

एम.एन. श्रीनिवास (2009), *सोशल चेंज इन मॉडर्न इंडिया*, ऑरियंट ब्लैकस्वॉन, नयी दिल्ली.

कार्ल मार्क्स (1853), 'द फ़्यूचर रिजल्ट्स ऑफ़ ब्रिटिश रूल इन इंडिया', न्यू यॉर्क डेली ट्रिब्यून, 8 अगस्त, वेब पता : ttp:// www.marxists.org/archive/marx/works/1853/on/22. htm देखने की तारीख़ : 12 जून, 2013.

क्रिस्तॉफ़ जैफ़्रलो (2008), 'डॉ. आम्बेडकर स्ट्रैटेजीज अगेंस्ट अनटचेबिलिटी ऐंड द कास्ट सिस्टम', वर्किंग पेपर सीरीज, इंडियन इंस्टीट्यूट ऑफ़ दलित स्टडीज, नयी दिल्ली.

क्रिस्तॉफ़ जैफ़्रलो (2005), *एनालाइजिंग ऐंड फाइटिंग कास्ट : डॉ आम्बेडकर ऐंड अनटचेबिलिटी*, परमानेंट ब्लैक, नयी दिल्ली.

गेल ऑम्वेट (1994), *दलित ऐंड द डेमॉक्रिटिक रिवोल्यूशन : डॉ आम्बेडकर ऐंड द दलित मूवमेंट इन कोलोनियल इंडिया*, सेज पब्लिकेशंस, नयी दिल्ली.

डी.आर. नागराज (1993),द *फ्लेमिंग फीट : अ स्टडी ऑफ़ द दलित मूवमेंट इन इंडिया,*साउथ फ़ोरम प्रेस, बंगलुरु.

डी. गांगुली (2002), 'हिस्ट्रीज इम्प्लोजन्स : अ बेजामिनियन रीडिंग ऑफ़ आम्बेडकर', *जर्नल ऑफ़ नैरेटिव थियरी*, 32 (3).

भीखू पारेख (1989), *कोलोनियलिज़म, ट्रेडिशन ऐंड रिफ़ॉर्म : ऐन एनालिसिस ऑफ़ गाँधीज पॉलिटिकल रिफ़ॉर्म*, सेज पब्लिकेशंस, नयी दिल्ली.

सुदीप्त कविराज (2000), 'मॉडर्निटी ऐंड पॉलिटिक्स इन इंडिया', डाडेलस, 129 (1).

# नेहरू और आम्बेडकर

## भारतीय आधुनिकता के दो चेहरे

आलोक टंडन

*प्रतिमान*, जनवरी-जून, 2016, वर्ष 4, अंक 7 में पूर्व-प्रकाशित : पृ.सं. 26-42.

हमारे स्वतंत्रता संग्राम के महानायकों, गाँधी और नेहरू तथा गाँधी और आम्बेडकर, के आपसी रिश्तों और वैचारिक अवदानों के तुलनात्मक अध्ययन पर काफ़ी कुछ लिखा गया है। लेकिन, नेहरू और आम्बेडकर के वैचारिक-राजनीतिक संबंधों के बारे में कम ही पढ़ने को मिलता है जबकि भारतीय लोकतंत्र के निर्माण पर दोनों की अमिट छाप है। अलग-अलग पृष्ठभूमि से संबंधित होने के बावजूद आधुनिकता की परियोजना में दोनों की आस्था है, यद्यपि कई महत्त्वपूर्ण मुद्दों पर आपसी मतभेद भी हैं। इस वैचारिक समानता-असमानता के पीछे मेरी दृष्टि में आधुनिकता के दो भिन्न-भिन्न संस्करण हैं जिनमें धर्म की भूमिका के बारे में मतभेद अहम है। आज लोकवृत्त में धर्म की भूमिका के बारे में पुनर्विचार की आवश्यकता अनुभव की जा रही है। दरअसल, पश्चिम भी धर्म को निजी जीवन तक सीमित रखने में पूर्ण सफलता प्राप्त नहीं कर पाया है। इसलिए यह चिंतन वैकल्पिक आधुनिकताओं के बीच भारतीय आधुनिकता के मॉडल की खोज के चयन के लिए भी महत्त्वपूर्ण है कि उसका धर्म से क्या संबंध अपेक्षित है। प्रस्तुत आलेख के प्रथम खंड में नेहरू और आम्बेडकर के विचारों में समानताओं और असमानताओं पर विचार करने का प्रयत्न है। दूसरे खंड में उनकी वैचारिक भिन्नता के पीछे दिये गये तर्कों और युक्तियों के विश्लेषण का प्रयास है और तीसरे खंड में दोनों के विचारों का ऐतिहासिक दृष्टि से मूल्यांकन करके यह समझने की कोशिश है कि भविष्य-निर्माण के लिए उनकी क्या प्रासंगिकता है। ऐतिहासिक कारणों से नेहरू और आम्बेडकर की लोकप्रियता का ग्राफ़ स्वतंत्र भारत में उनकी मृत्यु के उपरांत काफ़ी ऊपर-नीचे हुआ है। यह विचलन उनके अवदान के तटस्थ मूल्यांकन में बाधा न बनने पाए इसलिए विशेष सतर्कता बरतने का प्रयत्न किया जाएगा। हमें इंदिरा-राजीव-राहुल गाँधी की दृष्टि से नेहरू को और कांशीराम-मायावती के नज़रिये से आम्बेडकर को समझने की भूल नहीं करनी चाहिए।

## I

इससे पहले कि हम नेहरू और आम्बेडकर के विचारों में समानता-असमानता का विवेचन करें, उनकी पृष्ठभूमियों में अंतर रेखांकित करना ज़रूरी है। नेहरू का जन्म एक कश्मीरी ब्राह्मण परिवार में हुआ था। उनके पिता मोतीलाल नेहरू इलाहाबाद के एक सफल वकील थे जो बाद में गाँधी से प्रभावित होकर स्वतंत्रता संग्राम में भागीदार बने। समृद्ध बचपन और शिक्षा-दीक्षा हैरो और केम्ब्रिज में होने के कारण नेहरू का प्रारम्भिक जीवन बिना किसी अभाव के व्यतीत हुआ। आनंद भवन नाम का उनका शानदार घर राजनीतिक गतिविधियों का केंद्र होने के कारण राजनीतिक चेतना नेहरू को विरासत में मिली। बाद में कांग्रेस की अगली पंक्ति के नेता होने के नाते की गयी देश-विदेश की यात्राओं, विशेषकर सोवियत यूनियन, का उनके विचारों के निर्माण में बड़ा योगदान रहा। स्वतंत्र भारत के प्रथम प्रधानमंत्री के रूप में चुनौतियों का सामना करते हुए उन्हें अपने विचारों में संशोधन-परिवर्धन का भी अवसर मिला।

आम्बेडकर का जन्म एक अछूत-महार परिवार में हुआ था। उनके पिता रामजी सेना में सूबेदार के पद तक पहुँच गये थे। उन्हें संतों की अमृतवाणी पढ़ने की बेहद लगन थी। आम्बेडकर का बचपन, प्रारम्भिक और बाद की शिक्षा जाति प्रथा और छुआछूत के कटु अनुभवों की दास्तान है जिसने उनका अवचेतन सामाजिक विषमता के प्रहारों से घायल हो गया। गौतम बुद्ध का जीवन चरित्र पढ़ने के बाद वर्णाश्रम धर्म को पोषित करने वाली वेद-गीता की परम्परा से उनका मोहभंग हो गया। बड़ौदा रियासत के महाराजा सैयाजी राव गायकवाड़ से मिली छात्रवृत्ति और शिक्षा-प्राप्ति के बाद दस वर्ष तक रियासत की सेवा करने के इक़रारनामे पर हस्ताक्षर करके वे उच्च शिक्षा प्राप्त करने कोलम्बिया विश्वविद्यालय गये और पीएचडी की उपाधि प्राप्त की। बाद में (1920-23) लंदन स्कूल ऑफ़ इकॉनॉमिक्स से उन्होंने डीएससी की उपाधि अर्जित करने के साथ-साथ क़ानून की पढ़ाई भी पूरी की। इस तरह आम्बेडकर के विचारों के निर्माण में उनकी अध्ययनशीलता और जातिगत विषमता के कटु अनुभवों की महत्त्वपूर्ण भूमिका रही।

स्पष्ट है कि नेहरू और आम्बेडकर की पृष्ठभूमियों में अंतर और समानता दोनों देखी जा सकती है जो आगे चल कर उनके सरोकारों में अभिव्यक्त हुई। दोनों ने विदेश में रह कर आधुनिक शिक्षा प्राप्त की जिसने उन्हें स्वतंत्रता, समानता, भाईचारे के आदर्शों और औद्योगीकरण के ज़रिये समाज में होते परिवर्तनों से अवगत कराया। परिणामस्वरूप दोनों ही आधुनिकता के प्रबल समर्थक बन गये। लेकिन अपने जीवनानुभवों में अंतर के कारण धर्म-परम्परा के प्रति दोनों का दृष्टिकोण एक-सा नहीं रहा। जातिगत असमानता का समूल नाश जहाँ आम्बेडकर के जीवन का प्रथम लक्ष्य बन गया, वहीं नेहरू के लिए यह विषय, स्वतंत्रता संघर्ष के मुक़ाबले कभी महत्त्वपूर्ण नहीं रहा। इसी कारण दोनों की आधुनिकता का मॉडल एक-सा नहीं है। आगे हम इसी पर रोशनी डालने का प्रयास करेंगे।

**लोकतंत्र** : लोकतंत्र पर नेहरू की अगाध आस्था थी। न केवल इसलिए कि इसमें व्यक्ति की स्वतंत्रता का सम्मान होता है अपितु इसलिए भी कि भारत जैसे विविधता वाले देश को एकताबद्ध रखने की इससे अच्छी कोई शासन प्रणाली नहीं हो सकती। इसके लिए उन्होंने उदार संसदीय लोकतंत्र का वेस्टमिंस्टर मॉडल चुना क्योंकि पूर्वपरिचित होने के कारण भारत में इसके स्थायित्व की संभावना ज़्यादा थी। साधन की पवित्रता की धारणा तो उन्होंने गाँधी से ली, किंतु सत्ता की विकेंद्रित अवधारणा को यह कहक़र निरस्त कर दिया कि इससे राष्ट्रीय एकता में कमी आएगी और पूर्व की तरह हम बाहरी हमलों से निपट नहीं पाएँगे। इसीलिए उन्होंने सशक्त केंद्रीय सत्ता के ऐसे संघीय ढाँचे को अपनाया जिसमें राज्यों को शासन की स्वायत्तता प्राप्त है। नेहरू जानते थे कि संसदीय लोकतंत्र की सफलता के लिए मज़बूत विपक्ष का होना अनिवार्य है जो उनके समय में नहीं था, इसलिए प्रारम्भिक दिनों में, कई बार वे स्वयं विरोधी दल के नेता की तरह सरकार की नीतियों और अपने साथियों की स्वयं आलोचना करके एवं पत्रकारों को इसके लिए प्रोत्साहित करके इस कमी को पूरा करने का प्रयास करते थे।

भारतीय लोकतंत्र के संविधान के मसविदे को स्वरूप देने वाली समिति के चेयरमैन के रूप में डॉ. आम्बेडकर के अभूतपूर्व योगदान को कौन भूल सकता है। उनके द्वारा 25 नवंबर, 1949 को संविधान सभा में दिया गया अंतिम भाषण आज भी प्रासंगिक जान पड़ता है जिसमें उन्होंने लोकतंत्र की सफलता के लिए तीन चेतावनियाँ दी थीं। पहली, लोकतंत्र की स्थापना के उपरांत समाज-परिवर्तन के लिए हिंसक और असंवैधानिक तरीक़े अपनाना अराजकता को बढ़ावा देना है जिसका कोई औचित्य नहीं है। जितनी जल्दी इसे छोड़ दिया जाए उतना ही लोकतंत्र के स्वास्थ्य के लिए अच्छा होगा। दूसरी, महान नेताओं का सम्मान करना उचित है किंतु उनकी भक्ति अनुचित है। न हमें अपनी स्वतंत्रता उनके चरणों में समर्पित करना चाहिए और न उनको ऐसी शक्तियों से लैस होने देना चाहिए कि वे उसका हनन कर सकें। तीसरी चेतावनी सबसे महत्त्वपूर्ण है जिसे उन्हीं के शब्दों में रखने का लोभ संवरण करना मुश्किल है :

> तीसरी महत्त्वपूर्ण बात ये है कि हमें केवल राजनीतिक लोकतंत्र से संतुष्ट नहीं हो जाना चाहिए। हमें यह बात भली-भाँति समझ लेनी चाहिए कि सामाजिक लोकतंत्र के बिना राजनीतिक लोकतंत्र जीवित नहीं रह सकता ...भारत का समाज एक सोपानिक असमानता की भित्ति पर खड़ा है जिसमें कुछ लोगों को ऊँचा समझा जाता है और दूसरों को हीन मान लिया जाता है। आर्थिक दृष्टि से यह एक ऐसा समाज है जिसमें कुछ लोगों के पास तो बेपनाह संपत्ति है जबकि बाक़ी लोग बेतहाशा ग़रीबी का जीवन गुज़ारते हैं ... 26 जनवरी, 1950 को जब हमने एक लोकतांत्रिक संविधान को अंगीकार किया तो यह एक अंतर्विरोधी क़दम था ... इससे राजनीति में तो समानता स्थापित हो जाएगी परंतु आर्थिक जीवन में ग़ैर-बराबरी बरक़रार रहेगी। राजनीति में तो हम एक वोट-एक मूल्य के सिद्धांत को मान्यता देते रहेंगे लेकिन सामाजिक-आर्थिक संरचना की बाध्यता के कारण हम इन क्षेत्रों में व्यक्ति की गरिमा के सिद्धांत को नकारते रहेंगे। आख़िर अंतर्विरोधों से भरे इस जीवन को हम कब तक खीचेंगे? अपने

> सामाजिक-आर्थिक जीवन में हम कब तक समानता से कन्नी काटते रहेंगे? अगर हम लम्बे समय तक यही रवैया अपनाते रहे तो हमारा राजनीतिक लोकतंत्र निस्संदेह ख़तरे में पड़ जाएगा।[1]

स्वतत्रंता-प्राप्ति के बाद का इतिहास इस बात का साक्षी है कि हमने उक्त चेतावनियों पर पूरा ध्यान नहीं दिया, इसी कारण आज भी हमारा लोकतंत्र कई बार राजवंशीय लोकतंत्र-सा लगता है और हिंसक-अराजक प्रतिरोधों का सामना नहीं कर पा रहा है। संविधानपरक संसदीय लोकतंत्र के विचार और संस्थानीकरण में नेहरू और आम्बेडकर समान रूप से सहभागी थे। लोकतांत्रिक परम्पराओं के निर्माण में नेहरू ने अपने शासनकाल में अभूतपूर्व योगदान किया। दोनों ने हमें ख़तरों और सामाजिक अंतर्विरोधों के प्रति आगाह किया, किंतु राजनीतिक लोकतंत्र को सामाजिक लोकतंत्र में बदलने की दृष्टि देने का कार्य आम्बेडकर ने ही किया। सामाजिक लोकतंत्र को परिभाषित करते हुए उन्होंने कहा था :

> सामाजिक लोकतंत्र से क्या अर्थ निकलता है? इसका अर्थ होता है स्वतंत्रता, समानता और बंधुत्व को एक जीवन-शैली के रूप में स्वीकार करना। सिद्धांतों की इस त्रयी में स्वतंत्रता, समानता तथा बंधुत्व को एक दूसरे से अलग-थलग नहीं माना जाना चाहिए। त्रयी के इन तत्त्वों को एक-दूसरे से विच्छिन्न करने का मतलब है लोकतंत्र की मूल भावना की अवमानना करना ... समानता के बिना स्वतंत्रता कुछ लोगों की बपौती बन कर रह जाएगी। और स्वतंत्रता से रहित समानता व्यक्ति की पहल-क़दमी का ख़ात्मा कर देगी। बंधुत्व के बिना, स्वतंत्रता और समानता जीवन का सहज अंग नहीं बन सकती।[2]

**उद्योगीकरण** : गाँधी के सोच के विपरीत नेहरू ग़रीबी मिटाने, जीवन-स्तर उठाने और वैश्विक अर्थव्यवस्था के साथ क़दम मिला कर चलने के लिए व्यापक रूप से उद्योगीकरण के पक्षधर थे। नेहरू के अनुसार भारत का

---

[1] संविधान सभा (25 नवंबर, 1949) में आम्बेडकर का भाषण, *कॉन्स्टीट्रयुऐंट असेम्बली डिबेट्स,* खंड 12 : 979.

[2] वही.

ब्रिटेन के मुक़ाबले वैज्ञानिक और औद्योगिक रूप से पिछड़ा होना भी उसकी दासता के पीछे एक कारण था। वे कृषि के स्थान पर उद्योग को आर्थिक विकास के लिए वरीयता देना चाहते थे। उनके अनुसार कृषि उत्पादन एक आदिम और सांस्कृतिक दृष्टि से निम्न कार्य है जो न केवल मनुष्य को भाग्यवादी, रूढ़िवादी, संकीर्ण और पुरातनपंथी बना देता है, अपितु गाँव का सीमित वातावरण अज्ञान, आलस्य, अंधविश्वास पैदा करने का कार्य करता है। वे कुटीर उद्योगों को भी कुछ समय तक ही अपनाने के पक्षधर थे जब तक कि देश का पूर्ण उद्योगीकरण नहीं हो जाता। इसके लिए आधुनिक तकनीक और बड़ी मशीनरी को अपनाना उचित होगा।

भारत के उद्योगीकरण के मामले में नेहरू के उपरोक्त विचारों से आम्बेडकर दूर तक सहमत थे। गाँधी के विचारों से मतभेद व्यक्त करते हुए उन्होंने मशीनरी के प्रयोग को आधुनिक सभ्यता के विकास के लिए आवश्यक माना। उनके अनुसार कोई भी प्रजातंत्र मशीनरी के प्रयोग का विरोधी नहीं हो सकता क्योंकि मशीनरी के प्रयोग से मानवीय श्रम की बचत होती है, जिससे बचे हुए ख़ाली समय का उपयोग मनुष्य अर्थपूर्ण सांस्कृतिक जीवन जीने में कर सकता है। पहले के समाजों में यह सुविधा सिर्फ़ छोटे से उच्च वर्ग तक ही सीमित थी। अधिक और उन्नत मशीनरी के प्रयोग से यह सभी को उपलब्ध कराई जा सकती है।

नेहरू और आम्बेडकर, दोनों की दृष्टि में गाँधी के विपरीत ग्रामीण भारतीय समाज की आधुनिक सभ्यता से कोई संगति नहीं थी। अतः उसको भारतीयता के नाम पर महिमामंडित करने की ज़रूरत नहीं थी। दोनों के विचारों में थोड़ा अंतर इस बात पर ज़रूर था कि जहाँ नेहरू के लिए गाँव वर्ग-विभेद, अज्ञान और पिछड़ेपन की निशानी थे, वहीं आम्बेडकर के लिए गाँव शोषण, दमन और बहिष्करण के क्षेत्र थे जहाँ रह कर अपनी जातिगत अस्मिता के बाहर आ पाना असंभव था। उन्होंने तल्ख़ी से कहा था : 'गाँव को आख़िर स्थानीयता के नाबदान, ज़हालत, दिमाग़ी संकीर्णता और सामाजिक विषमता का गढ़ होने के अलावा और कहा भी क्या जा सकता है?'[3]

---

[3] वसंत मून : 62.

**समाजवाद** : एक आदर्श समाज की परिकल्पना के रूप में समाजवाद के लक्ष्य में नेहरू की आस्था आजीवन रही। उनके लिए समाजवाद मात्र एक आर्थिक विचारधारा या न्यायपूर्ण समाज व्यवस्था ही नहीं थी, अपितु एक पुनः निर्मित मनुष्य के आधार पर नयी सभ्यता का उदय था। इसमें उत्पादन योजनाबद्ध और आपसी सहयोग के आधार पर मानवीय ज़रूरतों को पूरा करने के उद्देश्य से किया जाता है, न कि अधिकतम लाभ अर्जित करने के उद्देश्य से। यह वर्ग विहीन और प्रजातंत्रात्मक होना चाहिए जिससे प्रत्येक मनुष्य को उसकी प्रतिभा के पूर्ण विकास का अवसर मिल सके। यह तभी संभव है जब नागरिक के मौलिक अधिकार सुरक्षित हों। नेहरू का समाजवाद सोवियत यूनियन में विकसित समाजवाद से इस मायने में भिन्न था कि उन्होंने सर्वहारा के अधिनायकत्व और हिंसक क्रांति तथा पूँजीवाद को उखाड़ फेंकने के सिद्धांत का समर्थन नहीं किया। वे मिश्रित अर्थव्यवस्था के पक्षधर थे जिसमें सार्वजनिक क्षेत्र की प्रमुख भूमिका थी। इसके पीछे उनके आर्थिक और राजनीतिक उद्देश्य थे। उनकी दृष्टि में केवल समाजवाद ही राष्ट्रीय स्वतंत्रता, राज्य की स्वायत्तता और प्रजातंत्र की रक्षा कर सकता है। उस समय की परिस्थितियों में सार्वजनिक क्षेत्र की प्रमुख भूमिका के औचित्य से इंकार नहीं किया जा सकता क्योंकि राज्य के पास ही इतने संसाधन और शक्ति थी कि भारी उद्योग लगाए जा सकें जो न केवल आर्थिक विकास को गति दे, बल्कि अपनी आर्थिक ताक़त से निजी क्षेत्र की ताक़त को भी क़ाबू में रख सके जिससे उत्पादन का आधार समाज की ज़रूरत हो न कि मात्र कुछ का लाभ।

नेहरू की तरह आम्बेडकर भी सर्वहारा की तानाशाही के विरोधी होने के बावजूद समाजवादी व्यवस्था के पक्षधर थे। वे राज्य के नियंत्रण में ऐसी अर्थव्यवस्था स्थापित करना चाहते थे जिसमें संपत्ति का समान वितरण हो, कृषि पर राज्य का स्वामित्व हो, सामूहिक खेती की व्यवस्था हो और बीमा का राष्ट्रीयकरण हो। इसलिए उन्होंने राज्य-समाजवाद की वक़ालत की जिसके तहत वे राज्य के लिए समाजवाद की स्थापना को संवैधानिक रूप

से बाध्यकारी बनाना चाहते थे। उनका मानना था कि यदि समाजवाद को बहुमत के भरोसे छोड़ दिया गया तो ब्राह्मणवादी और पूँजीवादी ताक़तें इस सपने को कभी साकार नहीं होने देंगी। वे राज्य-समाजवाद को बिना तानाशाही और संसदीय जनतंत्र के साथ प्राप्त करना चाहते थे। इससे स्पष्ट है कि उनकी चिंता का केंद्र संपूर्ण जनता थी न कि केवल दलित। संपूर्ण मानवता के कल्याण का भाव उनमें निहित था।

**सेकुलरवाद** : नेहरू सेकुलर राज्य के ज़बरदस्त हिमायती थे। इसका अर्थ राज्य को धर्म से तटस्थ और परे रखना था। राज्य एक सार्वजनिक उपक्रम है और धर्म एक निजी। दोनों के बीच अलगाव ज़रूरी है। साथ ही नेहरू आध्यात्मिकता और धर्म के वैचारिक-संस्थागत आयामों के बीच अंतर करते थे। जहाँ संस्थागत धर्म के प्रति उनमें घोर विरोध था, वहीं आध्यात्मिकता के प्रति उनमें लगाव दृष्टिगोचर होता है, हालाँकि उन्होंने कभी उसे स्पष्ट रूप से व्याख्यायित करने का प्रयत्न नहीं किया। कभी इसका अर्थ उन्होंने नैतिकता के समानार्थी माना, तो कभी मनुष्य की नियति और जीवन के उद्देश्य खोजने/पाने के अर्थ में किया। उनके अनुसार यद्यपि आध्यात्मिकता ही धर्म के पीछे प्रेरक शक्ति है किंतु धर्म इन प्रश्नों के बारे में अंतिम उत्तर देने का प्रयास करता है जो अनुचित है। चूँकि भारत जैसे देश में जहाँ की संस्कृति धर्म पर आधारित है, राज्य और धर्म के बीच पूर्ण अलगाव व्यावहारिक नहीं है। इसलिए कई बार संविधान-प्रदत्त नागरिक अधिकारों की सुरक्षा के लिए राज्य को धार्मिक व्यवस्था में हस्तक्षेप करने का हक़ है, इसलिए अस्पृश्यता के विरुद्ध क़ानून बनाने, हिंदू कोड बिल और मंदिरों का इंतज़ाम सुव्यवस्थित करने में राज्य के हस्तक्षेप का उन्होंने समर्थन किया। वे यह भी चाहते थे कि भारत के सभी नागरिकों के लिए समान आचार संहिता हो लेकिन इसके लिए वे मुसलमान समाज के तैयार होने तक इंतज़ार के पक्षधर थे।

आम्बेडकर का भी मानना था कि जगत और मनुष्य का व्यवहार मानवीय तर्क बुद्धि से समझा जा सकता है, और इसके लिए किसी दैवी सत्ता को स्वीकार करने की ज़रूरत नहीं है। ऐसा विश्वास मनुष्य के पिछड़ेपन की अवस्था का द्योतक है जब उसमें प्रकृति और समाज को समझने/बदलने की क्षमता नहीं थी। किसी परम शक्ति की ज़रूरत और उस पर निर्भरता मानवीय गरिमा के विपरीत और उसकी स्वतंत्रता से इंकार करना है। लेकिन धर्म के बारे में उनका विचार उभयअर्थी था। एक ओर जहाँ वे व्यक्तिगत ईश्वर और इलहाम में आस्था को अंधविश्वासों में गिनते थे, वहीं धर्म की समाजहितकारी भूमिका को भी स्वीकार करते थे। उनके अनुसार धर्म मनुष्य की पाशविक प्रवृत्तियों के उन्नयन के लिए ज़रूरी है। धर्म प्रेम, सद्भाव, सेवा, सामाजिक एकता को बढ़ावा देता है, और बुराई तथा न्याय के लिए संघर्ष करने की प्रेरणा प्रदान करता है। सच्चे अर्थों में धर्म मनुष्य को आत्मसम्मान और ज़िम्मेदारी से परिपूर्ण करता है। यही विशेषताएँ न केवल अच्छे और ख़राब धर्म के बीच विभाजक रेखा बनाती हैं, अपितु किसी भी स्थापित धर्म के भीतर श्रेष्ठ तत्त्वों को बढ़ावा देने की कसौटी बन जाती हैं। अतः धर्मों में सुधार की गुंजाइश हमेशा बनी रहती है। इस दृष्टि से नैतिक शुभ की स्थापना केवल आधुनिक तर्कबुद्धि से संभव नहीं है। न केवल नैतिक शुभ को तर्कयुक्त होना चाहिए अपितु तर्क को भी नैतिकता के अंतर्गत कार्य करना चाहिए। इसलिए ऐसी मान्यता के साथ धर्म कर्मकांडी या मताग्रही नहीं हो सकता। इसी कारण हिंदू धर्म की मान्यताओं से आजीवन संघर्ष करने और लगभग तीस वर्ष तक विचार करने के बाद आम्बेडकर ने बौद्ध धर्म अपनाया। साथ ही उसमें समयोचित परिवर्तन भी सुझाए।

**राष्ट्रवाद** : नेहरू सच्चे देशभक्त और राष्ट्रवादी थे। ब्रिटिश साम्राज्यवाद के विरुद्ध संघर्ष के दौरान उनके अंदर भारतीय राष्ट्र की परिकल्पना ने जन्म लिया जिसे उन्होंने इतिहास के अपने अध्ययन द्वारा और पुष्ट किया। आधुनिक अर्थ में जिसे राष्ट्र कहा जाता है वह आधुनिक

परिघटना है। उन्हें पता था कि इतिहास में पहले कभी केंद्रीय राज्यसत्ता के न रहने के कारण भारत कभी एक नहीं रह पाया जिस कारण वह बार-बार बाहरी आक्रमणकारियों के आखेट का आसान निशाना बनता रहा। उनकी मान्यता थी भारतीय संविधान ने एक सशक्त राष्ट्र की नींव रखी है जिसमें स्वायत्तता की क्षेत्रीय आकांक्षाओं का मज़बूत केंद्रीय सत्ता के साथ अच्छा समन्वय है। उद्योगीकरण द्वारा सारे देश को आर्थिक परस्पर निर्भरता के संजाल में बाँधने में मदद मिलेगी और आर्थिक नियोजन द्वारा इस बात की गारंटी रहेगी कि सभी क्षेत्रों को आर्थिक विकास के फल समान रूप से प्राप्त हो सके। उन्हें आशा थी कि यात्रा और संचार की बढ़ती सुविधाएँ, हमारे विश्वविद्यालय, सार्वजनिक उपक्रम और प्रदेशों की सरकारें मिलकर भारतीय राष्ट्र की नयी तस्वीर बनाएँगे। वे पुनरुत्थानवादी सांस्कृतिक राष्ट्रवाद और धार्मिक राष्ट्रवाद के घोर विरोधी थे। इसीलिए उन्होंने द्वि-राष्ट्र के सिद्धांत का कभी समर्थन नहीं किया। उनका राष्ट्रवाद संकीर्णता से परे था, वह राष्ट्रों की सरहदों के पार सार्वदेशिकता से संपन्न विश्ववाद को छूता था। अपनी बेटी इंदिरा को चवालीसवें पत्र में वे लिखते हैं :

> हमें पूरी दुनिया को सामने रख कर सोचना चाहिए। अगर इस दुनिया के किसी छोटे से हिस्से में , जिसे हम भले ही अपनी मातृभूमि कहते हों, हमारा जीवन का बड़ा हिस्सा गुज़रा है तो हम बाक़ी दुनिया के साथ क़दमताल नहीं कर पाएँगे।[4]

इसीलिए उन्होंने सभी देशों के उपनिवेशवाद विरोधी आंदोलनों का समर्थन किया और उनकी मुक्ति में महत्त्वपूर्ण भूमिका निभायी। अफ्रीकी नैशनल कांग्रेस का समर्थन इसका ज्वलंत उदाहरण है।

आम्बेडकर की देशभक्ति पर उन गाँधी तक को संदेह नहीं था जिनका विरोध उन्होंने आजीवन किया। लेकिन आम्बेडकर की राष्ट्रवाद की परिकल्पना कांग्रेस के नेताओं से भिन्न थी जिनके हाथ में स्वतंत्रता संग्राम की बागडोर थी। यह सच है कि आम्बेडकर ने कांग्रेस द्वारा ब्रिटिश हुकूमत

4 जवाहरलाल नेहरू (1939) : पत्र संख्या 44.

के ख़िलाफ़ चलाए गये आंदोलनों में हिस्सा नहीं लिया — यहाँ तक कि 1942 के भारत छोड़ो आंदोलन का भी विरोध किया। लेकिन इसके पीछे उनकी दृष्टि में भारतीय राष्ट्रवाद का उच्च वर्गीय/जातिगत स्वरूप था। ब्रिटिश साम्राज्यवाद द्वारा भारत के आर्थिक शोषण से आम्बेडकर भली भाँति परिचित थे और भारत के स्वतंत्र होने से उनका विरोध नहीं था। लेकिन वे ऐसे किसी स्वत्रंत भारत के पक्षधर नहीं थे जिसमें अनुसूचित जातियों को उनकी संख्या के अनुरूप प्रतिनिधित्व न मिले। आम्बेडकर की दृष्टि में अंग्रेज शासन से जिस स्वतंत्रता की वकालत कांग्रेसी राष्ट्रवादी कर रहे थे उससे शूद्रों/अछूतों को अपनी गुलामी और दरिद्रता से मुक्ति नहीं मिलने वाली थी। यदि हम राष्ट्र को उच्च शासक वर्गों तक सीमित न माने तो आम्बेडकर की माँग को राष्ट्रविरोधी घोषित नहीं किया जा सकता। हमें यह नहीं भूलना चाहिए कि परतंत्रता का एक आंतरिक पहलू भी था जिसकी ओर आम्बेडकर के विरोध ने ध्यान दिलाया। राष्ट्रवाद और मातृभूमि की अंधभक्ति में अंतर है और एक सशक्त राष्ट्र के निर्माण के लिए बाहरी और भीतरी, दोनों प्रकार की गुलामी और शोषण से मुक्ति ज़रूरी है। सदियों से शोषित, दमित, बहिष्कृत दलित वर्गों के पक्ष में आवाज़ उठाकर आम्बेडकर ने भारतीय राष्ट्रवाद से सामाजिक आधार को अधिक व्यापक और मज़बूत बनाने का कार्य किया जिसका गवाह स्वतंत्र भारत का 67 सालों का इतिहास है।

**इतिहास दृष्टि** : नेहरू और आम्बेडकर, दोनों ही प्राचीन भारतीय इतिहास में रुचि रखते थे, किंतु दोनों का दृष्टिकोण भिन्न था। विशेष रूप से बौद्ध धर्म के भारत में प्रचार-प्रसार और अवसान के बारे में। नेहरू की दृष्टि में (क) मौर्य साम्राज्य के आंतरिक सांस्कृतिक टकराव से जो नया समाज उदय हो रहा था, बुद्ध का सार्वभौमिक सिद्धांत उसके लिए ज़्यादा उपयोगी और प्रासंगिक था, (ख) इससे नयी शक्तियों का प्रादुर्भाव हुआ जिसने भारत के भीतर और बाहर व्यापार को बढ़ावा दिया। जबकि आम्बेडकर ने आर्यों के पतनशील सामाजिक-सांस्कृतिक जीवन के संदर्भ में बौद्ध नैतिकता की

श्रेष्ठता पर ज़्यादा ज़ोर दिया। उनकी दृष्टि में गौतम बुद्ध द्वारा जाति, ग़ैर-बराबरी और यज्ञ ऐसे ब्राह्मणवादी कर्मकांडों के विरोध में ही उनकी सफलता का राज छिपा है। ऐसा नहीं है कि नेहरू ने बुद्ध के नैतिक विचारों की सार्वभौमिकता और श्रेष्ठता से इंकार किया हो, लेकिन उसके प्रचार-प्रसार में राज्य सत्ता के सहयोग को भी महत्त्वपूर्ण माना जबकि आम्बेडकर ने राजनीतिक-आर्थिक कारकों की ओर ज़्यादा ध्यान नहीं दिया। प्रश्न उठता है कि जब बौद्ध धर्म और नैतिकता हिंदू धर्म से इतनी श्रेष्ठ थी तो भारत में बौद्ध धर्म का पतन कैसे हुआ जबकि सुदूर देशों में पनपने में उसे सफलता मिली? यह भारतीय इतिहास के सबसे जटिल प्रश्नों में से एक है जिसका उत्तर नेहरू और आम्बेडकर ने अलग-अलग दिया।

बौद्ध धर्म के भारत में अवसान के नेहरू ने कई कारण गिनाए। वे इस प्रक्रिया को बौद्ध धर्म के पतन की दृष्टि से नहीं, बल्कि हिंदू धर्म द्वारा उसे अपने में समावेशित कर लेने की नज़र से देखते हैं। इसके पीछे वे कई अन्य कारणों को भी गिनाते हैं लेकिन मुख्य रूप से अहिंसा पर ज़रूरत से ज़्यादा ज़ोर देने के कारण चौथी शताब्दी में विदेशी आक्रांताओं से लड़ने के लिए उसकी शक्तिहीनता ने ब्राह्मणवाद को पुनर्स्थापित होने का मौक़ा दिया। किंतु आम्बेडकर की दृष्टि में बौद्ध धर्म के पतन का मूल कारण ब्राह्मणों द्वारा उनका दमन था। ब्राह्मणों ने वर्चस्व के लिए न केवल शास्त्रों का उपयोग किया अपितु अबौद्ध राजाओं द्वारा बौद्धों का दमन करवाया। इस कार्य में मुसलमान आक्रांताओं ने भी योगदान किया किंतु आम्बेडकर की दृष्टि में हिंदू आक्रमण ज़्यादा दुर्दांत था। इसीलिए वे बौद्ध धर्म के उदय को क्रांति और उसके ब्राह्मणवाद द्वारा अंत को प्रतिक्रांति की संज्ञा देते हैं।

**भारतीय संस्कृति** : भारतीय इतिहास के उपरोक्त महत्त्वपूर्ण अध्याय के प्रति दोनों विचारकों की दृष्टि में मतांतर के पीछे भारतीय संस्कृति के बारे में उनके मतभेद भी उजागर होते हैं। नेहरू की पुस्तक द *डिस्कवरी ऑफ़ इंडिया* की आधारभूत मान्यता 'विभिन्नता में एकता' और संश्लेषण की

क्षमता है। जबकि आम्बेडकर की पुस्तक *रेवोल्यूशन ऐंड काउंटर रेवोल्यूशन इन एंशिएंट इंडिया* में सांस्कृतिक निरंतरता के प्रत्यय पर ही सवाल उठाया गया है। आम्बेडकर ने बड़े ही स्पष्ट शब्दों में कहा है :

> सबसे पहले तो हमें यह तथ्य स्वीकार करना होगा कि भारत में साझी संस्कृति जैसी कोई चीज़ ही नहीं रही है। ऐतिहासिक रूप से यहाँ तीन भारत रहे हैं — ब्राह्मण भारत, बौद्ध भारत और हिंदू भारत। और, इन तीनों की अपनी विशिष्ट संस्कृति रही है। हमें दूसरी बात यह स्वीकार करनी चाहिए कि मुसलमानों के आक्रमण से पहले का भारतीय इतिहास ब्राह्मण धर्म और बौद्ध धर्म के नैतिक द्वंद्व का इतिहास रहा है।[5]

अपनी पुस्तक में नेहरू ने भारतीय संस्कृति की जो तस्वीर खींची है, वह किसी शुद्ध हिंदू संस्कृति का बखान नहीं है। उनकी दृष्टि में यह सदियों से होते आये सांस्कृतिक मिश्रण, स्वीकार्य और अनुकूलन का परिणाम है जिसमें एक के ऊपर दूसरी तहें हैं लेकिन जो पहली वाली तहों को न पूरी तरह छिपाती है और न विनष्ट करती है। इस परतदार संस्कृति संरचना को हम भारतीय संस्कृति की विकेंद्रित धारणा कह सकते हैं। अपनी आत्मकथा में उन्होंने लिखा है कि जिस तरह भारत के अतीत में कोई एक राजधानी नहीं रही उसी तरह भारतीय संस्कृति सारे देश में इस तरह फैली हुई थी कि किसी एक भाग को उसका केंद्रीय हृदय कहना उचित नहीं होगा। संस्कृति की इसी समझ के चलते उन्हें एक नयी परत के रूप में अंग्रेज़ी प्रभाव को ग्रहण करने में कभी दिक़्क़त नहीं हुई और सड़ी-गली सांस्कृतिक मान्यताओं को हस्तक्षेप द्वारा बदलने में कोई आपत्ति भी नहीं थी। आपस में जुड़ी भिन्नताओं वाली भारत की छवि ने उन्हें भाषा, धर्म आदि पर आधारित किसी एक पहचान को थोपने के प्रयासों का निरंतर विरोध करने को बाध्य किया, फिर भी उन्हें परम्परा-विरोधी नहीं कहा जा सकता क्योंकि वे सम्राट अशोक और कौटिल्य से प्रभावित थे और इसी कारण भारतीय राज्य की मुहर सारनाथ के शेरों वाली और राष्ट्रीय ध्वज

[5] बी.आर. आम्बेडकर (1987) : 275.

में धर्मचक्र प्रवर्तन वाला चक्र स्वीकारने में उनकी सहमति थी। बौद्ध धर्म में दीक्षा लेकर आम्बेडकर ने तो भारतीय सांस्कृतिक परम्परा की एक विशेष धारा पर अपनी मुहर ही लगा दी।

**वैज्ञानिक दृष्टि** : नेहरू की नज़र में इसका अर्थ विज्ञान और प्रौद्योगिकी का विकास नहीं अपितु जीवन और जगत के प्रति सोच में तार्किकता और अनुभवपरकता का विकास है। लगभग एक हज़ार साल से भारत के पतन के पीछे उसके लोगों की रूढ़िवादी, रहस्यवादी, तथ्य और तर्क से परे काल्पनिक सोच ही कारण है। अब समय आ गया है कि युरोप की तरह भारतीय भी वैज्ञानिक दृष्टि को अपनाए। वैज्ञानिकता से नेहरू का मतलब यह है कि अंध आस्था के स्थान पर केवल तथ्यों द्वारा समर्थित ज्ञान को ही स्वीकारना, नये साक्ष्यों के आधार पर उसमें परिवर्तन करना, अंतिम सच के स्थान पर बराबर जाँच-परख के दरवाज़े खुले रखना ही है। लेकिन नेहरू विज्ञान की सीमाओं से भी परिचित थे और प्रत्यक्षवादियों की भूल को दोहराना नहीं चाहते थे। उनका मानना था कि जीवन के कई क्षेत्रों में विज्ञान की भूमिका सीमित है। विज्ञान यह भी बताने में असमर्थ है कि उसके द्वारा अर्जित ज्ञान का उपयोग कैसे किया जाए। लेकिन इन सीमाओं के होते हुए भी नेहरू का कहना था कि प्राकृतिक विज्ञानों की भूमिका सर्वोपरि है, समाज के अध्ययन में भी इसका पूरा दख़ल होना चाहिए और आत्मा, परमात्मा ऐसे प्रत्ययों की वास्तविकता जाँचने में इसे अपनी नकारात्मक भूमिका निभानी चाहिए।

आम्बेडकर भी नेहरू की इस बात से सहमत थे कि भारतीय समाज का बहुत बड़ा तबक़ा रूढ़िवादी अंधविश्वासों से जकड़ा है जिससे चालाक लोगों को अपना न्यस्त स्वार्थ सिद्ध करने का पूरा मौक़ा मिलता है। आम्बेडकर का दृष्टिकोण प्रकृतिवाद के बहुत नज़दीक है। उनका मानना था कि हर घटना के पीछे कोई कारण होता है जो प्रकृति के नियम या मानवीय *कृतत्व* का परिणाम होता है। हो सकता है कि आज हम उस कारण को ठीक से न समझते हों किंतु

मानवीय बुद्धि से एक दिन अवश्य समझ लेंगे। इससे तर्क और अनुभव के आधार पर वे किसी अति-प्राकृतिक तत्त्व जैसे आत्मा, परमात्मा, कर्मफल, पुनर्जन्म की सत्यता से इंकार करते हैं और यह भी बताते हैं कि इन पर विश्वास करने से मनुष्य अपना आत्मविश्वास, साहस और स्वतंत्रता खो देता है। विज्ञान की सीमाओं से वे नेहरू के मुक़ाबले ज़्यादा चेतनाशील थे। तभी तो धर्म की ज़रूरत को बड़ी शिद्दत से महसूस करते हैं और बौद्ध धर्म अपनाते हैं। अन्य धर्मों के मुक़ाबले बौद्ध धर्म अपनाने के पीछे भी उसमें निहित तर्कशीलता और अनुभवगम्यता ही है। जाति व्यवस्था का विरोध वे उसकी अवैज्ञानिकता के आधार पर भी करते हैं। मानवी मुक्ति के लिए वे किसी अवतार या दैवी हस्तक्षेप पर विश्वास नहीं करते।

**जातिप्रथा और उसका उन्मूलन** : वर्ण और जाति की उत्पत्ति के बारे में नेहरू पाश्चात्य विद्वानों के मत से ही सहमत दिखाई देते हैं कि आर्यों और दस्युओं के भीषण संघर्ष में ही वर्णवाद उदित हुआ। बाद में आर्थिक समुदायों और श्रेणियों के विस्तार से वर्णवाद और मज़बूत हुआ। जातिवाद उसी का विकृत स्वरूप है। अन्य सभ्यताओं में भी वर्णवाद का अंशतः समर्थन तो मिलता है किंतु हिंदुओं जैसा जटिल-शोषक जातिवाद संसार में अन्यत्र नहीं है। इससे मुक्ति, नेहरू के विचार में, धीरे-धीरे उद्योगीकरण, आर्थिक विकास और समाजवाद की स्थापना के साथ ही संभव है। लेकिन समीपवर्ती दृष्टि से निम्न जातियों के आरक्षण का समर्थन भी उन्होंने किया।

आम्बेडकर का तो सारा जीवन ही शूद्र और अछूत जातियों के उत्थान के लिए समर्पित था। इसके लिए उन्होंने न केवल जातिप्रथा की उत्पत्ति और उसके विनाश के बारे में गहराई से विचार किया अपितु अछूतों में चेतना फैलाने, उन्हें संगठित करने, आंदोलन करने, सरकारों से विभिन्न वैधानिक सुविधाएँ प्राप्त करने के लिए संघर्ष भी किया। ऐसा लगता है कि प्रारम्भ में उनका संघर्ष हिंदू धर्म के अंतर्गत ही अछूतों को एक सम्मानजनक स्थान दिलाने के लिए था, किंतु धीरे-धीरे इससे उनका

मोहभंग हो गया और इसीलिए अंत में उन्होंने हिंदू धर्म छोड़ कर बौद्ध धर्म अपनाया। इस विषय पर कांग्रेस और गाँधी जी से उनके काफ़ी मतभेद थे, किंतु उसकी चर्चा यहाँ अवांतर होगी। यहाँ हम उनके विचारों की कतिपय विशेषताओं की ही चर्चा करेंगे।

1948 में प्रकाशित अपनी पुस्तक द *अनटचेबिल्स* में आम्बेडकर ने यह स्थापित किया कि प्रारम्भ में अछूत बौद्ध धर्म के अनुयायी थे जो बौद्ध धर्म और ब्राह्मण धर्म के संघर्ष में बौद्ध धर्म की पराजय के बाद अछूत हो गये। उनका पक्का विश्वास था कि केवल अछूत ही अछूतों को नेतृत्व प्रदान कर सकते हैं। इसीलिए उन्होंने ऊँची जातियों के किसी संगठन का समर्थन लेने का प्रयत्न नहीं किया। यद्यपि अपनी गतिविधियों में ऊँची जाति के सदस्यों का स्वागत किया। स्वतंत्रता से पूर्व और उसके पश्चात्, अछूतों के हितों की रक्षा के लिए क़ानूनी लड़ाई को वरीयता प्रदान की और उसके लिए भारतीय संविधान में व्यवस्थाएँ भी करायीं। समस्या के मनोवैज्ञानिक पहलू को नज़रअंदाज़ न करते हुए उन्होंने अछूतों में आत्मसम्मान और आत्मविश्वास जगाने पर भी बहुत ज़ोर दिया। इसके लिए उन्होंने अछूतों द्वारा किये जा रहे परंपरागत कार्यों जैसे मरे जानवरों को उठाना आदि का निषेध किया। तो दूसरी ओर उन्हें उच्चतर स्तर तक शिक्षा प्राप्त करने के लिए प्रेरित भी किया। उनके अनुसार अछूतों को एक अलग, अल्पसंख्यक समुदाय के रूप में देखा जाना चाहिए और जिनकी विशेष ज़रूरतों पर ध्यान दिलाने के लिए अछूतों द्वारा ही उनका सरकार में हर स्तर पर प्रतिनिधित्व होना चाहिए। उनके प्रयत्नों के परिणामस्वरूप ही भारतीय संविधान में अस्पृश्यता को क़ानूनी रूप से अवैध घोषित किया गया। साथ ही अनुसूचित जातियों के लिए विभिन्न स्तरों पर आरक्षण का प्रावधान भी किया गया। आम्बेडकर का उद्देश्य महज़ अस्पृश्यता से निपटना नहीं था, वे तो जाति प्रथा का समूल नाश चाहते थे। उन्होंने समाज को चार वर्णों में विभाजित करने वाली वर्ण व्यवस्था और उसके अंतर्गत चलने वाली जाति व्यवस्था, दोनों का विरोध किया और अपनी पुस्तक *ऐनिहिलेशन ऑफ़ कास्ट* में उनके अंत के उपाय सुझाए।

वैधानिक उपायों के लिए संघर्ष और सफलता के बावजूद आम्बेडकर उनकी सीमाओं से भी परिचित थे। उनके अनुसार चूँकि हिंदू धर्म सामाजिक स्तर पर ग़ैर-बराबरी को औचित्य प्रदान करता है। अतः उसे छोड़े बिना दलितों को बराबरी का हक़ व सम्मान नहीं मिल सकता। इसीलिए उन्होंने लगभग तीस वर्षों तक सभी धर्मों का गहरा तुलनात्मक अध्ययन करने के पश्चात्, अपने सहयोगियों के साथ 1956 में बौद्ध धर्म अपना लिया क्योंकि उनकी दृष्टि में बौद्ध धर्म जाति विरोधी और नैतिकता प्रधान होने के कारण सर्वश्रेष्ठ है। इसकी विस्तृत चर्चा उन्होंने अपनी पुस्तक *बुद्धा ऐंड हिज़ धम्मा* में की है।

**गुटनिरपेक्षता** : गुटनिरपेक्षता का आदर्श आज चाहे कितना ही धूमिल क्यों न पड़ गया हो, नेहरू के विचारों की चर्चा उसके बिना अधूरी ही रहेगी। इसे अपनाने के पीछे उनकी मान्यता थी कि प्रबुद्ध पूँजीवाद उदार साम्यवाद के साथ दोस्ताना प्रतिस्पर्धा में रह सकता है। उनका शांतिपूर्ण सहअस्तित्व विश्व शांति के लिए ज़रूरी है। अतः दोनों शक्ति-केंद्रों से बाहर रहकर भारत न केवल अपने हितों की रक्षा बल्कि अंतर्राष्ट्रीय संबंधों में एक महत्त्वपूर्ण भूमिका निभा सकता है। इसे औचित्य प्रदान करने के वास्ते उन्होंने तीन कारण बताए। प्रथम, यह भारत की स्वतंत्रता की अभिव्यक्ति और उसे सुरक्षित रखने के लिए आवश्यक है। द्वितीय, भिन्न-भिन्न विचार रखने वाले भारतीयों को एक सूत्र में बाँधे रखने का यह एक सुरक्षित उपाय है। तृतीय, किसी एक शक्ति केंद्र के साथ जुड़कर भारत न तो बड़ी शक्तियों के बीच मध्यस्थता कर सकता है, न महत्त्वपूर्ण अंतर्राष्ट्रीय मुद्दों पर नयी दृष्टि से विचार समर्थन जुटा सकता है और न तीसरी दुनिया के देशों के पक्ष में बोल सकता है। अपने समय में ये विचार बड़े ही सार्थक जान पड़ते हैं। इन्होंने नेहरू और भारत को एक वैश्विक पहचान दिलाने में मदद की।

आम्बेडकर कांग्रेस की इस गुटनिरपेक्ष नीति से सहमत नहीं थे और 1951 में मंत्री पद से इस्तीफ़ा देते समय इसका उल्लेख भी किया था। वे कम्युनिस्ट देशों के मुक़ाबले पश्चिमी देशों से संबंध रखने के पक्षधर थे।

## II

नेहरू और आम्बेडकर के विचारों में समानताओं और भिन्नताओं के उपरोक्त विवेचन से यह तो स्पष्ट ही है कि जहाँ उनके बीच समानता का व्यापक क्षेत्र है वहीं भिन्नता भी कम महत्त्वपूर्ण नहीं है। लोकतंत्र, उद्योगीकरण और समाजवाद ऐसे मुद्दों पर उनमें दूर तक सहमति के पीछे दो मान्यताएँ कार्यरत दिखाई देती हैं। पहली, ऐतिहासिक दृष्टि से भारत के लिए अपनी स्वायत्तता बनाए रखने के लिए और अपनी आर्थिक-सामाजिक-राजनीतिक समस्याओं को हल करने के उद्देश्य से आधुनिकीकरण को अपनाना आवश्यक है। दूसरी, आधुनिक पश्चिमी सभ्यता पहले की सभ्यताओं से श्रेष्ठ है क्योंकि यह मनुष्य की स्वतंत्रता की चाह का परिणाम है जिसने प्रकृति को वश में करने, भौतिक अभावों को दूर करने, सामाजिक बाधाओं को दूर करने और मनुष्य की वैयक्तिकता स्थापित करने में सफलता पायी है। यद्यपि इसमें कुछ कमियाँ भी हैं लेकिन यह उपलब्ध अन्य विकल्पों से श्रेष्ठ है। इसमें अपनी कमज़ोरियों को पहचानने और उन्हें ठीक करने की क्षमता है। आधुनिकता का मतलब केवल उद्योगीकरण नहीं है — यह एक तार्किक, मानववादी, सेकुलर और वैज्ञानिक विश्वदृष्टि भी है। अतः भारत के लिए आधुनिकीकरण की न केवल ज़रूरत है अपितु यह वांछनीय भी है। यह भारत का युगधर्म है।

आधुनिकीकरण को श्रेष्ठतम युगधर्म स्वीकार्य करने का एक अर्थ यह भी था कि दोनों, नेहरू और आम्बेडकर के लिए हिंदू पुनरुत्थानवाद की कोई प्रासंगिकता नहीं थी। वेद-उपनिषद की दुहाई देने वालों से उनका स्पष्ट मतभेद था। लेकिन ज़्यादा महत्त्वपूर्ण बात यह है कि दोनों का भारत के भविष्य का सपना गाँधी के सपने से भी भिन्न था। अपने में स्वावलम्बी जिस ग्राम स्वराज की बात गाँधी करते थे उसे नेहरू और आम्बेडकर अज्ञान और पिछड़ेपन की निशानी मानते थे। कई तरह से गाँधी आधुनिक सभ्यता के आलोचक थे और भारी मशीनों पर आधारित उद्योगीकरण के विरोधी जबकि नेहरू और

आम्बेडकर, दोनों की दृष्टि में मशीनों पर आधारित उद्योगीकरण का कोई विकल्प नहीं था। गाँधी विकेंद्रीकरण के पक्षधर थे जबकि ये दोनों मज़बूत केंद्रीय सत्ता के पक्षपाती थे।

नेहरू पर सोवियत यूनियन और फ़ेबियन सोशलिस्टों का और आम्बेडकर पर अमरीकी दार्शनिक जान डुवी और ब्रिटिश राजनीतिशास्त्री हेराल्ड लास्की का प्रभाव था। यद्यपि दोनों ही पूँजीवाद के विरोधी और समाजवाद के समर्थक थे किंतु वे समाजवाद की स्थापना के लिए सोवियत ढंग की तानाशाही के विरोधी थे। इस तरह भारत के लिए आधुनिकीकरण का उनका मॉडल न अमेरिकी ढंग का पूँजीवाद था और न सोवियत रूस की तरह साम्यवादी। वे पश्चिम की अंधी नकल के पक्षधर नहीं थे।

भारत को एक आधुनिक ढंग का संविधान देने में नेहरू और आम्बेडकर की भूमिका पर किसी को संदेह नहीं है लेकिन हिंदू व्यक्तिगत क़ानूनों में संशोधन करने में उनकी संयुक्त भूमिका के बारे में लोगों में कम जानकारी है। क़ानून मंत्री के रूप में आम्बेडकर ने जिस हिंदू कोड बिल का मसविदा तैयार किया था वह नारी सशक्तीकरण की दृष्टि से बड़ा क्रांतिकारी था। उसमें स्त्रियों को व्यापक अधिकार दिये गये थे जिसके विरोध में हिंदू समाज की प्रतिगामी शक्तियाँ एकजुट होकर विरोध में खड़ी हो गयी थीं। इसके अंतर्गत पहली बार विधवा और पुत्री को संपत्ति में पुत्र के बराबर अधिकार, औरतों को क्रूर एवं लापरवाह पति से तलाक़ का अधिकार, एक पत्नी होते हुए पुरुष को दूसरी पत्नी से वंचित किया गया, भिन्न जाति के पुरुष और स्त्री को हिंदू क़ानून के अंतर्गत विवाह का अधिकार और हिंदू पति-पत्नी को दूसरी जाति के बच्चे को गोद लेने का अधिकार दिया गया था। कांग्रेस के अंदर का रूढ़िवादी तबक़ा, यहाँ तक कि राष्ट्रपति राजेन्द्र प्रसाद भी इसे स्वीकार करने को तैयार नहीं थे। इस विरोध और आने वाले चुनाव को देखते हुए नेहरू ने उस समय बिल को वापस ले लिया जिसके विरोध में आम्बेडकर ने मंत्रिमंडल से त्यागपत्र दे दिया। लेकिन बाद में नेहरू ने यही बिल टुकड़ों-टुकड़ों में संसद से पारित करवाया। आम्बेडकर की मृत्यु पर संसद में बोलते हुए नेहरू ने कहा था कि उन्हें न केवल 'हिंदू समाज की

दमनकारी प्रथाओं के विद्रोही-व्यक्तित्व के रूप में देखा जाएगा' बल्कि उन्हें हिंदू क़ानून में सुधार करने और इसके लिए अथक प्रयत्न करने के लिए भी याद किया जाएगा। मुझे इस बात की ख़ुशी है कि भले ही यह सुधार उनके इस विराट दस्तावेज़ की शक्ल में नुमाया न होकर टुकड़ों-टुकड़ों में हासिल हुआ हो लेकिन सुधार का यह सिलसिला बहुत हद तक उनके सामने ही पूरा हो गया था।[6]

मतभेद की दृष्टि से, नेहरू और आम्बेडकर में स्वतंत्रता से पूर्व राष्ट्रवाद को लेकर विचारों में अंतर दिखाई देता है। जहाँ नेहरू के लिए ब्रिटिश साम्राज्यवाद से लड़ कर भारत को स्वतंत्रता दिलाना पहली प्राथमिकता थी वहीं आम्बेडकर के लिए जातिवादी हिंदू समाज के उत्पीड़न से दलितों की मुक्ति का सवाल पहले नबंर पर था। स्वतंत्रता के बाद भी, संविधान द्वारा अस्पृश्यता को ग़ैर-क़ानूनी घोषित कर दिये जाने और दलितों के पक्ष में आरक्षण की घोषणा के बाद भी आम्बेडकर के लिए दलित उत्थान का प्रश्न सर्वोपरि बना रहा जिसका परिणाम उनके द्वारा बौद्ध धर्म के स्वीकार के रूप में सामने आया जबकि नेहरू इसका दूरगामी हल शनैः शनैः उद्योगीकरण जनित आधुनिकीकरण की प्रक्रिया में ही देखते हैं। महत्त्वपूर्ण होते हुए भी यह उनकी प्राथमिकता नहीं रही।

एक बड़ा और महत्त्वपूर्ण अंतर दोनों के बीच धर्म की भूमिका को लेकर है। वैज्ञानिक दृष्टि का समर्थन करते हुए दोनों ही विज्ञान की सीमाओं से भी परिचित हैं। दोनों ही इस कमी को नैतिकता से दूर करना चाहते हैं, किंतु आम्बेडकर जहाँ धर्म को सामाजिक नैतिकता के स्रोत के रूप में स्वीकार करते हैं वहीं नेहरू संस्थागत धर्मों की इस भूमिका को पूरी तरह नकार देते हैं। नेहरू एक धुँधली सी आध्यात्मिकता की बात तो करते हैं किंतु उसे स्पष्ट नहीं करते जबकि आम्बेडकर बौद्ध धर्म को न केवल स्वीकार करते हैं वरन् उसमें युगानुरूप परिवर्तन के सुझाव भी देते हैं।

[6] रामचंद्र गुहा (2004), देखें, http://ramchandraguha.in/archives/reforming-the-hindus-html.

इसके अलावा भी कई मुद्दों पर नेहरू और आम्बेडकर के विचारों में अंतर दिखाई देता है। भारत-पाकिस्तान बँटवारा, कश्मीर का विलय, गुटनिरपेक्षता और भाषा के आधार पर राज्यों की पुनर्रचना ऐसे ही मतभेद के विषय हैं। आम्बेडकर बँटवारे के प्रारम्भ से ही पक्षधर थे। वे काश्मीर का भी बँटवारा चाहते थे जिसके अंतर्गत हिंदू और बौद्ध बहुल हिस्से भारत के साथ और मुस्लिम बहुल हिस्सा पाकिस्तान को दिया जाना उचित समझते थे। इसके पीछे वे अपनी पुस्तक *पाकिस्तान ऑर पार्टीशन ऑफ़ इंडिया* में तर्क देते हुए बड़े ही स्पष्ट शब्दों में कहते हैं :

> इस्लाम जिस भ्रातृत्व की चर्चा करता है, वह मनुष्य का सार्वभौम भ्रातृत्व नहीं है। यह तो केवल मुसलमानों के लिए ही है। ग़ैर-मुसलमानों के लिए उसमें केवल तिरस्कार और शत्रुता के अलावा कुछ नहीं है। मुसलमानों की निष्ठा केवल एक ऐसे राष्ट्र के साथ होती है जिसका शासन किसी मुसलमान के हाथ में हो। जिस धरती पर मुसलमान का शासन नहीं है, वह उसके लिए दुश्मन है। मुसलमान उस देश के साथ जुड़ाव नहीं रखता जहाँ वह रहता है, बल्कि वह उस धर्म के साथ जुड़ाव रखता है जिसे वह मानता है।[7]

अपनी-अपनी धार्मिक पहचानों को लेकर हो रहे वर्तमान हिंसक संघर्ष के संदर्भ में आम्बेडकर के विचार सामयिक जान पड़ते हैं।

भारतीय संस्कृति और परम्परा के बारे में दोनों के विचारों में साम्य और अंतर दोनों ही दिखाई देते हैं। सुनहरे अतीत में किसी स्वर्णपात्र से ढँकी शुद्ध महान् भारतीय संस्कृति की अवधारणा दोनों को स्वीकार्य नहीं। किंतु जहाँ नेहरू बाहरी प्रभावों को परत-दर-परत आत्मसात् करने की विशेषता पर ज़ोर देते हैं वहीं आम्बेडकर ब्राह्मणवाद, बौद्ध धर्म और हिंदू धर्म की ऐतिहासिक टकराहटों पर हमारा ध्यान केंद्रित करते हैं। भारतीयता के प्रति दोनों का लगाव है किंतु यह भविष्योन्मुखी ज़्यादा है भूतोन्मुखी कम। काफ़ी सोच-विचार के बाद आम्बेडकर तो बौद्ध परम्परा से जुड़ना चाहते हैं किंतु नेहरू

---

[7] एल.एस. राठौर द्वारा व्यक्तिगत रूप से प्रकाशित पुस्तिका *डॉ. आम्बेडकर : हिज़ वर्क्स ऐंड की कंसेप्ट्स*, में उद्धृत.

में ऐसा कोई प्रयत्न दिखाई नहीं देता। दोनों ही आधुनिक पश्चिम की श्रेष्ठता से प्रभावित हैं, आम्बेडकर कुछ कम, नेहरू कुछ ज़्यादा। इसका असर उनके भारतीय आधुनिकता के मॉडलों में देखा जा सकता है।

## III

भारतीय आधुनिकता के दोनों पहरुओं के अवदानों का जब हम मूल्यांकन करने बैठते हैं तो एक बात बड़ी साफ़ उभर कर आती है कि ज्ञानोदय के आदर्श — स्वतंत्रता, समानता और भाईचारा ही नेहरू और आम्बेडकर के समाज-निर्माण की वैचारिकी के पीछे है। इसका प्रमाण दोनों की संसदीय लोकतंत्र में गहरी आस्था और भारत के लिए एक आधुनिक संविधान गढ़ने और स्थापित करने में पूरी तरह प्रतिबद्ध होना है। भारत की स्वतंत्रता के समय चर्चिल सहित कई पर्यवेक्षकों का मत था कि भारत बिखर जाएगा, क्योंकि जाति, धर्म, भाषा आदि के आधार पर बँटा समाज अपने अतीत की भाँति एक केंद्रीय राज्य के अंतर्गत रहने में असमर्थ होगा। स्वतंत्रता के 67 वर्ष बाद यदि हम गर्व कर सकते हैं कि उक्त भविष्यवाणी झूठी साबित हुई तो इसके पीछे नेहरू और आम्बेडकर का योगदान सबसे अधिक है। इस बात का महत्त्व इससे और भी ज़्यादा बढ़ जाता है जब हम पाते हैं कि उसी समय के आसपास औपनिवेशिक दासता से मुक्त हुए कई देश आज भी प्रजातंत्र के लिए संघर्ष कर रहे हैं। हमारा पड़ोसी पाकिस्तान इसका सटीक उदाहरण है। आज भारत को दुनिया का सबसे बड़ा लोकतंत्र होने का गौरव प्राप्त है जहाँ स्वतंत्र और निष्पक्ष चुनावों के आधार पर सरकार चुनी जाती है, प्रेस, न्यायपालिका और कार्यपालिका एक-दूसरे से सापेक्षतया स्वतंत्र कार्य करते हैं और निम्न वर्गों के उत्थान के लिए बराबर सकारात्मक क़दम उठाए जाते हैं। यदि हम ऐसा ढाँचा नहीं बना पाते तो निश्चय था कि समाज के विभिन्न वर्गों के बीच होने वाले हितों के टकराव का कोई शांतिपूर्ण हल नहीं खोज पाते और दबाव में टूट कर बिखर जाते। एक मज़बूत, लोकतंत्रात्मक राज्य के निर्माण में नेहरू और आम्बेडकर के अवदानों को भुलाया नहीं जा सकता।

यह सही है कि सोवियत यूनियन के पतन के बाद के बदले वैश्विक माहौल में समाजवाद का विचार और सपना आज खटाई में पड़ गया है। भूमंडलीय पूँजीवाद के रथ को रोकना फ़िलहाल संभव नहीं दीखता। इस कारण कई लोग भारत की धीमी आर्थिक प्रगति के लिए नेहरू-आम्बेडकर जैसे नीति निर्माताओं को दोषी ठहराते हैं क्योंकि उन्हीं के प्रभाव से ऐसी समाजवादी आर्थिक नीतियाँ अपनायी गयीं जिसमें सार्वजनिक क्षेत्र का वर्चस्व था, पंचवर्षीय योजनाएँ थीं, नौकरशाही का आधिपत्य था जो धीरे-धीरे लाइसेंस-परमिट राज्य में बदल गया। वास्तव में यह सच नहीं है। उस समय एक आम सहमति थी कि एक ग़रीब, अभी-अभी औपनिवेशिक दासता से मुक्त हुए देश के विकास के लिए आर्थिक क्षेत्र में राज्य का हस्तक्षेप ज़रूरी है। उसी समय टाटा, बिड़ला जैसे बड़े उद्योगपतियों के हस्ताक्षर से एक 'बम्बई प्लान' सरकार के सामने रखा गया था जिसमें राज्य द्वारा 'इन्फ्रास्ट्रक्चर' में विनियोग और उन्हें बाहरी देशों से प्रतिस्पर्धा से बचाने की अपील की गयी थी। दूसरी पंचवर्षीय योजना के मैनिफ़ेस्टो जिसमें भारी उद्योगों को लगाने की नीति पूरी तरह स्वीकारी गयी थी, को भी 24 में से 23 देश के शीर्षस्थ अर्थशास्त्रियों का समर्थन प्राप्त था। अतः हमें अपना आकलन उस दौर की परिस्थितियों के आधार पर करना चाहिए। आज जब पूँजीवाद का कोई विकल्प नज़र नहीं आ रहा, उसकी वकालत करना नेहरू-आम्बेडकर के समय की ऐतिहासिक ज़रूरतों को नज़रअंदाज़ करना है।

पिछले कुछ वर्षों से नेहरू के सेकुलरवाद को लेकर भी बहुतेरे सवाल उठाए जाते रहे हैं। उसे 'छद्म सेकुलरवाद' की संज्ञा से अभिहित किया जाता है क्योंकि यह अल्पसंख्यकों के तुष्टीकरण और बहुसंख्यकों की भावनाओं के अनादर पर टिका है। ये लोग भारत को एक 'हिंदू राज्य' घोषित करवाना चाहते हैं जहाँ हिंदू शब्द धर्म के अर्थ में नहीं सभ्यता-संस्कृति के अर्थ में प्रयुक्त किया जाता है। दूसरी ओर गाँधीवादी हैं जो सेकुलरवाद का मतलब 'सर्वधर्म समभाव' से लेते हैं। तीसरा विकल्प भारत को एक बहुधर्मी राज्य घोषित करना है जिसमें सभी धर्मों का प्रतिनिधित्व हो। नेहरू की आधुनिक दृष्टि में राज्य एक

सार्वजनिक संस्था है जिसके कार्यकलाप में धर्म की कोई भूमिका नहीं है। धर्म सर्वथा एक निजी मसला है। दिक़्क़त यह है कि भारत में धर्म कभी भी घर की चहारदीवारी में क़ैद नहीं रहा है। निजी जीवन में धार्मिक व्यक्ति सार्वजनिक जीवन में धर्म से तटस्थ नहीं रह पाता। समाज का सेकुलरीकरण हुए बग़ैर राज्य का सेकुलर बने रहना हमेशा एक टेढ़ी खीर है। लेकिन धर्मों की हठवादी नैतिकता और विभिन्न धर्मावलम्बियों के आपसी संघर्ष को देखते हुए आज भी सेकुलरवाद का कोई विकल्प नहीं है। हाँ, जैसा कि आज पश्चिम में भी विचार हो रहा है कि चूँकि धर्म को निजी क्षेत्र तक सीमित नहीं रखा जा सकता इसलिए उसे सार्वजनिक क्षेत्र में अपनी बात रखने की छूट होनी चाहिए लेकिन विमर्श पर एकाधिकार किसी का भी नहीं होना चाहिए। मेरे विचार से बँटवारे के समय हुई सांप्रदायिक हिंसा के संदर्भ में नेहरू का सेकुलरवाद भारत की एकता के लिए एक ऐतिहासिक ज़रूरत थी। बाद के वर्षों में अपने निहित राजनीतिक स्वार्थों के लिए धर्म का इस्तेमाल करने वालों ने जिस तरह सेकुलरवाद की व्याख्या को तोड़ा-मरोड़ा, उसके लिए नेहरू को दोषी ठहराना उचित नहीं होगा। आज जब सारा विश्व धार्मिक आतंकवाद से जूझ रहा है, धर्म के नकारात्मक पक्ष को नियंत्रित करने के लिए सेकुलरवाद की प्रासंगिकता से इंकार नहीं किया जा सकता।

आम्बेडकर की स्थिति नेहरू से भिन्न है जैसा कि हम पूर्व खंड में विवेचित कर चुके हैं। वे धर्म के धनात्मक पक्ष — सामाजिक नैतिकता देने की क्षमता को स्वीकार करते हुए अपने आधुनिकता के प्रोजेक्ट को उससे जोड़ना चाहते हैं। इस दृष्टि से वे धर्मों में अंतर पाते हैं और अपने अध्ययन और अनुभव से यह परिणाम निकालते हैं कि उनके द्वारा संशोधित बौद्ध धर्म ही यह कार्यभार उठाने में सक्षम है। इससे बहुत सारे प्रश्न उठ खड़े हुए। हिंदू धर्म की परम्परा के घोर विरोधी का एक दूसरी धर्म-परम्परा में शरण लेना कुछ विद्वानों की दृष्टि में दलित मुक्ति संघर्ष को पीछे धकेलना था। लेकिन अन्य की दृष्टि में यह उस शून्य को भरने का प्रयास था जो पश्चिम में आधुनिकता के अनुभव से उभरा है। अतिशय व्यक्तिवाद, बेगानगी, संबंधों

का वस्तुकरण और जीवन का एक आयामी उपभोक्तावाद आज आधुनिकता के पश्चिमी प्रोजेक्ट पर पुनर्विचार की माँग कर रहा है। ऐसे में आम्बेडकर के प्रयास का औचित्य नकारा नहीं जा सकता। हाँ, यह दूसरी बात है कि वे इस प्रयास में कहाँ तक सफल हुए और आज वह कितना प्रासंगिक है। यह सही है कि आम्बेडकर के बाद बौद्ध धर्म में दीक्षा लेने वालों की संख्या काफ़ी कम है और दलित संघर्ष की दशा-दिशा काफ़ी बदल चुकी है लेकिन इससे दलितों के संघर्ष में उनके योगदान का महत्त्व कम नहीं होता। सदियों से ग़ैरबराबरी वाले समाज में दलितों को समान नागरिकता का संवैधानिक अधिकार और आरक्षण की नींव रखने के लिए उन्हें हमेशा याद किया जाएगा। लेकिन हमें नहीं भूलना चाहिए कि वे केवल दलितों के मसीहा नहीं थे। वे राष्ट्र-निर्माता थे जिन्होंने परम्परा और आधुनिकता के द्वंद्व को नेहरू से ज़्यादा अच्छी तरह समझा था और उनका एक हल देने का प्रयास भी किया था। नेहरू जहाँ पूर्व-आधुनिकता से कन्नी काट करके निकल गये वहीं आम्बेडकर ने उसमें हस्तक्षेप करके उससे लोहा लेने की ठानी। हिंदू परम्परा का विरोध किया तो बौद्ध परम्परा की भी आधुनिकता के मानदंडो पर समीक्षा की। इस तरह पश्चिमी आधुनिकता के बजाय एक वैकल्पिक आधुनिकता की नींव रखी।

आज जब हम दोनों राष्ट्र-निर्माताओं के अवदानों का मूल्यांकन करते हैं तो पाते हैं कि उनके द्वारा आधुनिकीकरण को प्राथमिकता देना उचित ही था। लेकिन यह नहीं भूलना चाहिए था कि पश्चिम में आधुनिकता के साथ जुड़े तत्त्व — तार्किकता, व्यक्तिवाद, उदारतावादी लोकतंत्र, राष्ट्र-राज्य, प्रौद्योगिकी, वैज्ञानिक विश्वदृष्टि, उपयोगितावाद और अर्थवाद, एक-दूसरे से तार्किक रूप से नहीं ऐतिहासिक रूप से जुड़े हुए थे। अतः अलग-अलग समाजों में इन तत्त्वों को अलग-अलग ढंग से समायोजित करने की आवश्यकता से इंकार नहीं किया जा सकता। इसी प्रक्रिया से अपने ढंग की अनूठी आधुनिकता का सृजन संभव था। गाँधी सहित अनेक विचारकों ने आधुनिकता के अँधेरे पक्ष की ओर भी ध्यान दिलाया है। यह दुर्भाग्य ही कहा जाएगा कि स्वतंत्र भारत के दो दिग्गज चिंतक नेताओं ने राष्ट्र-निर्माण में

उनकी बातों को नज़रअंदाज़ किया। यदि ऐसा न होता तो शायद भारतीय गाँव, प्राइमरी शिक्षा, संस्कृति पर हम ज़्यादा ध्यान देते और हमारी आधुनिकता एक समन्वित आधुनिकता होती केवल मध्य और उच्च वर्गों की आधुनिकता नहीं।

उपरोक्त आलोचना का अर्थ किसी भी तरह दोनों, नेहरू और आम्बेडकर के अवदानों को कम करके आँकना नहीं है। दोनों ही पश्चिम में पल्लवित आधुनिकता से दूर तक प्रभावित थे। किंतु जहाँ नेहरू ने उसका उपयोग औपनिवेशिक सत्ता के विरुद्ध संघर्ष और स्वतंत्रता के बाद एक मज़बूत प्रजातंत्रात्मक समाजवादी राष्ट्र-राज्य की स्थापना, जो एक हिंदू-पाकिस्तान नहीं था, के लिए किया वहीं आम्बेडकर ने हिंदू धर्म को ही अपना मुख्य निशाना बनाया। आम्बेडकर से पहले भी कई समाज सुधारकों जैसे दयानंद, विवेकानंद और गाँधी आदि ने जाति व्यवस्था में सुधार के प्रयत्न किये थे किंतु वे सब हिंदू धर्म के अंतर्गत ही सुधार के प्रयत्न थे। जबकि आम्बेडकर ने जाति व्यवस्था के लिए हिंदू धर्म को ही ज़िम्मेदार मानते हुए उसी के अंत का क्रांतिकारी कार्यक्रम चलाया। इस दृष्टि से वे ज्योतिबा फुले और ई.वी. रामस्वामी नायकर पेरियार की परम्परा में आते हैं। पूँजीवाद से दोनों का ही विरोध था लेकिन एक न्यायपूर्ण समाज की स्थापना के लिए अन्यायपूर्ण हिंदू धर्म परम्परा से संघर्ष की अहमियत जितनी आम्बेडकर ने समझी, उतनी नेहरू ने नहीं। भारत की राजनीति में यह मुद्दा इतना प्रभावी हुआ कि दोनों के जाने के वर्षों बाद जब एक संस्था ने इस बात का सर्वे किया कि गाँधी के बाद महानतम भारतीय कौन है तो यह स्थान आम्बेडकर को ही मिला।[8] वे दलितों के मसीहा ही नहीं, हिंदू समाज के सुधारक भी थे।

[8] सीएनएन-आइबीएन का सर्वेक्षण, *जनसत्ता*, 30 सितंबर, 2012.

## संदर्भ

अनन्या वाजपेयी (2015), द *राइटिअस रिपब्लिक*, हार्वर्ड युनिवर्सिटी प्रेस, लंदन.

एस. जोंडेल तथा बेल्त्ज़ (सं.)(2004), *रिस्ट्रक्चरिंग द वर्ल्ड : बी.आर. आम्बेडकर ऐंड बुद्धिज़म इन इंडिया*, ऑक्सफ़र्ड युनिवर्सिटी प्रेस, नयी दिल्ली.

उमा आयंगर (सं.) (2007), द *ऑक्सफ़र्ड इंडिया नेहरू*, ऑक्सफ़र्ड युनिवर्सिटी प्रेस, नयी दिल्ली.

क्रिस्तॉफ़ जैफ़्रलो (2009), *डॉ. आम्बेडकर ऐंड अनटचेबिलिटी*, परमानेंट ब्लैक, नयी दिल्ली.

गेल ऑम्वेट (1995, 2008), *दलित विज़ंस*, ऑरियंट लॉन्गमैन, नयी दिल्ली.

——— (2004), *आम्बेडकर : टूवर्ड्स ऐन ऐनलाइटेंड इंडिया*, पेंगुइन, नयी दिल्ली.

गोपाल गुरु (2001), 'द मैन हू थॉट डिफ़रेंटली : ऐन इंक्वायरी इन टू द पॉलिटिकल थिंकिंग ऑफ़ डॉ. आम्बेडकर', के.सी. यादव (सं.), *फ़्रॉम पेरिफ़री टू सेंट्रल स्टेज*, मनोहर पब्लिशर्स, नयी दिल्ली.

घनश्याम शाह (सं.)(2001), *दलित आइडेंटिटी ऐंड पॉलिटिक्स*, सेज पब्लिकेशंस, नयी दिल्ली.

जवाहरलाल नेहरू (1939), *ग्लिम्पेज ऑफ़ वर्ल्ड हिस्ट्री*, लिंडसे हैमंड, लंदन.

———-(1946), द *डिस्कवरी ऑफ़ इंडिया*, द जॉन डे कम्पनी, न्यू यॉर्क.

———-(1954), *जवाहरलाल नेहरूज़ स्पीचेज़*, खंड 2, पब्लिकेशन डिवीज़न, मिनिस्ट्री ऑफ़ इनफ़ॉर्मेशन ऐंड ब्रॉडकास्टिंग, गवर्नमेंट ऑफ़ इंडिया.

———-(1980), *ऐन ऑटोबायोग्रैफ़ी*, ऑक्सफ़र्ड युनिवर्सिटी प्रेस, नयी दिल्ली.

डॉनल्ड यूजेन स्मिथ (1985), *नेहरू ऐंड डेमॉक्रेसी : द पॉलिटिकल थॉट ऑफ़ ऐन एशियन डेमॉक्रैट*, ऑरियंट लांगमैन, कलकत्ता.

थॉमस पैंथम तथा कैनेथ एल. इयूश (सं.)(1986), *पॉलिटिकल थॉट इन मॉडर्न इंडिया*, सेज पब्लिकेशन, नयी दिल्ली.

देबजानी गांगुली (2005), *कास्ट, कोलोनियलिज़म ऐंड काउंटर-मॉडर्निटी*, रौटलेज, न्यू यॉर्क.

धनंजय कीर (1962), *डॉ. आम्बेडकर : लाइफ़ ऐंड मिशन*, पॉपुलर प्रकाशन , बॉम्बे.

नयनतारा सहगल (2010), *जवाहरलाल नेहरू : सिविलाइज़िंग अ सैवेज वर्ल्ड*, पेंगुइन, नयी दिल्ली.

बी.आर. नंदा (2008,1962), द *नेहरूज़ : मोतीलाल ऐंड जवाहरलाल*, ऑक्सफ़र्ड युनिवर्सिटी प्रेस, नयी दिल्ली.

भगवान दास (सं.) (2010), *दस स्पेक आम्बेडकर*, नवायन पब्लिशिंग, नयी दिल्ली.

भीम राव आम्बेडकर (1979), *ऐनिहिलेशन ऑफ़ कास्ट*, *डॉ. आम्बेडकर राइटिंग्ज़ ऐंड स्पीचेज़, खंड 1*, एजुकेशन डिपार्टमेंट ऑफ़ महाराष्ट्र, बॉम्बे.

——— (1987), *बुद्धा ऑर कार्ल मार्क्स खंड-3.*

——— (1987), रेवोल्यूशन ऐंड काउंटर-रेवोल्यूशन, *खंड-3.*

——— (1941), *थॉट्स ऑन पाकिस्तान*, थैकर ऐंड कम्पनी, बॉम्बे.

——— (1945), *पाकिस्तान आर द पार्टीशन ऑफ़ इंडिया*, थैकर ऐंड कम्पनी, बॉम्बे.

——— (1946), *हू वर शूद्राज़? हाउ दे केम टू बी द फोर्थ वर्ण इन द इंडो-आर्यन सोसाइटी*, थैकर ऐंड कम्पनी, बॉम्बे.

——— (1948), द *अनटचेबल्स : अ थीसिस ऑन द ऑरिजिन ऑफ़ अनटचेबिलिटी*,

अमृत बुक कम्पनी, नयी दिल्ली.
———————— (1957), द *बुद्धा ऐंड हिज धम्मा,* बुद्ध भूमि पब्लिकेशन, नागपुर.
माइकेल ब्रीशर (1962, 1998), *नेहरू : अ पॉलिटिकल बायोग्रैफ़ी,* ऑक्सफ़र्ड युनिवर्सिटी प्रेस, नयी दिल्ली.
रामचंद्र गुहा (2004), 'रिफ़ॉर्मिंग द हिंदूज़', *द हिंदू,* 18 जुलाई.
——————— (2005), 'वर्डिक्ट्स ऑन नेहरू : राइज़ ऐंड फ़ॉल ऑफ़ अ रेप्यूटेशन', *इकनॉमिक ऐंड पॉलिटिकल वीकली,* खंड 40, अंक 19.
——————— (2010), *मेकर्स ऑफ़ मॉडर्न इंडिया,* पेंगुइन बुक्स, नयी दिल्ली.
वसंत मून (1994), 'ड्राफ़्ट कॉन्स्टीट्यूशन-डिस्कशन', *डॉ. बाबासाहेब आम्बेडकर राइटिंग्ज़ ऐंड स्पीचेज़, खंड 13,* गवर्नमेंट ऑफ़ महाराष्ट्र.
वाल्टर क्रोकर (2008), *नेहरू : अ कंटेम्परारी ऐस्टीमेट,* रैंडम हाउस, नयी दिल्ली.
वैलेरियन रोड्रिग्ज़ (सं.)(2002), *द इसेंशिएल राइटिंग्ज़ ऑफ़ बी.आर. आम्बेडकर,* ऑक्सफ़र्ड युनिवर्सिटी प्रेस, नयी दिल्ली.
शशि थरूर (2003), *नेहरू : द इन्वेंशन ऑफ़ इंडिया,* पेंगुइन, नयी दिल्ली.
संघरक्षित (2006), *आम्बेडकर ऐंड बुद्धिज़म,* मोतीलाल बनारसीदास, नयी दिल्ली.
सर्वपल्ली गोपाल (1989), *जवाहरलाल नेहरू : अ बायोग्राफ़ी,* ऑक्सफ़र्ड युनिवर्सिटी प्रेस, नयी दिल्ली.
सुखदेव थोरात तथा नरेंद्र कुमार (2008), *बी.आर. आम्बेडकर : पर्सपेक्टिव्ज़ ऑन सोशल एक्सक्लूज़न ऐंड इनक्लूज़िव पॉलिसीज़,* ऑक्सफ़र्ड युनिवर्सिटी प्रेस, नयी दिल्ली.
सुनील खिलनानी (1998), *द आइडिया ऑफ़ इंडिया,* पेंगुइन बुक्स, नयी दिल्ली.

# दलितों में दलित

**लोकतंत्र का भिक्षुगीत : अति-उपेक्षित दलितों के अध्ययन की एक प्रस्तावना**
*बद्री नारायण*

**बंसोड़, बाँस और लोकतंत्र**
*रमाशंकर सिंह*

**हाशिये के भीतर हाशिया : उपेक्षा और बहिष्करण (मुसहर व पासी समुदाय का तुलनात्मक अध्ययन)**
*संजू सरोज*

**इत्र बनाम चमड़ा : उत्तर प्रदेश में जाति और गंध की राजनीति**
*शिवानी कपूर*

**बंजारा समाज : सभ्य नागरिक से अपराधी राजनीति की ओर**
*जितेंद्र कुमार*

**आदिवासी क्षेत्रों में दलित : संवैधानिक हाशियाकरण, वंचना और जीविका की जद्दोजहद**
*कमल नयन चौबे*

# लोकतंत्र का भिक्षु गीत

## अति-उपेक्षित दलितों के अध्ययन की एक प्रस्तावना

**बद्री नारायण**

*प्रतिमान*, जनवरी-जून 2013, वर्ष 1, अंक 1 में पूर्व-प्रकाशित : पृ.सं. 73-98.

लम्बे समय तक किये गये कठिन संघर्ष के बाद दलितों के एक वर्ग का राजनीतिक सशक्तीकरण हो पाया है। लेकिन, आज़ादी के बाद भारतीय समाज के लोकतांत्रिक दायरे में दलितों के शामिल होने की प्रक्रिया अब भी द्वंद्वात्मक अंतर्विरोधों से भरी हुई है। इस आलेख में हम यह देखने की कोशिश करेंगे कि किस प्रकार लोकतंत्र एक तरफ़ अपने अधिकारों की बुलंद दावेदारी कर रहे सीमांत को राजनीति और प्रशासन में शामिल करता है, और दूसरी तरफ़ अपेक्षाकृत कमज़ोर, महत्त्वहीन और छोटे दलित समूहों को लगातार सीमांत की ओर धकेलता जाता है। यह प्रक्रिया भारत में लोकतंत्र की कार्य-शैली का एक सह-उत्पाद बन गयी है। इस लेख में यह देखने की कोशिश की गयी है कि लोकतंत्र के प्रसार और रिसते हुए नीचे जाने की प्रक्रिया में किस प्रकार दलितों में कुछ समुदायों को ज़्यादा प्रतिनिधित्व मिला, जबकि अनेक (उत्तर प्रदेश में 62 दलित जातियाँ) अब भी लोकतंत्र की कुंडी खटखटाने की क्षमता विकसित नहीं कर पायी हैं। हमारी चिंताओं से दूर ये अदृश्य दलित समूह अब भी 'उपस्थिति की राजनीति' दिखाने की आत्मशक्ति विकसित नहीं कर पायी हैं। इस आलेख में यह भी समझने का प्रयास किया गया है कि वे कौन से तत्त्व और कारण हैं जो किसी उपेक्षित समूह को राजनीति और लोकतंत्र की प्रक्रिया में महत्त्वपूर्ण बना देते हैं, और उन्हीं तत्त्वों के अभाव में कई समूह और ज़्यादा सीमांत की ओर धकेल दिये जाते हैं।

## I

इलाहाबाद से 25 कि.मी. दूर लखनऊ की दिशा में बढ़ने पर एक गाँव है साहबपुर। एक सुबह हम लोग उस गाँव में क्षेत्र-अध्ययन (फ़ील्ड वर्क) के लिए गये थे। हमने देखा एक भिखारी हाथ में टीन का कटोरा और एक छड़ी लिए, सिर पर एक फटी गंदी टोपी लगाए, लम्बा चोगा पहने एक गीत गा-गा कर भीख माँग रहा था। उस गीत की कुछ पंक्तियाँ इस प्रकार थीं :

माई के राम राम
बहनिया के राम राम

भैया बाबू[1] के राम राम
हमरा भी ध्यान रखिये
चिरैया के राम राम
चुरुगन[2] के राम राम
पेड़ के राम राम
पतई के राम राम
हमके ना बिसारियो

हमारे फ़ील्ड वर्क की अवधि वह थी जब उत्तर प्रदेश में दलित आधिपत्य वाली बहुजन समाज पार्टी (बसपा) का नेतृत्व एक दलित मुख्यमंत्री के हाथ में था। एक उपेक्षित दलित भिखारी, जो जोगी जाति से संबंधित है और जिसका जातिगत पारंपरिक व्यवसाय भिक्षावृत्ति है, वह इस गीत के माध्यम से राज्य के लोकतांत्रिक और वैकासिक परिक्षेत्र में अपनी जगह माँग रहा है। वह दलित अस्मिता और राजनीतिक प्रतिनिधित्व के परिप्रेक्ष्य में अपने हाशियाकरण से उबरना चाहता है। जोगी जाति हिंदू और मुस्लिम, दोनों ही धर्मों के तहत उपेक्षितों में उपेक्षित के रूप में मौजूद है। उसका गीत इस दुखद यथार्थ का प्रमाण है कि दलितों में कुछ दलित जातियाँ दलित विमर्श के केंद्र में हैं, किंतु अनेक जातियाँ दलित विमर्श में भी उपेक्षित हैं।

लोकतंत्र को देखने के दो तरीक़े हैं। पहली निगाह वह है जिससे राज्य, नीति-निर्माता, नौकरशाह देखते हैं। उसमें लोकतंत्र और उसके प्रसार और विस्तार को ऊपर से देखा जाता है। दूसरा तरीक़ा है लोकतंत्र को नीचे से देखना, जिसमें यह पता चलता है कि लोकतंत्र के विस्तार और गहरे होने के क्रम में कौन-कौन छूट गया है। सामाजिक सच्चाई की पूरी समझ बनाने के लिए वस्तुतः हमें इन दोनों मुक़ामों से लोकतंत्र को देखना और समझना होगा।

[1] भैया बाबू : बड़े भाई जैसा, निचले सामाजिक स्तर वाले बुज़ुर्ग लोग ऊँची जाति वाले अपने से छोटों को स्नेह-भाव से भैया के आगे बाबू लगा के बुलाते हैं.

[2] चुरुगन : नन्हे पक्षी.

## सशक्तीकरण : दो अर्थ

अभी तक सशक्तीकरण को दो ही अर्थों में समझा जा सका है। पहला, सत्ता को संसाधनों, क्षमताओं और पदों के रूप में बाँटा जा सकता है, और इस वितरणमूलकता के ज़रिये वंचित समूह सशक्त किये जा सकते हैं। सशक्तीकरण की इस प्रक्रिया को मात्रात्मक और गुणात्मक रूप से नापा जा सकता है। दूसरा, सत्ता का इस्तेमाल करके मौजूदा सामाजिक, आर्थिक, सांस्कृतिक और राजनीतिक संबंधों में आमूल परिवर्तन किये जा सकते हैं। इन संबंधवाचक परिवर्तनों के अलावा रूढ़ छवियों पर प्रहार किये जा सकते हैं, स्थायी रूप से पराजित मानस बदला जा सकता है, उत्पीड़ित समुदायों के भीतर एक मनोवैज्ञानिक उछाल लाया जा सकता है, और कुल मिलाकर प्रभुत्व और उत्पीड़न की संरचनाओं की बुनियादी ज़मीन पर ही चोट की जा सकती है। सशक्तीकरण का यह पहलू मुख्यतः आत्मनिष्ठ है, और इसे आसानी से देखा या स्पर्श नहीं किया जा सकता। सवाल यह है कि क्या उत्तर प्रदेश के दलितों में सशक्तीकरण की प्रक्रिया को इन दोनों आईनों में देखा जा सकता है? दलितों की ऊपरी परत का लाभान्वित होना किस श्रेणी में आएगा? क्या वह दोनों तरफ़ से लाभान्वित हुई है, या केवल वितरणमूलक दायरे में ही वह आगे बढ़ पायी है? चूँकि सशक्तीकरण के इन दोनों पहलुओं के बीच में आपसी संवाद है, इसलिए अगर दलितों के ज़्यादा बड़े हिस्से को वितरणमूलक लाभ मिले हैं तो संबंधवाचक लाभों की ज़मीन कहीं न कहीं थोड़ी-बहुत ज़रूर बनी होगी। निचली परत को अगर वितरणमूलक लाभ नहीं मिल पाए तो क्या वह उस संबंधवाचक लाभ से भी वंचित रह गयी है?

राज्य के नेतृत्व में जनतंत्र-प्रसार का जो अभियान चल रहा है उसमें सशक्तीकरण तो हो ही रहा है, लेकिन साथ में अ-सशक्तीकरण की प्रक्रिया भी चल रही है। कमज़ोर तबक़ों के भीतर मौजूद ताक़तवर सामाजिक समूह नहीं चाहते कि उन्हें मिले संसाधनों का एक हिस्सा उनके ही उपेक्षित भाइयों में वितरित हो। जनतंत्र का यह प्रकार अपने आप में

एक आधिपत्यशाली समूह सृजित करता है जिससे उपेक्षित समूहों के निर्माण की प्रक्रिया तेज़ होती है। इन उपेक्षित समूहों के लिए जनतंत्र और सशक्तीकरण की चाह दूर से आ रही एक रुलाई की तरह गूँज कर रह जाती है।

इतिहास में घटित होने वाले किसी भी परिवर्तन में एक वायदा भी निहित होता है कि अब स्थितियाँ बदल जाएँगी। ये वायदे और स्वप्न परिधीय समूहों के लिए काफ़ी मायने रखते हैं। फ्रांस की क्रांति संपन्न होने के बाद नेपोलियन ने जिस प्रकार उसके आदर्शों को कुचला वह सर्वज्ञात है। फ्रांसीसी क्रांति को एक वैचारिक आधार उपलब्ध कराने में रूसो का नाम बड़े ही अदब से लिया जाता है, लेकिन रूसो स्त्रियों के बारे में क्या सोचते थे, इस पर बहुत ही कम बात की जाती है। दरअसल, रूसो स्त्रियों की घरेलू भूमिका से आगे सोचने को तैयार ही नहीं थे। उनके अनुसार वे पुरुषों की ग़ुलामी करने के लिए ही पैदा हुई हैं।[3] स्वतंत्रता, समानता और भ्रातृत्व का नारा देने वाली क्रांति के इन्हीं वैचारिक आधारों के बीच अपनी जगह तलाशने के लिए स्त्री-स्वतंत्रता की मुहिमों ने तब से लेकर अब तक एक लम्बी लड़ाई ज़ारी रखी है।

ऑस्ट्रेलिया के मूल निवासियों का उपनिवेशीकरण 1788 में प्रारम्भ हुआ और बीसवीं शताब्दी के मध्य तक जारी रहा। ब्रिटेन के उपनिवेशिकों ने इन लोगों की ज़मीन पर क़ब्ज़ा किया, उनकी जीविका के साधनों को छीन लिया और उन्हें उनके प्राकृतिक वातावरण और सांस्कृतिक आधारों से काट कर एक़दम सीमांतों पर धकेल दिया। एक लम्बे समय तक उच्छेदन, बहिष्करण तथा जबरिया आत्मसातीकरण की ब्रिटिश नीति ने मूल निवासियों को रिज़र्वेशन में सीमित करके रख दिया। इतना ही नहीं, उनके बच्चों को माता-पिता से ज़बरदस्ती अलग करके तथाकथित रूप से सभ्य बनाने की मुहिम ने बालकों की कई पीढ़ियों पर एक स्थायी सदमा थोप दिया। उनका पूरा का पूरा जीवन ही नष्ट हो गया। इन्हें *स्टोलेन जेनरेशन* कहा गया। 1930 के दशक के बाद मूल निवासियों के सामाजिक आंदोलनों की

[3] ए.सी. ग्रेलिंग (2008) : 192-3.

शुरुआत हुई और 1962 में उन्हें वोट डालने का अधिकार यानी प्रजातंत्र के अखाड़े में अपनी उपस्थिति जताने का अधिकार मिला। लेकिन, अतीत में जान-बूझकर किये गये अन्याय की केवल वोट के अधिकार से क्षतिपूर्ति नहीं की जा सकती है। दक्षिण अफ्रीका में डेसमंड टुटू और भारत के स्वतंत्रता संघर्ष में महात्मा गाँधी द्वारा अभिकल्पित शांति और क्षमा के सार्वभौम मूल्यों और सबसे बढ़कर मूल निवासियों के इस विश्वास के आधार पर कि क्षमा माँग लेने के पश्चात् पापी का पाप नष्ट हो जाता है, 28 मई, 2000 को सिडनी हार्बर पर द पीपुल्स वॉक फ़ॉर रिकंसीलिएशन का आयोजन किया गया। इसमें 25,000 लोगों ने भाग लेकर ऑस्ट्रेलियायी सरकार से माँग की कि वह अतीत में किये गये अत्याचारों के लिए सार्वजनिक तौर पर माफ़ी माँगे और सम्मानजनक समाधान प्रस्तुत करे। आठ साल के पश्चात् ऑस्ट्रेलिया की संसद की ओर से केविन रड ने माफ़ी माँगी। यह माफ़ी विशेषकर *स्टोलन जेनरेशंस* के लोगों से माँगी गयी।[4] इतिहास के एक पीड़ादायक दौर की समाप्ति के बाद *एफ़रमेटिव एक्शन* के ज़रिये अन्यायों की भरपायी के लिए ऑस्ट्रेलिया की सरकार कुछ उपाय कर रही है। मूल निवासियों की कुल संख्या 2.7 प्रतिशत है। लेकिन वे अपनी भाषा खो चुके हैं। उनमें से केवल 12 प्रतिशत ही अपनी भाषा बरतते हैं और केवल एक प्रतिशत लोग ही अपने मूल विश्वासों को मानते हैं। मूलनिवासी ऑस्ट्रेलियायी राष्ट्र-राज्य से अपनी पहचान उस मुक़ाम से करने की अपेक्षा रखते हैं जिसमें उन्हें इस महाद्वीप का वास्तविक निवासी मानते हुए दूसरे लोगों से श्रेष्ठ समझा जाए। यद्यपि अधिकारों की पश्चिमी राजनीतिक व्याख्या प्रत्येक व्यक्ति को बराबर मानती है और सभी व्यक्तियों को क़ानून का समान संरक्षण उपलब्ध कराती है, फिर भी मूल निवासियों का मानना है कि पश्चिमी विधिक व्यवस्था अब तक उनके अधिकारों की रक्षा करने में अक्षम रही है। यह एक प्रकार से प्रजातांत्रिक

[4] केविन रड (2008).

राष्ट्र-राज्य प्रणाली की आधुनिक विचारधारा के बीच से ही कमज़ोर लोगों द्वारा अपने अधिकारों की पुनःप्राप्ति का एक अवसर है जिसे वे खोना नहीं चाहते हैं, इसे ही क्लार्क ने सामाजिक प्रश्नों का राजनीतीकरण कहा है।[5]

भारत में आज़ादी की लड़ाई कोई एकाश्म क़िस्म की वैचारिक लड़ाई नहीं थी, बल्कि इसमें विभिन्न स्वर और स्वप्न समाहित थे। आज़ाद भारत के संविधान में इन स्वरों और स्वप्नों को जगह देने का प्रयास किया गया। विभिन्न प्रावधानों और क़ानूनों द्वारा जहाँ उन्हें सशक्त बनाया गया, वहीं आधुनिकता और बाज़ार के दबाव ने उनसे वे चीज़ें वापस ले लीं। यहाँ हम अपना ध्यान बाँस का काम करने वाली और उससे जीविका चलाने वाली जातियों पर केंद्रित करना चाहेंगे जो इतिहास के विभिन्न काल खंडों में विभिन्न नामों से जानी जाती रही है। उत्तर वैदिक काल में बाँस का काम करने वालों को विदलकार (*तैत्तरीय संहिता*, 4.5.1) कहा जाता था। इसकी गिनती एक महत्त्वपूर्ण पेशे के रूप में (*वाजसनेयी संहिता*, 30.8) थी। *मनुस्मृति* में इन्हें हम वेण के रूप में पाते हैं जो वैदेहिक पुरुष और अबष्ठ स्त्री की संतान (*मनुस्मृति*, 10.19, बौधायन धर्मसूत्र 1.9.13) हैं। इनका मुख्य कार्य बाँस का सामान बनाना (*मनुस्मृति*, 10.41) तथा कांस और मुरूज जैसे वाद्ययंत्र बजाना था। *महाभाष्य* में वरूड़ शब्द (*महाभाष्य* 4.1.17) आता है, इसी से बंसोड़ जाति का विकास हुआ जो पेशे के आधार पर उपर्युक्त जातियों में से निकली है । वेणों से ही डोम निकले प्रतीत होते हैं, क्योंकि इनकी एक उपजाति बंसफोर भी कही जाती है (वही : 861-870)। डोम भी गाने-बजाने का काम करते थे तथा बाँस की टोकरी बनाना इनका मुख्य व्यवसाय था। चांडालों पर प्राचीन संस्कृत साहित्य में प्रभूत सामग्री मिलती है (*छांदोग्य उपनिषद* 5.10.7; *गौतम धर्मसूत्र*, 4.15 16; *वशिष्ठ धर्मसूत्र* 18.1; *मनुस्मृति* 10.12)। चांडाल पुरुष तथा वैदेहिक स्त्री से पांडुसोपाकों की उत्पत्ति हुई जिनका मुख्य कार्य बाँस की वस्तुएँ बनाना था (*तैत्तरीय संहिता* 4.5.4.2; मनुस्मृति 10.32)।[6]

---

[5] जे. क्लार्क (2008): 249.

[6] इस पूरी जानकारी के लिए देखें : के.एस. सिंह (1998); पैट्रिक आलिविले (2005); वासुदेव लक्ष्मण शास्त्री

उत्तर प्रदेश के शहरों में कभी ध्यान से देखिए तो पाएँगे कि पटरियों के किनारे, बस अड्डों के पास या किसी बड़े पार्क के किनारे कुछ लोग अपनी स्त्रियों और बच्चों के साथ बाँस काट-छील कर दैनिक उपयोग की वस्तुएँ बना रहे होते हैं। सामाजिक, आर्थिक और राजनीतिक रूप से ये समाज के लगभग सबसे निचले पायदान पर स्थित हैं। सदियों से बाँस का काम करते रहने के कारण इनमें एक पेशागत दक्षता पायी जाती है। ये बंसोर या धरिकार हैं। इनकी झोंपड़ियाँ बाँस, कच्ची ईंटों और प्लास्टिक के तिरपालों से ढँकी होती हैं। भोजन बनाने, सोने और आराम करने के अलावा ये लोग सारे दैनिक कार्य बाहर ही करते हैं। भारतीय शहरों में लगातार बन और बिगड़ रहे सामाजिक भूगोल में इन धरिकार स्त्रियों का रहन-सहन बड़ा ही दुष्कर है। अब तो बाँस ही ख़त्म होते जा रहे हैं तो इनकी जीविका कैसे चले? शहरों में ये लोग महँगे दामों में बाँस ख़रीदकर उससे छोटी-मोटी वस्तुएँ बनाकर अपनी जीविका चलाते हैं। बाँस के शिल्प के इन हुनरमंदों से सामान ख़रीदने के बजाय हमारा मध्यम वर्ग फ़ैब इंडिया या ऐसे ही प्रतिष्ठित आउटलेट्स से बाँस की वस्तुएँ ख़रीदकर गौरवान्वित महसूस करता है और ये उपेक्षित समूह लगातार हाशिये की ओर सरकते जाते हैं। हमने सूचना के अधिकार का इस्तेमाल करके जब इन समूहों की केंद्र सरकार की सिविल सेवाओं में प्रतिनिधित्व को जानना चाहा तो सीधा-सा जवाब आया केंद्र सरकार के संबंधित मंत्रालय के पास इसका कोई रिकॉर्ड नहीं है। वास्तव में हाशियाकरण का एक हथियार लोगों को रिकॉर्डों से ग़ायब करना भी हो सकता है।

कहने का तात्पर्य यह नहीं है कि पहले इनकी ज़िंदगी में एक स्वर्ण-काल हुआ करता था, लेकिन इन सीमांतीय समूहों में ये बेचारगी भी नहीं हुआ करती थी। गाँवों में ज़बर्दस्त ढंग से बाज़ार के प्रवेश के बाद ये बेचारगी कई अन्य समूहों में और गहराती गयी है। गाँवों में पशुपालन के प्रति सामान्य किसानों की अनिच्छा और पशु संवर्द्धन में ऊँची तकनीक के प्रवेश ने नट और महावत जैसी जातियों की जीविका छीन ली है। आज से पंद्रह या बीस

---

पंसिकर (सं.)(1912); ई. सेनार्ट (1930),; ए.एस. स्ट्रेंगलर (सं.) (1876); ई. हूल्ज़ (सं.) (1884),.

साल पहले तक ये समुदाय अगस्त से अक्टूबर तक पर्याप्त कमा लेते थे। इनकी कमाई का आधार वे भैंसे होते थे जिनसे भैंस का गर्भाधान कराया जाता था। इसके अतिरिक्त ये पशुओं के सामान्य रोगों के काफ़ी अच्छे जानकार होते थे, इसलिए ग्रामीण समाज के बीच इनकी भूमिका महत्त्वपूर्ण थी। जिम्नेज़ियम और शक्तिवर्द्धक दवाओं के प्रति दीवानगी के वर्तमान दौर के पहले नट ग्रामीण और क़स्बाई युवाओं को कुश्ती सिखाते थे। अब उनकी जगह प्राइवेट फ़िटनेस ट्रेनर ने ले ली है और युवा नट बेरोज़गार होकर या तो इस या उस शहर में रिक्शा चला रहे होते हैं या किसी निर्माणाधीन मॉल में दिहाड़ी मज़दूरी कर रहे होते हैं। लोकतंत्र और आधुनिकता ने अब तक फ़िलहाल उन्हें यही दिया है।

ये वही जातियाँ हैं जिनके पास अपने दावे प्रस्तुत करने के लिए कोई आवाज़ नहीं है। यहाँ दावेदारी का आशय उस आवाज़ से है जो मायने रखती है और जिसे अनसुना नहीं किया जा सकता। कोई आवाज़ केवल बोलना भर नहीं होती। किसी आवाज़ के मायने होते हैं किसी को पहचान दिलाना और हस्तक्षेप करने की उस क्षमता का निर्माण करना जो उन्हें अदृश्यमूलकता की स्थितियों से छुटकारा दिलाए।[7] हमें किसी आवाज़ की आवश्यकता आख़िर होती ही क्यों है? दरअसल, आवाज़ें हमें दृश्यमूलक बनाती हैं, भौतिक रूप से देखे जाने के अर्थ में नहीं, बल्कि अवसरों के वितरण के बारे में बताने वाली आवाज़ के अर्थ में।

## आवाज़ और अदृश्यमूलकता का राजनीतिक व्याकरण

वास्तव में किसी समुदाय की आवाज़ वह होती है जिसे प्रजातंत्र में सुना या पहचाना जा सके। अभ्यर्थी होने की क्षमता प्राप्त करने के लिए समुदायों को वह अधिकतम स्तर प्राप्त करना होता है जहाँ से वे दृश्यमूलकता प्राप्त करने के लिए अभ्यर्थी बन सकें। किसी लोकतंत्र में लोगों को वह मिलता है जो वे माँगते हैं। जिसे वे नहीं माँग पाते, वह उन्हें नहीं मिलता। राजनीतिक

[7] ऐन. कालट्राइ (2010) : 3.

प्रतिनिधित्व प्राप्त कर लेने वाली आवाज़ें भी अनसुनी और अनजानी रह जाती हैं। ये आवाज़ें सत्ता में रहने वाले लोगों, राज्य द्वारा या स्वयं सीमांत समुदायों के अपने नेतृत्व द्वारा जानबूझ कर उपेक्षित की जा सकती हैं। यह प्रातिनिधिक राजनीति की एक महत्त्वपूर्ण सीमा है। इसके अतिरिक्त बेआवाज़ समूहों को दृश्यमूलकता प्राप्त करने में उस जगह समस्या आती है जहाँ डिज़िटल मीडिया से संचालित संचार माध्यम अति-यथार्थ दिखा रहे हों और जहाँ उनकी आवाज़ों को सुने जाने के स्पेस के बिखर जाने का ख़तरा हो। दरअसल, हमें केवल आवाज़ ही नहीं चाहिए बल्कि इन आवाज़ों का मूल्य भी चाहिए। किसी आवाज़ का मूल्य तभी हो सकता है जब इसे सम्मान और पहचान मिले। आवाज़ों को सम्मान और पहचान तभी मिल सकती है जब बेआवाज़ समुदाय अपनी ख़ुद की कहानी सबको सुनाने का आत्मविश्वास और शक्ति प्राप्त कर ले। प्रतीकात्मक रूप से शक्ति प्राप्त करने के संघर्ष में इन समुदायों के अपने इतिहास, नायक और राजनीतिक वृत्तांत उनका मूल्यवर्द्धन करते हैं।

भारतीय लोकतंत्र में केवल कुछ दलित जातियों ने अपनी आवाज़ उठाने की क्षमता और विश्वास हासिल किया है। हमें साफ़ तौर से दिखाई पड़ता है कि केवल कुछ जातियाँ ही अपने तरीक़े से अन्य सब जातियों की ओर से व्याख्या करती और बोलती हैं। इस दशा में कुछ जातियों के समक्ष अपने को सही ढंग से प्रस्तुत न किये जाने और जड़ों से उखड़ी हुई प्रतीकात्मक पहचान हावी होने का ख़तरा अवश्यम्भावी हो जाता है। राज्य और सत्ता भी इस प्रकार की ग़लत प्रस्तुति को बढ़ावा देती हैं और अपनी सहमति से उन दशाओं का निर्माण करती हैं जिनके कारण राजनीतिक और सामाजिक आंदोलनों द्वारा निर्मित दावे सही ढंग से प्रस्तुत नहीं हो पाते। इस प्रकार की ग़लत प्रस्तुति और उसके बाद पहचान न दिये जाने के कारण एक ऐसी तस्वीर बनती है जिसमें प्रजातंत्र के सूची-पत्र में कुछ लोग दृश्यमान होते हैं और अन्य लोग धुँधले और अदृश्य रह जाते हैं। शासन और राज्य द्वारा प्रकीर्णित प्रजातंत्र की प्रक्रिया में राज्य स्वयं अपनी ही भाषा विकसित कर लेता है। इससे एक ज्ञानमीमांसीय स्पेस रचा जाता है। वे लोग या समुदाय जो

यह भाषा समझने और प्रत्युत्तर देने में समर्थ हैं, वे राज्य के अखाड़े में आसानी से समाहित हो जाते हैं। जो लोग या समुदाय बोलने और इस भाषा में अपनी माँग रखने में सक्षम नहीं हैं वे ख़ुद को बहिष्कृत महसूस करते हैं और उनकी आवाज़ें अनसुनी रह जाती हैं। राज्य और प्रजातंत्र के अखाड़े में जो लोग बेआवाज़ बनाए गये हैं, वे अपनी आकांक्षाओं और स्वप्नों के बारे में अपनी संस्कृति और सांस्कृतिक भाषा में बात करने के लिए मज़बूर हैं।

हम इस आलेख में यह भी देखना चाहेंगे कि उत्तर प्रदेश में लोकतंत्र क्यों दलितों में एक विशिष्ट समूह के हाथों में सीमित होकर रह गया है और दलितों की एक बड़ी संख्या दलित मुख्यमंत्री और बसपा की सरकार के होने के बावजूद लोकतांत्रिक सशक्तीकरण से वंचित रह गयी। इसमें दलितों में चमार जाति, जो उत्तर प्रदेश में संपूर्ण दलित जनसंख्या का 56 प्रतिशत है, का बड़ी संख्या के रूप में मौजूद होना ही नहीं, बल्कि अन्य कारण भी हैं जिन्होंने लोकतांत्रिक विमर्श में उसे महत्त्वपूर्ण बनाया। इस आलेख में विभिन्न प्रकार के स्रोतों, पाठों, उपन्यासों, समाचार-पत्रों में छपी रपटों और मौखिक स्रोतों के आधार पर शोध-अभिकल्पनाओं को जाँचा-परखा गया है।

## सजातीयता, बहु-स्तर और तरतमता

दलित शब्द अछूत और अन्य निम्न जातियों की एक सामूहिक संज्ञा है। ये जातियाँ ऐतिहासिक रूप से सामाजिक भेदभाव का शिकार रही हैं। स्वतंत्रता-पश्चात् भारत में यह शब्द पहचान बनाने लगा। शोषण के विभिन्न कारण उन्हें समाज के निचले स्तर पर अवस्थित कर रहे थे। यह माना जाता है कि दलित शब्द का तात्पर्य उग्र चेतना है। यह एक मनोवैज्ञानिक व सामाजिक स्थिति है। एक ऐसी मनोदशा है जो ब्राह्मणीय व्यवस्था द्वारा बनाए गये रूढ़िवादी सामाजिक ढाँचे पर प्रश्न उठाती है और प्रहार करती है। अतः दलित हिंदू जाति की वर्चस्ववादी व्यवस्था के ख़िलाफ़ एक आक्रोश है। वास्तव में प्रारम्भिक शब्द शूद्र, अछूत, अनुसूचित जाति, आदि सांस्कृतिक और प्रशासनिक कृपालुता की देन थे, जिनमें दयामय संरक्षण का पुट था। यह एक ऐसा भाव था जिससे दलित घृणा करते थे।[8]

[8] डी.आर. नागराज (2010) : 94.

हालाँकि आम्बेडकर ने दलित समुदाय में सजातीयता और समानता के लिए गंभीर प्रयास किये। लेकिन यह प्रक्रिया आम्बेडकर से पहले शुरू हो गयी थी और विरोध, आंदोलन और विद्रोह के रूप में बहुत समय बाद तक प्रभावी रही। यह दलितों के सशक्तीकरण के लिए लोकतांत्रिक आंदोलन का एक रास्ता था। वास्तव में दलितों के (नये समूह के) विभिन्न आंदोलन उनकी सांस्कृतिक और राजनीतिक अभिव्यक्ति का एक माध्यम थे। यह दलित अस्मिता के निर्माण का एक प्रयास था। महाराष्ट्र और दक्षिण भारतीय राज्यों में दलित आंदोलन की शुरुआत 1900 में हुई। उत्तर प्रदेश में 1980 के मध्य में कांशीराम के नेतृत्व में इसने गति पकड़ी। कांशीराम ने लोकतांत्रिक सशक्तीकरण के लिए दलितों को बहुजन[9] शब्द से सम्बोधित कर उनकी जागरूकता व चेतना को और सशक्त किया। यद्यपि यही परिपक्व समय है एक क्षण रुक कर सोचने के लिए, आत्मावलोकन के लिए और संपूर्ण दलित सशक्तीकरण के मुद्दे पर पुनः विचार करने के लिए। महाराष्ट्र में जब आम्बेडकर दलितों को एक सजातीय समूह के रूप में जागरूक बनाने का कार्य कर रहे थे तब महार[10] (आम्बेडकर की जाति), जिनकी जनसंख्या सबसे ज़्यादा है, एक प्रभुत्वशाली समूह के रूप में आगे आये। भले ही आम्बेडकर की मंशा ऐसा करने की नहीं थी। इस प्रक्रिया में मतंग और अन्य छोटे दलित समुदाय सीमांत हो गये। उनके भीतर विद्रोह की भावना जागी। वास्तव में इस सवाल को काफ़ी अस्पृश्यों ने उठाया। इसका एक उदाहरण, जो आम्बेडकर के समय में सामने आया, उल्लेख करने योग्य है।

13 जून, 1941 को मतंग परिषद के नेता दविदास राव ने एक पत्र लिखा जो अगले दिन *जनता अख़बार* में आम्बेडकर की टिप्पणी के साथ प्रकाशित हुआ। दविदास राव ने अपने पत्र में 17 पृष्ठों में महार और मतंग समुदायों का

---

[9] बहुजन में दलित, अन्य पिछड़े वर्ग (ओबीसी) एवं अल्पसंख्यक आते हैं जो बसपा के चुनावी आधार हैं. कांशीराम की योजना में 'बहुजन' महज़ अधिसंख्यक जनता का प्रतीक नहीं है, जैसा कि बुद्ध एवं महात्मा फुले का विचार था. कांशीराम के लिए यह एक सैद्धांतिक वर्ग है जो राजनीतिक सशक्तीकरण के लिए एक आधार तैयार कर सकता है. बी. नारायण (2006) : 37.

[10] शरण कुमार लिम्बाले (1991).

अंतर बताया था। उनके अनुसार शादी समारोह के दौरान मतंग दूल्हे घोड़ी पर चढ़ते हैं। महार इसका विरोध करते हैं और जिसके परिणामस्वरूप ख़ून-ख़राबा होता है। जब मतंग सुधार की बात करते हैं तो महार उनका साथ नहीं देते। महारों की जनसंख्या ज़्यादा है, इसलिए मतंगों को ग़ैर-दलितों और महारों की ग़ुलामी करनी पड़ती थी। अस्पृश्यों में महार ही शिक्षित हैं। वे स्वार्थी होते हैं और दूसरों को सुधरता नहीं देख सकते। उनके मध्य एमएलए भी पाए जाते हैं। आपने (आम्बेडकर) महारों पर तो ध्यान दिया और इसलिए मतंग परिषद ने एक प्रस्ताव पारित किया कि आप महारों के नेता हैं, न कि मतंगों के। उन्होंने आम्बेडकर को न्यायपूर्ण ढंग से महारों और मतंगों को एकजुट कर उनके बीच के अंतर को ख़त्म करने का आग्रह किया।[11] यद्यपि आम्बेडकर ने प्रभावशाली तरीक़े से इस बात को नकारा कि उन्होंने मतंगों से कोई भेदभाव किया, लेकिन उस वक़्त का सर्वमान्य विचार है कि सामाजिक न्याय के क्षेत्र में भेदभाव और अंतर विद्यमान था। यह तथ्य गंभीर बहिष्करण की ओर इंगित करता है।

इस तरह के बहिष्करण की अभिव्यक्ति केवल अंतर्जातीय और बहिर्जातीय स्तरों पर ही नहीं थी। जब दलितों को जाग्रत किया गया तो उन्होंने सर्वव्यापी बहिष्करण, जो कि ब्राह्मणीय-व्यवस्था द्वारा हो रहा था, के ख़िलाफ़ ज़बरदस्त संघर्ष किया। देखने की बात यह है कि जातिगत बहिष्करण की कमियों से संघर्ष करते समय सशक्त दलित जातियों ने न सिर्फ़ इसे दूर करने का प्रयास किया बल्कि इसे अंतर्ग्रहित कर अपने भीतर ही एक नये प्रकार के बहिष्करण का ढाँचा रचा। यह कहा जा सकता है कि ब्राह्मण-व्यवस्था की कमियों और उस व्यवस्था की बुराइयों ने, जिसके ख़िलाफ़ दलित संघर्षरत और उसे ढहाने के लिए प्रयासरत थे, दलित जाति में भी अपना स्थान बना लिया। दलित समूह भी आपस में एक-दूसरे को नकारने और बहिष्कृत करने लगे। अर्थात् वहाँ पर बहुस्तरीय बहिष्करण था। एक वह था जिसके ख़िलाफ़ वे संघर्षरत थे, और दूसरा वह जिसे वे स्वयं

---

[11] श्योराज सिंह बेचैन (1997) : 41.

चुपचाप सँजो रहे थे। उत्तर प्रदेश में कुछ दलित समुदायों ने चमारों के सशक्तीकरण (जो नारा मवेशी आंदोलन के रूप में उभर रहा था) के ख़िलाफ़ ब्राह्मणों और अन्य ऊँची जातियों से हाथ मिलाया। इस कारणवश कुछ चमारों का उनके ही समुदाय से बहिष्करण हुआ। पूर्वी भारत के चमारों में 1950 के मध्य में आंदोलन की शुरुआत हुई। यह सामाजिक आंदोलन चमारों के गंदे समझे जाने वाले जातिगत पेशे को ख़त्म करने के लिए शुरू किया गया। इस व्यवसाय के अंतर्गत आदमी मरे हुए जानवरों का चमड़ा निकालते थे, और औरतें नवजात शिशुओं का नार काटती थीं। इसके बदले में जजमानी संबंधों के अंतर्गत उन्हें अनाज और कपड़े मिलते थे। यह एक ऐसा आंदोलन था जिसमें हिंसा और उत्पीड़न के अनेक स्तर थे, जो न सिर्फ़ उच्च जाति के लोगों के मध्य देखने को मिले अपितु चमारों के बीच भी मौजूद थे। उच्च जाति और अन्य जातियों के लोगों द्वारा चमारों को अपना गंदा जातिगत व्यवसाय छोड़ने के लिए बाध्य करने हेतु सामाजिक बहिष्कार, दमन और प्रताड़ना के परंपरागत तरीक़े अपनाए गये। ऐसे ही कुछ हथियारों का चमारों ने अपने अन्य चमार भाइयों को उनके पेशे से छुड़ाने के लिए उपयोग किया। एक तरफ़ उच्च और मध्य जाति के लोग चमारों का दमन कर रहे थे, वहीं दूसरी तरफ़, कुछ दलित जातियाँ जैसे नाई, धोबी, पासी इत्यादि ने उच्च जातियों से हाथ मिलाकर उन चमारों का दमन किया जो अपने पारंपरिक व्यवसाय को छोड़ने के लिए तैयार नहीं थे। चमारों के मध्य भी काफ़ी फ़र्क पाया गया। जो चमार इस व्यवसाय को ख़त्म करने के लिए अभियान चला रहे थे, वे उन चमारों को प्रताड़ित कर रहे जो इस पेशे को ज़ारी रखना चाहते थे।

लोकतांत्रिक गतिशीलता की प्रक्रिया में दलितों का बहिष्कार उन्मूलित होने के बजाय और मज़बूत हो गया। इस बहिष्करण के कारण 'अति-दलित' शब्द दलित बुद्धिजीवी शब्दकोश का एक अंग बन गया। हाल में ही बिहार के मुख्यमंत्री नीतीश कुमार ने दलित समुदायों के मध्य

इस बहिष्करण की घटना का अवलोकन किया और एक नये वर्ग महादलित[12] की स्थापना की। उनका यह क़दम राजनीतिक चिंतकों और उनके विरोधियों द्वारा वोट की राजनीति के लिए की जाने वाली सोशल इंजीनियरिंग के तौर पर देखा गया। यह बहुत ही रोचक है कि जब हम दलित समुदायों में सजातीयता और बहुस्तरीयता की बात करते हैं तो हम द्विभाजक ध्रुवीयता का निर्माण करते हैं। यह द्विभाजक ध्रुवीयता दलितों में अन्य सीमांत और छोटे समुदायों को लोकतंत्र के विमर्श, राजनीतिक प्रतिनिधित्व और सशक्तीकरण से बहिष्कृत करती है। मसलन, जब भी दलित समुदायों के भीतर पाए जाने वाली सजातीयता और बहुस्तरीयता पर विचार किया जाता है वह द्विभाजक रूप में होती है, जैसे महाराष्ट्र के संबंध में महार व मतंग, आंध्र प्रदेश में माला व मदिगा और उत्तर प्रदेश के संदर्भ में चमार और पासी। दलित लोकतंत्र में इस तरह के अकादमिक जनसंचार और राजनीतिक विमर्श का निर्माण दलितों के कई छोटे समुदायों को किसी भी तरह के विमर्श से बहिष्कृत करता है, जिसके परिणामस्वरूप ये समुदाय लोकतांत्रिक परिदृश्य से विलुप्त हो जाते हैं। 1980 के मध्य में उत्तर प्रदेश में दलित सशक्तीकरण के आंदोलन ने जड़ पकड़ी जिसके परिणामवश राज्य की बसपा और उसकी नेता मायावती सत्ता की दावेदार बनकर उभरीं। उन्हें सत्ता कई बार मिल चुकी है। आगे भी मिल सकती है, लेकिन, राज्य में अन्य दलित समुदायों के बहिष्करण की समस्या स्पष्ट है। दलितों के एक प्रमुख नेता कांशीराम ने उत्तर प्रदेश में बसपा के गठन के दौरान कहा था, उत्तर प्रदेश गंगा और यमुना के बीच का आर्यावर्त राज्य है, यह चमारवर्त (चमार-आधिपत्य राज्य) में परिवर्तित हो जाएगा। चमार ही बसपा के आधार होंगे। इसके लिए उन्होंने पंजाब से लेकर बिहार तक उनका आह्वान किया। बसपा में चमारों की आधिपत्यता ने अनेक दलित समुदायों

---

[12] 2007 में महादलित कमीशन ने बिहार की 22 दलित जातियों में से 28 को महादलित जाटव और पासवान, जिनका संख्यात्मक प्रभुत्व है माना. महादलित के दायरे से केवल चार जातियाँ बाहर रहीं जो बिहार की अनुसूचित जातियों का कुल 60 प्रतिशत हैं; और धोबी और पासी, जिन्हें दलितों में विकास के पैमाने पर ज़्यादा बेहतर स्थिति में समझा जाता है. बाद में सभी जातियों को सूची में शामिल कर लिया गया, हालाँकि उन्हें दिये जाने वाले लाभों में अंतर था.

का बहिष्करण किया है और वे अब भी सीमांतों में सीमांत है। हाल में ही दो सौ अनुसूचित जाति उम्मीदवारों का नोएडा प्राधिकरण में चयन हुआ जिनमें से 199 एक ही जाति के हैं। एक वक्ता ने कहा कि बसपा भूल गयी है कि 2007 में उसकी विजय का कारण संपूर्ण दलित जातियों का एकजुट होना था।[13]

## II

उत्तर प्रदेश भारत के पूर्वी भाग में स्थित पाँचवाँ बड़ा प्रदेश है। इसके अंतर्गत 70 ज़िले आते हैं। उत्तर प्रदेश का क्षेत्रफल 2,40,928 वर्ग कि.मी. है और इसकी जनसंख्या 166,197,921 है।[14] अनुसूचित जाति उत्तर प्रदेश में कुल जनसंख्या का 21.15 प्रतिशत है।[15] उत्तर प्रदेश में कुल 97,942 गाँव हैं और गाँवों में रहने वालों का प्रमुख व्यवसाय खेती है। 2001 की जनगणना के अनुसार राज्य में 66 दलित जातियाँ हैं। दलित समुदाय, जैसे चमारों की जनसंख्या 18,803,105 (53 प्रतिशत) है, जबकि अन्य समुदाय, जैसे पासी 5,597,002 (16 प्रतिशत), धोबी 2,184,212 (6 प्रतिशत) और कोरी[16] 92,000,628 (6 प्रतिशत) हैं। चमार अनुसूचित जाति का 84 प्रतिशत भाग है और इनका बाहुल्य है। उत्तर प्रदेश में पासी चमारों की तुलना में 40 प्रतिशत कम हैं। अन्य 62 दलित समुदाय जो अनुसूचित जाति का मात्र 16 प्रतिशत हैं, उनके नाम हैं दुसाध (237,181 : 0.7प्रतिशत), बसोर (137,013 : 0.4 प्रतिशत), धानुक (542,651 : 1.5 प्रतिशत), धारकार (94,610 : 0.3 प्रतिशत), खरवार (119,248 : 0.04 प्रतिशत), कंजर (119,248 : 0.3 प्रतिशत), नट (158,379 : 0.5 प्रतिशत), भुईयार (24,928 : 0.07 प्रतिशत), चेरो (32,405 : 0.1 प्रतिशत) इत्यादि।

---

[13] *हिंदुस्तान* (2011) : 2.

[14] *सेंसस ऑफ़ इंडिया* (2001).

[15] के.एस. सिंह (सं.) (2005).

[16] 21 फ़रवरी, 2011 को कोरियों ने इलाहाबाद में कम्पनी बाग़ पर विरोध प्रदर्शन किया कि उन्हें उत्तर प्रदेश की अनुसूचित जाति सूची से हट कर पिछड़े वर्ग में शामिल किया जा रहा है क्योंकि उनकी शिक्षा का प्रतिशत ज़्यादा है और वे बेहतर आर्थिक स्थिति में हैं. उत्तर प्रदेश में कुल 14 अन्य जातियाँ भी अनुसूचित जाति की सूची में शामिल होनी बाक़ी हैं. इसकी प्रक्रिया अभी चल रही है.

इनको सीमांत नहीं कहा जा सकता। 62 दलित समुदायों में से 9 दलित समुदाय विलुप्त प्रायः हैं। इनकी जनसंख्या 1,816 से लेकर 184 तक है। ये विलुप्त समुदाय हैं : बाजगी (640), बलाई (1014), धरामी (184), हरी (1,719), खोरोट (700), लाल बेगी (299), पराहिया (1,816), पतरी (1,716) और सनैरहिया (1066)। ये दलित समुदाय जनतंत्रीकरण की प्रक्रिया से अब भी कोसों दूर हैं। चूँकि इन समुदायों की जनसंख्या काफ़ी कम है और ये किसी मायने में महत्त्वपूर्ण नहीं माने जाते, इसलिए ये अपनी आवाज़ अब तक उठा नहीं पाए हैं। इनकी आवाज़ दब गयी है और ये जनतंत्रीकरण और विकास की प्रक्रिया से बहिष्कृत कर दिये गये हैं। दो अदृश्य दलित समुदायों, जोगी और रंगरेज़ का उल्लेख तो जनगणना रिपोर्ट में भी नहीं पाया जाता। के.एस. सिंह की किताब *पीपुल ऑफ़ इंडिया : उत्तर प्रदेश* में इनका उल्लेख उत्तर प्रदेश की अनुसूचित जातियों में किया गया है।[17]

ये दलित समुदाय इसलिए भी बहिष्कृत हैं क्योंकि वोट बैंक की राजनीति में भी ये अपना दबाव नहीं बना सकते। इनकी राजनीतिक सहभागिता भी अत्यंत कम है। राजनीति में प्रतिनिधित्व न होना और इनके समुदायों से किसी बड़े नेता के न उभरने का मुख्य कारण इनमें जागरूकता और शिक्षा की कमी होना है। इन समुदायों से कोई आंगिक (ऑर्गनिक) नेतृत्व अभी तक नहीं उभरा है। ये समुदाय अब भी सीमांत हैं और अन्य आक्रामक जातियों की भाँति किसी भी अधिकार का लाभ नहीं उठा पा रहे हैं।[18]

---

[17] के.एस. सिंह (सं.) (2005).

[18] बसोर खेती करते हैं, टोकरी बनाते हैं, साड़ी बुनते हैं और पशुपालन भी करते हैं. बाल विवाह और पुनर्विवाह का प्रचलन भी इनमें है. डोम को मुख्यधारा के समुदाय से अछूत बता कर पृथक् कर दिया जाता है. वे मुर्दाघाटों पर एवं मुर्दाखोर का काम करते हैं. वे रस्सी एवं टोकरी बुनने का भी कार्य करते हैं. मुसहर ज़्यादातर मध्य और पूर्वी उत्तर प्रदेश में पाए जाते हैं. वे या तो लकड़हारे का काम करते हैं या फिर खेती बाड़ी में लगे हैं. एक समय मुसहर चूहे पकड़ने का काम करते थे. हिंदी में भुईयार का तात्पर्य ज़मींदार है. यह मुंडा आदिवासी का एक समूह है जो 16वीं शताब्दी में दक्षिणी उत्तर प्रदेश में बस गये थे. वे कड़े तौर पर सजातीय हैं और इनमें बहिर्विवाह की प्रथा है. भुईया दो सजातीय समूहों में बँटे हैं. दलितों में बाँसफोर जाति का नाम दो हिंदी शब्दों से उपजा है — बाँस एवं फोर. डोम जाति के सात समुदायों में से ये एक हैं.

क्यों कुछ समुदाय, जैसे चमार और पासी, लोकतांत्रिक विमर्श और राजनीति में महत्त्वपूर्ण हो गये हैं? ऐसा कहा जा सकता है कि इसका कारण इनकी जनसंख्या का अधिक होना है। लेकिन केवल जनसंख्या ही इसका निर्णायक तत्त्व नहीं है। यद्यपि यह एक अकाट्य तर्क है, पर ज़रूरत है अन्य प्रक्रियाओं पर ध्यान देने की जो उपेक्षित समुदायों को पहचान दिलाती हैं। अगर लोकतंत्र में जनसंख्या ही एकमात्र निर्णायक तत्त्व होता तो 1901 की जनगणना में चमार को ब्राह्मण से ज़्यादा बड़ी जाति का दर्जा दिया जाता। इन सबके बावजूद चमारों को भारत के स्वतंत्रता-पूर्व राष्ट्रीय संघर्ष और औपनिवेशिक काल के बाद की लोकतांत्रिक राजनीति में एक महत्त्वपूर्ण राजनीतिक उपस्थिति नहीं माना गया। वास्तव में बीसवीं शताब्दी के आरंभ में 1901 की जनगणना में चमारों को विभाजन से पूर्व उत्तर-पश्चिम क्षेत्र और अवध में सबसे बड़ी जाति दर्शाया गया, जबकि ब्राह्मणों को दूसरा स्थान प्रदान किया गया। जाटव (चमारों की एक उपजाति) ने अपने आपको चमारों से अलग कर अन्य चमार जातियों से ख़ुद को उच्च माना।[19]

1990 के दौरान उत्तर प्रदेश की राजनीति में चमार एक सशक्त जाति के रूप में उभरे। ये सामाजिक और राजनीतिक सच्चाइयाँ हमें राजनीति में बहुसंख्यकों की हमारी समझ को नये सिरे से देखने को विवश करती हैं। यहाँ पर ये ध्यान देने की ज़रूरत है कि किस तरह जनसंख्या के बाहुल्य ने इनका निर्माण एक संस्था के रूप में किया और कैसे इन दलित समुदायों में एक इच्छाशक्ति जागी जो उनके लिए अपने ऊपर थोपी गयी सामाजिक संरचना को नकारने में मददगार साबित हुई। यह सामाजिक बंधन विभिन्न ऐतिहासिक कारणों से उपजा था, जो वर्तमान समय में राजनीतिक रूप लेता गया। तीन प्रभावशाली जातियों को अत्यधिक फ़ायदे मिले। चमारों ने अब अपनी जगह सरकारी नौकरियों, व्यापार और खेती में बना ली है। यह जाति अब राजनीतिक और सामाजिक क्षेत्र में काफ़ी आगे निकल गयी है। पासी समुदाय को मुख्यतः योद्धा जाति कहा जाता है। आज के समय में पासी बड़े

[19] एम. लायंच ओवेन (1974) : 30.

ओहदे के अफ़सर और राजनीतिज्ञ भी हैं। धोबी कपड़े धोने के काम में लगे हैं। वे खेती, पशुपालन और अन्य गतिविधियों में भी लगे हुए हैं। इन जातियों ने अपने आपको शिक्षा से जोड़ा है और लोकतांत्रिक राजनीति में काफ़ी सक्रिय हैं। इनके अपने सामुदायिक नेता हैं और जातीय इतिहास भी हैं। इनके पास अपना लिखित इतिहास या जाति के उद्भव का ठोस इतिहास है। ये अपने जाति के इतिहास द्वारा अपनी उपस्थिति व अस्तित्व को स्वीकार्य बनाना चाहते हैं। उनके अपने समुदाय के लोगों द्वारा लिखी पुस्तकों में उनके दुख, अपमान और उत्पीड़न को तथा प्रभावशाली लोगों द्वारा राष्ट्र और समाज में उनके योगदान को नकारने का वर्णन है। ये जातियाँ दलित समुदाय के भीतर से और बाहर से भी अपने अस्तित्व के लिए संघर्षरत हैं। ये लोग जनतंत्रीकरण में भागीदारी के लिए अपनी आवाज़ उठाने का कार्य अपने जातिगत इतिहास और अन्य प्रतीकात्मक साधनों द्वारा कर रहे हैं।

## III

### चमारों का उद्भव

यहाँ हम यह बताना चाह रहे हैं कि चमारों (सारे चमार नहीं) ने अपनी स्वप्नदर्शिता को कैसे विभिन्न सामाजिक और ऐतिहासिक प्रक्रियाओं के दौरान प्राप्त किया। यह पूरी प्रक्रिया भारतीय राष्ट्र और समाज के निर्माण के दौरान उपजी। इच्छा करने की सामर्थ्य,[20] जातिगत स्वप्न, यह सब इस सामाजिक परिवर्तन के महत्त्वपूर्ण कारक थे। इच्छा करने की सामर्थ्य किसी भी समुदाय में हो तो वह उस समुदाय के एक न्यूनतम आर्थिक विकास और सामाजिक अस्मिता को दर्शाता है। न्यूनतम आवश्यकताओं को पूरा करने की सामर्थ्य होने के बाद ही किसी समुदाय के अंदर इच्छा, स्वप्न, अच्छे जीवन की चाहत, गर्व, अस्मिता जैसी भावनाएँ उपजती हैं। यह इच्छाशक्ति उन्हें भाषा प्रदान करती है जिसके द्वारा समाज और लोगों में उनके लिए

[20] यह अर्जुन अप्पादुरै की अभिव्यक्ति है, पर यहाँ उसका प्रयोग इस अनुसंधान के लिहाज़ से अर्थविस्तार करते हुए किया गया है

सम्मान की भावना पैदा होती है। यह सम्मान विभिन्न प्रकार की प्रक्रियाओं, प्रतिनिधित्व तथा जातीय समीकरणों द्वारा समाज और राजनीति में प्राप्त किया जाता है। ये प्रक्रियाएँ उन्हें लोकतांत्रिक समाज में दृश्यमान बनाती हैं जिससे उन्हें मोल-तोल की शक्ति प्राप्त होती है। इसी प्रक्रिया के दौरान वे विभिन्न रूपक, मुहावरे, दृश्य-छवियाँ, भाषा और अन्य माध्यमों का निर्माण करते हैं जो उन्हें राज्य से वार्ता के दौरान मदद करते हैं। कई बार भाषा वह होती है जो राज्य समझता है, वह राज्य या सत्ता की भाषा होती है।[21] इस प्रक्रिया के दौरान यह अदृश्य समूह लोकतांत्रिक लोक में सामाजिक इकाई के रूप में उभरता है जो कि कालांतर में उपस्थिति की राजनीति से चलता हुआ सीमांत समूह के प्रतिनिधित्व की राजनीति में परिवर्तित होता है। चमार जाति ने अपने इतिहास के दौरान स्वप्न देखने की शक्ति द्वारा ही अपने को मज़बूत बनाया। इसी शक्ति से इनके चिंतक और नेता कांशीराम ने उपस्थिति की राजनीति को प्रतिनिधित्व की राजनीति में बदला।

चमारों का मुख्य जातिगत व्यवसाय मुर्दा पशुओं के चमड़े द्वारा विभिन्न वस्तुओं का निर्माण करना था। शुरू से ही यह समुदाय इस पेशे में लगा था। चर्मना शब्द का उल्लेख ऋग्वेद और अन्य वैदिक साहित्य में मिलता है। आर्यों के समय से ही वे गाँव के बाहर नीच पेशों में संलग्न रह कर जीविकोपार्जन करते थे। ग्रामीण जीवन में चमारों का शोषण होता था। इसी कारण उनमें बाहर जाने की प्रवृत्ति उत्पन्न हुई और अन्य दलित जातियों की अपेक्षा चमारों में प्रवसन अधिक पाया गया। ग्रामीण क्षेत्र से शहरी जीवन में गतिशीलता ने उनके सामाजिक व आर्थिक जीवन स्तर को समृद्ध किया। 18वीं सदी के मध्य तक चमार युरोपियनों द्वारा शहरों और क़स्बों में छोटे और गंदे कार्यों के लिए नियुक्त किये जाते थे परंतु चमार बेहतर आर्थिक जीवन के इच्छुक थे। इसलिए उन्होंने प्रवसन किया। उन्होंने अपने पारंपरिक व्यवसाय के अलावा अन्य व्यवसाय, जैसे घास काटना, घोड़ा चलाना और संगीत चुना। चमार औरतें दाई के काम में लगी थीं। वे नवजात शिशुओं की नार काटा करती थीं। चमारों की एक उपजाति

[21] अर्जुन अप्पादुरै (2004): 59-84.

जैसवार, जौनपुर और आज़मगढ़ से लेकर कलकत्ता और पेशावर तक घोड़े की मालिश का कार्य करती थी। कुछ जैसवार प्लासी के युद्ध के दौरान क्लाइव की सेना में भी थे।[22]

## नीच कार्यों से छुटकारा और शिक्षा का प्रसार

चमारों की दो मुख्य उपजातियाँ, जाटव और जैसवार हैं। जाटवों का बाहुल्य उत्तर प्रदेश के पश्चिमी भाग में पाया जाता है तथा जैसवार पूर्वांचल की दलित जाति है। ये दोनों उपजातियाँ जातीय तरतमता में उच्च सामाजिक स्थिति होने का दावा करती हैं। जाटव जाति में काफ़ी लोग अच्छी स्थिति में हैं। 1920 में प्रकाशित जाति संबंधी नृजातिवर्णन के आधार पर ब्रिग्स ने बताया है कि उस समय भी जाटव समुदाय एक प्रतिष्ठित समुदाय के रूप में स्थापित हो चुका था। इनमें से कुछ लोग शाकाहारी बन गये ताकि वे अस्पृश्यता के दंश से अपने आपको मुक्त कर सकें। ये चमार समुदाय के अंतर्गत सामाजिक गतिशीलता की एक और अभिव्यक्ति है। जैसवारों ने श्रेष्ठ होने का दावा नीच कार्य न करने और अच्छी आर्थिक स्थिति होने के आधार पर किया।

यह उल्लेख्य है कि 20वीं शताब्दी के मध्य में नारा मवेशी आंदोलन के उद्भव ने चमारों पर एक सार्थक असर डाला। चमारों ने ख़ुद को जाति-आधारित नीच पेशों से आज़ाद करने का प्रयास करते हुए अपने इच्छानुसार पेशे का चुनाव करने के लिए मूलाधिकारों का प्रयोग किया। नीच पेशों से मुक्ति हासिल करने के उपरांत उन्हें समाज में प्रतिष्ठा मिली। बीसवीं शताब्दी के आरंभ में जाटवों (चमारों की एक उपजाति) ने पश्चिम और मध्य उत्तर प्रदेश (आगरा और कानपुर) में ख़ुद को नीच कार्यों से आज़ाद कर लिया था। चमारों को अब भी संघर्ष करना पड़ रहा था और उन्हें मुक्ति तीन दशक बाद 1950 में मिली।

जिन चमारों ने ख़ुद को नीच कार्यों से मुक्त कर लिया उन्हें ऊर्ध्वगामी सामाजिक गतिशीलता हासिल हुई, किंतु यह समुदाय उन चमारों को बहिष्कृत करने लगा जो अब भी पारंपरिक जाति-आधारित पेशों में लिप्त थे।

---

[22] जार्ज वेस्टन ब्रिग्स (1920) : 22.

चमारों में भी एक जाति-आधारित तरतमता बनने लगी।[23] उनका पेशा उनके अंतर्सामूहिक विवाहों में भी बाधा उत्पन्न करने लगा। जो लोग खाद और गोबर का कार्य करते थे वे सई से अंतर्विवाह नहीं कर सकते थे। जाटव जो जानवरों की हड्डयाँ और चमड़े का कार्य करते थे, उनका विवाह रैदासी से नहीं होता था। इसी तरह वे जाटव, जो गंदे पशुओं के चमड़े का कार्य करते थे, उनसे विवाह नहीं कर सकते थे जो इस कार्य में लिप्त नहीं थे। ऐसे भी उदाहरण हैं जिनमें कुरील, जो चमड़े का कार्य करते थे, उनसे शादी नहीं कर सकते थे जो जूते बनाते थे। अतः सामाजिक स्तरीकरण के अंतर समुदायों के भीतर भी प्रचलित हैं। इस अंतर और बाह्य समूहों के बीच तनाव के बावजूद चमार समुदाय ने काफ़ी उन्नति की। प्रवसन के कारण इनमें ऊर्ध्वगामी गतिशीलता हुई। उन्नीसवीं शताब्दी के अंत तक अस्पृश्य जातियाँ, ख़ासकर चमार, नीच कार्य करने हेतु ग्रामीण क्षेत्रों से इलाहाबाद, वाराणसी, कानपुर और लखनऊ की ओर प्रवसन करने लगीं। 1857 के विद्रोह के बाद ब्रिटिश सैन्य और लोक प्रशासन का केंद्र क़स्बे बनने लगे। इन्हें घरेलू नौकरों और सेवकों की आवश्यकता थी। हिंदू इस तरह के कार्य करते थे। कानपुर में चमार सरकार और ब्रिटिश उद्यमियों द्वारा स्थापित चमड़े की फ़ैक्ट्रियों और चर्मशोधनालयों में कार्यरत थे।[24]

दलितों का एक भाग अट्ठारहवीं शताब्दी में युरोपियनों के क़रीब था। ये दलित पश्चिमी सभ्यता के संपर्क में आये। चूँकि चमार शासकों और सत्ता केंद्र के क़रीब थे, इसलिए उन्हें बहुत सारे लाभ मिले। उन्हें अंग्रेज़ी और अन्य युरोपियन भाषाएँ सीखनी पड़ीं। जीवनयापन के लिए शिक्षा उनके लिए अति आवश्यक थी। शिक्षा ने उनकी सोचने की क्षमता को और प्रगाढ़ किया।

---

[23] चमारों में उपजाति चमार शामिल हैं जो केवल मेरठ और रुहेलखंड में पायी जाती हैं. यह सामाजिक क्रम में सबसे नीचे हैं. ये खेती करते हैं, जूते बनाते हैं, चमड़े का काम करते हैं और सूअर का मांस खाते हैं. दोहरे उस समय पीलीभीत, खीरी, शाहजहाँपुर, हरदोई, कानपुर इत्यादि में निवास करते थे. वे न तो सूअर पालते थे न ही उसका मांस खाते थे. कुरील इलाहाबाद, लखनऊ और उन्नाव में बसते हैं. वे चमड़े का काम करते थे और खेत में मज़दूरी करते थे. वे गंगा नदी के पश्चिमी तट पर रहते थे और नदी के दूसरे तट पर रहने वालों से उनका कोई सामाजिक सरोकार नहीं था. वे मरे हुए घोड़ों या ऊँट को नहीं छूते थे, बल्कि सूअर पालते थे और उनका मांस खाते थे. अन्य उपजातियों में पुरबिया, कोरी या कोली, धूसिया या झूसिया, चमकटिया, दुसाध, कैयान, रंगिया इत्यादि शामिल हैं. जार्ज वेस्टन ब्रिग्स (1920) : 24-25.

[24] ऐन. गुप्त (2006) : 4-5.

उनके बीच में से चमार बुद्धिजीवी निकले। इन चमार बुद्धिजीवियों ने सुधारवादियों के पश्चिमी अनुसरण व क्रांति के बाद उपजे सामाजिक क्रम पर प्रश्न उठाया। औपनिवेशिक काल में मिशन स्कूलों के विकास ने दलितों के मध्य शिक्षा के प्रसार में ख़ासी भूमिका अदा की। औपनिवेशिक काल के दौरान काफ़ी बुद्धिजीवी और अन्य दलित चमारों ने शिक्षा हासिल की क्योंकि उनके परिजन सेना में कार्यरत थे। इसका श्रेय फ़ौज को जाता है चूँकि फ़ौज ने बालक-बालिकाओं की शिक्षा मुफ़्त और अनिवार्य कर दी थी। अगर माता-पिता अपने बच्चों को स्कूल नहीं भेजते थे तो उन्हें दंड देना पड़ता था। परंतु इस व्यवस्था को 1857 के विद्रोह के बाद ख़त्म कर दिया गया।[25]

औपनिवेशिक काल के दौरान जाति-सभाओं ने समाज को सुधारने और शिक्षा के प्रसार का मिशन शुरू किया जिसने दलितों को शिक्षा प्रणाली से जुड़ने के लिए प्रेरित किया। पूर्वी भारत में भारत संत समाज, भारतीय दुसाध समाज, बिहार रजक संघ, जाटव वीर महासभा, जात-पाँत तोड़क मंडल, मुसहर सेवक संघ इत्यादि की भूमिका को नज़रअंदाज़ नहीं किया जा सकता।[26] जब महात्मा गाँधी ने हरिजन सेवाश्रम के माध्यम से अस्पृश्यों की उन्नति के लिए अभियान चलाया तो काफ़ी दलित कार्यकर्ताओं ने शिक्षा हासिल की और ख़ुद को गाँधी की राष्ट्रीयता से जोड़ा। साथ ही साथ, हिंदू रुझान वाले राष्ट्रीय नेताओं जैसे मदन मोहन मालवीय, ने भी अपने ढंग से दलितों को शिक्षित करने में मदद की। आर्य समाज द्वारा स्थापित शिक्षा संस्थानों ने, ख़ासकर पश्चिमी उत्तर प्रदेश में, चमारों की उपजाति जाटवों को शिक्षित करने में अहम भूमिका निभायी।

शिक्षा के प्रसार के कारण चमारों के मध्य से बुद्धिजीवी वर्ग निकला जो कि दलित-मध्य वर्ग की तरह स्थापित हुआ। इसकी शुरुआत 1920 के दौरान हुई। शिक्षित चमारों ने समाज में अपनी एक जगह बनायी जबकि अन्य जातियाँ ऐसा करने में नाकाम रहीं। औपनिवेशिक काल के दौरान इलाहाबाद

---

[25] श्योराज सिंह बेचैन (1997) : 177.

[26] प्रसन्न कुमार चौधरी और श्रीकांत (2005).

के क्षेत्र से निकले बुद्धिजीवियों में से काफ़ी दलित थे जो खटिक, भंगी, पासी, धोबी और ऐसी अन्य निम्न जातियों से थे। लेकिन चमार समुदाय से निकले बुद्धिजीवी अन्य समुदायों की तुलना में बहुत ज़्यादा थे। ऐसे कुछ चमार बुद्धिजीवी थे — खेमचंद बोहरे (1875-1960) आगरा से, हापुड़ से चौधरी मुल्कीराम (1910-54), इलाहाबाद से चौधरी नंद लाल (1862-1943), बरेली से धर्म प्रकाश (1900-1956), आगरा से मानिकचंद्र जाटवबीर (1897-1956), घाटमपुर और उन्नाव से करन सिंह केन (1898-1990), पूरन चंद्र (1900-70), आगरा से सुंदरलाल सागर (1896-1952), प्यारे लाल कुरील (1916-84), कानपुर से गोपी चंद्र पीपल (1901-89), शाह-जहाँपुर लखनऊ से साधु जिताऊ, फ़र्रुख़ाबाद से स्वामी अछूतानंद (1879-1933), आगरा से स्वामी प्रभुतानंद व्यास (1901-1950), और राम नारायण यादवेंदु (1909-1951)।[27]

अगर हम इन लेखकों का जीवन-इतिहास पढ़ें तो हमें पता चलेगा कि इन सबने अपनी शिक्षा एक ऐसी समाज सुधार संस्था से हासिल नहीं की, जो केवल किसी एक व्यक्ति की विचारधारा से प्रेरित हो, वरन ये कई विचारधाराओं से प्रेरित थे। बाबू राम चरन ने अपनी शिक्षा लखनऊ के एक अंग्रेज़ी मिशन स्कूल से हासिल की और खेमचंद बोहरे ने आगरा के सेंट जॉन्स कॉलेज से अपनी शिक्षा पूरी की। चौधरी मुल्की राम की शिक्षा आर्य समाज द्वारा प्रवर्तित एक स्कूल में हुई। चौधरी नंद लाल इलाहाबाद के राजकीय हाईस्कूल में पढ़े। धर्मप्रकाश आर्य समाजी स्कूल में पढ़े और मानिकचंद आगरा के सेंट जोंस कॉलेज से पढ़े। प्यारे लाल कुरील के पिता ब्रिटिश सेना में थे इसलिए उन्हें ब्रिटिश अफ़सरों ने भी मदद प्रदान की। महादेव प्रसाद ने डुमारी कोठी के राजकीय मिडिल स्कूल में पढ़ाई की। यह एक रोचक बात है कि सुंदर लाल सागर ने, जो एक महत्त्वपूर्ण दलित बुद्धिजीवी थे, कोई औपचारिक शिक्षा हासिल ही नहीं की।

---

[27] आर.के. क्षीरसागर (1994) : 372.

दलितों के बीच शिक्षा के प्रसार में डॉ. आम्बेडकर ने भी महत्त्वपूर्ण भूमिका निभायी। वे कहते थे कि शिक्षा ही सारे दलित संकटों का समाधान है। समाज सुधार में शिक्षा को एक महत्त्वपूर्ण रणनीति के रूप में खड़ा कर आम्बेडकर ने दलित मुक्ति के लिए ज्ञान का एक औज़ार की तरह उपयोग करने के लिए कहा। भारतीय जाति-प्रथा में जहाँ दलितों को शिक्षा से वंचित रखा गया, वहीं आम्बेडकर का दलितों को शिक्षा से जोड़ने का अभियान एक शक्तिशाली औज़ार के रूप में उभरा। ज़्यादातर चमार जो मज़दूरी करने के लिए कोलकाता और मुम्बई की ओर प्रवसन कर गये थे, वे वापस अपने गाँवों को लौट आये। वे आम्बेडकर के विचारों से अत्यंत प्रभावित थे और उन्होंने अन्य लोगों को भी अपने बच्चों को शिक्षित करने के लिए प्रोत्साहित किया।

चमार जनता के उद्भव को, बेहतर जीवन व सम्मान की इच्छा, जो कि विभिन्न ऐतिहासिक चरणों से गुज़रते हुए आधुनिक भारत के दलितों में उत्पन्न हुई, से भी जोड़ कर देखा जाता है। सवाल न सिर्फ़ शिक्षा हासिल करने का है अपितु चमारों के एक भाग के बुद्धिजीवी समुदाय बनने का भी है। उनके लिए शिक्षा मात्र नौकरी पाने का साधन नहीं है। उन्होंने शिक्षा का उपयोग अपने सम्मान, जागरूकता और आलोचनात्मक चेतना के विकास के लिए किया जो उनके राजनीतिक ज्ञान के निर्माण में सहायक हुआ तथा दलितों की मुक्ति के मिशन में महत्त्वपूर्ण कारक बना। आम्बेडकर मानते थे कि वे लोग जो अपना धर्म फैलाने के लिए दूसरों को शिक्षित करते हैं, वे उन लोगों से बेहतर होते हैं जो दूसरों को शिक्षित होने से रोकते हैं, यद्यपि वे स्वतंत्र चिंतन के विकास में बाधक होते हैं। धार्मिक विचारों के प्रसार के लिए दी जाने वाली शिक्षा से वंचित लोगों को शिक्षा हासिल करने में मदद मिली।[28] आम्बेडकर के लिए सारी दलित समस्याओं का समाधान शिक्षा है। समाज सुधार में शिक्षा को एक महत्त्वपूर्ण मुद्दा बना कर आम्बेडकर ने दलित मुक्ति में ज्ञान का एक औज़ार की तरह उपयोग किया।

---

[28] बी.आर. आम्बेडकर (1989).

भारतीय जाति-प्रणाली में जहाँ दलितों को शिक्षा से वंचित रखा गया, वहीं आम्बेडकर दलितों को शिक्षा से जोड़ने वाली मुहिम में एक शक्तिशाली प्रतीक के रूप में उभरे। औपनिवेशिक काल के संपूर्ण भारत में भी काफ़ी दलित समुदाय दलित कॉलोनियों में स्थापित आम्बेडकर पुस्तकालयों और आम्बेडकर ट्रस्ट के ज़रिये शिक्षा हासिल कर प्रगति करने लगे। 1935-36 में एक पंजीकृत आम्बेडकर पुस्तकालय की स्थापना इलाहाबाद में कर ली गयी थी।

इस संदर्भ में यह जानना रोचक होगा कि डॉ. आम्बेडकर से पूर्व स्वामी अछूतानंद के आदि हिंदू आंदोलन ने उत्तर प्रदेश में आदि हिंदू स्कूल और आदि हिंदू छात्रावास स्थापित किये थे ताकि वे इस आंदोलन को उत्प्रेरित कर दलितों को शिक्षा का लाभ दिला सकें। इस आंदोलन के अंतर्गत इसके सदस्य अति ग्रामीण क्षेत्रों में निवास करने वाले दलितों को प्रेरित करने लगे कि वे अपने बच्चों की शिक्षा के लिए रोज़ मुट्ठी-भर अनाज अलग रख दें। स्वामी अछूतानंद ने दलितों को प्रेरित किया कि वे अपनी माँगे ब्रिटिश सरकार को पोस्टकार्ड और चित्रकारी द्वारा भेजें। अपनी लेखनी से उन्होंने दलित समुदाय को एक विद्रोही संस्कृति के विकास के लिए प्रेरित किया। उन्होंने उत्तर प्रदेश के विभिन्न भागों में छापाख़ाने लगाए जो अख़बार और छोटी पुस्तिकाएँ प्रकाशित करते थे ताकि दलित अपना विद्रोह जता सकें। ये अख़बार और पुस्तिकाएँ दलित विद्रोह और विद्रोही स्तर के प्रसार में मददगार हुए। इनके और अन्य सुधारवादियों, जैसे बालानकर, फुले और आम्बेडकर द्वारा शिक्षा हासिल कर संघर्ष करने (आम्बेडकर का लोकप्रिय नारा) की प्रेरणा से दलित शिक्षा और ज्ञान से जुड़े।

दलितों के मौखिक इतिहास का अध्ययन बताता है कि इलाहाबाद, कानपुर और लखनऊ के दलित-बहुल समूह के एक भाग के शिक्षा हासिल कर बुद्धिजीवी बनने में कई महत्त्वपूर्ण प्रक्रियाएँ सहयोगी थीं। जैसे शहरों की ओर प्रवसन और छावनी क्षेत्र में बसना। इसको एक 'छावनी तथ्य' के रूप में देखा जा सकता है। छावनी और ब्रिटिश सैन्य अफ़सर उन दलितों

को शिक्षित करने में एक महत्त्वपूर्ण भूमिका निभाते थे जो उनके यहाँ घरेलू नौकर थे। ऐसे ही एक दलित बुद्धिजीवी और लोकप्रिय लेखक बौद्धाचार्य एस. राव संजीवन नाथ अपने छावनी के दिनों के बारे में याद करते हुए कहते हैं :

> हम लोग छावनी क्षेत्र में रहते थे। मेरे पिता ब्रिटिश सैन्य अफ़सर के घर में काम करते थे। सैन्य अफ़सर ने ख़ुद मेरा और मेरे भाई बहनों का दाख़िला स्कूल में करवाया। मैं यह बताना चाहूँगा कि ब्रिटिशों के मन में कोई जातीय भेदभाव नहीं था जो कि ऊँची जातियों में मौजूद था। ये जातियाँ सोचती थीं कि एक अस्पृश्य की छाया भी उन्हें गंदा कर देगी। बचपन से ही हमने एक परिवार के सदस्य को ब्रिटिश अफ़सरों के जूते साफ़ करते देखा, जबकि एक और सदस्य को उनके बच्चों को खिलाते देखा। हम लोग उनके साथ उनके परिवार का एक हिस्सा बन कर रहते थे। हम लोग पिजिन अंग्रेज़ी का प्रयोग करते थे जिसको गरौटी अंग्रेज़ी कहा जाता था। 'गरौटी' शब्द 'गोरा' से उपजा है। वास्तव में वे दलित जो गरौटी अंग्रेज़ी बोलते थे उनकी दलित कॉलोनी में निवास करने वाले अन्य दलित काफ़ी इज़्ज़त करते थे। हम लोगों ने गरौटी अंग्रेज़ी बिल्कुल उस तरह सीखी जैसे बच्चे बिना पढ़े-लिखे अपनी मातृभाषा सीख जाते हैं। हम में से जो गरौटी अंग्रेज़ी जानते थे, उन्होंने बाद में शिक्षा हासिल करने के दौरान अंग्रेज़ी सीखी। अंग्रेज़ों के कारण ही दलितों के अंदर शिक्षा हासिल करने की चाहत पैदा हुई। छावनी छोड़ने के बाद कुछ शिक्षित बुद्धिजीवी चमार, अपने समुदाय की मुक्ति के लिए काम करने लगे। ये सारे लोग मानते थे कि दलितों में शिक्षा का प्रसार ही उन्हें मुक्ति दिला सकता है। हम लोगों की कॉलोनी में राव साहब ककरनी नामक एक बुद्धिजीवी रहते थे जो अपने घर में एक आम्बेडकर पुस्तकालय चलाते थे। अन्य बुद्धिजीवी भी थे जैसे, बिहारी लाल और डॉ. नंद लाल जैसवार जो काफ़ी ज्ञानी थे। वे दलितों के पढ़ने के लिए छोटी पुस्तकें लिखा करते थे। एक पुस्तिका जो उस दौरान काफ़ी लोकप्रिय थी वह है 'दलितों की आवाज़ बाबू के सामने।' यह सब दर्शाता है कि ब्रिटिश काल के दौरान भी काफ़ी संख्या में चमार शिक्षित और बुद्धिजीवी थे।[29]

[29] बौद्धाचार्य एस.राव संजीवन नाथ से लेखक का साक्षात्कार, इलाहाबाद, 12 जुलाई, 2006.

ये चमार बुद्धिजीवी अपने समुदाय का नेतृत्व करते थे। पुस्तिकाएँ लिखते और बेचते थे। पत्रिकाओं और अख़बारों में लिखते थे। ऐसा करके वे अकसर समुदाय के सुधार के लिए अपना जीवन ख़तरे में डालते थे। यह प्रक्रिया देश को ब्रिटिश राज्य से मुक्ति दिलाने के पूर्व ही शुरू हो गयी थी। 1917 में उत्तर प्रदेश में हिंदी दलित-पत्रकारिता का प्रारम्भ स्वामी अछूतानंद के अछूत से हुआ था। 1924 में संतराम बी.ए. ने मासिक पत्रिका *उषा* निकाली। स्वामी अछूतानंद की *आदि हिंदू* 1928 में निकली। जून, 1934 को मुंशी हरि प्रसाद टमटा ने हिंदी साप्ताहिक *समता* की शुरुआत की। दयानंद व्यास ने 1957 में हिंदी साप्ताहिक *सिंहनाद* शुरू किया। 1962 में मेवाराम महासे ने अलीगढ़ से *ज़मीन के तारे* प्रकाशित किया जबकि बलबीर सिंह आज़ाद ने सितंबर 1966 में बुलंदशहर से एक हिंदी साप्ताहिक *शोषित पुकार* प्रकाशित किया। हिंदी साप्ताहिक *स्वाधीन भारत* 1968 में अलीगढ़ से प्रकाशित हुआ। मोहनदास नैमिशराय ने मेरठ से दो पत्रिकाएँ, एक साप्ताहिक *समता शक्ति* और एक पाक्षिक, *बहुजन अधिकार* क्रमशः 1972 और 1981 में प्रकाशित किये।[30]

इन छोटी पुस्तिकाओं के लेखक (अख़बारी काग़ज़ों पर छापी गयी पुस्तिकाएँ) अधिकतर मध्यवर्ग के शिक्षित चमार थे जो दलित सशक्तीकरण का प्रत्यय इस समुदाय के ज़मीनी लोगों के बीच फैलाना चाहते थे। समाज में इनकी मध्यम या उच्च मध्यम हैसियत थी। इस तरह के लेखक पूरे उत्तर प्रदेश में पाए जाते हैं और अपनी किताबों के माध्यम से दलित-चेतना का संदेश फैलाने में काफ़ी मेहनत करते हैं। इन पत्रिकाओं और छोटी पुस्तिकाओं ने दलितों को अपनी अस्मिता दर्ज कराने में मदद की और एक दलित पब्लिक के माध्यम से उनके राजनीतिक सशक्तीकरण के लिए रास्ता खोला।

[30] श्योराज सिंह बेचैन (1997) : 252-56.

### उनकी अपनी राजनीति का उद्भव

स्वतंत्रता के पश्चात् उत्तर प्रदेश में जो दलित-राजनीति उभरी उसमें चमार बुद्धिजीवी और उनके सामुदायिक नेता सामने आये। उनमें लोकतांत्रिक सहभागिता, शक्ति और बेहतर और सम्मानित जीवन जीने की इच्छा जाग्रत हुई। चूँकि इस तरह के नेता अन्य दलित समुदायों में नहीं थे, इसलिए चमारों में लोकतंत्र और राज्य के फ़ायदे उठाने की बेहतर मोल-तोल की क्षमता थी।

दलित-मुक्ति का प्रत्यय राज्य-शक्ति, राजनीतिक प्रतिनिधित्व और इन शक्तियों के द्वारा इज़्ज़त पाने के इर्द-गिर्द बुना हुआ था। दलित-चिंतकों द्वारा बराबरी हासिल करने की संकल्पना प्रतिनिधित्व के अधिकार और राज्य के अधीन कार्यरत होने के अधिकार के द्वारा की गयी।[31] आम्बेडकर अकसर कहते थे कि दलितों को राजनीतिक शक्ति मिलनी चाहिए और यही उन्हें मुक्ति दिलाने वाला कारक होगा।[32] उनके अनुसार, दलितों के पास अधिकार नहीं थे, सो वे राजनीतिक शक्ति हासिल कर सकते थे। लोकतांत्रिक समाज में राजनीतिक शक्ति ने (अब भी) दलितों के विकास और उन्हें पहचान दिलाने में एक महत्त्वपूर्ण भूमिका निभायी। इसलिए आम्बेडकर सोचते थे कि बिना एक राजनीतिक समूह बने दलितों को मुक्ति नहीं मिल सकती थी।[33] आगरा में जाटवों की आवाज़ सशक्त हो रही थी क्योंकि वे चमड़े के काम में लग गये थे। बीसवीं शताब्दी के आते-आते, दोनों विश्वयुद्धों के बाद आगरा के जूतों का बाज़ार न सिर्फ़ भारत में, बल्कि विदेशी बाज़ारों जैसे, इराक, ईरान और ईस्ट इंडीज़ में भी फैल गया था।[34] 1947 में शांतिपूर्ण बँटवारे के बाद रूस, जर्मनी और फ़ैशनप्रिय न्यू यॉर्क भी इसमें जुड़ गया। (1955 से 1963 तक)। जाटव कुटीर उद्योग को व्यापार के इस उछाल से काफ़ी फ़ायदा हुआ। इस आर्थिक उन्नति ने जाटवों को नीच कार्यों से मुक्ति दिलाने में मदद की।[35]

---

[31] गेल ऑम्वेट (1994) : 146.

[32] आर.के. क्षीरसागर (1992) : 113.

[33] वही : 115.

[34] के.बी. शर्मा (1958) : 59.

[35] एम. ओवन लायंच (1974) : 34.

आर्थिक बदलाव से जाटवों को आवासीय और व्यावसायिक पृथक्कीकरण, सामाजिक अलगाव, आर्थिक स्वतंत्रता और अन्य गतिविधियों में शामिल होने का अच्छा समय मिला। इसके कारण जाटव लोग समाज के धनी समूहों के आस-पास पहुँचने लगे और समाज के जो प्रभावी समूह थे, उनकी ही तरह उनमें भी आत्म-सम्मान और महत्त्व प्राप्त करने की चाह बढ़ गयी।[36]

किन्तु अन्य कारक भी महत्त्वपूर्ण थे। प्रवसन, युरोपियनों से संबंध, शिक्षा का प्रसार, अंग्रेज़ी का ज्ञान, व्यवसाय और पेशे में विविधता, आदि इन सब कारकों के चलते चमारों का एक मध्य वर्ग उभरा। वास्तव में कुछ ने इस संपन्नता का सुख भोगा और उनके पास पर्याप्त आर्थिक आधिक्य था जिसका उपयोग 20वीं शताब्दी की शुरुआत में सामुदायिक और लोकतांत्रिक प्रक्रियाओं को मज़बूत करने के लिए किया गया। आर्थिक संपन्नता ने राजनीतिक आकांक्षाओं को जन्म दिया। बेहतर सामाजिक स्तर पाने के लिए जाटवों ने जाति-संगठन बनाए। 1917 में जाटव वीर महासभा का और 1924 में जाटव प्रचारक मंडल का गठन किया गया।[37] चूँकि कुछ जाटवों की शिक्षा आर्य समाजी संस्थाओं में हुई थी, इसने एक संदर्भ समूह का निर्माण किया। इस समूह के वैदिक रिवाजों, व्यवहार, रीति और विश्वास का अनुकरण अन्य जाटव करने लगे। इन लोगों ने मांसाहार छोड़ दिया और मुर्दा जानवरों की सफ़ाई करना भी छोड़ दिया। इससे उनकी संपूर्ण जाति के स्तर में परिवर्तन आया। एक अन्य रोचक तथ्य 1930 में स्वामी अछूतानंद का उद्भव था, जो स्वयं एक निचली जाति से थे। उनके द्वारा शुरू किये गये आदि हिंदू आंदोलन में आगरा क्षेत्र के क्षत्रिय और जाटव शामिल थे।[38] 1956 में आम्बेडकर के प्रभाव में आगरा के अधिकतर जाटवों ने बौद्ध धर्म को गले लगाया। बौद्ध बनने

---

[36] वही : 67.

[37] वही : 69.

[38] वही : 76.

के बाद उन्होंने भारत के मूल निवासी होने का दावा किया जो ब्राह्मणों की दासता करने को मजबूर हुए।[39] आम्बेडकर जाटवों के सांस्कृतिक नायक बन कर निकले।[40]

जाटवों की राजनीति सुधारवादी आंदोलनों की विचारधाराओं से प्रेरित थी। उन्हें इससे इज़्ज़त मिली। बाद में ये जाटव सामुदायिक नेता के रूप में उभरे जो उन्हें आम्बेडकरवादी राजनीति में भी पहचान, सम्मान व आदर दिलाने में सफल हुई।

जाटवों की राजनैतिक आकांक्षाएँ 1958 में आगरा में रिपब्लिकन पार्टी बनने के बाद और तेज़ हुईं। यह रिपब्लिकन पार्टी ऑफ़ इंडिया की एक शाखा थी जिसे आम्बेडकर ने स्थापित किया था।[41] इसलिए हम देखते हैं कि जाटव राजनैतिक अखाड़े में जगह पाने के लिए संघर्षरत थे। आर.पी.आई. का मुख्य आधार पारंपरिक रूप से महाराष्ट्र में रहा है, फिर भी इसने एक दबाव समूह की तरह कार्य कर संपूर्ण भारत में दलितों को संगठित किया। उत्तर प्रदेश के अधिकतर चमार[42] आर.पी.आई. में थे। रिपब्लिकन पार्टी का ख़ासा असर पश्चिम और मध्य उत्तर प्रदेश में आगरा से कानपुर तक देखा जा सकता था। बाद के दशकों में इसका भी फ़ायदा चमारों को मिला।

आज़ादी के बाद चमार न सिर्फ़ कांग्रेस के लिए वोट कर रहे थे, बल्कि अपने समुदाय की उन्नति के लिए उन्होंने एक दबाव समूह की तरह काम किया। चूँकि ब्राह्मणों के अलावा यह समुदाय कांग्रेस का एक प्रमुख वोट बैंक था, इसलिए इन्हें अन्य दलित समुदायों की अपेक्षा काफ़ी फ़ायदे मिले। इन्हें 'सरकारी ब्राह्मण' भी कहा गया। कांशीराम जो स्वयं पंजाब के रमदसिया चमार थे, आर.पी.आई. के सिद्धांतों द्वारा दलित समुदाय को गतिशीलता दे रहे थे। यह एक बहुत ही रोचक परिपथ था। 1965 में डिफेंस रिसर्च ऐंड डिवेलपमेंट ऑर्गनाइज़ेशन (डी.आर.डी.ओ.) में कांशीराम ने

---

[39] वही : 92.

[40] वही : 96.

[41] वही : 95.

[42] रिपब्लिकन पार्टी गुटबंदी से पीड़ित थी. स्थापना के बाद ही वह अनेक छोटी पार्टियों में बँट गयी.

अपने कार्यकाल के दौरान भारतीय सरकार के अनुसूचित जाति कर्मचारियों द्वारा शुरू किये गये आंदोलन में भाग लिया ताकि वे आम्बेडकर के जन्मदिवस की निरस्त छुट्टी दुबारा लागू करवा सकें। 1978 में उन्होंने बामसेफ़ (बैकवर्ड ऐंड माइनॉरिटी कम्युनिटी इम्पलाइज़ फ़ेडरेशन) का निर्माण किया। बामसेफ पूर्णतः एक अराजनैतिक, ग़ैर-धार्मिक और ग़ैर-आंदोलनकारी संस्था थी। 6 दिसंबर, 1981 को उन्होंने एक अन्य सामाजिक संस्था डीएस-फ़ोर (दलित शोषित समाज संघर्ष समिति) की स्थापना की। इस संस्था ने शोषित दलितों को सोचने पर मजबूर किया कि वे कब तक शोषण सहन करते रहेंगे। दलितों ने जागरूक होकर एक देशव्यापी आंदोलन शुरू किया। उन्होंने ब्राह्मण-व्यवस्था की शोषणकारी संरचना को उजागर किया। 30 अगस्त, 2001 को आर.के. चौधरी ने जिनका कांशीराम के साथ डीएस-फ़ोर के निर्माण में महत्त्वपूर्ण योगदान था, बीएस-फ़ोर (बहुजन समाज स्वाभिमान संघर्ष समिति) बनायी। इसी दौरान कांशीराम ने दलित वोटों को संगठित करने के लिए 1984 में बहुजन समाज पार्टी का निर्माण किया। डीएस-फ़ोर और बीएस-फ़ोर बसपा से पूर्व की संस्थाएँ थीं।[43]

बसपा के निर्माण की प्रक्रिया में जब कांशीराम ज़मीनी सत्य का आकलन कर रहे थे, उन्होंने एक साइकिल यात्रा की शुरुआत की। उन्होंने पाया कि चमारों का एक समूह अत्यंत जागरूक था। 1950 में इन चमारों ने एक सामाजिक-राजनैतिक आंदोलन एन.एम.एम. (नारा मवेशी आंदोलन) में सक्रिय भूमिका निभायी थी। उन्हें एक बना-बनाया कैडर मिल गया जिसने आरम्भिक दौर में पार्टी की स्थापना के मिशन में उनका साथ दिया। एन.एम.एम. के कार्यकर्ताओं का काम बसपा को मज़बूत बनाना था। उत्तर प्रदेश में बसपा की स्थापना के दौरान कांशीराम ने कहा कि जो कैडर पार्टी से पूरे समय के लिए जुड़ेंगे उन्हें शिक्षित होना चाहिए। उन्होंने कहा कि स्नातकों के अलावा और किसी को पार्टी में शामिल नहीं किया जाएगा। अपने एक साक्षात्कार के दौरान कांशीराम ने कहा कि ब्राह्मणों के बाद देश

[43] निसार अहमद कुरैशी (प्रकाशन वर्ष अनुपलब्ध).

में सबसे ज़्यादा शिक्षित चमार हैं।[44] ज़्यादातर चमार चूँकि शिक्षित और नौकरीपेशा हैं, इसलिए उन्होंने पार्टी के एक जागरूक राजनीतिक आधार की स्थापना की। पंजाब से लेकर बिहार तक के चमार बसपा का आधार होंगे। इसी आधार पर उन्होंने कहा कि वे गंगा और यमुना के बीच की ज़मीन को आर्यावर्त से चमारवर्त में बदल देंगे। चमारों को पार्टी में मुख्य दर्जा देते हुए उनकी इच्छा अन्य दलित समुदायों को बसपा से जोड़ने की थी। यह एक उल्लेखनीय बात है कि कांशीराम ने चमार जाति की एक महिला, मायावती को अपना उत्तराधिकारी बनाया। 80 के मध्य में जब कांशीराम ने बसपा बनायी तो उन्होंने चमचा युग के कवच को भेदने पर बल दिया और चमारों को अपनी राजनैतिक जगह बनाने के लिए प्रेरित किया।[45] 1990 में कांशीराम ने चमारों की राजनीति को समझा और उसका सैद्धांतिकीकरण किया। उन्होंने इस बड़े और राजनैतिक रूप से समर्थ सामाजिक समूह को अन्य पार्टियों पर निर्भर होने से रोका जिसका नेतृत्व उच्च और पिछड़े जातियों के नेता करते थे। इस प्रक्रिया के विस्तार में उन्होंने बसपा का गठन किया जिसका नेतृत्व एक चमार महिला मुख्यमंत्री मायावती ने किया।

पिछली बसपा सरकार का अगर हम जाति के आधार पर आकलन करें तो हमें साक्ष्य मिलता है कि उत्तर प्रदेश की राजनीति में अन्य दलित समुदायों की अपेक्षा चमारों का कितना प्रभुत्व है। हमें पता चलता है कि 52 मंत्रियों में सिर्फ़ 8 ग़ैर-चमार थे। एक-एक मंत्री दुसाध, पासी और मल्लाह जातियों से थे। दलित जातियाँ जैसे बसोर, धानुक, वाल्मीकि, डोम, गोंड, कोल, धारिकार, मुसहर, बेलवार, भुईयार, हेला, बैसवार, बॉसफोर, बेरिया, पंखा इत्यादि से दलित मंत्रिमंडल में कोई प्रतिनिधि नहीं था। वास्तव में उत्तर प्रदेश विधानसभा में 403 में से बसपा को कुल 206 सीटें मिलीं जिनमें से 100 बसपा दलित एमएलए हैं। चमारों की भागीदारी का अवलोकन करने पर यह दिखता है कि अधिकतर दलित जातियों को संगठित करने का कार्य नहीं किया गया।

---

[44] ए.आर. अकेला (2007) : 20.

[45] कांशीराम (1998).

चमारों के आधिपत्य में अनेक महत्त्वपूर्ण पड़ाव हैं जैसे उनकी गतिशीलता, प्रवसन, शिक्षा का प्रसार, आर्थिक बेहतरी, सामुदायिक नेतृत्व का विकास, अस्मिता निर्माण द्वारा आत्मसम्मान की प्राप्ति और अंत में राजनीतिक प्रतिनिधित्व। यद्यपि अन्य दलित समुदायों को लोकतांत्रिक तंत्र, सरकारी नौकरियों और शिक्षा संस्थानों में आरक्षण मिला है, लेकिन राजनीतिक सत्ता की चाभी कभी भी उनके हाथ में नहीं सौंपी गयी, ख़ासकर जब हम सीमांत दलित जातियों की चर्चा करते हैं। हर राजनीतिक पार्टी अनुसूचित जाति पर दया-दृष्टि तो दिखाती है किंतु राजनीतिक शक्तियों के संचालक केवल उच्च जाति के हिंदू प्रभुत्वशाली मध्य वर्ग और चमारों का ही साथ देते हैं।

सीमांत जातियों के मध्य लोकतांत्रिक प्रक्रिया की गतिशीलता के संदर्भ में पाँच महत्त्वपूर्ण तत्त्व हैं। प्रथम, ग्रामीण से शहरी क्षेत्रों की ओर प्रवसन के कारण उनका सामना नयी रूपांतरकारी स्थितियों से हुआ। दूसरा, उन्होंने ब्राह्मण व्यवस्था द्वारा निर्धारित नीच कार्य जो उनकी अस्मिता पर धब्बा लगाते हैं, उन्हें छोड़ दिया। तीसरा, उनमें शिक्षा का प्रसार भी हुआ। चौथा, ऐसे सामुदायिक नेताओं का उभरना जो लोकतांत्रिक मूल्यों और आधुनिकता से लैस थे। आख़िरी, जातिगत इतिहास, लोकप्रिय पुस्तिकाओं के रूप में नायक जैसे प्रतीकात्मक चिह्नों द्वारा अपनी अस्मिता को दर्शाना। इन कारकों के कारण एक मध्यम वर्ग का उद्भव हुआ जिसके अंदर महत्त्वाकांक्षा जगी। इससे लोकतांत्रिक भागीदारी की राजनीति का बीज पनपा।

## फिसड्डी और पीछे रह गये लोग

चमारों की तुलना वाल्मीकियों से करने पर एक रोचक पहलू सामने आता है। उत्तर प्रदेश में हेला (40,678 : 0.12 प्रतिशत) और लाल बेगी (299, न्यूनतम प्रतिशत जनसंख्या का) ख़ुद को वाल्मीकि कहते हैं। पारंपरिक तौर पर उन्हें अस्पृश्य का दर्जा दिया जाता है। यह समुदाय तीन तरह के व्यवसाय करने को बाध्य था : शौचालय की सफ़ाई करना, झाड़ू लगाना और मृत

पशुओं को हटाना (कभी-कभी मुर्दा लाशों को भी हटाने का कार्य करना पड़ता था)। वे ख़ुद को वाल्मीकि कहना ज़्यादा पसंद करते थे। इन्हें निंदात्मक तौर पर 'सफ़ाई कर्मी' कहा जाता था क्योंकि यह इनका पारंपरिक व्यवसाय था। भंगियों को मानव-मल बाल्टियों में भर कर अपने सिर पर रख कर ले जाना पड़ता था। भारतीय पारंपरिक जाति-व्यवस्था में बच्चे माता-पिता के व्यवसाय को आगे बढ़ाते थे। इसलिए अगर कोई बच्चा भंगी परिवार में जन्म लेता था, तो उसे यह व्यवसाय सिर्फ़ आर्थिक कारणों से करने के लिए बाध्य होना पड़ता था। भारत में स्वच्छता-प्रणाली के सुधार के लिए काफ़ी कार्य किये गये हैं। ऐसे क़ानून बनाए गये हैं जो सूखे शौचालयों के निर्माण और सिर पर मैला उठाने के कार्य पर प्रतिबंध लगाते हैं, परंतु भंगी अब भी अपने पारंपरिक व्यवसाय में लगे हुए हैं और वे सख़्त सामाजिक अवरोधों तथा जातीय भेदभाव के शिकार हैं। वे भूमिहीन कृषि मज़दूर हैं। इनमें हिंदू और मुस्लिम, दोनों आते हैं। चमारों की तरह इनमें गतिशीलता काफ़ी पहले आ गयी थी। इन्होंने अपने भगवान स्वयं बनाए, अपनी धार्मिक जगह का निर्माण ख़ुद किया, वाल्मीकि पट्टी का निर्माण किया, अपने जातिगत इतिहास और नायकों का निर्माण किया।

वास्तव में इन्होंने चमारों के परिपथ का अनुसरण किया। परंतु इन्होंने राजनीतिक क्षेत्र में अपनी भागीदारी का दावा नहीं किया। वे अन्य राजनीतिक पार्टियों पर विश्वास करते थे और उन पर निर्भर थे, जबकि चमार कांग्रेस पार्टी का समर्थन करने के बावजूद राजनीतिक क्षेत्र में अपनी जगह बनाने का ज़मीनी कार्य कर रहे हैं। उन्होंने ख़ुद की एक राजनीति बनायी जिससे वे अन्य राजनीतिक पार्टियों पर निर्भर न रहें और न उनके संरक्षण में रहें। *चमचा युग* में कांशीराम ने उन्हें दूसरों की निर्भरता से मुक्त होने को कहा और राजनीतिक परिदृश्य में अपनी उपस्थिति दर्ज कराने पर ज़ोर दिया।

औपनिवेशिक काल में इस समुदाय ने राजनीति में जगह बनाने के लिए ज़्यादा प्रयास नहीं किया। यह एक उल्लेखनीय बात है कि इस समुदाय में बद्री प्रसाद वाल्मीकि नंदा पहले इंसान थे जो वाल्मीकि युवाओं के मध्य

शिक्षा का प्रसार करने के लिए आम्बेडकर के पथ पर चले। इलाहाबाद में इन्होंने ऋषिकुल पाठशाला की स्थापना की जिसने अब एक इंटर कॉलेज का रूप ले लिया है। वे अपने समुदाय के लोगों को स्वच्छ जीवन जीने के लिए, गंदा काम त्यागने के लिए और अपने बच्चों को स्कूल भेजने के लिए प्रेरित करने हेतु शहर-शहर घूमते थे।[46] वाल्मीकि नंदा ने स्वयं की राजनीति विकसित करने के लिए प्रयास किया, फिर कांग्रेस से जुड़ गये और हेमवती नंदन बहुगुणा के क़ाफ़ी क़रीब रहे। इस समुदाय ने चमारों के बाद राजनीतिक क्षेत्र में अपनी जगह बनाई और अनुसरण करने के बजाय नेतृत्व करने में वे अब ज़्यादा ख़ुश थे। चमारों के साथ इस स्पष्ट अंतर ने उनके लोकतांत्रिक सशक्तीकरण में सहायता की। चमारों की तरह, वाल्मीकियों ने अपने जातिगत व्यवसाय को नहीं छोड़ा और अपनी सामाजिक मुक्ति की राह को नकारा। वे अन्य पेशों और व्यवसायों में नहीं लगे। इससे उन्हें अस्पृश्यता के दाग़ से मुक्ति नहीं मिली जो कि समाज में समानता पाने के लिए अत्यंत महत्त्वपूर्ण है।

बहेलिया जाति (118,932, 0.3 प्रतिशत) एक अन्य उदाहरण है, सीमांत समुदायों के मुख्य धारा में न आने का। बहेलिया शिकारियों और चिड़िया पकड़ने वालों का समुदाय है। इनके नाम की उत्पत्ति संस्कृत शब्द 'व्याडका' से हुई है जिसका मतलब है 'जो भेदता है'। यह समुदाय मुख्यतः चिड़िया पकड़ने, मधुमक्खी के छत्ते से शहद निकालने और पंखा बनाने हेतु मोर के पंख इकट्ठा करने का कार्य करता है। यह छह समूहों में विभाजित है — अहिरिया, गहलोत, सिसोदिया, करौल, पासी और मुस्लिम बहेलिया। दलित समुदाय का होने के कारण वे अकसर सामाजिक भेदभाव का शिकार होते हैं। उनकी हरेक बस्ती में एक अनौपचारिक जाति समिति, बिरादरी पंचायत होती है। इस समिति में पाँच सदस्य होते हैं जिनका चुनाव उस समुदाय के सदस्य करते हैं। पंचायत सामाजिक नियंत्रण के यंत्र के रूप में कार्य करती है और तलाक़ और धोखाधड़ी जैसे मुद्दों को सुलझाती है। पंचायत ने वाचाल सामुदायिक नेताओं का निर्माण किया है जो अपने

[46] कंवल भारती (1997): 56-57.

समुदाय के सुधार के लिए अन्य राजनीतिक पार्टियों को प्रभावित करते हैं। 8 मई, 1997 को एक सामुदायिक नेता एम.ए.ए. फ़ातमी ने संसद में चिड़ियों को पकड़ने, शिकार करने और बेचने पर प्रतिबंध लगाने के मुद्दे को उठाया। बहेलिया समुदाय ने इस क़दम का विरोध किया।[47]

यह दर्शाता है कि विद्रोह और राजनीति के बीज इनमें मौजूद हैं। वास्तव में अगर वे अपने पारंपरिक व्यवसायों में ही लगे रहे तो वे सिर्फ़ जंगलों से ही बँध कर रह जाएँगे। वे प्रवसन नहीं कर पाएँगे जो कि उनके राजनीतिक सशक्तीकरण के लिए अत्यंत ज़रूरी है। इस समुदाय ने जंगली जानवरों को पकड़ने और शिकार और चिड़िया बेचने पर प्रतिबंध लगाने का विरोध किया। वे अपने पारंपरिक पेशे की ज़ंजीरों से मुक्त होने के लिए तैयार नहीं हैं जिससे उनका आर्थिक सुधार नहीं हो पा रहा है और एक बेहतर और सम्मानजनक जीवन जीने से वे वंचित हैं। यह समुदाय जिस कोमा में जी रहा है शायद उससे बाहर आ सके अगर वे अपने समुदाय को पुनर्स्थापित करने के लिए सक्रिय क़दम उठाएँ। उनकी उन्नति तभी हो पाएगी जब वे शिक्षित होंगे और अपनी अस्मिता का दावा समाज में करेंगे। उन्हें अपनी राजनीतिक आकांक्षाओं को आवाज़ देनी पड़ेगी।[48]

राजनीतिक सशक्तीकरण प्रवसन, गतिशीलता, शिक्षा और सामाजिक-आर्थिक सुधार की आकांक्षा द्वारा ही हो सकता है। यदि इनमें से कोई भी कड़ी छूटेगी तो लोकतांत्रिक दृश्यता कम होगी। कुछ सीमांत दलित समुदाय इस तथ्य को समझ गये हैं और चमारों द्वारा प्रशस्त मार्ग पर ही चल रहे हैं। वे इन अनुभवों को लोकतांत्रिक भागीदारी और अपने आत्मसम्मान और आत्मविश्वास को बढ़ाने के लिए उपयोग कर रहे हैं। एक ऐसा ही उदाहरण है सीमांत जोगी समुदाय का जिनकी संख्या इतनी कम है कि वे उत्तर प्रदेश की 66 अनुसूचित जातियों की सूची में भी नहीं आते। लेकिन हाल के समय में स्थानीय शासन में उन्हें कुछ चुनावी फ़ायदे हुए हैं और अब वे आर्थिक सशक्तीकरण की राह पर चल रहे हैं। आधिपत्य हासिल करने हेतु वे चमारों के परिपथ का ही अनुसरण कर रहे हैं।

---

47 वही : 137.

48 वही : 138.

जोगी[49] जाति एक अत्यंत पिछड़ा दलित समुदाय है जिसका पेशा ही भीख माँगना है। जोगी हिंदू साधु हैं जबकि वे जोगी जो इस्लाम को मानते हैं, फ़क़ीर कहलाते हैं। इनमें भी हिंदू संस्कृति का मज़बूत असर देखा जा सकता है।[50] यह जाति उत्तर प्रदेश के फ़ैज़ाबाद, जौनपुर, सुलतानपुर और वाराणसी ज़िलों में पायी जाती है और मुस्लिम जनसंख्या का 40 प्रतिशत है।[51]

जोगी स्वयं को ब्राह्मण से ज़्यादा श्रेष्ठ मानते हैं क्योंकि वे दावा करते हैं कि भगवान शिव उनके समुदाय के हैं। अन्य समुदाय उन्हें निचला दर्जा देते हैं। लोग सिर्फ़ उस आदमी का सम्मान करते हैं जो जोगी है, और उसके संपूर्ण परिवार का नहीं। हिंदू जोगी मुख्यतः दो उप-जातियों, कनफटा और औघड़ में बँटे हैं। कनफटा औघड़ से ज़्यादा ऊँची जाति होने का दावा करते हैं। शादी के लिए इन दोनों समूहों में कोई भेदभाव नहीं है। जो जोगी उच्च जातियों से हैं वे नीची जातियों का भोजन नहीं लेते। वे पके भोजन को भिक्षा के रूप में स्वीकार नहीं करते। लेकिन ब्राह्मणों द्वारा पकाया खाना स्वीकार कर लेते हैं। परंतु वे जोगी जो निचली जातियों से आते हैं, वे कुरमी, कुम्भी और माली जैसी सभी जातियों का पका भोजन स्वीकार कर लेते हैं।

## उपसंहार

दलितों के संदर्भ में लोकतंत्र के विस्तार का अर्थ है कि चार महत्त्वपूर्ण दलित जातियों की तरह 62 अन्य दलित जातियाँ भी शक्तिवान हो पातीं। लेकिन इनमें से ज़्यादातर आज भी लोकतांत्रिक फ़लक पर अदृश्य समूह के रूप में मौजूद हैं। दलितों के इन अदृश्यमान समूहों को उनकी उपस्थिति का एहसास कराने की ज़रूरत है और यह तभी संभव है, जब वे अपने भीतर आकांक्षा पैदा करें। लोकतंत्र में आकांक्षा के लिए ज़रूरी है कि वे अपनी अस्मिता तो विकसित करें ही साथ ही साथ अपनी उपस्थिति की राजनीति को ज़्यादा प्रभावी ढंग से प्रस्तुत करें।

---

[49] यद्यपि 1981, 1991 एवं 2001 की जनगणना में रंगरेज़ और जोगी जातियों की कोई चर्चा नहीं है, पर के.एस. सिंह की किताब में इनके बारे में चर्चा की गयी है.

[50] वही : 82.

[51] बी. नारायण (1958) : 60.

लोकतंत्र का नैतिक पक्ष यह है कि वह उपेक्षितों में भी उपेक्षित तक पहुँचे। धीरे-धीरे ही सही, पर वह सबसे अंतिम आदमी को शक्तिमान करता है। होना यह चाहिए था कि यह प्रक्रिया समाज के अंतिम आदमी से शुरू होती और शक्तिमान समुदायों तक पहुँचती है। लेकिन हो रहा है इसका उलटा। लोकतंत्र शक्तिमान समुदायों से होकर उपेक्षितों तक पहुँच रहा है जिसमें उपेक्षितों में उपेक्षित का ज़्यादा अंश रास्ते में ही शक्तिवान समूह लूट ले रहे हैं। दूसरा, दलित आंदोलन की नैतिकता यह है कि वह अपने कमज़ोर और उपेक्षित समूहों को लोकतंत्र और विकास के फ़लक में समाहित करें और विकास के संसाधन को, जिन पर उनका अधिकार हो चुका है, अपने ग़रीब भाइयों में वितरित करें। दलित राजनीति को सतत तीक्ष्ण और गतिमान बने रहना होगा जिसमें लगातार लघु से लघुतर समूहों को जगह और प्रतिनिधित्व मिलता रहे।

लोकतंत्र का यह भिखारी गीत अत्यंत मर्मस्पर्शी है। वह लोकतंत्र में अपने स्वीकार्य के लिए विनती कर रहा है। साथ ही एक समूह के रूप में अपनी उपस्थिति का भान भी करा रहा है। लोकतांत्रिक फ़लक पर इसकी अनुपस्थिति इतनी ज़्यादा है कि जनगणना रिपोर्ट में भी इनकी जगह इनकी मूल अस्मिता के रूप में नहीं है। यह निष्कासित और उपेक्षित भावों से भरे हुए समूह के रूप में हमारे लोकतंत्र के सामने चुनौती के रूप में उपस्थित है।

## संदर्भ


अर्जुन अप्पादुरै (2004), 'दि कैपेसिटी टु ऐस्पायर : कल्चर ऐंड दि टर्म्स ऑफ़ रिकॉग्निशन इन कल्चर ऐंड पब्लिक एक्शन', विजयेंद्र राव और माइकल वॉल्टन (सं.), *कल्चर ऐंड पब्लिक ऐक्शन*, परमानेंट ब्लैक, रानीखेत.

आर.के. क्षीरसागर (1992), *पॉलिटिकल थॉट ऑफ़ डॉ. बाबासाहेब आम्बेडकर*, इंटलेक्चुअल पब्लिशिंग हाउस, नयी दिल्ली.

—— (1994), *दलित मूवमेंट इन इंडिया ऐंड इट्स लीडर्स*, एम.डी. पब्लिकेशन, दिल्ली.

ई. सेनार्ट (1930), *छांदोग्य उपनिषद, ट्रांसलेशन ऐंड कमेंट्री*, ल बेल लेटर्स, पेरिस.

ई. हूल्त्ज़ और लेपज़िग (सं.) (1884), *बौधायन धर्मसूत्र*.

ए.सी. ग्रेलिंग (2008), *दि ब्रिटेनिका गाइड टू दि आइडियाज़ दैट मेड दि मॉडर्न वर्ल्ड*, रॉबिंसन पब्लिशिंग, यूके.

एल.एस. वासुदेव पनिस्कर (सं.) (1912), *वाजसनेयी संहिता*.

ए.एस. स्ट्रेंगलर (सं.) (1876), *गौतम धर्मसूत्र*, ए.एफ. स्टेंग्लर, लंदन.

ऐन. कालट्राइ (2010), *व्हाई वायस मैटर्स : कल्चर ऐंड पॉलिटिक्स ऑफ़्टर नियोलिबरलिज़म*, सेज, नयी दिल्ली.

एम. लायंच ओवेन (1974), *दि पॉलिटिक्स ऑफ़ अनटचेबिलिटी,* नेशनल पब्लिशिंग हाउस, नयी दिल्ली.
ऐन. गुप्तु (2006), *स्वामी अछूतानंद ऐंड दि आदि हिंदू मूवमेंट,* केम्ब्रिज युनिवर्सिटी प्रेस, नयी दिल्ली.
ए.आर. अकेला (2007), *कांशीराम के साक्षात्कार,* मानक पब्लिकेशन प्रा. लि., दिल्ली.
ओमप्रकाश वाल्मीकि (1997), *जूठन,* वाणी प्रकाशन , दिल्ली.
कंवल भारती (1997), *लोकतंत्र में भागीदारी के सवाल,* बोधिसत्व प्रकाशन , रामपुर.
कांशीराम (1998), *चमचा युग : ऐन एरा ऑल दि स्टूजिज़,* समता प्रकाशन , नागपुर.
के.बी. शर्मा (1958), *मार्केटिंग ऑफ़ लेदर गुड्स ऐट आगरा,* अनपब्लिश्ड मास्टर्स थीसिस, डिपार्टमेंट ऑफ़ कॉमर्स, बलवंत राजपूत कॉलेज, आगरा.
केविन रड (2008), *अपॉलॅजी टु ऑस्ट्रेलियाज़ इंडीजेनस पीपुल्स,* हाउस ऑफ़ रेप्रेज़ेंटेटिव्ज़, ऑफ़िशियल हैंडसार्ड नं 1, http://www.aph.gov.au/hansard/reps/dailys/dr130208.pdf
के.एस. सिंह (1998), *इंडियाज़ कम्युनिटीज़,* ऑक्सफ़र्ड युनिवर्सिटी प्रेस, नयी दिल्ली.
—— (सं.) (2005), *पीपुल ऑफ़ इंडिया : उत्तर प्रदेश,* एंथ्रॉपोलॉजीकल सर्वे ऑफ़ इंडिया, भाग 1-3, मनोहर पब्लिशर्स, नयी दिल्ली.
गेल ऑम्वेट (1994), *दलित ऐंड दि डेमॉक्रैटिक रेवॉल्यूशन : डॉ. आम्बेडकर ऐंड दि दलित मूवमेंट्स इन कोलोनियल इंडिया,* सेज, नयी दिल्ली.
जे. क्लार्क (2008), *अबॉरिजिंस ऐंड एक्टिविज़म : रेस, एबोरिजिंस ऐंड दि कनिंग ऑफ़ दि सिक्सटीज़ टू ऑस्ट्रेलिया,* युनिवर्सिटी ऑफ़ वेस्ट ऑस्ट्रेलिया प्रेस।
जार्ज वेस्टन ब्रिग्स (1920), *दि चमार्स,* एसोसिएटिड प्रेस, कलकत्ता.
डी.आर. नागराज (2010), *दि फ़्लेमिंग फ़ीट ऐंड अदर एजेज़,* परमानेंट ब्लैक, रानीखेत.
डी.के. सिंहराय (2012), 'डिवेलपमेंट, इनवायरनमेंट ऐंड इंडीजेनस पीपुल्स मूवमेंट इन ऑस्ट्रेलिया : इशूज़ ऑफ़ ऑटोनॉमी ऐंड आइडेंटिटी', *कॉस्मोपोलिटन सिविल सोसाइटी* जरनल, खंड 4, अंक 1.
पैट्रिक आलिविले (2005), *मनुज़ कोड ऑफ़ लॉ : अ क्रिटिकल एडिशन ऐंड ट्रांसलेशन ऑफ़ दि मानव-धर्मशास्त्र,* ऑक्सफ़र्ड युनिवर्सिटी प्रेस, ऑक्सफोर्ड.
प्रसन्न कुमार चौधरी और श्रीकांत (2005), *स्वर्ग पर धावा : बिहार में दलित आंदोलन (1912-2000),* वाणी प्रकाशन , नयी दिल्ली.
बी. नारायण (2006), *वुमॅन हीरोज़ ऐंड दलित एसर्शन इन नॉर्थ इंडिया : कल्चर, आइडेंटिटी ऐंड पॉलिटिक्स,* सेज, नयी दिल्ली : 37.
'बसपा ने दलितों की एकता तोड़ी', *हिंदुस्तान* (2011), इलाहाबाद, 25 मई.
बी.आर. आम्बेडकर (1989), *राइटिंग्ज़ ऐंड स्पीचेज़ ऑफ़ डॉ. बी.आर. आम्बेडकर,* डिपार्टमेंट ऑफ़ एजुकेशन, बंबई, महाराष्ट्र सरकार.
बौद्धाचार्य एस.राव संजीवन नाथ से लेखक का साक्षात्कार, इलाहाबाद, 12 जुलाई, 2006.
निसार अहमद कुरैशी (प्रकाशन वर्ष अनुपलब्ध) *सफ़र डीएस-फ़ोर से बीएस-फ़ोर तक,* बीएस-4, उत्तर प्रदेश इकाई, लखनऊ.
शरण कुमार लिम्बाले (1991), *अक्करमाशी,* ग्रंथ एकेडमी, नयी दिल्ली.
श्योराज सिंह बेचैन (1997), *हिंदी की दलित पत्रकारिता पर पत्रकार आम्बेडकर का प्रभाव,* समता प्रकाशन , दिल्ली.
सेंसस ऑफ़ इंडिया (2001), *प्राइमरी सेंसस एब्सट्रैक्ट,* खंड 1, शृंखला 10, उत्तर प्रदेश डायरेक्टरेट ऑफ़ सेंसस ऑपरेशन.

# बंसोड़, बाँस और लोकतंत्र

रमाशंकर सिंह

*प्रतिमान*, जनवरी-जून, 2015, वर्ष 3, अंक 5 में पूर्व-प्रकाशित : पृ.सं. 255-273.

बाँस कय खटिया
बाँस कय झपली
बाँस उड़नखटोला हो
न चाही हमन को महल दुमहला
न चाही पीत पटोला हो
जोड़त जाड़त तन जरि जइहैं
बचिहें टिखटी बाँस रे।

(बाँस की खाट है, बाँस की टोकरी है, बाँस का ही उड़नखटोला है, हमें महल दुमहले नहीं चाहिए, हमें पीले रंग का पटोला वस्त्र भी नहीं चहिए, चीज़ों को इकट्ठा करने में ही शरीर जल जाएगा,केवल टिखटी का बाँस बचेगा।)

— बंसोड़ समुदाय की सुशीला द्वारा सुनाया गया गीत

भारत में औपनिवेशिक तथा उत्तर-औपनिवेशिक काल के दौरान जिन अनुसूचित जातियों की गणना की गयी थी उनमें कई जातियाँ वनों में रहती थीं या वनोपज से जीविका अर्जित करती थीं। उत्तर प्रदेश में कम से कम चार जातियाँ — धरकार, बंसोड़, बंसफोर, और डोम ऐसी जातियाँ हैं जिनका जीवन बाँस पर निर्भर करता है। कुछ समय पहले तक इन जातियों को बाँस आसानी से मिल जाता था, इसलिए उनके सामने जीविका का संकट इतना गहरा नहीं था। लेकिन आज इन जातियों के सामने जीविका ही नहीं बल्कि अस्तित्व का संकट भी खड़ा हो गया है। यह संकट यकायक उत्पन्न नहीं हुआ है। इन समुदायों की घोर ग़रीबी और वंचना के सूत्र राज्य के ढाँचे और उसकी परियोजनाओं में ढूँढ़े जाने चाहिए। प्रस्तुत लेख में यही समझने का प्रयास किया गया है कि बाँस के इन कारीगरों की वर्तमान नियति गढ़ने में जाति-विमर्श, लोकतंत्र तथा विकास की बृहत्तर संरचनाओं की क्या भूमिका रही है।

# I

## प्रस्तावना

### उत्तर प्रदेश में बाँस का काम करने वाले समुदाय : जीवन और परिस्थितियाँ

कभी अर्थशास्त्री टी.एन. श्रीनिवासन ने कहा था कि यदि भारत में कोई व्यक्ति ग़रीब है तो ज़्यादा संभावना इसी बात की है कि वह ग्रामीण क्षेत्र में रहता हो; अनुसूचित जाति या जनजाति या सामाजिक रूप से भेदभाव के शिकार समूहों का सदस्य हो; कुपोषित, बीमार और बुरे स्वास्थ्य का शिकार हो और बहुत संभावना है कि वह बिहार, मध्य प्रदेश, राजस्थान और उत्तर प्रदेश जैसे राज्यों का निवासी हो।[1]

जनसंख्या की दृष्टि से उत्तर प्रदेश देश का सबसे बड़ा राज्य है और इस प्रदेश में अनुसूचित जातियों या दलितों की आबादी उसकी कुल आबादी की बीस प्रतिशत है।[2] संविधान (अनुसूचित जाति आदेश, 1950) के भाग-3 के नियम और आदेश के तहत वर्तमान उत्तर प्रदेश में सूचीबद्ध अनुसूचित जातियों की संख्या 66 है।

इन्हीं में से एक समुदाय बंसफोर बेनबंसी बंसफोर के नाम से भी जाना जाता है। बंसफोर स्वयं को डोमों का एक उपसमुदाय मानते हैं। उत्तर प्रदेश में इनकी आबादी मुख्यतः आज़मगढ़, गोरखपुर, ग़ाज़ीपुर, वाराणसी और बलिया में पायी जाती है। 1981 की जनगणना के अनुसार उनकी कुल संख्या 18,530 है।[3] बाँस का काम करने वाले समुदायों में बंसोड़ सबसे प्रमुख समुदाय माना जाता है। इस समुदाय को बंसोड़, बसार, बंसफोर, बंसोड़ा, बसकर और बुरूड के नाम से भी जाना जाता है। क्रुक का मानना था कि बंसोड़ केवल बुंदेलखंड क्षेत्र में पाए जाते हैं। क्रुक उन्हें डोमों की एक उपजाति मानते हैं।[4] 1981 की जनगणना के अनुसार उत्तर प्रदेश में उनकी

---

[1] रामचंद्र गुहा (2007) : 711.

[2] *दैनिक हिंदुस्तान*, 30 मई, 2013.

[3] के. एस. सिंह (1995): 137.

[4] वही : 167.

संख्या 83,386 है।[5] धरकार बहराइच, गोंडा, बस्ती, गोरखपुर, आज़मगढ़, फ़ैज़ाबाद, वाराणसी और इलाहाबाद में पाए जाते हैं। 1981 की जनगणना के अनुसार उनकी संख्या 58, 711 है। इनकी चार उपजातियाँ हैं — बेंतवंसी, लकड़िहारा, खरूश और बंसफोर। इनका मुख्य कार्य बाँस से विभिन्न वस्तुएँ बनाना है।[6] उत्तर प्रदेश में डोम, डोमरा, डोमहरा, डुमना और डोम्बो के नाम से भी जाने जाते हैं। पारंपरिक रूप से वे घाघरा नदी के उत्तरी इलाक़ों में पाए जाते हैं। चूँकि उन्हें डोम राजा बेण या वेन की संतान माना जाता है, इसीलिए उनके एक उप-समुदाय बेनबंसी का नाम भी पड़ा है। डोम मुख्यतः वाराणसी, मिर्ज़ापुर, जौनपुर, आज़मगढ़, ग़ाज़ीपुर, बलिया, देवरिया, गोरखपुर, इलाहाबाद, प्रतापगढ़, फ़ैज़ाबाद और बस्ती में पाए जाते हैं। 1981 की जनगणना के अनुसार उत्तर प्रदेश में उनकी संख्या 55,590 है।[7]

हमने अपने सर्वेक्षण में इलाहाबाद ज़िले में रहने वाले धरकारों को शामिल किया है। इस अध्ययन में ज़िला मुख्यालय, क़स्बों और दो गाँवों की दो बस्तियों को लिया गया है। हम इस अध्ययन की शुरुआत इलाहाबाद ज़िला मुख्यालय की एक बस्ती मिंटोपार्क, कीडगंज से करेंगे। मिंटोपार्क इलाहाबाद ज़िले में एक महत्त्वपूर्ण औपनिवेशिक मुक़ाम है।[8] मिंटोपार्क से सटे हुए पुल के ठीक पास सड़क से लगी लगभग बीस झोपड़ियाँ हैं। इनमें जौनपुर से कई पीढ़ी पहले चले आये बेनबंसी धरकार रहते हैं। सामाजिक, आर्थिक और राजनीतिक रूप से धरकार समाज के लगभग सबसे निचले पायदान पर स्थित हैं। इनकी झोपड़ियाँ बाँस, कच्ची ईंटों और प्लास्टिक के तिरपालों से बनी हैं। समुदाय के लोग भोजन बनाने, सोने और आराम करने के अलावा सारे दैनिक कार्य बाहर ही निपटाते हैं। पीने और दैनिक उपभोग के अन्य कार्यों के लिए जल का एकमात्र स्रोत नगर निगम की पाइप लाइन है। हमने पच्चीस बच्चों से बात की जिनमें

[5] वही : 167.

[6] वही : 437.

[7] वही : 486-88.

[8] शालिग्राम श्रीवास्तव (2008) : 247.

मात्र नौ बच्चे स्कूल जा रहे थे। पहली ही नज़र में देख कर लगता था कि उनका स्वास्थ्य अच्छा नहीं है। इस बस्ती के उम्रदराज़ धरकारों से पूछने पर यह बात सामने आयी कि उनका पहला जत्था लगभग 40 वर्ष पहले जौनपुर के डंडहिया से कीडगंज पहुँचा था। इस जत्थे में केवल पुरुष थे। बाद में महिलाएँ और बच्चे भी चले आये। ये लोग धीरे-धीरे डंडहिया से तो उजड़ रहे थे लेकिन किसी अन्य स्थान पर जम नहीं पा रहे थे। डंडहिया जौनपुर का एक छोटा-सा क़स्बा है जो रेलवे लाइन के ज़रिये इलाहाबाद से जुड़ा है। इस बस्ती में रहने वाले 65 वर्षीय कैलाशनाथ बताते हैं कि जौनपुर से इलाहाबाद आने वाली ऐसी ही किसी ट्रेन से डंडहिया के धरकारों का एक जत्था 1960 के दशक में इलाहाबाद चला आया था। जौनपुर इलाहाबाद के नज़दीक था और यहाँ उन्हें कुछ संभावनाएँ दीख रही थीं तो इलाहाबाद चले आये।[9]

## II

## बंसोड़ : ऐतिहासिक आख्यान से औपनिवेशिक वर्गीकरण तक

बंसोड़ या बंसफोर नाम की जाति का उल्लेख उत्तर वैदिक और पालि-प्राकृत ग्रंथों में तो नहीं मिलता लेकिन जातियों के विकास और उनके नामकरण की प्रक्रिया को ध्यान से देखें तो कुछ अनुमानों के क़रीब पहुँचा जा सकता है। ऋग्वैदिक समाज में एक बड़ा वर्ग शिल्पियों (कारू) और श्रमिकों — कर्मार का भी था जिसमें बुनकर (वाय), तक्षण (बढ़ई), बाँस का काम करने वाले कंटकीकार, बेंत की टोकरी बनाने वाले विदलकार, धनुष की प्रत्यंचा और चमड़े के दस्ताने बनाने वाले चर्मकार शामिल थे।[10] आधुनिक औद्योगिक प्रगति से पूर्व के समाजों में पेशे की विशेषज्ञता में उपलब्ध सामग्री का भी योगदान होता था। आरम्भिक उत्तर भारत (लगभग 800 ई. पूर्व के बाद) के ग्रंथों में वंसालवेनु या बाँस (बंबूसा

[9] कीडगंज में 20 से 28 अगस्त, 2011 में किया गया फ़ील्डवर्क.

[10] राधाकुमुद मुखर्जी (2004) : 110.

अरूडिनासिया) का उल्लेख मिलने लगता है। इन ग्रंथों में जिन क्षेत्रों का उल्लेख किया गया है वहाँ पेशे पर आधारित जाति प्रथा मज़बूत हो रही थी।[11] इस समय हमें ऐसी कई जातियों के नाम मिलते हैं जिनकी जीविका बाँस पर आधारित थी। इस काल में वनस्पति, इससे जुड़ी शिल्पगत विशेषज्ञता और जाति के निर्धारण में एक स्पष्ट अंतर्संबंध उभरता दिखता है। रामायण में बाँस की चटाई और सूप बनाने वालों का उल्लेख मिलता है।[12] विनय ग्रंथों में बुद्ध द्वारा बाँस की पत्तियों से बने जूतों को बौद्ध भिक्षुओं द्वारा पहने जाने को एक प्रशंसनीय कार्य माना गया है।[13] *महापण्ण जातक* से ज्ञात होता है कि एक गृहस्थ पिता-पुत्र ने बाँस और काठ से बना एक घर बुद्ध को दान में दिया था।[14] उत्तर-वैदिक काल में बाँस का काम करने वालों को विदलकार कहा जाता था।[15] उत्तर वैदिक ग्रंथ *वाजसनेयी संहिता* में विभिन्न पेशों की सूची मिलती है। वहाँ विदलकारों की गिनती एक महत्त्वपूर्ण पेशे के रूप में की गयी है।[16] विदलकार शब्द की इनके नामकरण में महत्त्वपूर्ण भूमिका है। यह 'विदल' और 'कार' से बना है। विदल का अर्थ होता है किसी वस्तु को तोड़ना, फाड़ना या चीरना। 'कार' प्रत्यय का सामान्य अर्थ करने वाला है जैसे चित्रकार, लेखाकार आदि। इस प्रकार बाँस को तोड़कर या चीरकर उससे वस्तुएँ बनाने वाले लोग विदलकार कहे गये। मोनियर विलियम्स द्वारा रचित संस्कृत-इंग्लिश डिक्शनरी में विदल शब्द का अर्थ दिया गया है — टू ब्रेक ऑर बर्स्ट असंडर — तोड़ना अथवा अलग-अलग टुकड़े करना।[17] विद्याधर वामन आप्टे के कोश में विदल के इसी अर्थ के

---

[11] रणवीर चक्रवर्ती (2012); इसके अतिरिक्त यह भी देखिए- *शतपथ ब्राह्मण*, 1.1.49.19 (1964, पुनर्मुद्रित); *आश्वलायन गृहसूत्र; गृहसूत्राज़.*

[12] *रामायण ऑफ़ वाल्मीकि, अयोध्याकांड*, 80.3 (2008).

[13] *महावग्ग* 7, 2-3.

[14] जयशंकर मिश्रा (2006) : 45.

[15] तैत्तरीय संहिता 4.5.1.

[16] *वाजसनेयी संहिता*, 30.8.

[17] मोनियर विलियम्स (2006): 965.

साथ-साथ एक और अर्थ 'बाँस की टोकरी' भी दिया गया है।[18] *अमरकोश* में भी इसी से मिलता-जुलता अर्थ दिया गया है। वहाँ विदलम् शब्द का अर्थ बाँस की पत्ती से बना विशेष पात्र बताया गया है।[19] तो ऐतिहासिक कालों में बाँस के काम से जुड़ी जातियों का नामकरण इस प्रकार होता रहा है। इसे एक उदाहरण से और समझा जा सकता है। *महाभाष्य* में वरूड़ [20] जाति का उल्लेख मिलता है जिनका काम बाँस के उत्पाद तैयार करना था। मोनियर विलियम्स के उपर्युक्त शब्दकोश में वरूडों का काम बाँस तोड़ना बताया गया है।[21] *मिताक्षरा* में वरूड जाति की स्त्री का उल्लेख है।[22] वरूडों को अत्रि ने सात अंत्यज्यों की श्रेणी में गिना है। इस श्रेणी में छह अन्यों के नाम इस प्रकार हैं — रजक, चर्मकार, नट, कैवर्त, मेद और भिल्ल।[23] *मनुस्मृति* में बाँस का काम करने वाले लोगों को सीधे वेण ही कहा गया है। वेण बाँस का संस्कृतनिष्ठ नाम है। ऐसा संभवतः इसलिए किया गया होगा कि वेण कहने से स्पष्ट हो जाए कि यह जाति बाँस का काम करती है। इन्हें वैदेहक पुरुष और अम्बष्ठ स्त्री की संतान के रूप में वर्णित किया गया है।[24] यह समुदाय बाँस से दैनिक उपयोग की वस्तुएँ बनाता था। इसके अतिरिक्त ये कांस एवं मुरूज जैसे वाद्ययंत्र बजाते थे। आज भी शादी-विवाह के अवसर पर बाजा बजाने वाले समूहों में एक बड़ी संख्या इन जातियों से आने वाले लोगों की होती है। वास्तव में *मनुस्मृति* मौर्योत्तर काल में भारतीय समाज में हो रहे व्यापक परिवर्तनों को एक सैद्धांतिक आधार देने का प्रयास करती है जब कई नयी-नयी जातियों का नामकरण

---

[18] विद्याधर वामन आप्टे (1986) : 981.

[19] *अमरकोश* (1995) : 302.

[20] वरूड़ जाति के लोग शहरों में झाड़ू बना कर बेचते हैं. उनकी भाषा-बोली में द्रविड़ भाषाओं के अंश मिलते हैं. इस जानकारी के लिए मैं भाषाशास्त्री जी.एन. देवी का आभारी हूँ. इस समुदाय की जनसंख्या तथा भौगोलिक वितरण के बारे में बहुत कम सूचनाएँ उपलब्ध हैं. इस क्षेत्र में नये शोध की ज़रूरत है.

[21] मोनियर विलियम्स (2006) : 923.

[22] वही.

[23] पी.वी. काणे (1992) : 125.

[24] *मनुस्मृति*, 10.19. जब तक निर्दिष्ट न हो तब तक *मनुस्मृति* के लिए हमने पैट्रिक ओलिवल (2005)(सं.) से संदर्भ लिए हैं जबकि धर्मसूत्रों के संदर्भ पैट्रिक ओलिवल (1999) से लिए गये हैं.

हो रहा था और उन्हें चातुर्वर्ण व्यवस्था की संरचना में अंतर्स्थापित किया जा रहा था। जिन वैदेहक[25] और अम्बष्ठ[26] से वेणों की उत्पत्ति बताई गयी है वे भी वास्तव में स्वयं *मनुस्मृति* के अनुसार संकरवर्ण में परिगणित जातियाँ थीं।[27] इस प्रकार *मनुस्मृति* दो संकरवर्ण जातियों के समागम से तीसरे संकरवर्ण की उत्पत्ति की चर्चा करती है।

मौर्योत्तर काल के बाद जातियों के बहुगुणन की प्रक्रिया रुकी तो नहीं, लेकिन उसकी गति बहुत धीमी हो गयी। पुराणों में वर्णित समाज-व्यवस्था वास्तव में थोड़े-बहुत परिवर्तनों के साथ स्मृतियों में वर्णित व्यवस्था से मेल खाती है।[28] ग्यारहवीं शताब्दी के अरब यात्री अल-बरूनी का भारत-संबंधी वर्णन मुख्यतः स्मृतियों और पुराणों पर आधारित है।[29] वह बाँस का काम करने वाले समूहों को केवल टोकरीसाज़ कहता है, पर उनकी किसी जाति विशेष का उल्लेख नहीं करता है। यह एक रोचक बात है कि अल-बरूनी के बहुत बाद अकबर के समय में जब अबुल फ़ज़ल ने *आइन-ए-अकबरी* लिखी तो उन्होंने भी अल-बरूनी की *किताब-उल-हिंद* को ही अपना आधार बनाया। आइन में भी पेशों और जातियों के नामों में बहुत परिवर्तन नहीं है। *अकबरनामा* में भारत की हिंदू जाति व्यवस्था का वर्णन जिस रूप में आता है उस पर *मनुस्मृति* के अध्याय दस के संख्या एक से लेकर पचास तक के श्लोकों की छाया दिखाई देती है।[30]

हेनरी लुइस मॉर्गन के प्रमाणों के आधार पर कहा जा सकता है कि इतिहास के आरम्भिक दौर में संगठित समुदायों में प्राकृतिक संसाधनों के अधिकार को लेकर एक धारणा विद्यमान थी। अधिकारों का यह दृष्टिकोण उनके सामूहिक जीवन से उपजा था। ये सामूहिक संसाधन समाज में सबके

---

[25] *मनुस्मृति*, 10.11, 13, 17, 19, 26, 33, 36.

[26] *मनुस्मृति*, 10.8 , 13, 15, 19, 47.

[27] *मनुस्मृति*, 10.41.

[28] वेत्तम मनी (2002); आर.सी. हाजरा(1982).

[29] क़यामुद्दीन अहमद की भूमिका तथा टिप्पणियों सहित संपादित (2003), तीसरी आवृत्ति, *भारत : अल-बरूनी*, ई.सी. सखाऊ के अंग्रेज़ी अनुवाद *अलबरूनीज़ इंडिया* के संक्षिप्त संस्करण का हिंदी अनुवाद.

[30] *आइन-ए-अकबरी* (1989): 128, इसी के साथ देखिए — पैट्रिक ओलिवल(2005) (सं.).

लिए समान रूप से उपलब्ध थे।[31] इन्हें सामुदायिक अधिकारों की संज्ञा दी जा सकती है। सामुदायिक अधिकारों का आशय ऐसे अधिकारों से है जो व्यक्ति को किसी समूह का सदस्य होने के कारण भौतिक वस्तुओं, परिसंपत्तियों या सेवाओं के रूप में प्राप्त होते हैं।[32] बहुप्रचलित *ऑक्सफ़र्ड एडवांस्ड लर्नर्स डिक्शनरी* में सामुदायिक अधिकार से संबंधित कोई शब्द नहीं मिलता — जब तक कि हम अपनी सुविधा के लिए समुदाय यानी कम्युनिटी और अधिकार यानी राइट से संबंधित शब्दों के योग से सामुदायिक अधिकार पद-बंध न बना लें।[33] वास्तव में अधिकार एक ऐसा विषय है जो सीधे राज्य की उत्पत्ति से जुड़ा हुआ है। राज्य मनुष्यों के समूहों को अपनी प्रजा बनाता है और उन्हें कुछ अधिकार देता है। उनकी सुरक्षा की ज़िम्मेदारी लेता है और इस प्रक्रिया में उनके दैनिक जीवन को अपने परिक्षेत्र में खींच लेता है।[34]

राज्य निर्माण की प्रक्रियाओं के अंतर्गत आरम्भिक भारत में भी विभिन्न वर्ग राज्य की संरचनाओं के अधीनस्थ होते गये।[35] यह अधीनीकरण सबसे नीचे की जातियों में ज़्यादा दृष्टिगोचर होता है क्योंकि उन्हें न केवल उत्पादक कार्यों में संलग्न कर दिया गया बल्कि शारीरिक श्रम को मानसिक श्रम से हीनतर घोषित कर दिया गया।[36] इस थोपी गयी हीनता ने उनके ऊपर बहुस्तरीय विभेदों को लाद दिया। एक विभेदीकृत संसार में वे उन प्राकृतिक संसाधनों पर आश्रित होते गये जिसे राज्य ने अपने कर-परिक्षेत्र में शामिल नहीं किया था। सामाजिक पदानुक्रम में नीची समझी जाने वाली जातियाँ संसाधनों की खोज और उनसे जीविका चलाने का उपक्रम करती रहीं। संसाधन जब मूल्यवान साबित हुए तो राज्य उन पर कर लगाने लगा।[37]

---

[31] हेनरी लुई मॉर्गन (2005) : 500-501.

[32] *वेब्सर्ट्स न्यू डिक्शनरी ऐंड थिसारस* (1995) : 76.

[33] *ऑक्सफ़र्ड एडवांस्ड लर्नर्स डिक्शनरी* (2010).

[34] रामशरण शर्मा (2007) : 63-77.

[35] उपिंदर सिंह (2007) : 257-319.

[36] श्रीनिवास सरदेसाई (2009) : 61-62.

[37] संसाधन मूल्यवान होने के साथ ही किस प्रकार राज्य के विनियमों और क़ानूनों की परिधि में आ जाते हैं — इसका उदाहरण नदियों से निकलने वाली बालू है. इलाहाबाद ज़िले में यमुना से निकलने वाली बालू पर

राज्य की इस कार्रवाई को धर्मशास्त्रकारों और दार्शनिकों ने एक राजनीतिक वैधता और सम्मति देने का प्रयास भी किया।[38] इस प्रक्रिया के कारण वन और उसमें रहने वाले समुदाय भी राज्य के प्रभाव-क्षेत्र में आने लगे। राज्य की सर्वव्यापी और स्पष्ट अभिव्यक्ति मौर्य राज्य की अवधारणा में देखी जा सकती है। मौर्य साम्राज्य ने एक केंद्रीकृत शासन प्रणाली को जन्म दिया। इस समय वनों में रहने वाले समुदाय उसी सीमा तक अपने विशेषाधिकारों का उपयोग कर सकते थे जिस सीमा तक ये अधिकार राज्य की सत्ता तथा उसकी आय के स्रोतों व अन्य अधिकारों में हस्तक्षेप नहीं करते थे।[39]

यहाँ इस प्रश्न पर विचार करना उपयोगी होगा कि बाँस का काम करने वाली जातियों ने अपने लिए ये नाम स्वयं चुने या उनका यह नामकरण दूसरे प्रभावशाली समूहों द्वारा किया गया। इस संबंध में मैं पूर्वोक्त पंक्तियों में विदलकार शब्द के अर्थ की ओर ध्यान आकृष्ट करना चाहता हूँ। जिस प्रकार विदलकार से बाँस का काम करने वाली जातियाँ विकसित हुई हैं, उसी प्रकार इन जातियों के नामों के अर्थ भी विकसित हुए हैं। बंसफोर शब्द का अर्थ है बाँस को तोड़ने या फोड़ने वाला। बंसोड़ भी उसी का एक अपभ्रंश है। इसी प्रकार धरकार शब्द दो शब्दों से मिलकर बना है- 'धर' और 'कार'। 'धर' का अर्थ रस्सी होता है।[40] जिस तरह कई बार लोग अपने पेशों के बारे में कोई कहानी गढ़ लेते हैं, उसी तरह किसी समुदाय की सामूहिक स्मृति में उस पेशे से जुड़ी कहानियाँ भी हो सकती हैं। जब औपनिवेशिक शासन ने शासित प्रजा की जनगणना का काम हाथ में लिया तो लोगों द्वारा उपलब्ध कराई जाने वाली सूचनाओं को सरकारी कर्मचारियों ने तथ्य के रूप में संगृहीत

---

अधिकार करने के लिए मल्लाहों तथा अन्य सामाजिक-आर्थिक समूहों के बीच संघर्ष हुए हैं. ऐसे मामलों में इलाहाबाद के उच्च न्यायालय तक को हस्तक्षेप करना पड़ा है. देखें- इलाहाबाद के उच्च न्यायालय का निर्णय (2005); साथ ही *यूपी माइनर ऐंड मिनरल (कंसेशंस रूल) 1963* के नियम 9(2) भी देखिए.

[38] रामशरण शर्मा (1992). इसमें 'गोपति से भूपतिः राजा की बदलती हुई स्थिति का सिंहावलोकन' द्रष्टव्य है. शर्मा बताते हैं कि राजा किस प्रकार अलग-अलग समय पर खेती योग्य भूमि पर राज्य का नियंत्रण स्थापित करने में सफल रहा और जिसे कात्यायन से लेकर शबरस्वामी की टीकाओं में एक नैतिक वैधता प्राप्त हुई.

[39] रोमिला थापर (1997,2010) : 96.

[40] के.एस. सिंह(1995) : 164 तथा 437.

किया। इस प्रकार औपनिवेशिक शासन में सूचना का ज्ञान में और ज्ञान का सामान्य तथ्यों के रूप में पुनरुत्पादन होता रहा। निकोलस डर्क्स ने इस परिघटना को परम्परा के पाठ्यकरण (टेक्सचुएलाइज़ेशन ऑफ़ ट्रेडिशन) की संज्ञा दी है।[41] क्रुक का मानना है कि ये जातियाँ अपने विशिष्ट कार्यों के कारण ही इस नाम से जानी जाती हैं। उन्होंने इन जातियों का वर्गीकरण ऐसे ही कार्यों के आधार पर किया है।[42] 1981 की जनगणना के समय इन जातियों में अपनी अलग पहचान को लेकर सजगता पैदा हो चुकी थी और वे इस बात पर ज़ोर देने लगे थे कि उन्हें बंसफोर, धरकार आदि जातियों में विशेषीकृत किया जाए।[43] जनगणना करने वालों को अपने बारे में जानकारी देने के साथ उन्होंने यह भी बताया कि वे अन्य समूहों से किस प्रकार अलग हैं या इन समूहों से उनके रीति-रिवाज़ किस मायने में समानता या असमानता प्रदर्शित करते हैं।[44] औपनिवेशिक ज्ञानकांड से परिचालित विमर्शों ने दलितों को चोर, अपराधी और कामचोर सिद्ध करने का प्रयास किया। इस क़वायद के ज़रिये औपनिवेशिक सत्ता ख़ुद को उच्च नैतिक धरातल पर स्थापित करना और इन श्रमजीवी समुदायों का आर्थिक और राजनीतिक अभिभावक घोषित करना चाहती थी। इसके लिए दलितों की हीन दशा को अतिरंजित ढंग से पेश करना ज़रूरी था। यह काम सबसे पहले उन औपनिवेशिक प्रशासकों ने किया जो मानवशास्त्री भी थे। बाद में इन्हीं बौद्धिक परम्पराओं में प्रशिक्षित भारतीय मनीषा भी इसी लीक पर चलने लगी। पिछड़े और दलित समूहों में शामिल जातियों को आपराधिक समुदाय में शामिल किया जाने लगा।[45] इस प्रवृत्ति के कारण ऐसे समुदाय सामाजिक अलगाव का शिकार होने लगे और उन्हें संदेह की दृष्टि से देखा जाने लगा। आर्थिक, राजनीतिक, सांस्कृतिक और सामाजिक बहिष्करण की यह आधुनिक निर्मिति इन समुदायों के लिए

---

[41] निकॉलस बी. डर्क्स (2003) : 81.

[42] डब्ल्यू. क्रुक (1974).

[43] डब्ल्यू. क्रुक (1974) : 173.

[44] डब्ल्यू. क्रुक (1974) : वही.

[45] गणेश नारायण देवी वग़ैरह (2013) : 4-5.

बहुत विनाशकारी साबित हुई। उल्लेखनीय है कि औपनिवेशिक दस्तावेज़ों और अकादमिक संदर्भों में इस बात का बार-बार ज़िक्र किया गया कि इन समुदायों का आत्मनिर्भर ग्रामीण व्यवस्था से एक घनिष्ठ रिश्ता था। बंसोड़ों के बारे में कहा गया है कि वे ईमानदारी से रहते थे और उनके काम को नीची निगाह से नहीं देखा जाता था।[46] ग़ौरतलब है कि बंसोड़ों के बारे में लिखते हुए डी.एन. मजूमदार ने उन्हें आपराधिक समुदाय (क्रिमिनल ट्राइब) वाले अध्याय में रखा है।[47] औपनिवेशिक भारत में जाति को लेकर क्या समझ थी — इस मामले में 1931 की जनगणना एक महत्त्वपूर्ण मुक़ाम की तरह उभरती है। इसके अंत में जो परिच्छेद दिये गये हैं, उनमें से एक परिच्छेद बहिष्कृत जातियों (एक्सटीरियर कास्ट्स) का भी है। इस परिच्छेद में इस बात पर ज़ोर दिया गया है कि पूर्वी भारत की बहिष्कृत जातियाँ आत्मनिर्भर हैं और उन्हें किसी भी तरीक़े से बहुत ग़रीब नहीं कहा जा सकता।[48] इसमें वे जातियाँ भी शामिल हैं जिन्हें मजूमदार या उनके समकालीन विद्वान अपराधी जातियों की श्रेणी में रख रहे थे।[49] इसमें बाँस का काम करने वाली जातियाँ जैसे बंसफोर, बंसोड़, धरकार, डोम, डोम्बो, पटनी और वंसफोड़ा को एक ही स्थान पर रखा गया है।[50]

नंदिनी गुप्तू ने बीसवीं शताब्दी के उत्तर भारत के बनारस, कानपुर, लखनऊ और इलाहाबाद के बारे में लिखा है कि इस दौरान इन शहरों में दलितों की एक नयी पहचान उभर रही थी। वे बताती हैं कि उन्नीसवीं शताब्दी के उत्तरार्ध में अस्पृश्य जातियाँ ग्रामीण क्षेत्रों से बनारस, कानपुर, लखनऊ और इलाहाबाद जैसे शहरों की ओर प्रवासित हो रही थीं। शहरों के विस्तार के कारण इन जातियों को वहाँ घरेलू और छोटे-मोटे काम मिलने लगे थे और उन्होंने शहरों के भौगोलिक सीमांतों पर बसना शुरू कर दिया था।[51]

---

[46] डी.एन. मजूमदार (1944) : 188.

[47] वही.

[48] *सेंसस ऑफ़ इंडिया* (1986) : 486.

[49] वही.

[50] वही : 490.

[51] नंदिनी गुप्तू (2014) : 105-32.

## III

## अस्पृश्यता, अपवंचना और सामाजिक सीमांत

ऐतिहासिक रूप से देखें तो आज बाँस का काम करने वाली बंसोड़ जैसी जातियों का बहिष्करण उत्तर-औपनिषदिक काल में ही शुरू हो गया था। 600 ई.पू. से लेकर 200 ई.पू. के बीच में गंगा घाटी में लोहे के बढ़ते प्रयोग, अर्थव्यवस्था के विस्तार, अधिशेष उत्पादन और आर्थिक असमानता से एक स्तरीकृत समाज तथा वर्ण-जाति व्यवस्था प्रशस्त हुई।[52] यह बात आपस्तम्ब, बौधायन, गौतम और वशिष्ठ के धर्मसूत्रों से स्पष्ट होती हैं जिनमें जाति शब्द 'कास्ट' के अर्थ में बार-बार प्रयुक्त हुआ है।[53] इन ग्रंथों में शूद्र वर्ण में शामिल जातियों के प्रति एक स्पष्ट असम्मानजनक दृष्टिकोण गहराता हुआ देखा जा सकता है।

द्वितीय नगरीकरण (600-300 ई.पू) के दौरान गंगा घाटी में स्थायी बस्तियों और कृषि के विस्तार ने पशुपालन को बढ़ावा दिया जिसके प्रमाण पाणिनि की *अष्टाध्यायी* और विनय ग्रंथों में मिलते हैं।[54] इस दौर में राज्य के ढाँचे के साथ नगर भी अस्तित्व में आ रहे थे।[55] अब मृत पशुओं के शवों को कहीं भी ऐसे ही नहीं छोड़ा जा सकता था। इस ज़रूरत को पूरा करने के लिए मृत पशुओं को बस्ती के बाहर ले जाने और उनकी खाल उतारने वाले चर्मकारों के पेशे को अपवित्र पेशा माना गया और उन्हें अस्पृश्य घोषित कर दिया गया।

भारत आने वाले विदेशी यात्रियों के विवरणों से पता चलता है कि भारत में अस्पृश्यता का प्रसार काफ़ी व्यापक हो चुका था। फ़ाह्यान, ह्वेनसांग और अल-बरूनी ने इसके बारे में काफ़ी लिखा है। ग्यारहवीं शताब्दी में भारतीय उप-महाद्वीप में महमूद गज़नवी के साथ आये हुए अरबी दार्शनिक, इतिहासकार और गणितज्ञ अबू रेहान मुहम्मद इब्न अहमद अल-बरूनी ने भारतीय समाज, विशेष कर उत्तर भारत के समाज पर अपना प्रामाणिक विवरण *किताब-उल-हिंद* नाम

52 विवेकानंद झा (1997) : 21.

53 रणवीर चक्रवर्ती (2012) : 11-12.

54 *विनय पिटक* : 1822-25.

55 रामशरण शर्मा (2010) : 81.

से लिखा। अल-बरूनी हमें सूचित करते हैं कि समाज में शूद्रों के बाद वे लोग आते हैं जिन्हें अंत्यज कहा जाता है। वे विभिन्न प्रकार के सेवा कार्य करते हैं और उनकी गणना किसी भी जाति में नहीं होती, बल्कि उन्हें किसी विशेष शिल्प या पेशे का सदस्य माना जाता है। उनकी आठ श्रेणियाँ हैं और उनमें धोबी, चमार, जुलाहों को छोड़ कर जिनके साथ कोई भी किसी प्रकार का नाता नहीं रखना चाहता। शेष आपस में स्वतंत्रतापूर्वक विवाह करते हैं। ये आठ शिल्पी हैं — धोबी, जूता बनाने वाले, बाज़ीगर, टोकरीसाज़ और सिपरसाज़, नाविक, मछुआरा, बहेलिया और जुलाहा।[56] ग़ौरतलब है कि यहाँ टोकरी बनाने वालों को अछूत माना गया है। ये टोकरीसाज़ या टोकरी बनाने वाले बंसोड़ या बंसफोर वर्ग में आने वाली जातियों के ही लोग थे। निवास-स्थान के आधार पर कुछ अस्पृश्य जातियों की बस्तियों को आज भी अपमानजनक नामों से पुकारा जाता है, जैसे कर्नाटक में हलगेरी, तमिलनाडु में चेरी और महाराष्ट्र में मँगवाड।[57] उत्तर प्रदेश में इन्हें चमार-पट्टी या चमर-टोला या पसियन-टोला कहते हैं।[58] पिछले दो तीन वर्षों से चर्चा में रही हिंदी की रचनाओं — काशीनाथ सिंह का उपन्यास *घर का जोगी जोगड़ा* और तुलसी राम की आत्मकथा *मुर्दहिया* में चमारों की बस्तियों का सामाजिक भूगोल रेखांकित किया जा सकता है जहाँ एक ही गाँव के अंदर एक दूसरी दुनिया बसी दिखती है।

## IV

## बाँस : नियोजित बेदख़ली की दास्तान

दैनिक जीवन की बुनियादी ज़रूरतों से सीधे जुड़े होने के कारण बाँस का काम धरकारों के लिए बहुत महत्त्वपूर्ण स्थान रखता है। 1950-60 के दौर में एक बाँस का दाम लगभग पाँच रुपये था और वह आसानी से मिल भी जाता था। अब कीडगंज की बाँस मंडी में 25 फुट का कटा-छँटा बाँस 170 रुपये

---

[56] *भारत : अल-बरूनी* (2003): 41.

[57] गोपाल गुरु एवम् सुंदर सरुक्कई (2012) : 212.

[58] हीरा सिंह (2014) : 3.

से भी ज़्यादा का मिलता है। मुझे 1936 में प्रेमचंद द्वारा लिखे गये उपन्यास *गोदान* का दमड़ी बंसोड़ याद आता है जिसने होरी से मात्र 25 रुपये प्रति 100 बाँस की दर से 50 बाँस ख़रीदे थे। और यह दाम भी एक प्रकार से ज़्यादा था क्योंकि दमड़ी ने होरी से बाँस इसलिए ख़रीदे थे कि उसका गाँव शहर से नज़दीक था। यहाँ के धरकार सीढ़ी, छोटी और हलकी आल्मारियाँ, डलिया, बटुए और टिकठी बनाते हैं। वे रोज़ कुँआ खोद कर रोज़ पानी पीने वाली स्थितियों में रह रहे हैं। लगभग 35 साल के मनोज कहते हैं कि 'बाँस ख़रीदने जाओ तो मिलता नहीं है और बेचने जाओ तो बिकता नहीं है।'[59] बाँस का दाम जितनी तेज़ी से चढ़ा है उतनी तेज़ी से बाँस के उत्पादों का दाम नहीं बढ़ा है। नवरात्रि के महीने में दुर्गापूजा के पंडालों के निर्माण में बाँस का बहुतायत से इस्तेमाल किया जाता है, इसलिए इस महीने में बाँस महँगा हो जाता है। इसके अतिरिक्त संगम के मेले के अवसर और चुनाव के वर्ष में भी बाँस महँगा हो जाता है। 2012 में उत्तर प्रदेश में होने वाले विधानसभा चुनाव बंसोड़ समुदाय को एक दूसरी तरह से प्रभावित कर रहे थे। बाँस उत्तर प्रदेश से बाहर भेजा जाता है। इसके अतिरिक्त बाँस के व्यापार पर स्थानीय बाँस-माफ़िया का एकाधिकार है और ग़रीब धरकार मोल-भाव करने की स्थितियों में नहीं होते हैं। इलाहाबाद शहर में धरकारों की एक अस्थायी बस्ती हाथी पार्क के किनारे पर भी है। यहाँ रहने वाले बाशिंदों में 55 वर्षीय खटाईलाल हैं।[60] छह साल पहले जौनपुर में जब सद्भावना पुल बन रहा था तो उनकी लगभग एक बीघे ज़मीन अधिगृहीत कर ली गयी। क्षतिपूर्ति के रूप में उन्हें मात्र 12,000 रुपये मिले थे जिसमें से कुछ बेटी के विवाह में ख़र्च कर दिये और बाक़ी पैसों से अपना कर्ज़ चुकाया। भूमि अधिग्रहण और आधुनिक विकास की वर्तमान प्रक्रिया हाशिये के समूहों को कितनी बुरी तरह से प्रभावित करती है — खटाईलाल और उनका परिवार इसका एक उदाहरण है। अब खटाईलाल बेघर-बार थे और इसी कारण अपने भाँजे के साथ

---

[59] कीडगंज में 20 अगस्त से 28 अगस्त के दौरान किया गया फ़ील्डवर्क.

[60] वही.

इलाहाबाद चले आये। इसी बीच खटाईलाल को टीबी हो गयी। उनका बाँस का काम जब बिल्कुल ठप पड़ने लगा तो उनकी पत्नी सुशीला को आगे आना पड़ा। सुशीला बहुत ऊर्जावान महिला है। वह अपने 12 वर्षीय बेटे सोनू के साथ मुट्ठीगंज की बाँस मंडी से ठेले पर बाँस लदवा कर लाती है और हाथी पार्क के धरकारों की तरह बाँस से बनने वाली तमाम चीज़ों का निर्माण करती हैं। सोनू की उम्र 12 वर्ष की है। अगर वह स्कूल जा रहा होता तो कक्षा छह या सात का छात्र होता। सोनू के माता-पिता की सामाजिक-आर्थिक दशाएँ ऐसी नहीं थीं कि वे उसे स्कूल भेज सकें, यह बात सोनू को भी ज्ञात है। सोनू ने महज़ नौ साल की उम्र में कुल्हाड़ी, बांका और बाँस छीलने वाला चाकू थाम लिया। सुशीला अपने बेटे सोनू के साथ मिल कर हर दिन लगभग 150 रुपये कमा लेती हैं जिसमें पूरे परिवार की ज़रूरतों के साथ खटाईलाल की दवा का ख़र्च भी शामिल है।[61] मैं सुशीलाजी से कहता हूँ कि क्या उन्हें बाँस से संबंधित कोई गीत याद है? इस पर आरम्भिक झिझक के साथ वे कहती हैं कि हाड़-तोड़ मेहनत ने सारे गीत भुला दिये हैं, लेकिन अंततः एक गीत सुनाती हैं जिसे हमने लेख के उपोद्घात के रूप में रखा है। इस गीत में भौतिक वस्तुओं के प्रति जिस तरह की निस्संगता व्यक्त की गयी है वह वास्तव में उन परिस्थितियों की देन है जिसमें सुशीला और उनके जैसे लोग धकेल दिये गये हैं। यह कोई चुना हुआ वैराग्य नहीं है। जब हाड़-तोड़ मेहनत के बावजूद मुश्किल से दो जून का भोजन भी न जुट पाए तो व्यक्ति अपने आप ही इस प्रकार के वैराग्य की ओर उन्मुख होने लगता है।

इस समुदाय के लोगों की स्थिति गाँवों और क़स्बों में भी अच्छी नहीं है। जब प्रतापगढ़, सुल्तानपुर, जौनपुर या घोसी के धरकार और बंसोड़ इलाहाबाद शहर आते हैं तो शहर में उन्हें जगह नहीं मिलती है। भारत के बड़े शहरों की तरह दूसरे और तीसरे स्तर के शहर भी प्रवासियों के लिए आक्रामक होते गये हैं।[62] गाँवों से रोज़गार की तलाश में जब वे शहर में आते

[61] वही.

[62] रमाशंकर सिंह तथा विभूति नारायण पांडेय (2012) : 29-32.

हैं तो ख़ुद को शहर के लेबर चौराहों पर खड़ा पाते हैं।[63] धरकार बाँस का काम जानने के कारण इलाहाबाद शहर में न बस कर शहर से पंद्रह से पच्चीस किलोमीटर की परिधि में कहीं अस्थायी रूप से बस जाते हैं और वहीं से अपनी जीविका चलाने का प्रयास करते हैं। इलाहाबाद ज़िला मुख्यालय से पच्चीस किलोमीटर दूर सहसो बाईपास के पास भोपतपुर गाँव और सहसो से फूलपुर जाने वाली पक्की सड़क पर एक बाग़ पड़ता है। इस समुदाय के यहाँ रहने वाले लोग प्रत्येक सप्ताह बाहर से बाँस ख़रीदकर लाते हैं। गाँव जाकर बाँस चुनकर उसे काट कर लाने का कार्य पुरुष करते हैं। सबसे अच्छा बाँस 'लोर' होता है। यह मोटा, पोपला और लम्बा होता है। इसे काटना-चीरना आसान रहता है और इसे मनचाहे आकार में मोड़ा जा सकता है। देशी बाँस पतला होता है। इससे लम्बी और हल्की सीढ़ियाँ बनती हैं। टिखठी बनाने में भी इसी बाँस का उपयोग किया जाता है। लोर का हर भाग उपयोगी होता है। इस बाँस के सबसे नीचे वाले भाग से दौरी बनती है। बीच के भाग से चटाई और सबसे ऊपर के भाग से डोलची, टँगना आदि बनता है। एक दौरी तीन-चार दिन में बनती है। इसमें स्त्री-पुरुष दोनों भाग लेते हैं। पहले दिन बाँस को चीर कर सार निकाला जाता है। इस काम को पुरुष करते हैं। दूसरे दिन सार में से पत्ती निकालते हैं। तीसरे दिन पत्ती से चटाई बुनी जाती है। ये दोनों काम महिलाएँ करती हैं। चौथे दिन दौरी बनती है और उसके बाद बारी की बँधाई होती है। यह काम पुरुषों द्वारा किया जाता है। इस प्रकार बाँस से रोज़ी-रोटी कमाने में स्त्री और पुरुष दोनों ही बराबर भाग लेते हैं। इस बाग़ में लगभग दो दर्जन झोपड़ियाँ हैं। इनमें आज़मगढ़ और मऊ से कई पीढ़ी पहले आये वेनवंसी धरकार रहते हैं। इनकी परिस्थितियाँ भी हाथी पार्क चौराहे पर स्थित अपने भाई-बंधुओं से बेहतर नहीं है। इस बस्ती में लगभग 35 बच्चे हैं। चार पाँच बच्चों को छोड़कर प्रायः अधिकांश बच्चे स्कूल जाने की उम्र

[63] विभूति नारायण पांडेय, 27 जुलाई, 2013 को गोविंद वल्लभ पंत सामाजिक विज्ञान संस्थान, इलाहाबाद में *फ़ोर्स्ड माइग्रेशन ऑफ़ वर्कर्स : अ स्टडी ऑफ़ लेबर चौराहाज़ इन उत्तर प्रदेश*, विषय पर पीएच-डी का प्रस्तुतीकरण.

के हैं लेकिन उनमें कोई बच्चा स्कूल नहीं जाता।[64] सहसो के धरकार नज़दीकी गाँवों जैसे फूलपुर, बीबीपुर और बादशाहपुर से बाँस ख़रीदकर लाते हैं। इससे वे दौरी, झाबा, झपिया, चिक और पंखा आदि बनाकर बेचते हैं। सहसो के रामचंदर धरकार की पत्नी इंदु 33 वर्ष की हैं। दलित समुदायों की करोड़ों बालिकाओं की तरह उन्हें पढ़ने-लिखने का मौक़ा नहीं मिला। फिर भी इंदु जागरूक हैं। उनका नैहर मऊ ज़िले के कोल्हारे गाँव में है। विवाह के बाद वे भी अपने पति के साथ इसी बाग़ में आयीं और बाँस का काम करने लगीं। वे अपने मायके में भी यही काम करती थीं। वे एक मुहावरे से अपनी बात स्पष्ट करती हैं — धोबी कय बिटिया न नइहरे सुख न ससुरे सुख (धोबी की बेटी को न तो मायके में सुख है और न ससुराल में सुख है। उसे दोनों जगहों पर कपड़े धोने की मज़बूरी है)। वे बताती हैं कि पहले बाँस सस्ता मिलता था। उन्हें याद है कि उनके बचपन में पूरा बाँस पंद्रह रुपये का मिल जाता था। फिर गाँवों में बाँस के बड़े व्यापारी दिखने लगे। शहर से व्यापारी आकर कोठ का कोठ बाँस काट ले जाने लगे। यह बाँस पेपर मिल में जा रहा था। टेंट-हाउसों के प्रसार के कारण भी बाँस की खपत में इज़ाफ़ा हुआ है।[65]

कर्नाटक में बाँस के जंगलों के क्षरण से संबंधित एक अध्ययन से पता चलता है कि 1980 के दशक में राज्य सरकार द्वारा काग़ज़ की मिलों को एक रुपया प्रति टन की रियायती दर से बाँस की आपूर्ति की जा रही थी। इसी बीच टोकरी बुनने वालों को अपनी ज़रूरत का बाँस खुले बाज़ार से ख़रीदना पड़ता था, ज़िसमें बाँस की प्रचलित दर पाँच हज़ार रुपये प्रति टन थी। इतनी रियायत की पेशकश के कारण, और साथ ही यह सोचकर कि पता नहीं यह रियायत कब तक चलेगी, काग़ज़ मिलों के लोग जंगलों पर टूट पड़े और बाँस की कोठियाँ देखते-देखते ग़ायब होने लगीं।[66]

---

[64] दिनांक 19.4.2013 से 10.5.2013 तक किया गया क्षेत्र-सर्वेक्षण.

[65] वही.

[66] रामचंद्र गुहा (2008) : 197, एस.एन. प्रसाद और बाँस के बारे में अन्य महत्त्वपूर्ण जानकारी देने के लिए मैं रामचंद्र गुहा का आभारी हूँ.

इसके साथ इस तथ्य को भी रेखांकित किया जाना आवश्यक है कि आधुनिक तकनीक का किसी समुदाय की जीविका और अस्तित्व पर क्या प्रभाव पड़ता है। उन्नीसवीं शताब्दी में उद्योगीकरण ने पूरे के पूरे समुदायों को रोज़ी-रोज़गार विहीन बना कर उनका सामर्थ्य और सम्मान छीन लिया। आज़ादी के बाद भी इन समुदायों की स्थिति में कोई सकारात्मक परिवर्तन नहीं आया। एक तरह से यह पूर्व-निश्चित था क्योंकि आधुनिकता की ओर बढ़ रहा हमारा राष्ट्र अपने दैनिक जीवन में भी आधुनिक दिखना चाहता था। हमारे समाज के बहुसंख्यक लोगों ने धीरे-धीरे उन सभी चीज़ों का त्याग कर दिया जो उन्हें परम्परा में मिली थी। उसे आधुनिक कारख़ानों में बनी चीज़ें ज़्यादा लुभा रही थीं। इस प्रक्रिया में निजी और सार्वजनिक जगहों से बाँस की बनी चीज़ें ग़ायब होने लगीं। इस्पात की बनी अलमारी ने घर-घर दिखने वाली बाँस की छोटी-छोटी अलमारियों को ग़ायब कर दिया। बाँस की टोकरी को प्लास्टिक की टोकरी ने प्रतिस्थापित कर दिया और शादी-विवाह के अवसर पर दिये जाने वाले बाँस के झाबा-झपिया को दफ़्ती के बने मिठाई वाले डिब्बों ने बाहर कर दिया। इस प्रकार इन वस्तुओं की माँग भी कम हो गयी। इससे बाँस का काम करने वाले समुदाय बुरी तरह से प्रभावित हुए। डी. आर. नागराज ने इस प्रक्रिया को टेक्नोसाइड कहा है।[67]

## संगठित राजनीति के नक़्क़ारख़ाने में

भारतीय वन सर्वेक्षण 1987 से प्रति वर्ष वनों की स्थिति के बारे में एक रिपोर्ट प्रकाशित करता है। 2011 की रिपोर्ट में बाँस के बारे में पहली बार कोई आधिकारिक सर्वेक्षण प्रस्तुत किया गया। ऐसा बाँस के बढ़ते महत्त्व और इसको लेकर हो रहे हक़दारी आंदोलनों के कारण हुआ है। वन स्थिति रिपोर्ट-2011 के आधिकारिक आँकड़ों के अनुसार देश में बाँस की 125 देशी प्रजातियाँ हैं जिन पर करोड़ों लोगों का जीवन आश्रित है।[68] इस अभिलेख

---

[67] डी.आर. नागराज (2010) : 113, 179-80

[68] *इंडिया स्टेट ऑफ़ फ़ॉरेस्ट रिपोर्ट 2011*.

के अनुसार भारत में 1,39,577 वर्ग किलोमीटर क्षेत्र पर बाँस के जंगल हैं। उत्तर प्रदेश में बाँस का क्षेत्र मात्र 1,313 वर्ग किलोमीटर है।[69] बाँस को अब लघु वनोपज के रूप में सरकारी रूप से वर्गीकृत किया गया है। अब वनों पर आश्रित समुदाय इसे काट सकते हैं,[70] और अपने दैनिक जीवन की ज़रूरतें पूरी कर सकते हैं। वनों पर राज्य के अधिकाधिक क़ब्ज़े के विरुद्ध उन समुदायों में काफ़ी आक्रोश था जिनकी जीविका में वन और बाँस एक केंद्रीय स्थान रखते हैं। आदिवासी आंदोलनों ने इस माँग को आगे बढ़ाया कि उन्हें जंगलों पर अधिकार मिले। इसे देखते हुए और नक्सल आंदोलन के बढ़ते प्रभाव को सीमित करने के लिए मई 2011 में केंद्रीय पर्यावरण एवम् वन मंत्री जयराम रमेश ने मेंढा, लीखा, गढ़चिरौली, छत्तीसगढ़ में बाँस को वनाधिकार अधिनियम, 2006 के तहत लघु वनोपज घोषित किया,[71] लेकिन उत्तर प्रदेश जैसे राज्य में इस अधिकार का कोई ख़ास मतलब नहीं है क्योंकि यहाँ बाँस के जंगलों का क्षेत्रफल बहुत ही कम है। ऐसे में उत्तर प्रदेश में बाँस से जीविका चलाने वाले समुदायों का जीवन संकट में पड़ जाता है। एक बात यह भी ध्यान देने योग्य है कि भारत में बढ़ती नक्सल समस्या को समाप्त करने के लिए जो सरकारी दृष्टिकोण अपनाया जाता रहा है, वह प्रभावित क्षेत्रों में आधारभूत संरचनाओं के निर्माण, युवाओं को रोज़ग़ार और शिक्षा तक पहुँच उपलब्ध कराने से प्रेरित रहा है। मैं इन कार्यक्रमों की गुणवत्ता या आधारभूत औचित्य पर कोई मूल्यपरक निर्णय नहीं थोपना चाहता, लेकिन यह स्पष्ट है कि उत्तर प्रदेश की अनुसूचित जातियों में सर्वाधिक ग़रीब लोगों को कभी ऐसी समस्या नहीं माना गया कि भारतीय राष्ट्र-राज्य को उन पर अलग से ध्यान देना पड़े। लिहाज़ा, वह उन्हें ज़रूरी रियायत तथा अधिकार प्रदान करने के मामले में उदासीन ही रहा है।

---

[69] वही : 57-61.

[70] http://www.hindu.com/2011/04/29/stories/2011042965731000.htm 26.06.2013 को देखा गया.

[71] http://www.business-standard.com/article/opinion/sunita-narain-is bamboo-a-tree-or-a-grass-1101213000461.html 20.05.2013 को देखा गया.

इसकी वजह यह है कि लोकतंत्र और उसके साथ प्रतिरोध की राजनीति में संख्या बल बहुत मायने रखता है। 'जिसकी जितनी संख्या भारी, उसकी उतनी हिस्सेदारी' का नारा जहाँ बड़े समूहों में जोश भरता है, वहीं प्रायः छोटे सामाजिक और राजनीतिक समूहों की गतिशीलता को बाधित करता है। बंसोड़, बंसफोर और धरकार जनसंख्या के हिसाब से अपेक्षाकृत बहुत छोटा समूह है।[72] वनों और वनोपजों को लेकर जो आंदोलन हुए हैं, उनमें गोलबंदी, नेतृत्व और संख्या बल का महत्त्वपूर्ण स्थान रहा है। अगर किसी जाति या जनजाति की संख्या बल कम रहा है तो उसे एक बड़ी पहचान के अंदर फ़िट कर लिया गया है। न्यूनतम मानवीय गतिविधियों वाले दुर्गम पर्वतीय क्षेत्रों में पाए जाने वाले समुदाय हों या नदी-घाटियों में विकसित मत्स्य संस्कृति वाले समुदाय — ये सभी अपने दावे की पुष्टि के लिए इनके आदिम अनुरक्षक और हक़दार (क्लेमेंट) होने का दावा प्रस्तुत करते रहे हैं। वे इसमें कभी-कभार सफल भी हुए। पेसा (पंचायती राज इक्सटेंशन टू शेड्यूल्ड एरियाज़), 1996 और वनाधिकार क़ानून दिखाते हैं कि हाशिये पर पड़े समूह भी अपने लिए बेहतर क़ानून हासिल कर सकते हैं।[73] उत्तर प्रदेश में इस समूह में अभी शिक्षा का स्तर बहुत निम्न है और प्रशासनिक सेवाओं में उनकी भागीदारी नगण्य है।[74] उनके अपने आंगिक नेता (आर्गेनिक लीडर) भी नहीं हैं जो उनकी आवाज़ को प्रदेश और देश के राजनीतिक नेतृत्व के समक्ष रख सकें। किसी भी बड़े प्रतिरोध आंदोलन के लिए गोलबंदी ज़रूरी होती है। यदि किसी समूह की गोलबंदी कम है तो राज्य उसकी माँगों की उपेक्षा या उनमें कटौती कर सकता है।[75]

धरकारों ने भी समय-समय पर अपनी माँगों को सार्वजनिक रूप से व्यक्त करने का प्रयास किया है। उनकी माँगें दो प्रकार की हैं। एक तो वे शहरों में स्थायी रूप से बसे रहना चाहते हैं, जबकि उन्हें अक्सर शहर से बाहर किया

---

[72] हरिकेश मंडल वग़ैरह (2005) 57.

[73] कमल नयन चौबे (2013) : 168.

[74] रमाशंकर सिंह द्वारा सूचना के अधिकार अधिनियम, 2005 द्वारा प्राप्त की गयी सूचना. पत्रांक- एफ़ 22012/1 ए/2011/ए आई एस-1/ गवर्नमेंट ऑफ़ इंडिया, मिनिस्ट्री ऑफ़ पर्सनल, पब्लिक ग्रीवांसेज़ ऐंड पेंशन, 19 सितंबर 2011.

[75] कमल नयन चौबे (2013) : 170-71.

जाता रहा है। उन्हें शहर की सुंदरता में एक अवांछित वस्तु समझा जाता है। उन पर यह आरोप लगाया जाता है कि वे सार्वजनिक जगहों को ग़ैर-क़ानूनी तरीक़े से घेर लेते हैं। प्रशासन उनकी अस्थायी बस्तियों को जब-तब उजाड़ता रहता है। इस तरह देखा जाए तो धरकार शहर में बने रहने के लिए हर समय एक वैध पहचान की तलाश में जुटे रहते हैं। मतदाता पहचान-पत्र बनवाने में सफल होते ही वे राजनीतिक रूप से मूल्यवान हो उठते हैं। चुनाव लड़ने वाले स्थानीय प्रभुत्वशाली समूहों और हाशिये के समाजों का प्रतिनिधित्व करने वाले समूहों के लिए उनका शहरों में रहना आवश्यक हो जाता है। इसके एवज़ में उन्हें यहाँ-वहाँ बसने का मौक़ा तो दे दिया जाता है, परंतु कुछ समय बाद उन जगहों को फिर उजाड़ दिया जाता है। यह एक खेल-सा है जो निरंतर चलता रहता है। चुनावी राजनीति और बेघरों की यह पारस्परिकता बनी रहती है।[76] धरकारों की दूसरी माँग यह है कि उन्हें बाँस आसानी से मिले और बाँस के व्यापार से माफ़िया का क़ब्ज़ा हटे। इससे बाँस सस्ता होगा और उनकी लागत कम हो जाएगी। ज़ाहिर है कि इससे उनकी आमदनी में इज़ाफ़ा होगा। आज़मगढ़ के हीरालाल ने इन माँगों को 2000 में आवाज़ दी थी। हीरालाल डोम जाति से संबंध रखते थे और बाँस का काम करने वाले समुदायों की विपन्नता को अपने गीतों का विषय बनाकर गाया करते थे। लेकिन समूह की गोलबंदी का काम अभी किसी मुक़ाम पर नहीं पहुँच पाया है। फिर भी इससे यह अर्थ नहीं लगाया जाना चाहिए कि उन्हें कभी गोलबंद किया ही नहीं जा सकेगा। उन्हें जब भी मौक़ा मिलता है तो वे अपनी आवाज़ नागर समाज और नागरिक मंचों पर ज़रूर बुलंद करते हैं। 2013 में गोविंद वल्लभ पंत सामाजिक विज्ञान संस्थान, इलाहाबाद में लगातार दो संगोष्ठियों का आयोजन किया गया जिसमें इलाहाबाद के नागर समाज, प्राध्यापक तथा राजनीतिक दलों के लोग शामिल हुए थे। इसमें सहसो में रहने वाले धरकारों

---

[76] सोलहवीं लोकसभा के चुनाव मार्च-मई, 2014 के दौरान गोविंद वल्लभ पंत सामाजिक विज्ञान संस्थान के शोध छात्रों द्वारा किया गया सर्वेक्षण. इसमें तरुशिखा सर्वेश, मनमोहन सिंह, कमरूल हसन, अनंत द्विवेदी, प्रशांत, नेहा राय, तिलक सिंह यादव, विनीत, श्वेता पाल, विकास स्वरूप और रमाशंकर सिंह शामिल थे. सर्वेक्षण का संयोजन प्रोफ़ेसर बद्री नारायण ने किया था.

ने भी शिरकत की थी। इस अवसर पर उन्होंने अपनी परेशानियों और जनतंत्र से अपनी अपेक्षाओं को ब्यौरेवार रखा था। उनकी बातों में निरुपायता का दुख तो था ही पर साथ ही यह विश्वास भी दिखाई देता था कि एक न एक दिन भारत का जनतंत्र उनकी आवाज़ ज़रूर सुनेगा।

सवाल यह है कि अभी इसमें और कितना वक़्त लगेगा? सहसो की इंदु शायद भारतीय राष्ट्र-राज्य से यही पूछना चाहती है।

## संदर्भ :

नोट : इस लेख को सँवारने में मिली सहायता के लिए मैं इसके एक अज्ञात पूर्व-समीक्षक के साथ-साथ प्रोफ़ेसर बद्री नारायण, प्रोफ़ेसर प्रदीप भार्गव, तरुशिखा सर्वेश और कमरुल हसन का आभारी हूँ.

अश्विन देशपांडे (2013) *अफ़र्मेटिव एक्शन इन इंडिया*, ऑक्सफ़र्ड युनिवर्सिटी प्रेस, नयी दिल्ली.

आर. सी. हजारा (1982), *स्टडीज़ इन द पुराणिक रेकर्ड्स ऑन हिंदू राइट्स ऐंड कस्टम्स*, मोतीलाल बनारसीदास, नयी दिल्ली.

आलोका पाराशर सेन (2004) (सं.), *सबार्डिनेट ऐंड मार्जिनल ग्रुप्स इन अर्ली इंडिया*, ऑक्सफ़र्ड युनिवर्सिटी प्रेस, नयी दिल्ली.

*आश्वलायन गृहसूत्र*, नारायण की संस्कृत टीका सहित, अनुवाद और परिचय : एन. एन. शर्मा, ईस्टर्न बुक लिंकर्स, नयी दिल्ली.

इलाहाबाद उच्च न्यायालय का निर्णय (2005) *चन्द्रिका प्रसाद निषाद वर्सेज स्टेट ऑफ़ यूपी ऐंड अदर्स , रिट पिटीशन नवंबर 5018 (एम्/एस) ऑफ़ 2005 विद रिट पिटीशन नंबर 5018 (एम्/एस) ऑफ़ 2005 चन्द्रिका प्रसाद निषाद ऐंड भोला नाथ निषाद वर्सेज स्टेट ऑफ़ यूपी ऐंड अदर्स* .

उपिंदर सिंह (2008), *अ हिस्ट्री ऑफ़ एंशियेंट ऐंड अर्ली मिडीवल इंडिया*, पियर्सन-लांगमैन, नयी दिल्ली.

उमा चक्रवती (2006), *एवरीडे लाइव्स, इवरीडे हिस्ट्री : बियोंड द किंग्स ऐंड द ब्राह्मंस ऑफ़ एंशियेंट इंडिया*, तूलिका बुक्स, नयी दिल्ली.

एफ़. कीलहार्न (1892-1909)(सं.), *महाभाष्य : क्रिटिकल एडीशन*, गवर्नमेंट सेंट्रल बुक डिपो,बॉम्बे.

ओमप्रकाश वाल्मीकि (2008), *सफ़ाई देवता- वाल्मीकि समाज की ऐतिहासिक, सांस्कृतिक, सामाजिक पृष्ठभूमि*, राधाकृष्ण प्रकाशन , नयी दिल्ली.

*ऑक्सफ़र्ड एडवांस्ड लर्नर्स डिक्शनरी* (2010), आठवाँ संस्करण, ऑक्सफ़र्ड युनिवर्सिटी प्रेस, नयी दिल्ली.

कमल नयन चौबे (2013), 'दो प्रगतिशील क़ानूनों की दास्तान : राज्य, जन-आंदोलन और प्रतिरोध', *प्रतिमान समय, समाज, संस्कृति*, वर्ष 1, खंड 1, अंक 1 (जनवरी-जून).

काशीनाथ सिंह( 2008), *घर का जोगी जोगड़ा*, राजकमल प्रकाशन , नयी दिल्ली.

के. एस. सिंह(1995), द *शेड्यूल्ड कास्ट्स*, एंथ्रोपॉलिजिकल सर्वे ऑफ़ इंडिया एवम् ऑक्सफ़र्ड

युनिवर्सिटी प्रेस, दिल्ली.
के. एस. सिंह (1998), *इंडियाज़ कम्युनिटीज,* 3 खंड, ऑक्सफ़र्ड युनिवर्सिटी प्रेस, नयी दिल्ली.
गणेश नारायण देवी एवम् अन्य (2013), *नैरेटिंग नोमैडिज़्म : टेल्स ऑफ़ रिकवरी ऐंड रेजिस्टेंस,* रौटलेज़, नयी दिल्ली.
गृहसूत्राज, अनुवादक : एच ओल्डेनबर्ग (1981 पुनर्मुद्रित), मोतीलाल बनारसीदास, दिल्ली.
गेल ऑम्वेट (2005), *आम्बेडकर : प्रबुद्ध भारत की ओर,* पेंगुइन इंडिया, नयी दिल्ली.
गोपाल गुरु एवं सुंदर सरुक्कई (2012), द क्रैक्ड मिरर : एन इंडियन डिबेट आन एक्सपीरिएंस ऐंड थियरी, ऑक्सफ़र्ड युनिवर्सिटी प्रेस, नयी दिल्ली.
जयशंकर मिश्रा (2006, 10वाँ पुनर्मुद्रण), प्राचीन भारत का सामाजिक इतिहास, बिहार हिंदी ग्रंथ अकादमी, पटना.
डब्ल्यू. क्रूक (1974), द *ट्राइब्स ऐंड कास्ट्स ऑफ़ द नार्थ वेस्टर्न इंडिया,* खंड 1, कॉस्मो पब्लिकेशंस, नयी दिल्ली.
डी. एन मजूमदार (1944), *द फ़ार्च्यून्स ऑफ़ प्रिमिटिव ट्राइब,* यूनीवर्सल पब्लिशर्स लिमिटेड, लखनऊ.
डी. आर. नागराज (2010), *द फ़्लेमिंग फ़ीट ऐंड अदर एसेज : द दलित मूवमेंट इन इंडिया,* परमानेंट ब्लैक, रानीखेत.
नंदिनी गुप्तू (2014), 'कास्ट ऐंड लेबरः अनटचेबल सोशल मूवमेंट इन अर्बन उत्तर प्रदेश पद अर्ली ट्वेंटीथ सेंचुरी', पीटर रॉब (सं.), *दलित मूवमेंट्स ऐंड द मीनिंग ऑफ़ लेबर इन इंडिया,* ऑक्सफ़र्ड युनिवर्सिटी प्रेस, नयी दिल्ली.
निकोलस बी. डर्क्स (2003), *कास्ट्स ऑफ़ माइंड : कॉलोनियलिज़म ऐंड द मेकिंग ऑफ़ मॉडर्न इंडिया,* परमानेंट ब्लैक, नयी दिल्ली.
पी. वी. काणे (1992), *धर्मशास्त्र का इतिहास, प्रथम भाग,* उत्तर प्रदेश हिंदी संस्थान, लखनऊ.
प्रेमचंद (2011) (पुनर्मुद्रित), *गोदान*, अभिव्यक्ति प्रकाशन , इलाहाबाद.
पैट्रिक ओलिवल (1999) (सं.), *धर्मसूत्राज : द कोड ऑफ़ एंशिएंट इंडिया,* ऑक्सफ़र्ड युनिवर्सिटी प्रेस, नयी दिल्ली.
पैट्रिक ओलिवल (2005) (सं.), *मनुज कोड ऑफ़ लॉ,* ऑक्सफ़र्ड युनिवर्सिटी प्रेस, नयी दिल्ली.
पैट्रिक ओलिवल (2008) (पुनर्मुद्रित) *उपनिषद्स*, ऑक्सफ़र्ड युनिवर्सिटी प्रेस, नयी दिल्ली.
बद्री नारायण (2011), *द मेकिंग ऑफ़ दलित पब्लिक इन नार्थ इंडिया,* ऑक्सफ़र्ड युनिवर्सिटी प्रेस, नयी दिल्ली.
बद्री नारायण (2013), 'लोकतंत्र का भिक्षुगीतः अति-उपेक्षित दलितों के अध्ययन की एक प्रस्तावना', *प्रतिमान समय, समाज, संस्कृति,* वर्ष 1, खंड 1, अंक 1 (जनवरी-जून).
बद्री नारायण (2014), 'द पॉलिटिक्स ऑफ़ रिज़र्वेशन कैटेगरीज़ इन उत्तर प्रदेश', *इकनॉमिक ऐंड पॉलिटिकल वीकली,* खंड 49, अंक 5.
भारत : अल-बरूनी (2003) (तीसरी आवृत्ति), क़यामुद्दीन अहमद द्वारा भूमिका तथा टिप्पणियों सहित संपादित (ई.सी. सखाउ के अंग्रेज़ी अनुवाद *अलबरूनीज़ इंडिया* के संक्षिप्त संस्करण का हिंदी अनुवाद), नेशनल बुक ट्रस्ट, नयी दिल्ली.

मार्क गैलेंटर (1984), *कम्पेटिंग इक्वैलिटीज़ः लॉ ऐंड बैकवार्ड क्लासेज इन इंडिया,* ऑक्सफ़र्ड युनिवर्सिटी प्रेस , नयी दिल्ली.

मोनियर विलियम्स (2006), *संस्कृत-इंग्लिश डिक्शनरी : इटीमॉलिजिकॅली ऐंड फ़िलोलॅजिकॅली अरेंज्ड विद स्पेशल रेफ़रेंस टू काग्नेट इंडो-युरोपियन लैंग्वेजेज़,* मनोहर पब्लिशर्स, नयी दिल्ली.

तुलसी राम (2011), *मुर्दहिया,* राजकमल प्रकाशन , नयी दिल्ली.

*तैत्तरीय संहिता* (1914), अनुवादक : ए बी कीथ, 2 भागों में, हार्वर्ड युनिवर्सिटी प्रेस, केम्ब्रिज.

*तैत्तरीय ब्राह्मण* (1871-72) ए.वेबर, *इंडियन स्टडियन,* लिपज़िग.

रणवीर चक्रवर्ती (2012), *भारतीय इतिहास : आदिकाल- प्राचीनतम पर्व से 600 ईस्वी तक,* अनुवाद : उमाशंकर शर्मा ऋषि, ओरिएंट ब्लैकस्वान, नयी दिल्ली .

राधाकुमुद मुखर्जी (2004 पुनर्मुद्रित), *हिंदू सभ्यता, अनुवाद : वासुदेवशरण अग्रवाल,* राजकमल प्रकाशन , नयी दिल्ली.

रमाशंकर सिंह द्वारा सूचना के अधिकार अधिनियम, 2005 द्वारा प्राप्त की गयी सूचना. पत्रांक- एफ़ 22012/1 ए/2011/ए आई एस-1/ गवर्नमेंट ऑफ़ इंडिया, मिनिस्ट्री ऑफ़ पर्सनल, पब्लिक ग्रीवांसेज़ ऐंड पेंशन, 19 सितंबर, 2011.

रमाशंकर सिंह एवं विभूति नारायण पांडेय (2012), 'काम की तलाश में', हाशिये की आवाज़, वर्ष 7, अंक 4 (अप्रैल).

रामचंद्र गुहा (2007), *इंडिया ऑफ़्टर गाँधी : द हिस्ट्री ऑफ़ वर्ल्ड्स लार्जेस्ट डेमोक्रेसी,* पिकाडोर, भारत.

————(2008), *हाउ मच शुड अ पर्सन कंज़्यूम,* परमानेंट ब्लैक, रानीखेत.

रामशरण शर्मा (1992), *शूद्रों का प्राचीन इतिहास,* राजकमल प्रकाशन , नयी दिल्ली.

————(1992 क), *प्राचीन भारत में राजनीतिक विचार एवं संस्थाएँ,* राजकमल प्रकाशन , नयी दिल्ली.

———— (2010, पुनर्मुद्रण), *मध्य गंगा क्षेत्र में राज्य की संरचना,* अंग्रेज़ी से अनुवादः मंगलनाथ सिंह, ग्रंथ शिल्पी, नयी दिल्ली.

*रामायण ऑफ़ वाल्मीकि* (2008), अनुवाद : शेल्डन पोलक, न्यू यॉर्क युनिवर्सिटी प्रेस, न्यू यॉर्क.

रिचर्ड फ़िक (2004), 'द डिस्पाइज़्ड कास्ट्स : नार्थ ईस्ट इंडिया इन बुद्धाज़ टाइम', आलोका पाराशर सेन (सं.), *सबॉर्डिनेट ऐंड मार्जिनल ग्रुप्स इन अर्ली इंडिया,* ऑक्सफ़र्ड युनिवर्सिटी प्रेस, नयी दिल्ली.

रोमिला थापर (1997, 2010), *अशोका ऐंड द डिक्लाइन ऑफ़ द मौर्याज़,* ऑक्सफ़र्ड युनिवर्सिटी प्रेस, नयी दिल्ली.

*वाजसनेयी संहिता*, माध्यंदिन पाठ (1912), *महीधर और उवट की टीका सहित,* सम्पादक : वासुदेव लक्ष्मण शास्त्री पांसिकर, निर्णय सागर प्रेस, बॉम्बे.

वासुदेव लक्ष्मण शास्त्री पांसिकर (1936) (सं.),*याज्ञवल्क्य स्मृति,* निर्णय सागर प्रेस, बॉम्बे.

वासुदेव शरण अग्रवाल (2001), *भारत सावित्री : महाभारत का एक नवीन सारगर्भित अध्ययन,* सस्ता साहित्य मंडल, नयी दिल्ली.

*विनय पिटक*, अनुवाद : टी डब्ल्यू रीज़ डेविड्स ऐंड एच. ओल्डेनबर्ग, *सैक्रेड बुक्स ऑफ़ द ईस्ट*, भाग 13, 17 और 20, ऑक्सफ़र्ड युनिवर्सिटी प्रेस, 1822-25, हिंदी अनुवाद : राहुल सांकृत्यायन.
विवेकानन्द झा (1997), 'अनटचेबिलिटी ऐंड सोशल जस्टिस : अर्ली नार्थ इंडियन पर्सपेक्टिव', *सोशल साइंटिस्ट*, अंक 25.
————(1970), 'वर्णसंकर इन धर्मसूत्राजः थ्योरी ऐंड प्रैक्टिस' , *जर्नल ऑफ़ द इकनॉमिक ऐंड सोशल हिस्ट्री ऑफ़ द ओरिएंट*, भाग 13, अंक 3.
विद्याधर वामन आप्टे (1986), *अ कंसाइज़ संस्कृत-इंग्लिश-डिक्शनरी*, ज्ञान पब्लिशिंग हाउस, नयी दिल्ली.
विभूति नारायण पांडेय (2013), *फ़ोर्स्ड माइग्रेशन ऑफ़ वर्कर्स : अ स्टडी ऑफ़ लेबर चौराहाज़ इन उत्तर प्रदेश*, इलाहाबाद विश्वविद्यालय में डी.फ़िल की उपाधि के लिए जमा किया गया शोध-प्रबंध.
वेबस्टर्स न्यू डिक्शनरी ऐंड थिसारस (1995), यूएसए. प्रमोशनल्स बुक सेल्स, इंक.
वेत्तम मनी (2002), *पुराणिक ऐनसाइक्लोपीडिया*, मोतीलाल बनारसीदास, नयी दिल्ली.
वेलेरियन रोड्रिग्ज (2002)(सं.), *द इसेंशियल राइटिंग्स ऑफ़ बी. आर. आम्बेडकर*, ऑक्सफ़र्ड युनिवर्सिटी प्रेस, नयी दिल्ली.
*शतपथ ब्राह्मण*, 1.1.49.19,(1964 पुनर्मुद्रित), सम्पादक : ए बेबर, चौखम्बा संस्कृत सीरीज 96, वाराणसी.
शालिग्राम श्रीवास्तव (2008), *प्रयाग प्रदीप*, हिंदुस्तानी एकेडमी, इलाहाबाद.
सेंसस ऑफ़ इंडिया(1986), वाल्यूम 1, *ज्ञान पब्लिशिंग हाउस*, नयी दिल्ली.
सुखदेव थोरात (2011), *भारत में दलितः सामान्य लक्ष्य की खोज*, अंग्रेज़ी से अनुवाद : विजय कुमार पंत, सेज एवं रावत पब्लिकेशंस से संयुक्त रूप से प्रकाशित, नयी दिल्ली.
सुधा पै (2013), *दलित असर्सन*, ऑक्सफ़र्ड युनिवर्सिटी प्रेस , नयी दिल्ली.
सुरिंदर एस. जोधका (2012), *कास्ट*, ऑक्सफ़र्ड युनिवर्सिटी प्रेस , नयी दिल्ली.
सुवीरा जायसवाल (2004), *वर्ण-जाति व्यवस्था : उद्भव*, प्रकार्य और रूपांतरण, ग्रंथशिल्पी, नयी दिल्ली.
हिंदुस्तान, 30 मई, 2013.
हरिकेश मंडल और अन्य (2005), *इंडिया : एन इलस्ट्रेटेड एटलस ऑफ़ शेड्यूल्ड कास्ट्स*, कोलकाता, एंथ्रोपॉलजिकल सर्वे ऑफ़ इंडिया.
हेनरी लुई मार्गन (2005), *एंशियेंट सोसाइटी*, ट्रांजैक्शन, न्यू जर्सी.
श्रीनिवास सरदेसाई (2009), *भारतीय दर्शन : वैचारिक और सामाजिक संघर्ष*, अनुवाद : गुणाकर मुले, संवाद प्रकाशन , मेरठ.
*ऋग्वेद संहिता*, सायण की टीका सहित, संपादक एफ. मैक्समूलर, 6 भागों में, 1951-57, डब्ल्यू.एच. एलेन ऐंड कम्पनी, लंदन.

**फ़ील्ड वर्क :**

हाथी पार्क में अक्टूबर 2010 से दिसंबर, 2011 में किया गया क्षेत्र कार्य.

कीडगंज में 20 से 28 अगस्त, 2011 में किया गया क्षेत्र कार्य.

बनारस के नेवादा क़स्बे में 25 अप्रैल, 2013 को किया गया क्षेत्र सर्वेक्षण.

दिनांक 19 अप्रैल, 2013 से 10 मई, 2013 तक किया गया क्षेत्र-सर्वेक्षण.

मई, 2013 में घोसी, मऊ में किया गया क्षेत्र-सर्वेक्षण कार्य.

सोलहवीं लोकसभा के चुनाव के दौरान गोविंद बल्लभ पंत सामाजिक विज्ञान संस्थान के शोध छात्रों के एक समूह द्वारा किया गया मार्च, 2014 से मई 2014 के बीच का सर्वेक्षण.

**वेब सामग्री :**

http://www.hindu.com/2011/04/29/stories/2011042965731000.htm 26-06-2013 dks ns[kk x;khttp://www.business-standard.com/article/opinion/sunita-narain-is-bamboo-a-tree-or-a-grass-110121300046_1.html20-05-2013 dks ns[kk x;kA इंडिया स्टेट ऑफ़ फ़ॉरेस्ट रिपोर्ट 2011, फ़ॉरेस्ट सर्वे ऑफ़ इंडिया की बेबसाइट से दिनांक 20 दिसंबर, 2012 को डाउनलोड.

# हाशिये के भीतर हाशिया : उपेक्षा और बहिष्करण

## मुसहर व पासी समुदाय का तुलनात्मक अध्ययन

संजू सरोज

*प्रतिमान*, जुलाई-दिसंबर, 2018, वर्ष 6, अंक 12 में पूर्व-प्रकाशित : पृ.सं. 325-343.

'वे हमेशा पत्तल चाटेंगे। उन्हें अभी तक अमानवीय बना कर रखा गया है।'[1] पूर्वी उत्तर प्रदेश के मुसहरों के बारे में विलियम क्रुक ने यह बात 1896 में कही थी। तब से अब तक एक पूरी शताब्दी डॉक्टर भीम राव आम्बेडकर जैसी शख़्सियत से प्रभावित हो चुकी है, और भारत एक संविधान भी अपना चुका है जो सबको बराबरी का हक़ देता है। इक्कीसवीं शताब्दी के इस दौर में दलित राजनीति एक लम्बा रास्ता तय कर चुकी है : के.आर. नारायणन भारत के राष्ट्रपति एवं मायावती उत्तर प्रदेश की चार बार मुख्यमंत्री रह चुकी हैं। ऐसी स्थिति में मुसहर जैसे दलित समुदाय पर लेख लिखने का क्या औचित्य हो सकता है? दरअसल, इसका औचित्य लोकतंत्र और न्याय के विचार की स्थापना से है। जब तक भारत में एक लोकतांत्रिक और न्यायपूर्ण समाज स्थापित नहीं हो जाता है तब तक समाज में असमानता के कारणों की खोज की ज़रूरत क़ायम रहेगी। इस सिलसिले में हमें उन सामाजिक संरचनाओं को समझना होगा जो असमानता को नैतिक आधार उपलब्ध कराती हैं। इस क्रम में उन प्रक्रियाओं को भी रेखांकित करना होगा जिनके कारण कुछ समुदाय अन्य समुदायों की अपेक्षा ज़्यादा दुर्बल और बहिष्कृत हो जाते हैं।

## अध्ययन : सैंपल, पद्धति और क्षेत्र

इस शोध के ज़रिये मैं उन कारणों की पड़ताल करना चाहती हूँ जिनके चलते अनुसूचित जातियों में शुमार किये जाने वाले विभिन्न समुदायों को आरक्षण एवं सरकारी योजनाओं का एक समान लाभ नहीं मिल पाता। उनके बीच विषमता की यह खाई इस क़दर बढ़ती जा रही है कि अनुसूचित जातियों में प्रभावशाली एवं वंचित समुदायों जैसा एक विभेद पैदा हो गया है। मैं उन कारकों को चिह्नित करना चाहती हूँ जो मुसहरों को एक सीमांत अस्तित्व पर ला कर छोड़ देते हैं जिससे उनका जीवन, सम्मान और सबसे बढ़ कर उनका प्रतिनिधित्व ही संकट में पड़ जाता है। मेरा अध्ययन-क्षेत्र इलाहाबाद जनपद है।

[1] विलियम क्रुक, के. सुरेश सिंह (2005) में उद्धृत.

इलाहाबाद ज़िले में कुल आठ तहसीलें हैं : सदर, करछना, फूलपुर, बारा, कोराँव, मेजा, सोराँव और हंडिया। इनमें बीस विकास खंड हैं।[2] इलाहाबाद की आबादी में 1,309,851 लोग अनुसूचित जाति के हैं, जिसमें 1,108,075 ग्रामीण हैं। इसमें मुसहरों की संख्या 16,820 हैं। ग्रामीण क्षेत्र में 16,174 एवं शहरी क्षेत्र में मात्र 646 मुसहर रहते हैं। यानी इलाहाबाद ज़िले की कुल अनुसूचित जातियों में मुसहरों की संख्या केवल 1.28 प्रतिशत ही हैं।[3] चूँकि मुसहर समुदाय की जनसंख्या का बहुत बड़ा भाग गाँवों में रहता है इसलिए शोध-कार्य के लिए ग्रामीण क्षेत्र का चुनाव किया गया है। सर्वेक्षण के अनुसार इलाहाबाद में मुसहर मुख्यतः मेजा, फूलपुर, हंडिया, प्रतापपुर, और बहादुरपुर में बसे हुए हैं। अक्टूबर, 2015 से दिसंबर, 2017 के बीच क्षेत्र-अध्ययन के लिए मैंने बहादुरपुर ब्लॉक का चयन किया। इस ब्लॉक में कुल 109 पंचायतें हैं, जिनके तहत 152 गाँव आते हैं।[4] अध्ययन की शुरुआत करने से पहले मैंने बहादुरपुर ब्लॉक के कुछ गाँवों में पायलट फ़ील्ड-वर्क किया ताकि मुसहर समुदाय के बारे में स्थायी जानकारी मिल सके। उसके बाद मैंने स्नोबाल सैंपलिंग या प्रतिचयन का सहारा लिया जिसकी ज़रूरत इसलिए पड़ी क्योंकि मुसहर समुदाय का स्थायी पता व जनसंख्यात्मक आँकड़ा ब्लॉक स्तर व गाँव स्तर पर उपलब्ध नहीं था, जिससे शोधार्थी को इस प्रतिचयन की आवश्यकता पड़ी। इसके ज़रिये मुझे यह जानकारी मिली कि 152 गाँवों के समूह में मुसहर केवल 30 गाँवों में ही स्थायी व आवासहीन रूप से बसे हुए हैं। 26 गाँवों में मुसहर स्थायी रूप से और 6 गाँवों में अस्थायी ढंग से रहते हैं। कुल मिलाकर मैंने बहादुरपुर ब्लॉक के विभिन्न गाँवों में मुसहर समुदाय के 200 परिवारों का जनसंख्यात्मक आँकड़ा हासिल किया। यह संख्या लगभग 1,000 बैठती है।[5] इसके बाद

---

[2] ब्रांडभारत. कॉम पर 20/05/2017 को देखा गया.

[3] http://www.censusindia.gov.in/2011census/SC-ST/pca_state_distt_sc.xls 20/05/2017 को देखा गया.

[4] ब्रांडभारत. कॉम पर 20/05/2017 को देखा गया.

[5] स्रोत : फ़ील्ड सर्वेक्षण.

मैंने शोध-अध्ययन के उद्देश्य का ध्यान रखते हुए सरकार द्वारा संचालित सरकारी योजनाओं, सामुदायिक नेतृत्व के विकास, राजनीतिक प्रतिनिधित्व, सरकारी नौकरियों और शिक्षा संस्थानों में आरक्षण आदि जैसी सुविधाओं से लाभान्वित होने वाले पासी जैसे अनुसूचित समुदाय का चयन किया।[6] अनुसूचित जाति में पासी समुदाय एक प्रभावशाली व संख्यात्मक रूप से ताक़तवर समुदाय माना जाता है। इलाहाबाद शहर में पासी समुदाय की आबादी 36 प्रतिशत है जो कि अनुसूचित जातियों के कुल संख्या-बल में पहले स्थान पर है। उसके बाद दूसरे नंबर पर चमार जाति आती है जिसका संख्या 33 प्रतिशत है।[7] पासी समुदाय को चुनने का एक मुख्य कारण यह भी था कि मुसहर व पासी समुदाय प्रायः एक ही जगह बसे हुए थे। दोनों की परिस्थितियाँ समान थी, परंतु सामाजिक परिस्थितियों के लिहाज़ से दोनों में व्यापक भिन्नताएँ थीं।

**प्रतिचयन पैमाना : प्राथमिक आँकड़ों का संग्रह व तकनीक-चयन**

बहादुरपुर ब्लॉक में से 4 :1 के अनुपात में गाँव का चयन करने के लिए मैंने चार ऐसे गाँवों को लिया जिसमें मुसहर स्थायी रूप से रहते थे, और एक ऐसे गाँव का चयन किया जहाँ मुसहर आवासहीन थे, यानी उनका एक हिस्सा बगीचे में प्लास्टिक की तिरपाल और मड़ई में तक़रीबन बीस वर्षों से रह रहा था। इसके बाद मैंने मुसहर व पासी समुदाय के बीच चार चरों (वेरिएबल)—शिक्षा तक पहुँच, आरक्षण के स्तर, पंचायती राज प्रणाली में भागीदारी और सरकारी सेवाओं में भागीदारी व सामुदायिक स्तर पर संचालित योजना के संदर्भ उनकी स्थिति को कसौटी बना कर दोनों समुदायों का तुलनात्मक अध्ययन किया। इसके तहत मैंने इन गाँवों में से 100 मुसहर व 100 पासी परिवारों का चयन किया।

---

[6] बद्री नारायण (2013).

[7] http://www.censusindia.gov.in/2011census/SC-ST/pca_state_distt_sc.xls 20/05/2017को देखा गया.

यह अध्ययन मुख्य रूप से प्राथमिक आँकड़ों पर आधारित है। इससे पहले के अध्ययनों में अनुसूचित जातियों की सरकारी सेवाओं में आरक्षण के लाभ व उनकी राजनीतिक भागीदारी के संबंध पर तो बात की गयी है, परंतु उनमें यह पहलू छूट गया था कि कौन-सी जाति आरक्षण का लाभ ले पा रही है। इस संबंध में मैंने परिमाणात्मक एवं गुणात्मक प्रविधियों के आधार पर आँकड़े जमा किये। अनुसंधान की गहनता के लिए मैंने अनुसूची के ज़रिये खुली और बंद प्रश्नावली के साथ, सहभागी अवलोकन, गहन साक्षात्कार की व्याख्या, समूह चर्चा व मुसहर तथा पासी समुदाय के आख्यानों के विश्लेषण का शोध-उपकरण के रूप में प्रयोग किया। यह आलेख तीन भागों में विभाजित है। पहले भाग में बहादुरपुर ब्लॉक में मुसहर समुदाय के कुछ गाँवों में उनके रोज़मर्रा के जीवन-अनुभव व उनकी समस्याओं पर निगाह डाली गयी है। चाहे वह भूख की समस्या हो या फिर स्वास्थ्य संबधी समस्या। इस भाग से यह बात उजागर होती है कि जनसंख्यात्मक रूप से छोटे समुदाय राज्य और लोकतांत्रिक राजनीति को अपने जीवऩ में कैसे देखते व समझते हैं। दूसरे भाग में आँकड़ों के आधार पर मुसहर व पासी समुदाय की आवास, रोज़गार, शिक्षा व पंचायती राज संस्थाओं में उनकी पहुँच का तुलनात्मक विश्लेषण किया गया है। लेख का निष्कर्ष आख़िरी भाग में है।

## I

## एक समुदाय के रूप में मुसहर

साझें तोरे पतवा, सवेरे तोरे पतवा<br>
सांघे बनयी पतरी<br>
उही ढिकुनी के तरवा मड़इया हमरी<br>
हमरी ढिकुनी की छैया राजा, छहाई ले तना<br>
हे राजा छैय्या ले।[8]

[8] अमरसापुर गाँव की 70 वर्ष की महिला ननकी ने यह गीत सुनाया था. ननकी ढाक के पत्तों से दोना-पत्तल बनाकर गुज़ारा करती हैं.

मुसहर समुदाय के बीच प्रचलित यह गीत मुझे इलाहाबाद जनपद के बहादुरपुर ब्लॉक के अमरसापुर गाँव की सत्तर वर्षीय मुसहर महिला ने सुनाया। इस गीत में बताया गया है कि ढाक का पेड़ उनके लिए जीविकोपार्जन का ज़रिया है। सुबह-शाम वे पेड़ से पत्ता तोड़ कर उससे दोना-पत्तल बनाते हैं। उसी ढिकुनी या ढाक के नीचे उनकी झोपड़ी है। और राह चलते लोगों से इसरार करते हुए वह महिला कहती है कि हे बटोही, ढाक के पेड़ की छाया के नीचे आकर कुछ देर सुस्ता लो। यह गीत बताता है कि ढाक वृक्ष मुसहरों के लिए उपयोगी होने के साथ-साथ मुसहर समुदाय की सामाजिक-आर्थिक पारिस्थितिकी से भी जुड़ा है।

मुसहर उत्तर प्रदेश, बिहार और मध्य प्रदेश में पाए जाते हैं। यह अध्ययन उत्तर प्रदेश तक सीमित है। 1971 की जनगणना के अनुसार उत्तर प्रदेश में उनकी संख्या 1,04,725 थी। उनका प्रमुख पेशा शहद निकालना और पत्तल बनाना है। वे पालकी ढोने का काम भी करते हैं। इधर हाल के दशकों में उन्होंने ईंट-भट्ठों पर काम करना शुरू किया है। मुसहर मुख्यतः मांसाहारी समुदाय हैं। वे मुर्गा, कछुआ, सुअर, चूहा, गिलहरी, साही, खरगोश आदि का मांस खाते हैं। आज से दो या तीन दशक पहले तक मांस की प्रचुरता थी। गाँवों के आसपास जंगल थे। जंगल में उन्हें अपने खाने के लिए मांस मिल जाता था। अब वे मुर्गे का मांस नियमित रूप से नहीं ख़रीद पाते हैं और कभी-कभार बाज़ार से उसके पंख सहित अन्य अवशिष्ट मांस ख़रीद लाते हैं।

यह जाति स्वयं को ऋषिदेव सदा सदाय मांझी से अभिहित करती है। खेतों में मज़दूरी करना और चूहों के बिलों में आग लगाकर उसके धुएँ से बिलों में सुरक्षित धान को निकालना इनका जीविका-कर्म है। वे चूहे भी खाते हैं एवं 'दीना-भद्री' लोकदेवता को सुअरों की बलि देते हैं। इनके बच्चे दिन भर फटे-पुराने कपड़े पहने रहते हैं। बच्चों को नग्न अवस्था में धूप और शीत में खेलते हुए देखा जा सकता है। मैंने कुल 27 गाँवों में एक पायलट फ़ील्ड-वर्क किया था जिनमें एक गाँव में बच्चे चूहे पकड़ते हुए दिखाई दिये। इनके घरों में चूल्हे भी विभिन्न आकारों के दिखे — जैसे, मिट्टी के चूल्हे, ईंटों को

जोड़ कर बना चूल्हा, गड्ढा बना कर उसमें बनाया गया चूल्हा इत्यादि। सामान्य तौर से मुसहर परिवार दो ईंटों को जोड़ कर भी उस पर खाना बना लेते हैं। मुसहर समुदाय की परम्परा के मुताबिक़ उनके पूर्वज अपनी आने वाली पीढ़ी व बच्चों के जीवनयापन के लिए ऐसे वृक्षों का रोपण करते थे जिनके पत्तों से दोना-पत्तल बन सकें जैसे, बरगद, महुआ, ढाक इत्यादि।

पूर्वी उत्तर प्रदेश के विभिन्न ज़िलों के गाँवों में इनकी घनी आबादी पायी जाती है। उन्हें बनारस, चंदौली, भदोही, गाज़ीपुर, आज़मगढ़, बलिया, मऊ, जौनपुर और इलाहाबाद में मुख्य बस्ती से दूर आसानी से देखा जा सकता है। आखेटप्रिय एवं पशुभक्षी जातियों में मुसहर कई दृष्टियों से सुभेद्य हैं। इलाहाबाद में मैंने देखा है कि इस जाति में अपने विकास के लिए कोई व्यग्रता नहीं दिखती। ऐसा लगता है कि वे अपने आप में संतुष्ट हैं। इस भाव को ऊपरी तौर पर देख कर दूसरे समुदायों के पढ़े-लिखे लोग कहते हैं कि इन मुसहरों का कुछ नहीं हो सकता है। वे तो ग़रीबी के दलदल से निकलना ही नहीं चाहते। लेकिन यदि आप इस समस्या की तह में जाएँ तो ऐसा नहीं है। विकास के लिए किसी व्यग्रता के न होने के मुद्दे पर समाज-विज्ञानियों का कहना है कि सामाजिक व्यवस्था द्वारा आरोपित सांस्कृतिक प्रतिमानों और ऐतिहासिक निर्योग्यताओं से निर्मित बाधाओं से निकल कर ही कोई समुदाय आगे बढ़ने की हसरत पाल सकता है।[9] मुसहर अभी वह क्षमता हासिल नहीं कर पाए हैं। इसलिए वे जनतंत्र में अपनी उपस्थिति दर्ज नहीं करा पाते।

## इलाहाबाद में मुसहर समुदाय : जीवन और परिस्थितियाँ

इलाहाबाद ज़िले के बहादुरपुर ब्लॉक में मुसहर समुदाय स्थायी रूप से अमरसापुर, अंदावा, बहादुरपुर, बनी, बरईपुर, चकिया, चकचुरावन, कनिहार, कातवारूपुर, कौडरु, कुँआडीह, लोढ़वा, मेढुवा, मुस्तफ़ाबाद, रहिमापुर, रमईपुर, दलापुर, सीहीपुर, सुदनीपुर खुर्द ग्राम पंचायत में रहते हैं।[10]

---

[9] बद्री नारायण (2016).

[10] http://www.censusindia.gov.in/2011census/SC-ST/pca_state_distt_sc.xls 20/05/2017

27 गाँवों में उनका स्थायी निवास है जहाँ वे पीढ़ियों से रहते आ रहे हैं। सुदनीपुर खुर्द, अमरसापुर और गुलालपुर जैसे गाँवों में संख्या अधिक होने के बावजूद इस समुदाय के लोग अभी पंचायती राज प्रणाली में दृश्यमान नहीं हो पाए हैं। वे वोट दे कर अपना प्रधान तो चुनते हैं लेकिन ख़ुद प्रधान के पद पर दावेदारी नहीं कर पाते। हाँ, एक बात अवश्य हुई है कि दूसरे समुदायों के प्रधान अब उनकी उपेक्षा नहीं कर पाते। बाक़ी जिन गाँवों में वे छोटी संख्या जैसे पाँच, चार, या दो परिवारों के समूह में हैं, वहाँ उनकी सुध लेने वाला कोई नहीं है। वहाँ उनका शेष ग्रामीण समाज और राजनीति से पूर्ण बिलगाव देखा जा सकता है। रहिमापुर, रमईपुर, कौडरु और दलापुर में ऐसा ही है। इलाहाबाद में मुसहर वनराजा या वनवासी (वन के वासी) के नाम से जाने जाते हैं।

मुसहर जहाँ स्थायी रूप से रहते हैं, वहाँ पर ग्राम प्रधान के माध्यम से उन्हें कॉलोनी आबंटित है जिनमें सुविधाओं का पूर्ण अभाव है। पानी, बिजली की व्यवस्था नहीं है। मकान जर्जर हैं। दरअसल, राज्य प्रायोजित योजनाएँ अकसर परिधीय तबक़ों में अपने प्रति विश्वास उत्पन्न नहीं कर पाती हैं, इसलिए ऐसे तबक़े इनसे मुँह मोड़ लेते हैं।[11]

## स्वास्थ्य सुविधाएँ, जनतंत्र एवं मुसहर

सुखदेव थोरात और उनके साथियों ने अपने अखिल भारतीय अध्ययन में बताया है कि स्वास्थ्य सुविधाओं तक दलितों की पहुँच पूरे भारत में ही सीमित और बाधित है।[12] मुसहर ग़रीब हैं इसलिए उनकी पहुँच स्वास्थ्य सेवाओं तक नहीं हो पाती। वास्तव में अनुसूचित जातियों में शामिल एक बड़ा तबक़ा राज्य द्वारा प्रायोजित योजनाओं तक पहुँचने में असमर्थ रहता है।[13] थोरात बताते हैं

को देखा गया.

[11] http://www.epw.in/journal/2014/5/commentary/politics-reservation-categories-uttar-pradesh.html 12/03/को देखा गया.

[12] सुखदेव थोरात (2017).

[13] बद्री नारायण (2016).

कि कुछ लोग बड़ी से बड़ी बीमारी से नहीं मरते, क्योंकि वे महँगी दवाएँ ख़रीद सकने में सक्षम हैं जबकि कमज़ोर तबक़े सामान्य बीमारियों के कारण ही दम तोड़ देते हैं। ऐसा वित्त और सूचना के अभाव में होता है।[14] बेला भाटिया ने मध्य बिहार के दलित खेतिहर मज़दूरों के स्वास्थ्य की स्थिति के बारे लिखा है कि दलित खेतिहर मज़दूरों के टोलों में हैजा हो जाने का मतलब सीधे मौत होता है। बच्चे बिना किसी टीके के पोलियो, टिटनेस और डिप्थीरिया जैसी बीमारियों को शिकार होने के अंदेशे से ग्रस्त रहते हैं। कुपोषण और रक्तालपता की समस्या तो आम है। अगर आँखें कमज़ोर हैं तो वे न इलाज करा सकते हैं और न चशमा बनवा सकते हैं।[15] इसी के साथ ग्रामीण इलाक़ों में स्वास्थ्य सेवाओं की बदहाली है। ग्रामीण भारत में सर्जन और फ़िज़ीशियन की लगभग 83 प्रतिशत कमी है।[16] ये सब बातें परिधीय तबक़ों के ख़िलाफ़ जाती हैं। मुसहर भी इसी श्रेणी में हैं।

अब हम इसे उत्तर प्रदेश के ग्रामीण इलाक़ों में मुसहरों के संदर्भ में देखने का प्रयास करेंगे। बहादुरपुर ब्लॉक में इसी नाम का एक गाँव है जो इलाहाबाद शहर से दस किलोमीटर दूर हबूसा मोड़ से डेढ़ किलोमीटर दूर सहसो रोड पर स्थित है। सड़क से पश्चिम की ओर लगभग 250 मीटर दूर गाँव के किनारे मुसहरों के घर हैं। यहाँ पर तीन पीढ़ियों से पाँच मुसहर परिवार स्थायी निवास कर रहे हैं। पैंसठ वर्षीय बदबू वनवासी की चालीस वर्षीय पुत्री सुनीता अपने ससुराल से रक्षाबंधन त्यौहार मनाने के लिए दो दिन पहले अपने घर आयी थी। उसका स्वास्थ्य कई दिनों से ख़राब चल रहा था। उसकी अचानक मृत्यु हो गयी। बदबू वनवासी की पत्नी गुलाबी का कहना था कि मौजूदा प्रधान ने शव को गंगा में प्रवाहित करने के लिए कुछ पैसे और ट्रैक्टर की व्यवस्था कर मदद की थी। एक दिन बाद सुनीता के भाई राजेन्द्र की पुत्री अंतिमा की

---

[14] सुखदेव थोरात (2017).

[15] बेला भाटिया (2002).

[16] द हिंदू, 9 अगस्त, 2016. http://www.thehindu.com/sci-tech/health/policy-and-issues/malady-nation-rural-healthcare-not-all-are-equal-where-health-coverage-lags-behind/article8961062.ece seen on 10/08//2016.

भी मौत हो गयी। उसकी उम्र चार वर्ष थी। राजेन्द्र वनवासी का कहना था कि शाम सात बजे उल्टी-दस्त होने के कारण वे अंतिमा को बहादुरपुर चौराहे पर प्राइवेट अस्पताल में ले गये। रक्षाबंधन के कारण अस्पताल बंद था। जिसके बाद वे सरकारी अस्पताल गये। राजेन्द्र वनवासी के मुताबिक़ वहाँ के स्वास्थ्य कर्मचारी ने राजेन्द्र को बताया कि डॉक्टर नहीं हैं, और कहा, 'अपनी बेटी को ले जाओ।' अंतिमा की दादी गुलाबी के अनुसार वहाँ कोई बीमार की नब्ज़ भी देखने के लिए तैयार नहीं था। इसके बाद राजेन्द्र मजबूरी में अपनी बीमार बेटी अंतिमा को घर ले आये। तक़रीबन पौने तीन बजे उसकी मौत हो गयी। इसके बाद इस परिवार के लोगों ने अंतिमा के शव को गंगा में प्रवाहित कर दिया। परिवार के दो सदस्यों की अचानक मृत्यु होने के कारण परिजन अत्यधिक गंभीर परिस्थितियों से जूझ रहे थे कि अचानक राजेन्द्र के छोटे भाई राधेश्याम के 11 वर्षीय बेटे महेंद्र की भी सुबह चार बज़े मौत हो गयी। इसका मौत कारण भी उल्टी-दस्त ही बताया गया था। दो मौतों के वजह से इनका ध्यान 11 वर्षीय महेंद्र पर गया ही नहीं। आर्थिक तंगी के कारण महेंद्र के शव को उन्होंने अपने घर के पीछे कुछ दूर में बिना गाँव वालों को बताए दफ़्ना दिया। इसकी सूचना गाँव के अन्य लोगों ने पुलिस को दी। इसकी ख़बर 20 अगस्त, 2016 को *दैनिक जागरण* में भी छपी[17] जिसके मुताबिक़ ग्रामीणों की सूचना पर सराय इनायत थाने की पुलिस ने शव को क़ब्र से निकलवा कर पोस्टमार्टम के लिए भिजवाया। गुलाबी ने बताया कि पुलिस वाले मेरे पोते को चीर घर ले गये और वहीं उसका अंतिम संस्कार भी कर दिया। हमें इसकी जानकारी नहीं मिली कि मौत का कारण क्या था। वास्तव में स्थानीय प्रशासन ने पुलिस द्वारा मुसहर परिवार को कुछ पैसे दिये और यह आश्वासन दिया कि तुम्हें कॉलोनी की व्यवस्था भी करा दी जाएगी।

इस बस्ती के मुसहर पिछले 50 वर्ष से भी अधिक समय से यहीं रह रहे हैं। वहाँ न पानी की व्यवस्था है और न ही कोई अन्य जन-सुविधा। जीविका चलाने वाले साधन के नाम पर 20 साल पहले लगाया गया बरगद का पेड़

[17] *दैनिक जागरण*, 20 अगस्त, 2016, इलाहाबाद संस्करण.

है। इसके पत्तों से वे दोना-पत्तल बनाते हैं। आज से तीस वर्ष पहले गाँवों में विवाह-गौना, कथापूजा, छट्ठी, बरही, और मृत्यु भोजों के मौक़ों पर दोना पत्तल की अच्छी खपत थी जिससे पर्याप्त आमदनी हो जाया करती थी। परंतु अब दोना-पत्तल की जगह प्लास्टिक की प्लेटों और कटोरियों की माँग के चलते इनका काम हाशिये पर आ गया है। मैंने कई मुसहर गाँवों में देखा है कि मुसहर समुदाय अपने परंपरागत पेशे में केवल दोना ही बनाते हैं क्योंकि पत्तल अब कोई नहीं लेता। चकचुरावन कनिहार गाँव के मँगरू का कहना है कि मंदिरों में पूजा सभी करने आते हैं। माली को फूल, और माला रखने के लिए दोने की ज़रूरत होती है। परंतु केवल दोना बना कर घर का काम नहीं चलाया जा सकता इसलिए उन्हें आय के अन्य स्रोतों की भी तलाश करनी पड़ती है। मुसहर नज़दीकी ईंट भट्ठे पर काम करते हैं जिसकी उन्हें सौ या डेढ़ सौ रुपये प्रतिदिन के हिसाब से मज़दूरी मिल जाती है। परिवार की अन्य महिलाएँ व पुरुष गाँव की प्रभुत्वशाली जातियों के खेतों में भी मज़दूरी करते हैं, जिसके बदले उन्हें डेढ़ धरा या सात किलो पाँच सौ ग्राम अनाज प्रतिदिन मिलता है।

### विकास से कोसों दूर मुसहर

उत्तर प्रदेश में मुसहरों की बस्तियाँ विकास से कोसों दूर हैं। उनके अपने नेता नहीं हैं। इसलिए उनकी आवाज़ जनतंत्र के अखाड़े में अनसुनी रह जाती है। उनकी ग़रीबी भी उन्हें आपस में इकट्ठा नहीं होने देती। इसके चलते वे अपनी राजनीति खड़ी नहीं कर पाते। उनके लिए दो-जून की रोटी का जुगाड़ करना भी मुश्किल काम होता है।[18] मुसहरों की दुःखद मृत्यु से कुछ दिन पहले मैं इलाहाबाद शहर से 15 किलोमीटर दूर स्थित बहादुरपुर ब्लॉक के दलापुर गाँव में मुसहर समुदाय का सर्वेक्षण करने गयी थी। दलापुर में मुसहरों के चार परिवार रहते हैं। महिलाएँ नज़दीकी जंगलों से जलावन की सूखी लकड़ी बटोर कर बेचती हैं। यहाँ के मुसहर भी दोना-पत्तल बनाते हैं। सौ पत्तल की एक गड्डी बना कर वे चालीस रुपये में

---

[18] http://www.epw.in/journal/2014/5/commentary/politics-reservation-categories-uttar-pradesh.html

किसी 'करनी-मरनी' में बेचते हैं। 'करनी' का आशय शुभकार्यों से है जबकि 'मरनी' का अर्थ मृतक संस्कारों जैसे तेरहवीं और श्राद्ध से है। दोने का बाज़ार ज़्यादा है। इसे वे नज़दीकी मालियों और चाट-मसाला बनाने वालों को दस रुपये में पचास दोने के हिसाब से बेचते हैं। यही उनकी दैनिक आय का साधन है। यह दोना-पत्तल महुआ, बरगद, और ढाक के वृक्षों की पत्तियों से बनता है। इस गाँव के फूलचंद्र वनवासी बताते हैं कि दोना पत्तल सबसे अच्छा ढाक के वृक्षों की पत्तियाँ से बनता है क्योंकि इस वृक्ष के पत्ते लम्बे और चौड़े होते हैं, जिसे पलाश, टेसू, केसू आदि नामों से भी जाना जाता है। इस वृक्ष के दो या तीन पत्तियों से दोना बन जाता है और पाँच या सात पत्तों से पत्तल, परंतु वर्तमान समय में ढाक के वृक्षों की कमी के वजह से यह दोना-पत्तल महुआ व बरगद के पत्तों से बनाया जाने लगा है।

हाथ से बने दोने-पत्तल की माँग कम होने से बनी परिस्थिति को हम तकनीक के किसी समुदाय की जीविका और अस्तित्व पर पड़ने वाले प्रभाव के ज़रिये समझ सकते हैं। वास्तव में उन्नीसवीं शताब्दी में औद्योगिकीकरण ने विभिन्न समुदायों को रोज़ी-रोज़गार से वंचित कर दिया है। बाँस की टोकरी को प्लास्टिक की टोकरी ने प्रतिस्थापित कर दिया और शादी-विवाह के अवसर पर दिये जाने वाले बाँस के झाबा-झपिया को दफ़्ती के बने मिठाई वाले डिब्बों ने बाहर कर दिया। इससे बाँस का काम करने वाले समुदाय बुरी तरह से प्रभावित हुए।[19] कन्नड़ दलित चिंतक डी.आर. नागराज ने इस प्रक्रिया को टेक्नोसाइड कहा है।[20] उनका मानना था पूँजीवाद की आर्थिक और राजनीतिक संरचना की व्याख्या तो पश्चिम के समाज-विज्ञान ने की, पर उसके जातीय और सांस्कृतिक आधार की विवेचना करना तीसरी दुनिया के दलित बहुजन बुद्धिजीवियों का कर्तव्य है। आधुनिक प्रौद्योगिकी के ज़रिये

[19] रमाशंकर सिंह (2015) : 266. यह भी देखें, रमाशंकर सिंह (2017).

[20] डी.आर. नागराज (2010) : 113, 179-80.

हुए कारीगर जातियों और समुदायों के संहार को समझे बिना यह व्याख्या अधूरी रहेगी।[21] तकनीक ने मुसहरों की रोज़ी-रोज़गार का संहार कर दिया है। कई परिधीय तबक़े इसी टेक्नोसाइड का शिकार हुए हैं।

**सुअर साहूकारी**

भूमिधर तबक़ों के लिए खेती जीविका का साधन रही है। लेकिन समाज के जिन वर्गों के पास खेती करने लायक़ ज़मीन नहीं रही है, वे जंगलों से प्राप्त मामूली चीज़ों, पशुओं और मछलियों से अपनी जीविका चलाते रहे हैं। दलितों की जीविका में पशुओं का विशेष महत्त्व रहा है। अधिकांश दलित तबक़े पशुपालक रहे हैं। मुसहर हमेशा परंपरागत पेशे से जुड़े रहे , परंतु उन्हें दूसरे काम भी करने पड़े जिसमें एक काम सुअर-पालन भी रहा है। हाल के वर्षों में पशु महँगे हुए हैं। सुअर भी महँगा हुआ है। मुसहरों के लिए जब सुअर ख़रीदना मुश्किल हो गया तो उन्होंने इसे बँटाई पर लेना शुरू कर दिया। सुअर को जो जाति बँटाई पर देती है, वह है खटीक। खटीक समुदाय भी अनुसूचित जातियों में शुमार है। इनका राजनीतिक संकेंद्रण कौशाम्बी और इलाहाबाद में है और उनके अपने सांसद भी हैं।

खटीक जाति के लोग अब स्वयं सुअर पालने के बजाय यह काम मुसहर जाति को बँटाई पर देने लगे हैं। सुअर ख़रीदने के लिए आवश्यक आरंभिक पूँजी मुसहरों के पास नहीं होती, इसलिए आरंभिक पूँजी न ले कर सीधे वह सुअर का बच्चा अधिया पर ले लेते हैं। वह दो साल में बेचने लायक़ हो जाता है। इसी बीच में मादा सुअर जो छौनी जन्मती है, उसको फिर प्राथमिक पूँजी मान कर मुसहर को बँटाई पर दे दिया जाता है। मुसहर का काम सुअर को चराना होता है यानि उनको बाहर ले जाना होता है। सुअर ख़ुद अपना मल-मूत्र बाहर त्यागता है, साथ में दूसरों का मल खाता है। सुअर तालाबों के किनारे उगने वाली कुछ वनस्पतियों की जड़ों को खाते हैं। वे जलकुम्भी की जड़, तना व रेहुआ के कीड़े बहुत

[21] अभय कुमार दुबे (सं.)(2002) : 15.

तेज़ी से खाते हैं जिससे उनको प्रोटीन मिलती है और उनका वज़न बढ़ता है। इसके बाद मुसहर उनके लिए धान की भूसी, कना व चावल की पालिश ख़रीदते हैं।

इस पूरी प्रक्रिया में दो साल लगते हैं। एक सुअर को पालने में पूरा ख़र्च 1,000 से 1,200 रुपये आता है। जब तक वह बेचने लायक़ न हो जाए, इसका पूरा ख़र्चा मुसहर समुदाय ही करता है। जब एक सुअर 20 से 25 हज़ार में बिक जाता है, तो आधा पैसा मुसहर को मिलता है और आधा पैसा जो अधिया पर देता है, उसका हो जाता है। दलापुर में मुसहर खटीक जाति के लोगों से शुरुआती पैसा लेकर सुअर ख़रीदते हैं। देखने की बात यह है कि मुसहर और खटीक दोनों अनुसूचित जाति के हैं। लेकिन आर्थिक रूप से और रणनीतिक रूप से खटीक बेहतर दशा में हैं। खटीक समुदाय का व्यक्ति एक बार पैसा दे कर उस पैसे को बढ़ाने में सफल हो जाता है जबकि मुसहर को मेहनत करने के बाद अपने श्रम तथा वज़न बढ़ाने के लिए खिलाए गये चारे की लागत काट कर कम मिलता है। ऐसा इसलिए है कि मुसहर आर्थिक रूप से कमज़ोर हैं और प्रायः निरक्षर होने के कारण वे आर्थिक दृष्टि से दूरदर्शी फ़ैसले नहीं ले पाते। सवाल यह है कि मुसहर इस पैसे का क्या करते हैं? यह पैसा उनका अतिरिक्त पैसा होता है। इस पैसे के द्वारा वह अपने दैनिक जीवन की अन्य आवश्यकताओं पूरी करते हैं जैसे शराब पीना, मांस खाना, कर्ज़ चुकाना, राशन लाना। वे इन पैसों को इकट्ठा कर बचत के रूप में तब्दील नहीं कर पाते।

## अधिकार के प्रति जागरूकता : संख्या बल की ताक़त

जनतंत्र संख्याओं के बल पर धरातल पर उतरता है। संख्या चुनाव जीतने में मदद करती है। संख्या-बल की दृष्टि से बड़े समुदाय अपनी बात ज़ोरदारी से कह सकते हैं। इसके उलट, संख्यात्मक रूप से कमज़ोर समुदाय की बात कोई नहीं सुनता है।[22] इसे हम कनिहार गाँव में देख सकते हैं जो इलाहाबाद से 12 किलोमीटर दूर पड़ता है। इसमें मुसहर समुदाय के लोग स्थायी रूप से रहते हैं।

[22] बद्री नारायण (2016).

सरकार ने इन लोगों को चार कॉलोनी भी आबंटित की थी। कनिहार गाँव में कुल नौ घर बने हैं जिसमें आठ परिवार रहते हैं। इसमें कुल सदस्यों की संख्या पैंतीस है। कुल 15 बच्चों में से 9 बच्चे स्कूल जाते हैं। इनमें 5 लड़की व 4 लड़के हैं जो कक्षा तीन, दो या पाँच में पढ़ रहे हैं। कुछ बच्चे स्कूल नहीं जाते। 25 साल से ज़्यादा उम्र का कोई व्यक्ति स्कूल नहीं गया है अर्थात् इस गाँव में मुसहरों की पहली पीढ़ी ही स्कूल जा रही है। इस गाँव का एक भी व्यक्ति सरकारी नौकरी पाने में सफल नहीं हो पाया है। हाँ, उन्होंने अपने आय के स्रोतों को बढ़ाने का प्रयास किया है। वे मुर्गी, बकरी, बत्तख, सुअर इत्यादि का पालन करते हैं और उन्हें समय-समय पर ख़रीदते व बेचते रहते हैं। अपने घर के आँगन में थोड़ी-सी बची हुई ज़मीन में सब्ज़ी व हल्दी जैसी चीज़ों को ज़रूरत के अनुसार उगा लेते हैं।

इस गाँव की निवासी कमलेश की बेटी रेखा वनवासी को कॉलोनी मिली है। वह उस कॉलोनी में अपने पति राजकुमार के साथ रहती है। रेखा का पति मज़दूरी करता है, जिससे उसे 300 रुपये प्रतिदिन मिल जाते हैं। रेखा बताती है कि बगल के गाँव में, जो उनके गाँव से 250 मीटर दूर है, में चमार जाति को सरकार के तरफ़ से (प्रधान द्वारा) सारी योजना का लाभ मिल जाता है। वह बताती है कि महालक्ष्मी, महामाया, साइकिल, गैस-चूल्हा व मनरेगा में भी काम मिलता है। उसने यह भी बताया कि उनके पास राशनकार्ड है, परंतु गाँव के प्रधान ने उनका मनरेगा कार्ड अभी तक नहीं बनवाया है। गाँव का कोटेदार उन्हें मिट्टी का तेल भी नहीं देता। पूछने पर कहता है कि ख़त्म हो गया है। रेखा व मुसहर समुदाय की अन्य महिलाएँ बताती हैं कि उन्हें गैस-चूल्हे की सबसे ज़्यादा ज़रूरत है परंतु प्रधान ने ये सुविधाएँ उनके बजाय समर्थ परिवारों के नाम लिखवा दीं।

60 वर्षीय नवरंगी वनवासी का कहना है कि उसे छह साल पहले बस तीन कॉलोनी ही आबंटित की गयी थी, वह भी पूर्व प्रधान के हस्तक्षेप से, जो जाति से खटीक समुदाय का था। परंतु विष्णु प्रधान का समय ख़त्म होने के बाद जहाँ पर मुसहर रह रहे थे, वहाँ के प्रभुत्वशाली जाति के लोग उनकी ज़मीन पर क़ब्ज़ा

कर रहे थे। मुसहर संख्या में कम थे इसलिए उन्होंने जौनपुर, मछलीशहर से अपने रिश्तेदारों को बुलाया। वे पुलिस थाने पर गये और संख्या बल दिखाया। इसके बाद ही पुलिस ने हस्तक्षेप किया जिसके पश्चात् उन्हें अपनी ज़मीन और आने-जाने का रास्ता मिल गया। इस प्रकार हम देखते हैं कि दैनिक जीवन की सामान्य समस्याओं के लिए भी संख्या बल महत्त्वपूर्ण हो जाता है।

## II
## मुसहर व पासी समुदाय का तुलनात्मक अध्ययन

इस अध्ययन हेतु इलाहाबाद ज़िले के चार गाँवों बंजहा, बहादुरपुर, दलापुर तथा सुदनीपुर खुर्द से आवासहीन तथा स्थायी आवास के आधार पर मुसहर तथा पासी समुदाय के उत्तरदाताओं का चयन किया गया है। इस शोध-अध्ययन में उत्तरदाताओं की कुल संख्याओं का योग 200 है।

### ग्रामानुसार उत्तरदाताओं की संख्या

इस चित्र में उत्तरदाताओं की संख्या ग्रामानुसार प्रदर्शित की गयी है, जिसमें मुसहर एवं पासी समुदायों को स्थायी तथा आवासहीन आधार पर विभाजित

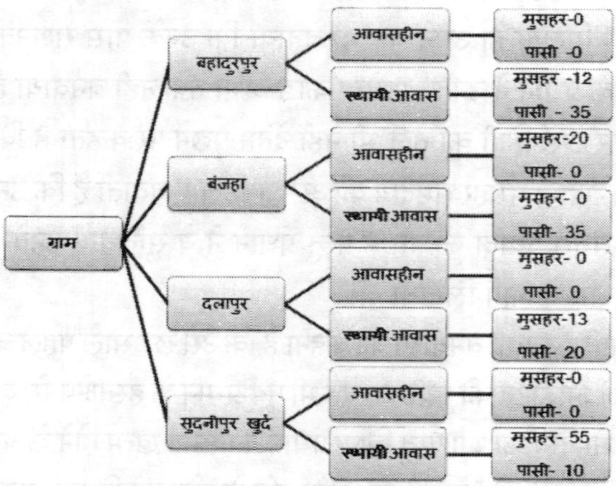

किया गया है। चित्र से स्पष्ट होता है कि बंजहा गाँव के अलावा अन्य तीन गाँवों में मुसहर समुदाय का स्थायी तौर पर निवास है जबकि पासी समुदाय से एक भी उत्तरदाता आवासहीन नहीं है।

आवासहीन मुसहर बंजहा गाँव से 500 मीटर दूर बगीचे में प्लास्टिक की तिरपाल और मड़ई में लगभग बीस साल से रह रहे हैं। बंजहा गाँव की 50 वर्षीय शांती भरतीया के अनुसार यह समुदाय इस गाँव में कई सालों से भट्ठे में काम करने के लिए आता रहा है। काम न मिलने पर ये लोग जंगलों के बीच आते-जाते रहते हैं। पहले ये गाँव में घूम-घूम कर, भीख माँगने व जूठन उठाने का काम करते थे। शांती भरतीया के सम्बोधन में इन्हें उठल्लू चूल्हा कहा जाता है। गाँव की प्रभुत्वशाली जाति भी मुसहर समुदाय को उठल्लू चूल्हा व (मुसहंरा) कहती है। ज़ाहिरा तौर पर उठल्लू चूल्हा का मतलब होता है

**सारणी-1.1**

| | गाँव | मुसहर | | पासी | | कुल |
|---|---|---|---|---|---|---|
| | | आवासहीन | स्थायी आवास | आवासहीन | स्थायी आवास | |
| 1 | बहादुरपुर | 0 | 12 | - | 35 | 47 (23.5) |
| 2 | बंजहा | 20 | 0 | - | 35 | 55 (27.5) |
| 3 | दलापुर | 0 | 13 | - | 20 | 33 (16.5) |
| 4 | सुदनीपुर ख़ुर्द | 0 | 55 | - | 10 | 65 (32.5) |
| | कुल | 20 | 80 | - | 100 | 200 (100) |

स्रोत : फ़ील्ड–सर्वेक्षण, कोष्ठक में दिये गये मान प्रतिशत दर्शाते हैं।

श्रमोपार्जन व काम की तलाश में अपना चूल्हा उठा कर यहाँ-वहाँ बसना। उत्तरदाताओं की संख्या से संबंधित कुल प्रतिशत वितरण को निम्न तालिका द्वारा समझा जा सकता है :

इस तथ्य-चित्र से स्पष्ट है कि सर्वाधिक 32.5 प्रतिशत उत्तरदाता सुदनीपुर खुर्द गाँव से हैं। इसके उपरांत बंजहा, बहादुरपुर, दलापुर गाँवों के लिए यह संख्या क्रमशः कम होती जाती है।

ग्रामानुसार उत्तरदाताओं का प्रतिशत वितरण

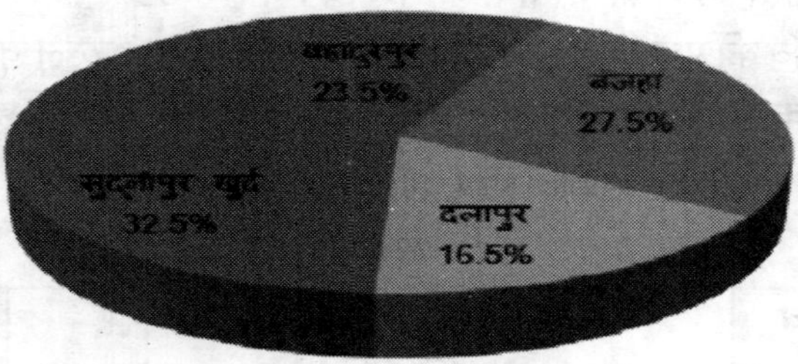


उपर्युक्त तालिका में उत्तरदाताओं को लिंगानुसार विभाजित किया गया है। कुल उत्तरदाताओं में मुसहर समुदाय से 66 पुरुष तथा 34 महिलाएँ शामिल हैं। वहीं आवासहीनता एवं स्थायी आवास के आधार पर क्रमशः 14 और 52 पुरुष तथा 6 और 28 महिलाएँ मुसहर समुदाय से उत्तरदाता के रूप में

**सारणी–1.2 उत्तरदाताओं का लिंगानुसार वितरण**

| लिंग | मुसहर | | पासी | कुल |
|---|---|---|---|---|
| | आवासहीनता | स्थायी आवास | | प्रतिशत |
| पुरुष | 14 | 52 | 65 | 131 (65.5) |
| महिला | 6 | 28 | 35 | 69 (34.5) |
| कुल | 20 | 80 | 100 | 200 100.0) |

स्रोत : फ़ील्ड–सर्वेक्षण, कोष्ठक में दिये गये मान प्रतिशत दर्शाते हैं।

शामिल रही हैं जबकि पासी समुदाय से 65 पुरुष एवं 35 महिलाएँ शामिल रही हैं। पासी समुदाय को आवास के आधार पर नहीं बाँटा गया है क्योंकि इस समुदाय के सभी उत्तरदाता स्थायी आवास वाले थे।

भूमि के स्वामित्व का प्रश्न न केवल जीविका से जुड़ा है बल्कि यह हाशिये के लोगों के सामाजिक एवं राजनीतिक सशक्तीकरण में भी अहम भूमिका अदा करता है। तालिका-1.3 में मुसहर एवं पासी समुदाय के आवास के लिए

**लिंगानुसार प्रतिशत वितरण**

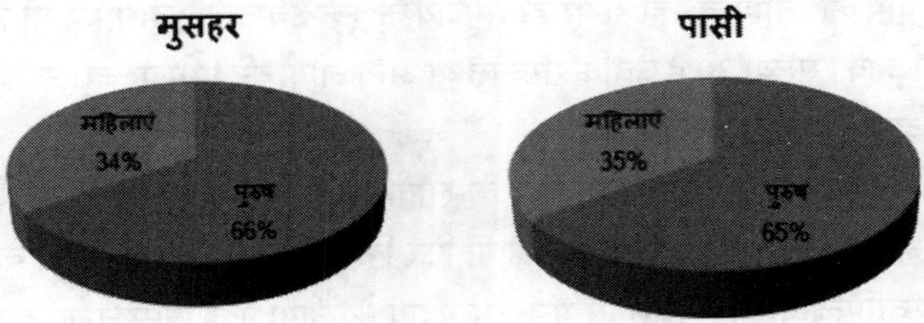


**सारणी–1.3 आवासीय भूमि के स्वामित्व के आधार पर परिवारों का वितरण**

| स्वामित्व का | मुसहर | | पासी | कुल |
|---|---|---|---|---|
| | आवासहीनता | स्थायी आवास | | प्रतिशत |
| निजी भूमि | - | - | 59 | 59 (29.5) |
| पट्टाधारक भूमि | - | 300.70 वर्ग गज़ | 41 87 वर्ग गज़ | 71 (35.5) |
| सरकारी या अन्य लोगों की भूमि | - | 50 | - | 50 (25) |
| आवासीन | 20 | . - | 0 | 20 (10.0) |
| कुल | 20 | 80 | 100 | 200 (100) |

स्रोत : फ़ील्ड–सर्वेक्षण, कोष्ठक में दिये गये मान प्रतिशत दर्शाते हैं।

उपलब्ध भूमि के मालिकाना हक़ के संबंध में विश्लेषण प्रस्तुत किया गया है। आँकड़े बतलाते हैं कि दोनों समुदायों में पासी समुदाय ज़्यादा सशक्त है क्योंकि पासी समुदाय में आवासहीनता की स्थिति बिल्कुल नहीं है जबकि मुसहर समुदाय में आवासहीनता की स्थिति व्याप्त है। मुसहर समुदाय के 20 उत्तरदाता आवासहीन हैं, इसलिए उनके लिए तो भूमि के स्वामित्व का सवाल ही नहीं उठता। दूसरी तरफ़ निजी भूमि पर बने आवास के संबंध में केवल पासी समुदाय के लोगों के पास स्वामित्व है। ऐसे उत्तरदाताओं की संख्या 20 रही है जबकि मुसहर समुदाय में एक भी उत्तरदाता के पास निजी भूमि का स्वामित्व नहीं है। मुसहर समुदाय के कुछ उत्तरदाता पट्टाधारक भी हैं जिनकी संख्या 30 है जबकि सरकारी या अन्य लोगों की भूमि पर बसे उत्तर-दाताओं की संख्या 50 है।

स्पष्ट है कि मुसहर समुदाय के लोगों के पास जो आवास है उसमें अधिकांश भूमि या तो सरकारी है या फिर किसी दूसरे समुदाय के लोगों के स्वामित्व वाली है जिस पर मुसहर समुदाय के लोगों ने आवास बनाए हुए हैं, जबकि पासी समुदाय के लोगों के पास अधिकांश भूमि उनकी निजी स्वामित्व वाली है जो इस बात का द्योतक है कि उनकी आर्थिक स्थिति मुसहर समुदाय के लोगों की अपेक्षा सुदृढ़ है।

किसी परिवार की आर्थिक गति किस तेज़ी के साथ आगे बढ़ेगी इसका निर्धारण उस परिवार की आय पर निर्भर करता है और आय रोज़गार-संरचना पर। भारतीय परिदृश्य में रोज़गार के लिहाज़ से सर्वाधिक जनसंख्या परंपरागत, कृषि एवं सम्बद्ध क्षेत्रों में कार्यरत है[23] किंतु इन क्षेत्रों में श्रमिकों की दृष्टि से आमदनी अच्छी नहीं है। उन्हें इन क्षेत्रों से केवल जीवन-निर्वाह स्तर की आय प्राप्त हो पाती है। इसलिए परिवार की आर्थिक स्थिति को बेहतर करने के लिए मज़दूर एवं हाशिये के समाज से जुड़े लोगों को रोज़गार के परंपरागत क्षेत्रों पर अपनी निर्भरता कम करनी होगी।

---

[23] http://www.financialexpress.com/budget/india-economic-survey-2018-for-farmers-agriculture-gdp-msp/1034266/.

तालिका-1.4 में इसी बात की पड़ताल की गयी है कि मुसहर एवं पासी समुदाय में रोज़गार संरचना की स्थिति क्या है? आर्थिक स्तर पर कौन

### सारणी–1.4 रोज़गार संरचना का तुलनात्मक अध्ययन

| | आजीविका | मुसहर | | पासी | | कुल | |
|---|---|---|---|---|---|---|---|
| | | मुख्य | गौण | मुख्य | गौण | मुख्य | गौण |
| अ | **परंपरागत** | | | | | | |
| | दोना-पत्तल | 43 | 12 | . | . | 43 | 12 |
| | जलावन की लकड़ी बेचना | 01 | 26 | . | . | 01 | 26 |
| | ईंट-भट्ठा | 52 | 14 | . | . | 52 | 14 |
| | निर्माण श्रमिक (अकुशल) | . | . | 22 | 04 | 22 | 04 |
| | निर्माण श्रमिक (कुशल) | 01 | . | 08 | . | 09 | . |
| | कृषक मज़दूर | 03 | 30 | . | . | 03 | 30 |
| | पशुपालन | . | 05 | | 06 | . | 11 |
| | **उप-योग** | 100 | 87 | 30 | 10 | 130 | 97 |
| ब | **खेती** | | | | | | |
| | स्वयं की खेती | . | . | 3 | 25 | 3 | 25 |
| | बटाईदारी खेती | . | . | 17 | 29 | 17 | 29 |
| | **उपयोग** | . | . | 20 | 54 | 20 | 54 |
| स | **ग़ैर-पारंपरिक** | | | | | | |
| | सरकारी नौकरी | . | . | 25 | . | 25 | . |
| | मज़दूरी आधारित निजी काम | . | . | 20 | . | 20 | . |
| | सामुदायिक स्तरीय कार्यकर्ता | . | . | 01 | . | 01 | . |
| | स्व-रोज़गार | | | 04 | | 04 | |
| | **उपयोग** | . | . | 50 | . | 50 | . |
| द | **कोई काम नहीं** | - | 13 | | 36 | | 49 |
| | **योग** | 100 | 100 | 100 | 100 | 200 | 200 |

स्रोत : फ़ील्ड सर्वेक्षण

समुदाय सशक्त है और कौन आज भी हशियाकृत है? इन सारी बातों का उत्तर इस विश्लेषण के उपरांत ही स्पष्ट हो सकेगा। अतएव इन समुदायों की रोज़गार-संरचना के अध्ययन हेतु आजीविका के स्रोत को मुख्यतः तीन भागों में विभाजित किया गया है, जो क्रमशः परंपरागत, खेती और ग़ैर-परंपरागत स्रोतों में विभाजित है। तालिका में एक और विभाजन 'कोई काम नहीं' शीर्षक के तहत किया गया है। जिसका आशय उन उत्तरदाताओं से है जिनके लिए कोई भी पेशा द्वितीयक पेशा नहीं हैं। अर्थात् मुख्य पेशे से या तो उनको समय नहीं मिल पा रहा है या मुख्य पेशे से ही उनको पर्याप्त आमदनी हो रही है जिस कारण वे द्वितीयक पेशे में शामिल नहीं हैं।

**(अ) परंपरागत स्रोत :** अध्ययन की सुविधा के लिए परंपरागत स्रोतों को भी कई उप स्रोतों में बाँटा गया है जिसमें दोना-पत्तल, जलावन की लकड़ी बेचना, ईंट-भट्ठा निर्माण श्रमिक (अकुशल), निर्माण श्रमिक (कुशल), कृषक मज़दूर, पशुपालन आदि शामिल है। मुसहर समुदाय में मुख्य पेशे के तौर पर सर्वाधिक रूप से ईंट-भट्ठे पर मज़दूरी एवं दोना-पत्तल निर्माण प्रचलित है। जबकि जलावन की लकड़ी बेचना तथा कृषि मज़दूरी करना सर्वाधिक लोगों के लिए गौण या द्वितीयक है, अर्थात् मुख्य पेशा करने के उपरांत समय मिलने पर वे इस प्रकार के कार्य करते हैं या मुख्य काम से गुज़ारा न चलने के कारण मजबूरन द्वितीयक कार्य करते हैं। वहीं पासी समाज में परंपरागत पेशे से केवल तीन पेशे ही प्रचलन में है जिनमें से अकुशल निर्माण श्रमिक का पेशा मुख्य है जबकि पशुपालन सर्वाधिक गौण पेशा है।

**(ब) खेती :** मुसहर समुदाय के लिए किसी भी प्रकार की खेती न तो मुख्य पेशा है, और न ही गौण की श्रेणी में शामिल है। ऐसा होने के पीछे दो मुख्य कारण हैं : पहला तो यह कि उनका अपना स्थायी निवास नहीं है और दूसरा उनके पास खेती के लिए अपनी ज़मीन नहीं है। इसलिए वे चाह कर भी खेती नहीं कर पाते। पासी समुदाय में तीन उत्तरदाताओं के लिए स्वयं की खेती तथा 17 उत्तरदाताओं के लिए बटाई की खेती उनका मुख्य रोज़गार है जबकि कुल 54 लोगों के द्वारा यह एक गौण पेशे के रूप में देखा जाता है जिसका मतलब यह है कि वे खेती को द्वितीयक पेशे के तौर पर देखते हैं।

**(स) ग़ैर-परंपरागत स्रोत** : ग़ैर-पारंपरिक स्रोतों के अंतर्गत उत्तरदाताओं के उत्तर के रूप में सरकारी नौकरी, मज़दूरी आधारित निजी काम, सामुदायिक स्तरीय कार्यकर्ता एवं स्व-रोज़गार शामिल हैं। खेती की भाँति इस रोज़गार स्रोत में भी मुसहर समुदाय से कोई उत्तरदाता शामिल नहीं है, वहीं दूसरी ओर पासी समुदाय से सर्वाधिक उत्तरदाता (50) इसी रोज़गार-स्रोत में शामिल हैं। रोज़गार-संरचना से जुड़े इस विश्लेषण में कई तथ्य समग्र रूप से उभर के सामने आते हैं। स्पष्ट देखा जा सकता है कि मुसहर समुदाय केवल परंपरागत पेशे से जुड़े हैं, जबकि पासी समुदाय के उत्तरदाता सर्वाधिक तौर पर ग़ैर-परंपरागत पेशे से जुड़े हुए हैं। खेती के संदर्भ में तो मुसहर समुदाय के लोग पूर्ण रूप से अनुपस्थित हैं जबकि पासी समुदाय की पर्याप्त संख्या इस पेशे से जुड़ी हुई है। मुसहर समुदाय की ऐसी स्थिति का मूल कारण उनकी आर्थिक स्थिति अच्छी न होने के साथ ही उनका अशिक्षित होना भी है जिस कारण रोज़गार के अच्छे विकल्प तक पहुँच केवल मुखर अनुसूचित जातियों तक सिमट गयी है। हाशियाकृत जातियों के लिए रोज़गार-संरचना की यह स्थिति एक गंभीर समस्या है जिसका निराकरण किये बिना इनके सामाजिक एवं आर्थिक विकास की कल्पना भी नहीं जा सकती है।

## शैक्षणिक स्थिति

शिक्षा किसी भी समाज या सामाजिक वर्ग के उत्थान का प्रमुख आधार होती है। शिक्षा के अभाव में न केवल वर्तमान पीढ़ी को अपने जीवन में संघर्ष करना पड़ता है, अपितु उनकी आगामी पीढ़ियों पर भी विपरीत प्रभाव पड़ता है। उपरोक्त तालिका में मुसहर एवं पासी समुदाय के उत्तर-दाताओं की शैक्षणिक स्थिति का तुलनात्मक अध्ययन दर्शाया गया है। इस तालिका के विश्लेषण में एक प्रमुख बात ध्यान देने योग्य यह है कि इस शोध अध्ययन के लिए कुल 200 उत्तरदाताओं को शामिल किया है, लेकिन तालिका में कुल योग 200 से अधिक प्रदर्शित किया जा रहा है।

इस स्थिति का मूल कारण तीन पीढ़ियों के शैक्षिक स्तर को दर्शाने हेतु सक्षम आँकड़े प्रस्तुत करना है।

दूसरे शब्दों में, उत्तरदाताओं के साथ उनके परिवार के उन सदस्यों की भी जानकारी शामिल की गयी है।

जिससे तीन पीढ़ी के आँकड़ों को दर्शाया जा सके। उदाहरण के तौर पर उत्तरदाता अगर पुरुष है साथ ही परिवार का मुखिया है तो उसके शैक्षिक स्तर के अलावा उसके माता-पिता तथा उसके बच्चों की शैक्षिक स्थिति की जानकारी उससे प्राप्त की गयी है, फिर आयु श्रेणी के अनुसार उन्हें जोड़ कर दर्शाया गया है। इस कारण कुल संख्या उत्तरदाताओं की संख्या से अधिक हो जाती है, जो कि मुख्यतः 200 उत्तरदाताओं पर ही आधारित है।

इस तालिका को विश्लेषित करने के उपरांत मालूम पड़ता है कि मुसहर समुदाय के लिए 15-30 आयु वर्ग में 174, 31-45 आयु वर्ग में 63 तथा 46 से ऊपर 37 लोगों के शैक्षिक आँकड़े प्राप्त हुए हैं, जो कि समग्र रूप से 274 है। जबकि पासी समुदाय में 15-30 आयु वर्ग में 182, 15-30 में 87 तथा 46 से ऊपर के वर्ग में 51 लोगों के शैक्षिक आँकड़े प्राप्त होते हैं जो समग्र रूप से 396 है। इस विश्लेषण से यह ज्ञात होता है कि शैक्षिक स्तर से जुड़े सर्वाधिक आँकड़े पासी समुदाय से प्राप्त होते हैं। इससे समुदाय की शैक्षिक जागरूकता एवं चेतना का पता चलता है।

दूसरी ओर दोनों समुदायों के शैक्षिक स्तर की तुलना करने पर ज्ञात होता है कि मुसहर समुदाय में प्राइमरी स्तर से ज़्यादा एक भी शिक्षित व्यक्ति नहीं है, जबकि पासी समुदाय में स्नातक स्तर तक शिक्षित लोग पर्याप्त संख्या में पाए जा रहे हैं। मुसहर समुदाय में सर्वाधिक संख्या अशिक्षित लोगों की है जबकि पासी समुदाय में सर्वाधिक संख्या हाईस्कूल-इंटरमीडिएट तक पढ़े लोगों की है। अगर पीढ़ी के अनुसार देखा जाए (तालिका-1.5 के अनुसार) तो मुसहर समुदाय की वर्तमान पीढ़ी (15-30 आयु वर्ग) में पूर्व की अपेक्षा शिक्षा के प्रति रुझान बढ़ा है लेकिन यह वृद्धि संतोषजनक नहीं है।

## सारणी-1.5 मुसहर व पासी समुदायों के बीच तीन पीढ़ियों में शिक्षा की तुलनात्मक स्थिति

| मुसहर | | | | पासी | | | | |
|---|---|---|---|---|---|---|---|---|
| आयु श्रेणी | अशिक्षा | प्राइमरी | कुल | अशिक्षा | प्राइमरी | हाईस्कूल / इंटर | ग्रेजुएट / प्रोफ़ेशनल | कुल |
| 15-30 | 139 (79.89) | 35 (20.11) | 174 (100.0) | 0 | 24 (13.19) | 90 (49.45) | 68 (37.86) | 182 (100.0) |
| 31-45 | 62 (98.41) | 1 (1.59) | 63 (100.0) | 45 (34.09) | 40 (30.30) | 26 (19.70) | 21 (15.91) | 132 (100.0) |
| 46 से ऊपर | 37 (100.0) | 0 (0.00) | 37 (100.0) | 31 (37.80) | 34 (41.46) | 09 (10.98) | 8 (9.76) | 82 (100.0) |
| कुल | 238 (86.86) | 36 (13.14) | 274 (100.0) | 76 (19.19) | 98 (24.74) | 125 (31.56) | 97 (24.49) | 396 (100.0) |

स्रोत : फ़ील्ड सर्वेक्षण, कोष्ठक में दिये गये मान प्रतिशत दर्शाते हैं।

इस विश्लेषण से यह ज्ञात होता है कि पासी समुदाय में अनियमित रूप से स्कूल जाने वाले बच्चों की संख्या शून्य है जबकि मुसहर समुदाय में यह संख्या सर्वाधिक है। वहीं, दूसरी ओर उच्च प्राथमिक स्तर पर मुसहर समुदाय

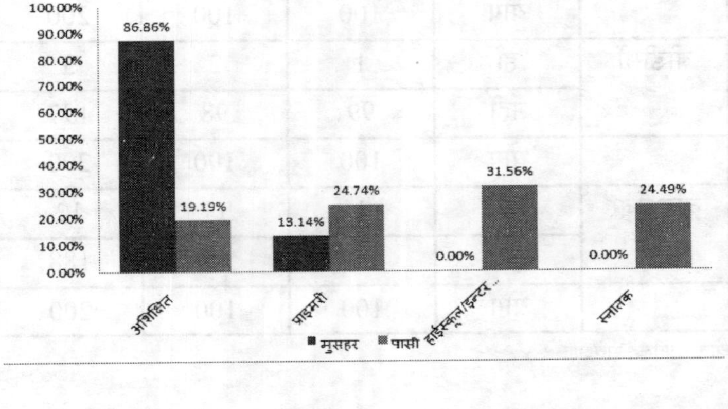

## सारणी–1.6 6–14 आयु वर्ग के बच्चों के विद्यालय जाने की स्थिति का विश्लेषण

| | | | |
|---|---|---|---|
| विद्यालय न जाने वाले | 4<br>4.34 | 1<br>0.8 | 5 |
| अनियमित रूप से जाने वाले | 57<br>61.9 | 0<br>0.0 | 57 |
| नियमित प्राथमिक स्तर | 31<br>33.6 | 70<br>59.8 | 101 |
| नियमित उच्च प्राथमिक स्तर | 0.<br>0.0 | 46<br>39.3 | 46 |
| कुल | 92<br>100.0 | 117<br>100.0 | 209 |

स्रोत : फ़ील्ड सर्वेक्षण, कोष्ठक में दिये गये मान प्रतिशत दर्शाते हैं

## सारणी-1.7 पंचायती राज संस्थाओं में भागीदारी

| | प्रतिक्रिया | मुसहर | पासी | कुल उत्तरदाता |
|---|---|---|---|---|
| प्रधानी चुनाव | हाँ | 0 | 25 | 25 |
| | नहीं | 100 | 75 | 175 |
| | योग | 100 | 100 | 200 |
| बीडीसी | हाँ | 1 | 2 | 3 |
| | नहीं | 99 | 98 | 197 |
| | योग | 100 | 100 | 200 |
| वार्ड मेंबर | हाँ | 1 | 11 | 12 |
| | नहीं | 99 | 89 | 188 |
| | योग | 100 | 100 | 200 |

स्रोत : फ़ील्ड सर्वेक्षण

से एक भी बच्चा स्कूल नहीं जाता है किंतु पासी समुदाय से 46 बच्चे स्कूल जाते हैं। इस प्रकार हम देख सकते हैं कि अनुसूचित जाति के अंतर्गत आने वाले हाशियाकृत समुदाय के बच्चों के शैक्षिक विकास से संबंधित गतिविधियों की स्थिति भी बेहद चिंताजनक है।

ग्रामीण विकास के संबंध में पंचायती राज की अहम भूमिका है। इस राजनीतिक संस्था में किसी समुदाय की भागीदारी या उसका प्रतिनिधित्व यह सुनिश्चित करता है कि वह समुदाय न केवल अपनी समस्याओं एवं हितों के प्रति जागरूक है बल्कि दूसरे समुदाय के हितों से जुड़े मुद्दों पर भी चिंतित है। इस प्रकार की राजनीतिक संस्थाओं में प्रतिनिधित्व करने वाले व्यक्ति विशेष से समूचे समुदाय को एक सकारात्मक ऊर्जा मिलती है, जिससे उनका समुदाय ख़ुद को सशक्त महसूस करता है। अतएव यह जानना महत्त्वपूर्ण होगा कि मुसहर एवं पासी समुदाय से इन संस्थाओं में कितने प्रतिशत लोगों की भागेदारी हो रही है।

उपर्युक्त तथ्य-चित्र में स्पष्ट रूप से देखा जा सकता है कि प्रधानी में मुसहर वर्ग से शून्य प्रतिशत जबकि पासी वर्ग की भागीदारी 25 प्रतिशत है। वहीं बीडीसी एवं वार्ड मेम्बर में मुसहर समुदाय क्रमशः 1 और 1 प्रतिशत तथा पासी समुदाय की भागीदारी क्रमशः 2 और 11 प्रतिशत है। इन आँकड़ों से ज़ाहिर होता है कि पंचायती राज संस्थाओं में पासी समुदाय की स्थिति भी बहुत अच्छी नहीं है, लेकिन मुसहर समुदाय की अपेक्षा बेहतर है। इन

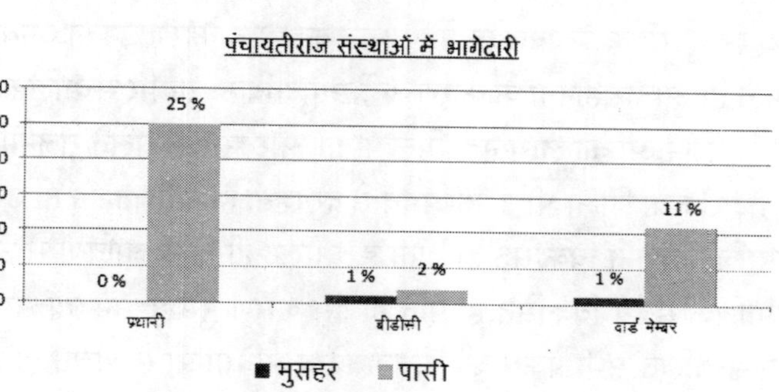

संस्थाओं में मुसहर समुदाय के लोगों की भागीदारी लगभग नगण्य है जो उनके विकास एवं हितों के संरक्षण के लिहाज़ से एक गंभीर समस्या है।

**निष्कर्ष**

भारतीय सामाजिक ढाँचे में अनुसूचित जाति से संबंधित समुदाय के लोगों के लिए मुख्यधारा में पैठ करना हमेशा मुश्किल रहा है। यह वर्ग भारतीय समाज का मेरुदंड कही जाने वाली जाति-व्यवस्था के निचले पायदान से जुड़ा है। साथ ही अस्पृश्य भी समझा जाता रहा है, इसलिए समाज में इनकी स्वीकार्यता कम रही है। ऐसे परिदृश्य में इस वर्ग से जुड़े कुछ संख्या बहुल समुदाय राजनीतिक संस्थाओं में अपनी उपस्थिति दर्ज कराने में सफल रहे हैं। इसी कारण उन समुदायों का विकास अनुसूचित जाति के अन्य समुदायों की अपेक्षा ज़्यादा तेज़ी से हुआ है।

यह शोध अनुसूचित जाति के उन समुदायों के विश्लेषण से संबंधित है जो अनुसूचित जाति के मुखर समुदायों की अपेक्षा पिछड़ गये हैं। इस अध्ययन के लिए अनुसूचित जाति से एक मुखर तथा एक पिछड़ी जाति के रूप में क्रमशः पासी एवं मुसहर समुदाय को लिया गया है। इन दोनों समुदायों के तुलनात्मक अध्ययन एवं विश्लेषण द्वारा इनके सामाजिक, आर्थिक एवं राजनीतिक पक्षों के अलावा इनके विकास की गति को अवरुद्ध करने वाले तत्त्वों को समझने का प्रयास किया गया है।

इस अध्ययन में मुख्य तौर पर यह बात उभर कर सामने आयी है कि मुसहर समुदाय के प्रत्येक क्षेत्र में पिछड़ने का मुख्य कारण उनकी आवास-हीनता है। आवासहीनता के कारण उन्हें सामुदायिक स्तर पर संचालित होने वाली योजनाओं का लाभ नहीं मिल पाता। और इसी के चलते राजनीतिक भागीदारी तथा शिक्षा भी उनकी पहुँच से दूर रहती है। नतीजतन न तो उनकी सामाजिक-चेतना विकसित हो पाती है, और न ही अन्य जातियों से उनके सामाजिक संबंध विकसित हो पाते हैं। इस कारण मुसहर समुदाय सरकार द्वारा संचालित सभी प्रकार की योजनाओं व सुविधाओं से वंचित हो जाते

हैं। वहीं, दूसरी तरफ़ पासी समुदाय प्रत्येक क्षेत्र में मुसहर समुदाय से आगे रहा है, जबकि मुसहर समुदाय की स्थिति चिंताजनक रही है। रोज़गार के स्रोत, भूमिधारिता एवं मालिकाना हक़, अर्जित आय का स्तर इत्यादि आर्थिक मुद्दों पर वर्तमान समय में भी मुसहर समुदाय की स्थिति दयनीय है। इस अध्ययन से यह भी पता चलता है कि शिक्षा, स्वास्थ्य और आवास जैसी मूलभूत आवश्यकताओं की उपलब्धता के लिहाज़ से भी मुसहर समुदाय की स्थिति शोचनीय है। इन आवश्यकताओं की अनुपलब्धता के कारण ऐसे समुदाय और भी हाशियाकृत होते जा रहे हैं। जबकि पासी समुदाय मध्यम गति से ही सही लेकिन विकास की ओर अग्रसर है। अतः नीति निर्माताओं को हाशियाकृत समुदाय को ध्यान में रखते हुए नीति निर्माण करने की आवश्यकता है ताकि उनके विकास की गति में तेज़ी लाई जा सके।

## संदर्भ


अभय कुमार दुबे (सं.)(2002), *आधुनिकता के आईने में दलित*, वाणी प्रकाशन , नयी दिल्ली.

अश्विनी कुमार और आलोक प्रफुल्ल (2015), *दीना-भद्री : मुसहरों की समग्र संस्कृति*, सम्यक प्रकाशन , नयी दिल्ली.

एवरेस्ट वी. स्टोक्स्ट (1935), 'द प्रॉब्लम ऑफ़ द मार्ज़िनल मैन', *अमेरिकन जर्नल ऑफ़ सोसियोलॉजी*, खंड 41, अंक 1.

के. सुरेश सिंह (2005), *पीपुल ऑफ़ इंडिया : उत्तर प्रदेश, खंड 2*, एंथ्रोपोलॉजिकल सर्वे ऑफ़ इंडिया.

गणेश रवि (2012), 'विकास से कोसों दूर भारत का मुसहर समुदाय', *हाशिये की आवाज़*, नयी दिल्ली.

चैड एलन गोल्डबर्ग (2012), 'रॉबर्ट पार्क्स मार्ज़िनल मैन : द कैरियर ऑफ़ अ कांसेप्ट इन अमेरिकन सोसियोलॉजी', *लैबरेटॉरियम*, खंड 4, अंक 2.

निकोलस बी. डर्क्स (2003), *कास्ट्स ऑफ़ माइंड : कोलोनिअलिज़म ऐंड द मेकिंग ऑफ़ मॉडर्न इंडिया*, परमानेंट ब्लैक, नयी दिल्ली.

बर्नार्ड कॉह्न (2004), *ओमनीबस*, ऑक्सफ़र्ड युनिवर्सिटी प्रेस, नयी दिल्ली.

बद्री नारायण (2013), 'लोकतंत्र का भिक्षुगीत : अतिवंचित दलितों के अध्ययन की एक प्रस्तावना', *प्रतिमान समय समाज संस्कृति*, वाणी प्रकाशन , नयी दिल्ली.

————(2016), द *फ्रैक्चर्ड टेल्स : इनविज़िबल इन इंडियन डेमॉक्रैसी*, ऑक्सफ़र्ड युनिवर्सिटी प्रेस, नयी दिल्ली.

बेला भाटिया (2002), 'नक्सलवादी बनते दलित', अभय कुमार दुबे (सं.) *आधुनिकता के आईने में दलित*, वाणी प्रकाशन , नयी दिल्ली.

रमाशंकर सिंह (2015), 'बंसोड़, बांस और लोकतंत्र', *प्रतिमान समय समाज संस्कृति, जनवरी-जून, वाणी प्रकाशन* , नयी दिल्ली.

———————-(2017), *कम्युनिटी राइट्स ऑफ़ लोअर कास्ट्स,* अप्रकाशित डी. फ़िल शोध प्रबंध, इलाहाबाद विश्वविद्यालय, इलाहाबाद.

विधा प्रकाश (2013), 'मुसहरों की ज़िंदगी का दर्द नहीं सुनती सरकारें', *हाशिये की आवाज़,* नयी दिल्ली.

शिल्पशिखा सिंह (2013), 'ऐन एथनोग्राफ़िक एकाउंट ऑफ़ द मुसहर : इंटरवेंशन, आइडेंटिटी ऐंड मार्जिनैलिटी', *इकनॉमिक ऐंड पॉलिटिकल वीकली,* अंक 20, 18 मई, 2013.

सुखदेव थोरात (2017), *भारत में दलित : एक समान नियति की तलाश,* सेज, नयी दिल्ली.

**वेब सामग्री**

http://www.censusindia.gov.in/2011census/SC-ST/pca_state_distt_sc.xls 20/05/2017

http://www.epw.in/journal/2014/5/commentary/politics-reservation-categories-uttar-pradesh.html

The Hindu, August 9, 2016 http://www.thehindu.com/sci-tech/health/policy-and-issues/maladynation-rural-healthcare-not-all-are-equal-where-health-coverage-lags-behind/article8961062.ece

http://www.epw.in/journal/2014/5/commentary/politics-reservation-categories-uttar-pradesh.html

http://www.censusindia.gov.in/2011census/SC-ST/pca_state_distt_sc.xls 20/05/2017

https://www.ceeol.com/search/artical-detail?-244732 *दैनिक जागरण*, 20 अगस्त, 2016.

# इत्र बनाम चमड़ा

## उत्तर प्रदेश में जाति और गंध की राजनीति

शिवानी कपूर

*प्रतिमान*, जनवरी-जून, 2016, वर्ष 4, अंक 7 में पूर्व-प्रकाशित : पृ.सं. 240-257.

## I
## प्रस्तावना

मार्च, 2016 में अपनी सरकार के चार वर्ष पूरे होने के उपलक्ष्य में समाजवादी पार्टी ने उत्तर प्रदेश में 'समाजवादी सुगंध' नाम के चार परफ़्यूमों का लोकार्पण किया।[1] काठ के सुसज्जित डिब्बे में इत्र-नुमा बोतलों में बंद ये चार सुगंधें समाजवाद का प्रतीक बताई गयीं।[2] ये उत्तर प्रदेश के चार शहरों और उनके प्रसिद्ध प्रतीकों से प्रेरित हैं — आगरा का ताजमहल, कन्नौज का इत्र व्यापार, बनारस के घाट और लखनऊ का रूमी दरवाज़ा।[3] इन ख़ुशबूओं का ब्यौरा देते हुए मुम्बई की फ्रेंगमैट्रिक्स ग्लोबल नामक कम्पनी के प्रतिनिधि पुनीत जैन ने बताया कि क़रीब दो साल की रिसर्च के बाद इन सुगंधों को चुनने का फ़ैसला लिया गया।[4] आगरा की सुगंध गुलाबों से तैयार की गयी है, तो कन्नौज की ख़ुशबू में केवड़ा पाया जाएगा। वहीं बनारस के परफ़्यूम में काशी के मंदिर के फूलों (गेंदा) और अगरबत्ती की ख़ुशबू है, जो गंगा के पानी की याद दिलाएगी। लखनऊ के रूमी दरवाज़े के चमेली और गुलाब के फूल, चंदन की ख़ुशबू के साथ अवध की नवाबी शान के प्रतीक हैं।[5] इस अवसर पर बोलते हुए मुख्यमंत्री अखिलेश यादव ने गंध के विषय में दरअसल एक दार्शनिक-सी बात कह डाली। अखिलेश यादव के अनुसार 'यह समाजवादी सुगंध लोगों को एक साथ जोड़ेगी और समाजवाद का मैसेज बड़े लेबिल पर फैलाएगी। संगीत हमेशा से समाजवाद का हिस्सा रहा है, और अब सुगंध भी जुड़ गयी है।' साथ ही उन्होंने यह भी कहा कि ये सुगंधें विकास, भाईचारा और सामाजिक एकता का प्रतीक हैं।[6]

---

[1] स्वाति माथुर (2016).

[2] वही.

[3] वही.

[4] वही.

[5] *डेक्कन क्रॉनिकल* (2016)

[6] वही.

मीडिया और राजनीतिक गलियारों में इस पहल को 2017 के आगामी राज्य चुनावों से जोड़ कर देखा जा रहा है। समाजवादी पार्टी कई चुनावी मुद्दों और वायदों को पूरा करने में लगी है। इनमें से सबसे बड़ा मुद्दा विकास का है। उत्तर प्रदेश के कई शहर इस वक़्त अधिरचनात्मक सुविधाओं के अभाव से जूझ रहे हैं। प्रधानमंत्री द्वारा लोकार्पित 'स्मार्ट सिटीज़ प्रोग्राम' के पहले बीस शहरों में उत्तर प्रदेश का एक भी शहर नहीं था,[7] पर इस लेख को लिखने के दौरान ही स्मार्ट सिटी की श्रेणी में 13 नये शहर और जोड़े गये जिनमें लखनऊ को पहला स्थान मिला। द *इंडियन एक्सप्रेस* के अनुसार यह एक राजनीतिक फ़ैसला भी हो सकता है। आख़िरकार यह गृहमंत्री राजनाथ सिंह का निर्वाचन क्षेत्र है। साथ ही भाजपा के राष्ट्रीय उपाध्यक्ष और गुजरात के प्रभारी दिनेश शर्मा पिछले नौ साल से लखनऊ के महापौर भी रहे हैं। ऐसे में लखनऊ का स्मार्ट सिटी की श्रेणी में होना कुछ ज़रूरी-सा हो गया था।[8] बहरहाल, स्मार्ट सिटीज़ की श्रेणी में उत्तर प्रदेश के अन्य शहरों की ग़ैरमौजूदगी जनता में शहरी विकास को लेकर उत्साह को देखते हुए समाजवादी पार्टी के लिए चिंता का विषय है। साथ ही 2013 में मुज़फ़्फ़रनगर से शुरू हुआ सांप्रदायिक हिंसा का दौर आसानी से ख़त्म होता नज़र नहीं आ रहा है। अक्टूबर, 2015 में लोकसभा में पेश की गयी एक रिपोर्ट के अनुसार 2010-2014 के बीच हुए सांप्रदायिक हिंसा के मामलों में से हर पाँचवाँ मामला उत्तर प्रदेश से था।[9] हिंसा के इस दौर में अब ग्रामीण क्षेत्रों में मांस और पशु व्यापारियों (ख़ासकर गाय) पर भी हमले जुड़ गये हैं। प्रदेश में मांस और चमड़े का व्यापार काफ़ी बड़े स्तर पर होता है। इन दोनों के लिए कच्चा माल कुछ अव्यवस्थित तरीक़े से गाँव के स्तर पर जमा किया जाता है। ऐसे में इस हिंसा का सीधा असर प्रदेश की आय और प्रौद्योगिक वातावरण पर पड़ सकता है। ग़ौरतलब है कि इस हिंसा का ज़्यादा प्रभाव कानपुर और उन्नाव के चमड़े के कारख़ानों (टैनरीज़) पर पड़ रहा है।

---

[7] वीर अर्जुन सिंह (2016).

[8] लालमणि वर्मा (2016).

[9] अभीत सिंह सेठी (2015).

इनका पशुओं से सीधा संबंध है। गंगा के प्रदूषण को लेकर भी इन इलाक़ों का माहौल बिगड़ा हुआ है, विशेषकर उन्नाव में जहाँ से भारतीय जनता पार्टी के कट्टर हिंदुत्ववादी नेता साक्षी महाराज सांसद चुने गये हैं। साक्षी महाराज गंगा की शुद्धता और उसकी सफ़ाई पर बयानबाज़ी करते रहते हैं। 2014-15 के बीच टैनरी मालिकों के साथ किये गये साक्षात्कारों से उनकी इस मान्यता के बारे में पता चला कि समाजवादी पार्टी की सरकार उनके हितों के पक्ष में आवाज़ उठाने में विफल रही है।

ज़ाहिर है कि ऐसे माहौल में समाजवादी पार्टी की यह सुगंधित पहल कुछ ज़्यादा उत्साह पैदा नहीं कर पायी। आलोचना का एक छोटा सा स्वर भी सुनने में आया कि ये सुगंधें आम जनता के लिए उपलब्ध नहीं हैं।[10] ग़ौरतलब है कि सुगंधों का यह डब्बा सिर्फ़ मुख्यमंत्री दफ़्तर द्वारा उपहार में देने के लिए उपलब्ध है।[11] अंततः समाजवाद की सुगंध शायद ज़्यादा दूर तक नहीं फैल पाएगी। इस पहल को कन्नौज के इत्र व्यापार से भी जोड़ कर देखा जा रहा है, जो अब कई दशकों से ठंडा पड़ा हुआ है। इत्र आधुनिक परफ़्यूम से लड़ाई हार रहा है, और अपनी ग़ैर-आधुनिक पहचान बचाने की कोशिश में है। समाजवादी सुगंध अगर बाज़ारों में मिलती तो शायद इस उद्योग को कुछ फ़ायदा पहुँचता। वैसे अखिलेश यादव ने कन्नौज में 'अरोमा पार्क' बनाने की घोषणा भी की है।

अगर हम समाजवादी सुगंध के इस प्रकरण को कुछ देर के लिए भुला कर केवल सुगंध पर ध्यान दें तो यहाँ कुछ दिलचस्प ख़ुशबुओं से दो-चार हुआ जा सकता है। राजनीतिक संगठन हाल ही में अपने म्यूज़िक वीडियो और फ़िल्में जनता के सामने पेश करने लगे हैं। समाजवादी पार्टी का ही चुनावी विडियो 'उम्मीद की साइकिल' 2012 में ख़ासा प्रचलित हुआ था। लेकिन भारत में सुगंध के साथ यह पहला प्रयोग है।[12] समाजवादी पार्टी की यह सुगंध अपने में एक सांकेतिक राजनीति है। गंध की यह राजनीति हमारे

---

[10] *डेक्कन क्रॉनिकल* (2016).

[11] वही.

[12] वही.

समाज के एक नये पहलू पर प्रकाश डालती है। समाजवादी पार्टी की यह राजनीति विचारधारा को एक ऐंद्रिक परिकल्पना से जोड़ने की कोशिश है। राजनीति और गंध का यह संगम इस बात की तरफ़ इशारा करता है कि कहीं न कहीं गंध की राजनीति में कुछ अनोखा है। अगर समाजवाद की सुगंध हो सकती है, और अगर भाईचारा गंध के ज़रिये फ़ैलाया जा सकता है, तो हम यह भी कह सकते हैं कि गंध महज़ भौतिक और रासायनिक परिघटना नहीं है बल्कि उसका एक सामाजिक और राजनीतिक पहलू भी है जो किसी भी ख़ुशबू या बदबू को एक संवेदन, घटना या अनुभव तक सीमित न रख कर सत्ता और पदानुक्रम का सवाल भी बना देता है।

यह भी हो सकता है कि हम एक सीधे-सादे राजनीतिक आडम्बर में कुछ ज़्यादा ही मायने खोज रहे हों। लेकिन गंध का एक ख़ास पहलू है जो उसे कुछ उच्छेदक बनाता है। गंध का विस्तार नियंत्रित करना कठिन है। वह नज़रों से छुप कर छोटे से छोटे कोने और दरार से जगह बना कर नाक तक पहुँच ही जाती है। हमें साँस के साथ गंध के इन कणों को सूँघना ही पड़ता है। गंध दरअसल सतही परिकल्पना की गहराइयों को खोल देती है। जो छुपा है उसे उजागर कर देती है।[13] द्वितीय विश्व-युद्ध में फ़ासीवादी जर्मनी के यातना शिविरों की पहली ख़बर वहाँ निकल रही जलते शवों की बदबू ने ही दी थी।[14] समाजवादी सुगंध भले ही केवल एक राजनीतिक संकेत मात्र हो, पर अब जब यह सुगंध फैल ही गयी है तो इसे समझाना भी ज़रूरी है। साथ ही इस सुगंध से ढँकी कई और गंधों को उगाजर करने की भी ज़रूरत है। इस लेख के ज़रिये गंध की इसी राजनीति को समझने की कोशिश की गयी है।

लेख के आगे के भागों में गंध की इस परिकल्पना का कुछ और गहराई से उल्लेख किया गया है। फिर पश्चिमी संदर्भ में गंध, समाज और आधुनिकता के संबंधों को समझा गया है। इसी भाग में युरोपीय और भारतीय ऐंद्रिक

---

[13] कॉन्स्टेंस क्लैसें, डेविड हॉव्ज़ व अंथोनी सीनोत (1994) : 4.

[14] वही : 173-174.

संरचना के परस्पर प्रभाव पर भी प्रकाश डाला गया है। लेख के आख़िरी भाग में गंध की इस समझ को जाति और चमड़ा व्यापार के साथ जोड़ कर गंध की राजनीति पेश की गयी है।

## II

## गंध, सत्ता, पदानुक्रम और राजनीति

विकास, अर्थव्यवस्था और गहरे राजनीतिक मुद्दों से लैस उत्तर प्रदेश के इस माहौल में सुगंध की बात करना कुछ अजीब-सा लगता है। परफ़्यूम और इत्र तो वैसे भी पल भर में तिरोहित हो जाते हैं, अपने अस्तित्व की छाप छोड़े बिना। गंध के राजनीतिक और सामाजिक महत्त्व को गंभीरता से परखने में उसकी यह क्षणभंगुरता ही सबसे बड़ी मुश्किल है। साथ ही गंध को अकसर दो भिन्न छोरों पर रख कर समझा जाता है — या तो परफ़्यूम के ज़रिये गंध को भोग और विलास का मानक समझा गया है, या फिर दुर्गंध की परिकल्पना करते हुए गंध को एक अनावश्यक और आपत्तिजनक परिघटना समझा जाता है। इन दोनों के बीच दरअसल गंध का एक बेहद जटिल और परत-दर-परत अस्तित्व है जो हमारे सामाजिक और राजनीतिक जीवन के चारों ओर फैला हुआ है। हमारे शहर, घर, शरीर, जानवर, वातावरण और यहाँ तक कि अचेत वस्तुओं की भी गंध होती है जो हमारे आसपास एक ऐसा तानाबाना सा बुन जाती है जिसके ज़रिये हम अपनी दुनिया संयोजित करते हैं। फलतः गंध का हमारे सामाजिक और राजनीतिक जीवन से गहरा रिश्ता है और अगर शब्दों में कहें तो गंध की अपनी एक सामाजिक और राजनीतिक परिकल्पना है जो हमारे अस्तित्व पर गहरा प्रभाव डालती है। गंध का अध्ययन करने वाले समाजशास्त्रियों का मानना है कि गंध केवल एक जैविक और मानसिक तथ्य नहीं है।[15] गंध, उसे परखने का आधार, उसका अनुभव — सभी का संबंध राजनीति से है। गंध एक राजनीतिक अवधारणा है। इसे बेहतर समझने के लिए कुछ मिसालों पर ग़ौर किया जा सकता है।

---

[15] वही : 3.

कुछ गंधें वस्तु या जीव के भीतर से फूटती हैं। हर मानव शरीर की अपनी पृथक् गंध होती है जिससे उसकी पहचान की जाती है। इतिहास में देखें तो सामाजिक व्यवस्था को नियंत्रित करने में इस शारीरिक गंध का ख़ूब इस्तेमाल हुआ है। भारतीय सामाजिक व्यवस्था को ही टटोलें तो हम पाएँगे कि जाति व्यवस्था एक बड़े पैमाने पर गंध की राजनीति पर टिकी हुई है। इस सिलसिले में ओम प्रकाश वाल्मीकि की आत्मकथा *जूठन* के एक प्रसंग पर नज़र डाली जा सकती है। अपने स्कूल के दिनों की बात बताते हुए वाल्मीकि कहते हैं :

> साफ़-सुथरे कपड़े पहनकर कक्षा में जाओ तो साथ के लड़के कहते, 'अबे चूहड़े का, नये कपड़े पहनकर आया है।' मैले-पुराने कपड़े पहन कर स्कूल जाओ तो कहते, 'अबे चूहड़े का, दूर हट, बदबू आ रही है।'[16]

दरअसल, वाल्मीकि के शरीर से आ रही यह बदबू गंदे कपड़ों या गंदे काम की नहीं है, बल्कि तथाकथित निचली जातियों को अपने आप में ही गंदा और बदबूदार समझने से जुड़ी है। गोपाल गुरु के मुताबिक़ तथाकथित ऊँची जातियों ने 'पंचामाभुते' के सिद्धांत की अवहेलना करते हुए प्राकृतिक तौर पर समान मनुष्यों में एक सामाजिक भेद पैदा कर दिया है जिसके चलते समाज के कुछ समुदाय स्थायी तौर पर वॉकिंग करिऑन यानी एक जीवित, सड़ती हुई लाश के रूप में ढल गये हैं।[17] तथाकथित निचली जातियों के प्रति घृणा इसी सड़ती हुई लाश की बू से उत्पन्न होती है।

इस अवधारणा के चलते यह भी माना जाता है कि इन तथाकथित निचली जातियों, जैसे भंगी/वाल्मीकि और चमारों को गंदगी में रहने की आदत है और उन्हें इससे फ़र्क़ नहीं पड़ता।[18] इसका सबसे सशक्त उदाहरण हमें भारत के चमड़ा व्यवसाय से मिलता है। उत्तर प्रदेश के चमड़ा व्यवसाय पर शोध[19] करते हुए जब भी मैंने कारख़ाना या टेनरी मालिकों से पूछा कि

---

[16] ओमप्रकाश वाल्मीकि (2009) (1997) : 13.

[17] गोपाल गुरु व सुंदर सरुक्कई (2012) : 207.

[18] देखें, विलियम क्रुक (2012 / 1906) : 122 और जी.डब्ल्यू. ब्रिग्स (2004 / 1920) : 20. साथ ही में यह विचार उत्तर प्रदेश में चमड़ा व्यापार में ऊँची जाति के कारख़ाना मालिकों से साथ लिए कई साक्षात्कारों में भी सामने आया.

उनके लगभग सारे कर्मचारी[20] जाटव (चमार) या मुसलमान ही क्यों हैं, तो सबने एक रटा-रटाया सा उत्तर दिया — 'इन समुदायों को यह काम करने की आदत होती है। वे चमड़े की बदबू आसानी से सहन कर जाते हैं। ऐसा करना हम लोगों के लिए मुश्किल होता है।'

सवाल यहाँ गंध का या उसकी भौतिक संरचना का नहीं है। यहाँ सवाल सौंदर्यपरक विश्लेषण का भी नहीं है। यह कथन दरअसल मनुष्य और उसकी ऐंद्रिक संरचना पर एक जातिसूचक टिप्पणी है। गुरु के वाकिंग करिऑन अपनी सड़ती हुई दुर्गंध के इतने आदी हो चुके हैं कि चमड़े की सड़ती हुई दुर्गंध का उन पर कोई असर नहीं पड़ता। जाति की इसी गंध को और गहराई से समझने और इसकी तुलना में समाजवादी सुगंध के संपूर्ण भाव को परखने के लिए इस लेख के आख़िरी भाग में चमड़े की इसी जातिगत दुर्गंध पर विस्तार से चर्चा की जाएगी।

जातिगत व्यवस्था के बाहर भी गंध की राजनीति का सामाजिक नियंत्रण के लिए ख़ासा इस्तेमाल किया गया है। अंग्रेज़ उपनिवेशवादियों का मानना था कि भारत के मूलनिवासियों में से एक अजीब और घिनौनी शारीरिक दुर्गंध आती है जो उनके निचले सामाजिक दर्जे की प्रतीक है।[21] इसी तरह का वर्णन उत्तरी अमेरिका में नस्ल संबंधी मामलों में भी दिया जाता है। काली नस्ल के लोगों की ग़ुलामी का एक आधार उनकी शारीरिक बदबू को बताया जाता रहा है।[22]

---

[19] इस शोध कार्य के अंतर्गत मैंने 2013-2016 के बीच उत्तर प्रदेश के कानपुर, उन्नाव, आगरा और नोएडा शहरों में कई चमड़ा टेनरीज़, जूते की फ़ैक्ट्री, लेदर गारमेंट फ़ैक्ट्री, खाल मंडी और लेदर डिज़ाइनर के साथ रिसर्च की है. इस दौरान कई विस्तृत साक्षात्कारों के ज़रिये मज़दूरों, मैनेजर, सुपरवाइज़र और मालिकों से चमड़ा व्यवसाय और उसमें जाति और समुदाय की राजनीति के प्रभाव पर विमर्श किया गया. साथ ही में इस शोध में अभिलेखागार दस्तावेज़ों का भी इस्तेमाल हुआ है.

[20] चमड़ा व्यवसाय में लिए कई साक्षात्कारों के दौरान जब मैंने फ़ैक्ट्री और टेनरीज़ में काम करने वाले लोगों से पूछा कि वे अपने को क्या बुलाते हैं, तो एक बड़े हिस्से ने अपने को 'श्रमिक' बताया. इनका मानना था कि 'मज़दूर' एक सम्माननीय शब्द है, पर उसका तात्पर्य हाथ से काम करने वालों से है. फ़ैक्ट्री और टेनरीज़ में काम मशीनों से होता है. इसलिए वे 'श्रमिक' कहलाना पसंद करते हैं. इसी के चलते इस लेख में 'श्रमिक' का ही प्रयोग किया गया है. हालाँकि ऐसा नहीं है कि चमड़ा व्यापार में सारा काम मशीनों से ही होता है. ख़ासकर टेनरी में तो काफ़ी काम, जैसे छिलाई (मांस और चर्बी निकालना), खालों को रसायनों में डालना-निकालना हाथ से किया जाता है. इसी 'गंदे' काम को करने की वजह से इन वर्कर्स को भी 'गंदा' समझा जाता है. 'श्रामिक' की पहचान कुछ हद तक इस गंदगी से बचाती है. और 'चर्मकार' या 'जाटव' या 'चमार' होने की पहचान से भी कुछ राहत देती है.

[21] देखिए ई.एम. कलिंघम (2001).

देखा जाए तो किसी भी गंध को सुगंध या दुर्गंध का विशेषण देने का हक़ सत्ताधारी के पास ही रहा है। जहाँ एक ओर गंध पर एक सौंदर्यबोधी धारणा थोपी गयी, वहीं इसी गंध का इस्तेमाल करते हुए समुदायों का वर्गीकरण किया गया। प्राकृतिक इतिहासकार लोरेंज़ ओकेन ने तो नस्ल और इंद्रियों को एक पदानुक्रम में ही बाँध डाला। ऊपर से नीचे चलते हुए उनका यह अनुक्रम कुछ इस प्रकार था — यूरोपियन 'आई मैन', एशियाई 'ईअर मैन', नेटिव अमेरिकन 'नोज़-मैन', ऑस्ट्रेलियाई 'टंग-मैन' और अफ़्रीकन 'स्किन-मैन।'[23] यह अनुक्रम न केवल अलग-अलग नस्लों को एक पदानुक्रमीय संबंध में ढालता है, बल्कि कुछ इंद्रियों को बाक़ी से ऊँचा और बेहतर दर्जा भी दे देता है। दूर तक और दूर से दुनिया को देखने वाली दृष्टि इस अनुक्रम में सबसे ऊपर है। शरीर के सबसे क़रीब और भोग-विलास का ज़रिया समझी जाने वाली छूने की क्षमता को सबसे निचला दर्जा मिला। इसका सीधा अर्थ इस मान्यता में निकला कि युरोपियन नस्लें एशिया और अफ़्रीका की पिछड़ी हुई नस्लों से न सिर्फ़ विकास और सभ्यता में आगे हैं, बल्कि वे ज़्यादा मानवीय भी हैं। माना गया कि युरोपीय समाज जानवरों की छूने और सूँघने की क्षमता पीछे छोड़ कर एक दृष्टि प्रधान समाज की रचना अपना सका है। इस तथ्य पर अगले भाग में विस्तार से चर्चा की जाएगी, पर अभी के लिए इतना ही कहना काफ़ी होगा कि ऐंद्रिक व्यवस्था को प्रकृति और जीव विज्ञान से परे सत्ता और पदानुक्रम से जोड़कर समझने का इससे बेहतर उदाहरण नहीं हो सकता।

गंध की सामाजिक परिकल्पना समझने के लिए हमें उन गंधों को भी समझना होगा जो वस्तु और जीव के बाहर होती हैं पर जो उनकी गंध को प्रभावित करती हैं। जैसे कि मानव शरीर पर इत्र या परफ़्यूम का इस्तेमाल या फिर सफ़ाई में प्रयोग किये जाने वाले साबुन, फिनॉयल इत्यादि जिससे गंदे या बदबूदार वातावरण या शरीर या वस्तु को साफ़ किया जा सकता है। शायद सबसे दिलचस्प है तीसरे तरह की गंध। वह है गंधहीन होने की

---

[22] देखिए मार्क एम. स्मिथ (2006).

[23] डेविड हॉव्ज़ (2003) : 4.

स्थिति। मसलन, शारीरिक गंध ख़त्म करने के लिए लगाए गये डियोडरेंट, खाना पकाते वक़्त तेज़ गंध को पंखे द्वारा निकाल कर फिर से गंधहीन वातावरण की स्थापना या किसी गंदे स्थान को साफ़ गंधहीन पानी से धोने का प्रयत्न। गंध और उसके सामाजिक प्रभाव पर शोध करने वाले मानवशास्त्रियों का मानना है कि मानव सभ्यता की गंधहीन स्थिति युरोपियन आधुनिकता की देन है।[24] इस आधुनिकता के साथ एक ऐसी सामाजिक व्यवस्था का निर्माण हुआ जहाँ गंदगी, भीड़ और अत्यधिक ऐंद्रिक उतेजना को अनैतिक और भ्रष्ट समझा जाता है। इस सभ्यता की निगाह में तेज़ गंध भी आपत्तिजनक हो गयी थी। जहाँ एक समय युरोप में सुगंधित पदार्थों, जैसे कस्तूरी, लैवेंडर, कपूर और सिरके को विलास या उनके औषधीय तत्त्वों के लिए इस्तेमाल किया जाता था, वहाँ अट्ठारहवीं सदी के मध्य तक इन तेज़ गंधों को आपत्तिजनक समझा जाने लगा। यहीं से किसी भी तेज़ या उत्तेजक गंध, चाहे वह अच्छी हो या बुरी, को नफ़रत और शक की निगाह से परखने की शुरुआत हुई।[25] साथ ही भीनी सुगंध या गंधहीनता को भौतिक और नैतिक स्वच्छता से जोड़ कर भी देखा जाने लगा।

कुछ का मानना है कि कोई भी वातावरण कभी भी पूरी तरह से गंधहीन नहीं होता। गंधहीनता की भी एक गंध होती है और इसीलिए गंध, स्वच्छता और सुव्यवस्था का संबंध बैठाना मुश्किल है।[26] लेख के अगले भाग में हम इन विषयों को ऐतिहासिक और दार्शनिक भूमिका में ढाल कर बेहतर समझने का प्रयास करेंगे। इस भाग में हमने एक अप्रत्यक्ष और अस्पष्ट सी ऐंद्रिक व्यवस्था को एक बुनियादी सामाजिक और राजनीतिक ढाँचा देने का प्रयास किया है। गंध के इस स्वरूप का, लेख के आख़िरी भाग में उत्तर प्रदेश और उसके शहरों की गंध-संरचना, ख़ासकर कानपुर के चमड़ा व्यापार के संदर्भ में विश्लेषण किया जाएगा।

---

[24] देखें, कॉन्स्टेंस क्लैसें, डेविड हॉव्ज़ वग़ैरह (1994).; एह्लां कोरबह (1986).

[25] एह्लां कोरबह (1986) : 230.

[26] जिम द्रोब्निक (2005) : 265-280, 266-267.

## III

## भारत और युरोप में गंध की संरचना

मानवीय ऐंद्रिक परियोजना में गंध का विशेष स्थान है, लेकिन उसे पूर्णतः समझा नहीं जा सका है। पिछले कुछ दशकों में सेंसरी स्टडीज़ के उद्भव से ऐंद्रिक संरचना और उसके अनुभव को जैविक और मानसिक विज्ञान के दायरे से बाहर समझा जाने लगा। पश्चिमी यूरोप, कनाडा और अमेरिका में हो रहे शोध और विश्लेषण अकसर पूर्वी और पश्चिमी ऐंद्रिक अनुभव में अंतर बना कर चलते हैं।[27] मूलतः समझा जाता है कि कई पश्चिमी संस्कृतियाँ ऐंद्रिक परियोजना में दृष्टि को प्रथम स्थान देती हैं, जबकि पूर्व की कई संस्कृतियाँ अन्य इंद्रियों, जैसे नाक और जीभ को सर्वोपरि मानती हैं।[28] इस द्विभाजन का काफ़ी विरोध भी हुआ है और ओकेन द्वारा किया जाने वाला पदानुक्रम सामने आने के बाद इस 'सिविलाइज़ेशन डिफ़रेंस' के तर्क की कड़ी आलोचना हुई है। इन आलोचक विचारधाराओं का मानना है कि मानवीय बोध सभी इंद्रियों के मेल से बनता है, न कि किसी एक इंद्री के प्रभाव से। इंटरसेंसॅरलिटी की यह अवधारणा अब काफ़ी प्रचलित है।[29]

भारतीय उपमहाद्वीप में कई प्रकार की ऐंद्रिक संरचनाएँ पायी गयी हैं। ये सभी इंटरसेंसॅरलिटी पर आधारित हैं। भारतीय सामाजिक व्यवस्था में सुगंध का बड़ा स्थान है। हाल ही में प्रकाशित हुई जेम्स मैकह्यू की किताब *संदलवुड ऐंड करिऑन* ने भारतीय उपमहाद्वीप में गंध के सवाल को धार्मिक प्रथाओं के ज़रिये समझने की कोशिश की है। हिंदू, बौद्ध और जैन धार्मिक परम्पराओं में सुगंध का कई तरीक़ों से इस्तेमाल होता रहा है। मिसाल के तौर पर हिंदू पूजा में रखे गये फूलों की ख़ुशबू पवित्र मानी जाती है। अगर पूजा की विधि से पहले कोई इन्हें सूँघ ले तो इन पुष्पों को दूषित समझ कर बदल देना अनिवार्य है।[30] पूजा विधि में अगरबत्ती,

[27] इसका एक बड़ा कारण है कि इन क्षेत्रों में काफ़ी समय तक सेंसरी स्टडीज़ मानवशास्त्र का हिस्सा रहा है.

[28] देखिए कॉन्स्टेंस क्लैसें, डेविड हॉव्ज़ वग़ैरह (1994) : 3-4.; कॉन्स्टेंस क्लैसें (1993).

[29] डेविड हॉव्ज़ (2003) : 17.

[30] एस्त्रिड जौत्तर (2014) : 187-205, 189.

लोबान और धूप का प्रयोग भी आम है और एक सुगंधित वातावरण को पवित्र वातावरण माना गया है।[31] यह अवधारणा आधुनिक युरोपीय इंद्रिय संरचना के नज़दीक है। गंध और विलास के संबंध में भी ऐसी ही कुछ समानता सामने आती है।

लेकिन, जहाँ हिंदू पूजा विधि में सुगंध की भूमिका रही है, वहीं भोग विलास से दूर बौद्ध धर्म का सुगंध से अलग रिश्ता रहा है। बौद्ध धर्म में भिक्षुओं के लिए सुगंध का इस्तेमाल वर्जित था। कहा जाता है कि बुद्ध से तो सुगंध के विषय पर बात भी नहीं की जा सकती थी।[32] कहने का तात्पर्य यह है कि सुगंध का हमारी आम सामाजिक ज़िंदगी से गहरा रिश्ता है। धार्मिक आयाम के बाहर भी सुगंध और दुर्गंध का सामाजिक जीवन पर गहरा असर था। जेम्स मैकह्यू लिखते हैं, 'एक अच्छी सुगंध (परफ़्यूम) एक सुचालित राज्य की तरह होनी चाहिए, जिसमें सही संतुलन में मित्र (सौम्य/मध्यम पदार्थ), तटस्थ व्यक्ति और दुश्मन (तीख़े पदार्थ) होने चाहिए।'[33] गंध की इस भाषा द्वारा अच्छे और बुरे में नैतिक, सौंदर्यपरक और पवित्र-अपवित्र रूपी अंतर बनाए जाते हैं। दुराचारी लोग, बुरे कर्म, मृत्यु, नरक, ग़रीबी और बीमारी सभी से दुर्गंध आती है।[34] दक्षिण एशिया में सुगंध का व्यापार भी बड़े स्तर पर फैला हुआ था।[35] ऐसे में समाजवादी पार्टी द्वारा सुगंध का इस्तेमाल एक ख़ास सांकेतिक भाव है।

भारतीय ऐंद्रिक संरचना पर सबसे बड़ा प्रभाव अंग्रेज़ी शासन का पड़ा। उन्नीसवीं सदी के मध्य से अंग्रेज़ी शासन का भारतीय सामाजिक, धार्मिक और राजनीतिक क्षेत्रों में ख़ासा दख़ल रहा है। इसी वजह से भारतीय और युरोपीय ऐंद्रिक परिकल्पनाओं ने एक-दूसरे को काफ़ी क़रीब से समझा और

---

[31] जेम्स मैकह्यू (2012) : 4.

[32] सांसारिक वस्तुओं से अपने को अलग करने के प्रयास में बौद्ध भिक्षु स्वयं पर यह गंधहीन सत्ता स्थापित करते थे. ऐसे में ग़ौरतलब है कि सुगंधित चंदन को अकसर बुद्ध का पर्याय समझा जाता था. देखिए, जेम्स मैकह्यू (2012) : 6.

[33] जेम्स मैकह्यू (2012) : 5.

[34] वही : 5.

[35] वही : 8.

प्रभावित किया है। खान-पान, रहने के तरीक़ों, उठने-बैठने के तरीक़ों, पहनावे, बोल-चाल — इस सभी दायरों में ऐंद्रिक भेद था। इस संबंध का संचालन बड़े पैमाने पर जातिगत व्यवस्था के नियमों के तहत हुआ। इस संचालन का उल्लेख करने से पहले युरोपीय ऐंद्रिक व्यवस्था का एक संक्षिप्त ब्योरा समझना ज़रूरी है। जैसा कि हम जानते हैं कि युरोपीय आधुनिकता का मानवीय ऐंद्रिक बोध पर बड़ा प्रभाव पड़ा है। यह आधुनिकता पश्चिम युरोपीय नवजागरणकाल की उपज है जिसका आधार बुद्धि, विवेक और तर्कपरकता रही है। अतः नवजागरण की ऐंद्रिक संरचना भी इन्हीं सिद्धांतों पर आधारित है। ऐसे में दूरगामी गुण वाली इंद्रिय दृष्टि को मानवीय संवेदी बोध का आधार और बुद्धि/विवेक/तर्क का प्रतीक माना गया।[36] ऐसा करने के पीछे एक लम्बी दार्शनिक और राजनीतिक सोच थी जो प्लेटो और अरस्तू के विचारों पर आधारित थी।[37] जॉन लॉक द्वारा प्रदत्त सेंसेशनलिज़म की विचारधारा ने भी दृष्टि को सर्वोपरि माना। इसका भी इस सोच पर प्रभाव पड़ा।[38] लेकिन मानवीय ऐंद्रिक संरचना को ढालने में एक बड़ी घटना 1859 में डार्विन के क्रम-विकास सिद्धांत का प्रकाशन था। डार्विन का मानना था कि मनुष्य की उत्पत्ति चार पैर पर चलने वाले जानवरों से हुई है।

इसके चलते, मानव और जानवर में अंतर स्थापित करना एक बड़ा दार्शनिक मुद्दा बन गया। प्राकृतिक लोक पर मानव के प्रभुत्व को बचाने के लिए यह अंतर बेहद ज़रूरी था। मानवीय तर्क, विवेक, युक्ति और इच्छा पर क़ाबू उसे जानवरों से अलग करता है। फलतः मानवीय शरीर और इंद्रियाँ इस चर्चा का एक अहम हिस्सा बन गये। लेकिन आँख (दृष्टि), कान (श्रवण), जीभ (स्वाद), चर्म (स्पर्श) और नाक (गंध) यह दोनों में ही पायी जाती है। फ़र्क़ स्थापित किया गया इन इंद्रियों की क्षमता के बीच। डार्विनवादी विकास-क्रम के अनुसार जानवर से मनुष्य के सफ़र में सबसे

---

36 देखें, कॉन्स्टेंस क्लैसें, डेविड हॉव्ज़ वग़ैरह व कॉन्स्टेंस क्लैसें.

37 जहाँ एक ओर प्लेटो ने दृष्टि को प्रथम स्थान दिया था, वहीं अरस्तू के मुताबिक़ स्पर्श मानव सभ्यता की सर्वोच्च इंद्रिय है. पश्चिमी दर्शन शास्त्र ने सेंसरी परसेप्शन के मामले में प्लेटो का साथ दिया. अरस्तू के विचार पिछले कुछ दशकों में फिर से प्रचलित हो रहे हैं. देखिए केल्विन ई.वाई. लो (2005) : 53, 397 -417, 399.

38 एह्लां कोरबह (1986) : 5.

महत्त्वपूर्ण घटना मनुष्य का दो पैर पर खड़ा होना था। इस सीधी मुद्रा ने मनुष्य की दृष्टि-क्षमता को बहुत ज़्यादा बढ़ा दिया। मनुष्य की आँख अब क्षितिज के पार एक लम्बी दूरी पर देख सकती थी। लेकिन ज़मीन से दूर हो कर उठ खड़े होने की वजह से उसकी सूँघने और स्पर्श करने की क्षमता जानवर की तुलना में कम हो गयी।[39]

इस विचारधारा के तहत पश्चिमी युरोप में इंद्रियों का पदानुक्रम तैयार हो गया। इसमें दृष्टि को ज्ञान, तर्क और विवेक से जोड़ कर देखा जाने लगा, क्योंकि इसका वास्ता दूरी और निरपेक्षिता से था।[40] इसके बाद महत्त्व मिला श्रवण की क्षमता को क्योंकि यह भी हमें प्राकृतिक और सामाजिक दुनिया को एक दूरी से समझने और आकलित करने का मौक़ा देती है। बढ़ते विज्ञान और तकनीकी आविष्कारों जैसे टेलिस्कोप, माइक्रोस्कोप और नज़र सुधारने के यंत्रों ने दृष्टि के प्रभाव को और स्थापित कर दिया।[41] बिजली के आविष्कार और उन्नीसवीं सदी के मध्य उसके बढ़ते सामाजिक इस्तेमाल ने भी दृष्टि की क्षमता को बढ़ावा दिया।[42] बाक़ी सब इंद्रियाँ निचले स्तर पर धकेल दी गयीं। ग़ौरतलब है कि ऐतिहासिक रूप में इस समय विश्व में शुरुआती उपनिवेशवाद का दौर चल रहा था; और यूरोप, ख़ासकर ब्रिटेन में उदारतावादी आर्थिक व्यवस्था अपने चरम पर थी। इन दोनों ही व्यवस्थाओं में सभी समुदाय और सभ्यताएँ एक समान बुद्धिजीवी नहीं समझी गयीं। जहाँ एक ओर ग़ुलाम देश कम आँके गये, वहीं

---

[39] वही: 6,74, 209 व डेविड हॉव्ज़ (2003) : 5.

[40] वही.

[41] आम ज़िंदगी से एक उदाहरण से दृष्टि की प्राथमिकता और प्रौद्योगिकीय विज्ञान से इसके संबंध को बेहतर समझा जा सकता है. अपने आसपास देखें तो नज़र के चश्मे एक आम से यंत्र हो गये हैं। एक तरह से सोचें तो चश्मे शरीर का एक अंग ही बन गये हैं. इस दृष्टि-प्रधान समाज में नज़र की कमी या नज़र का विलीन होना सबसे बड़ा ऐंद्रिक संकट है. हियरिंग-ऐड को छोड़ कर और किसी भी इंद्री के लिए तकनीकी मदद उपलब्ध नहीं है. ख़ासकर गंध की बात करें तो, शायद ही कभी हमारे सुनने में आता हो कि किसी की सूँघने की शक्ति चली गयी है. कभी-कभी ज़ुकाम के दौरान ऐसा ज़रूर होता है, पर इसे किसी प्रकार की अक्षमता नहीं समझा जाता है. असल में 'अनोसमिया', यानी सूँघने की शक्ति का कम या विलीन होना एक प्रमाणित मेडिकल स्थिति है जिससे कई लोग ग्रस्त हैं. कई लोगों का मानना है कि सूँघने की क्षमता को वे तब तक नहीं पहचानते जब तक वे उसे खो नहीं देते. दृष्टि और श्रवण प्रधान इस समाज में हमें अकसर अन्य संवेदी बोधों की ज़रूरत ही महसूस नहीं होती है. जैविक शास्त्र में भी इस क्षमता को स्वाद की क्षमता से जोड़ कर देखा गया है. इसके विलीन होने को भी स्वाद में कमी आने से संबंधित माना गया है.

[42] क्रिस्टोफ़र औटर (2004) : 43, 1, 40-64, 42-43.

ब्रिटेन के भीतर ग़रीब, भूमिहीन और बेरोज़गारों के ख़िलाफ़ एक मुहिम छिड़ गयी, जिसके तहत इन समुदायों को कामगार श्रेणी में लाना था। इस ऐंद्रिक पदानुक्रम को यहाँ बख़ूबी इस्तेमाल किया गया।

जॉर्ज ऑरवेल ने अनुसार, 'वर्ग व्यवस्था को सबसे बड़ा ख़तरा चार शब्दों में समझाया जा सकता है — निचले वर्गों की गंध।'[43] समाज के हाशिये पर खड़े इन लोगों को गंध के क़रीब समझा जाता है। गंध के क़रीब होने के दो अर्थ हैं। पहला तो यह कि इन लोगों की सूँघने की क्षमता औरों से कुछ ज़्यादा आँकी जाती है। सूँघने की अधिकतम क्षमता उनके पशुवत्, यानी मनुष्य से कुछ कम होने का प्रमाण थी। दूसरा अर्थ यह कि यह लोग अपने आप में अत्यधिक गंधित हैं, या फिर दुर्गंधित हैं।[44] समाज की इस परिकल्पना में गंधित होना ही दुर्गंधित होने के समान था क्योंकि ऐसा माना जाता था कि बाक़ी का समाज, ख़ास कर ऊपरी वर्ग गंधरहित हैं। इस परिकल्पना का एक बड़ा कारण था समाज में प्रचलित सफ़ाई और स्वच्छता के मानक।[45]

1850-80 के बीच लुई पैस्टर द्वारा कीटाणुओं की ख़ोज के बाद सफ़ाई पर विशेष ध्यान दिया जाने लगा। साथ ही समाज में यह डर भी फैल गया कि ये कीटाणु दिखते नहीं हैं और इसीलिए इनसे लड़ाई और भी कठिन हो गयी।[46] जो दिखता था वह था यूरोप के बड़े शहरों, जैसे लंदन और पेरिस में सड़कों और खुली जगहों पर रह रहे लाखों ग़रीब लोग। ग़रीबी का जुड़ाव जल्दी ही गंदगी और दुर्गंध से कर दिया गया।[47] वहीं दूसरी तरफ़ ऊपरी और संपन्न वर्गों ने अपने घरों और अपने शरीर को बड़े ही ध्यान से साफ़ करना शुरू कर दिया। ऐसा तो नहीं कहा जा सकता कि इन जगहों पर दुर्गंध का कोई स्थान नहीं था, पर यहाँ गंधों पर एक कड़ा नियंत्रण ज़रूर

---

[43] जॉर्ज ऑरवेल (2001 / 1931).

[44] कॉन्स्टेंस क्लैसें (1998) : 80.

[45] एह्लां कोरबह (1986) : 64-65.

[46] वही : 163, 225.

[47] वही : 149, 157-158.

स्थापित किया गया।[48] ग़ुसलख़ाने, जहाँ दुर्गंध की सबसे बड़ी संभावना थी, घरों से अलग करके दरवाज़ों से लैस किया गया। साथ ही इन ग़ुसलख़ानों में पानी की व्यवस्था की गयी।

कोरबह के मुताबिक़ सफ़ाई और गंध का संबंध युरोप में अट्ठारहवीं सदी में प्रचलित 'मायज़मा थियरी' से था। इसके तहत माना जाता था कि हमारे आसपास की हर जैविक वस्तु, जैसे मिट्टी, कूड़ा, मानव शरीर और उनके उत्पन्न पदार्थ, जानवरों के शरीर, सभी हवा में प्रदूषित पदार्थ छोड़ते हैं जिनके कणों से लैस हवा हमेशा हमारे आसपास रहती है। हमारी सरंध्र त्वचा से ये कण हमारे भीतर पहुँच कर बीमारी, आलस्य और अन्य कई व्यावहारिक दिक़्क़तें पैदा करते हैं। जहाँ पहले किसी भी भीड़-भाड़ वाली जगह में मायज़मा का ख़तरा समझा जाता था, उन्नीसवीं सदी की शुरुआत तक ग़रीबी, बेरोज़गारी और आपराधिक प्रवृत्ति को गंदगी से जोड़ कर देखा जाने लगा। यह सब सामाजिक-आर्थिक स्थितियों का नतीजा न समझ कर गंदगी में रहने का परिणाम माना गया। इन स्थानों और व्यक्तियों से आने वाली दुर्गंध उनकी आपराधिकता और आलस्य की निशानी बन गयी। 1880 तक पैस्टर की कीटाणु थियरी ने मायज़मा की जगह ले ली, और इसके साथ ही शरीरों और स्पेस का वर्गीकरण बड़े पैमाने पर होने लगा।

भोजन से भी तेज़ ख़ुशबू और तीख़े स्वाद वाली वस्तुएँ हटा दी गयीं। साथ ही पेरिस जैसे शहरों के संपन्न वर्ग में परफ़्यूम का भाव बढ़ने लगा।[49] शरीर की गंध छुपाने के लिए यह एक बेहतर उपाय था। कई सामाजिक और राजनीतिक अधिनियमों से आधुनिक शहरों को एक ख़ास ऐंद्रिक संरचना दी गयी। जाति के इस संगठन में शहरों के संगठन का बड़ा प्रभाव रहा और अंग्रेज़ी शासन में शहरों की परिकल्पना भी ऐंद्रिक ढाँचे पर हुई। लेख के इस भाग में जाति और शहर को इसी ऐंद्रिक ढाँचे से समझने का प्रयास किया जाएगा।[50] एह्लां कोरबह

---

[48] वही : 109, 170.

[49] वही : 158, 184-185.

[50] शहर की परिकल्पना को समझने के कई तरीक़ों में से एक है शहर को उसकी गंध के ज़रिये समझना. ऐसा सोचिए जैसे शहर में बसी हर गंध, सुगंध और दुर्गंध का एक नक़्शा-सा आपके सामने रख दिया जाए, जिसमें

के अनुसार, 'दुर्गंध के प्रति अवहेलना एक ख़ास क़िस्म का सामाजिक प्रभाव उत्पन्न करती है। जैसे कि दुर्गंध सामाजिक व्यवस्था की नींव ही हिला देगी। वहीं दूसरी ओर एक साफ़-सुथरा और सुगंधित पर्यावरण इसी व्यवस्था को बल प्रदान करेगा।'[51] उपनिवेशवाद के ज़रिये ये विचार भारत आये और यहाँ शहरों और प्रौद्योगिकी की ऐंद्रिक संरचना पर इनका ख़ासा प्रभाव पड़ा।

शहरों की आधुनिक परिकल्पना में गंध का कोई स्थान नहीं था। गंधित लोग, समुदाय और व्यापार सभी को 'न्यूसेंस' या परेशानी पैदा करने वाला समझा जाने लगा।[52] इनमें ख़ास थे मांस के व्यापारी, कसाई और चमड़े का व्यापार करने वाले। ऐसा नहीं है कि चमड़े के प्रति घृणा का भाव सिर्फ़ भारत में ही पाया गया। जोसफ हैंकिंस और टिमोथी एमोस ने जापान के चर्मकारों, जिन्हें बुराकुमिन के नाम से भी जाना जाता है, पर किये शोध के ज़रिये हमें बताया है कि वहाँ पर भी इन्हें एक ख़ास भेदभाव से जूझना पड़ता है।[53] चमड़े के व्यापार को अकसर क़साईख़ानों से भी जोड़कर देखा जाता है, जिसकी वजह से इसे न सिर्फ़ गंदा बल्कि अनैतिक व्यापार भी समझा जाने लगा।[54] भारत में जाति व्यवस्था के चलते इस अवहेलना को एक ख़ास रूप मिला है। जाति की संरचना में श्रम विभाजन और नियोजन का एक बड़ा हाथ रहा है। किसी भी प्रकार का काम, जिसका ताल्लुक़ मानव या पशु शरीर, या इन शरीरों से निकले पदार्थों, या फिर कठिन श्रम से रहा है, अस्पृश्य घोषित कर दिया गया और इनका ज़िम्मा तथाकथित अस्पृश्य जातियों को दे दिया गया। इन कार्यों की वजह से करने वाले भी दूषित समझे जाने लगे। चमड़े के अस्पृश्यता मूलभूत उसके पशु आधार से आती है और अगर विस्तार से कहें

---

हर गली, हर सड़क, हर इमारत को उसकी ख़ास गंध से पहचाना जाए. 'स्मेलस्केप' या गंध-वातायन का यह नज़रिया कई पश्चिमी देशों में पर्यटन के लिए इस्तेमाल किया जाता है. इसका उपयोग विज्ञापन और सेल्स के लिए भी किया जाता है.

[51] एह्लां कोरबह (1986) : 158, 184-185.

[52] अवधेन्द्र शरण (2014) : 13, 191 -192.

[53] देखें, जोसफ हैन्किंस (2014) और टिमोथी एमोस (2011).

[54] क़साईख़ाने में काम करने वालों के प्रति सामाजिक रुख़ के लिए देखिए ज़रीन अहमद (2013) : 121-131, 122.

तो उसके मृत पशु आधार से। जाति व्यवस्था में मृत शायद सबसे ज़्यादा दूषित करने की ताक़त रखती है। जहाँ एक ओर जीवित पशु को धन समान समझा जाता है वहीं मृत पशु को ठिकाने लगाना इस जाति समाज के लिए बड़ी कठिनाई का विषय है। उत्तर प्रदेश में यह काम ज़्यादातर चमार जाति के हिस्से आया।[55] अंग्रेज़ी शासकों ने जाति-व्यवस्था को एक संगठित रूप प्रदान किया। इसके चलते जातिसंगत कार्यों को बढ़ावा मिला और चमड़ा व्यापार इसका ख़ास उदाहरण है। रामनारायण रावत लिखते हैं कि पहले विश्व-युद्ध के दौरान जब अंग्रेज़ी शासन को चमड़े की ख़ास ज़रूरत पड़ी तो उन्होंने भारत में चमड़े और जूतों के बड़े कारख़ाने लगाने का फ़ैसला किया। कारख़ाने लगाने के लिए वे स्थान चुने गये जहाँ चमारों और पशुओं की संख्या अधिक थी, जैसे कानपुर।[56]

कलिंघम के मुताबिक़ भारतीय समाज में एक ओर तो गोमांस और सुअर का मांस खाने की वजह से अंग्रेज़ी शासकों को अछूत समझा जाता था, वहीं दूसरी ओर रहन-सहन के तरीक़ों से अंग्रेज़ी शासकों को भी भारतवासियों से घृणा भी होती थी।[57] वे अपनी श्रेष्ठता क़ायम रखने के लिए इन आदतों को नीचा और असभ्य घोषित कर देते थे। परंतु अंग्रेज़ों ने जाति-व्यवस्था और उससे जुड़ी श्रम व्यवस्था का चमड़ा उद्योग जैसे क्षेत्रों में बख़ूबी इस्तेमाल भी किया। इसमें उनका साथ दिया भारत में प्रचलित ब्राह्मणवादी सोच ने जिसके चलते चमड़े का 'गंदा' काम तथाकथित निचली जातियों के 'गंदे' लोग ही कर सकते थे। युरोप में स्थापित निचले वर्गों और गंदगी के रिश्ते ने अंग्रेज़ी शासन के लिए जाति-व्यवस्था को समझना और उसका फ़ायदा उठाना आसान कर दिया। लेख के अगले हिस्से में हम इसी चमड़ा व्यापार के मौजूदा हालात पर ग़ौर करेंगे।

---

[55] साठ के दशक में सामुदायिक उत्थान कार्यक्रमों के चलते कई चमार समूहों ने यह काम न करने का फ़ैसला लिया जिसके चलते छिलाई और मृत पशु उठाने का भार चमारों से निचली जातियों, जैसे खटीक और भंगी/वाल्मीकि पर आ गया. देखिए, बद्री नारायण (2011) : 42-43.

[56] रामनारायण रावत (2011) : 87 -89.

[57] ई.एम. कलिंघम (2001) : 55-57.

## IV

## गंध, जाति और चमड़ा

गंध के बारे में इस तरीक़े से सोचते हुए एक बार फिर समाजवादी सुगंध की कुछ परतें खोलने का प्रयास किया जा सकता है। समाजवादी सुगंध चिह्नित करने के लिए जिन शहरों का चुनाव किया गया है उनमें से कुछ का गंध से एक ख़ास रिश्ता है। जहाँ एक ओर हम इन शहरों की प्रतिनिधि सुगंध की चर्चा कर रहे हैं, वहीं पिछले भाग की चर्चा से हम यह कह सकते हैं कि एक शहर का गंध-वातायन उसके सामाजिक, राजनीतिक और आर्थिक अस्तित्व से जुड़ा हुआ है। शहर की ऐसी ऐंद्रिक परिकल्पना या सेंसरी इमेजिनेशन हमें शहर को न सिर्फ़ क़रीब से बल्कि गहराई से देखने, चखने, सूँघने और समझने में मदद करती है। ऐसे में उत्तर प्रदेश के इन शहरों का आख्यान उनकी दुर्गंध के बिना अधूरा-सा है। शहरों की दुर्गंध ही काफ़ी हद तक उनकी राजनीति का खुलासा करती है। समाजवादी पार्टी की पहल से एक बड़ी वैचारिक दूरी पर खड़ी है मोहनदास नैमिशराय की आत्मकथा *अपने-अपने पिंजरे*। उत्तर प्रदेश के ही मेरठ शहर का ब्यौरा देते हुए नैमिशराय लिखते हैं :

> शहर में अनगिनत बस्तियाँ थीं, जिनसे सुबह-शाम गंध फूटती थी। उस गंध की अलग-अलग पहचान होती। मुस्लिम बस्तियों में अधिकतर सींक-क़बाबों की तीखी महक़ फूटती। गोश्त की देंगे, ख़मीरी आटे की तंदूरी रोटियाँ, हलीम, बिरयानी। भैंस का गोश्त कटोरों में भर-भर कर पर्दानशीन घरों में पहुँचता। हिंदू-बस्तियों में सुबह जलेबी-कचौड़ी बनायी जाती। शाम को बालूशाही और इमरती। पर हमारी बस्तियाँ नंगी और सपाट होतीं, गंधहीन, पर अजीब सी दुर्गंध परिवेश में फैली होती। घर-घर में चमड़ा भरा होता, आँगन में चमड़े के गीले टुकड़े सूखने के लिए पड़े होते। ऐसी बस्तियों के आसपास हवा चलती तो महसूस होता कि यहीं कहीं चमारवाड़ा है।[58]

नैमिशराय का यह ब्यौरा गंध ही नहीं बल्कि जाति और समुदाय के ऐंद्रिक जाल को बख़ूबी पेश करता है। इन संदर्भों में जाति शायद दिखे न

[58] मोहनदास नैमिशराय (2009 / 1995) : 11-12.

दिखे, लेकिन सूँघी हमेशा जा सकती है। समाजवादी सुगंध दरअसल इस बहुआयामी संदर्भ को सपाट कर देती है। वह एक ऐसी सुगंध की बात करती है जिसका संबंध शहर की एक ऐसी परिकल्पना से है जो साफ़ है, व्यवस्थित है, जिसमें गंध की जगह सुगंध ने ले ली है। शहर दरअसल इस सुव्यवस्थित नज़रिये से कहीं दूर हैं। दुर्गंध का तमगा किस गंध को दिया गया है, वह कहाँ से आ रही है, उसके स्रोत इंसान है या वस्तुएँ, गंध के इन स्रोतों के साथ शहर किस तरह से रहता है और सामाजिक व्यवस्था के मानकों, जैसे कि जाति से इन गंधों का क्या रिश्ता है — इस भाग में हम कुछ ऐसे ही सवालों से जूझेंगे।

बनारस के घाट गंगा और गेंदे के फूलों की सुगंध में तो ज़रूर लिपटे होते हैं, पर साथ ही में इन घाटों पर मृत्यु की गंध का भी अटूट वास होता है। और इस मृत्यु की गंध से जाति की गंध को अलग करना नामुमकिन-सा है। घाटों पर अंतिम संस्कार के रूप में किये जाने वाले रिवाजों में कई जातियाँ हिस्सा लेती हैं। लेकिन रिवाजों के ख़त्म हो जाने के बाद सफ़ाई का जिम्मा प्रायः तथाकथित निचली जातियों, जैसे डोम, का ही है।

अपनी आत्मकथा *मणिकर्णिका* में तुलसीराम बनारस के घाटों पर जाति की इस पकड़ को एक पौराणिक जामा पहना कर समझाते हैं। घाट की सीढ़ियों को याद करते हुए तुलसीराम लिखते हैं :

> आज भी याद आता है कि इन्हीं सीढ़ियों पर नवीं शताब्दी के आदि शंकराचार्य का एक चांडाल (दलित) के साथ शास्त्रार्थ हुआ था, किंतु पंडितों ने इसे अमान्य करते हुए यह कहानी जोड़ दी कि चांडाल को इतनी बुद्धि कहाँ से आ सकती थी जो शंकराचार्य से वार्तालाप करे। अतः उन्होंने अफ़वाह फैला दी कि चांडाल के वेश में साक्षात् शिवजी थे, जो शंकराचार्य की परीक्षा लेने के लिए मणिकर्णिका घाट की सीढ़ियों पर बैठे थे।[59]

जहाँ एक ओर बनारस के घाटों को मृत्यु और डोम से अलग करके देखना संभव नहीं है, वहीं आगरा की सुगंध में ताजमहल के साथ जूतों की गंध भी मिली हुई है। आगरा में पर्यटन और जूता व्यापार आय के दो बड़े

[59] तुलसीराम (2014) : 2.

स्रोत हैं। 1996 के सर्वोच्च न्यायालय के निर्णय के बाद ताजमहल को प्रदूषण से बचाने के लिए उठाए गये क़दमों के चलते शहर में चल रहा लोहे और रसायन का छोटा-सा उद्योग लगभग ख़त्म हो गया। इसी के साथ ही 2000 तक ख़त्म हो गयी शहर में चल रही 10-12 छोटी और मध्यम टेनरीज़ जो आगरा के जूता व्यापार को चमड़ा उपलब्ध करवाती थीं। आज यहाँ पर जूते का व्यापार अभी भी काफ़ी बड़े स्तर पर चल रहा है जिसके लिए चमड़ा कानपुर और चेन्नई से आता है। जूता व्यापार भी काफ़ी दिक़्क़तों से गुज़र रहा है। सबसे बड़ी परेशानी कच्चा माल, यानी खाल और चमड़ा एकत्रित करना है। हाल ही में गोमांस पर छिड़े राजनीतिक विवाद का सीधा असर चमड़ा और जूता उद्योग पर पड़ा है। हालाँकि भारत में ज़्यादातर भैंस का चमड़ा बनता और इस्तेमाल होता है पर बिगड़ते सामाजिक और राजनीतिक माहौल में कई मांस व्यापारियों पर हमले हुए हैं और साथ ही में चमड़ा व्यापार के ख़िलाफ़ भी आवाज़ें तेज़ हो रही हैं।

आगरा शहर ने कई साल पहले ही चमड़े की टेनरी की गंध को भुला दिया है। 2013 में एक बड़े जूता कारख़ाने के मालिक से जब मैंने पूछा कि शहर की विलुप्त टेनरीज़ के बारे में कुछ बताएँ, तो उनका सीधा सा जवाब था कि आगरा में कभी टेनरीज़ रही ही नहीं। यह एकमात्र भूलने का या ग़लती का सवाल नहीं है। आगरा के जूता व्यापार में अगर मालिकों से बात करें, जो ज़्यादातर ऊपरी जातियों से है, तो यही सुनने में आता है कि जूता और चमड़ा दो अलग उद्योग हैं, और इन्हें जोड़ कर न देखा जाए। इनमें से कई का तो दावा भी है कि उन्हें कभी चमड़ा टेनरी में जाने की ज़रूरत ही नहीं पड़ी। यह है ख़ुद को जाति की दुर्गंध से अलग करने का तरीक़ा। आगरा आज अपने को कानपुर से ज़्यादा साफ़, कम दुर्गंधित और एक बेहतर उद्योग का केंद्र मानता है, वहीं अगर इन्हीं कारख़ानों के जाटव और मुसलमान मज़दूरों का मत लें, तो जिन्होंने यहाँ पर टेनरीज़ चलती देखी थीं या फिर उनमें काम भी किया था, उनके मुताबिक़ आज जो कानपुर में घटित हो रहा है आगरा का चमड़ा उद्योग उसी मंदी से गुज़र कर हार मान चुका है।

## कानपुर

अपने शोध कार्य के लिए जब मैंने उत्तर प्रदेश में हो रहे चमड़े के काम पर लोगों से बातचीत करनी शुरू की, तो कई लोगों ने कुछ नाक-भौंह सिकोड़ते हुए अपनी असहमति प्रकट की। इसमें से ज़्यादातर चमड़े के व्यापार में काम करने वाले मध्यम-वर्गीय और उच्च जाति के लोग थे। 'यह कैसा विषय चुन लिया आपने?' लोग अकसर कहते थे, 'यह तो बहुत गंदा काम है, बहुत बदबू आती है।' गंदगी और बदबू का यह संबंध, जिसका ज़िक्र हमने पिछले भाग में भी किया था, चमड़ा व्यापार को समझने का एक ऐसा तरीक़ा है जिसमें जाति के सवाल अपने आप बँध कर चले आते हैं। इसीलिए चमड़े की गंध एक राजनीतिक सवाल है। इस बहुआयामी गंध को केवल बदबू कहना ठीक नहीं होगा। जनवरी, 2015 से कानपुर के जाजमऊ क्षेत्र में चमड़ा टेनरियों पर पर्यावरण प्रदूषण मामले में केंद्र सरकार और नेशनल ग्रीन ट्रिब्यूनल ने लगातार कड़ा रुख़ अपनाया हुआ है। इसके चलते क्षेत्र की चार सौ में से लगभग 98 टेनरीज़ बंद पड़ी हैं और बाक़ी भी आधे-अधूरे तरीक़े से काम कर रही हैं।[60]

एक ओर चमड़ा टेनरी का नाम अपने साथ बदबू और घृणा लेकर आता है जिसका परिणाम कई बार एक दैहिक अवहेलना में निकल सकता है, वहीं दूसरी ओर 'लेदर बैग' या 'जेन्युइन लेदर शूज़' सुनते ही विलास और कामना की संकल्पना सामने आती है। चमड़ा इसी घृणा और इच्छा के दायरे के बीच स्थित है। और इस दायरे की सीमाएँ जाति के नियमों से आकलित हैं। भारत में चमड़ा एक ख़ास क़िस्म की वस्तु है जिसका संपूर्ण अस्तित्व जाति के आधार पर है। औद्योगिक क्षेत्र में शायद ही कोई और ऐसी वस्तु है जिसकी संरचना में ही जाति का इतना आवास हो।[61]

---

[60] फ़ैज़ रहमान सिद्दीकी व अनंत शेखर मिश्रा (2015).

[61] यह कहा जा सकता है. कि कुछ औद्योगिक वस्तुओं के उत्पादन का कुछ विशेष समुदायों से वास्ता है, जैसे कि जुलाहों का बुनाई से लेकिन बुनकर वस्तु अपने में इस समुदाय की छाप समेट कर नहीं रहती है. इस वस्तु को हम प्रदूषित नहीं कहते.

चमड़ा और चर्मकार, वस्तु और कारीगर, एक-दूसरे की अस्पृश्यता के मानक हैं। वे एक-दूसरे के प्रदूषित अस्तित्व को जन्म देते हैं, और उसे आधार भी देते हैं। आर्थिक और सामाजिक नवउदारतावाद के दौर में शायद चमड़े का दूषित अस्तित्व कुछ धुँधला-सा पड़ गया है। चमड़े की वस्तुओं का उत्पादन करने वाले बड़े ब्रांड्स जैसे कि हाई डिजाइन, गूची और प्रादा के चकाचौंध विज्ञापनों में जाति कहीं नज़र नहीं आती। यहाँ तक कि घरेलू समझे जाने वाले विदेशी ब्रांडों जैसे कि बाटा भी चमड़े को एक जातिविहीन शक्ल देने में सफल रहे हैं।

इन सबसे दूर जाति का असली रूप चमड़ा कारख़ानों, टेनरी और जूता कारख़ानों के अंदर नज़र आता है, या कहें तो सूँघने में आता है। चमड़ा बनाने में मरे हुए पशु की ख़ाल छीलना, उसे नमक लगा कर सुखाना, उसे ख़ाल मंडियों तक ले जाना और फिर चमड़ा टेनरी के अंदर उसकी सफ़ाई, रँगाई और उसे चमड़ा बनाने तक की सारी क्रियाओं का ज़िम्मा तथाकथिक अस्पृश्य जातियाँ ही उठाती हैं — फिर वह चाहे हिंदू हों या मुसलमान।

कानपुर से सटे उन्नाव ज़िले[62] में एक बड़ी चमड़ा टेनरी में 'वेट सेक्शन' के सुपरवाइज़र मोहनलाल शर्मा[63] ने मुझे टेनरी का एक 'टुअर' देने का प्रस्ताव रखा। अलग-अलग लोगों के साथ फ़ैक्ट्री और टेनरी के ऐसे कई 'टुअर' मैंने इस शोध के दौरान किये और इस व्यक्ति के ओहदे और जाति के साथ हर बार यह उद्योग एक नये रूप में सामने आया। शर्मा, जो जाति से ब्राह्मण हैं, इस टुअर पर टेनरी से ज़्यादा अपनी कहानी बताने के लिए तत्पर थे। मैं भी एक ब्राह्मण का चमड़ा टेनरी में अनुभव सुनना चाहती थी। बात करते-करते हम टेनरी के उस भाग में चल रहे थे जहाँ खाल मंडी से आयी

[62] कानपुर की लगभग सभी बड़ी टेनरीज़, जो चमड़ा निर्यात का काम करती हैं, अब उन्नाव से काम करती हैं. इसके कई कारण हैं — जैसे कि कानपुर में जगह की कमी, वहाँ पर्यावरण पर गरम होती राजनीति और उन्नाव में बने 'लेदर-पार्क' का साफ़ और नियंत्रित परिप्रेक्ष्य. हालाँकि उन्नाव में भी कई बड़ी टेनरीज़ लेदर-पार्क के बाहर उन्नाव इंडस्ट्रियल एरिया में स्थित हैं. उन्नाव भी कानपुर की तरह प्रदूषण के मामलों से घिरा हुआ है. पर इस पर चर्चा इतनी ज़्यादा नहीं हुई है.

[63] सभी नाम बदल दिये गये हैं, लेकिन बदले नाम में भी उनकी जाति को मूलरूप में रखा गया है.

जानवरों की खालें अपनी 'वेट-ब्लू' तक का सफ़र तय करेंगी। इसे टेनरी का 'वेट-सेक्शन' कहा जाता है और यह टेनरी का सबसे दूषित और दुर्गंधित हिस्सा भी माना जाता है। हर टेनरी में वेट सेक्शन के श्रमिक प्रायः जाटव या खटीक ही होते हैं।[64] शर्मा ने अपनी बात शुरू करते हुए मुझसे पूछा, 'क्या आपको यह बदबू परेशान कर रही है?।' मेरा जवाब सुनने से पहले ही उन्होंने अपनी जेब से रूमाल निकाला और बोले, 'मेरे रूमाल तक में यह बदबू घुस जाती है। मुझे तो अब आदत हो गयी है पर अभी भी जब मैं घर जाता हूँ तो कोई मेरे पास तब तक नहीं आता जब तक मैं नहा नहीं लेता।'[65]

यह विकल्प शर्मा के नीचे काम कर रहे कर्मचारियों के पास नहीं है। उनसे बात करते-करते ही सुबह की शिफ़्ट ख़त्म होने को आयी और वेट सेक्शन के श्रमिक काम बंद करके पास ही में बने स्नानघर की तरफ़ जा रहे थे। क्योंकि काम बंद था, शर्मा मुझे उनके साथ बात करने के लिए समय देकर किसी और कार्य में व्यस्त हो गये। एक लम्बे दिन के बाद, वर्कर्स को घर जाने की जल्दी थी। मेरे अनुरोध करने पर उनमें से तीन श्रमिक — राजू, कमल और मुन्ना पीछे रुक गये। टेनरी के अंदर कुछ साल पहले ही यह स्नान घर बनाया गया था। इन वर्कर्स का मानना था कि यह विदेशी क्लाइंट्स और उनके टेनरी के दौरों का असर है। इससे पहले श्रमिक कपड़े बदल कर घर जाते थे ताकि टेनरी की बदबू कुछ कम हो सके। राजू के मुताबिक़, हालाँकि उनकी बस्ती में सब एक ही जाति के लोग रहते हैं, फिर भी कई लोग यह नहीं बताते की वे टेनरी में काम करते हैं। 'कारख़ाने में काम करते हैं बोलने से चल जाता है,' राजू हँस कर बोला। पीछे

[64] जाजमऊ की एक छोटी टेनरी में फ़िनिशिंग का काम करने वाले इस्लाम भाई ने एक साक्षात्कार में बताया कि 'वेट-सेक्शन' में तो अकसर मुसलमान भी काम करने से मना कर देते हैं (आम्बेडकर नगर, कानपुर, जनवरी, 2015). फ़िनिशिंग का काम चमड़ा पकने के बाद किया जाता है. और आमतौर पर इसमें ज़्यादा गंध और गंदगी नहीं होती है.

[65] चमड़ा उद्योग में आमतौर पर ऊँची जाति के लोग या तो मालिक होते हैं या फिर 'ड्राई-सेक्शन' (यानि चमड़ा पकने के बाद के कार्य जैसे कटाई, स्प्लिटिंग और फ़िनिशिंग) में सुपरवाइज़र या श्रमिक के तौर पर काम करते हैं. शर्मा जैसे कुछ ही ऊँची जाति के सुपरवाइज़र 'वेट-सेक्शन' में मिलेंगे. इनमें से कई के पास लेदर इंजीनियरिंग की डिग्री या फिर लेदर टेक्नोलॅजी का डिप्लोमा है. शर्मा ने बताया कि दरअसल वे सिविल या मेकेनिकल इंजीनियरिंग करना चाहते थे, पर सीट न मिलने पर लेदर की ब्रांच चुन ली. चूँकि चमड़े का बड़ा निर्यात होता है इसलिए ऐसा भी सोचा जाता है कि यहाँ पैसा अच्छा मिलेगा.

से मुन्ना सर हिलाते हुए राजू की बात काटते हुए बोला, 'अरे, सबको पता होता है कौन कहाँ काम करता है। हम चाहे जितना भी नहा लें, जितने भी कपड़े बदल लें, लेकिन बस्ती में घुसते ही जब किसी के पीछे कुत्ते भागने लगते हैं तो सब समझ जाते हैं कि वह टेनरी से वापस आ रहा है।' मुन्ना शायद कुछ ज़्यादा बता गया। इसके बाद कोई और कुछ नहीं बोला और एक-एक करके तीनों स्नानघर की तरफ़ चले गये और मैं शर्मा को ढूँढ़ने।

कानपुर को अकसर टेनरीज़ और उनमें काम करने वाले लोगों की इसी गंध से पहचाना जाता है। एक ओर शर्मा भी इस गंध से परेशान हैं, लड़ रहे हैं। लेकिन जाति व्यवस्था, समाज और अर्थव्यवस्था में उनका स्थान उन्हें साफ़ होने का एक मौक़ा देता है। टेनरीज़ से मिल रही अच्छा वेतन भी काफ़ी हद तक चमड़े की गंध को व्यवस्थित करने में सहयोग करती है, वहीं मुन्ना के पास इनमें से कुछ नहीं है। उसकी जाति दरअसल चमड़े की गंध को और तीखा कर देती है, सिर्फ़ उसके लिए नहीं बल्कि समाज के लिए भी।

मृत्यु से जुड़ी दोनों ही जातियाँ — डोम और चमार जो मृत पशु को ठिकाने लगाने और उनसे चमड़ा बनाने का काम करते हैं, इस दूषित अवस्था से निरंतर गुज़रती रहती हैं। साथ ही दूषित अवस्था में रहती है गंगा, जिसमें बनारस के घाटों से आने वाली मृत्यु और कानपुर के चमड़ा उद्योग से निकला दुर्गंधित नीला पानी दोनों ही निरंतर बहते रहते हैं। क्या डोम और चमार के दूषित शरीर और उस दूषित गंगा में कोई फ़र्क़ है? यह फ़र्क़ स्थित है जाति के दायरे में, जहाँ गंगा की तरह डोम और चमार का शरीर साफ़ नहीं किया जा सकता। एक तरह से समझें तो गंगा का पानी दो प्रकार के प्रदूषण से ग्रस्त है — पहला, मृत्यु और चमड़े का भौतिक प्रदूषण जैसे की अस्थियाँ, राख, फूल, शव, टेनरी में इस्तेमाल किया जाने वाले रसायन, जैसे क्रोम-6, जानवर की खाल में चिपके मांस और चर्बी इत्यादि; और दूसरा मृत्यु और चमड़े का जातिगत प्रदूषण जो घाटों और टेनरीज़ में सूँघने को मिलता है और जो यहाँ के मज़दूरों के बदन से चिपक कर उनके साथ सारे सामाजिक क्षेत्र में फैल

जाता है। इस दूसरे प्रकार के प्रदूषण से गंगा की सफ़ाई करना थोड़ा मुश्किल कार्य है क्योंकि मृत्यु और चमड़े की दुर्गंध को समझने और उससे निपटने के लिए पहले इन कार्यों के जातिसूचक अस्तित्व से निपटना होगा।

बनारस की सुगंध भी तुलसीराम की कहानी जैसी ही है जो चांडाल को शिव बता कर अपना अस्तित्व बचा रही है। बनारस की सुगंध को तो शायद गंगा और गेंदे में ढँक कर बेचा जा सके — पर सोचने की बात है कि अगर कानपुर की सुगंध निकालने का फ़ैसला लिया जाए तो क्या होगा? शायद कानपुर शहर ही इस बात पर ज़ोर से हँस देगा। कानपुर में गंध का केवल एक पर्याय है और वह है चमड़े की गंध।

## V
## अंत में

चमड़ा उद्योग अस्पृश्यता पर या अस्पृश्य श्रम पर ही टिका हुआ है। शोरूम में रखे, उस चमचमाते हुए लेदर बैग को जब हम सूँघ कर उसकी प्रामाणिकता का सच खोजते हैं तो असल में हम अस्पृश्यता और जाति की गंध सूँघ रहे होते हैं। जहाँ एक ओर लेदर बैग की वह गंध हमें ख़ुशबू लगती है, वहीं टेनरी से आ रही गंध, और ख़ासकर टेनरी मज़दूरों के बदन से आ रही गंध हमें न सिर्फ़ बदबू लगती है बल्कि उससे घृणा होती है। एक जातिगत ऐंद्रिक सत्ता पर व्यवस्थित इन शहरों और मानसिकताओं में जाति की गंध की कोई जगह नहीं है। जाति की गंधों को बाहर धकेलने का भरसक प्रयास जारी है — कभी गोमांस के नाम पर, तो कभी टेनरीज़ के प्रदूषण का हवाला दे कर। उत्तर प्रदेश सरकार कई तरह के पार्क बनाने की कोशिश में है। जहाँ एक ओर अरोमा पार्क होगा वहीं दूसरी ओर लेदर पार्क। दोनों में से ही गंध छुप कर बाहर आएगी और एक तथाकथित गंधहीन शहर को कुछ अव्यवस्थित कर देगी। इस शहर को दरअसल इत्र और चमड़े दोनों की चाहत है। अब सवाल यह है कि इस शहर की गंध कैसी होगी?

## संदर्भ

अभीत सिंह सेठी (2015), 'उत्तर प्रदेश लीड्स इंडिया इन कम्युनल वायलेंस', *सिफ़ी न्यूज़*, 7 अक्टूबर, http://www.sify.com/news/uttar-pradesh-leads-india-in-communal-violence-news-columns-pkhkjSefaacac.html.

अवधेन्द्र शरण (2014), *इन द सिटी, आउट ऑफ़ प्लेस : नुइसेंस, पोल्यूशन ऐंड ड्वेलिंग इन डेल्ही, 1850-2000,* ऑक्सफ़र्ड युनिवर्सिटी प्रेस, नयी दिल्ली.

ओमप्रकाश वाल्मीकि (2009)(1997), *जूठन*, राधाकृष्ण प्रकाशन , नयी दिल्ली.

ई.एम. कलिंघम (2001), *इम्पीरियल बॉडीज़ : द फ़िज़िकल एक्सपीरियंस ऑफ़ द राज,* 1800 - 1947, पॉलिटी प्रेस, केम्ब्रिज.

एख़्रिड जौत्तर (2014), 'सेंट ऑफ़ अ फ्लावर : नोट्स ऑन ऑल्फ़ेक्शनइन हिंदू वर्शिप', *एक्सेल माइकल्स व क्रिस्टॉफ़र वुल्फ़ (सं.), एक्सप्लोरिंग द सेंसेज़*, रौटलेज, नयी दिल्ली.

एह्लां कोरबह (1986), *द फ़ाउल ऐंड द फ्रेग्रांत : ऑडर ऐंड द फ्रेंच सोशल इमेजिनेशन*, हार्वर्ड युनिवर्सिटी प्रेस, केम्ब्रिज.

केल्विन ई.वाई. लो (2005), 'रुमिनेशंस ऑन स्मेल एज़ अ सोसियो-कल्चरल फ़िनोमेनन', *करंट सोसियोलॉजी*.

कॉन्स्टेंस क्लैसें (1993), *वर्ल्ड्स ऑफ़ सेंस : एक्सप्लोरिंग द सेंसेज़ इन हिस्ट्री ऐंड अक्रॉस कल्चर्स*, रौटलेज, लंदन.

कॉन्स्टेंस क्लैसें, डेविड हॉव्ज़ और एंथनी सीनोत (1994), *अरोमा : द कल्चरल हिस्ट्री ऑफ़ स्मेल*, रौटलेज, लंदन व न्यू यॉर्क.

कॉन्स्टेंस क्लैसें (1998), *द कलर ऑफ़ एंजेल्स : कोस्मोलॉजी, जेंडर ऐंड द एस्थेटिक इमैजिनेशन*, रौटलेज, लंदन.

क्रिस्टॉफ़र ओटर (2004), 'क्लीनज़िंग ऐंड क्लैरिफ़ाइंग : टेक्नोलॉजी ऐंड परसेप्शन इन एटींथ सेंचुरी लंदन', *जर्नल ऑफ़ ब्रिटिश स्टडीज़*, खंड 43, अंक 4.

गोपाल गुरु व सुंदर सरुक्कई (2012), *द क्रैक्ड मिरर : एन इंडियन डिबेट ऑन एक्सपीरियंस ऐंड थियरी*, ऑक्सफ़र्ड युनिवर्सिटी प्रेस, नयी दिल्ली.

ज़रीन अहमद (2013), 'मार्जिनल ओक्युपेशंस ऐंड मॉडर्नाइज़िंग सिटीज़ : मुस्लिम बुचर्स इन अर्बन इंडिया', *इकनॉमिक ऐंड पॉलिटिकल वीकली*, खंड 48, अंक 32.

जिम ड्रोब्निक (2005), 'वोलेटाइल इफ़ेक्ट्स : ओल्फ़ैक्टरी डायमेंशंस ऑफ़ आर्ट ऐंड आर्किटेक्चर', डेविड हॉव्ज़ (सं.), *एम्पायर ऑफ़ द सेंसेस : द सेंसुअल कल्चर रीडर*, बर्ग.

जी.डबल्यू. ब्रिग्स (2004 / 1920), *द चमार्स, लो प्राइस पब्लिकेशन*, नयी दिल्ली.

जेम्स मैकह्यू (2012), *संदलवुड ऐंड करिऑन : स्मेल इन इंडियन रिलीजन ऐंड कल्चर*, ऑक्सफ़र्ड युनिवर्सिटी प्रेस, न्यू यॉर्क.

जॉर्ज ऑरवेल (2001 / 1931), *द रोड टू विगन पियर*, पेंगुइन, लंदन.

जोस हैन्किंस (2014), *वर्किंग स्किन : मेकिंग लेदर, मेकिंग अ मल्टीकल्चरल जापान*, युनिवर्सिटी

ऑफ़ कैलिफ़ोर्निया प्रेस, ऑकलैंड.
टिमोथी डी. एमोस (2011), *एम्बोडिंग डिफ़रेंस : द मेकिंग ऑफ़ बुराकुमिन इन मॉडर्न जापान*, नवयान, नयी दिल्ली.
*डेक्कन क्रॉनिकल* (2016) 'समाजवादी सुगंध इज़ द स्मेल ऑफ़ सक्सेस इन उत्तर प्रदेश', 17 मार्च.
तुलसीराम (2014), *मणिकर्णिका*, राजकमल प्रकाशन , नयी दिल्ली.
डेविड हॉव्ज़ (2003), *सेंसुअल रिलेशंस : एंगेजिंग द सेंसेज़ इन कल्चर ऐंड सोशल थियरी*, युनिवर्सिटी ऑफ़ मिशिगन प्रेस, एन आर्बर.
फ़ैज़ रहमान सिद्दीकी व अनंत शेखर मिश्रा (2015), 'एनजीटी डिसीज़न ऑन कानपुर टेनरीज़ हेल्ड', *द टाइम्स ऑफ़ इंडिया*, 28 मई.
बद्री नारायण (2011), *द मेकिंग ऑफ़ द दलित पब्लिक इन नॉर्थ इंडिया*, उत्तर प्रदेश, 1950-प्रेज़ेंट, ऑक्सफ़र्ड युनिवर्सिटी प्रेस, नयी दिल्ली.
मार्क एम. स्मिथ (2006), *हाउ रेस इज़ मेड : स्लेवरी, सेग्रेगेशन* ऐंड द *सेंसेज़*, युनिवर्सिटी ऑफ़ कैरोलिना प्रेस, चैपल हिल.
मोहनदास नैमिशराय (2009 / 1995), *अपने-अपने पिंजरे : भाग 1*, वाणी प्रकाशन , नयी दिल्ली.
रामनारायण रावत (2011), *रिकंसीडरिंग अनटचेबिलिटी : चमार्स ऐंड दलित हिस्ट्री इन नॉर्थ इंडिया*, इंडियाना युनिवर्सिटी प्रेस, ब्लूमिंगटन.
लालमणि वर्मा (2016), 'हाउ लखनऊ वाज़ सिलेक्टेड एज़ अ स्मार्ट सिटी', द *इंडियन एक्सप्रेस*, 24 मई.
विलियम क्रूक (2012 / 1906), *नेटिव्ज़ ऑफ़ नॉर्थर्न इंडिया, नियोगी बुक्स*, नयी दिल्ली.
वीर अर्जुन सिंह (2016), 'फ़ोर कैपिटल्स, 12 स्टेट्स : इंडियाज़ टॉप 20 स्मार्ट सिटीज इन नवंबर्स', *एनडीटीवी*, 28 जनवरी.
स्वाति माथुर (2016), 'अखिलेश यादव लॉन्च्ड समाजवादी गंध टू यूनाइट आल', *द टाइम्स ऑफ़ इंडिया*, 16 मार्च.

# बंजारा समाज

## सभ्य नागरिक से अपराधी जाति की ओर

जितेंद्र सिंह

*प्रतिमान,* जुलाई-दिसंबर, 2019, वर्ष 7, अंक 14 में पूर्व-प्रकाशित : पृ.सं. 281-300.

अपराधी जनजाति अधिनियम प्रावधान को लेकर मैं चिंतित हूँ। यह नागरिक स्वतंत्रता का निषेध करता है। इसकी कार्यप्रणाली पर व्यापक विचार किया जाना चाहिए और कोशिश की जानी चाहिए कि इसे संविधान से हटाया जाए। किसी भी जनजाति को 'जन्मजात अपराधी' क़रार नहीं दिया जा सकता। यह सिद्धांत न्याय और अपराधियों से निपटने के किसी भी सभ्य सिद्धांत से मेल नहीं खाता।

— जवाहर लाल नेहरू[1]

## I
## प्रस्तावना

भारतीय संविधान में विमुक्त और घुमंतू जनजातियों का उल्लेख नहीं है। यह दस्तावेज़ ख़ुद को अनुसूचित जाति (अजा), अनुसूचित जनजाति (अज) और अन्य पिछड़े वर्ग (अपिव) तक सीमित रखता है। महाराष्ट्र और गुजरात जैसे कुछ राज्यों को छोड़ कर ज़्यादातर विमुक्त और घुमंतू जनजातियाँ सामाजिक क्षेत्र के प्रबंधन से बाहर हैं। इन समुदायों की बड़ी संख्या अजा, अज और अपिव की सूची में होने के बावजूद, संघ और राज्यों द्वारा शुरू किये गये सकारात्मक कल्याणकारी कार्यक्रमों का लाभ नहीं उठा पायी है। परिणामस्वरूप, ऐसे समुदाय अशिक्षा और अज्ञानता के कारण भारतीय समाज के सबसे वंचित और कमज़ोर वर्ग बने हुए हैं। इस शोध-आलेख में बंजारा, घुमंतू, अर्ध-घुमंतू, विमुक्त जनजाति जैसे शब्दों का प्रयोग बारम्बार किया गया है। परिभाषाओं की दृष्टि से इन तीनों समुदायों की श्रेणियों में सूक्ष्म अंतर देखने को मिलता है। घुमंतू और अर्ध-घुमंतू, विमुक्त जनजातियों को परिभाषित करने के संबंध में वैचारिक स्पष्टता की अधिक आवश्यकता है।

बंजारा — इस शब्द का प्रयोग प्राचीन और मध्यकालीन भारत के लेखन में अधिक हुआ था। जीवन-भर यायावरी के चलते बंजारा समुदाय सफ़र का पर्याय बन चुके थे। बंजारों का न कोई ठौर ठिकाना होता था, न ही घर-द्वार। किसी स्थान-विशेष से भी इनका ख़ास लगाव नहीं होता था। एक स्थान पर

[1] *एक्स क्रिमिनल ट्राइब्स ऑफ़ इंडिया* ऐक्ट में उद्धृत.

ठहरते ही नहीं थे। सादियों से बंजारे देश के दूर-दराज़ इलाक़ों में निडर होकर यात्राएँ और व्यापार करते रहे हैं। घुमंतू — ऑक्सफ़र्ड एडवांस्ड लर्नर्स डिक्शनरी में घुमंतू को एक जनजाति का सदस्य या ऐसे लोगों के रूप में परिभाषित किया है जो अपने जानवरों के साथ एक जगह से दूसरी जगह जाते हैं और उनका कोई स्थायी घर नहीं होता। यहाँ दिया गया दूसरा अर्थ है : वह व्यक्ति जो एक स्थान पर लम्बे समय तक नहीं रुकता। अर्ध-घुमंतू — वे समुदाय हैं, जिनके पास गाँवों से दूर एक निश्चित निवास स्थान है, जहाँ वे बारिश के मौसम में रहते हैं। वर्ष के शुष्क महीनों के दौरान, वे आजीविका के लिए भिन्न-भिन्न स्थानों पर भ्रमण करते रहते हैं। विमुक्त जनजातियाँ — यह अभिव्यक्ति उन सभी समुदायों के लिए है, जिन्हें पूरे भारतीय क्षेत्र में 1871 से 1947 के बीच ब्रिटिश शासन के दौरान लागू किये गये आपराधिक जनजाति अधिनियमों के कई संस्करणों के तहत अधिसूचित किया और आज़ादी के बाद इन अधिनियमों को दोषनिवृत्ति द्वारा 'निरूपित' किया गया। आयंगर समिति द्वारा ऐसे समुदायों की सूची तैयार की गयी थी। मैंने बुंदेलखंड क्षेत्र के जिस कबूतरा समुदाय का अध्ययन इस शोध-आलेख में प्रस्तुत किया है, वह राज्य द्वारा बनाई गयी किसी भी श्रेणी में नामांकित नहीं है।

### भारत का बंजारा समुदाय

भारत की प्राचीन भाषाओं के साहित्य में बंजारा शब्द की व्युत्पत्ति व अर्थ का पता चलता है। ऋग्वेद में जिंसों के क्रय-विक्रय से संबंधित व्यक्ति को 'वणिज्य' कहा गया है।[2] डॉ. ग्रियर्सन ने संस्कृत के 'वाणिज्य' शब्द के साथ बंजारा शब्द का संबंध स्थापित किया है : वाणिज्य-वणिज्यकार-बानिज्जारो-बंजारा।[3] इस तरह कहा जा सकता है कि बंजारा शब्द जातिसूचक नहीं, व्यवसाय सूचक है। यह शब्द अपने आप में एक पूरी जीवन-शैली और संस्कृति समेटे हुए है यह सम्बोधन सुनते ही एक ऐसे

[2] ऋग्वेद 11.12.11 : 5/45/6.

[3] डॉ. ग्रियर्सन (1883) : 172.

व्यक्ति अथवा समुदाय की तस्वीर मस्तिष्क में उभरती है जो घुमक्कड़ ,अस्थायी डेरा डालने वाले, अलग पोशाक, विरासत, रीति-रिवाज और भाषा उन्हें बहुसंख्यक जनता से अलग पहचान देती है। एक समय भारत के व्यापार में इनका महत्त्वपूर्ण योगदान था। वे मूल रूप से अनाज, नमक, बाँस, जलावन, मनके, कौड़ियाँ, शंख और अन्य आवश्यक वस्तुओं को सुदूर बीहड़ और दुर्गम क्षेत्रों में रहने वाले लोगों तक पहुँचाते थे।

बंजारा समुदाय स्वयं को एक घुमंतू समुदाय मानता है। बंजारों को घुमंतू व्यापारियों के समूह के रूप में वर्णित किया जाता था। पृथक् समूहों में, दूसरों से अलग-थलग रहने की उनकी आदतें, उनके घुमंतू दिनों की एक विशेषता थी। यह विशेषता अभी भी मौजूद है।[4] वे आजीविका की तलाश में जगह-जगह भटकते रहते थे।[5] एक समय ऐसा भी था जब राष्ट्रीय जीवन में इनका बहुत महत्त्व था। वर्तमान में इनकी दयनीय दशा समझने के लिए इनके जीवन को ऐतिहासिक परिप्रेक्ष्य में देखना ज़रूरी है।

**प्राचीन काल** : बंजारों का अपना ऐतिहासिक लेखा-जोखा है, जो बताता है कि उनका मूल निवास उत्तर पश्चिमी भारत में ही कहीं था। उन्हें आज के पाकिस्तान और बलूचिस्तान क्षेत्र के निवासियों के रूप में देखा जाता था।[6] उनकी उपस्थिति यूनानी सभ्यता से लेकर हड़प्पा और मोहन-जोदड़ो तक मिलती है। उनके वैश्विक संगठन को रोमा जिप्सी के नाम से जाना जाता था। रोमा दुनिया के लगभग साठ देशों में पाए जाते थे। इनकी यायावरी के संबंध में भी कई किंवदंतियाँ प्रचलित हैं। बलिराम पाटिल ने बंजारा संस्कृति के विश्लेषण में इन्हें राजस्थान से संबंधित जाति माना है। प्राचीन राजस्थान की जातियों में एक बहुत बड़ा पिछड़ा वर्ग था, जिसके कई लोग रोज़ी-रोटी के लिए देश में दूर-दूर तक चले गये। इनमें एक गोर नामक जाति थी जिसके पास चौपाए भी थे। समय के साथ उनके चौपायों की संख्या बढ़ती गयी और जीवन-निर्वाह की व्यापक पृष्ठभूमि बनती चली गयी।[7]

---

[4] नाइक और नाइक (2012) : 05.

[5] ट्रैवेल (2009) : 14.

[6] नागवेनी टी. (2014) : 04.

[7] बलिराम पाटिल (2015) : 04.

दंडी के *दशकुमार चरित* के आधार पर एम.एम. इलियट ने बंजारों का समय ईसापूर्व चौथी शताब्दी निर्धारित किया है। उन्होंने लिखा है 'बंजारा और कोई नहीं, वे वही प्राचीन ट्राइब्ज़ हैं जो चौथी सदी ईसापूर्व में छोटे-छोटे टेंटों (डेरों) में रहते थे। वे अन्न ढोने के लिए अपने बैल भाड़े पर देते थे।[8] इस तरह यह जनजाति एक सुनिश्चित इतिहास रखती है। प्राचीन काल में ही भारत की सीमाओं से परे बंजारों का पलायन स्वयं ही उनके नृजातिविज्ञान को सिद्ध करता है।

**मध्यकाल** : रसेल और हीरालाल का मानना है कि राजस्थान के मूल निवासी 'गोर' या 'चारण' मध्यकालीन भारत में बंजारा नाम से प्रख्यात हुए। पूरे देश में इस जनजाति की प्रसिद्धि कुशल सार्थवाह के रूप में थी।[9] 'अकाल के समय बंजारे नेपाल, चीन, तिब्बत, ईरान, काबुल आदि देशों से अनाज लाते और अकालग्रस्त क्षेत्रों में पहुँचाते थे। इनके साहस और परिश्रम से प्रसन्न हो कर जागीरदारों ने इन्हें पुरस्कार भी प्रदान किये। इससे स्पष्ट पता चलता है कि मध्यकाल में बंजारों का प्रमुख व्यवसाय पशुओं की पीठ पर व्यावसायिक वस्तुएँ लाद कर विभिन्न क्षेत्रों में विक्रय करना था। इसी सिलसिले में प्रख्यात उर्दू कवि नज़ीर अकबराबादी ने लिखा है :

तू है लक्खी बंजारा। टांडा है तेरा भारी।
गफ़लत दिल में मत रखना। तू बहुत बड़ा व्यापारी।।
व्यापार तेरा सच्चा और ख़ुदा का तू है प्यारा।
लाख अशर्फ़ी लक्खी तोल कौन करेगा व्यापार।।

विभिन्न राजघरानों, जागीरदारों, मुग़लों और अंग्रेज़ों के साथ उनके संबंधों ने उन्हें सामाजिक-आर्थिक गतिशीलता प्राप्त करने में मदद की। मुग़ल काल के दौरान व्यापार और वाणिज्य का विकास हुआ। बंजारे अलाउद्दीन खिलजी के द्वारा वस्तुओं की ख़रीद, ढुलाई, क्रय-विक्रय के मूल्य नियंत्रण तंत्र के चलते सक्षम हुए थे। मुस्लिम शासकों ने लोगों तक अनाज की

---

[8] हेनरी मायर्स इलियट (1869) : 229.

[9] रॉबर्ट वेन रसेल और हीरालाल (1975) : 213.

नियमित आपूर्ति सुनिश्चित करने के लिए कुछ नियम बनाए थे।[10] उनके पास मुख्यतः व्यापार के उद्देश्य के लिए 10,000-20,000 बैल थे। कठिन पगडंडियों वाले क्षेत्रों में खाद्यान्न-पूर्तिकर्ता के रूप में उन्होंने अपनी सेवाएँ प्रदान कीं। युद्ध के दौरान बंजारों ने मुग़ल शासकों तथा सेना के बीच विश्वास और साख हासिल कर ली थी।[11] मुग़लों ने उन्हें कई विशेषाधिकार प्रदान करके पुरस्कृत किया।

मध्यकाल में व्यापार का माध्यम हुंडी था जिसे बंजारों द्वारा बख़ूबी प्रयोग किया जाता था। अबुल फ़ज़ल ने इसके बारे में लिखा है — इस देश में जब किसी को दूर धन ले जाना होता था तो बिना यात्रा-वाहन पर ख़र्च किये वह अपना धन साहूकार को दे देता था। उसे उस धन के बदले लिखा हुआ काग़ज़ का टुकड़ा देता था जिसे दिखा कर वह गंतव्य स्थान पर जा कर पूरा धन वसूल कर सकता था। इस प्रकार से व्यापार को सुगमता प्रदान करते हुए बंजारे (व्यापारी) व्यापार में अपनी उपस्थिति और विश्वास को सुनिश्चित कर पा रहे थे।[12]

बंजारे न केवल व्यापार में ही अग्रणी थे बल्कि समय-समय पर राजनीति में भी अपना लोहा मनवाने में पीछे नहीं रहे थे। इन लोगों ने समसामयिक राजनीति में भी बढ़-चढ़ कर हिस्सा लिया और सतारा के मराठा शासकों, पूना के पेशवाओं, हैदराबाद के निजाम और मैसूर तथा मराठा युद्धों में अंग्रेज़ों के अधीन सेवा भी की थी। बंजारों ने मध्यकाल में स्थानीय व्यापार में सक्रिय रूप से भाग लिया और लोगों को खाद्यान्न, कच्चे माल, वस्त्र, रेशम, खच्चर और अन्य वस्तु उपलब्ध करायीं। वे थोक में माल की ढुलाई करने में विशेषज्ञ थे। वे कभी-कभी बड़े व्यापारियों के लिए हज़ारों बैलों पर अनाज और अन्य आवश्यक वस्तुओं को लाद कर अपने परिवारों के साथ लम्बी दूरी तय करते थे।[13] उनके कारवाँ सेना को अनाज की आपूर्ति कराने के लिए राज्य के

[10] रॉबर्ट वेन रसेल और हीरालाल (1975) : 11.

[11] बी.जी. हालबर (1986) : 02.

[12] हरिश्चंद्र वर्मा (1993) : 462.

[13] सेल्फ़ स्टडी हिस्ट्री (2015) : 12.

संरक्षण में चलते थे। इसी वजह से 'कारवानियन' के रूप में भी जाना जाता था।[14] मध्यकाल के प्रसिद्ध सूफ़ी कवि जायसी ने अपने काव्य *पद्मावत* में एक स्थान पर वर्णन किया है — 'चित्तौड़गढ़ कर इक बंजारा सिंघलदीप चला बेपारा'। वस्तुतः बंजारे अठारहवीं शताब्दी तक व्यापारिक लेन-देन के दृष्टिकोण से भारत और बाक़ी दुनिया के बीच सेतु का काम करते थे।

**औपनिवेशिक काल** : उन्नीसवीं सदी में व्यापार तथा परिवहन का स्वरूप बदल गया। रेलवे और सड़क मार्गों की शुरुआत के साथ ही बंजारों की व्यापारिक गतिविधियों में ठहराव-सा आ गया। 1853 में भारत में रेल की पटरी बिछने के बाद बंजारों की परिवहन व्यवस्था निरर्थक हो गयी। पशुओं की पीठ पर माल ढोने का कठिन कार्य अब रेल से आसानी से किया जाने लगा। रेलवे और अन्य परिवहन सेवाओं ने पूरे देश में संचार सुविधाओं का विस्तार किया। लम्बी दूरी तक थोक में सामान को ढोने वाले समूह के रूप में बंजारों की भूमिका औपनिवेशिक शासन द्वारा लगभग समाप्त कर दी गयी। तभी से बंजारों का व्यवसाय अस्तव्यस्त होता चला गया।[15] मुग़ल साम्राज्य का पतन होते-होते भारत की राजनीतिक परिस्थितियों में भारी फेर-बदल हुआ। इसका असर बंजारों के व्यवसाय पर भी पड़ा। अंग्रेज़ और हिंदुस्तानी शासकों में जो युद्ध छिड़े उनमें इन्हें ज़बर्दस्ती घसीटा गया। बंजारों को राजपूत, मराठा, मुसलमान, अंग्रेज़ और फ्रांसीसी सेनाओं को युद्ध क्षेत्रों में रसद पहुँचाने का कार्य करना पड़ा। युद्ध में लड़ने वाले दोनों विरोधी दल रसद के लिए इन्हें आदेश देते थे। उन्हें परस्पर विपरीत पक्षों की टुकड़ियों को खाद्य-सामग्री पहुँचाई जाती थी।[16] बलिराम पाटिल ने लिखा है : हिंदुस्तानी शासकों ने बंजारों को सामरिक शस्त्र वहन करने, फ़ौजी जवानों को खाद्यान्न सप्लाई करने तथा आपातस्थिति में जवाबी कार्यवाही करने की अनुमति दे रखी थी।[17] अनाज ख़रीदने के लिए इन

[14] गोविंद राठौड़ (2014) : 08.

[15] बरार सेंसस रिपोर्ट (1881) : 132.

[16] विलियम इर्विन (1922) : 192.

[17] बलिराम पाटिल (2014) : 10.

लोगों को सेना के कमांडरों से पेशगी मिलती थी। पेशगी के रुपयों से अनाज ख़रीद कर छावनी तक पहुँचाया जाता था। सेना नायकों के आदेश का अनिवार्य रूप से पालन करना पड़ता था। ख़रीदे गये अनाज का हिसाब ये लोग सेना के मुखिया को देते थे। इनके टांडों पर दोनों दल के लड़ाकुओं की कड़ी निगरानी रहती थी। अपने शत्रु दल की टुकड़ियों को रसद न पहुँचे — इस ताक में दोनों शत्रु दल बैठे रहते थे और मौक़ा पाते ही सेना टांडे पर टूट पड़ती थी। बंजारों से अनाज छीन लिया जाता था। दूसरी ओर पेशगी न चुकाने के आरोप में इनको सूली पर चढ़ा दिया जाता था।[18] फ़िरोज़शाह बहमन के भाई खानान ने इनके कई हज़ार बैलों को ज़ब्त कर लिया था।[19]

औपनिवेशिक शासन के दौरान बंजारों को लूट, डकैती, मवेशी उठाने और बच्चों के अपहरण जैसे अपराधों की ओर ढकेल दिया गया। ब्रिटिश शासक अपनी ग़लत अवधारणाओं के चलते बंजारों के प्रति क्रूर थे। वे लम्बे समय तक अपने व्यापारिक संबंधों को जारी नहीं रख सके, क्योंकि अंग्रेज़ों ने अपने ख़िलाफ़ लड़ रही स्थानीय सेनाओं तक को उनके द्वारा माल की आपूर्ति और उनकी गतिशीलता पर आपत्ति जतायी। ब्रिटिश ने आपराधिक वर्गों के साथ बंजारों को भी आपराधिक जनजातियों के रूप में अधिसूचित कर दिया। 1871 में आपराधिक जनजातीय अधिनियम के लागू होने के साथ हालात और भी अधिक कठोर हो गये।[20] यह बंजारा समुदाय के लिए एक बड़ा सामाजिक और आर्थिक नुक़सान था। 1924 में समग्र आपराधिक जनजाति अधिनियम के लागू होने के बाद उन पर कुछ और प्रतिबंध लगा दिये गये थे। अंग्रेज़ों ने बंजारों पर युद्धग्रस्त इलाक़ों को लूटने का आरोप लगाया। औपनिवेशिक शासन के दौरान, व्यापारियों के रूप में आर्थिक तौर पर आत्मनिर्भर बंजारे लुटेरे पूँजीवाद का शिकार हो गये।[21] अंग्रेज़ अधिकारियों

---

[18] यशवंत जाधव (1992) : 4-5.

[19] बलिराम पाटिल (2014) : 204.

[20] बी.जी. हालबर (1986) : 02.

[21] नागवेनी टी. (2014) : 04.

द्वारा मुख्य आजीविका से वंचित किये जाने के कारण बंजारे आर्थिक रूप से कमज़ोर हो गये। आधारभूत ढाँचे और आधुनिक नागरिक सुविधाओं के विकास ने व्यावहारिक रूप से बंजारों की अर्थव्यवस्था को और कमज़ोर किया।[22]

दरअसल, अनाज-परिवहन में अंग्रेज़ बंजारों के एकाधिकार से नाराज़ थे और उनके साथ कठोर व्यवहार करते थे। अधिनियम ने जीवन का ख़ानाबदोश तरीक़ा ही ख़तरे में डाल दिया।[23] लेकिन, बंजारों ने बीसवीं सदी में एक नयी ताक़त के साथ प्रवेश किया।[24] उन्होंने अपनी आजीविका और आत्मछवि को बचाए रखने की इच्छा के बीच सफलतापूर्वक सामंजस्य बैठाया। धीरे-धीरे उन्होंने स्थानीय संस्कृति को अपना लिया और अपने अस्तित्व और विकास के लिए उन्होंने स्थानीय पर्यावरण के साथ स्वयं को समायोजित कर लिया। थर्सटन और ग्रियर्सन जैसे इतिहासकारों ने प्रलेखित किया है कि बंजारे अपनी आजीविका के लिए वन उत्पाद की बिक्री और चरवाहे के काम पर निर्भर थे। लेकिन अंग्रेज़ों ने वनों और वन्य जीव संरक्षण के जो अधिनियम बनाए उनसे बंजारों को आर्थिक रूप से नुक़सान उठाना पड़ा था। इससे प्राकृतिक संसाधनों पर उनकी हक़दारी ख़त्म होती चली गयी। आवास के अभाव में बंजारों को ग्रामीण शहरी क्षेत्रों, पहाड़ी स्टेशनों और अन्य दूरदराज़ के क्षेत्रों की तरफ़ बढ़ना पड़ा।

## कलंक : अपराधी जनजाति अधिनियम क्यों?

जंगल हमारे, ज़मीन हमारी, हमारा बहता हुआ दरिया का पानी
फिरते रहे बड्डे हमारे, जंगल जंगल डूगर डूगर।।
भूख लगी, भीख माँगी माँगने से नहीं मिला, चोरी कर ली
अंग्रेज़ आये क़ानून बनाए, जन्म से हमको चोर बनाए

[22] रॉबर्ट गैब्रियल वराडी (1979) : 15.

[23] विनोद पंवार (2007) : 06.

[24] रॉबर्ट गैब्रियल वराडी (1979) : 15.

अंग्रेज़ आये त्रस्त किये ऐसे, मार-मार के चमड़ी उधेड़ी।।

जंगल हमारे, ज़मीन हमारी ...

अंग्रेज़ गये पुलिस आयी विमुक्ता को जेल दिखायी।।

जंगल हमारे ज़मीन हमारी, हमारा बहता हुआ दरिया का पानी

जंगल गये, ज़मीन गयी, चला गया दरिया का पानी चला गया दरिया का पानी।।[25]

आपराधिक जनजाति शब्द का प्रयोग अंग्रेज़ों ने अपने समय के सबसे क्रूर और जंगली लुटेरों का वर्णन करने के लिए किया था। इस शब्द को गढ़ने का एकमात्र उद्देश्य अपराधी घुमंतू जनजातियों (आदिवासी, ख़ानाबदोश और अर्ध-घुमंतू समूहों, मवेशी चरवाहों, भटकने वाले गायक, व्यापारी, कालाबाज़) की पहचान करके उनकी गतिविधियों पर प्रतिबंध लगाने का था। उनके लिए एक स्थायी निवास स्थान निर्धारित करके उन्हें विशेष बस्तियों में अलग रखा गया। उनके सभी सदस्यों को 14 वर्ष की उम्र से पंजीकरण कराना होता था। चाहे वे किसी अपराध के दोषी हों या नहीं।[26] इस तरह अपराधी जनजाति अधिनियम द्वारा लगभग 45 लाख की संख्या वाले बेघर यायावरों, निजी सेनाओं के जासूसों और सुदृढ़ शरीर वाले अंगरक्षकों को अपराधियों के रूप में बदल दिया गया। इनमें से प्रत्येक ने अपने समूहों की निजी सेनाओं में अपनी व्यक्तिगत विशेषता के आधार पर उत्कृष्ट प्रदर्शन किया था। इन समुदायों को आपराधिक जनजातियों के रूप में वर्गीकृत करने के कई कारण हैं। विद्वानों के मतानुसार इन समुदायों ने अंग्रेज़ों के ख़िलाफ़ स्वतंत्रता संग्राम में सैनिकों को सूचित किया, ब्रिटिश आक्रामकता के ख़िलाफ़ आवाज़ उठाई और लड़ाई लड़ी। इसके अलावा भोजन, धन, गोला-बारूद पहुँचाने का भी काम किया। वे ब्रिटिश पुलिस के लिए सर्पमीन से भी वे अधिक फिसलाऊ साबित हुए।[27] नतीजतन अंग्रेज़्गों ने इन्हें अपने स्थानीय प्रशासन के लिए एक बड़ा ख़तरा माना। भविष्य की सुरक्षा के लिए उन्होंने कुछ समुदायों को आपराधिक जनजातियों के रूप में सूचीबद्ध कर दिया।[28] इससे न केवल उनकी सामूहिक

---

[25] हेनरी श्वार्ज़ (2010) : 09.

[26] *टाइम्स ऑफ़ इंडिया*, 30 मई, 2011 को देखा और पढ़ा गया.

[27] गणेश.एन. देवी (1992) : 28; राधाकृष्णन (2000) : 45; कन्नन (2007) : 76.

[28] अजय दांडेकर (2010) : 152.

शक्ति को बाधित किया गया, बल्कि समाज की मुख्यधारा से भी उन्हें अदृश्य करने का प्रयास किया गया। अंग्रेज़ों का उद्देश्य ऐसे समुदायों को पूरी तरह से शक्ति, सम्प्रभुता और स्वतंत्रता, सामाजिक राजनीतिक पूँजी से भी बेदख़ल करना था। वास्तव में आपराधिक रिकॉर्ड रखने वाले कुछ ही समुदाय थे। लेकिन इस अधिनियम के तहत ख़ानाबदोश और व्यापारियों को भी रख दिया गया। इस अधिनियम का यह प्रमुख दोष था।[29]

### आज़ादी के बाद बंजारे

स्वतंत्रता के बाद बंजारे भारतीय लोकतंत्र के नागरिक समूह का एक अविभाज्य अंग बन गये। भारत सरकार ने बंजारों की समस्याओं को मानवीय स्पर्श दिया। अपराध में लिप्त लोगों को सुधरने का मौक़ा दिया गया। कई बस्तियों को मुक्ति सेना, विभिन्न मिशनों और लोकोपकारी संगठनों की देखभाल में रखा गया। बंजारों को स्वतंत्रता के बाद 1949 में विमुक्त समुदायों में से एक के रूप में सूचीबद्ध किया गया था। सरकार ने आपराधिक जनजातीय अधिनियम, 1924 के प्रावधानों की समीक्षा की और 1952 में इसे समाप्त कर दिया। बंजारे 'विमुक्त' कर दिये गये।[30] 1952 में ही भारत सरकार ने 'आदतन अपराधी अधिनियम' (एचओए) के रूप में इस अधिनियम को पुनर्जन्म दिया। यह नया अधिनियम पुराने से बहुत अलग नहीं था, हालाँकि संदर्भ और उद्देश्य नामित अधिनियम से पूरी तरह अलग थे। संशोधित अधिनियम में उनकी आजीविका के लिए कोई प्रावधान नहीं था। 1953 में 'अखिल भारतीय बंजारा सेवा संघ' के बैनर के तहत बंजारे राष्ट्रीय स्तर पर संगठित हुए। बंजारा समुदाय को उनकी ऐतिहासिक विरासत और राष्ट्र के विकास के लिए प्रमुख व्यापारियों के रूप में उनके योगदान को याद कराया गया। संगठन ने बंजारा समुदाय से अपने बच्चों को शिक्षित करने, आरक्षण का लाभ प्राप्त करने और लोकतांत्रिक तरीक़े से सामाजिक और आर्थिक परिवर्तन से गुज़रने की अपील की।

---

[29] दिलीप डिसूज़ा (2001) : 68.

[30] बी.जी. हालबर (1986) : 02.

उनकी प्रगति के लिए ज़मीन तैयार करने तथा नीति-निर्माताओं को उनके पिछड़ेपन के प्रति संवेदनशील बनाने के लिए राष्ट्रीय निकाय द्वारा समयबद्ध तरीक़े से राष्ट्रीय सम्मेलनों की शृंखला आयोजित की गयी। 1977 में उन्हें अनुसूचित जनजाति के रूप में मान्यता मिली। 1980 के दशक में समुदाय के विकास के लिए सामाजिक कार्रवाइयों और राजनीतिक समर्थन जुटाने के लिए समुदाय की एक नयी ब्रिगेड गठित हुई। अक्टूबर, 1999 में जनजातियों के सबसे अधिक वंचित वर्गों पर एकीकृत सामाजिक-आर्थिक विकास पर ध्यान देने के उद्देश्य से आदिवासी मामलों के मंत्रालय का गठन किया गया।

वी.पी. नाइक ने संवैधानिक मानदंडो और दिशा-निर्देशों के अनुसार आज़ादी के बाद सामाजिक और आर्थिक परिवर्तन के लिए बंजारों के एक राष्ट्रीय नेटवर्क के विकास में महत्त्वपूर्ण भूमिका निभायी। उन्हें विभिन्न भारतीय राज्यों में अनुसूचित जाति, अनुसूचित जनजाति और पिछड़े वर्गों के अंतर्गत लाया गया। कुछ राज्य सरकारों ने भी उन्हें अपनी स्थानीय सामाजिक-आर्थिक स्थितियों तथा स्वतंत्रता पूर्व तथा उसके पश्चात् भारत में उनके योगदान को स्वीकारा और उनको राज्यों तथा संघ शासित प्रदेशों द्वारा अनुसूचित जाति, अनुसूचित जनजाति और अन्य पिछड़ा वर्ग के रूप में वर्गीकृत किया गया।[31]

लेकिन, इन प्रयासों के बावजूद बंजारों के गाँवों और शहरों के आस-पास बसे पुरवे आज भी दयनीय रूप से उपेक्षित हैं। समुदाय के लोग निर्मम ग़रीबी, निरक्षरता, कुपोषण और ख़राब स्वास्थ्य, बेरोज़गारी और शराब की लत से जूझ रहे हैं।[32] केंद्र और राज्य सरकारों के अधिनियमों, संवैधानिक प्रावधानों के कार्यान्वयन से कुछ हद तक इन समुदायों को अपने लोकतांत्रिक उन्नयन, संक्रमण तथा परिवर्तन के लिए अवसर ज़रूर

[31] आर.एच. हनुमानैकार वग़ैरह (2011) : 33-36.

[32] नागवेनी टी., वही : 04.

प्राप्त हुए हैं। लेकिन ये पर्याप्त नहीं हैं। ज़मीनी हक़ीक़त कुछ और ही बयाँ करती है। वे आज भी अलगाव, अपमान और सामाजिक उपेक्षा का सामना कर रहे हैं।

## II

## उत्तर प्रदेश में विमुक्त समुदायों की स्थिति

डॉ. मजूमदार लिखते हैं — भारत में अपराधी जनजातियों का तात्पर्य उन जनसमूहों से है जो जाति या सामाजिक संबंधों के आधार पर एक-दूसरे से बँधे होते हैं। जो समाज विरोधी कार्य चोरी, ठगी, डकैती, हत्या और दूसरों को शारीरिक चोट पहुँचाने का काम करते हैं। दरअसल, इस तरह की व्याख्या किसी भी समूह / समुदाय के प्रति घोर असंवेदशीलता को प्रदर्शित करती है। विमुक्त जनजातियों का अवलोकन करने के बाद यह अनुमान लगाया गया कि देश में 801 विमुक्त, घुमंतू और अर्ध-घुमंतू जनजातियाँ हैं। जो देश की कुल आबादी की 13.5 करोड़ है।[33] इनमें से 22 जनजातियाँ अनुसूचित जातियों की सूची में, अनुसूचित जनजाति में 27, और 421 जनजातियाँ (2.2 करोड़) अन्य पिछड़े वर्गों के रूप में शामिल हैं। अभी भी बहुत से समुदायों (227 जनजातियाँ लगभग 56 लाख लोग) का राज्य द्वारा बनी वर्गों की इस सूची में कोई स्थान नहीं हैं। इस वजह से ये राज्य के कल्याणकारी कार्यक्रमों की पहुँच से बाहर रहते हैं।[34] बालकृष्ण रेणके आयोग की रिपोर्ट के अनुसार उत्तर प्रदेश में सबसे ज़्यादा घुमंतू समुदाय हैं। 38 समुदाय घुमंतू के रूप में, 57 समुदाय विमुक्त समुदाय के रूप में दर्ज किये गये हैं। आयोग के अनुसार देश भर में 98 फ़ीसदी घुमंतू बिना ज़मीन के रहते हैं। 57 फ़ीसदी झोपड़ियों में 72 फ़ीसदी लोगों के पास अपने पहचान पत्र नहीं हैं।

---

[33] दिलीप डिसूज़ा (2001) : 77; भाग्या भूक्या (2002) : 35; भाषा ट्रस्ट (2006) : 120.

[34] वही : 35.

## सारणी-1 अदृश्य घुमंतू समुदाय

| ज़िले का नाम | समुदाय और उनकी कुल संख्या |
|---|---|
| हमीरपुर | बहेलिया-10, कंजर-495, नट-299 |
| महोबा | बहेलिया-97, कंजर, 45, नट-183 |
| जालौन | बहेलिया-24, कंजर-1382, नट-2178 |

http://www.censusindia.gov.in//2011census/populationenumeration.html पर उपलब्ध, 3 मार्च, 2014 को देखा गया.

हाल ही में उत्तर प्रदेश के बुलंदशहर के पास सामूहिक बलात्कार के मामले पर मिसाल के तौर पर ग़ौर किया जा सकता है। मीडिया ने भी इस केस की कम ही जाँच-पड़ताल की। इसलिए कि संदिग्ध अपराधी के रूप में बावरिया (विमुक्त जनजाति) के लोग दर्ज किये गये थे। राष्ट्रीय समाचार पत्रों ने बावरिया जनजाति के ऐतिहासिक अपराधों की कार्यप्रणाली का विवरण देते हुए सनसनीख़ेज़ रपट में उन लोगों को अपराध का ज़िम्मेदार ठहरा दिया। 'रात के समय वे कारों का रास्ता रोकते हैं, घरों में चोरी करते हैं, युवा महिलाओं के साथ बलात्कार करते हैं'— पुलिस के संयुक्त आयुक्त के इस वक़्तव्य ने आग में घी डालने का काम किया। पूर्व पुलिस अधिकारी किरण बेदी ने दो अगस्त, 2016 को सार्वजनिक रूप से विमुक्त जनजातियों के संपूर्ण आबादी पर आरोप लगाते हुए ट्वीट किया — 'पूर्व आपराधिक जनजातियों को बहुत क्रूर होने के लिए जाना जाता है। वे अपराध करने में कट्टर पेशेवर हैं। वे शायद ही कभी पकड़े जाते हैं या उन्हें सज़ा मिल पाती है।' इस ट्वीट की सामाजिक कार्यकर्ताओं ने व्यापक रूप से निंदा की। बेदी

ने बाद में अफ़सोस व्यक्त करते हुए माफ़ी माँगी और कहा कि 'मैं हमेशा से ही पूर्व-आपराधिक जनजातियों की शुभचिंतक रही हूँ।'[35] वस्तुस्थिति यह है कि समाज आज भी विमुक्त घुमंतू जनजातियों को उनकी कलंकित पहचान के साथ जोड़ कर देखता है।

## शोध-प्रविधि और अध्ययन-क्षेत्र

यह अध्ययन (2016-18) उत्तर प्रदेश के बुंदेलखंड क्षेत्र के (हमीरपुर, जालौन, महोबा) ज़िलों के उन गाँवों, कस्बों पर केंद्रित है जहाँ पर 'अदृश्य' घुमंतू समुदाय छोटे-छोटे समूहों में बिख़रे हुए हैं। सर्वप्रथम पायलट सर्वेक्षण से समुदायों की निवास स्थान (ज़िलों) की पहचान की गयी। स्नोबॉल सेम्पलिंग के माध्यम से हमीरपुर ज़िले के जलालपुर, मुस्करा, छिबोली और राठ को, महोबा ज़िले के चरखारी, कुलपहाड़ और अजनर, बिल्खी, चुरारी को एवं जालौन ज़िले के उरई, धमनी, कुसमिलिया और डकोर को चुना गया। समुदायों को चुनने का मुख्य कारण यह था कि 2011 की जनगणना के अनुसार बुंदेलखंड क्षेत्र के सात ज़िलों में दृश्य दलितों का प्रतिशत 20.8 से 28.0 प्रतिशत के बीच है। इनमें से संख्यात्मक रूप से बड़ी और दृश्य जातियाँ चमार, कोरी, धोबी और बसोर हैं। कंजर, नट, बहेलिया, बेड़िया, कपाड़िया बहेलिया अन्य सबसे मामूली समुदायों में से एक हैं। वे इस क्षेत्र में अदृश्य हैं। इनका प्रतिनिधित्व राजनीतिक क्षेत्र, सरकार और शैक्षिक संस्थानों में बहुत कम है। इसी वजह से इस अध्ययन के लिए इन समुदायों का चुनाव किया गया।

अध्ययन की संरचना अन्वेषणात्मक है। विभिन्न समुदायों के सदस्यों की ज़मीनी हक़ीक़त समझने के लिए 'क्रिटिकल एथ्नोग्राफ़ी पद्धति'[36] का प्रयोग किया गया। आँकड़ा-संग्रहण के लिए गुणात्मक पद्धति के अंतर्गत प्राथमिक स्रोतों में ग्रुप चर्चाएँ, असंरचित साक्षात्कार, समुदाय के प्रतिदिन के जीवन,

[35] http://www.hindustantimes.com/india-news/3-arrested-in-bulandshahr-gangrape-case12 जुलाई, 2017 को देखा गया.

[36] डी. सोयिनी मैडिसन (2005) : 27.

समुदाय की विभिन्न परिस्थितियों (सामाजिक-आर्थिक) से तथ्यों को एकत्र किया गया है। व्यक्तियों के रोज़मर्रा के अनुभवों को, समुदाय की संस्कृति और जीवन जीने के तरीक़ों को साक्षात्कार और प्रतिभागी अवलोकन के माध्यम से प्रलेखित किया गया है। बात से बात शोध-प्रविधि[37] के माध्यम से लोगों के आत्मकथ्यों और दैनिक बैठकों को फ़ील्ड नोट्स के द्वारा विश्लेषित किया है। अलग-अलग साक्षात्कार (महिला, पुरुष और बच्चे) के लिए संयोजन समूहों को 'त्रिकोण पद्धति' के माध्यम से शामिल किया गया है। द्वितीयक स्रोतों के माध्यम (विभिन्न जनगणना रपटों, इलाक़ाई अख़बारों, पुलिस रिकॉर्ड्स, अभिलेखागारों से मिले तथ्यों, समुदाय से संबंधित साहित्य) से तथ्यों को विश्लेषित और सत्यापित किया गया है। उत्तरदाताओं के नमूने के लिए पुरुषों और महिलाओं में से अलग-अलग आयु वर्ग के लोगों का चयन किया है। बुंदेलखंड क्षेत्र का निवासी होने के नाते मैंने अपनी स्थिति और वस्तुनिष्ठता को ध्यान रखते हुए इस अध्ययन को निष्पक्ष भाव से आगे बढ़ाया है। स्थानीय भाषा और क्षेत्र की जानकारी मेरे लिए अतिरिक्त रूप से सुविधाजनक सिद्ध हुई है।

## III

## बुंदेलखंड : एक उपेक्षित स्पेस और अति-उपेक्षित घुमंतू समुदाय

दलित जातियों के विभिन्न परिप्रेक्ष्य में उत्तर प्रदेश में कई अध्ययन हुए हैं। बर्नार्ड कॉन द्वारा आज़मगढ़ के चमारों पर (पूर्वी उत्तर प्रदेश), ओवेन लिंच द्वारा आगरा के जाटवों पर, सुधा पै द्वारा पश्चिमी उत्तर प्रदेश के दलितों पर काम किया जा चुका है। नंदिनी गोप्तु ने दलितों के सामाजिक आंदोलनों और राजनीतीकरण पर लखनऊ, कानपुर, वाराणसी, इलाहाबाद पर अध्ययन किया है। ये सारे अध्ययन दलितों की दृश्यमान और प्रभुत्वशाली जातियों पर केंद्रित हैं। बद्री नारायण ने अपनी पुस्तक *फ़्रैक्चर्ड टेल्स* में अदृश्य दलित समुदायों के बारे में चर्चा की है। बुंदेलखंड में अभी तक जो भी अध्ययन हुए

[37] बद्री नारायण (2011) : 31.

हैं, वे सभी विकास, संस्कृति, कृषि, सूखा, अर्थव्यवस्था और ऐतिहासिक दृष्टिकोण को ध्यान में रख कर किये गये हैं। उपेक्षित समुदायों से संबंधित किसी भी तरह का अध्ययन सामने नहीं आया है। एक उपेक्षित स्पेस के रूप में बुंदेलखंड और उसके साथ-साथ जातिगत अध्ययन से अकादमिक जगत अछूता बना रहा है। एक उपेक्षित स्पेस के रूप में बुंदेलखंड की कई गंभीर समस्याएँ हैं — जैसे ख़नन, सूखा, पलायन, ग़रीबी, किसानों की आत्महत्याओं का बढ़ता ग्राफ़ आदि। बुंदेलखंड की समस्याओं को कई ग़ैर-सरकारी संस्थानों ने अपने-अपने तरीक़े से व्याख्यायित करके लाभ कमाया है। लेकिन धरातल पर किसी भी समस्या का निस्तारण पूरी तरह से नहीं हो पाया है। ऐसे उपेक्षित स्पेस में चहुँमुखी समस्याओं से घिरे हुए घुमंतू समुदायों की स्थिति और भी ज़्यादा दयनीय हो जाती है। आलेख के अगले खंड में बुंदेलखंड के घुमंतू कबूतरा समुदाय की चर्चा है।

## औपनिवेशिक कल्पना में कबूतरा समुदाय

सामान्यतः कबूतरा नट समुदाय की लड़कियों और महिलाओं को कबूतरी (चालाक और सुंदर) कहा जाता है। समुदाय के पुरुष कबूतरा के नाम से जाने जाते हैं। इनका सामुदायिक नाम कबूतर शब्द से इसलिए लिया गया है कि उनके कलाबाज़ी के करतब, छेड़ख़ानी के तरीक़े कबूतर की उड़ान की तरह हैं, जिससे वे अपने पुरुष ग्राहकों को आकर्षित करती हैं। वे राजस्थान के अलवर और बीकानेर ज़िलों से संबंधित रहे हैं। नृत्य और कलाबाज़ी इनका पारंपरिक व्यवसाय था। कभी-कभी नटनी 'कबूतरी और रंडी' दोनों रूपों में जानी जाती थी।[38] आजकल महिलाओं के लिए कबूतरी शब्द एक गाली के रूप में प्रयोग होता है।

**सामुदायिक इतिहास** : यह समुदाय अपने अतीत को एक मिथ के रूप में सँजोये हुए है। किसी भी समुदाय के लिए उसके अतीत की स्मृति / मिथ कभी-कभी वास्तविकता से भी अधिक महत्त्वपूर्ण साबित होती है। यह

[38] रॉबर्ट वेन रसेल एवं हीरालाल (1975).

समुदाय अपने आपको चित्तौड़ की रानी पद्मिनी के अतीत के साथ संबंधित करता है। समुदाय के एक बुज़ुर्ग व्यक्ति से इतिहास के बारे में जानकारी प्राप्त करनी चाही तो उसने कहा कि हम रानी पद्मिनी की फ़ौज से हैं। मुस्लिम आक्रमण के पश्चात् हम जंगलों की ओर भागे हुए फ़ौजी हैं। हम भागते-भागते बुंदेलखंड की वीरभूमि पर आ गये और रानी लक्ष्मीबाई की फ़ौज में शामिल हो गये। हमने उनके साथ स्वतंत्रता संग्राम में गुरिल्ला युद्ध में हिस्सा लिया था। हमारे सैकड़ों लोग शहीद हुए है।[39] बुंदेलखंड में कबूतरा समुदाय अपने सामुदायिक इतिहास में लक्ष्मीबाई और झलकारी बाई को एक वीर चरित्र के रूप में भी संरक्षित किये हुए हैं। उनके अनुसार — जब दर्शक नृत्य देखने में डूब जाते थे, तो कबूतरा पुरुष दर्शकों के सामान की तलाशी लेते और पैसों को ग़ायब कर देते थे। नाच गाकर लोगों का मनोरंजन करना ही इनका परंपरागत व्यवसाय था। यह अब लगभग पूरी तरह ख़त्म-सा हो गया है। आजकल यह समुदाय अपनी आजीविका के लिए शराब बनाने और बेचने के कार्य में संलग्न है।

**अस्मिता प्रतिवाद** : उत्तर प्रदेश के बुंदेलखंड क्षेत्र में कबूतरा समुदाय को कंजर की उपजाति माना जाता है। कंजर अनुसूचित जाति में आते हैं। इदाते आयोग की रिपोर्ट-2017 के अंत में एक अतिरिक्त सूची जोड़ी गयी है। इसमें कबूतरा समुदाय को कंजर-उपजाति के रूप में अनुसूचित जाति के तहत विमुक्त समुदाय के रूप में वर्गीकृत किया जाएगा। लेकिन कब? इसके बारे में कुछ कहा नहीं जा सकता। समुदाय अपनी पहचान कंजर और नट से पृथक् एक जनजाति की चाहता है और इसका दावा भी पेश करता है। स्थानीय स्तर पर यह समुदाय लगातार अपनी सही पहचान पाने के लिए संघर्षरत बना रहता है।

**समकालीन चुनौतियाँ** : कबूतरा समुदाय अपनी पहचान और अस्तित्व बनाए रखने के लिए कठिन परिस्थितियों में अपना जीवन व्यतीत कर रहा है। नाचने-गाने का व्यवसाय ख़त्म होने के बाद महुआ की कच्ची शराब बनाने और बेचने का काम करते हैं। पुलिस के दृष्टिकोण से यह व्यवसाय अवैधानिक

---

[39] साक्षात्कार सज्जन बाबा (65) से 22 मार्च, 2018 को स्थान — कुलपहाड़, जिला महोबा.

है। लोकतंत्र में चुनाव आम जनता के लिए उम्मीद लेकर आते हैं कि जिन परिस्थितियों से वह जूझ रही, उनका समाधान होगा। लेकिन जिस तरह के लोकतंत्र का प्रसार हो रहा है, उसके कारण इस समुदाय को राजनेताओं से कोई उम्मीद नहीं नज़र आ रही है कि उनकी परिस्थितियों में कुछ सुधार होगा।

कबूतरा समुदाय की दुविधाओं पर चुनावी राजनीति का कोई सकारात्मक प्रभाव नहीं पड़ा है। जो प्रभाव है, वह नकारात्मक ही है। ऐसा लगता है कि शिक्षा, रोज़गार के क्षेत्र और राजनीतिक आवाज़ों ने इस समुदाय को छोड़ दिया है। चुनाव आते हैं, चले जाते हैं। लेकिन बुंदेलखंड के कबूतरा समुदाय के दुःखों में कोई परिवर्तन नहीं हुआ है। समुदाय चुनावों के दौरान शराब बनाने के व्यवसाय में ज़्यादा सक्रिय हो जाता है। उन्हें उम्मीद रहती है कि इस दौरान शराब की बिक्री बढ़ेगी। लेकिन पुलिस और आबकारी विभाग के कर्मचारियों के लिए यह समय समुदाय के लोगों को मारने-पीटने और सलाखों के पीछे धकेलने का होता है। ऐसी कठिन चुनौतियों के बावजूद भरण-पोषण के लिए इस व्यवसाय के अलावा उनके पास कोई अन्य विकल्प नहीं है। ऐसा नहीं है कि ये लोग कोई दूसरा व्यवसाय नहीं करना चाहते। लेकिन इनकी जन्मजात आपराधिक पहचान समाज के लोगों को इन पर विश्वास करने से रोकती है। कोई भी व्यक्ति इन पर भरोसा नहीं करता। हिंदू ऊँची जातियों और दलित ऊँची जातियों ने इनके कलंकित पहचान की वजह से बहुत पहले से दूरियाँ बना रखी हैं। समुदाय के ख़िलाफ़ दिन-प्रतिदिन पुलिस कार्रवाई होती रहती है। उनमें से एक घटना का ज़िक्र करना चाहूँगा : 10 फ़रवरी, 2017 को विधानसभा चुनाव के कुछ दिन पहले महोबा ज़िले के अजनर थाना के अंतर्गत ग्राम खोई में कबूतरा डेरे में पुलिस और आबकारी निरीक्षक ने अपनी टीम के साथ छापेमारी कर 75 लीटर अवैध शराब, 500 किलोग्राम लहसुन नष्ट कर दिया। चुनाव में अपराध और नशे के कारोबार पर लगाम लगाने के लिए पुलिस और आबकारी टीम इस काम को अंजाम दे रही थी।[40] शराब बनाने के कार्य में केवल पुरुष ही नहीं

[40] न्यूज़ रिपोर्ट : इमामी ख़ान द्वारा, बुंदेलखंड न्यूज़ चैनल में 10 फ़रवरी, 2017 को देखा गया.

महिलाएँ भी बख़ूबी संलग्न रहती हैं। टीम ने घरों के अंदर बन रही शराब और शराब बनाने के उपकरण भी बरामद किये। शराब का काम कर रही दो कबूतरी महिलाओं को भी मौक़े से पकड़ा। आबकारी अधिनियम के तहत कार्यवाही की गयी। इनकी आबादी बुंदेलखंड के लगभग प्रत्येक ज़िले में हैं, और इसी व्यवसाय में लगे हुए हैं।

## अस्थायी / स्थायी जीवन की समस्याएँ

कुछ घुमंतू समुदाय अभी भी ऐसे हैं जिनके पास रहने के लिए स्थायी निवास नहीं हैं। कुछ घुमंतू लोगों ने बसना शुरू कर दिया है। कुछ अभी बस रहे हैं, और कुछ बस चुके हैं। लेकिन समस्याएँ इन तीनों तरह के घुमंतुओं के साथ है। वे अपनी जीवन-शैली से इस आधुनिकता के भूगोल और राजनीति का प्रति-आख्यान बन जाते हैं और राज्य की संरचनाओं में रम नहीं पाते। स्थानीय अफ़सरों द्वारा उनकी बसावटों का हटाया जाना समुदायों की प्रमुख समस्याओं में से एक है। उन्हें सरकारी एजेंसियों और अन्य समुदायों द्वारा ग़ैर-क़ानूनी या अनधिकृत अतिक्रमण में रहने वालों के रूप में जाना जाता है। परिवारों के लगातार विस्थापित होने से आजीविका के नुक़सान का डर हमेशा बना रहता है।

पढ़ा-लिखा समूह घुमंतू समुदायों की जिस छवि को उनकी वास्तविक छवि मान बैठा है, वह एक औपनिवेशिक छवि है। शासक वर्ग की अपनी विश्व-दृष्टि कई परिधीय समुदायों के साथ-साथ कबूतरा समुदाय के लिए काफ़ी हानिकारक सिद्ध हुई है। समुदाय से संबंधित लगभग सभी परिवार बहुत ग़रीब हैं। सिर्फ़ किसी तरह से जीवन-निर्वाह कर रहे हैं। उनकी दैनिक कमाई बहुत कम है और पूरे परिवार को पालने के लिए पर्याप्त नहीं है। आवास इन समुदायों की प्रमुख समस्याओं में से एक है। आधारभूत सुविधाएँ बिजली, पानी, सड़क से इनका निवास-स्थान पूरी तरह से वंचित है। उन्हें कच्ची और तंग झोपड़ियों में रहना पड़ता है। झोपड़ियाँ जिस ज़मीन पर बनी हैं, वह इनकी नहीं है। आस-पास के मिट्टी के टीलों को समतल करके बबूल के पेड़ों को

काट कर रहने लायक़ जगह बना ली है। ग्रामीण स्तर की सुविधाएँ भी इनके पास नहीं है। समुदाय के कुछ लोगों ने क्षेत्रीय प्रधान से किसी तरह से आधारकार्ड ज़रूर बनवा दिये हैं जिन्हें देखने से प्रतीत हो रहा था कि वे फ़र्ज़ी हैं। और किसी भी तरह के दस्तावेज़ उनके पास नहीं है। राज्य सरकार ने घुमंतू समुदायों को जो सुविधा दे रखी है, उससे ये लोग पूरी तरह से वंचित हैं। इस समुदाय के स्थायी जीवन से संबंधित एक समस्या यह भी है कि पुलिस और प्रभुत्वशाली लोग इनके डेरों की लगातार निगरानी करते रहते हैं। अगर आस-पास कहीं कोई वारदात होती है तो पहला शक इन्हीं लोगों पर किया जाता है। इनका स्थायी रूप से बसना इनकी समस्यायों में किसी तरह की कमी नहीं लाया है। समस्याएँ और बढ़ी हैं, और अब अपने चरम रूप में हैं।

**बहिष्करण और पूर्वाग्रह**

कबूतरा समुदाय अपनी आपराधिक पहचान के कारण लोक संसाधनों का उपयोग करने और पवित्र वस्तुओं को छूने से बहिष्कृत रहते हैं। आम लोगों का मानना है कि कबूतरा समुदाय के छूने भर से पीपल, बरगद, और तुलसी के पेड़ सूख जाते हैं। ये मंदिरों में पूजा नहीं कर सकते। इसी वजह से इन्होंने अपने डेरों में अपने मंदिर बनवा लिए हैं, जो सुंदर और स्वच्छ हैं। समुदाय का पुजारी नियमित रूप से पूजा-पाठ करता है। मंदिरों के आस पास हवनकुण्ड भी बने हुए हैं। यह देख कर प्रतीत होता है कि समुदाय के लोग काफ़ी धार्मिक हैं। पानी की दैनिक ज़रूरतों के लिए अपने डेरे के हैंडपम्प का ही उपयोग करते हैं। पुलिस द्वारा इन लोगों को अनसुलझे विवादों में भी फँसा दिया जाता है। डेरों से बाहर जाने का रास्ता किसी न किसी उच्च जाति के खेत से होकर गुज़रता है। आते-जाते वक़्त उन्हें काफ़ी अभद्र व्यवहार का सामना करना पड़ता है। लोगों का इन्हें देखने का नज़रिया और व्यवहार असंवेदनशील रहता है। समाज के लोग आम बोल-चाल की भाषा में समुदाय को व्यंग्यात्मक और अपमानजनक भाषा जैसे 'लहँगा ब्रांड' (महिलाओं की पोशाक लहँगा-चोली के पहनने के कारण), 'कंजड़

व्हिस्की' (स्थानीय स्तर पर कंजड़ भी कहा जाता है) या पड़्कुला (शराब को पन्नी में पैक करके बेचने की वजह से) जैसे विभिन्न नामों से सम्बोधित किया जाता है।

## कबूतरी महिलाएँ और उनका संसार

जाँच-पड़ताल से यह पता चला कि ज़्यादातर कबूतरी महिलाएँ अपने परिवार की मुखिया हैं। समुदाय की पेचीदगी भरी दुनिया में महिलाएँ शराब बनाने / बेचने में मुख्य भूमिका का निर्वाह करते हुए परिवार के पालन-पोषण और आय में महत्त्वपूर्ण योगदान देती हैं। ये महिलाएँ बहुत मेहनती हैं। पैसा कमाने के साथ-साथ घरेलू गतिविधियों की भी देखभाल करती हैं। भरण-पोषण के लिए उन पर अदृश्य मनोवैज्ञानिक दबाव बना रहता है क्योंकि अधिकतर पुरुष शराब पीकर धुत रहते हैं। इसकी वजह से परिवार की पूरी ज़िम्मेदारी महिला पर आ जाती है। पुलिस द्वारा पकड़े जाने और शारीरिक उत्पीड़न से बचने के लिए पुरुष महिलाओं का उपयोग सहायक के रूप में करते हैं। कबूतरी महिलाएँ अपने पुरुष को बचाने के लिए ख़ुद को पुलिस से पकड़वाती हैं। पुलिस इन्हें पकड़ने के बाद गाली-गलौज करती है।

एक महिला ने बताया कि पुलिस अकसर हम लोगों को झूठी वारदातों में फँसाती है। उसने कहा कि 'पुलिस के दाँत काटने के लिए नहीं हमें फँसाने के लिए हैं। जो रक्षक है वही भक्षक बने हुए है।[41] इन्हें सबसे ज़्यादा डर पुलिस से ही है। फिर भी इस सब के वाबजूद पुलिस अपना काम करती है, और समुदाय अपना। कबूतरी महिलाएँ किसी भी तरह की परिस्थिति को सँभाल लेने में सक्षम हैं। कई तरह से समाज से बहिष्कृत ये महिलाएँ सार्वजनिक संसाधनों का उपयोग नहीं कर सकतीं। ईंधन के लिए खुले तौर पर कंडे-लकड़ियाँ नहीं जुटा सकतीं। पानी के सार्वजनिक स्रोतों का उपयोग नहीं कर सकतीं। पब्लिक ट्रांसपोर्ट में भी नहीं जा सकतीं। अगर चली भी जाती हैं, तो लोग इनसे दूरियाँ बनाकर रखते हैं। अगर कबूतरी महिला गर्भ से है तो उसे ताने सुनने पड़ते हैं।

[41] साक्षात्कार : संध्या (32), ग्राम चुरारी, ज़िला महोबा, मार्च, 2018.

कोई व्यक्ति हमदर्दी से बात नहीं करता। परिवार के भरण-पोषण के लिए गर्भवती महिला को बाहर भी निकलना पड़ता है, पब्लिक ट्रांसपोर्ट में सफ़र भी करना पड़ता है, और ये सुनना भी पड़ता है — 'कबूतरी है कबूतरी, गाड़ी में बच्चा पैदा कर देगी। बच्चा साला रोयेगा नहीं, जेबें झाड़ेगा। ये सब ढोंग है, घाघरा खुलवाओ। पेट पर कपड़ा बाँध रखा होगा। ये बड़ी प्रपंचिन औरतें होती हैं।' इसके बावजूद भी कबूतरी महिलाएँ बस की सीढ़ियों पर लटक कर या सबसे पिछली सीट पर बैठ कर अपने गंतव्य तक किसी तरह पहुँच ही जाती हैं।

शराब-बिक्री जैसे कार्य में संलग्न होने की विवशता के बारे में पूछा तो उन्होंने कहा कि इंदिरा गाँधी के समय में हमसे कहा गया था कि हम चोरी / लूट जैसे काम न करके दारू बनाने का काम कर सकते हैं। हमें ये अधिकार दिया गया था। हम इस व्यवसाय को छोड़ सकते हैं, अगर सरकार हमें सारी सुविधाएँ दे ताकि हम अपना और अपने बच्चों का पेट पाल सकें। अगर सरकार इतना नहीं कर सकती, तो हम जिस व्यवसाय (शराब बनाने) में कुशल हैं, उसका लाइसेंस प्रदान कर दे और एक अच्छी पहचान दे। समुदाय की ऐसी माँगें लम्बे समय से चली आ रही हैं। लेकिन अभी तक किसी ने भी संज्ञान लेना ज़रूरी नहीं समझा। सरकार इन माँगों की पूर्ति करने में पूरी तरह से असमर्थ नज़र आती है। चुनाव के समय क्षेत्रीय नेता ऐसे आश्वासन तो देते हैं। लेकिन चुनाव निकल जाने के बाद इनकी कोई सुनवाई नहीं होती है।

### शिक्षा की आकांक्षा

बुंदेलखंड के कबूतरा समुदाय की आर्थिक स्थिति अन्य घुमंतू समुदायों की अपेक्षा ठीक है। अगर इनके बच्चों को कोई पढ़ा सके तो वे उनकी पढ़ाई में होने वाले व्यय को वहन कर सकते हैं। समुदाय अपने बच्चों की शिक्षा के लिए काफ़ी जागरूक है। समुदाय की महिलाएँ कहती हैं कि हम नहीं पढ़ पाए लेकिन हम चाहते हैं कि हमारे बच्चे पढ़ें और हमें कलंकित भाग्य से छुटकारा दिला सकें। हम अपने बच्चों को सिखाते हैं कि 'भूल जाना कि

तोई मतारी (माँ) कबूतरी है। शराब ढालने का काम करती है। भूल जाना कि तेरा बाप पुलिस के हाथों ... गाँव वालों के हाथों से पिटता है। बस पढ़ाई में मन लगा।'[42] शिक्षा का अभाव, कलंकित पहचान इनके विकास में मुख्य बाधा है। अपने जिस शराब के व्यवसाय से इनकी बदनामी है, उसी की वजह से इनकी आर्थिक स्थिति कुछ ठीक है। उन्हें उम्मीद है कि अगर हमारी नयी पीढ़ी शिक्षित हो गयी तो हमें शराब निर्माता, अपराधी जाति के कलंक से छुटकारा दिला सकती है। लेकिन स्कूल में इनके बच्चे काफ़ी उपेक्षित और अलग तरह की चुनौतियों का सामना करते हैं। शैक्षणिक संस्थाओं में इनके बच्चों को अध्यापक अन्य बच्चों से अलग रखते हैं। इसका कारण जानने के लिए मैंने एक स्कूल के अध्यापक से बात की तो उन्होंने कहा, 'अगर हम इनके बच्चों को दूसरे बच्चों के साथ रखेंगे तो वे बिगड़ जाएँगे। इनके बच्चे बहुत ही असभ्य हैं। इनके सुधार के लिए स्कूली शिक्षा काफ़ी नहीं है। इनके घर का माहौल पढ़ाई वाला नहीं है। न कोई इनको घर में पढ़ाने वाला है।' मैंने फिर सवाल किया कि आप जाकर इनके बच्चों को घर पर ट्यूशन दे सकते हैं। वे आपको अतिरिक्त पैसा देने को राज़ी हैं। अध्यापक का जवाब था, 'हम इनके डेरों में जाकर बदनाम नहीं होना चाहते।'[43] इन समस्यायों के बावजूद समुदाय अपने बच्चों को शिक्षित करने के लिए प्रयास करता रहता है।

## व्यवसाय पर संकट

घुमंतू समुदायों के लोग अपने पारंपरिक व्यवसायों के माध्यम से अपनी आजीविका अर्जित करना चाहते हैं। संसाधनों और कौशल की कमी के कारण उनके लिए आय के वैकल्पिक स्रोत सीमित हैं। लेकिन कबूतरी महिलाएँ नये कौशल सीखने और परिवार के लिए अतिरिक्त आय अर्जित करने के लिए काम करने को तैयार हैं। लेकिन पूँजी और विपणन कौशल की कमी एक बड़ी बाधा है। इसके अलावा महिलाएँ पशुपालन में भी रुचि लेती हैं। अगर कम ब्याज पर

[42] गुल्लो कबूतरी (35) का वक्तव्य. ग्राम, चुरारी, ज़िला महोबा, मार्च, 2018.

[43] साक्षात्कार अध्यापक रमेश कुमार (35) से 28 अप्रैल, 2018 को, ग्राम बिल्खी, ज़िला महोबा.

ऋण दिया जाए और पर्याप्त प्रोत्साहन मिले तो अतिरिक्त आय अर्जित करने के साथ-साथ वे अपनी स्थिति को बेहतर बना सकती हैं। इनके डेरों में गाय, भेड़-बकरियों, मुर्गी-पालन को देखा जा सकता है। इनके साथ इन्हें लगाव भी बहुत है। यह सब इनकी सामाजिक पूँजी का हिस्सा है। समुदाय के बुज़ुर्ग महिला और पुरुष ख़ाली समय में बढ़ई का काम करते हैं। कुछ सन (जूट) के थैले बँटते हैं। कुछ चटाई बुनते हैं। कुछ जंगली उत्पादों पर निर्भर धंधों से गुज़ारा करते हैं।

बद्री नारायण के अनुसार उत्तर भारत के विभिन्न राज्यों में रहने वाले बसोड़, कंजर, नट, कुचबंधिया, कबूतरा, बहेलिया, सपेरे आदि कई समुदाय ऐसे हैं जिनके पारंपरिक हुनर को नयी व्यवस्था में कोई जगह नहीं है। हुनरमंद होने के कारण वे मज़दूरी नहीं करना चाहते। आज वंचित वर्गों की एक बहुत बड़ी आबादी बाज़ार के दरवाज़े पर भ्रमित होकर खड़ी है। ऐसे समूहों को 'कम्युनिटीज़ इन कंफ्यूज़न' कहा जा सकता है।[44] इनकी स्थिति काफ़ी दयनीय है। उन्हें रोज कुआँ खोदना है। रोज़ पानी पीना है। रोज़ कमाना और खाना है। रोज़ की कमाई कई दिन तक उतनी भी नहीं हो पाती कि दो जून रोटी मिल सके।

## समुदाय का मूक हो जाना

आवाज़ एक मानवीय उपहार है। आवाज़ें दृश्यता प्रदान करती हैं। आवाज़ ऐसी होनी चाहिए जो कुछ मायने रखती हो, और जिसे अनसुना नहीं किया जा सकता हो। शब्द मूक का आशय है — बोलने में असमर्थ, बोलने की शक्ति की कमी, आवाज़ के होते हुए भी चुप बने रहना।[45] कोई भी आवाज़ केवल बोलना ही नहीं है, बल्कि यह किसी वक्ता को पहचान दिलाती है। यह बोलने वाली / वाला जिस समुदाय से ताल्लुक़ रखता है, को हस्तक्षेप करने में सक्षम बनाती है। जिससे उसे न दिखाई पड़ने वाली स्थितियों से आज़ादी मिलती है।[46] बहुआयामी दबावों के कारण आवाज़ के होते हुए भी

---

[44] बद्री नारायण (2017).

[45] मैरियम वेबस्टर डिक्शनरी (1831).

[46] निक काउल्ड्रे (2010) : 03.

जो बोलता नहीं है / चुप बना रहता है / जिसमें बोलने की शक्ति का अभाव है — वो मूक है, बेआवाज़ है।

किसी समुदाय की आवाज़ तभी आवाज़ मानी जाती है जब उसे जनतंत्र द्वारा सुना जा सके। समुदाय सुने जाने की क्षमता तभी अर्जित कर सकता है, जब अपने अंदर आकांक्षा / हसरत पालने की क्षमता का विकास कर सके।[47] आकांक्षा पालने की यह क्षमता माँग रखने की क्षमता का विकास करती है। जनतंत्र में लोगों को वही हासिल होता है, जिसकी वे माँग कर पाते हैं। उन्हें वह नहीं मिलता, जिसे वे नहीं माँगते।[48] ऐसी स्थिति में जनतंत्र में माँग की चेतना दृश्यमानता हासिल करने में महत्त्वपूर्ण भूमिका अदा करती है। समुदाय अपनी समस्याओं को किसी से बताने में तब तक मूक बना रहता है, जब तक कोई व्यक्ति इनसे संवेदनशील होकर बात न करे। इसलिए ऐसे समुदायों को मूक समुदाय कहा जा सकता है। 'म्यूट समूह सिद्धांत'[49] के माध्यम से एक समुदाय को मूक करने की प्रक्रिया को बेहतर ढंग से समझा जा सकता है। समाज की अगुवाई कुछ प्रभुत्वशाली व्यक्ति करते हैं। इसमें कुछ समूह 'म्यूट' हैं और समाज की प्रभुत्वशाली संरचना में अपने आपको पूरी तरह से शामिल नहीं कर पाते। इसके पीछे पूर्वग्रह एक प्रमुख संरचनात्मक कारक है। म्यूटिंग प्रक्रिया के दो प्रमुख तत्त्व प्रभावशाली और अधीनस्थ समूह हैं, जो असमान संबंधों से आपस में जुड़े रहते हैं। विद्वानों ने अध्ययन के आधार पर निष्कर्ष निकाला है कि नियंत्रण, उत्पीड़न, सामाजिक अनुष्ठान, परम्परा, प्रभुत्व, पूर्वाग्रह आदि ने कई तरह से कुछ समुदायों को मूक करने की भूमिका निभायी है। यह सब कुछ एक समुदाय की अधीनता और उसका मुँह बंद करने के लिए ज़िम्मेदार हैं। ऐसे समुदायों में छोटे दलित, वनवासी, विमुक्त, घुमंतू, अर्ध-घुमंतू व वंचित समुदाय शामिल हैं। इसी तरह की परिस्थितियाँ कबूतरा समुदाय की भी है। इसलिए कबूतरा समुदाय को मूक समुदाय कहा जा सकता है।

---

[47] अर्जुन अप्पादुरै (2004) : 64.

[48] आलोका पाराशर-सेन (1990) : 156.

[49] एडविन आर्डेनर (2007) : 15.

## उपसंहार

निष्कर्ष बतौर कहा जा सकता है कि घुमंतुओं को अपने एकीकृत विकास के लिए समुचित ढाँचागत सुविधाओं, नागरिक सुविधाओं और अन्य अवसरों का लाभ नहीं मिला है। वे शैक्षणिक, सामाजिक, आर्थिक और राजनीतिक रूप से अलाभ की स्थिति में हैं। वे उच्च वर्ग और ऊँची जातियों द्वारा शारीरिक और भावनात्मक रूप से उत्पीड़ित भी किये जाते हैं। समुदाय के लिए व्यवस्था द्वारा निर्मित पिछड़ेपन और ग़रीबी के दुष्चक्र से बाहर निकल पाना आसान नहीं है। अपने आत्म के परिवर्तन के लक्ष्य को प्राप्त करने में समुदाय को लम्बा रास्ता तय करना होगा। उनमें से एक बहुत ही छोटे हिस्से को शिक्षा, रोज़गार, नेतृत्व और अन्य अवसर प्राप्त हुए हैं।

हमारा यह लोकतंत्र मात्र उन लोगों के लिए नहीं है जो सुविधाभोगी जीवन व्यतीत कर रहे हैं, और जिनकी संख्या अधिक है। उन लोगों का भी है जो कठिन परिस्थितियों में जीवन बिता रहे हैं, लेकिन जिनकी संख्या और दावेदारी कमज़ोर है। देश, राज्य और क्षेत्र में 'विकास हो रहा है', 'सबका साथ सबका विकास' जैसे नारों की गूँज तो उन तक पहुँचती है, लेकिन वास्तविक रूप में विकास इनसे कोसों दूर है। भारतीय इतिहासकार कानितकर ने नोट किया है कि बंजारे खाद्यपूर्तिकर्ता के रूप में सभी के लिए कार्य किया करते थे। उन्हीं की वजह से भारत का व्यापार, आंतरिक और बाह्य दोनों तरफ़ फलती-फूलती हालत में था। समाज में उनकी स्थिति सम्माननीय थी। आज घुमंतू समुदायों की महत्ता काफ़ी कम हो चुकी है।

वे आंध्र प्रदेश, हरियाणा, कर्णाटक, महाराष्ट्र, उत्तर प्रदेश और अन्य राज्यों में फैले हुए हैं। समय के साथ-साथ विकास की भी परिभाषाएँ बदली हैं। आज विकास के नाम पर बहुत सारे समुदाय विनाश का दंश सह रहे हैं। घुमंतू समुदाय अपनी पहचान, संस्कृति, भाषा के अस्तित्व को बचाए रखने के लिए संघर्षरत हैं। आज ये कचरा बीनने वाले, गली के कालाबाज़, भटकते याजक, हॉकर्स आदि के रूप में काम करते हैं। उनके पास किसी तरह की भूमि नहीं है, घर नहीं है, न कोई संपत्ति है। मलिन बस्तियाँ, खुले और जीर्ण

क्षेत्र इनके नियमित निवास स्थान हैं। सदियों से वे कलंक, सामाजिक उपेक्षा और शोषण का शिकार रहे हैं। आज़ादी के इतने दशकों के बाद भी उन्हें जीवन की बुनियादी सुविधाएँ अभी भी नहीं मिली हैं। दूसरी तरफ़ प्रगतिशील क़ानूनों, सोशल नेटवर्किंग और उनके विभिन्न हितधारकों के हस्तक्षेप के कारण इक्कीसवीं सदी में घुमंतू जीवन-शैली एक हद तक पूरी बदल-सी गयी है। नयी सहस्राब्दी में सहभागी संचार और विकास के दृष्टिकोणों के माध्यम से उन्हें शैक्षिक, सामाजिक, आर्थिक और राजनीतिक रूप से सशक्त किया जाना चाहिए। आज घुमंतू समुदाय भारतीय समाज के सबसे अधीनस्थ वर्गों में से एक है जिन्हें ऐतिहासिक अव्यवस्था, अपरंपरागत व्यवसाय, औपनिवेशिक विरासत और सामाजिक कलंक का शिकार बनाया गया है। विकास की आधुनिक प्रक्रिया भी अपनी कक्षा में इन्हें शामिल करने में विफल रही है। घुमंतू समुदाय अपनी औपनिवेशिक कलंकित छवि के कारण नये अवसरों से वंचित हैं। इनका परंपरागत ज्ञान और कौशल आज के बाज़ारवादी युग में पूरी तरह से अप्रासंगिक हो चुका है।

इसी संदर्भ में डी.आर. नागराज टेक्नोसाइड की बात करते हुए दलित-बहुजन बुद्धिजीवियों पर सवालिया निशान लगाते हैं। नागराज का कहना था कि पूँजीवाद की आर्थिक और राजनीतिक संरचना की — व्याख्या तो पश्चिम के समाज-विज्ञान ने की, पर उसके जातीय और सांस्कृतिक आधार की विवेचना करना तीसरी दुनिया के दलित-बहुजन बुद्धिजीवियों का कर्तव्य है। आधुनिक प्रौद्योगिकी के ज़रिये हुए कारीगर जातियों और समुदायों के संहार को समझे बिना यह व्याख्या अधूरी ही रहेगी।[50] आधुनिक प्रौद्योगिकी और कलंक के चलते विमुक्त और कारीगर जातियाँ हाशिये पर शक्तिहीन समुदाय बन कर पड़े हुए हैं। दुर्भाग्य से, लोकतांत्रिक व्यवस्था और नागरिक समाज ने भी इनके मामले पर पर्याप्त ध्यान नहीं दिया है।

महोबा ज़िले के कुलपहाड़ गाँव में एक ग़ैर-सरकारी संगठन अरुणोदय संस्थान ने कबूतरा समुदाय की मदद के लिए कुछ पहल की थी। नतीजतन

[50] अभय कुमार दुबे (2002) : 15.

ज़िला प्रशासन ने कुछ परिवारों को ज़मीन के छोटे भूखंडों को आबंटित किया था जो मुख्य शहर / गाँव से काफ़ी दूर थे। आवागमन की कोई सुविधा नहीं थी। सरकार के ये प्रयास समुद्र में एक बूँद से ज़्यादा कुछ नहीं है।

चुनौती यह है कि हम उन्हें ठीक से सुन सकें। ठीक से सुन सकेंगे, तो ठीक से समझ सकेंगे। ठीक से समझ सकेंगे, तो जैसा वे चाह रहे हैं, वैसा हम कर सकेंगे। हमें यह मानना होगा कि हमारी भाषा, हमारे बोलने के तरीक़े, विकास की हमारी अवधारणा और उनकी भाषा, उनके बोलने के ढंग, जीवन जीने की ज़रूरतों में एक बड़ा अंतर है। इस अंतर को हमें पाटना ही होगा। अगर ऐसे समुदायों का विकास अभी तक नहीं हो पाया है, तो इसका मतलब यह नहीं है कि ये अपना विकास नहीं चाहते हैं, या ये विकास के विरोधी हैं। आज ज़रूरत है, इनकी आवाज़ को, इनकी ज़रूरतों को, इनके मन को समझने की। समझ कर उनकी ज़रूरतों के हिसाब से उनके क्षेत्र में जाने और बात करने की। तभी भारतीय समाज के इन 'मूक समुदायों' की जनतांत्रिक आवाज़ भारतीय जनतंत्र में मुखरित हो सकेगी। वे आपको और आपकी योजनाओं को बड़े सम्मान के साथ अंगीकार करेंगे। उनके विकास के लिए सामूहिक प्रयास करने की आवश्यकता है। लोकतंत्र सही मायनों में तभी साबित होगा जब सभी समुदायों की संसाधनों पर हिस्सेदारी बराबर हो और सम्मानजनक जीवन जीने का अधिकार प्राप्त हो।

इस परिप्रेक्ष्य की तैयारी इस दिशा में एक क़दम है, जिसे अनुसंधान, कार्यवाही और विमर्श के साथ पालन करने की ज़रूरत है। हमें आशा है कि ऐसे लोग लोकतंत्र के साथ बहुत ही सकारात्मक तरीक़े से प्रगति करेंगे और लोकतंत्र इनके समावेशन के लिए आगे बढ़ेगा।

## संदर्भ

अजय दांडेकर और चित्रांगदा चौधरी (2010), *पेसा, लेफ़्ट विंग एक्सट्रीमिज़म ऐंड गवर्नेंस : कंसर्स ऐंड चैलेंजेज़ इन इंडियाज़ ट्राइबल डिस्ट्रिक्ट्स,* आईआरएमए, आणंद.

अर्जुन अप्पादुरै (2004), 'द कपैसिटी टू एस्पायर : कल्चर ऐंड द टर्म्स ऑफ़ रिकगनिशन', जीएस-डीआरसी, एप्लाइड नॉलेज सीरीज़, 2 फ़रवरी, 2018 को देखा गया.

अभय कुमार दुबे (2002), *आधुनिकता के आईने में दलित,* वाणी प्रकाशन , नयी दिल्ली.

अखिल भारतीय बंजारा सेवा संघ (2007), *बंजारा महापंचायत सम्मेलन,* नयी दिल्ली. *बंजारा टाइम्स*, 13 जुलाई, 2017 को देखा.

आत्माराम राठौड़ और बलिराम पाटिल (2014), *गोर बंजारा इतिहास व लोकगीत*, रुचि प्रकाशन, नागपुर.

आर.एच. हनुमानैकर, एम.एस. नागराज, और के. के. मल्शेट (2011), 'वैल्यू ओरिएंटेशन ऐंड एक्टिविटीज़ परफॉर्म्ड बाई ट्राईबल लुम्बनी वुमेन ऑफ़ नॉर्थ कर्णाटक', *एग्रीकल्चर अपडेट,* खंड 6, अंक 1.

आलोका पाराशर-सेन (2004), *सबॉर्डिनेट ऐंड मार्जिनल ग्रुप्स इन अर्ली इंडिया,* ऑक्सफ़र्ड युनिवर्सिटी प्रेस, नयी दिल्ली.

उमा चक्रवर्ती (2006), *एवरीडे लाइव्ज़, एवरीडे हिस्ट्रीज़ : बियॉन्ड द किंग्स ऐंड ब्राह्मंस ऑफ़ 'ऐनशेंट' इंडिया,* तूलिका बुक्स, नयी दिल्ली.

एडविन आर्डेनर (2007), द *वायस ऑफ़ प्रोफ़ेसी ऐंड अदर एसेज़,* बर्घह्न बुक्स, यूके.

ए.एल. बाशम (2004) द *वंडर दैट वाज़ इंडिया,* पिकाडोर, लंदन.

कमल नयन चौबे (2015), *जंगल की हक़दारी : राजनीति और संघर्ष, सीएसडीएस-वाणी प्रकाशन,* नयी दिल्ली.

गणेश एन.देवी (सं.)(2002), *पेंटेड वर्ल्डर्स ऐंड एंथोलॅजी ऑफ़ ट्राइबल लिटरेचर,* पूर्वा प्रकाशन , बड़ोदरा.

............. (2006), *अ नोमैड्स कॉल्ड थीफ़ : रिक्रलेकशन ऑन आदिवासी साइलेंस,* ओरिएंट लॉन्गमैन, नयी दिल्ली.

................ (सं.)(2013*), नैरेटिंग नोमैडिज़म : टेल्स ऑफ़ रिकवरी ऐंड रेज़िस्टेंस,* (सं.), रौटलेज, नयी दिल्ली.

गोविंद राठौड़ (2014), *प्रोग्रेस ऑफ़ बंजारा इन 21 सेंचुरी ऑफ़्टर इंडिपेंडेंस,* m.goarbanjara.com/progress-ofbanjara-in-21st-century-after-inde .देखा गया 05 अगस्त, 2017.

चंद्रशेखर नाइक और डी. पारमेशा नाइक (2012), *बंजारा स्टैटिस्टिकल रिपोर्ट,* कर्णाटक स्टेट.

*टाइम्स ऑफ़ इंडिया* में प्रकाशित ख़बर, 'ब्रिटिश क्वाइंड क्रिमिनल ट्राइब्स टू डिस्क्राइब रूथलेस रॉबर्स', 30 मई, 2011. देखा गया.

ट्रैवेल (2009), *लम्बनी ट्राइब (वेस्टर्न इंडिया), वेबलॉग, ट्राइब्स ऑफ़ इंडिया,* जनजाति (पश्चिमी भारत), tribesof-india.blogspot.com/2009/07/lambani-tribe-western-india.html,18 सितंबर, 2017 को देखा गया.

डी. सोयिनी मैडिसन (2005), *क्रिटिकल एथनोग्रैफ़ी : मेथड्स, इथिक्स ऐंड परफ़ॉर्मेंस,* सेज़, लंदन.

तानाजी राठौड़ (2012), *बंजाराज़, द फॉरगॉटन चिल्ड्रेन ऑफ़ इंडिया : हिस्ट्री अनअर्थ्ड,* कर्णाटक टांडा डिवेलपमेंट कॉर्पोरेशन लिमिटेड, बंगलुरू.

दिलीप डिसूज़ा (2001*), ब्रांडेड बाई लॉ — लुकिंग एट इंडियाज़ डीनोटीफ़ाइड ट्राइब्स,* पेंगुइन, नयी दिल्ली.

नागवेनी टी. (2015), *अ हिस्टॉरिकल ट्रांज़िशन ऑफ़ बंजारा कम्युनिटी विद स्पेशल रिफ़रेंस टु साउथ इंडिया,* रिसर्च जनरल ऑफ़ रिसेंट साईसेज़, खंड 4 ,अंक 2, मैसूर.

निक काउल्ड्रे (2010), *वाय वॉयस मैटर्स : कल्चर ऐंड पॉलिटिक्स ऑफ़्टर नियोलिबरलिज़म,* सेज़, लंदन.

निकोलस. बी. डर्क्स (2002), *कास्ट्स ऑफ़ माइंड-कोलोनिअलिज़म ऐंड द मेकिंग ऑफ़ मॉडर्न इंडिया,* परमानेंट ब्लैक, रानीखेत.

बद्री नारायण (2013), 'लोकतंत्र का भिक्षुगीत : अतिउपेक्षित दलितों के अध्ययन की एक प्रस्तावना', *प्रतिमान समय समाज संस्कृति,* वर्ष 1, खंड 1, अंक 1, (जनवरी-जून).

———— (2016), *फ्रैक्चर्ड टेल्स : इनविज़िबल इन इंडियन डेमोक्रैसी,* ऑक्सफ़र्ड युनिवर्सिटी प्रेस, नयी दिल्ली.

———— (2017), 'कौन सुनता है : उनकी बात' *हिंदुस्तान समाचार पत्र,* इलाहाबाद, 9 अक्टूबर.

———— (2017), 'पुराने कौशल नये असमंजस' *हिंदुस्तान समाचार पत्र,* इलाहाबाद, 23 अक्टूबर.

बरार सेंसस रिपोर्ट (1881), *ज्ञान पब्लिशिंग हॉउस,* नयी दिल्ली.

बी.जी. हालबर (1986), *लमनी इकॉनॉमी ऐंड सोसाइटी इन चेंज : सोशियो-कल्चरल आस्पेक्ट्स ऑफ़ इकनॉमिक चेंज़ अमंग द लमनी ऑफ़ नॉर्थ कर्णाटिक,* मित्तल पब्लिकेशंस, नयी दिल्ली.

भांग्या भुक्या (2010), *सबजुगेटिड नोमड्स, द लम्बाडाज़ अंडर द रुल ऑफ़ निजाम्स,* ओरिएंट ब्लैकस्वान, नयी दिल्ली.

मीना राधाकृष्णन (2000), 'कोलोनियल कंस्ट्रक्शन ऑफ़ क्रिमिनल ट्राइब्स : येरुकुलस ऑफ़ मद्रास प्रेसीडेंसी', *इकनॉमिक ऐंड पॉलिटिकल वीकली,* खंड 35, अंक 28-29.

मैत्रेयी पुष्पा (2000), *अल्मा कबूतरी,* राजकमल प्रकाशन , नयी दिल्ली.

———— (2013), *झूला नट,* राजकमल प्रकाशन , नयी दिल्ली.

मोतीराज राठौड़ (2014), *एशिएंट हिस्ट्री ऑफ़ गोर बंजाराज़,* बंजारा न्यूज, 26 अगस्त, m.goar-banjara.com/ancient-history-of-gor-banjaras-part-1 5 अगस्त, 2017 को देखा गया.

रमणिका गुप्ता (2015), *विमुक्त-घुमंतू जातियों का मुक्ति संघर्ष,* कल्याणी शिक्षा परिषद, नयी दिल्ली.

रमाशंकर सिंह (2015), 'बंसोड़, बांस और लोकतंत्र', *प्रतिमान समय समाज संस्कृति,* वर्ष 3, खंड 3, अंक 1, (जनवरी-जून).

रांगेय राघव (2013), *कब तक पुकारूँ,* राजपाल ऐंड संस, नयी दिल्ली.

रॉबर्ट वेन रसेल और हीरालाल (1975), *ट्राइब्स ऐंड कास्ट्स ऑफ़ द सेंट्रल प्रोविंसेज़ ऑफ़ इंडिया,* खंड 2, कॉस्मो प्रकाशन , नयी दिल्ली.

रॉबर्ट गैब्रियल वराडी (1979), *नॉर्थ इंडियन बंजाराज़ : देयर इवोलुशन एज़ ट्रांसपोर्टर्स, साउथ एशिया जर्नल ऑफ़ साउथ एशियन स्टडीज़,* खंड 2, अंक 1.

रामशरण शर्मा (1992), *प्राचीन भारत में राजनीतिक विचार एवं संस्थाएँ,* राजकमल प्रकाशन , नयी दिल्ली.

———— (2009), *शूद्रों का प्राचीन इतिहास,* राजकमल प्रकाशन , नयी दिल्ली.

ललिता प्रसाद विद्यार्थी (1978), *राइज़ ऑफ़ एंथ्रोपोलॅजी इन इंडिया : अ सोशल साइंस ओरिएंटेशन, खंड 1,* कॉन्सेप्ट पब्लिशिंग कंपनी लिमिटेड, नयी दिल्ली.

*लिंग्विस्टिक सर्वे ऑफ़ इंडिया,* खंड 1, अंक 1.

विलियम इर्विन (1903), द *आर्मी ऑफ़ द इंडियन मोग़ल्स : इट्स ऑर्गनाइजेशन ऐंड एडमिनिस्ट्रेशन,* लुजाक कम्पनी 46 ग्रेट रसेल स्ट्रीट, लंदन.

विनोद पवार (2007), 'पॉपुलेशन ऑफ़ गोआर्स (बंजारा) इन इंडिया', *बंजारा टाइम्स*, 5 अगस्त, 2017 को देखा गया.

विष्णु प्रताप सिंह (2002), *बंजारा आर ऐनशेंट ट्राइब्स नॉट राजपूत्स प्रेसिडेंशियल रिमॉर्क,* अखिल भारतीय बंजारा सेवा संघ, नयी दिल्ली.

श्रीराम शर्मा (2015), *बंजारा समाज : एक समाजशास्त्रीय अध्ययन,* शर्मा परिवार चेरिटेबल ट्रस्ट, हैदराबाद.

संजय निगम (1990) 'डिसिप्लिनिंग ऐंड पोलिसिंग द 'क्रिमिनल बाई बर्थ', द *इंडियन इकनॉमिक ऐंड सोशल हिस्ट्री रिव्यू,* अंक 27, संख्या 2.

सुज़ैन अब्राहम (1999), 'स्टील ऑर आई शैल कॉल यू ए थीफ़, क्रिमिनल ट्राइब्स ऑफ़ इंडिया', *इकनॉमिक ऐंड पॉलिटिकल वीकली,* खंड 34, अंक 27.

सुमित सरकार (2014), *मॉडर्न टाइम्स : 1880-1950,* परमानेंट ब्लैक, रानीखेत.

सुमित सरकार और तनिका सरकार (2014), *कास्ट इन मॉडर्न इंडिया,* दूसरा खंड, परमानेंट ब्लैक, रानीखेत.

सेंसस रिपोर्ट ऑफ़ सेंट्रल प्रोविंसेज़ (1881), *ज्ञान पब्लिशिंग हाउस,* नयी दिल्ली.

सेंसस ऑफ़ इंडिया (1931), *ज्ञान पब्लिशिंग हाउस,* नयी दिल्ली.

सेंसस ऑफ़ इंडिया (1961), *मदर टंग,* भाग 1.

सैयद सिरानुल हसन (1920), द *कास्ट्स, ट्राइब्स ऑफ़ एच.इ.एस.निजाम्स डोमिनियंस,* खंड 8, द टाइम्स प्रेस, बॉम्बे.

हरिश्चंद्र वर्मा (1993), *मध्यकालीन भारत, भाग 2, हिंदी माध्यम कार्यान्वियन निदेशालय,* दिल्ली विश्वविद्यालय, दिल्ली.

हेनरी मायर्स इलियट (1869), द *रेसेस ऑफ़ द नार्थ वेस्टर्न प्रोविंसेज़ ऑफ़ इंडिया,* खंड 1, ट्रुब्नर ऐंड कंपनी, लंदन.

हेनरी श्वार्ज़ (2010), *कान्स्ट्रक्टिंग द क्रिमिनल ट्राइब्स इन कोलोनियल इंडिया : एक्टिंग लाइक ए थीफ़,* विली ब्लैकवेल, यूके.

**मौखिक स्रोत**

साक्षात्कार : संध्या (32), ग्राम चुरारी, ज़िला महोबा, मार्च, 2018.

साक्षात्कार : संगीता (45), ग्राम चुरारी, ज़िला महोबा, मार्च, 2018.

साक्षात्कार : पूजा (26), ग्राम चुरारी, ज़िला महोबा, मार्च, 2018.

साक्षात्कार : मंगल (38), ग्राम कुल पहाड़ ग्रामीण, ज़िला महोबा, मई 2018.

साक्षात्कार : भारत (40), ग्राम कुल पहाड़ ग्रामीण, ज़िला महोबा, मई 2018.

साक्षात्कार : सज्जन बाबा (65), ग्राम गुमान सिंह का ख़ुदा, कुलपहाड़ ग्रामीण, ज़िला महोबा, मई, 2018.

साक्षात्कार : भारत (40), ग्राम बिल्खी, ज़िला महोबा, मई ,2018.

साक्षात्कार : अध्यापक रमेश कुमार (35), ग्राम बिल्खी, ज़िला महोबा, अप्रैल, 2018.

# आदिवासियों के बीच दलित

## वंचना का एक और संसार

कमल नयन चौबे

*प्रतिमान*, जनवरी-जून, 2020, वर्ष 8, अंक 15 में पूर्व-प्रकाशित : पृ.सं. 187-207.

भारत में कुछ क्षेत्रों की पहचान विशेष रूप से अनुसूचित जनजातियों या आदिवासियों के निवास के लिए की गयी है। साथ ही उनके अधिकारों की सुरक्षा के लिए विशेष संवैधानिक प्रावधान भी किये गये हैं।[1] लेकिन, ऐसा लगता है कि आदिवासियों के हक़ सुनिश्चित करने की चिंता में हमारे नीति-निर्माताओं ने ग़ैर-आदिवासियों के हितों का ख़याल नहीं रखा है। वे यह भूल गये हैं कि पाँचवीं अनुसूची के क्षेत्रों या देश के अन्य भागों के वन-क्षेत्रों में आदिवासियों के साथ दलितों (अनुसूचित जातियों) और पिछड़ी जातियों या सामान्य वर्ग में, आने वाले लोगों का एक बड़ा समूह भी रहता है। प्रश्न यह है कि क्या आदिवासी क्षेत्रों में रहने वाले दलितों के साथ संवैधानिक प्रावधान और संसद द्वारा निर्मित क़ानून न्याय करते हैं? असल में, इन विविध श्रेणियों के बारे में एक नहीं बल्कि कई बुनियादी प्रश्न हैं। मसलन, क्या इन श्रेणियों (मसलन, पाँचवीं अनुसूची, अनुसूचित जनजाति, अनुसूचित जाति इत्यादि) के निर्माण की प्रक्रिया ने आदिवासी क्षेत्रों में विशेष रूप से दलितों[2] की स्थिति अत्यंत दुर्बल और दयनीय बना दी है? क्या इन श्रेणियों ने दलित समूहों के जीवन में कोई सकारात्मक बदलाव भी किया है? क्या इन विविध श्रेणियों के निर्माण से राज्य सिर्फ़ उन्हें शासकीयता (गवर्नमेंटैलिटी) के अधीन लाया है, और अधिकतर मामलों में उनके हाशियाकरण को भी बढ़ावा दिया है? क्या वे राज्य द्वारा थोपी गयी विविध श्रेणियों के साथ निरंतर उलझाव और संघर्ष की स्थिति में जीने के लिए अभिशप्त नहीं हो गये हैं?

---

[1] इन क्षेत्रों में उत्तर-पूर्व के क्षेत्रों के लिए संविधान की छठी अनुसूची और शेष भारत के आदिवासी बहुल क्षेत्रों के लिए पाँचवीं अनुसूची के अंतर्गत विशेष संवैधानिक प्रावधान किये गये हैं. बाद के समय में संसद द्वारा निर्मित कई कानूनों के माध्यम से आदिवासियों के सांस्कृतिक अधिकारों की सुरक्षा करने, उनकी स्वायत्त जीवन-शैली को क़ायम रखने और वन संसाधनों पर उनके अधिकारों को सुनिश्चित करने के लिए कई महत्त्वपूर्ण कानूनों का निर्माण किया गया. इस संदर्भ में *पंचायत (अनुसूचित क्षेत्र विस्तार) अधिनियम* 1996 (पेसा) और *अनुसूचित जनजाति और अन्य पारंपरिक वन निवासी (वन अधिकार मान्यता) अधिनियम, 2006* (वन अधिकार कानून) विशेष रूप से उल्लेखनीय हैं. पेसा मुख्य रूप से संविधान की पाँचवीं अनुसूची में सम्मिलित क्षेत्रों के लिए है, वहीं वन अधिकार क़ानून पूरे देश के वन क्षेत्रों से संबंधित है.

[2] इस शोध-आलेख में अनुसूचित जनजातियों के लिए आदिवासी और अनुसूचित जातियों के लिए दलित शब्द का प्रयोग किया गया है. हालाँकि कई ऐसे समूह हैं, जो यह दावा करते हैं कि वे आदिवासी हैं, लेकिन वे अनुसूचित जनजाति की श्रेणी का भाग नहीं हैं. इस तरह का कोई उदाहरण आने पर अलग से उसका उल्लेख किया गया है.

प्रस्तुत शोध-आलेख का लक्ष्य आदिवासी इलाक़ों की विविध श्रेणियों (छठी अनुसूची, पाँचवीं अनुसूची और वन क्षेत्रों) में दलितों के क़ानूनी और व्यावहारिक हाशियाकरण की परिघटना का विश्लेषण करना है। इस संदर्भ में विविध श्रेणियों के निर्माण के इतिहास, इनसे जुड़े प्रावधानों के अध्ययन के माध्यम से दलितों की स्थिति और उनकी निरंतर वंचना का परीक्षण किया गया है। विशेष रूप से पाँचवीं अनुसूची और इसके लिए बने क़ानून पेसा तथा वन अधिकार क़ानून (यह पूरे देश के वन क्षेत्रों के लिए है) के प्रावधानों की जाँच करते हुए फ़ील्डवर्क के विविध अनुभवों के माध्यम से दलितों की निरंतर वंचना की विवेचना की गयी है। श्रेणीकरण की समस्याओं को दर्शाने के लिए कुछ अन्य श्रेणियों (मसलन छठी अनुसूची) के अंतर्विरोधों को भी रेखांकित किया गया है। यह आलेख चार भागों में बँटा हुआ है : पहले भाग में भारत में श्रेणीकरण या कैटेगॅराइज़ेशन के इतिहास की पड़ताल करते हुए औपनिवेशिक दौर में 'आदिवासी क्षेत्रों' (अर्थात् वे क्षेत्र जिनके बारे में यह माना गया कि यहाँ मुख्य रूप से आदिवासी ही रहते हैं) से संबंधित विविध श्रेणियों और उनके निहितार्थों का विश्लेषण है। दूसरा भाग स्वतंत्र भारत में संवैधानिक प्रावधानों और विविध क़ानूनों के माध्यम से बनी श्रेणियों, औपनिवेशिक दौर की श्रेणियों की निरंतरता, उनमें बदलाव और उनके प्रभावों को रेखांकित करता है। इसमें छठी अनुसूची के प्रावधानों और इनमें अंतर्निहित दलित बहिष्करण की संभावनाओं की पड़ताल है। तीसरे भाग में पाँचवीं अनुसूची और पेसा के प्रावधानों का विश्लेषण है, और उसके कारण क़ानूनी रूप से दलितों की दुर्बल स्थिति रेखांकित की गयी है। चौथे भाग में वन अधिकार क़ानून द्वारा निर्मित श्रेणियों के संदर्भ में दलितों की जीविका और अधिकारों पर पड़ने वाले प्रभावों का अध्ययन है। इस संदर्भ में विशेष रूप से वन गाँवों और इससे संबंधित एक अन्य श्रेणी अर्थात् टांगिया गाँवों के अनुभवों का परीक्षण किया

गया है।[3] आलेख के आख़िरी अध्याय में आदिवासी इलाक़ों में दलितों की निरंतर वंचना के संदर्भ में श्रेणीकरण को ज़्यादा लोकतांत्रिक बनाने के संदर्भ में कुछ सुझाव दिये गये हैं।

## I

## 'आदिवासी क्षेत्र' और विविध श्रेणियों का उलझाव : औपनिवेशिक अनुभव

भारत में जनसंख्या के तमाम समूहों के व्यवस्थित वर्गीकरण की शुरुआत औपनिवेशिक दौर से आरंभ हुई। यह माना जाता रहा है कि व्यापक जनसंख्या को उसकी विशिष्टताओं और आवश्यकताओं के संदर्भ में अलग-अलग भागों में बाँट कर या उनके लिए अलग-अलग श्रेणियों का निर्माण करके उनकी भलाई के लिए ज़्यादा व्यवस्थित तरीक़ों से कार्य किया जा सकता है। इसका अर्थ यह है कि यदि सरकार को पता हो कि जनसंख्या का कौन से समूह किस क्षेत्र में ज़्यादा संख्या में है, कौन से समूह ग़रीबी और भुखमरी से जूझ रहे हैं तो वह उन समुदायों को ध्यान में रख कर ज़्यादा बेहतर नीतियाँ बना सकती है।[4] बहरहाल, जनसंख्या को विविध समूहों में बाँटने और नवीन श्रेणियों के निर्माण के बारे में सिर्फ़ विभिन्न समुदायों की भलाई का तर्क ही महत्त्वपूर्ण नहीं है, बल्कि इसके पीछे जनसंख्या के नियमन और नियंत्रण की मंशा भी रही है। यह प्रक्रिया आधुनिकीकरण के साथ आगे बढ़ी

[3] वन अधिकार क़ानून में वन-गाँवों को परिभाषित करते हुए कहा गया है कि वन-गाँव ऐसी बस्ती या गाँव है, जिन्हें किसी भी राज्य सरकार के वन विभाग के द्वारा वानिकी के काम के लिए जंगल के भीतर बसाया गया है, या जिन्हें वनों के आरक्षण की प्रक्रिया के माध्यम से वन गाँवों में बदल दिया गया, और इसमें वनों में बसे गाँव, सुनिश्चित माँग वाले स्वामित्व, हर प्रकार के टांगिया गाँव सम्मिलित हैं, चाहे इनका नाम कुछ भी हो, और इसमें सरकार की अनुमति से खेती और अन्य उपयोगों के लिए दी गयी ज़मीन सम्मिलित है। देखें सेक्शन 2(एफ़), 3 (एच), गवर्नमेंट ऑफ़ इंडिया (2007).

[4] दरअसल, यह राजनीतिक गोलबंदी का एक सशक्त साधन भी है, जिसके द्वारा वंचित समूहों को एक पहचान के अंतर्गत लाने में कामयाबी मिल सकती है. मसलन, औपनिवेशिक दौर में मुस्लिमों के पृथक् निवार्चक मंडल की उपस्थिति और डॉ. आम्बेडकर द्वारा दलितों के लिए ऐसे ही निर्वाचक मंडल की माँग के पीछे मुख्य सोच यही थी कि एक पृथक् श्रेणी के रूप में इन निर्वाचक मंडलों द्वारा चुने गये प्रतिनिधि इन समूहों के लिए ज़्यादा सजग और सक्रिय रूप से काम करेंगे. स्वतंत्रता प्राप्ति के बाद के दौर में इसी प्रकार की कई श्रेणियाँ राजनीतिक गोलबंदी का साधन बनी हैं. अक्सर राज्य द्वारा दिये जाने वाले आरक्षण जैसे लाभ प्राप्ति के लिए कई समूह किसी विशिष्ट श्रेणी में शामिल किये जाने की माँग करते रहे हैं.

और इसका वर्चस्व लगातार बढ़ता गया। मिशेल फ़ूको ने यह तर्क दिया है कि समाज में विभिन्न श्रेणियों का निर्माण आधुनिक समय की सबसे महत्त्वपूर्ण विशेषता है, जिसके माध्यम से अलग-अलग समूहों का नियमन किया जाता है। फ़ूको इसे गवर्नमेंटैलिटी या शासकीयता की संज्ञा देते हैं। यह एक ऐसी प्रक्रिया है जो हर स्तर के लिए एक निश्चित दायरा या भूमिका तय कर देती है और इस तरह हर स्तर का प्रभाव-क्षेत्र सुपरिभाषित और सीमित भी हो जाता है।[5] इस तरह, हर समूह एक ख़ास तरह से शक्ति के दायरे का हिस्सा बन जाता है, और इसके माध्यम उसे नियंत्रित करते हैं।

फ़ूको के विचारों को अपनाते हुए जेम्स स्कॉट ने दिखाया है कि राष्ट्रीय भू-क्षेत्र के सर्वे और मैपिंग तथा जनसंख्या की गणना और वर्गीकरण सत्ता की तकनीक रहे हैं। इनके कारण चीज़ें ज़्यादा सरलीकृत रूप में सामने आ पायी हैं। इसने सामाजिक जीवन को 'लेजिबल' (या ज़्यादा स्पष्ट) बनाया है, और इसका तार्किक नियंत्रण करना ज़्यादा आसान हो गया है।[6] विशेष रूप से औपनिवेशिक संदर्भ में विचार करते हुए कई विद्वानों ने यह दलील दी है कि औपनिवेशिक राज्य ने मापन की तकनीक द्वारा अपनी प्रजा को शासित किया। इस प्रकार का तर्क देने वाले विद्वानों में बरनार्ड कॉन और निकोलस बी. डर्क्स का नाम सबसे प्रमुख है। इनके मुताबिक़ पूर्व-आधुनिक दौर में राज्य अपनी शक्ति प्रदर्शन करने के लिए प्रत्यक्ष साधनों पर निर्भर था। लेकिन आधुनिक (युरोपीय) राज्य ने इससे भिन्न तरीक़ों को अपनाते हुए अपनी शक्ति का प्रदर्शन किया। उसने धीरे-धीरे अपने स्थान को सीमित और चिह्नित करने, संपत्ति बेचने जैसे लेन-देन का रेकार्ड करने, अपनी जनसंख्या की गणना और वर्गीकरण करने तथा जन्म, विवाह और मृत्यु जैसे जीवन-चक्र के तथ्यों को दर्ज करने का काम धार्मिक संस्थाओं से अपने हाथ में ले लिया। राज्य ने इनके माध्यम से आधिकारिक प्रक्रियाओं और रोज़मर्रा की गतिविधियों पर सरकारी नियंत्रण का विस्तार किया।[7] सुदीप्त कविराज ने

---

[5] मिशेल फ़ूको (1991).

[6] जेम्स स्कॉट (1998).

[7] बरनार्ड कॉन और निकोलस बी. डर्क्स (1988).

अंग्रेज़ों के पहले और बाद के दौर के भारत के संदर्भ में यह विचार व्यक्त किया है कि अंग्रेज़ों के पहले के भारत में 'समुदायों' का सीमा-क्षेत्र 'धुँधला' था। अर्थात् यह सीमा-क्षेत्र ऐसा था जिसके आधार पर कोई ठोस विभाजन नहीं किया जा सकता था। अंग्रेज़ों के शासन वाले भारत में इन 'धुँधली' पहचानों की गणना की गयी। इस प्रक्रिया में इनका मानकीकरण हुआ और इन्होंने ऐसा ठोस रूप धारण किया जिससे शासकीयता सुनिश्चित हुई।[8]

भारत में पहले से अस्पृश्य, आदिवासी (या वनवासी), और वन मौजूद थे, लेकिन औपनिवेशिक शासन ने इन्हें परिभाषित करते हुए विशिष्ट श्रेणियों के रूप में विकसित किया। मसलन, अंग्रेज़ों ने वन संसाधनों का व्यवस्थित दोहन करने के लिए 1864 में वन विभाग की स्थापना की। इसके बाद 1865 का वन अधिनियम बना। इसकी कमियों को दूर करने के लिए एक ज़्यादा व्यापक वन अधिनियम 1878 में बना।[9] इन औपनिवेशिक क़ानूनों ने 'एमिनेंट डोमेन' (राज्य की सम्प्रभुत्ता) के दावे की पुष्टि की। 1878 के वन अधिनियम में किसी भी भू-क्षेत्र को 'वन' घोषित करने की प्रक्रिया का स्पष्ट वर्णन किया गया। इसके मुताबिक़ सरकार (वन विभाग) किसी भी क्षेत्र को वन घोषित कर सकती है, और यदि किसी व्यक्ति का उस भूमि पर कोई दावा है तो उसे अपने दावे के पक्ष में 'लिखित दस्तावेज़' प्रस्तुत करना होगा। साथ ही, यदि कोई व्यक्ति अपने दावे के पक्ष में लिखित दस्तावेज़ प्रस्तुत करता है तो भी सरकार 'लोक हित' में उचित मुआवज़ा देकर उस भूमि का अधिग्रहण कर सकती है।[10] 1927 में इस वन अधिनियम में संशोधन करके वन अधिनियम-1927 बनाया गया। किंतु इसमें भी वनों के निर्माण की यही प्रक्रिया जारी रही। इस तरह, इस क़ानून के चलते वन भूमि पर अपने सदियों के निवास का प्रमाण न देने वाले वन निवासी समुदाय 'अतिक्रमक' घोषित कर दिये गये। औपनिवेशिक दौर में अलग-अलग समय पर क्रिमिनल ट्राइब्स ऐक्ट बनाया गया। इस तरह का पहला क़ानून क्रिमिनल ट्राइब्स ऐक्ट-1871

---

[8] सुदीप्त कविराज (1994).

[9] 1878 के वन अधिनियम के बनने से संबंधित वाद-विवाद और औपनिवेशिक वन प्रबंधन के प्रभावों की समझ के लिए देखें, माधव गाडगिल और रामचंद्र गुहा (1992).

[10] छत्रपति सिंह (1986).

था। इसे उत्तर भारत में लागू किया गया। बाद में, कई अन्य राज्यों में ऐसे ही क़ानून बने जिन्हें 1924 में क्रिमिनल ट्राइब्स ऐक्ट के अंतर्गत एक क़ानून के अधीन कर दिया गया। इन विविध अधिनियमों द्वारा तक़रीबन डेढ़ सौ से दो सौ समुदायों को वंशानुगत अपराधियों की श्रेणी में डाल दिया गया। इन समुदायों के सदस्यों पर निगरानी रखी जाती थी, उन्हें क़ैद किया जाता था और उनके साथ अत्यधिक भेदभाव भरा व्यवहार किया जाता था। जिन समुदायों को 'अपराधी' की श्रेणी में शामिल किया गया। उनमें से अधिकांश समुदाय घुमंतू थे और वे अपनी जीविका की तलाश में एक स्थान से दूसरे स्थान पर भटकते रहते थे।[11]

औपनिवेशिक राज्य ने आदिवासियों के लिए कई 'उदार' क़ानूनों और श्रेणियों का निर्माण भी किया, जिनका मक़सद अपने 'उदार' चेहरे को प्रस्तुत करने के साथ-ही-साथ इनके विरोध को शांत करना भी था। असल में, एक जनजाति की विशेषताओं का स्पष्ट निर्धारण होने से पहले ही अंग्रेज़ों ने मुख्य रूप से जनजातीय क्षेत्रों में प्रशासन की पृथक् व्यवस्था करनी आरंभ कर दी। इसमें इन क्षेत्रों के लिए विशेष क़ानूनी प्रावधान करते हुए यह स्पष्ट किया गया कि सामान्य क़ानून इन क्षेत्रों में लागू नहीं होंगे। मसलन, वर्तमान झारखंड के सिंहभूम क्षेत्र में अंग्रेज़ों ने 1833 के रेग्युलेशन- XIII को लागू किया जो पहले से रामगढ़ और जंगल महल के क्षेत्रों में लागू था। इसे विलकिंसन के नियम के रूप में भी जाना गया, जिसमें यह प्रावधान किया गया कि शेष भारत में लागू नियम इन ज़िलों में लागू नहीं होंगे तथा गवर्नर जनरल का राजनीतिक प्रतिनिधि यहाँ का प्रशासन सँभालेगा। इन क्षेत्रों को नॉन रेग्युलेशन प्रॉविंसेज़ के रूप में जाना गया। 1874 में एक अन्य क़ानून पारित हुआ जिसने नॉन रेग्युलेशन क्षेत्रों को अनुसूचित ज़िलों का दर्जा दिया और इनके भौगोलिक क्षेत्र को परिभाषित किया। इसी तरह, उत्तर-पूर्व के लिए अंग्रेज़ों ने 1873 में इनर लाइन रेग्युलेशन लागू किया, जिसमें यह प्रावधान किया गया कि एक सीमा के बाद उपनिवेश के सामान्य क़ानून यहाँ लागू नहीं होंगे।[12]

---

[11] इस संदर्भ में विस्तृत विवेचना के लिए देखें, संजय निगम (1990).

[12] गवर्नमेंट ऑफ़ इंडिया (2014) : 64.

1919 के भारत शासन अधिनियम में अनुसूचित ज़िलों का 'पिछड़े क्षेत्र' का दर्जा दिया गया। यहाँ गवर्नर जनरल स्थानीय अधिकारियों की मदद से प्रशासन का कार्य देख सकता था। दूसरी ओर 'वास्तविक रूप से पिछड़े क्षेत्रों' (उत्तर-पूर्व) की व्यवस्था की गयी, जिनकी प्रशासन की ज़िम्मेदारी सीधे तौर पर गर्वनर जनरल की थी। बाद में, साइमन कमीशन ने इन्हें क्रमशः 'आंशिक रूप से बहिष्कृत क्षेत्र' और 'पूर्ण रूप से बहिष्कृत क्षेत्र' का दर्जा दिया। स्पष्टतः 'बहिष्कृत' और 'आंशिक रूप से बहिष्कृत' शब्दावली का प्रयोग तथाकथित 'मुख्यधारा' और 'प्रशासन' के नियंत्रण से दूरी के आधार पर किया गया।[13] दूसरी ओर, छोटानागपुर टेनेंसी ऐक्ट, उन्नीसवीं सदी के आख़िरी दशक में बिरसा मुंडा के विद्रोह के बाद बना था। इसमें छोटानागपुर के इलाक़े में आदिवासियों के भू-अधिकारों को सुरक्षा दी गयी।

आरंभ से ही 'पूर्ण रूप से बहिष्कृत' क्षेत्रों (कई बार इनके लिए 'बहिष्कृत' क्षेत्र शब्दावली का ही प्रयोग किया जाता है) को आंशिक रूप से बहिष्कृत क्षेत्रों की तुलना में ज़्यादा स्वायत्तता प्रदान की गयी। स्पष्टतः विविध क्षेत्रों को अलग-अलग श्रेणियों में डालने के पीछे मुख्य सोच यह था कि इन क्षेत्रों में बेहतर प्रशासन सुनिश्चित हो और इन क्षेत्रों में रहने वाले जनसंख्या समूह पर नियंत्रण स्थापित किया जाए। सबसे पहले हिंदू जातियों से अलग समूह के रूप में जनजाति को 1931 की जनगणना में ही स्पष्ट रूप से अलग किया गया। हालाँकि पहले की जनगणना में भी ऐसे प्रयास किये गये, किंतु उनमें अलग-अलग कसौटियों का प्रयोग किया गया। बहरहाल, 1931 की जनगणना में जिन समूहों का धार्मिक व्यवहार 'हिंदू' के रूप में था, उन्हें जाति की श्रेणी में डाला गया और जो समूह एनिमिस्टिक (जड़ात्मवादी) थे, उन्हें जनजाति की श्रेणी में डाल दिया गया। इसी जनगणना में भारतीय उपमहाद्वीप में जनजातियों की सूची तैयार करने की कोशिश की गयी। 1935 के भारत शासन अधिनियम में बहुत से जनजाति समूहों को अनुसूचित जनजाति के रूप में श्रेणीबद्ध किया गया।[14]

---

[13] वही : 64.

[14] कमल नयन चौबे (2015क) : 8-9.

इस संदर्भ में हमें यह याद रखने की आवश्यकता है कि जनजातियों को ध्यान में रखते हुए औपनिवेशिक राज्य ने 'पूर्ण रूप से बहिष्कृत क्षेत्र' और 'आंशिक रूप से बहिष्कृत क्षेत्र' की जो रूपरेखा तैयार की, उसमें उन क्षेत्रों में रहने वाले ग़ैर-जनजाति समूहों और उनके हितों की सुरक्षा पर ध्यान नहीं दिया गया। इनमें दलित जातियों को विशेष वंचना का सामना करना पड़ा, क्योंकि सामाजिक स्तर पर इनकी स्थिति आदिवासियों की तरह ही थी, या कई मामलों में उनसे भी बुरी थी क्योंकि इन्हें 'मुख्यधारा' के समाज में अस्पृश्यता का सामना करना पड़ता था। जनगणना में दलित जातियों के वर्णन के संदर्भ में मुख्य रूप इस आधार पर सहमति रही कि जो जातियाँ अस्पृश्यता का शिकार हैं, उन्हें एक अलग श्रेणी में रखा जाएगा। इस संदर्भ में पहले डिप्रेस्ड क्लासेज़ शब्दावली का प्रयोग किया गया, और 1935 के भारत शासन अधिनियम के बाद इनके लिए शेड्यूल्ड कास्ट्स या अनुसूचित जाति शब्दावली का प्रयोग हुआ।[15] डॉ. भीम राव आम्बेडकर के प्रयासों के कारण दूसरे गोलमेज़ सम्मेलन के बाद ब्रिटेन के प्रधानमंत्री रैम्ज़े मैक्डॉनल्ड द्वारा घोषित कम्युनल अवार्ड में दलित जातियों (डिप्रेस्ड क्लासेज़ के अंतर्गत सूचीबद्ध जातियों) के लिए पृथक् निवार्चक मंडल की व्यवस्था की गयी। गाँधी ने इसे हिंदू और भारतीय समाज के लिए विभाजनकारी मानते हुए इसका विरोध करते हुए आमरण अनशन किया। इसके बाद 'पूना पैक्ट'

[15] इस संदर्भ में यह उल्लेखनीय है कि 1931 के जनगणना कमिश्नर जे. एच. हटन ने अस्पृश्य समुदायों को पहचानने के लिए कई कसौटियों को पेश किया, जिसमें ब्राह्मणों द्वारा उनसे अस्पृश्यता बरतने, उनसे किसी हिंदू जाति द्वारा पानी न लेने, हिंदू मंदिरों में प्रवेश वर्जित होने, सड़क, कुओं या स्कूल का उपयोग वर्जित होने आदि जैसी कसौटियों को रखा गया. लेकिन अस्पृश्यता के किसी एक निर्धारक कारक के न होने के कारण इस पर काफ़ी वाद-विवाद हुआ. इस संदर्भ में आम्बेडकर ने यह तर्क दिया कि मुख्य लक्ष्य उन समुदायों की पहचान करना है जो उच्च जातियों की अवमानना और घृणा का सामना कर रहे हैं. उन्होंने यह चेतावनी दी कि यह मानना एक घातक ग़लती होगी कि अस्पृश्यता के परीक्षण में भिन्नता अछूतों की स्थिति में अंतर की ओर संकेत करती है. मार्क गैलेंटर (1984) : 129 में उद्धृत काफ़ी वाद-विवाद के बाद इस बात पर सहमति बनी कि जिन जातियों के मंदिर में जाने पर पाबंदी है और जिन्हें छूने या जिनके पास आने मात्र से दूषित होने का ख़तरा माना जाता है, उन्हें अस्पृश्य माना जाएगा. इन्हीं जातियों को 1936 में एक सरकारी अनुसूची में सूचीबद्ध किया गया. यहाँ यह भी ग़ौरतलब है कि 1936 की सूची बनने से पहले यह व्यवस्था थी कि मुस्लिम और ईसाई धर्मों के कुछ समूह भी 'डिप्रेस्ड क्लासेज' में सम्मिलित थे. लेकिन 1936 की सूची में अन्य धर्मों के जातियों/समुदायों को इस सूची से बाहर कर दिया गया. देखें, अश्विनी देशपांडे (2013) : 62-63.

हुआ, जिसमें अन्य बातों के अलावा दलितों के लिए उनकी जनसंख्या के अनुपात में विधायिका में सीटों को आरक्षित करने पर सहमति बनी।[16]

बहरहाल, औपनिवेशिक दौर में ही यह समझ बन चुकी थी कि 'आदिवासी' (जिनके लिए अमूमन 'ट्राइब्स' शब्द का प्रयोग किया जाता था) कुछ ख़ास क्षेत्रों में रहते हैं, और वहाँ उनके हितों की सुरक्षा के लिए विशेष प्रावधान किये गये। दलितों के लिए इस तरह के विशेष क्षेत्रों की शिनाख़्त नहीं की गयी। इसका कारण यह था कि ये तक़रीबन सभी क्षेत्रों में कम या ज़्यादा संख्या में मौजूद थे। औपनिवेशिक दौर में जिन क्षेत्रों की पहचान आदिवासी क्षेत्रों ('पूर्ण रूप से बहिष्कृत' और 'आंशिक रूप से बहिष्कृत' क्षेत्र) के रूप में की गयी, वहाँ दलित जातियों के हितों की सुरक्षा के लिए किसी विशेष क्षेत्र के निर्धारण जैसी कोई परिकल्पना सामने नहीं आयी। हालाँकि सुखदेव थोरात के अनुसार, आम्बेडकर ने पहले 1943 में और फिर 1946 में ग्रामीण क्षेत्रों में दलितों के लिए पृथक् गाँव बनाने का प्रस्ताव किया। वे चाहते थे कि पूर्व-अछूतों के लिए बस्ती या गाँव ऊँची जाति की बस्तियों/गाँवों से दूर बसाये जाएँ जिनमें दलितों के पास जीविका का अपना स्वतंत्र साधन हो ताकि दलित भौगोलिक और आर्थिक रूप से उच्च जातियों से स्वतंत्र हो सकें। लेकिन 1947 में वे अपने इस विचार से पीछे हट गये।[17] स्पष्ट तौर पर आदिवासी क्षेत्रों में दलितों के लिए अलग से कोई प्रावधान नहीं किया गया। स्वतंत्रता प्राप्ति के बाद के दौर में भी यह प्रवृत्ति जारी रही।

## II

## स्वतंत्र भारत : संविधान, संसद के क़ानून और श्रेणियों की बहुलता

भारत के संविधान में 1935 के भारत शासन अधिनियम में मौजूद अनुसूचित जनजाति की संकल्पना को भारतीय संविधान में भी स्थान दिया गया। संविधान के अनुच्छेद-342 में यह प्रावधान किया गया है कि विभिन्न राज्यों

---

[16] इस संदर्भ में ऐतिहासिक घटनाक्रम और वाद-विवाद की एक संक्षिप्त समझ के लिए देखें, अश्विनी देशपांडे (2013) : 43-53.

[17] देखें, सुखदेव थोरात (2018) : 272.

में वहाँ के राज्यपालों से विचार-विमर्श करके किसी जनजाति को अनुसूचित जनजाति में सम्मिलित करने की अधिसूचना जारी की जा सकती है और केंद्र शासित प्रदेशों के संदर्भ में राज्यपाल ख़ुद ऐसी अधिसूचना जारी कर सकता है। फिर, संसद क़ानून बनाकर इस श्रेणी में किसी जनजाति को या किसी क्षेत्र में रहने वाले उसके हिस्से को जनजाति की श्रेणी में डाल सकती है, या बाहर निकाल सकती है।[18] अनुसूचित जनजाति की श्रेणी राज्य द्वारा उपलब्ध कराए जाने वाले कई लाभों को हासिल करने के लिए अत्यंत महत्त्वपूर्ण है क्योंकि संविधान के अनुच्छेद-334 में इनकी जनसंख्या के अनुपात में लोकसभा और राज्य विधानसभा में तथा अनुच्छेद-335 में केंद्रीय और राज्य स्तरीय नौकरियों में आरक्षण का प्रावधान किया गया है; (अनुसूचित जनजातियों के साथ-ही-साथ अनुसूचित जातियों या दलितों के लिए भी इस तरह की व्यवस्था की गयी है) अनुच्छेद-15(4) उच्चतर शैक्षणिक संस्थाओं में अनुसूचित जातियों और अनुसूचित जनजातियों के लिए आरक्षण की व्यवस्था की गयी है।[19] इसी तरह, संविधान के अनुच्छेद-275 में केंद्र सरकार को यह निर्देश दिया गया है कि राष्ट्रीय विकास की योजनाओं में अनुसूचित जातियों और अनुसूचित जनजातियों के सदस्यों के सुधार के लिए अलग से राशि आबंटित करे।[20] ग़ौरतलब है कि स्वतंत्र भारत में अनुसूचित जाति की श्रेणी में अस्पृश्यों को सम्मिलित करने के बारे में 1936 की कसौटियों को ही क़ायम रखा गया। राष्ट्रपति ने 1950 में शेड्यूल्ड कास्ट्स ऑर्डर जारी करके 1936 की सूची को फिर से जारी किया। लेकिन इस समय चार सिख जातियों को इस सूची में शामिल किया गया, और उन

---

[18] भारत का संविधान (2008) : 187-88. असल में, अनुसूचित जनजातियों में किन समुदायों को सम्मिलित किया जाए, यह हमेशा ही एक विवादास्पद मसला बना रहा है और इसमें समय-समय पर नयी जनजातियों को सम्मिलित किया जाता रहा है. स्वतंत्र भारत में पहली बार 1951 में जनगणना हुई, जिसमें पूरे देश में 212 जनजातियों को अनुसूचित जनजातियों के रूप में मान्यता दी गयी. 1961 की जनगणना में अनुसूचित जनजातियों में सूचीबद्ध समूहों की संख्या बढ़कर 427 हो गयी और 1971 में यह संख्या 432 पायी गयी. अनुसूचित जनजातियों की बढ़ती संख्या से यह स्पष्ट है कि इस संदर्भ में किन्हीं वस्तुनिष्ठ कसौटियों का अनुपालन नहीं किया जाता.

[19] इस तरह के अन्य प्रावधानों की जानकारी के लिए देखें, डी.डी. बसु (2007) : 388-96.

[20] भारत का संविधान (2008) : 148-149.

क्षेत्रों में सूची का विस्तार किया गया, जहाँ से पहले अनुसूचित जातियों की पहचान नहीं की गयी थी। ख़ास बात यह है कि 1936 की सूची की तरह ही अभी भी सिख धर्म की कुछ जातियों को छोड़कर किसी भी अन्य धर्म के जातियों या समूहों को इस श्रेणी में सम्मिलित नहीं किया गया है। 1956 में इस सूची में संशोधन करके कई दलित सिख जातियों और 1990 में धर्मांतरित दलित बौद्धों को स्थान दिया गया।[21]

स्वतंत्रता पूर्व जिन क्षेत्रों को 'पूर्ण रूप से बहिष्कृत' और 'आंशिक रूप से बहिष्कृत' क्षेत्रों के रूप में जाना जाता था, उन्हें भारतीय संविधान में क्रमशः अनुसूची- VI और अनुसूची- V के रूप में शामिल किया गया। संविधान में पाँचवीं अनुसूची के क्षेत्रों के लिए 'अनुसूचित क्षेत्र' और छठी अनुसूची के क्षेत्रों के लिए 'जनजातीय क्षेत्र' शब्द का प्रयोग किया। छठी अनुसूची के अंतर्गत भारत के उत्तर-पूर्वी भाग के क्षेत्रों को शामिल किया गया है। छठी अनुसूची के क्षेत्रों में स्वायत्त ज़िला परिषदों का प्रावधान किया गया है, जिन्हें स्थानीय स्तर पर, स्थानीय प्रथाओं के अनुसार, संसाधनों और सामाजिक जीवन के अन्य मामलों के प्रबंधन की स्वायत्तता प्रदान की गयी है। जिन राज्यों के क्षेत्रों को छठी अनुसूची में शामिल किया गया है, वहाँ के राज्यपालों को यह अधिकार है कि वे अधिसूचना जारी करके अपने राज्य में स्वायत्त ज़िला परिषदों की व्यवस्था का विस्तार कर सकते हैं, नया ज़िला बना सकते हैं या किसी स्वशासी ज़िले के क्षेत्र को घटा या बढ़ा सकते हैं।[22] छठी अनुसूची के अंतर्गत आने वाले क्षेत्रों में रहने वाले प्रभुत्वशाली जनजाति समूह को अपने संसाधनों की सुरक्षा और प्रबंधन करने और अपनी सामाजिक प्रथाओं के अनुसार जीवन संचालित करने का अधिकार मिला है। किंतु इसमें इन क्षेत्रों में रहने वाले अल्पसंख्यक समूहों के अधिकारों की सुरक्षा का कोई विशेष प्रबंध नहीं किया गया है। अमूमन इन क्षेत्रों में अल्पसंख्यक समूहों को, जिनमें दलित भी सम्मिलित हैं, बहुसंख्यक आदिवासी समूह के वर्चस्व का सामना करना पड़ता है।

---

[21] सतीश देशपांडे और गीतिका बापना (2008) : 65.

[22] भारत का संविधान (2008) : 255-56; साथ ही देखें, एस. के. चौबे (1973).

पाँचवीं अनुसूची के क्षेत्रों में स्वायत्त ज़िला परिषदों का प्रावधान तो नहीं किया गया, किंतु इन क्षेत्रों में रहने वाले जनजातीय समुदायों के हितों की सुरक्षा के लिए कुछ विशेष प्रावधान किये गये। मसलन, जिन राज्यों में ये क्षेत्र हैं, वहाँ के राज्यपालों को यह अधिकार है कि वे संसद और राज्य विधानमंडलों द्वारा पारित ऐसे क़ानूनों को 'वीटो' कर सकते हैं, जिन्हें वे पाँचवीं अनुसूची के क्षेत्रों के लिए उपयुक्त नहीं मानते हैं। इसी प्रकार, इन क्षेत्रों वाले राज्यों में अनुसूचित जनजातियों के हितों की सुरक्षा के लिए जनजातीय सलाहकार परिषद के गठन का भी प्रावधान है। संविधान में राष्ट्रपति को यह अधिकार दिया गया है कि वह संबंधित राज्यपाल से विचार-विमर्श करके किसी क्षेत्र को पाँचवीं अनुसूची में शामिल कर सकता है, उनकी सीमाओं में बदलाव कर सकता है, या उन्हें इस क्षेत्र से बाहर कर सकता है।[23] ग़ौरतलब है कि अनेक अध्ययनों से यह बात सामने आयी है कि पाँचवीं अनुसूची के प्रावधानों की लगातार उपेक्षा हुई है। भारत जन आंदोलन के नेता ब्रह्म देव शर्मा ने इसे 'वायदों को तोड़ने के अटूट इतिहास' की संज्ञा दी है।[24] हालाँकि कई ऐसे आदिवासी क्षेत्र हैं जो पाँचवीं अनुसूची का भाग नहीं है और इसके चलते वे कई संवैधानिक और सरकारी सुविधाओं से वंचित हैं। लेकिन छठी अनुसूची की तरह ही पाँचवीं अनुसूची में भी दलितों और अन्य अल्पसंख्यक समूहों के अधिकारों की सुरक्षा के लिए विशेष संवैधानिक प्रावधान नहीं किये गये। निश्चित रूप से, दलितों को संविधान द्वारा प्रदत्त अधिकार मिले हुए हैं, किंतु यह ख़तरा हमेशा रहता है कि पाँचवीं अनुसूची के प्रावधानों को लागू करने से वहाँ रहने वाले अन्य वंचित समूहों के हक़ की उपेक्षा हो सकती है। पेसा क़ानून के निर्माण और उसके लागू होने की प्रक्रिया ने इस डर को ज़्यादा मूर्त्त रूप में अभिव्यक्त किया है। इसके बारे में आलेख के अगले भाग में विस्तार से विवेचना की गयी है।

---

[23] भारत का संविधान (2008) : 255-56 : 254.

[24] देखें बी.डी. शर्मा (2010); चूँकि इस शोध-आलेख का मक़सद विविध श्रेणियों की विवेचना करना है, इसलिए मैंने यहाँ इन संवैधानिक प्रावधानों के निरंतर उल्लंघन की विस्तृत विवेचना नहीं की है.

अनुसूचित जनजातियों की सामान्य श्रेणी के अतिरिक्त ऐसी कई अन्य श्रेणियाँ हैं जो आदिवासियों के जीवन को प्रत्यक्ष रूप से प्रभावित करती हैं। डि-नोटिफ़ाइड ट्राइब्स ऐसी ही एक श्रेणी है। औपनिवेशिक दौर में क्रिमिनल ट्राइब्स ऐक्ट पर पुनर्विचार करने के लिए स्वतंत्रता प्राप्ति के बाद ऑल इंडिया क्रिमिनल ट्राइब्स इंक्वायरी कमेटी (1949) का गठन किया गया। इसकी अनुशंसा के आधार पर क्रिमिनल ट्राइब्स ऐक्ट को क़ानून की किताब से निकाल दिया गया। इसके बाद इसमें सम्मिलित समुदायों को डि-नोटिफ़ाइड ट्राइब्स के रूप में जाना गया। हालाँकि क़ानूनी रूप से इन समुदायों की 'अपराधी' हैसियत को ख़त्म कर दिया गया, किंतु अभी भी सामाजिक रूप से इन्हें ऐसे समूहों के रूप में ही पहचाना जाता है, जिनके पूर्वज अपराधी थे। इसके चलते सामाजिक जीवन में इन्हें अत्यधिक भेदभाव का सामना करना पड़ता है।[25]

इसके अलावा, जनजातियों के संदर्भ में एक महत्त्वपूर्ण श्रेणी विशेष रूप से कमज़ोर जनजातीय समूहों (पीवीटीजी) की है (2006 तक इन्हें आदिम जनजाति समूह के रूप में जाना जाता था, उसके बाद वर्तमान नाम का प्रयोग किया जाने लगा)। इसमें अभी कुल 75 जनजातीय समूह सम्मिलित हैं। ये वे समूह हैं जो जनजातीय समूहों में भी अत्यंत पिछड़ी स्थिति में हैं। इनमें से 19 समूह ऐसे हैं जिनकी जनसंख्या एक हज़ार से भी कम है। श्रेणियों की पेचीदा स्थिति का सबसे बड़ा उदाहरण यह है कि कुछ पीवीटीजी अनुसूचित जनजाति की श्रेणी का हिस्सा नहीं हैं। इसके अतिरिक्त, केरल, कर्णाटक, तमिलनाडु, उत्तर प्रदेश और पश्चिम बंगाल जैसे राज्यों में पीवीटीजी तो हैं किंतु यहाँ अनुसूचित क्षेत्र (पाँचवीं अनुसूची के क्षेत्र) नहीं है जिससे ये क्षेत्र पेसा से वंचित हैं, जो स्थानीय आदिवासी समुदाय की संस्कृति की स्वायत्तता और संसाधनों पर अधिकार सुनिश्चित करने के लिए सशक्त प्रावधान करता है।[26]

---

[25] गवर्नमेंट ऑफ़ इंडिया (2014) : 58.

[26] वही : 60.

भारतीय संविधान ने वन अधिनियम 1927 की वैधता को क़ायम रखा, जो राज्य को नये वनों के निर्माण और वनों के प्रबंधन को पूरी शक्ति देता है। इसके अलावा, सरकार ने वन्य जीवों की सुरक्षा हेतु 1972 में *वन्य जीव (संरक्षण) अधिनियम* बनाया। इसमें राज्य सरकारों का संरक्षित क्षेत्र स्थापित करने का अधिकार दिया गया है। अर्थात् वे इस क़ानून के प्रावधानों के अनुरूप किसी क्षेत्र को नैशनल पार्क या अभयारण्य घोषित कर सकते हैं। केंद्र सरकार भी राज्य सरकारों या केंद्र शासित प्रदेशों की सहमति से ऐसा कर सकती है। इस अधिनियम के अंतर्गत अभयारण्य के अंतर्गत लोगों को निजी संपत्ति और चराई का अधिकार दिया गया है, हालाँकि वन्य जीव संरक्षण के लिए इस पर पाबंदी भी लगाई जा सकती है। किंतु नैशनल पार्क के भीतर वन निवासी समुदायों के अधिकारों को अत्यंत सीमित किया गया है और वन विभाग को कई दंडात्मक अधिकार भी प्रदान किये गये हैं। मसलन, इन क्षेत्रों में जंगल की अवैध कटाई या वन्य जीवों के शिकार की स्थिति में वन विभाग संबंधित आरोपियों पर केस दर्ज कर सकता है। साथ ही, नैशनल पार्कों को मानव-रहित क्षेत्र बनाने का लक्ष्य रखा गया अर्थात् यह फ़ैसला किया गया कि इन क्षेत्रों में बसे गाँवों को पार्क के बाहर अन्य स्थानों पर बसाया जाएगा। स्पष्टतः इस अधिनियम के चलते नैशनल पार्क एक ऐसी श्रेणी के रूप में सामने आया, जिसमें वन-निवासी समुदायों (जिसमें आदिवासियों का बहुमत है, लेकिन और-आदिवासी समूह, विशेषकर दलित भी सम्मिलित हैं) के अधिकार सीमित कर दिये गये।[27] निश्चित रूप से, इससे अनुसूचित जनजातियों के साथ ही सभी वन निवासी समूहों की स्थिति दुर्बल हुई जिनमें दलित प्रमुख हैं। सभी समूह पूरी तरह से वन विभाग (नैशनल पार्क के प्रशासन) की मनमर्ज़ी पर निर्भर हो गये। इस क़ानून के बनने के बाद नैशनल पार्क और अभयारण्य की संख्या में काफ़ी बढ़ोतरी हुई। 1970

[27] भारत में वन्य जीव संरक्षण और संरक्षित क्षेत्रों में रहने वाले लोगों के अधिकारों संबंधित वाद-विवाद के लिए देखें, नीमा पाठक ब्रूम, शीबा देसोर, आशिस कोठारी और अरशिया बोस (2014).

में देश में सात नैशनल पार्क और 130 अभयारण्य थे। अप्रैल 2012 में देश में नैशनल पार्कों की संख्या बढ़कर 102 और अभयारण्यों की संख्या बढ़कर 515 हो गयी।[28]

इसके अतिरिक्त, सत्तर के दशक में वनों के प्रबंधन में केंद्रीकरण की प्रवृत्ति बढ़ी, जिसके कारण 1976 में वनों को संविधान की राज्य सूची से हटाकर संघ सूची में डाल दिया गया। इसी प्रकार, संसद ने 1980 में वन (संरक्षण) अधिनियम पारित किया, जिसमें यह प्रावधान है कि देश के भू-क्षेत्र का 22 प्रतिशत वन क्षेत्र के रूप में क़ायम रखा जाएगा। इसने किसी आरक्षित वन को अनारक्षित करने के लिए या जंगल की किसी ज़मीन का ग़ैर-वनीय मक़सद के लिए प्रयोग करने से पहले केंद्र सरकार की अनुमति को आवश्यक बना दिया। इन सभी नवीन प्रावधानों का नतीजा यह निकला कि वन विभाग का जंगल के प्रबंधन में वर्चस्व न सिर्फ़ औपनिवेशिक दौर की तरह ही क़ायम रहा बल्कि संरक्षित क्षेत्रों में इसमें बढ़ोतरी भी हुई। यह भी ग़ौरतलब है कि 'राष्ट्रीय विकास' के नाम पर होने वाले दोहन के चलते न सिर्फ़ वनों की स्थिति ख़राब हुई, बल्कि वनों में बसे या इसके संसाधनों पर निर्भर आदिवासी समुदायों के साथ ही साथ दलितों को 'अतिक्रमक' घोषित करने की परिघटना में तेज़ी से बढ़ोतरी भी हुई। 1980 के पहले अकसर समय-समय पर राज्य सरकारें इन 'अतिक्रमणों' का नियमितीकरण करती थीं किंतु वन (संरक्षण) अधिनियम पारित हो जाने के बाद इस प्रक्रिया में भी रुकावट आ गयी।[29]

हालाँकि इन सबके साथ 1970 के दशक से देश में पर्यावरणीय आंदोलनों की शुरुआत हुई, जिसमें संसाधनों के दोहन और उनके केंद्रीकृत प्रबंधन का विरोध किया गया। इन्हीं आंदोलनों से ठोस रूप से जंगल संसाधनों के प्रबंधन में आदिवासियों को अधिकार देने और उनकी 'अति-क्रमक' की हैसियत ख़त्म करने की माँग सामने आयी, और इसके पक्ष में

[28] कमल नयन चौबे (2015क) : 92-93.

[29] वही : 99.

आदिवासी संगठनों ने स्थानीय स्तर पर आदिवासियों और अन्य वन निवासियों को गोलबंद करने का प्रयास किया। इन्हीं प्रयासों की बदौलत पेसा और वन अधिकार क़ानून जैसे नये क़ानून सामने आयें, जिन्होंने कई नवीन श्रेणियों का सृजन किया।

## III

## पाँचवीं अनुसूची, पेसा और दलितों का हाशियाकरण

संविधान की पाँचवीं अनुसूची का मुख्य मक़सद उत्तर-पूर्व के राज्यों के अलावा देश के अन्य भागों में आदिवासी क्षेत्रों के लिए विशेष प्रावधान करना था। वर्तमान में इस अनुसूची में देश के दस राज्यों के विविध ज़िले सम्मिलित हैं। ये दस राज्य हैं– छत्तीसगढ़, मध्य प्रदेश, झारखंड, राजस्थान, आंध्र प्रदेश, तेलंगाना, महाराष्ट्र, राजस्थान, गुजरात और हिमाचल प्रदेश।[30] पिछले भाग में यह उल्लेख किया गया है कि पाँचवीं अनुसूची के प्रावधानों को सही तरीक़े से लागू नहीं किया गया। लेकिन बाद में पेसा क़ानून बनने के बाद इन क्षेत्रों में आदिवासियों के अधिकारों को मज़बूती देने का एक नया और ज़्यादा कारगर साधन सामने आया। संविधान के 73वें और 74वें संशोधन द्वारा देश में पंचायती और शहरी नगरपालिका को संवैधानिक मान्यता प्रदान की गयी। इन्हीं संविधान संशोधनों में यह उल्लेख किया गया था कि इन प्रावधानों को पाँचवीं अनुसूची के क्षेत्रों में लागू करने के लिए अलग से क़ानून बनाए जाएँगे। हालाँकि सरकार ने स्वेच्छा से यह काम नहीं किया, किंतु भारत जन आंदोलन और आदिवासी क्षेत्रों में ज़मीनी स्तर पर कार्य करने वाले अन्य संगठनों के लगातार प्रयासों के चलते दिसंबर 1996 में संसद द्वारा पेसा क़ानून पारित किया गया।[31]

1980 के दशक से आदिवासी क्षेत्रों में विकेंद्रीकृत व्यवस्था स्थापित करने और आदिवासियों को अपने जीवन तथा संसाधनों के प्रबंधन जैसी माँगें भी इस क़ानून द्वारा अभिव्यक्त हुईं। इस क़ानून के समर्थकों द्वारा यह

---

[30] देखें, मिनिस्ट्री ऑफ़ ट्राइबल अफ़ेयर्स (गवर्नमेंट ऑफ़ इंडिया) (2020).

[31] कमल नयन चौबे (2013); (2014); (2015ग).

दावा किया जाता रहा है कि पेसा पाँचवीं अनुसूची के क्षेत्रों के लिए 'गाँव गणराज्य' की रूपरेखा प्रस्तुत करता है, और इसे 'बीसवीं सदी के सबसे रैडिकल क़ानून' तथा 'ग्रामीण भारत के मैग्नाकार्टा' की संज्ञा दी गयी।[32] पेसा ने पाँचवीं अनुसूची के क्षेत्रों में एक स्वायत्तशासी और सशक्त ग्राम सभा की रूपरेखा प्रस्तुत की है। यह आदिवासियों के सामुदायिक जीवन की बुनियादी इकाई के रूप में ग्राम सभा की परिकल्पना करता है, इसमें गाँव को परिभाषित करते हुए यह कहा गया कि यह 'साधारणतया आवास या आवासों के समूह अथवा छोटे गाँवों (बस्ती) या गाँवों के समूह से मिलकर बनेगा, जिसमें समुदाय समाविष्ट हों, और जो परम्पराओं और रूढ़ियों के अनुसार अपनी कार्यप्रणाली का प्रबंध करता हो; और सभी वयस्क सदस्य ग्राम सभा के सदस्य होंगे।'[33] यह राज्य सरकार को निर्देश देता है कि अनुसूचित क्षेत्रों (पाँचवीं अनुसूची) के क्षेत्रों के लिए पंचायत अधिनियम वहाँ के प्रथागत नियमों, सामाजिक-धार्मिक व्यवहारों और संसाधनों के पारंपरिक प्रबंधन के व्यवहारों के अनुरूप होंगे।[34] पेसा में ग्राम सभा को काफ़ी विस्तृत अधिकार दिया गया है : यह परम्पराओं, प्रथाओं, सांस्कृतिक पहचान और सामुदायिक संसाधनों का संरक्षण करने और परंपरागत तरीक़े से विवादों को सुलझाने में सक्षम है।[35] ग्रामीण स्तर पर पंचायत द्वारा बहुत से सामाजिक और आर्थिक विकास कार्यक्रमों को लागू करने के लिए इसकी सहमति आवश्यक है, और इसे ग़रीबी उन्मूलन कार्यक्रम के लिए व्यक्तियों को पहचानने और उनका चयन करने का अधिकार है।[36] इसके अनुसार, भू-अधिग्रहण से पहले ग्राम सभा या पंचायत के समुचित स्तर से विचार-विमर्श किया जाएगा; खनिज पदार्थों के खनन के लिए इसकी पूर्व अनुशंसा आवश्यक होगी और इसे अनुसूचित क्षेत्रों में भूमि अलगाव को रोकने और

[32] बी.डी. शर्मा (2010) : 68-69.

[33] सेक्शन 4 (बी) (सी), गवर्नमेंट ऑफ़ इंडिया (1996).

[34] सेक्शन 4 (ए) : वही.

[35] सेक्शन 4 (डी) : वही.

[36] सेक्शन 4 (ई) : वही.

अनुसूचित जनजातियों से ग़ैर-क़ानूनी तरीक़े से लिए गये भूमि को वापस लेने का अधिकार होगा; ग्राम सभा या समुचित स्तर पर पंचायत का लघु वनोपजों पर स्वामित्व होगा; इसे नशीली वस्तुओं के ख़रीद-बिक्री को प्रतिबंधित या नियंत्रित करने का अधिकार है; अपने क्षेत्र के भीतर पैसे की लेन-देन पर और सभी सामाजिक क्षेत्रों की संस्थाओं पर इसका नियंत्रण होगा।[37] पेसा के अनुसार, संविधान में उल्लिखित सभी समूहों को पंचायत के स्तर पर उनकी जनसंख्या अनुपात के अनुसार आरक्षण देने का प्रावधान है। लेकिन इसमें यह स्पष्ट किया गया है कि अनुसूचित जनजातियों के लिए आरक्षण कुल सीटों में एक-तिहाई से कम नहीं होगा और मुखिया/सरपंच के सभी पद अनुसूचित जनजातियों के लिए आरक्षित होंगे।[38]

पेसा के बारे में यह बात याद रखने की आवश्यकता है कि आम तौर पर इस क़ानून को सही तरीक़े से लागू नहीं किया गया है। इसका सर्वप्रमुख कारण यह रहा है कि यह क़ानून स्थानीय समुदायों को कुछ ठोस अधिकार देता है, जो 'विकास' के लिए वन संसाधनों के दोहन में बाधक साबित हो सकते हैं।[39] बहरहाल, कई राज्यों ने पेसा क़ानून में ग्राम सभा शक्तियों को काफ़ी कमज़ोर किया। कई राज्यों में लम्बे समय तक पेसा के राज्य स्तरीय क़ानून या नियमों का निर्माण नहीं किया गया, मसलन, राजस्थान में ऐसा हुआ। बहरहाल, कई अध्ययनों में यह बात सामने आयी है कि बहुत से स्थानों पर आदिवासियों ने पेसा के आधार पर अपने अधिकारों की दावेदारी की है। कई स्थानों पर जहाँ इसे सही तरह से लागू नहीं किया गया, वहाँ भी लोगों ने 'शिलालेख' स्थापित करके अपने 'गाँव गणराज्य' की स्थापना की उद्घोषणा की।[40]

---

[37] सेक्शन 4 (आई) (जे), (के), (एल), (एम) : वही.

[38] सेक्शन 4 (जी) : वही.

[39] इस संदर्भ में विश्लेषण के लिए देखें, बी.डी. शर्मा (2010); नंदिनी सुंदर (2011); सरकार द्वारा गठित कई समितियों ने भी यह रेखांकित किया कि पाँचवीं अनुसूची में आने वाले विभिन्न राज्यों में माओवादी आंदोलन के विस्तार का एक प्रमुख कारण यह भी है कि यहाँ पेसा जैसे प्रगतिशील कानूनों को सही तरीक़े से लागू नहीं किया गया है. देखें, गवर्नमेंट ऑफ़ इंडिया (2008).

[40] पेसा के लागू होने की स्थिति के विश्लेषण और अनुसूचित क्षेत्रों में शिलालेखों की स्थापना के बारे में जानकारी के लिए देखें, कमल नयन चौबे (2015ख); (2015ग).

स्थिति यह है कि पेसा के प्रावधान पाँचवीं अनुसूची के क्षेत्रों में अनुसूचित जनजातियों की स्थिति काफ़ी मज़बूत करते हैं। लेकिन इस क़ानून के प्रावधान कई स्तरों पर दलितों और अन्य ग़ैर-अनुसूचित जातियों के अधिकारों की अवहेलना करते हैं।

पहला, संभवतः यह क़ानून इस मान्यता पर आधारित है कि पाँचवीं अनुसूची के क्षेत्रों में सिर्फ़ अनुसूचित जनजातियों के हितों की हिफ़ाज़त हो जाने पर अन्य समूहों के हितों की अपने-आप सुरक्षा हो जाएगी। यह अपने-आप में ग़लत धारणा है। पाँचवीं अनुसूची के अंतर्गत आने वाले बहुत से गाँवों में अल्पसंख्यक समूह के रूप में ग़ैर-आदिवासी समूह भी हैं, जिनमें दलित सबसे प्रमुख हैं। मिसाल के तौर पर, छत्तीसगढ़ और झारखंड में दलितों (अनुसूचित जातियों) का जनसंख्यात्मक अनुपात इतना नहीं है कि ये राज्य की राजनीति में आमूलचूल परिवर्तन कर सकें। 2011 की जनगणना के अनुसार, झारखंड और छत्तीसगढ़ में दलित राज्य की कुल जनसंख्या का क्रमशः 10.5 और 12.8 प्रतिशत हैं।[41] स्थानीय स्तर पर पाँचवीं अनुसूची के क्षेत्रों में भी अमूमन ये अल्पसंख्या में हैं। मसलन, झारखंड के पाँचवीं अनुसूची में सम्मिलित ज़िले खूँटी में अनुसूचित जातियों का अनुपात 4.5 है, वहीं अनुसूचित जनजातियों का अनुपात 73.3 प्रतिशत है।[42] इसी तरह, छत्तीसगढ़ में माओवादी आंदोलन का गढ़ माने जाने वाले दाँतेवाड़ा ज़िले में, अनुसूचित जाति (दलितों) का कुल जनसंख्या में अनुपात 2.4 प्रतिशत है, वहीं अनुसूचित जनजातियों का अनुपात 76.9 प्रतिशत है।[43] निश्चित रूप से, यहाँ दलित अल्पसंख्या में हैं। आदिवासियों की तरह ही ये समूह (विशेष रूप से दलित) आर्थिक और सामाजिक रूप से अत्यंत पिछड़े हैं। ऐसे में आदिवासियों को अत्यधिक अधिकार देने वाला पेसा जैसा क़ानून ग़ैर-आदिवासी समूहों के हितों की अवहेलना करता है। यह दलितों को पूरी तरह

---

[41] देखें, ऑफ़िस ऑफ़ रजिस्ट्रार जनरल ऐंड सेंसस कमिश्नर इंडिया, वेब पता : https://censusindia.gov.in/census_and_you/scheduled_castes_and_sceduled_tribes.aspx.

[42] सेंसस ऑफ़ इंडिया 2011 : झारखंड (2011).

[43] सेंसस ऑफ़ इंडिया 2011 : छत्तीसगढ़ (2011) : 12

से आदिवासी बहुसंख्यक समूह पर निर्भर बना देता है क्योंकि अधिकांश मामलों में दलितों की सामाजिक-आर्थिक स्थिति आदिवासियों की तरह ही है, या उनसे भी ख़राब है।

दूसरा, ग्राम सभा की स्वायत्तता अपने-आप में आकर्षक अवधारणा है। इसका बुनियादी अर्थ यह है कि ग्राम सभाएँ अपने-आप में इतनी समर्थ हैं कि वे अपनी परम्पराओं और प्रथाओं के अनुरूप विभिन्न मसलों पर निर्णय कर सकें। किंतु पेसा में गाँवों की परिकल्पना समरूप समुदायों के रूप में की गयी है। इस संदर्भ में नंदिनी सुंदर ने यह विचार व्यक्त किया है कि पेसा में एक ऐसे आदिवासी समाज की अवधारणा निहित है, जो बुनियादी रूप से स्थिर या जड़ है। यह एक ऐसे समाज की अवधारणा है जो उपनिवेशवाद और पूँजीवाद से अछूता रहा है, और इसमें गाँव या बस्ती के स्तर पर मजबूत सामुदायिक जुड़ाव की भावना मौजूद है।[44] स्पष्टतः आदिवासी गाँवों में ख़ुद आदिवासी समुदाय के भीतर काफ़ी भिन्नताएँ पायी जाती हैं। लेकिन अगर हम दलितों की बात करें तो अधिकांश मामलों में आदिवासी गाँवों में रहने वाले दलित परिवार सांस्कृतिक रूप से आदिवासी समूहों से अलग होते हैं। इससे इनके सांस्कृतिक मूल्यों की उपेक्षा होती है और इन पर बहुमत के सांस्कृतिक मूल्य थोपे जाते हैं। यह कहना ग़लत नहीं होगा कि ऐसे गाँवों में रहने वाले दलित आदिवासी परम्पराओं और सांस्कृतिक रूपकों को अपनाने के दबाव का सामना करते हैं।[45] अर्थात् वे अपने सांस्कृतिक रूपों या त्यौहारों से ज़्यादा आदिवासी संस्कृति या त्यौहारों को अपना मानने के दबाव का सामना करते हैं। असल में, हर समाज में अल्पसंख्यक समूह ऐसे दबाव का सामना करता है। पेसा में अल्पसंख्यक समूहों — जिसमें दलित भी सम्मिलित हैं, की परम्पराओं के संरक्षण की व्यवस्था नहीं की गयी है। इसलिए ग्राम सभा में इनके विचारों की उपेक्षा का ख़तरा रहता है।

---

[44] नंदिनी सुंदर (2009) : 201.

[45] बहरहाल, इस संदर्भ में यह भी याद रखने की ज़रूरत है कि ख़ुद आदिवासी भी बाहरी दबावों का सामना कर रहे हैं. उन पर यह दबाव अलग-अलग संगठनों (ईसाई मिशनरी, या वनवासी कल्याण आश्रम आदि) या खनन और प्राकृतिक संसाधनों के दोहन पर आधारित 'विकास' कार्यक्रमों के माध्यम से आता है. इन पहलुओं की समझ के लिए देखें, नंदिनी सुंदर, सव्यसाची, नरेंद्र बस्तर, अभय खाखा, कमल नयन चौबे (2018).

तीसरा, ग्राम सभा को सरकारी योजनाओं के लाभार्थियों का चयन करने, स्कूल आदि का संचालन करने वनोपजों के प्रबंधन का फ़ैसला करने आदि का अधिकार है, जो गाँव के भीतर के अल्पसंख्यक दलित समूह के आर्थिक अधिकारों के लिए ख़तरनाक है क्योंकि टकराव की स्थिति होने पर आदिवासी बहुमत हमेशा ही दलितों को सरकारी योजनाओं या वनोपजों के उपयोग से वंचित कर सकता है। ग्राम सभा के इस तरह के फ़ैसलों के नियंत्रण के लिए पेसा जैसे क़ानून में कोई प्रावधान नहीं किया गया है। कई बार बहुमत का ज़ोर दलितों के हाशियाकरण का कारण बन जाता है। मसलन, छत्तीसगढ़ के सूरजपुर ज़िले में अपने फ़ील्ड-वर्क के दौरान मैंने यह पाया कि कई गाँवों में दलित परिवार अमूमन ग्राम सभा की बैठकों में हिस्सा नहीं लेते थे। उनका घर गाँव में एक कोने पर बना हुआ था और वे गाँव के सामाजिक जीवन में भी बहिष्करण का शिकार थे। यह एक तरह से उनके हाशियाकरण का ही प्रमाण था।

चौथा, यह समझ भी सही नहीं है कि आदिवासी परम्पराओं में सब कुछ ऐसा है जिसे पूरे समुदाय के लिए आदर्श माना जा सके। कई बार सामुदायिक प्रथाएँ और निर्णय आदिवासी समुदायों के व्यक्तियों के हितों की अवहेलना करती हैं। दलितों के संदर्भ में भी यही स्थिति आती है। स्पष्टतः मौजूदा व्यवस्था समुदाय के सामने व्यक्ति के हितों और आकांक्षाओं के संरक्षण के लिए पर्याप्त प्रावधान नहीं करती हैं।

पाँचवाँ, पेसा में यह प्रावधान है कि पाँचवीं अनुसूची के क्षेत्रों में हमेशा ही अनुसूचित जनजाति से संबंधित व्यक्ति ही सरपंच या मुखिया होगा। यह राजनीतिक रूप से दलितों के हाशियाकरण को बढ़ाता है क्योंकि देश के अन्य क्षेत्रों में जनसंख्या के हिसाब से आरक्षण के कारण जहाँ स्थानीय स्तर पर दलितों को प्रतिनिधित्व मिल पाता है, वहीं पाँचवीं अनुसूची के क्षेत्रों में ऐसा होना मुश्किल है। पेसा मुखिया/सरपंच के पद को आदिवासियों के लिए आरक्षित करके पाँचवीं अनुसूची में दलितों को हमेशा के लिए आदिवासियों के राजनीतिक नेतृत्व के अधीन रहने का प्रावधान कर देता है। शायद ज़्यादा बेहतर

यह होता है कि हर पंचायत में सरपंच/मुखिया के पद को आदिवासियों के लिए आरक्षित करने के बजाय कुछ स्थानों पर इन पदों को दलितों के लिए भी आरक्षित किया जाता, या पंचायत स्तर इनके व्यक्तिगत/सामूहिक सांस्कृतिक, सामाजिक और आर्थिक अधिकारों की सुरक्षा के लिए ठोस प्रबंध किया जाता।

मैं यह तर्क देना चाहता हूँ कि पेसा ने पाँचवीं अनुसूची के क्षेत्रों के लिए कुछ सशक्त प्रावधान किये हैं। लेकिन इन प्रावधानों के केंद्र में विशेष रूप से आदिवासी ही हैं। पेसा के लागू होने का अनुभव बहुत ही ख़राब रहा है। इसके ज़्यादा रैडिकल प्रावधानों की अमूमन उपेक्षा की गयी है। लेकिन इस क़ानून की सबसे बड़ी ख़ामी यह है कि यह दलितों और अन्य वंचित समूहों के हितों को पूरी तरह से आदिवासियों या ग्राम सभा के बहुसंख्यक समुदाय के हितों से मिला देता है, जो दरअसल अधिकांश मामलों में दलित समुदायों के बहिष्करण का कारण बनता है। इससे भी ज़्यादा अचरज की बात यह है कि अमूमन पेसा से संबंधित सरकारी समितियों के अध्ययनों में इस पहलू की चर्चा नहीं की गयी है।[46]

## IV

## वन अधिकार क़ानून : आदिवासियों की सशक्तीकरण और दलितों निर्बलीकरण की समानांतर प्रक्रिया

वन अधिकार क़ानून ने भी कई ऐसी श्रेणियों का निर्माण किया है जिनके कारण वन क्षेत्रों में रहने वाले आदिवासियों (अनुसूचित जनजातियों) की तुलना में दलितों की स्थिति कमज़ोर हुई है। इस क़ानून में अनुसूचित जनजातियों और अन्य पारंपरिक वन निवासियों के लिए व्यक्तिगत वन अधिकारों और सामूहिक वन अधिकार देने का प्रावधान किया गया है। व्यक्तिगत अधिकारों के संदर्भ में इसमें हर न्यूक्लियर परिवार को अधिकतम चार हेक्टेयर भूमि पर मालिकाना हक़ देने और ज़मीन का 'मालिकाना पत्र' या पट्टा पति और पत्नी दोनों के नाम देने और अकेली महिलाओं को भी

---

[46] मिसाल के तौर पर देखें, गवर्नमेंट ऑफ़ इंडिया (2006); (2010क) (2014).

यह अधिकार देने का प्रावधान किया गया।[47] सामूहिक अधिकारों के संदर्भ में मुख्य रूप से जंगल से वनोपज लेने और जंगल की सुरक्षा का अधिकार दिया गया, जिसका अर्थ है कि नज़दीकी गाँवों के लोगों से विचार किये बग़ैर किसी वन भूमि का ग़ैर-वनीय उद्देश्यों के लिए प्रयोग नहीं किया जाएगा।[48] इसमें वन गाँवों और टांगिया गाँवों के अधिकारों को मान्यता देने की बात कही गयी। असल में, टांगिया गाँवों को वन गाँवों का एक रूप माना गया है।[49] इसमें आदिम जनजातियों समूहों को 'हैबिटेट' का अधिकार दिया गया। इसके अलावा, इसमें संरक्षित क्षेत्रों– राष्ट्रीय पार्क, अभयारण्य और टाइगर रिजर्व में भी वन अधिकारों को मान्यता देने का प्रावधान किया गया। इस क़ानून के अनुसार, यदि इन क्षेत्रों में किसी भाग को वन्य जीवों की सुरक्षा के लिए अत्यंत आवश्यक माना जाता है तो वहाँ विशेषज्ञों, नागरिक समाज और स्थानीय समुदायों के प्रतिनिधियों को मिलकर बनी समिति 'क्रिटिकल वाइल्ड लाइफ़ हैबिटेट' बनाने का फ़ैसला कर सकती है। ऐसा होने पर इन क्षेत्रों में रहने वाले वननिवासी समूहों को उचित विकल्प देकर कहीं और बसाया जा सकता है।[50]

बहरहाल, इस क़ानून में सम्मिलित 'अन्य पारंपरिक वन निवासी' (अदर ट्रेडिशनल फ़ॉरेस्ट ड्वेलर्स — ओटीएफ़डी) की श्रेणी ने जंगल की ज़मीन पर बसे या इस पर निर्भर दलितों और अन्य ग़ैर-अनुसूचित जाति समूहों की स्थिति अत्यंत कमज़ोर कर दी। यहाँ यह समझना आवश्यक है कि इस श्रेणी का क्या अर्थ है। दिसंबर, 2005 में जब इस क़ानून का पहला प्रारूप संसद में प्रस्तुत किया गया तो यह सिर्फ़ अनुसूचित जनजातियों से ही संबंधित था। इसमें ग़ैर-अनुसूचित जनजातियों के बारे में कोई उल्लेख नहीं था। बाद में, क़ानून के लिए संघर्षरत आदिवासी संगठनों की तरफ़ से यह माँग जोड़ी गयी कि इसमें जंगल पर निर्भर उन समूहों को भी शामिल किया जाना चाहिए, जो

[47] सेक्शन 4 (4) (6) गवर्नमेंट ऑफ़ इंडिया (2007).

[48] सेक्शन 3 (1), गवर्नमेंट ऑफ़ इंडिया (2007).

[49] देखें, सेक्शन 2 (एफ़), 3(एच) गवर्नमेंट ऑफ़ इंडिया (2007).

[50] सेक्शन 2(बी), 3(बी), (सी), (डी), गवर्नमेंट ऑफ़ इंडिया (2007).

अनुसूचित जनजाति की श्रेणी का भाग नहीं है। ऐसे समूहों में मुख्य रूप से दलित और पिछड़ी जातियाँ सम्मिलित थीं, जो जंगल में या उसके आस-पास के क्षेत्रों में रहती थीं और अपनी जीविका के लिए वन भूमि या वन संसाधनों पर निर्भर थीं। जब यह विधेयक दिसंबर, 2005 में प्रस्तुत हुआ तो इस पर विचार करने के लिए एक संयुक्त संसदीय समिति का गठन किया गया। वन अधिकार क़ानून के लिए संघर्ष कर रहे संगठनों की माँग पर इस समिति ने विधेयक में 'अन्य पारंपरिक वन निवासी' की श्रेणी सम्मिलित की। इन श्रेणी में उन परिवारों को सम्मिलित किया गया, जो किसी वन भूमि पर तीन पीढ़ियों से रह रहे हों। हालाँकि जब क़ानून संसद से पारित हुआ, तो उसमें इस धारा को ज़्यादा सख़्त बनाते हुए तीन पीढ़ियों के साथ-ही-साथ 75 वर्ष से एक ही स्थान पर रहने की कसौटी भी जोड़ दी गयी।[51] स्पष्टतः क़ानून के प्रारम्भिक मसौदे की तुलना में यह एक प्रगतिशील बदलाव था, किंतु इसने दलितों और अन्य ग़ैर-अनुसूचित जनजाति वन-निवासी समुदायों के लिए स्थिति जटिल ही बनायी। असल में, बहुत से वन्य-जीव संरक्षण-वादियों ने यह तर्क दिया कि विभिन्न ग़ैर-आदिवासी समूहों ने ग़लत तरीक़े से जंगल की ज़मीन पर क़ब्ज़ा किया है, और यदि इन सभी की माँगों को स्वीकार कर लिया गया तो इससे जंगल (विशेष रूप से संरक्षित क्षेत्र) बर्बाद हो जाएँगे। इन आलोचकों के दबाव में ही ओटीएफ़डी को अधिकार देने के लिए इतना सख़्त प्रावधान किया गया। यह उम्मीद की गयी कि इससे बहुत से ग़ैर-आदिवासी समूहों के ग़लत दावों को नकारने में आसानी होगी। असल में, इस प्रावधान का अर्थ यह है कि यदि इस श्रेणी में आने वाले परिवार 75 सालों तक ही एक स्थान पर रहने का प्रमाण नहीं दे पाएँगे, तो न सिर्फ़ वे इस क़ानून के लाभ से वंचित हो जाएँगे, बल्कि फिर वन विभाग उन्हें उनके घर तथा ज़मीन से बेदख़ल कर सकता है। इससे यह बात भी स्पष्ट है कि इस क़ानून का प्रारूप तैयार करने वाले लोगों के मन में यह सोच बैठी हुई थी कि

[51] सेक्शन 2 (ओ), गवर्नमेंट ऑफ़ इंडिया (2007); वन अधिकार क़ानून 2006 के बनने से संबंधित वाद-विवाद की समझ के लिए देखें, कमल नयन चौबे (2014); (2015क) : 116-180.

वन क्षेत्रों में मुख्य रूप से आदिवासी ही रहते हैं, और सिर्फ़ उनके अधिकारों को मान्यता देकर इस क्षेत्र में रहने वाले लोगों के साथ न्याय किया जा सकता है। और किसी ग़ैर-आदिवासी की माँग को तभी स्वीकार किया जा सकता है जब वह कई पीढ़ियों और सात दशकों से भी ज़्यादा समय से एक ही स्थान पर रह रहा हो। इस तरह की सोच में दो तरह की समस्याएँ हैं : पहला, ख़ुद को आदिवासी मानने वाले सभी समुदाय अनुसूचित जनजाति की श्रेणी का भाग नहीं हैं;[52] और दूसरा, वन क्षेत्रों में बड़े स्तर पर अन्य समूह, विशेषकर दलित भी रहते हैं, जो वन संसाधनों पर निर्भर हैं।

वन अधिकार क़ानून के लागू होने की प्रक्रिया के अध्ययन से संबंधित कई रपटों में यह बात स्पष्ट की गयी कि ओटीएफ़डी श्रेणी को निजी वन अधिकार नहीं मिल रहे हैं अर्थात् जंगल की ज़मीन पर लम्बे समय से रहने के कारण उनके द्वारा ज़मीन पर पट्टा हासिल करने के लिए दी जाने वाली अर्ज़ियों को अमूमन ख़ारिज कर दिया गया। इसका सबसे बड़ा कारण यह था कि श्रेणी में आने वाले ग़ैर-आदिवासी परिवार यह साबित करने में नाकाम रहें कि वे उस स्थान पर तीन पीढ़ियों और 75 वर्षों से रह रहे हैं।[53] टांगिया गाँवों की श्रेणी और वन अधिकार क़ानून के संदर्भ में इसकी स्थिति के अध्ययन से वन क्षेत्रों में दलितों की वंचना की स्थिति को ज़्यादा बेहतर तरीक़े से समझा जा सकता है।

भारत के वन क्षेत्रों में 'टांगिया गाँव' एक ऐसी श्रेणी है, जिसमें मुख्य रूप से दलित निवास करते हैं। औपनिवेशिक दौर में अंग्रेज़ों ने अपने व्यावसायिक लाभ को बढ़ाने के लिए 'टांगिया' गाँवों की प्रणाली का इस्तेमाल किया। यह प्रणाली बर्मा के सफल अनुभवों के बाद भारत में आयी थी।[54] टांगिया एक बर्मी शब्द है, जिसका शाब्दिक अर्थ है पहाड़ी पर पेड़

[52] छत्तीसगढ़ के सूरजपुर ज़िले में अपने फ़ील्ड वर्क के दौरान मैंने पाया कि कई समूह ख़ुद को आदिवासी बताते थे, लेकिन असल में वे अनुसूजित जाति या पिछड़े वर्ग के सदस्य थे. ऐसे समूह ख़ुद ही अपनी संवैधानिक-क़ानूनी स्थिति से अनभिज्ञ थे. यह भी श्रेणीकरण की एक बड़ी ख़ामी को दर्शाता है.

[53] गवर्नमेंट ऑफ़ इंडिया (2010ख); (2014).

[54] म्यांमार में टांगिया व्यवस्था के इतिहास के लिए देखें, रेमंड एल. ब्रायंट (2015).

लगाना, लेकिन भारतीय संदर्भ में यह क्यारियों के बीच पेड़ लगाने के व्यवहार के रूप में स्थापित हुआ। मुख्य रूप से इसका उपयोग बंजर हो रहे वन क्षेत्रों में पेड़ लगाने के लिए किया जा रहा था। भारत में रेलवे और अंग्रेज़ों के अन्य साम्राज्यवादी हितों के कारण कई स्थानों पर वन क्षेत्रों को काफ़ी गहरा नुक़सान हुआ। अंग्रेज़ वन प्रशासक यह चाहते थे कि इन क्षेत्रों में व्यावसायिक रूप से लाभप्रद पेड़ लगाए जाएँ। इसके लिए इन्होंने ऐसे लोगों का समूह एकत्रित करने का फ़ैसला किया, जो एक स्थान पर पाँच-दस वर्ष तक रहकर वहाँ पेड़ लगाते थे और इसके बाद उन्हें किसी अन्य स्थान पर भेज दिया जाता था। अंग्रेज़ों ने इसके लिए उत्तर भारत और भारत के अन्य क्षेत्रों के ऐसे लोगों से संपर्क किया, जिनके पास अपने गाँव में खेती के लिए कोई ज़मीन नहीं थी। इन लोगों से यह कहा गया कि सरकार उन्हें खेती के लिए ज़मीन देगी, लेकिन खेतों की मेड़ पर या आस-पास के क्षेत्रों में उन्हें कुछ ख़ास पेड़ लगाने होंगे और उनकी सुरक्षा करनी होगी। बाद में, जब उस क्षेत्र में पेड़ बड़े हो जाएँगे तो उन्हें दूसरे क्षेत्रों में भेजने और वहाँ भी खेती के लिए ज़मीन देने की बात कही गयी। जिन लोगों के सामने यह प्रस्ताव रखा गया, वे अपने गाँवों के सबसे ग़रीब लोग थे, वर्तमान संवैधानिक शब्दावली में इनमें से ज़्यादातर लोग अनुसूचित जातियों (दलितों) और बहुत से लोग अन्य पिछड़े वर्ग की ज़्यादा कमज़ोर जातियों से संबंधित थे। चूँकि इनके पास अपने गाँव में जीविका का कोई साधन नहीं था, इसलिए इनमें से कई लोगों ने इस प्रस्ताव को स्वीकार कर लिया। इस तरह, भारत में 'वन टांगिया' प्रथा की नींव पड़ी। यह एक तरह से स्थायी प्रवासन था। अलग-अलग स्थानों से आये कई परिवार एक ऐसे 'गतिशील' गाँव का भाग बन गये, जो पाँच से दस या कई बार पंद्रह वर्षों के अंतराल पर एक स्थान से दूसरे स्थान तक जाता रहता था, जिसके पास अपने स्वामित्व वाली कोई ज़मीन नहीं थी और जिसे हर नये स्थान पर वन विभाग की कृपा से खेती की कुछ ज़मीन और जंगल से वनोपजों को लेने की सुविधा मिल जाती थी।

यह माना जाता है कि सबसे पहले 1890 के दशक में ब्रेंडिस के द्वारा भारत में टांगिया व्यवस्था की स्थापना की गयी, और इस तरह का पहला गाँव उत्तर बंगाल में बसाया गया। अंग्रेज़ों द्वारा टांगिया प्रथा उत्तराखंड, उत्तर प्रदेश, पश्चिम बंगाल, तमिलनाडु, कर्णाटक, आंध्र प्रदेश, केरल, मध्य प्रदेश छत्तीसगढ़ आदि प्रदेशों में शुरू की गयी थी। ये लोग एक जगह दस-बारह साल तक जंगल को हरा-भरा बनाने के लिए काम करते और फिर इन्हें दूसरी जगह भेज दिया जाता था। स्वतंत्रता प्राप्ति के बाद भी यह प्रक्रिया जारी रही। किंतु 1985 में यह प्रथा बंद कर दी गयी। उसके बाद जो गाँव जिस जंगल में बसे थे, वे वहीं बसे रह गये। ऐसे गाँवों की कुल संख्या के बारे में कोई स्पष्ट आँकड़ा नहीं है, इस विषय पर काम करने वाले छत्रपति सिंह के अनुसार पूरे देश में ऐसे गाँवों की संख्या 7000 है। वन विभाग के अनुसार ऐसे गाँवों की कुल संख्या 2474 है।[55]

इस संदर्भ में हम दुधवा नैशनल पार्क में बसे कटइया टांगिया गाँव की स्थिति को एक उदाहरण के रूप में ले सकते हैं। वर्तमान में यह लखीमपुर ज़िले के पलिया तहसील से 20 किलोमीटर की दूरी पर दुधवा नैशनल पार्क के किशनपुर रेंज में अवस्थित है। यहाँ के लोग पिछली तीन पीढ़ियों से यहाँ रह रहे हैं। इन लोगों ने बताया कि अन्य टांगिया गाँवों की तरह ही कटइया के लोगों को भी अंग्रेज़ों द्वारा इस क्षेत्र में वन लगाने के लिए बसाया गया था। पहले यह गाँव अपने वर्तमान स्थान से 20 किलोमीटर अंदर जंगल की ओर बसा हुआ था, जिसे काँप के नाम से जाना जाता था। इसके बाद अंग्रेज़ों ने इन्हें वहाँ से सात किलोमीटर की दूरी पर विस्थापित करके जहदीताल नामक स्थान पर बसाया। 1935 से 1940 के आस-पास 43 परिवारों को 84 एकड़ ज़मीन देकर एक गाँव में बसाया गया जो फ़िलहाल कटइया के नाम से प्रचलित है। इनमें से अधिकांश लोग उत्तर प्रदेश के विभिन्न ज़िलों के दलित या अति पिछड़ी जातियों से संबंधित हैं। वर्तमान में यहाँ लगभग 500 घर हैं। इसमें से छह घर मुस्लिमों के हैं, एक घर ब्राह्मण और एक घर बरही (लोहार) का है। शेष सभी घर पासी (दलित) जाति से संबंधित हैं।

[55] कमल नयन चौबे (2015क); अशोक चौधरी, रोमा और रजनीश गंभीर (2009).

इस गाँव के दो सबसे बुज़ुर्ग लोगों ने अपने गाँव की विभिन्न स्थानों की यात्रा के बारे में बताया। लेकिन गाँव वालों के पास यह साबित करने के लिए कोई ठोस दस्तावेज़ नहीं है कि वे इस स्थान पर पिछले 70 वर्षों या उससे ज़्यादा समय से रह रहे हैं। इसके कारण ये ठोस रूप से वन अधिकार क़ानून का प्रयोग करते हुए अपने खेती के ज़मीन के पट्टे या जंगल में सामुदायिक अधिकारों का दावा करने की स्थिति में नहीं हैं। इनके पास मतदाता पहचान-पत्र है। गाँव में बिजली आ चुकी है और अमूमन 24 घंटे में आठ घंटे बिजली रहती है। गाँव के लोग अपने घर पर चाँपाकल लगवा चुके हैं। अधिकांश लोग आस-पास के क्षेत्रों में दिहाड़ी मज़दूर के रूप में काम करते हैं। गाँव में एक प्राथमिक स्कूल भी है और यहाँ से आठ किलोमीटर दूर माध्यमिक स्कूल स्थित है। इंदिरा आवास योजना के तहत मिली मदद से बहुत से लोगों के घर ईंट के बन चुके हैं। हालाँकि गाँव में शौचालय की स्थिति अच्छी नहीं है और तक़रीबन सभी लोग शौचालय के लिए अपने घर से बाहर खेतों में जाते हैं।

वन विभाग द्वारा इस क्षेत्र को रिजर्व टाइगर ज़ोन बताते हुए यहाँ के लोगों को स्वैच्छिक रूप से गाँव ख़ाली करने का निर्देश दिया गया है। लेकिन इन्हें कोई ठोस विकल्प भी प्रदान नहीं किया गया है। इनके बहुत से खेतों को वन विभाग ने वन भूमि कह कर अपना दावा ठोका है। सबसे ख़तरनाक स्थिति यह है कि इनके जंगल और पार्क से बाहर जाने के रास्ते पर वन विभाग ने एक बड़ा बैरियर लगा रखा है, और यहाँ सड़कों से गुज़रने[56] वाली हर गाड़ी को एक निश्चित राशि वन विभाग के अधिकारियों को देनी पड़ती है। लोग सुबह सात बजे से लेकर शाम सात बजे तक ही इस रास्ते का उपयोग कर सकते हैं। इस समय के अलावा वे इस रास्ते पर दिख जाते हैं तो उन्हें वन विभाग के निचले स्तर के कर्मचारियों को जुर्माना देना पड़ता है। दुधवा

[56] इस भाग का पूरा विवरण जनवरी 2019 में फ़ील्ड-वर्क के दौरान गाँव के लोगों से बातचीत पर आधारित है. इस संदर्भ में सहयोग के लिए मैं अपने शोध-सहयोगी मोहम्मद नौशाद का आभारी हूँ. यहाँ यह बात भी याद रखने की ज़रूरत है कि कई स्थानों पर टांगिया गाँवों के अधिकारों को मान्यता प्रदान की गयी. इन गाँवों के लोगों ने अपने लगातार प्रयासों से वन अधिकार कानून के अंतर्गत अपने अधिकारों को मान्यता देने के लिए दबाव बनाया. कई मामलों में प्रशासन ने भी 75 वर्ष की कसौटी को सख़्ती से लागू नहीं किया. यदि कोई गाँव यह साबित करने में भी सफल रहा कि वह एक स्थान पर तक़रीबन 40 साल से रह रहा है, तो वहाँ के लोगों के दावों को स्वीकार कर लिया गया. देखें, कमल नयन चौबे (2015क) : 289-292.

नैशनल पार्क के अधिकारी एक ऐसे नैशनल पार्क की परिकल्पना के आधार पर काम कर रहे हैं जो पूरी तरह से मनुष्यों (गाँव के लोगों) की दखलंदाज़ी से मुक्त हो। अमूमन कटइया के लोग भी रोज़मर्रा की कई ज़रूरतों के लिए जंगल पर निर्भर रहे हैं, लेकिन वन विभाग की सख़्ती के कारण उनके लिए जंगल से कुछ भी लेना नामुमकिन हो चुका है। सबसे ख़ास बात यह है कि यहाँ के अधिकांश वयस्क पुरुषों और महिलाओं पर वन्य जीव (संरक्षण) अधिनियम 1972 के अंतर्गत मुक़दमें दर्ज किये गये हैं। दूसरे शब्दों में, नैशनल पार्क के अधिकारी इन्हें ऐसे 'संदिग्ध समुदाय' के रूप में देखते हैं, जो अपने फ़ायदे के लिए जंगली जानवरों का शिकार करते हैं या शिकारियों की मदद करते हैं या लकड़ियों को नेपाल के बाज़ार में बेच देते हैं। इस तरह, पूरे कटइया गाँव का 'अपराधीकरण' कर दिया गया है। इन्हें रोज़मर्रा के जीवन में भी दुधवा नैशनल पार्क के अधिकारियों के उत्पीड़न का सामना करना पड़ता है। पार्क के अधिकारी इन्हें वन्य जीवों के लिए ख़तरे के रूप में देखते हैं, और वे यह चाहते हैं कि ये लोग इस स्थान को छोड़कर चले जाएँ।

अब मुश्किल यह है कि इन गाँवों के लोग 'अन्य पारंपरिक वन निवासी' श्रेणी में आते हैं, किंतु यह साबित करने में असमर्थ हैं कि वे एक ही स्थान पर पिछले 75 सालों से रह रहे हैं, या खेती कर रहे हैं। ऐसे में, इन गाँवों के लोग न सिर्फ़ वन अधिकार क़ानून के तहत अधिकार पाने में असमर्थ हैं, बल्कि यह इन्हें स्पष्ट रूप से 'ग़ैरक़ानूनी' की श्रेणी में भी ला देता है।[57]

वन अधिकार क़ानून के लागू होने संबंधी प्रावधानों के अपने अध्ययन में मैंने यह पाया कि अधिकतर स्थानों पर ग़ैर-अनुसूचित जनजाति के लोगों को वन भूमि पर निजी संपत्ति अधिकार मिलने में ख़ासी परेशानी हुई है। इसका मुख्य कारण यह है कि इस श्रेणी से संबंधित वन निवासी यह साबित करने में असमर्थ रहे हैं कि वे एक ही स्थान पर पिछले 75 सालों से रह रहे

[57] हालाँकि यह भी सच है कि कई स्थानों पर अपने संघर्ष द्वारा वन टांगिया गाँव वन अधिकार कानूनों के तहत अपने अधिकार पाने में सफल रहे हैं. लेकिन ऐसे उदाहरण कम ही हैं. देखें, कमल नयन चौबे (2015क) : 289-92.

हैं। निश्चित रूप से, वन क्षेत्रों को मुख्य रूप से आदिवासियों का निवास स्थान मानने का ख़मियाजा ऐसे ग़ैर-आदिवासी समूहों, विशेष रूप से दलितों को भुगतना पड़ा है, जिनकी सामाजिक-आर्थिक स्थिति आदिवासियों जैसी ही है, या जो कई मामलों में ग़रीबी और हाशियाकरण का सामना कर रहे हैं। राज्य की श्रेणियों और उनसे संबंधित क़ानूनों ने इनकी वंचना को और ज़्यादा गंभीर बना दिया है। ये न सिर्फ़ अपनी जीविका के अधिकारों से वंचित हुए हैं, बल्कि राज्य द्वारा इन्हें आसानी से विस्थापित किया जा सकता है।

## V
## निष्कर्ष

श्रेणीकरण मानव सभ्यता के साथ जुड़ी हुई परिघटना है, और आधुनिक जीवन में यह अत्यंत जटिल रूप में सामने आयी है। विशेष रूप से लोकतांत्रिक सरकारों का दावा रहता है कि वे इन श्रेणियों के माध्यम से लोगों की भलाई करना चाहती हैं। वे यह सुनिश्चित करना चाहती हैं कि जनसंख्या के विभिन्न समूहों की हिफ़ाज़त हो तथा उन तक कल्याणकारी कार्यक्रम पहुँच पायें। लेकिन इन श्रेणियों के माध्यम से राज्य ने इन समूहों को अपने निरीक्षण और नियंत्रण के दायरे में लाने में भी कामयाबी हासिल की है। इसके अलावा, राज्य द्वारा बनाई गयी श्रेणियाँ हमेशा ही कुछ समुदायों का बहिष्करण करके उनके हाशियाकरण को बढ़ावा देती है। इस अध्ययन में यह रेखांकित किया गया है कि छठी अनुसूची, पाँचवीं अनुसूची और वन क्षेत्रों के लिए विशेष प्रावधान बनाने के कारण इन क्षेत्रों में रहने वाले दलितों का हाशियाकरण हुआ है। वे लगातार वंचना का सामना कर रहे हैं। ऐसे कई उदाहरण हैं जिनसे यह पता चलता है कि वे आदिवासी बहुमत वाले गाँवों में राजनीतिक, सामाजिक, आर्थिक और सांस्कृतिक हाशियाकरण और बहिष्करण का सामना कर रहे हैं,[58] और मौजूदा संवैधानिक और क़ानूनी

[58] श्रेणीकरण की विडंबना यह है कि कई समूह ख़ुद को आदिवासी मानने के बावजूद अनुसूचित जनजाति की श्रेणी का भाग नहीं हैं. वहीं कई अन्य समूह एक राज्य से दूसरे राज्य में जाने पर अनुसूचित जनजाति की अपनी क़ानूनी हैसियत खो देते हैं. मिसाल के तौर पर, असम की मैदानी और पहाड़ी जनजातियों के बीच इसी प्रकार

संरचना में इनके सामूहिक अधिकारों की सुरक्षा सुनिश्चित करने तथा बहुमत द्वारा इनकी नियमित उपेक्षा को रोकने का कोई प्रावधान नहीं किया गया है। इसी तरह, पूरे देश के वन क्षेत्रों में वन अधिकार क़ानून के तहत अधिकारों की दावेदारी करने के लिए इनके सामने तक़रीबन असंभव-सी शर्त रख दी गयी है। इन्हें यह साबित करना है कि ये दिसंबर, 2005 के पचहत्तर साल पहले से उसी स्थान पर रह रहे हैं। अधिकांश मामलों में इन क्षेत्रों में रहने वाले दलित भी आदिवासियों की तरह ही विस्थापन, माओवाद और राज्य की निरंतर हिंसा की यातना, वन विभाग के मनमानेपन और जीविका के लिए भयंकर संघर्ष से जूझ रहे हैं। ऐसे में, संवैधानिक-क़ानूनी स्तर पर इनके अधिकारों की उपेक्षा इनकी स्थिति और ज़्यादा दुर्बल बना देती है।

इसमें कोई संदेह नहीं है कि पश्चिम में बहुसंस्कृतिवाद की सैद्धांतिक धारा के उभर कर आने के काफ़ी पहले भारतीय संविधान में बहुसांस्कृतिक रूपरेखा को स्थान दिया गया।[59] संविधान में आदिवासियों के लिए विशेष क्षेत्रों और प्रावधानों का निर्माण इसका उदाहरण है। बहरहाल, आवश्यकता इस बात की है कि आदिवासी क्षेत्रों के रूप में चिह्नित क्षेत्रों में बहुसांस्कृतिक रूपरेखा को ज़्यादा विकेंद्रीकृत रूप से लागू किया जाए, और वहाँ रहने वाले अल्पसंख्यक समूह, विशेष रूप से दलितों के अधिकारों को सुनिश्चित किया

---

का अंतर किया गया है. इसलिए गारो, कार्बी आदि जैसी पहाड़ी जनजातियाँ मैदानी क्षेत्रों में आने पर अनुसूचित जनजाति की श्रेणी से बाहर हो जाती हैं. इसी प्रकार, बोडो, लुआंग आदि मैदानी जनजातियाँ पहाड़ी क्षेत्रों में जाने पर अपनी 'अनुसूचित जनजाति' की हैसियत खो देती हैं. किंतु ऐसे बहुत से समूह हैं जो एक राज्य में तो अनुसूचित जनजाति हैं किंतु दूसरे राज्य में उन्हें अनुसूचित जनजाति का दर्जा प्राप्त नहीं है. इसी कारण, किसी दूसरे राज्य में बसने वाले आदिवासियों को अनुसूचित जनजाति का दर्जा प्राप्त नहीं होता है और इसके चलते पहले से ही ग़रीबी और वंचना झेल रहे समुदायों को राज्य की उपेक्षा का सामना भी करना पड़ता है. मसलन, असम के चाय बाग़ानों में काम करने वाले संथाल और अन्य आदिवासी समूह तक़रीबन डेढ़ सौ साल पहले वर्तमान झारखंड, छत्तीसगढ़ और मध्य प्रदेश से आकर इन राज्यों में बसे. किंतु आज भी इन्हें असम में अनुसूचित जनजाति की श्रेणी में सम्मिलित नहीं किया गया। कई मरतबा इस संदर्भ में इनकी माँग को सरकार और प्रभुत्वशाली तबक़ों के दमन का सामना करना पड़ा है. देखें, ग्लैडसन डुंगडुंग (2013) : 33-45.

[59] राजनीति-सिद्धांत में 1971 में जॉन रॉल्स की पुस्तक *अ थियरी ऑफ़ जस्टिस* के प्रकाशन को मील का पत्थर माना जाता है. 1980 के दशक बहुत से विद्वानों ने रॉल्स के तर्कों की इस आधार पर आलोचना की कि इनमें व्यक्ति के समुदाय के साथ जुड़ाव की पूरी तरह से उपेक्षा की गयी है. बाद में, बहुसंस्कृतिवादियों ने उदारतावाद की रूपरेखा के भीतर समुदायवादियों के तर्कों को समायोजित करने का प्रयास किया और उन्होंने समूहों के अधिकारों और व्यक्ति के अधिकारों के बीच संतुलन क़ायम करने के लिए सैद्धांतिक रूपरेखा प्रस्तुत की. इस वाद-विवाद की समझ के लिए देखें, विल किमलिका (1995); (2009).

जाए। अगर ऐसा नहीं होता है तो आदिवासी क्षेत्रों में रहने वाले दलित दोहरे बहिष्करण का सामना करते रहेंगे, अर्थात् एक तरफ़ राज्य की 'विकास' और संसाधनों के दोहन की नीतियों और वन विभाग के मनमाने व्यवहार के कारण उन्हें विस्थापन के भय और निरंतर उत्पीड़न का सामना करना पड़ेगा, और साथ ही संवैधानिक-क़ानूनी स्तर पर आदिवासियों की तुलना में उनकी स्थिति हमेशा दुर्बल बनी रहेगी।

## संदर्भ


अश्विनी देशपांडे (2013), *अफ़र्मेटिव ऐक्शन इन इंडिया*, ऑक्सफ़र्ड युनिवर्सिटी प्रेस, नयी दिल्ली.

अशोक चौधरी, रोमा और रजनीश गंभीर (2009), *ज्वाइंट स्टडी बाइ डब्ल्यू.ई.आई.एल.जी.ओ. ऐंड विकल्प सोशल ऑर्गनाइजेशन ऑन* 'द केस स्टडी ऑफ़ नैशनल फ़ोरम ऑफ़ फ़ॉरेस्ट पीपॅल ऐंड फ़ॉरेस्ट वर्कर्स'. सितंबर.

एस.के. चौबे (1973), *हिल पॉलिटिक्स इन नॉर्थ ईस्ट इंडिया*, ओरिएंट ब्लैकस्वान, नयी दिल्ली.

कमल नयन चौबे (2014), *द फ़ॉरेस्ट राइट्स ऐक्ट ऐंड द पॉलिटिक्स ऑफ़ मार्जिनल सोसायटी, एन.एम.एल.एल. ऑकेजनल पेपर. पर्सपेक्टिव इन इंडियन डिवेलपमेंट, न्यू सीरीज़-31.* नेहरू *मेमोरियल म्यूज़ियम ऐंड लाइब्रेरी*, नयी दिल्ली.

——————(2015क), *जंगल की हक़दारी : राजनीति और संघर्ष*, सीएसडीएस-वाणी प्रकाशन, नयी दिल्ली.

——————(2015ख). 'इनहेंसिंग पेसा : द अनफ़िनिश्ड एजेंडा', *इकनॉमिक ऐंड पॉलिटिकल वीकली*, खंड 50, अंक 8.

——————- (2015ग). 'द पब्लिक लाइफ़ ऑफ़ अ 'प्रोग्रेसिव' लॉ : पेसा ऐंड गाँव गणराज्य (विलेज रिपब्लिक)' *स्टडीज़ इन इंडियन पॉलिटिक्स*, खंड 3, अंक 2.

——————- (2016), 'द स्टेट, ट्राइबल्स ऐंड लॉ : द पॉलिटिक्स बिहाइंड द इनेक्टमेंट ऑफ़ पेसा ऐंड एफ़आरए', *सोशल चेंज*, खंड 46, अंक 3.

——————(2017), 'टर्निंग द टाइड इन फ़ॉरेस्ट राइट्स?' *इकनॉमिक ऐंड पॉलिटिकल वीकली*, खंड 52, अंक 1.

गवर्नमेंट ऑफ़ इंडिया (1996), द प्रोविज़ंस ऑफ़ पंचायत्स *(एक्सटेंशन टू शेड्यूल्ड एरियाज़) एरियाज़ ऐक्ट 1996. नंबर 40 ऑफ़ 1996, मिनिस्ट्री ऑफ़ पंचायती राज*, नयी दिल्ली.

—————————— (2006), *रिपोर्ट ऑफ़ द सब-कमेटी अपाइंटेड बाइ द मिनिस्ट्री ऑफ़ पंचायती राज टु ड्राफ़्ट मॉडल गाइडलाइंस टु वेस्ट ग्राम सभाज विद पॉवर्स ऐज़ इनविसेज़्ड इन पेसा.* मिनिस्ट्री ऑफ़ पंचायती राज, नयी दिल्ली

—————————— (2007), *शेड्यूल्ड ट्राइब्स ऐंड अदर ट्रेडिशनल फ़ॉरेस्ट ड्वेलर्स (रिकॉग्निशन ऑफ़ फ़ॉरेस्ट राइट्स) ऐक्ट 2006, मिनिस्ट्री ऑफ़ ट्राइबल अफ़ेयर्स*, नयी दिल्ली.

———————— (2008), *डिवेलपमेंट चैलेंजेज़ इन एक्सस्ट्रीमिज़म अफ़ेक्टेड एरियाज़ : रिपोर्ट ऑफ़ द एक्सपर्ट ग्रुप ऑफ़ प्लैनिंग कमीशन*, नयी दिल्ली.

———————— (2010क), *थर्ड रिपोर्ट ऑफ़ द स्टैंडिंग कमेटी ऑन इंटर सेक्टोरल इशूज़ रिलेटिंग टू ट्राइबल डिवेलपमेंट ऑन स्टैंडर्ड ऑफ़ एडमिनिस्ट्रेशन ऐंड गवर्नेंस इन शेड्यूल्ड एरियाज़*, मिनिस्ट्री ऑफ़ ट्राइबल अफ़ेयर्स, नयी दिल्ली.

———————— (2010ख), *मंथन : रिपोर्ट बाइ नैशनल कमेटी ऑन फ़ॉरेस्ट राइट्स ऐक्ट, दिसंबर 2010, अ ज्वाइंट कमिटी ऑफ़ मिनिस्ट्री ऑफ़ फ़ॉरेस्ट ऐंड मिनिस्ट्री ऑफ़ ट्राइबल अफ़ेयर्स*, नयी दिल्ली.

———————— (2014), *रिपोर्ट ऑफ़ द हाई लेवल कमेटी ऑन द सोसियो-इकनॉमिक, हेल्थ ऐंड ऐजुकेशनल स्टेटस ऑफ़ ट्राइबल कम्युनिटीज ऑफ़ इंडिया, मिनिस्ट्री ऑफ़ ट्राइबल अफ़ेयर्स*, नयी दिल्ली.

————————(2020), *मिनिस्ट्री ऑफ़ ट्राइबल अफ़ेयर्स वेब पता* : https://tribal.nic.in/declarationof5thSchedule.aspx#:~:text=At%20present%2C%20Scheduled%20Areas%20have,%2C%20Maharashtra%2C%20Odisha%20and%20Rajasthan.देखने की तारीख़ : 28 अप्रैल, 2020

ग्लैडसन डुंगडुंग (2013), *व्हूज़ कंट्रीज इज़ इट ऐनीवे? अनटोल्ड स्टोरीज़ ऑफ़ द इंडिजेनस पीपॅल ऑफ़ इंडिया*, आदिवानी, कोलकाता.

छत्रपति सिंह (1986). *कॉमन प्रॉपर्टी ऐंड कॉमन पॉवर्टी : इंडियाज़ फ़ॉरेस्ट्स, फ़ॉरेस्ट ड्वेलर्स ऐंड द लॉ*, ऑक्सफ़र्ड युनिवर्सिटी प्रेस, नयी दिल्ली.

जेम्स सी. स्कॉट (1998), *सीइंग लाइक अ स्टेट : हाउ सर्टेन स्कीम्स टु इम्प्रूव द ह्यूमन कंडीशंस हैव फ़ेल्ड*, येल युनिवर्सिटी प्रेस, न्यू हैवेन तथा लंदन.

डी.डी. बसु (2007), *इंट्रोडक्शन टू दि कॉन्स्टीट्यूशन ऑफ़ इंडिया, 19 वाँ संस्करण*, वाधवा ऐंड कम्पनी लॉ पब्लिशर्स, नयी दिल्ली.

नंदिनी सुंदर (2009), 'फ्रेमिंग द पॉलिटिकल इमैजिनेशन : कस्टम, डेमॉक्रैसी ऐंड सिटीज़नशिप', नंदिनी सुंदर (सं.), *लीगल ग्राउंड्स : नेचुरल रिसोर्सेज़, आइडेंटिटी ऐंड द लॉ इन झारखंड*, ऑक्सफ़र्ड युनिवर्सिटी प्रेस, नयी दिल्ली.

———————— (2011), 'द रूल ऑफ़ लॉ ऐंड सिटीज़नशिप इन सेंट्रल इंडिया : पोस्टकॉलोनियल डायलेमाज़', *सिटीज़नशिप स्टडीज़* (15).

नंदिनी सुंदर, सव्यसाची, नरेंद्र बस्तर, अभय खाखा, कमल नयन चौबे (2018), 'आदिवासी भारत : परिकल्पना, राजनीतिक मुद्दे और चिंताएँ', *प्रतिमान समय समाज संस्कृति*, वर्ष 6, अंक 12.

नीमा पाठक ब्रूम, शीबा डेसोर, आशिस कोठारी और अरशिया बोस (2014), 'चेंजिंग पैराडाइम इन वाइल्ड लाइफ़ कंजर्वेशन इन इंडिया', शरच्चचंद्रा लेले और अजीत मेनन (सं.), *डेमॉक्रैटाइजिंग फ़ॉरेस्ट गवर्नेंस इन इंडिया*, ऑक्सफ़र्ड युनिवर्सिटी प्रेस, नयी दिल्ली.

बरनार्ड एस. कॉन और निकोलस बी. डर्क्स, (1988) 'बियोंड द फ्रिंज़ : द नेशन-स्टेट, कोलोनियलिज़्म ऐंड टेक्नोलॉजीज़ ऑफ़ पॉवर', *जर्नल ऑफ़ हिस्टॉरिकल सोसियोलॉजी*, खंड 1, अंक 2.

बी.डी. शर्मा (1998), द *लिटिल लाइट्स इन द टिनी मड-पॉट्स डिफ़ाइ 50 इयर्स ऑफ़ एंटी 'पंचायत' राज*, सहयोग पुस्तक कुटीर ट्रस्ट, नयी दिल्ली.

———— (2010), *अनब्रोकेन हिस्ट्री ऑफ़ ब्रोकेन प्रॉमिसेज़ : इंडियन स्टेट ऐंड द ट्राइबल पीपॅल*, फ्रीडम प्रेस और सहयोग पुस्तक कुटीर, नयी दिल्ली.

भारत का संविधान (2008), *द्विभाषी संस्करण. चौथा संस्करण*, सेंट्रल लॉ पब्लिकेशंस, इलाहाबाद.

माधव गाडगिल और रामचंद्र गुहा (1992), *दिस फ़िस्सर्ड लैंड : ऐन इकॉलॉजिकल हिस्ट्री ऑफ़ इंडिया*, ऑक्सफ़र्ड युनिवर्सिटी प्रेस, नयी दिल्ली.

मार्क गैलेंटर (1984), *कम्पीटिंग इक्वैलिटीज़ : लॉ ऐंड द बैकवर्ड क्लासेज़ इन इंडिया*, ऑक्सफ़र्ड युनिवर्सिटी प्रेस, नयी दिल्ली.

मिशेल फूको (1991), 'गवर्नमेंटैलिटी', ग्राहम ब्रूचेल, कॉलिन गॉर्डन, और पीटर मिलर (सं.), द *फ़ूको इफ़ेक्ट : स्टडीज़ इन गवर्नमेंटैलिटी*, युनिवर्सिटी ऑफ़ शिकागो प्रेस, शिकागो.

रेमंड एल. ब्रायंट (2015), 'शिफ्टिंग अंडर अ कोलोनियल पास्ट', *डाउन टू अर्थ*, 7 जून, वेब पता : https://www.downtoearth.org.in/coverage/shifting-under-a-colonial-past-27568, देखने की तारीख़ : 20 अप्रैल, 2020.

विल किमलिका (1995), *मल्टीकल्चरल सिटीज़नशिप : अ लिबरल थियरी ऑफ़ माइनॉरिटी राइट्स*, क्लेरेंडन प्रेस, ऑक्सफ़र्ड.

———— (2009), *समकालीन राजनीति दर्शन : एक परिचय (दूसरा संस्करण)*, (अनु.) कमल नयन चौबे, पियर्सन, नयी दिल्ली.

संजय निगम (1990), 'डिसिप्लिनिंग ऐंड पॉलिसिंग द क्रिमिनल बाई बर्थ', *पार्ट I : द मेकिंग ऑफ़ कोलोनियल स्टीरियोटाइप्स — द क्रिमिनल ट्राइब्स ऐंड कास्ट्स ऑफ़ नॉर्थ इंडिया' इंडियन इकनॉमिक ऐंड सोशल हिस्ट्री रिव्यू*, खंड 27, अंक 2.

सतीश देशपांडे और गीतिका बापना (2008), *दलित इन द मुस्लिम ऐंड क्रिश्चियन कम्युनिटीज : अ स्टेटस रिपोर्ट ऑन करंट सोशल साइंटिफ़िक नॉलेज*, राष्ट्रीय अल्पसंख्यक आयोग, भारत सरकार के लिए तैयार की गयी एक रिपोर्ट.

सुखदेव थोरात (2018) 'पॉलिटिकल इकॉनॉमी ऑफ़ कास्ट डिस्क्रिमिनेशन ऐंड एट्रोसिटीज़ : व्हाई डज़ कास्ट डिस्क्रिमिनेशन परसिस्ट डिस्पाइट लॉ?', सूरज येंगडे और आनंद तेलतुम्बडे (सं.), *द रैडिकल इन आम्बेडकर : क्रिटिकल रिफ़्लेक्शंस*, पेंगुइन, नयी दिल्ली.

सुदीप्त कविराज (1994). 'ऑन द कंस्ट्रक्शन ऑफ़ कोलोनियल पॉवर : स्ट्रक्चर, डिस्कोर्स, हेजिमनी', डैगमर एंगेल्स और शुला मार्क्स (सं.), *कॉन्टेस्टिंग कॉलोनियल हेजिमनी*, ऐकेडमिक प्रेस, लंदन.

सेंसस ऑफ़ इंडिया, 2011.

https://censusindia.gov.in/census_and_you/scheduled_castes_and_sceduled_tribes.aspx, देखने की तारीख़ : 24 अप्रैल, 2020.

# लेखक-परिचय

**शर्मिला रेगे**

शर्मिला रेगे एक सुप्रसिद्ध भारतीय समाजशास्त्री थीं, जिनका देहांत 2013 में हो गया। रेगे ने दलित नारीवाद के संदर्भ काफ़ी गहन अध्ययन और लेखन किया। वे पुणे विश्वविद्यालय में क्रांतिज्योति सावित्रीबाई फुले महिला अध्ययन केंद्र के जेंडर अध्ययन विभाग में अध्यापन करती थीं। उन्हें 2006 में मद्रास इंस्टीट्यूट ऑफ़ डिवेलपमेंट स्टडीज के विकास अध्ययन केंद्र में विशिष्ट योगदान के लिए मैल्कम आदिशैषैय्या पुरस्कार दिया गया। रेगे भारत की अग्रणी नारीवादी विद्वानों में से एक थीं और उन्होंने भारतीय नारीवाद में दलित दृष्टिकोण पैदा करने के लिए लगातार काम किया। रेगे ने शिक्षा के क्षेत्र में काम किया, उन्हें भारत में दलित छात्र-छात्राओं के अधिकारों के लिए लड़ने और भारत में शैक्षिक सुधारों की गंभीरता के प्रति अपनी प्रतिबद्धता के लिए याद किया जाता है। इनके द्वारा लिखी गयीं प्रमुख कृतियाँ इस प्रकार हैं : *अगेंस्ट द मैडनेस ऑफ़ मनु : बी. आर. आम्बेडकर राइटिंग्स ऑन ब्राह्मनिकल पैट्रिआर्की* (2013); (इसका हिंदी में अनुवाद भी हुआ है); *राइटिंग कास्ट/राइटिंग जेंडर : नैरेटिंग दलित विमेंस टेस्टीमोनीज* (2006).

### सुनैना आर्य

सुनैना आर्य ने आकाश सिंह राठौर के साथ *दलित फ़ेमिनिस्ट थ्योरी : अ रीडर* (2019) का सह-संपादन किया है। ये जवाहरलाल नेहरू विश्वविद्यालय, दिल्ली के दर्शनशास्त्र केंद्र से पीएचडी कर रही हैं, जिसमें ये दलित नज़रिये से नारीवादी दर्शन का अध्ययन कर रही हैं। उन्होंने यहीं से एम.ए और एम.फिल किया है। उनके अनुसंधान क्षेत्र में बी. आर. आम्बेडकर का राजनीतिक दर्शन और समाज विज्ञान का दर्शन सम्मिलित हैं। सुनैना इंडिया-चाइना इंस्टिट्यूट, द न्यू स्कूल न्यू यॉर्क सिटी द्वारा स्थापित ग्लोबल दलित चेंज की संस्थापक सदस्य हैं। इन्होंने ब्रेनडिस युनिवर्सिटी के साथ *जर्नल कास्ट : अ ग्लोबल जर्नल ऑन सोशल एक्सक्लूशन* के 'लिगेसी ऑफ़ जेंडर ऐंड कास्ट डिस्क्रिमिनेशन' पर विशेष अंक का अशोक गुरुंग के साथ सह-संपादन किया है।

### चारु गुप्ता

चारु गुप्ता दिल्ली विश्वविद्यालय के इतिहास विभाग में प्रोफ़ेसर हैं। इन्होंने औपनिवेशिक दौर की दलित की पितृसत्ता और दलित महिलाओं की स्थिति पर गहन अनुसंधान किया है। इनकी कुछ प्रमुख कृतियाँ हैं : *सेक्सुअलिटी, ओब्सिनिटी, कम्युनिटी* (2001),; द जेंडर *ऑफ़ कास्ट : रिप्रेजेंटिंग दलित्स इन प्रिंट* (2016); इन्होंने मुकुल शर्मा के साथ *कांटेस्टेड कोस्टलाइंस* (2008) का लेखन किया है। अंग्रेज़ी के साथ ही साथ ये हिंदी में भी लेखन करती हैं। हिंदी में उनकी पुस्तक *स्त्रीत्व से हिंदुत्व* तक (2012) प्रकाशित हुई है। इन्होंने बहुत से राष्ट्रीय और अंतर्राष्ट्रीय जर्नलों में भी अपने आलेख प्रकाशित किये हैं।

**तरुशिखा सर्वेश**

तरुशिखा सर्वेश अलीगढ़ मुस्लिम विश्वविद्यालय के एडवांस्ड सेंटर फ़ॉर विमेंस स्टडीज में समाजशास्त्र की असिस्टेंट प्रोफ़ेसर हैं। इन्होंने जी. बी. पंत समाज विज्ञान संस्थान, इलाहाबाद से अपनी पीएचडी पूरी की है। जेंडर अध्ययन, और विशेष रूप से दलित और आदिवासी महिलाओं के बहुल हाशियाकरण में इनकी विशेषज्ञता है। वर्तमान समय में ये आईसीएसएसआर से अनुदान प्राप्त प्रोजेक्ट में निदेशक के रूप में अनुसंधान कर रही हैं, जो विशेष रूप से कश्मीर के टकराव वाले क्षेत्रों में महिलाओं और बच्चों के अनुभवों पर केंद्रित है। इन्होंने बहुत-सी जर्नल और पुस्तकों में आलेख लिखे हैं, और ये द *वायर*, *न्यूज़ क्लिक* आदि के लिए भी लगातार लिखती रही हैं।

**थॉमस पैंथम**

थॉमस पैंथम एम. एस. युनिवर्सिटी, बड़ौदा में प्रोफ़ेसर थे। उन्होंने गाँधी के दर्शन पर बहुत गहनता से अनुसंधान किया है और कई महत्त्वपूर्ण आलेख प्रकाशित किये हैं। पैंथम ने प्रिंसटन और मेसाचुसेट्स युनिवर्सिटी में फुलब्राइट सीनियर स्कॉलर (1981) तथा एसेक्स युनिवर्सिटी में विजिटिंग फ़ेलो (1973) के रूप में अध्यापन का काम किया। कार्ल ड्यूश और थॉमस पैंथम द्वारा संपादित पुस्तक *पॉलिटिकल थॉट इन मॉडर्न इंडिया* (1986) आधुनिक भारतीय राजनीतिक चिंतन की समझ के लिए एक अनिवार्य पुस्तक मानी जाती है, जिसका हिंदी में भी अनुवाद हुआ है। उन्होंने बहुत से जर्नल और संपादित पुस्तकों में आलेख लिखे हैं। इन्होंने सुप्रसिद्ध पुस्तक *पॉलिटिकल पार्टीज ऐंड डेमोक्रेटिक*

*कन्सेंसस* (1976), *पॉलिटिकल थ्योरी ऐंड सोशल रिकंस्ट्रक्शन* (1995) की भी रचना की है।

## निशिकांत कोलगे

निशिकांत कोलगे विकासशील समाज अध्ययन पीठ (सीएसडीएस), दिल्ली में एसोसिएट प्रोफ़ेसर हैं। इससे पहले वे आठ वर्षों तक त्रिपुरा विश्वविद्यालय के इतिहास विभाग में असिस्टेंट प्रोफ़ेसर रहे हैं। इसी विश्वविद्यालय में उन्होंने सेंटर फ़ॉर गाँधीयन स्टडीज के समन्वयक भी रहे हैं। उन्होंने आईआईटी, मद्रास के मानविकी और समाज विज्ञान विभाग से इतिहास में पीएचडी की है। उनके आलेख *गाँधी मार्ग*, *डायलॉग क्वार्टरली*। *जर्नल ऑफ़ कंटेम्परारी थॉट, जर्नल ऑफ़ धर्मा स्टडीज* तथा *इकनॉमिक ऐंड पॉलिटिकल वीकली* में प्रकाशित हुए हैं। इन्होंने सुप्रसिद्ध पुस्तक *गाँधी अगेंस्ट कास्ट* (नयी दिल्ली, ऑक्सफ़र्ड), 2017 की रचना भी की है। ये साबरमती आश्रम प्रिजर्वेशन ऐंड मेमोरियल ट्रस्ट, अहमदाबाद में 2017 में फ़ेलो भी रहे हैं। 2018-19 में इनका चयन फुलब्राइट-नेहरू पोस्ट-डॉक्टरल रिसर्च फ़ेलोशिप के लिए भी हुआ।

## आलोक टंडन

आलोक टंडन दर्शनशास्त्र के गूढ़ विषयों पर अंग्रेज़ी और हिंदी भाषा में नियमित लेखन करते रहे हैं। भारतीय समाज-विज्ञान अनुसंधान परिषद के सामान्य फ़ेलो के रूप में उन्होंने 'धर्म और हिंसा' पर अनुसंधान-कार्य किया है। वे भारतीय दार्शनिक अनुसंधान परिषद के रेजीडेंट फ़ेलो रहे हैं। इनके विभिन्न संपादित पुस्तकों एवं पत्रिकाओं में पचास से अधिक शोध-लेख (हिंदी, अंग्रेज़ी) प्रकाशित हो चुके हैं। इन्होंने 100 से अधिक गोष्ठियों

कॉन्फ्रेंसों में भागीदारी की है और अखिल भारतीय दर्शन परिषद् द्वारा 'नागर' पुरस्कार से सम्मानित किया गया है। आलोक टंडन की कुछ प्रमुख प्रकाशित कृतियाँ इस प्रकार हैं : *मैन ऐंड हिज डेस्टिनी विद स्पेशल रेफरेंस टू मार्क्स ऐंड सार्त्र, विकल्प और विमर्श, समय से संवाद*।

**रमाशंकर सिंह**

रमाशंकर सिंह भारतीय उच्च अध्ययन संस्थान, शिमला में मार्च 2018 से मार्च 2020 तक फ़ेलो रहे हैं। इलाहाबाद विश्वविद्यालय, इलाहाबाद के गोविंद बल्लभ पंत सामाजिक विज्ञान संस्थान से डी.फिल की उपाधि (2017) प्राप्त रमाशंकर सिंह का कुछ काम सीएसडीएस के जर्नल *प्रतिमान* समय समाज संस्कृति में प्रकाशित हुआ है जो भारत की राजनीति और लोकतंत्र में गुंजाइश तलाश रहे घुमंतू समुदायों, नदियों एवं वनों पर निर्भर निषादों और बंसोड़ों के जीवन एवं संस्कृति के विविध पक्षों की पड़ताल करता है। उन्होंने *आलोचना, वागर्थ* और *नया पथ* के लिए लेख लिखे हैं। उन्होंने 'पीपुल्स लिंग्विस्टिक सर्वे ऑफ़ इंडिया' के उत्तर *प्रदेश की भाषाएँ* खंड के लिए लेखन, अनुवाद और संपादन-सहायक का काम किया है। उन्होंने ऑक्सफ़र्ड युनिवर्सिटी प्रेस के लिए बद्री नारायण की किताब *फ्रैक्चर्ड टेल्स: इनविज़िबल्स' इन इंडियन डेमोक्रेसी* का अनुवाद *खंडित आख्यान : भारतीय जनतंत्र में अदृश्य लोग* (2018) और निशिकांत कोलगे की किताब *गाँधी अगेंस्ट कास्ट* का अनुवाद *जाति के विरुद्ध गाँधी का संघर्ष* (2019) के नाम से किया है। इस समय वे नदियों और निषादों के अंतर्संबंध पर अपनी किताब को अंतिम रूप देने में लगे हैं।

**संजू सरोज**

संजू सरोज कानपुर युनिवर्सिटी से समाजशास्त्र विषय में परास्नातक है, उन्होंने गोविंद वल्लभ पंत सामाजिक विज्ञान संस्थान, से 'हाशिये के समाज : मुसहर समुदाय' पर पीएचडी की है। संजू सरोज का काम मुसहर समुदाय की जीविका और संसाधनों पर काम रहा है। वर्तमान में इन्हीं विषयों को लेकर अपना काम आगे बढ़ा रही हैं।

**शिवानी कपूर**

शिवानी कपूर ओ. पी. जिंदल ग्लोबल युनिवर्सिटी के सेंटर फ़ॉर राइटिंग स्टडीज में सहायक प्राध्यापक (असिस्टेंट प्रोफ़ेसर) हैं। उन्होंने नयी दिल्ली के जवाहरलाल नेहरू विश्वविद्यालय के राजनीति अध्ययन केंद्र से पीएचडी की है। उन्होंने अपने अनुसंधान में जाति, गंध की राजनीति और श्रम की अंतर्क्रिया और समकालीन उत्तर प्रदेश में जाति और चमड़ा उद्योग के गंध के बीच के संबंध का परीक्षण किया है। अपने पहले के काम में उन्होंने हिंदी दलित आत्मकथा साहित्य का अध्ययन किया है।

**जितेंद्र सिंह**

जितेंद्र सिंह वर्तमान में इलाहाबाद विश्वविद्यालय के संघटक संस्थान गोविंद बल्लभ पंत सामाजिक विज्ञान संस्थान में शोध छात्र है। उन्होंने बाबासाहेब भीम राव आम्बेडकर विश्वविद्यालय लखनऊ से समाजशास्त्र में परास्नातक और गोविंद बल्लभ पंत सामाजिक विज्ञान संस्थान से डिवेलपमेंट स्टडीज में एम.फिल किया है। उनकी शोध रुचि हाशिये के समुदायों का समाजशास्त्र

में है। वर्तमान में वह बुंदेलखंड क्षेत्र की घुमंतू, अर्द्ध-घुमंतू और अपराधी जनजातियों के उत्थान, बहिष्कार और सामाजिक परिवर्तन पर कार्य कर रहे हैं। उनका शोध आपराधिक जातियों की वर्तमान परिस्थितियों और आदतन अपराधियों के रूप में कलंकित किये जाने के परिणामस्वरूप में उनकी स्थिति को समझने पर केंद्रित है। इस विषय पर उनके कुछ शोध आलेख *प्रतिमान*, *सामाजिक विमर्श*, *कंटेम्परी वॉइस ऑफ दलित* में प्रकाशित हो चुके हैं।

**तुषार कांत**

तुषार कांत शोधकर्त्ता और अनुवादक हैं।

**कमल नयन चौबे**

कमल नयन चौबे दिल्ली विश्वविद्यालय के दयाल सिंह कॉलेज के राजनीति विज्ञान विभाग में एसोसिएट प्रोफ़ेसर हैं। इनकी प्रकाशित पुस्तकों में *जातियों का राजनीतिकरण : बिहार में पिछड़ी जातियों के उभार की दास्तान* (2008); *जंगल की हक़दारी : राजनीति और संघर्ष* सम्मिलित (2015) हैं। इन्होंने जॉन रॉल्स और विल किमलिका जैसे सुप्रसिद्ध राजनीतिक सिद्धांतकारों तथा ए. आर. देसाई, रामचंद्र गुहा और माधव गाडगिल, उज्ज्वल कुमार सिंह और अनुपमा रॉय जैसे भारतीय विद्वानों की कृतियों का हिंदी अनुवाद किया है। कमल ने ज्यां द्रेज़ के साथ *भारतीय नीतियों का सामाजिक पक्ष* (2017) और सुरिंदर एस. जोधका के साथ *भारतीय ग्राम शृंखला* (2019) के तीन खंडों का सह-संपादन किया है।

कमल सीएसडीएस के भारतीय भाषा कार्यक्रम से प्रकाशित होने वाले सुप्रसिद्ध जर्नल *प्रतिमान समय समाज संस्कृति* के संपादकीय टीम से भी जुड़े हैं।

# अनुक्रमणिका

## फ



## ब



## भ

## म



## य



## र



## ल



## व

## श



## स

**ह**



**ज्ञ**